Grundrisse zum Neuen Testament

4

V&R

# Grundrisse zum Neuen Testament

Das Neue Testament Deutsch · Ergänzungsreihe

Herausgegeben von Jürgen Roloff

## Band 4

Ethik des Neuen Testaments

5., neubearbeitete und erweiterte Auflage
(2. Auflage dieser neuen Fassung)

Göttingen · Vandenhoeck & Ruprecht · 1989

# Ethik des Neuen Testaments

von

Wolfgang Schrage

Göttingen · Vandenhoeck & Ruprecht · 1989

Meiner Frau

*CIP-Titelaufnahme der Deutschen Bibliothek*

*Schrage, Wolfgang:*
Ethik des Neuen Testaments / von Wolfgang Schrage. –
5., neubearb. und erw. Aufl., (2. Aufl. dieser neuen Fassung). –
Göttingen: Vandenhoeck u. Ruprecht, 1989
(Grundrisse zum Neuen Testament; Bd. 4)

ISBN 3-525-51363-1
NE: GT

© 1989 Vandenhoeck & Ruprecht, Göttingen
Printed in Germany. – Das Werk einschließlich aller seiner Teile
ist urheberrechtlich geschützt. Jede Verwertung außerhalb
der engen Grenzen des Urheberrechtsgesetzes ist ohne
Zustimmung des Verlages unzulässig und strafbar.
Das gilt insbesondere für Vervielfältigungen, Übersetzungen,
Mikroverfilmung und die Einspeicherung und Verarbeitung
in elektronischen Systemen.
Satz: Dörlemann-Satz, Lemförde
Druck und Bindearbeit: Hubert & Co., Göttingen

# Inhalt

Einleitung ............................................................ 9

## I. Jesu eschatologische Ethik ........................................ 23
### A. Eschatologie und Ethik ............................................ 23
1. Die Gottesherrschaft als Grund und Horizont der Ethik Jesu ... 23
2. Das Verhältnis von Eschatologie und Ethik ................... 30
3. Eschatologische Ethik – nicht apokalyptische Interimsethik oder sapientiale Schöpfungsethik ................................. 35
4. Eschatologische Ethik als Entsprechung zum Heil Gottes ...... 42

### B. Der Wille Gottes und das Gesetz .................................. 45
1. Umkehr und ganzer Gehorsam .................................. 46
2. Nachfolge und Jüngerschaft .................................. 51
3. Die Stellung des Judentums und Jesu zum Gesetz .............. 57
4. Übernahme, Auslegung und Überbietung des Gesetzes .......... 60
5. Jesu Gesetzesfreiheit und -kritik ........................... 66

### C. Das Doppelgebot der Liebe ........................................ 73
1. Die Tradition vom Doppelgebot in Mk. 12,28–34 par .......... 73
2. Die Vor- und Überordnung des Liebesgebots .................. 76
3. Nächsten- und Feindesliebe .................................. 78
4. Die formal- und situationsethische Deutung des Liebesgebotes .. 85
5. Nächsten- und Gottesliebe ................................... 87
Exkurs: Besonderheiten der ethischen Forderungen Jesu? ........ 90

### D. Konkrete Weisungen ............................................... 93
1. Grundsätzliches ............................................. 93
2. Mann und Frau / Ehe und Ehescheidung ....................... 97
3. Hab und Gut / Armut und Reichtum ........................... 105
4. Staat und Gewalt ............................................ 113

## II. Ethische Ansätze in den frühen Gemeinden ....................... 123
### A. Voraussetzungen und Antriebskräfte ............................. 123
### B. Die Worte Jesu und das Gesetz .................................. 126
### C. Die Gütergemeinschaft .......................................... 131
### D. Kritische Rezeption antiker Formen und Inhalte ................ 133

| | |
|---|---|
| III. Ethische Akzente bei den Synoptikern | 140 |
| A. Nachfolge und Jüngerschaft bei Markus | 140 |
| B. Der Weg der „besseren Gerechtigkeit" nach Matthäus | 146 |
| C. Das christliche Leben nach Lukas | 156 |
| IV. Die christologische Ethik des Paulus | 169 |
| A. Der Ansatz der paulinischen Ethik | 170 |
| 1. „Indikativ und Imperativ" | 170 |
| 2. Die christologische Begründung | 175 |
| 3. Die sakramentale Begründung | 178 |
| 4. Die pneumatologisch-charismatische Begründung | 181 |
| 5. Die eschatologische Begründung | 184 |
| B. Art und Struktur des neuen Lebens | 191 |
| 1. Die Ganzheit, Einheit und Konkretheit christlicher Lebensführung | 191 |
| 2. Situationsbezogenheit und ethische Pluralität des apostolischen Gebotes | 195 |
| 3. Gewissensmäßiger, freier und verstehender Gehorsam | 200 |
| C. Materiale Kriterien der paulinischen Ethik | 204 |
| 1. Das Verhältnis zu den nichtchristlichen Verhaltensmaßstäben | 204 |
| 2. Die Bedeutung des alttestamentlichen Schöpfungsglaubens und Gebotes | 207 |
| 3. Entsprechung zu Jesus Christus und seinem Wort | 214 |
| 4. Die Liebe als höchstes Gebot | 218 |
| D. Konkrete Ethik | 224 |
| 1. Individualethisches | 224 |
| 2. Mann und Frau / Ehe und Ehescheidung | 229 |
| 3. Arbeit, Eigentum, Sklaverei | 238 |
| 4. Das Verhältnis zum Staat | 244 |
| V. Die Ethik der Weltverantwortung in den Deuteropaulinen | 249 |
| A. Das neue Leben nach dem Kolosser- und Epheserbrief | 249 |
| B. Die apostolischen Weisungen in den Pastoralbriefen | 263 |
| C. Christlicher Lebensstil nach dem 1. Petrusbrief | 274 |
| VI. Die Paränese des Jakobusbriefes | 286 |
| A. Die Werke im Verhältnis zu Glauben, Hören und Hoffen | 287 |
| B. „Das Gesetz der Freiheit" | 292 |
| C. Inhaltliche Schwerpunkte | 296 |

| | | |
|---|---|---|
| VII. | Das Gebot der Bruderliebe in den johanneischen Schriften | 301 |
| | A. Der christologische Ansatz und Grund | 302 |
| | B. Der christologische Imperativ | 308 |
| | C. Weltdistanz und Sündenfreiheit | 312 |
| | D. Das Gebot der Bruderliebe | 318 |
| VIII | Die Mahnungen an das wandernde Gottesvolk im Hebräerbrief | 325 |
| IX. | Eschatologische Mahnung in der Johannesoffenbarung | 330 |
| | A. Der eschatologische Gesamtrahmen | 330 |
| | B. Die Sendschreiben | 335 |
| | C. Der Konflikt mit dem Staat | 342 |
| X. | Zur Frage nach der Einheit und Mitte der neutestamentlichen Ethik | 348 |

Literatur zum gesamten Neuen Testament .................. 356

Stellenregister .................................................. 359

Sachregister .................................................... 375

Die Abkürzungen folgen im allgemeinen S. Schwertner (Internationales Abkürzungsverzeichnis für Theologie und Grenzgebiete, 1974) oder dem Theologischen Wörterbuch zum Neuen Testament (= ThW). Um eine gezielte Weiterarbeit zu ermöglichen und unnötige Wiederholungen von Literaturangaben zu vermeiden, ist das Literaturverzeichnis aufgeteilt worden. Am Schluß findet sich Literatur zur Ethik des gesamten NT, am Beginn der einzelnen Kapitel oder seiner Abschnitte Literatur, die sich auf das jeweilige gesamte Kapitel bzw. seine Teile bezieht. Innerhalb des Textes und in den Anmerkungen ist außerdem einiges an Spezialliteratur angeführt, gelegentlich auch Literatur zu anderen Kapiteln (z.B. a.a.O. Lit. zu IA). Normalerweise beziehen sich die Literaturverweise im Text auf die am Anfang des Kapitels bzw. seiner Abschnitte oder auf die am Schluß genannte Literatur, so daß leider u.U. an drei verschiedenen Orten nachgesehen werden muß. Zitate oder Hinweise enthalten dabei nur den Verfassernamen, u.U. mit einem Stichwort des Titels. Bei Hinweisen auf Kommentare wird mit wenigen Ausnahmen nur Verfasser und Reihe angegeben.

# Einleitung

Sache einer neutestamentlichen Ethik ist die Frage nach Ermöglichung und Begründung, Kriterien und Inhalten urchristlichen Handelns und urchristlicher Lebenspraxis. Eine Rückbesinnung auf die neutestamentliche Ethik scheint in einer Zeit der Orientierungskrise und Verhaltensunsicherheit besonders dringlich. Theologie und Kirche haben trotz aller Ausschüsse, Synoden und Denkschriften, die sich mit ethischen Fragen beschäftigen, hier immer noch einen erheblichen Nachholbedarf, und es melden sich schon wieder Stimmen zu Wort, die z. B. allzuviel soziales Engagement kritisieren und behaupten, entscheidend sei nicht das Tun, sondern der Glaube, als ob das eine Alternative sei. Gewiß, allein der Glaube rettet, aber dieser Glaube ist in der Liebe wirksam (Gal. 5,6), und der wiederkommende Menschensohn wird nicht danach fragen, was wir geglaubt, sondern danach, was wir getan und unterlassen haben (Mt. 25,31 ff.). Glaube ist für das Neue Testament eben primär nicht Spekulation oder Bejahung von Ideen und Theorien, nicht kultische Übung oder mystische Versenkung, sondern Hören auf das Wort und Tun des Willens Gottes. Glaube und Tun gehören darum unlöslich zusammen. Die Kirche hat zwar zu allen Zeiten mit wechselnden Schwerpunkten hier einen Zweifrontenkampf zu führen gehabt, damit nicht „entweder eitel Glaublose werckeler oder gar Wercklose gleublinge werden"[1]. Aber so wenig die Gefahr eines glaubenslosen Aktionismus bagatellisiert werden soll, so sehr sollten wir erst recht auf der Hut sein, wenn christlicher Glaube in Anpassung an bürgerliche Wohlstandsmentalität und den verbreiteten Narzißmus wieder in weltlos-private Innerlichkeit oder kirchliche Selbstbezogenheit abzusinken oder aus Resignation an der Gegenwart zu einer „Jenseitsreligion" verflüchtigt zu werden droht. Das Neue Testament wird man dafür jedenfalls nicht verantwortlich machen dürfen. Die Urkirche ist kein Mysterienverein, keine Mönchsbewegung und kein Philosophenzirkel. Sie ist Zeugnis- und Dienstgemeinschaft, Kirche für Gott und „Kirche für andere". Jesus z. B. empfiehlt den Seinen nicht eine klösterliche Wüstenexistenz wie die Essener, er verweist sie nicht in das innere oder jenseitige Reich der Spekulation oder der Seele wie die Mystiker und Gnostiker, sondern er sendet sie in die Welt und zu dem jeweiligen Nächsten.

Aber selbst da, wo ernstgenommen wird, daß Handeln und Lebensstil der Christen in der Realität des Alltags von entscheidender Bedeutung sind, stellt sich oft die Frage, ob die Grundgedanken und Leitmotive des Neuen Testaments immer die gebührende Beachtung finden und seine Linie und Richtung eingehalten wird. Es ist zwar richtig, daß uns eine simple biblizistische Übertra-

---
[1] M. Luther, WA 45, 689 zu Joh. 15,10 ff.

gung neutestamentlicher Weisungen in unsere Zeit verwehrt ist und hier unabweisbar schwerwiegende hermeneutische und theologische Fragen aufbrechen. Wer z.B. angesichts der engen Verknüpfung von Eschatologie und Ethik im Neuen Testament die neutestamentliche Eschatologie für obsolet hält, wird wie J. T. Sanders (29; vgl. 129) auch zur Verabschiedung der neutestamentlichen Ethik kommen. Und wer die „Treue zur Erde" mit bloßer Anpassung an das Irdische verwechselt und von Gottes Verheißung und Gebot her keinen Widerspruch mehr lautwerden läßt, braucht die neutestamentliche Ethik ebensowenig, wird das Neue Testament aber wohl überhaupt, wenn er es nicht ohnehin als Instrument autoritärer Fremdbestimmung abtut, für potentiell ersetzbar halten. Gewiß ist die rechte Zuordnung von Schriftgemäßheit auf der einen Seite und Zeit-, Vernunft- und Sachgemäßheit auf der anderen Seite immer noch alles andere als geklärt. Darüber aber sollte es gleichwohl in Kirche und Theologie keinen Zweifel geben, daß bei aller Situationsdifferenz und Problemverschiebung eine Orientierung am Neuen Testament unabdingbar bleibt, wenn anders das heute gebotene Verhalten der Christen noch ein christliches Verhalten sein und noch im Namen Jesu Christi begründet werden soll und die Kirche nicht nur in ihrem Lehren, sondern auch in ihrem Leben in der Kontinuität zum Neuen Testament bleiben will. Auch in einer Zeit, die wie kaum eine andere zuvor nach neuen Handlungsmodellen sucht und – um mit Luther zu reden – neue Dekaloge formulieren muß, bleiben die neuen Lösungen gegenüber dem Neuen Testament zu verantworten, denn christliche Ethik kann ihre Normativität nicht aus sich selbst gewinnen oder sich durch Reflexion und Diskurs selbst begründen. Das Neue Testament ist zwar nicht Deduktionsbasis, aber doch die entscheidende Bezugsgröße, weil es die eschatologische Offenbarung des Willens Gottes in Jesus Christus bezeugt, der nicht nur Versöhner und Erlöser, sondern auch gebietender Herr ist. Schon darum wird jede christliche Ethik stets in der Richtung des Neuen Testaments weiterzudenken haben.

Nun ist das Neue Testament gewiß kein Handbuch oder Kompendium christlicher Ethik mit allgemeingültigen Regeln oder einem detaillierten Verhaltenskatalog. Es enthält weder eine philosophieähnliche Normen- oder Tugendlehre noch naturrechtlich u. ä. begründete Definitionen und Legitimationen von Ehe und Staat, Recht und Eigentum, Arbeit und Gesellschaft. Nirgendwo oder kaum findet sich ein Interesse an allgemeingültigen sittlichen Prinzipien, zeitlos geltenden Wesensaussagen über die gerechte soziale und staatliche Ordnung, über das Verhältnis der Geschlechter zueinander oder Programme und griffige Handlungsanweisungen für andere ethische Problemfelder. Aber in den verschiedenen Schriften, die alle je auf ihre Weise von dem in Jesus Christus geschenkten Heil und der in ihm angebrochenen Herrschaft Gottes Zeugnis ablegen wollen, wird nun doch immer wieder zu einem dementsprechenden Verhalten der Christen gerufen, und zwar nicht nur zu einem individualethischen Verhalten im persönlichen Bereich des einzelnen. Vielmehr werden trotz mancher sozialethischer Defizite wenigstens umrißartig auch Handlungsmuster für das soziale Bezugsfeld und die gesellschaftlichen Strukturen sichtbar, die von der Erneuerung keineswegs ausgenommen werden. Zwar kann man

„neue Kreatur" auch schon in alten Verhältnissen sein, aber für „Repräsentanten der neuen Welt"[2] braucht auch diese neue Welt nicht nur Gegenstand der Erwartung oder Utopie zu sein. Sie kann vielmehr fragmentarisch und proleptisch Wirklichkeit werden. Die Kirche hat lange genug den Glauben an die umwandelnde Kraft des Reiches Gottes und der Liebe den sogenannten Schwärmern überlassen und sich mit ethischer Privatisierung und geistlicher Introvertiertheit begnügt (vgl. Wendland, Ethik, 19). Nur wer Eschatologie mit einem Dualismus von heilloser Welt und weltlosem Heil verwechselt, wird zwischen Herzensänderung und Weltveränderung eine Alternative konstruieren können[2a]. Der Erneuerung des Menschen wird auch die der Strukturen entsprechen müssen, wenn anders Christen die Liebe nicht nur im Herzen und im Kopf haben und im privaten Kreis verwirklichen, sondern auch in die Welt hineintragen. Es geht tatsächlich nicht allein um eine Veränderung des einzelnen, sondern auch um die der Strukturen, und der Streit darüber, was bei der Interdependenz von Personalem und Strukturellem das Primäre sei, erinnert bisweilen an die Frage, ob das Ei oder die Henne ursprünglicher sei. Im Vordergrund dieses Grundrisses aber – und das entspricht weitgehend auch dem Befund der neutestamentlichen Ethik – wird weder die Veränderung von Strukturen stehen noch dasjenige Leben und Tun, das sich wie Gebet und Lob auf Gott bezieht oder das Verhältnis des Menschen zu sich selbst betrifft. Natürlich sind auch Freiheit und Selbstzucht, Vergebung und Sorglosigkeit zentrale ethische Themen, und zu den Liebeswerken von Mt. 25 gehört sicher nicht nur leibliche und materielle, sondern auch geistige und geistliche Hilfe wie Trost und Ermutigung. Aber besonders angesprochen wird doch das Zu-essen-und-zu-trinken-Geben, das Beherbergen, Bekleiden und Besuchen.

Die praktischen Konsequenzen, die Christen aus dem Heilshandeln Gottes für ihr Verhalten zum Mitmenschen, zur Gemeinschaft und zur Welt ziehen, können freilich konkret ganz verschieden, ja z.T. gegensätzlich ausfallen. *Die neutestamentliche Ethik gibt es ebensowenig wie es die neutestamentliche Theologie oder Christologie gibt.* Das schließt zwar so etwas wie einen roten Faden und einige Konvergenz- und Koinzidenzpunkte auch in der neutestamentlichen Ethik nicht aus[2b]. Jedoch ist stets im Auge zu behalten, daß das meiste noch im Fluß und im Werden ist. Man wird jedenfalls auch in der Ethik des Neuen Testaments nicht alles auf eine Ebene auftragen und Jesus mit Paulus oder Jakobus mit Johannes einfach kombinieren dürfen. Vielmehr ist methodisch so vorzugehen, daß das je Eigene und Besondere sichtbar wird, damit die verschiedenen urchristlichen Entwürfe nicht nivelliert werden oder in einer imaginären neutestamentlichen Ethik untergehen. Nur so wird die Freiheit und

---

[2] M. Dibelius, Die Bergpredigt, in: Botschaft und Geschichte I, 1953, 79–174, Zitat 117.
[2a] Vgl. E. Käsemann, Kirchliche Konflikte 1, 1982, 151: „Die Herrschaft Christi endet nicht im Bereich einer Individualethik, sondern tangiert seit 1900 Jahren auch politische und gesellschaftliche Strukturen. Sie darf nicht länger das Reich jener Innerlichkeit sein, welche vor der Macht in die Gesinnung flüchtet." Vgl. auch H. Frankemölle, ThBer 14, 1985, 19.51.
[2b] Vgl. W. Schrage, Zur Frage nach der Einheit und Mitte neutestamentlicher Ethik, in: FS E. Schweizer, 1983, 238–253; vgl. S. 348ff.

Pluralität ethischer Konzepte, die das Neue Testament bietet, genügend sichtbar, auch wenn die Grenze des Spektrums urchristlicher „Orthopraxie" damit nicht ignoriert werden soll.

Dabei wird primär von den Texten ausgegangen, die sich thematisch einschlägig zur Sache äußern. Das ist nicht nur darum notwendig, weil abgesehen von Jesu eigener Praxis meist nur die ethischen Weisungen der Texte zur Verfügung stehen und nur sehr indirekt etwas über das tatsächliche Verhalten der urchristlichen Gemeinden erschlossen werden kann. Es ist vielmehr auch darum richtig, weil neutestamentliche Ethik zunächst präskriptiv und nicht analytisch-deskriptiv ist, besser noch: weil sie durch neue Horizonte und Perspektiven zu neuen Reflexionen, Einstellungen und Taten inspirieren will. Gefragt wird darum primär nicht nach der praktischen Verwirklichung ethischer Sätze, dem Ethos, sondern nach der theologischen Motivation und Begründung sowie nach den grundsätzlichen Kriterien und konkreten Weisungen neutestamentlicher Ethik. Gewiß lassen sich beide Fragestellungen nicht prinzipiell trennen (W. G. Kümmel, RGG VI 70), weil „Denkakt" und „Lebensakt" zusammengehören (A. Schlatter), und es mag sein, daß manchmal mehr das Ethos eine dieses interpretierende und begründende Ethik nach sich gezogen als die Ethik das Ethos aus sich herausgesetzt hat[3]. Man sollte sich jedoch nicht durch das Schema von Theorie und Praxis fixieren lassen, zumal es unwahrscheinlich ist, daß „ethische Weisungen sehr lange tradiert werden, wenn sie niemand ernst nimmt, wenn sie niemand wenigstens ansatzweise praktiziert"[4]. Das Neue Testament selbst will Praxis jedenfalls mehr vor- als nachzeichnen (vgl. die Bergpredigt). Selbst wenn das Erzählen von gelebten Beispielen heute überzeugender wirken sollte als die Reflexion ethischer Gründe und Grundentscheidungen, kann man nicht daran vorüberkommen, daß trotz mancher „Beispielgeschichten" im Vordergrund des Neuen Testaments eine argumentative Ethik steht und nicht eine „narrative". Das impliziert keine rein ideen- und geistesgeschichtliche Fragestellung, nur ist eine Ethik noch nicht dadurch ad absurdum geführt, daß sich über ihre praktische Verwirklichung nur wenig ermitteln läßt. Damit ist nicht bestritten, daß von etwaiger Nichtverwirklichung oder dem Scheitern in der Praxis her durchaus Rückfragen an die betreffende Ethik aufbrechen und zumal die Wirkungsgeschichte solcher neutestamentlicher Texte, die nicht zur Einweisung in die Praxis der Liebe gedient haben, sachkritische Urteile erzwingen kann. Aber auch das darf Interesse und Konzentration nicht von der Ethik auf das Ethos ablenken, zumal im Regelfall das Ethos der Ethik entsprochen haben wird. Niemand im Neuen Testament hat Denken als Handlungsersatz angesehen oder Reden mit Handeln verwechselt. Viele urchristliche Autoren haben es ausdrücklich angeprangert, wenn

---

[3] L. E. Keck, Das Ethos der frühen Christen, in: Zur Soziologie des Urchristentums, TB 62, 1979, 13–36, bes. 20. Auch Keck betont freilich, daß das NT nicht nur Widerspiegelung der frühen Christenheit ist (33) und man sich mit ethischen Fragen beschäftigte, „um geeignete Kriterien für das wirkliche Leben der frühen Christen zu finden" (35).

[4] G. Theißen, Wanderradikalismus, ZThK 70, 1973, 245–271, Zitat 247 (= Studien 79–105, 81).

Reden und Tun auseinanderklaffen und der Christo-Logie keine Christo-Praxie entspricht. Moderne Erwägungen über die Realisierbarkeit neutestamentlicher Forderungen (meist im Zusammenhang mit der Bergpredigt gestellt) dürfen nicht daran irremachen, daß die neutestamentlichen Autoren im allgemeinen ganz selbstverständlich davon ausgehen, daß Christen Gottes Willen erfüllen. Daß die neutestamentlichen Weisungen nur dazu da seien, die rechte Gesinnung anzudeuten oder gar den Menschen ins Scheitern zu führen, sind moderne Hypothesen, die meist nur eine theologische Alibi- und Verdrängungsfunktion erfüllen. Jesu „Joch" ist sanft (Mt. 11,30), Gottes Gebote sind „nicht schwer" (1.Joh. 5,3).

Zur neutestamentlichen Ethik und ihrem Verstehen gehört darum weniger das Ethos als die *Situation*, auf die sie sich bezieht. Es liegt auf der Hand, daß sich die neutestamentlichen Autoren nicht in irgendeinem Wolkenkuckucksheim ideale, aber unerfüllbare Forderungen ausgedacht haben, sich also nicht abstrakt, weltfremd, realitätsblind und unabhängig von den Problemen ihrer Adressaten geäußert haben, sondern durch bestimmte Anlässe und Situationen herausgefordert wurden, ja überhaupt nur in ihrem historisch-soziologischen Kontext zu verstehen sind. Neutestamentliche Ethik ist kontextuelle Ethik, Ethik im Kontext bestimmter Situationen. Das Institut der Sklaverei z.B. war eben für bestimmte Gemeindeglieder damals eine so bedrängende Wirklichkeit, daß viele neutestamentliche Autoren daran nicht vorbeigehen konnten. Umgekehrt sucht man auf viele Fragen modernen Lebens im Neuen Testament natürlich vergebens nach einer Antwort. Es ist z.B. kein Zufall, daß nur Mahnungen zum rechten Verhalten gegenüber dem Staat und seinen Instanzen begegnen, dagegen keine Weisungen für Christen in politischer Verantwortung. Das liegt nicht einfach an der Naherwartung, sondern daran, daß die Urchristenheit im allgemeinen eine einflußlose Randgruppe war und kaum Glieder gehabt hat, die die Geschicke des Staates, einer damals ganz und gar nichtchristlichen Institution, an verantwortlicher Stelle politisch mitbestimmen konnten. Und die neutestamentlichen Prediger und Lehrer sind eben nicht der Meinung, daß es sinnvoll ist, zum Fenster hinaus zu predigen, auch wenn sie alles andere als eine angstbesetzte Defensivhaltung und Rückzugsmentalität bekunden. Sie haben sich auch nicht allzu große Sorgen um die Evidenz ihrer Weisungen bei Nichtchristen gemacht oder den Vorwurf einer kirchlichen Binnenmoral gefürchtet, wie denn überhaupt sinnvollerweise nur Gemeindeglieder angesprochen und keine allgemeinen Sittengesetze proklamiert worden sind. Das eigentliche Subjekt neutestamentlicher Ethik ist weder die Gesellschaft noch der einzelne, sondern die Gemeinde (vgl. die Adresse des Phlm.). Wenn Paulus sich zum Problem der Ehescheidung äußert, dann nicht generell, sondern allein im Blick auf christliche Ehepartner, die mit Christen oder Nichtchristen verheiratet sind (1.Kor. 7,10ff.), und außerdem sind die ethischen Probleme primär auf der lokalen Ebene der einzelnen Gemeinden aufgebrochen. Das tut dem universalen Anspruch der Botschaft keinen Abbruch, denn Gemeindeethik heißt nicht Konventikelethik. Jedenfalls kann nicht zweifelhaft sein, daß akute Probleme der Gemeinden vieles, wenn auch nicht alles erklären, denn neutestamentliche

Ethik ist zwar kein bloßer Reflex der damaligen Gemeindeverhältnisse und -praktiken, aber sowenig sie daraus abzuleiten ist, sowenig ist sie ohne diese zu begreifen (wirtschaftliche Notlagen, politische Abhängigkeit, heimatlose Wanderexistenz, Verfolgungen u. a.).

Die Situationsbezogenheit bedingt auch das Fragmentarische und Unsystematische der neutestamentlichen Ethik. Schon darum ist „Ethik" eigentlich in Anführungszeichen zu setzen, und Gleiches gilt für Begriffe wie Formalethik, Situationsethik, Gesinnungsethik, Sozialethik usw. Vielleicht wäre es dem Neuen Testament überhaupt angemessener, von Paränese oder Paraklese zu sprechen, doch treffen auch sie nicht das Ganze, weil Ethik stärker das Moment der Reflexion des Handelns impliziert. Meint Ethik nicht eo ipso wissenschaftlich explizierte und methodisch überprüfbare Ethik, sondern das Bedenken des Handelns, kann man cum grano salis durchaus von neutestamentlicher Ethik sprechen. Die aus der Moralphilosophie übernommene Unterscheidung zwischen argumentativ-normativer Ethik, die auf die Erkenntnis des sittlich Richtigen zielt, und einer als persuasiver Mahnrede zu bestimmenden Paränese, die zum Tun des sittlich Gebotenen aufruft[4a], wird den Texten kaum gerecht, denn das Neue Testament begnügt sich keineswegs mit appellativ-motivierender Redeweise, die die allgemeine Evidenz und Bekanntheit seiner ethischen Inhalte voraussetzt, sondern kennt auch argumentativ-diskursive Partien. Denn gewiß haben die neutestamentlichen Autoren über das Handeln der Christen ebenso reflektiert wie über die Probleme der Christologie, der Eschatologie, der Ekklesiologie usw. Sie haben diese Überlegungen aber nicht verselbständigt, sondern meist in die konkreten Mahnungen einfließen lassen. Deshalb sind die konkreten Weisungen auf die ihnen zugrunde liegenden Prämissen und Implikationen, Begründungen und Orientierungen zu befragen. Auch wenn wir uns heute in vielem nicht mehr an das gebunden fühlen, was das Neue Testament fordert, sind die Texte damit noch nicht erledigt, sondern es bleibt zu fragen, welche Motive und Kriterien sichtbar werden, die die spezielle Sicht bei den Problemen etwa des Götzenopferfleischessens, der Sklaverei u. ä. bestimmen.

Wenngleich das Neue Testament also keine systematische Ethik entwickelt hat, so darf man sich das Handeln der Urchristenheit doch auch nicht zu punktuell und aktionistisch und die neutestamentliche Ethik nicht zu situationsethisch und dezisionistisch vorstellen. Findet sich auch kein geschlossenes System ethischer Reflexionen und keine rational konzipierte Ethik, so ist doch der hohe Stellenwert von Vernunft und Vernunfterkenntnis gerade innerhalb der neutestamentlichen Ethik nicht zu übersehen. Auch wenn nirgendwo einfach auf die Vernunft oder den weltimmanenten Logos gehört wird und der Unterschied zur hellenistisch-römischen Ethik, die „die Probleme menschlichen Lebens und Zusammenlebens mit rationalen Mitteln zu lösen" versucht (A. Dihle, RAC 6, 647), nicht zu leugnen ist, genügt es jedenfalls nicht, die

---

[4a] So W. Wolbert, Ethische Argumentation und Paränese in 1.Korinther 7, 1981; vgl. die kritischen Fragen von H. Frankemölle, Sozialethik, 20f.

neutestamentliche Ethik von „Verstandesklügelei" und „klugem Abwägen" abzuheben und stattdessen „Ansturm des Telos", „Hineingerissenwerden", „Dynamik" u. ä. zu betonen, wie das etwa bei H. Preisker (Ethos, 24ff.) geschieht. Auf die Vernünftigkeit christlichen Handelns ist darum bei der Ethik Jesu und ihren sapientialen Traditionen und vor allem bei der Ethik des Paulus und ihrem mehrfachen Appell an Vernunft, Weisheit und Erkenntnis noch ausführlicher zurückzukommen. Dabei ist dann auch zu klären, ob Voraussetzung und Begründung oder nur die Inhalte dieser Ethik aus der Ratio entwickelt werden oder keines von beiden zutrifft und dem Appell an die Vernunft nur die Bedeutung eines Hilfsarguments zukommt, weil zwar der Überzeugungskraft von Vernunftargumenten nicht entraten wird, aber ihnen, zumal in Konfliktfällen, doch nicht das letzte Wort gebührt. Die Plausibilität und Konsensfähigkeit etwa der „Goldenen Regel" (Mt. 7,12 par) darf nicht einfach mit der Ethik des Gottesreiches verwechselt werden. Wie wenig die Vernunft evident und in sich suffizient ist, zeigt ihre Erneuerungs- und Ergänzungsbedürftigkeit (Röm. 12,1 f. u. ö.). Zudem hat sich auch die Vernunft an der Liebe zu orientieren und nur bei Geltung dieses Kriteriums der christologisch definierten Liebe kann „die inhaltliche Identität zwischen liebendem und vernünftigem Handeln" (U. Duchrow, 117) aufrechterhalten werden, denn „erst die Liebe liefert die wahren, tragfähigen ‚Vernunftgründe'"[4b]. Gewiß impliziert Liebe auch Vernunft (vgl. Mk. 12,30; Phil. 1,9). Das bedeutet aber nicht, daß die materiale Ethik allein rational zu begründen und der Vernunfterkenntnis oder dem Naturrecht zu entnehmen wäre. Mk. 10,9 begründet das Ehescheidungsverbot z.B. nicht mit seiner Vernünftigkeit oder Natürlichkeit, sondern mit Gottes Willen, was weder notwendig auseinander- noch aber auch zusammenfällt. Aber Vernunft als solche garantiert weder Humanität noch Liebe.

Die Schwierigkeit, neutestamentliche Ethik mit einer rationalen plausibel und kommunikativ zu vermitteln, sollte jedenfalls nicht dazu führen, exegetische Sachverhalte nach dem Geschmack heutiger Theologie zurechtzustutzen. Im übrigen ist es noch sehr die Frage, ob das Proprium christlicher Ethik nicht auch heute gerade dies sein sollte, das Sperrige und Querstehende herauszustellen. Es scheint immer noch aktuell, auch für die Ethik, was K. Barth 1922 in seinem Römerbrief schrieb: „Die Ansicht, daß es heute vor allem darauf ankomme, die Theologie von sich abzuschütteln und irgend etwas jedermann Verständliches zu denken ..., halte ich für eine durchaus hysterische und unbesonnene Ansicht" (S. VII). Die Auseinandersetzungen um die Friedensfrage haben die Bergpredigt für viele wieder aktuell werden lassen, und zwar gerade in ihren scheinbar irrationalen, utopischen und rigoristischen Mahnungen, die in der Welt oft als Zumutung und Störfaktor empfunden werden.

Trotz der unübersehbaren Bedeutung der Vernunft bleibt es auch dabei, daß neutestamentliche Ethik nicht systematisch ist, sondern konkret, modellhaft, situationsbezogen, auf eine bestimmte Zeit berechnet, wobei man allerdings

---

[4b] Vgl. G. Bornkamm, Glaube und Vernunft bei Paulus, in: Ges. Aufs. II, 1959, 119–137 Zitat 136; vgl. auch W. Schrage, Zum Verhältnis von Ethik und Vernunft, in: FS R. Schnackenburg, 1989.

sofort hinzufügen muß, daß Verhaltensparadigmen und Modelle nicht beliebig und unverbindlich sind. Man spricht heute gern von neutestamentlichen „Verhaltensmodellen", um die biblischen Weisungen vom Nomismus oder einer unmittelbaren Applizierung auf die Gegenwart abzuheben. J. Blank will darum mit dem Modellbegriff auf ein Ethos hinaus, „das, ohne gesetzlich zu sein, doch zugleich verbindlich" ist[5]. P. Hoffmann/V. Eid bevorzugen den Begriff der „Perspektiven", die das Konkrete festhalten, es aber „umsetzbar, verlängerbar" machen[6]. Gerade konkrete Paradigmen können analoge Situationen meistern helfen. Gewiß ist die unendliche Differenziertheit des Menschen und seiner kulturellen, sozialen, gesellschaftlichen Umwelt nicht auf einen Nenner zu bringen, aber andererseits sind entscheidende Grundfragen und Grundeinstellungen dieselben geblieben. Es gibt trotz aller Verschiedenheit konkreter Verhaltensweisen konstante Handlungsmuster und Richtungsangaben innerhalb der Urchristenheit, die einen Relativismus ebenso verwehren wie einen autoritativen Sittenkodex. Das Liebesgebot und bestimmte Einzelgebote stehen vor aller Situationsanalyse fest. So hat man z. B. die Worte und Taten Jesu in veränderten Situationen zwar nicht stereotyp wiederholt, wohl aber immer wieder neu zu aktualisieren versucht. Gerade die schon im Neuen Testament zu beobachtenden Neuinterpretationen ethischer Traditionen lassen erkennen, daß man nicht an sklavischen Reproduktionen von Handlungsstandards interessiert ist, aber bei aller Freiheit und Innovationskraft, mit der nicht nur interpretiert, sondern auch Neues geschaffen werden konnte, die Weisungen Jesu und die Erfahrungen der Urgemeinde festzuhalten versucht, um analoge oder neue Situationen bewältigen zu können.

Situationsbezogenheit schließt Situationsbedingtheit ein. Das heißt nicht, daß die Situation bzw. die soziale und sozioökonomische Wirklichkeit der urchristlichen Gemeinden oder gar der neutestamentlichen Umwelt Maß oder Grund wären, aus denen die urchristliche Ethik hinreichend zu erklären wäre. Zwar sind die neutestamentlichen Entscheidungen in einem bestimmten Maß durch die damaligen Denk- und Handlungsmuster, Wert- und Zielvorstellungen präformiert. Sie sind darüber hinaus von manchen außergemeindlichen Faktoren mitgeprägt, wobei man im übrigen weder die religiösen, kulturellen und geistesgeschichtlichen noch die wirtschaftlichen, politischen und gesellschaftlichen Rahmenbedingungen allein verantwortlich machen sollte. Sind die ethischen Entscheidungskriterien somit nicht losgelöst von der damaligen geschichtlichen Situation und den gesamtgesellschaftlichen Lebensbedingungen der urchristlichen Gemeinde gewonnen worden[6a], hat man sich doch erst recht nicht mit einer bloßen Erhebung von Situationen bzw. ihrer Deskription als Norm begnügt, was denn ja auch nichts als eine reine Tautologie wäre und aus

---

[5] J. Blank, Zum Problem „ethischer Normen" im NT, in: Schriftauslegung in Theorie und Praxis, 1969, 144–157, bes. 142; vgl. auch H. Schürmann, Haben die paulinischen Wertungen und Weisungen Modellcharakter?, in: Orientierungen am NT, 1978, 89–115.

[6] P. Hoffmann/V. Eid, Jesus von Nazareth und eine christliche Moral, QD 66, 1975, 23f.

[6a] Vgl. jetzt vor allem W. Meeks, The Moral World of the First Christians, London 1987.

der Urchristenheit ein bloßes Spiegelbild ihrer Gesellschaft machen würde. Daß Text und Lebensrealität aufeinander zu beziehen sind und nicht-religiöse Faktoren eine größere Rolle gespielt haben, als auch die neutestamentlichen Autoren wahrhaben wollen, macht aus den Texten keinen bloßen Reflex damaliger Verhältnisse und Kriterien. Der Zeitgeist oder die sogenannte Tagesordnung der Welt sind aber keine Maßstäbe urchristlicher Ethik, und etablierte Sitten und pragmatische Normen der Konvention sind es ebensowenig. Ein und dieselbe Wirklichkeit hat zudem verschiedene Antworten provoziert. Endlich ist die Situationsbezogenheit durchaus begrenzt, weil sich im Neuen Testament weitgehend auch usuelle und also nicht nur aktuelle Paränese findet, um die Begrifflichkeit von M. Dibelius zu gebrauchen, Mahnungen also, die nicht speziell auf eine einmalige Situation zugeschnitten sind, sondern mehr situationsübergreifenden, allgemeingültigen und z. T. sogar prophylaktischen Charakter haben. Die sogenannten Haustafeln des Neuen Testaments sind in ihren Inhalten ebensowenig durch bestimmte Mißstände in urchristlichen Gemeinden evoziert worden wie die sogenannten Tugend- und Lasterkataloge. Gewiß haben Hungersnöte (vgl. Apg. 11,28; 12,20) und ähnliche Notfälle (D.L. Mealand, a.a.O. I D, 8f. 38ff. verweist z. B. auf die prekäre Beschäftigungslage für galiläische Fischer in Jerusalem und auf die Möglichkeit eines Sabbatjahres, wo die Felder brachlagen) dazu geführt, daß die christliche Liebe besonders opferwillig Spenden aufbrachte, aber andererseits wird doch vorausgesetzt, daß Armen „allezeit" Gutes getan werden kann (Mk. 14,7). Viele Mahnungen sind zudem weithin konventionell und traditionell.

Darum ist die traditions-, kultur-, sozial- und religionsgeschichtliche Fragestellung sowie die Inblicknahme ethischer Theorie und Praxis der Umwelt bei der Erklärung der ethischen Weisungen des Neuen Testaments oft wichtiger als die Frage nach den Adressaten. Das gilt umso mehr, als die neutestamentliche Ethik in weitem Umfang das Erbe der antiken Ethik aufgegriffen und verarbeitet hat, auch wenn man daneben die Differenzen in der Motivation, aber auch die Handlungsalternativen im Inhalt nicht übersehen sollte. Probleme jüdischer oder stoischer Ethik können zwar nicht mitbehandelt werden, doch sollen jeweils zu bestimmten Punkten und Problemkreisen des Neuen Testaments Verbindungs- und Trennungslinien zur Ethik der Umwelt aufgezeigt werden. Dabei wird sich ergeben, daß das Neue Testament keine antike Durchschnittsmoral vertritt, sondern neben der kritischen Rezeption immer wieder auch Modifikationen und Brüche zu konstatieren sind, nicht um der Originalität, die im übrigen ja auch noch keine Wahrheit verbürgt, wohl aber um der inhaltlichen Adäquatheit christlichen Handelns willen. Auf dem Hintergrund des großen Spektrums z. B. der griechischen Ethik, »das sich von rigoroser Askese bis zur Vergötterung der Lust, von strenger Bindung an das Gemeinwohl bis zur selbstherrlichen Doktrin vom Recht des Stärkeren erstreckte"[6b], wird das nur um so deutlicher. Ja die neue Grundorientierung ist, auch wenn die „integrativ-kritische Funktion" gegenüber der antiken Ethik im Vordergrund

---

[6b] So M. Fuhrmann, Antike Ethik, in: Moral – wozu?, hg. v. R. Itaaliander, 1972, 74–87, Zitat 81.

steht, z. T. sehr wohl auch „normschöpferisch" gewesen (vgl. H. Halter, Lit. zu IV A, 474 ff.).

Als *gemeinsamer Grundzug* jesuanischer, synoptischer, paulinischer und johanneischer Ethik wird sich vor allem ihre theologische bzw. christologische Verwurzelung und Orientierung ergeben. Neutestamentliche Ethik ist also weder autonome noch finale Ethik. Ihr Maßstab und Grund ist das Heilshandeln Gottes in Jesus Christus. Ethik ist dessen Konsequenz und Entsprechung, ja dessen Implikat. Selbst von konsekutiver Ethik zu sprechen, ist nicht unproblematisch, weil Liebe und Gerechtigkeit nicht nur Folge, sondern Ausdruck der Christuszugehörigkeit sind. Außerdem legte sich sonst leicht ein quantitatives Mißverständnis nahe, wo doch nicht nur die Rechtfertigung, sondern auch die Heiligung Gottes eigenes Werk ist und jede Quantifizierung die Schärfe der Dialektik verfehlt, nach der Gott *alles* wirkt und wir darum *alles* zu tun haben (Phil. 2,17). Jedenfalls wird jeweils zu fragen sein, was christliches Handeln inspiriert und motiviert, woraus christliches Handeln seine Antriebskräfte und seinen Elan empfängt.

Die weit verbreitete Meinung, das Neue und Eigene, spezifisch Christliche und Verbindliche an der neutestamentlichen Ethik tangiere gar nicht die materialen Inhalte und betreffe nur die Konstituierung des ethischen Subjekts und die Begründung seines Handelns, dürfte zwar zu kurz greifen, aber daß Entscheidendes auf die Basis, das Vorzeichen, den Impuls, den Heilsindikativ vor jedem Imperativ ankommt, das kann nicht gut in Zweifel gezogen werden. Eine Verselbständigung der Ethik wäre nicht neutestamentlich und selbst durch die primär ethische Orientierung des Jakobusbriefs nicht stichhaltig zu begründen. Zwar werden die Fundamente und Motive nicht überall expressis verbis aufgedeckt und expliziert, aber zur neutestamentlichen Ethik gehört unabdingbar der theologische Kontext und der Rückgriff auf die neutestamentliche „Dogmatik" hinzu. Diese Einbindung in die Theologie kann hier zwar schon aus Raumgründen nicht in extenso dargestellt werden, aber die Haupt- und Leitmotive und die diese bestimmenden Grundfragen der Soteriologie können und dürfen nicht übergangen werden, wenn die neutestamentliche Ethik nicht in der Luft hängen oder zur bloßen Gesetzesmoral verkommen soll. Das gilt insbesondere für die Christologie und Eschatologie, weil diese mit der Ethik aufs engste zusammgenhören. Basis und Horizont christlichen Handelns sind Gottes Herrschaft und Jesu Kreuz und Auferstehung.

Das soll die „Dogmatik" nicht relativieren. Auch wenn man bedenkt, daß etwa christologische Traditionen wie z. B. der Christushymnus in Phil. 2 oder die Christuslieder in 1. Petr. 2 und 3 zu keinem anderen Zweck aufgenommen wurden als zu dem, christliches Handeln zu begründen, daß also selbst das christologische Credo hier keinen Selbstzweck hat, so darf man doch nicht meinen, die „Dogmatik" sei sozusagen nur das Vorwort und das Neue Testament sei erst mit der Ethik bei seiner eigentlichen Sache, die fehlende „Religion" und „Dogmatik" vielleicht sogar kompensieren könnte. Man zitiert heute gern E. Käsemanns Wort über den „Gottesdienst im Alltag der Welt", wonach die Lehre vom Gottesdienst mit der Ethik zusammenfällt, und deutet das dann bisweilen rein moralisch. Aber der Satz E. Käsemanns gilt nach beiden Seiten und soll aus dem Neuen Testament keinen Moralkodex machen. Vor einer allgemeinen Ethisierung des Neuen Testaments ist ebenso zu warnen wie vor der Meinung, dem Neuen Testament ginge es vor allem um eine dogmatische Rechtgläubigkeit, bei der es auf das Alltagsverhalten nicht so sehr ankomme, wie es ein orthodoxer Protestantismus, der sich die Werke der Liebe und Gerechtigkeit schenken zu können glaubte, bisweilen anzusehen schien. Selbst ein so stark auf die Verwirklichung des Glaubens drängendes Dokument wie den Jakobusbrief, der der Gefahr des Moralismus nicht immer ganz entgangen ist, darf man nicht einfach als Handbüchlein einer hausbackenen Moral abtun. Vielmehr hat auch dieser Brief durchaus theologische Gründe für seine Mahnungen anzuführen, ob die nun überzeugend sind oder nicht.

Es versteht sich vom Neuen Testament her von selbst, daß nicht nur die Handlungsmotive und -gründe, sondern auch die Maßstäbe und konkreten Inhalte der Ethik zu erfragen und darzustellen sind, falls sich solche erheben lassen. Dabei wird wegen der Problematik des statisch gedachten Normenbegriffes[7] dieser Terminus vermieden und stattdessen von *Kriterien* gesprochen, die eher dynamisch-geschichtlich Freiheit und Verbindlichkeit neutestamentlicher Ethik zusammenhalten können. Gleichwohl dringt das Neue Testament nicht bloß auf ein neues Fundament oder eine Veränderung der Grundhaltung und Sinngebung, sondern auch auf christliche Lebensgestaltung und konkretes Weltverhalten im einzelnen. Für eine inhalt- und konturenlose, bloß formale Situationsethik, die alle Inhalte der Entscheidung dem einzelnen überläßt und dabei nur allzu leicht bei einer materialen Beliebigkeit oder Weltförmigkeit landet, ist das Neue Testament nicht in Anspruch zu nehmen. Seneca war zwar der Meinung, daß der, der die philosophischen Grundsätze begriffen hat, „sich selbst in jedem Einzelfall die rechte Vorschrift gibt" und keiner Einzelmahnungen bedarf (Epistula 94), doch entspricht das nicht zufällig der „idealen Verschwommenheit und Allgemeinheit" der stoischen Ethik[8], für die die konkreten Lebensverhältnisse gleichgültig sind. Das aber trifft eben für das Neue Testament mit Bestimmtheit nicht zu. E. Käsemann hat zu Recht betont, „daß die ‚Ethik' des Neuen Testaments fast kasuistisch unentwegt Einzelforderungen erhebt"[9]. Die Angst vor der Gesetzlichkeit hat hier oft den Blick verstellt. Schon E. Troeltsch hat moniert, daß den evangelischen Theologen der Gedanke einer inhaltlichen Bestimmtheit des christlichen Ethos so sehr abhanden gekommen sei, „daß ihnen das ganze christliche Ethos in der Abwehr der guten Werke und in der richtigen Bestimmung der die sittlichen Kräfte mitteilenden Gnade"

---

[7] Vgl. Ch. Link, Überlegungen zum Problem der Norm in der theologischen Ethik, in: FS H. F. Tödt, 1978, 95 ff.
[8] A. Bonhoeffer, Die Ethik des Stoikers Epictet, 1894, 90; vgl. auch H. Greeven, Hauptproblem, 63. 75.
[9] E. Käsemann, Grundsätzliches zur Interpretation von Röm. 13, in: Exegetische Versuche und Besinnungen II, 204 ff., Zitat 205.

aufgehe, „nach der Seite des Inhaltes aber in eine völlige Bestimmungslosigkeit" verfalle[10].

Die Gefahr materialer Indifferenz, die sich u. U. sogar ihrer Flexibilität rühmt, ist keineswegs gebannt. Mir scheint, daß Reduktion und Anpassung an das allgemeine Denken und Handeln der Welt heute zum Teil so weit gediehen sind, daß die christliche Ethik substantiell oft kaum noch etwas zu sagen wagt, was nicht der gerade herrschenden Gesellschaftsmoral entspricht oder dem, was als „realistisch" und „vernünftig", „effektiv" und „praktikabel" gilt, wenn sie nicht gar einem ethisch-situativen Gutdünken verzweifelt ähnlich sieht. Es geht dem Neuen Testament gewiß nicht um einen ethischen Klerikalismus oder um einen prinzipiellen sektiererischen Nonkonformismus, sehr wohl aber darum, daß die Christen „Salz der Erde" und „Licht der Welt" sind (Mt. 5,13f.; vgl. auch Phil. 2,15) und damit ihre Andersartigkeit auch in ihren „guten Werken" nicht verlieren. Daß Christen wie Schafe unter Wölfe gesendet werden (Mt. 10,16), hat Konsequenzen auch für die Ethik. Daß die Welt der christlichen Ethik neutral oder gar mit Sympathie begegnen wird, ist nicht verheißen. Wer wie der Samaritaner von Lk. 10,25ff. handelt, zieht sich die Feindschaft seiner Landsleute zu, wer sich nach der Regel von Lk. 14,13 richtet, wird seine Freunde und Verwandte gegen sich haben u. a.[10a]. Jüngerschaft ist immer eine Alternative zum Normalen. Was auch Zöllner und Heiden tun, genügt nach Mt. 5,46f. nicht. Davon haben sich Christen abzuheben. Ohne das Korrektiv des „Außerordentlichen" würde die Christenheit tatsächlich „einfach in der Welt ertrinken" (H.-D. Wendland, Botschaft, 79), und sie hat heute Grund, sich weniger vor Sektiererei als vor konfliktscheuer Weltanpassung in acht zu nehmen. Ethische Originalitätssucht, Kasuistik und Gesetzlichkeit liegen dem Neuen Testament zwar fern, aber ebenso eine Reduktion auf die einzige Mahnung, sich inhaltlich an dem mit der Welt Gemeinsamen zu orientieren, sich in der jeweiligen Situation gewissensmäßig zu entscheiden oder sich schlicht nach säkularistischen Gesichtspunkten zu richten. So könnte zwischen der Scylla der Kasuistik und der Charybdis der Formalisierung auch für das Verstehen neutestamentlicher Ethik der Begriff der „mittleren Axiome" hilfreich sein (I. H. Oldham, vgl. H.-D. Wendland, Kirche, 34). Jedenfalls kennt das Neue Testament klar geschnittene Grundlinien und Orientierungshilfen. Wenn Übereinstimmung darüber herrscht, daß Liebe der Gesamttenor der neutestamentlichen Ethik ist sowie Zentrum und Quintessenz aller Einzelmahnungen, dann muß auch deutlich bleiben, daß diese Liebe ganz bestimmte Inhalte und Handlungskriterien impliziert und kein abstraktes Formalprinzip bildet. Gewiß kann es wegen der Überordnung des Liebesgebots keine Weisungen geben, die um ihrer selbst willen zu befolgen wären, z. B. kein allgemein gültiges Gebot der,

---

[10] E. Troeltsch, Die Soziallehren der christlichen Kirche I, Nachdruck 1961, 174. Vgl. auch M. Horkheimer, Kritische Theorie I, 1968, 271: „Die Religion wurde so lange eines klaren bestimmten Inhalts beraubt, formalisiert, angepaßt, spiritualisiert, in die innerste Innerlichkeit der Subjekte verlegt, bis sie sich mit jedem Handeln und mit jeder öffentlichen Praxis vertrug, die in dieser atheistischen Wirklichkeit gang und gäbe war."

[10a] Vgl. A. Schlatter, Das Evangelium des Lukas, ²1960, 343.

Gewaltlosigkeit, aber Liebe bedenkt die Folgen für die anderen nur dann richtig, wenn sie sich selbst nicht von allen materialen Implikaten dispensiert und bei ihrer Konkretion übersieht, daß oft genug ein bestimmtes Verhalten ein „deutlicheres Zeugnis" sein kann, selbst bei legitimer Pluralität und Komplementarität[10b]. Daß man heute mit Liebe – einmal ganz abgesehen von den abgegriffenen oder gefühligen Vulgärdefinitionen – sehr Widersprüchliches abdecken kann, z.B. darunter auch verstehen kann, daß man bei unverändertem Besitzstandsdenken in Spendenaktionen für die dritte und vierte Welt häppchenweise zurückgibt, was anderen zuvor weggenommen worden ist, hat möglicherweise auch damit zu tun, daß wir nicht den Mut zu ethischen Inhalten und Konkretionen haben, den das Neue Testament hatte. Man kann sich nur darüber wundern, wie wir weißen Angehörigen der sog. Religion der Liebe stillschweigend den ungeheuerlichen Lieblosigkeiten zusehen, mit denen die Hungernden und Gequälten dieser Erde ausgebeutet werden, durch die wir zwar selbst profitieren und Milliarden in Rüstungen stecken können, aber andere in Verelendung treiben. Unser Hauptproblem scheint mir denn auch nicht, ob man der deduktiven oder induktiven Normfindung den Vorrang einräumt, sondern ob wir den „Schrei der Armen" hören (R. H. Hiers). Das christliche Handeln wird durch das Neue Testament gewiß nicht ein für allemal auf bestimmte politische, gesellschaftliche oder soziale Einstellungen und Praktiken festgelegt, aber die materialen Weisungen des Neuen Testaments lassen zweifellos paradigmatisch Typen und Perspektiven, Prioritäten und Präferenzen bei der Entscheidungsfindung erkennen, die auch für neue Denkhorizonte und Gestaltungen richtungsweisend sein und zu weitergehenden Schritten ermutigen können (vgl. Houlden, 119). Das gilt gerade bei Einbeziehung der pneumatologischen Perspektive. Wer mit der erneuernden und belebenden Kraft des Geistes rechnet, der in alle Wahrheit leitet, wird sich offenhalten für überraschende Einsichten und neue Praxis, nicht jeden Veränderungswillen in Kirche und Gesellschaft sofort als Schwärmerei verketzern und sich nicht auf Überkommenes und Vorprogrammiertes versteifen oder alles Gewordene eo ipso für gottgewollt halten. Ist der Geist Gottes die bewegende Kraft, die immer neu auch aus verfestigten Lagern und Positionen ins Ungesicherte aufbrechen läßt und von der Kirche nie domestiziert oder unter Verschluß genommen werden kann, so ist er doch zugleich der, der an Christus „erinnert" und neutestamentlich am Christus orientiert bleibt. Gerade dadurch wird Starrheit und Beliebigkeit zugleich überwunden.

Daß die Hauptvertreter neutestamentlicher Ethik nacheinander behandelt werden, impliziert nicht von vornherein ein negatives Urteil über die Spätschriften, als ob die Entwicklung von Jesus bis hin zu den Pastoralbriefen und den katholischen Briefen als bloßer Abfallprozeß zu verstehen sei. Wer z.B. von allmählicher Moralisierung, Verbürgerlichung und Weltanpassung urchristlicher Ethik spricht, oft übrigens von sehr burgerlicher Warte aus, und damit eine Depravierung urchristlicher Ethik suggerieren möchte, wird schon mit der Johannesoffenbarung oder dem 1. Petrusbrief große Schwierigkeiten bekom-

---

[10b] Vgl. W. Schrage, Zum Komparativ in der urchristlichen Ethik, EvTh 48, 1988, 330–345.

men. Auch sollte man nicht ungeschichtlich urteilen und sich z. B. nicht von der Frage dispensieren, wie einem pervertierten Paulinismus oder dem Libertinismus und der Askese der Gnosis wirksamer hätte begegnet werden können als so, wie es geschieht, d.h. durch Betonung der „Werke", durch Elemente der sogenannten natürlichen Ethik u. ä. Damit legen wir uns keine Abstinenz von sachkritischen Urteilen auf. Sie sind vielmehr, z.B. gegenüber bestimmten patriarchalischen und androzentrischen Aussagen, aber auch gegen uncharismatische Verfestigungen und gesetzliche Gefahren, unabweisbar, und zwar schon auf der Ebene des Neuen Testaments selbst. Nur kann das Sachkriterium nicht einfach das Älteste und Ursprüngliche oder gar ein formaler Radikalismus sein, sondern nur das das Christusereignis verkündigende Evangelium und die dem entsprechende Liebe im Wandel der Zeiten.

# I. Jesu eschatologische Ethik

*Literatur zum ganzen Kapitel:* U. Berner, Die Bergpredigt, Rezeption und Auslegung im 20. Jht. (GTA 12), 1979; G. Bornkamm, Jesus (UB 19), 1980[12]; H. Braun, Jesus (ThTh 1), 1969; ders., Spätjüdisch-häretischer und frühchristlicher Radikalismus. Jesus von Nazareth und die essenische Qumransekte I. II (BHTh 24), 1957; R. Bultmann, Die Geschichte der synoptischen Tradition (FRLANT 29), 1979[9]; ders., Jesus (GTB 17), 1977[2]; M. Dibelius, Die Bergpredigt, in: Botschaft und Geschichte 1, 1953, 79–174; Ch. Dietzfelbinger, Die Antithesen der Bergpredigt (TEH 186), 1980; G. Eichholz, Auslegung der Bergpredigt (BSt 46) 1970[2]; L. Goppelt, Theologie des NT 1, 1975; M. Hengel, Nachfolge und Charisma (BZNW 34), 1968; R. H. Hiers, Jesus and Ethics, Philadelphia o.J.; P. Hoffmann/V. Eid, Jesus von Nazareth und eine christliche Moral (QD 66), 1975; J. Jeremias, Die Gleichnisse Jesu, 1962[6]; ders., Neutestamentliche Theologie. 1. Teil., 1971; E. Jüngel, Paulus und Jesus, 1979[5]; F. W. Kantzenbach, Die Bergpredigt, 1982; W. G. Kümmel, Die Theologie des NT (NTDErg. 3), 1969, 20–85; G. Lindeskog, Die Jesusfrage im neuzeitlichen Judentum, 1973; E. Linnemann, Gleichnisse Jesu, 1978[7]; G. Lohfink, Wie hat Jesus Gemeinde gewollt?, 1982; T. W. Manson, Ethics and the Gospel, New York 1960; H. Merklein, Die Gottesherrschaft als Handlungsprinzip (fzb 34), 1978; E. Neuhäusler, Anspruch und Antwort Gottes. Zur Lehre von den Weisungen innerhalb der synopt. Jesusverkündigung, 1962; E. Percy, Die Botschaft Jesu (LUÅNFI 49,5) Lund 1953; E. P. Sanders, Jesus and Judaism, London 1985; J. T. Sanders, 1–29; R. Schnackenburg, Botschaft, 3–128; ders., ²Botschaft, 31–155; L. Schottroff/W. Stegemann, Jesus von Nazareth – Hoffnung der Armen (UTB 639), 1978; dies., Der Gott der kleinen Leute, 1979; S. Schulz, Ethik, 17–135; Th. Soiron, Die Bergpredigt Jesu, 1941; G. Theißen, Wanderradikalismus, ZThK 70, 1973, 245–271 (= Studien zur Soziologie des Urchristentums, WUNT 19, 1979, 79–105); ders. Soziologie der Jesusbewegung (TEH 194) 1978[2]; H. Weder, Die Gleichnisse Jesu als Metaphern (FRLANT 120), 1978; H. D. Wendland, Ethik, 4–33; H. Windisch, Der Sinn der Bergpredigt (UNT 16), 1937.

## A. Eschatologie und Ethik

*Literatur:* H. Bald, Eschatologische oder theozentrische Ethik? Anmerkungen zum Problem einer Verhältnisbestimmung von Eschatologie und Ethik in der Verkündigung Jesu, VF 1979, 35–52; H. Flender, Die Botschaft Jesu von der Herrschaft Gottes, 1968; P. Hoffmann, „Eschatologie" und „Friedenshandeln" in der Jesusverkündigung, in: Eschatologie und Frieden hg. v. G. Liedke, 1978, 179–223; H. Schürmann, Eschatologie und Liebesdienst in der Verkündigung Jesu, in: FS Th. Kampmann, 1959, 39–71 (zitiert nach FS K. Schubert, 1964, 203–232).

### 1. *Die Gottesherrschaft als Horizont und Grund der Ethik Jesu*

Wer nach der Ethik Jesu fragt, hat zunächst nach der Mitte seiner Botschaft zu fragen, die die Verkündigung und Verwirklichung des Gotteswillens verständlich und dringlich macht. Diese Mitte, die zugleich das Vorzeichen und den Horizont der gesamten Wirksamkeit Jesu bildet, ist die Botschaft von Nähe und Anbruch der Herrschaft bzw. des Reiches Gottes als eschatologische Wende der Zeiten, für deren Wahrheit und Wirklichkeit sich Jesus verbürgt.

1.1 Was mit dieser Gottesherrschaft genauer gemeint ist, das ist allerdings strittig. Ein kurzer Blick auf die atl.-jüdische Traditionsgeschichte ergibt: Während ursprünglich die endzeitliche und endgültige Manifestierung der Gottesherrschaft ganz innergeschichtlich und diesseitig im Raum dieser Welt vorgestellt wird (vgl. Jes. 52,7; Sach. 14,9; Ob. 21 u.ä.), hat die Apokalyptik eine doppelte Fassung gebracht, einmal im Sinne der alten irdisch-nationalen Hoffnungen der Wiedererrichtung des Davididenreiches (vgl. die Targume, das Achtzehngebet), zum anderen stärker im transzendenten Sinne einer jenseitigen Erwartung in Verbindung mit dem kommenden Äon (vgl. äth. Hen.). Beides überlappt sich aber, und man sollte darum keine allzu scharfen Trennungslinien zwischen beiden Erwartungshorizonten ziehen und auch die Verbindung von Gegenwarts- und Zukunftsdimension nicht übersehen, denn die ewige Herrschaft Gottes ist überall unbestritten, nicht nur im AT (vgl. 2. Mose 15,18; Ps. 10,16), sondern auch in der Apokalyptik (vgl. Dan. 4,31; äth. Hen. 84,2). Auch wo man den Anbruch der Gottesherrschaft in dieser Welt erwartet, wird er oft ins Überirdische ausgeweitet, und auch wo die Erwartung eines totaliter aliter im Zentrum steht, wird das meist mit irdischen Zügen und politisch-gesellschaftlichen Aspekten verknüpft (vgl. Dan. 7,13f.; Ass. Mos. 10). Entscheidend ist der universale, definitive und baldige Herrschaftsantritt Gottes, der alles verwandeln und zugunsten seines Volkes intervenieren wird. Auch das rabbinische Judentum kennt „die Herrschaft der Himmel" in der doppelten Fassung gegenwärtiger und zukünftiger Herrschaft, also als verborgenes gegenwärtiges Regiment Gottes, das durch das Gesetz aufgerichtet worden ist und das Menschen im Gesetzesgehorsam respektieren. Andererseits aber wird auch hier um das endgültige machtvolle Offenbarwerden der Gottesherrschaft vor aller Welt gebetet, wobei wiederum geschichtliche und übergeschichtliche Züge einander durchdringen (vgl. das sog. Qaddisch- und Alenu-Gebet, Billerbeck I, 408ff.). Wichtig für die Ethik ist dabei vor allem, daß die Gottesherrschaft nicht einfach so etwas wie das Jenseits oder die Transzendenz ist, sondern mit dieser Erde und Gottes Anspruch auf sie zu tun hat.

1.2 Jesus hat an diese eschatologische Erwartung einer kosmisch-universalen Manifestation der Gottesherrschaft angeknüpft, wenn er verkündigt, daß Gott dabei ist, seine Herrschaft über den rebellischen Kosmos endgültig aufzurichten. Er hat diese Erwartung, die im Judentum allerdings keine dominierende Rolle spielt, aber zugleich modifiziert. Im Unterschied zur zeitlichen Antizipation des Eschaton im zeitgenössischen Judentum ist die Präsenz der Herrschaft Gottes bei Jesus weder an heilige Zeiten und Orte gebunden noch esoterisch-sektiererisch auf einen heiligen Rest in Israel beschränkt (P. Hoffmann, Frieden, 185). Gottes Herrschaft ist weder nach einem apokalyptischen Fahrplan zu berechnen noch spekulativ auszumalen, sie ist weder zelotisch herbeizuzwingen noch politisch-national einzuengen. Charakteristisch ist zunächst die zeitliche Dialektik von Zukunft und Gegenwart. Das heißt z.B., daß einerseits von ihrer Nähe gesprochen und um ihr Kommen gebetet wird (vgl. die zweite Vaterunserbitte), andererseits aber der mit Jesus geschehende Anbruch und Einbruch in die Gegenwart proklamiert werden kann (vgl. Mt. 12,28 par; Lk.

17,20). Sie steht jetzt nicht mehr nur vor der Tür, sondern bricht herein, und Jesus hat seine Wirksamkeit in Wort und Tat offenbar proleptisch als Vorschein und Zeichen dieses Einbruchs verstanden, ja als vorweggenommene Gegenwart des Zukünftigen. Jesus ist somit weder auf bloß futurische noch auf bloß präsentische Aussagen über die Gottesherrschaft festzulegen. Man darf weder wie die sogenannte „realized eschatology" alle futurischen Sätze auf eine sekundäre Apokalyptisierung der Botschaft Jesu zurückführen noch wie die sogenannte konsequent-eschatologische Deutung alle präsentischen Sätze als von der nachösterlichen Erfüllung eingedrungen ansehen[1]. Vielmehr ist das Zugleich von Gegenwart und Zukunft für Jesus charakteristisch.

1.3 Die Gleichnisse vom Senfkorn und der Saat zeigen, wie man beides aufeinander zu beziehen hat: Gewiß nicht im Sinne eines vom Menschen zu bewirkenden intensiven oder extensiven Wachstums oder nach dem Modell eines Entwicklungsgedankens, aber auch nicht als bloßen Kontrast.

Nach dem Senfkorngleichnis (Mk. 4,30–32) z.B. verhält es sich mit der Gottesherrschaft so wie mit einem Senfkorn, das kleiner ist als alle anderen Samenarten, aber größer wird als alle anderen Gartengewächse. Anders als in der Q-Fassung von Lk. 13,18–19, wo der Hinweis auf die Winzigkeit des Senfkorns fehlt, wird in Mk. 4 nicht die Entwicklung vom Senfkorn zum Baum, sondern der Gegensatz zwischen kleinstem Samen und größter Pflanze akzentuiert. Es handelt sich also um ein „Kontrastgleichnis", das den unscheinbaren Anfang und das überwältigend große Ende kontrastiert, ohne daß dabei die Zwischenzeit im Sinne eines biologisch-natürlichen oder auch innergeschichtlich-historischen Entwicklungsprozesses in den Blick träte (vgl. Jeremias, Gleichnisse, 145ff.; O. Kuß, Auslegung und Verkündigung I, 1963, 78ff. 85ff.).

Sehr wohl aber werden Anfang und Ende eng aufeinander bezogen. Die Gottesherrschaft wächst zwar nicht einfach organisch und kontinuierlich aus dem Anfang heraus, aber Anfang und Ende sind erst recht nicht auseinanderzureißen. Nicht einmal ein gewisses endgeschichtliches Prozeßmoment, das mit modernem innergeschichtlichen Fortschrittsgedanken nicht verwechselt werden darf, ist ganz auszuschließen (vgl. O. Kuß und 1.Kor. 15,23ff.). Insofern kann man zutreffend von einer dynamisch sich realisierenden Eschatologie sprechen[2]. Es gibt die eschatologische Staude nicht ohne das geschichtliche Senfkorn, und gerade auf das Senfkorn kommt es an. Darum ist kaum zu betonen, daß die Gottesherrschaft im Gleichnis mit dem Schlußstadium verglichen werde (so J. Jeremias, Gleichnisse, 146). Eher ist umgekehrt herauszustellen, daß Interesse und Pointe gerade beim Anfangsstadium liegen, das in seiner überraschenden Kleinheit so ganz anders ist, als man vom Endstadium her erwarten und von daher schwärmerisch in den Anfang zurückprojizieren möchte. Nach E. Fuchs brauchte man den Zeitgenossen Jesu nicht zu sagen, daß

---

[1] Vgl. weiter W. G. Kümmel, Verheißung und Erfüllung, 1956³; N. Perrin, Was lehrte Jesus wirklich?, 1972, 52ff.; Kümmel, Theologie, 24ff.
[2] E. Käsemann im Anschluß an E. Haenchen (Das Problem des historischen Jesus, Exegetische Versuche und Besinnungen I, 1960, 187–214, bes. 212).

Gottes Handeln am Ende großartig ausfallen werde. Ihre Frage sei vielmehr die gewesen, ob es nicht näher liege, denselben Gott, der so großartig aufhört, auch großartig anfangen zu lassen[3]. Der unscheinbare Anfang ist dabei aber eng mit dem Wirken Jesu verknüpft, in dem die eschatologische Gottesherrschaft bereits zeichenhaft hereinbricht und „mitten unter euch" ist (Lk. 17,21). Zwar tritt die Herrschaft Gottes nicht einfach in sichtbarer und ungebrochener Kontinuität in Erscheinung, erst recht nicht als bloßes Schlußglied einer Kette von apokalyptischen Ereignissen, wohl aber steht sie in unlöslicher Beziehung zu Jesu Wirksamkeit und wirkt eben so in die diesseitig-welthafte Realität der Gegenwart hinein.

Dann aber darf die Gottesherrschaft nicht vorbehaltlos als „schlechterdings jenseitige Größe" interpretiert werden (so z.B. W. Schmithals, Jesus u. die Weltlichkeit des Reiches Gottes, EK 1, 1968, 313–320, Zitat 315), die allen innerweltlichen Gütern diametral entgegengesetzt ist (R. Bultmann, Jesus 34). Wird sie einerseits mit der Terminologie des kommenden Äons verknüpft (vgl. „kommen", „eingehen" usw.), so andererseits mit gegenwärtiger Erfahrung (Mt. 12,28). Rückt Jesus durch seine Wirksamkeit die Gegenwart der Gottesherrschaft in den Bereich geschichtlicher Wirklichkeit, dann macht es ihre Verschränkung mit der Welterfahrung aber unmöglich, Inhalt und Ziel von Jesu Botschaft im Unterschied von Gott und Mensch und in einer daraus gefolgerten Weltdistanz zu sehen. Sie zielt vielmehr darauf, „das jenseitig-ewige Gottesreich als jetzt und hier am Werk" aufzuzeigen (U. Wilckens, Lit. zu II C, 141). Das „Jenseitige" drängt ins „Diesseits", will hier auf Erden befreien und in Anspruch nehmen. Vor allem H.-D. Wendland hat mehrfach nachdrücklich vor der von der Zwei-Reiche-Lehre her drohenden Gefahr gewarnt, das Reich Gottes „in eine lediglich unsichtbar-jenseitige oder unsichtbar-inseitige Größe zu verwandeln" (Botschaft, 95). Entweltlichung ist jedenfalls nicht die wahre Weltlichkeit des Reiches Gottes.

Oft wird aus der Absage Jesu an eine politisch-nationale Fassung der Gottesherrschaft allzu schnell neben dem transzendenten auch ihr rein spiritueller Sinn erschlossen. Aber nicht nur in der Apokalyptik, sondern auch noch bei Jesus hat die Botschaft von der Gottesherrschaft neben den kosmischen auch gesellschaftlich-politische Aspekte, weshalb sie nicht zufällig im Lauf der Geschichte immer wieder auch gesellschaftliche Zukunftsentwürfe inspiriert hat, auch wenn sie nicht ungebrochen in solche transponiert werden kann (H. Schürmann, GuL 1977, 26). Lk. 17,20f. ist eben nicht so zu verstehen, als ob die Gottesherrschaft inwendig in den Herzen wäre (Luther, Harnack u.a.), sondern sie wird in Jesu gesamtem Wirken präsent und erfahrbar (vgl. Mt. 11,5f. u. ä.). Selbst die futurischen Aussagen bestätigen, daß von der Gottesherrschaft auch die Befreiung von kreatürlich-gesellschaftlichem Leiden und die Erfüllung realer Sehnsüchte erwartet wird (vgl. Lk. 6,20f.; Mt. 8,11; nach H. Flender soll die Reichserwartung Jesu sogar nur im diesseitig-zukünftigen Sinn zu verstehen sein, 32). „In eurer Mitte" (Lk. 17,21) ist m. E. auch nicht allein auf die Person Jesu zu beziehen. Repräsentiert er die Gottesherrschaft, die durch ihn anbricht, so steht er doch auch selbst in deren Dienst (vgl. Anm. 12) und nimmt die

---

[3] E. Fuchs, Zur Frage nach dem historischen Jesus, 1960, 288f.; H. Weder, 132.

## A. Eschatologie und Ethik

Seinen darin mit hinein. <u>Verkündigt er selbst die Gottesherrschaft und sind Exorzismen Zeichen des anbrechenden Reiches (vgl. S. 28), sollen aber andererseits auch seine Jünger verkündigen und heilen (vgl. S. 56f.), dann sind auch sie – in abgeleiteter Form – an der Vermittlung von Präsenz und Realität der Gottesherrschaft beteiligt.</u>

1.4 Nun ist immer wieder darauf verwiesen worden, daß die Gottesherrschaft selbst Subjekt des Nahens ist (Mk. 1,14) und von Gott selbst bewirkt wird. Vor allem das Gleichnis von der selbstwachsenden Saat in Mk. 4,26ff. ist meist so ausgelegt worden, als solle hier alle menschliche Beteiligung und Aktivität radikal ausgeschlossen werden.

Nach diesem Gleichnis verhält es sich mit der Gottesherrschaft wie mit einem Samen, den jemand sät, und während er schläft und aufsteht, sproßt der Same und wird groß, und zwar „*automatē*" (Mk. 4,28). Die Pointe ist dieses Wort „automatisch". Der Bauer ist am Wachstum unbeteiligt. Die Ernte kommt gewiß. Das heißt, die Gottesherrschaft kommt ohne sichtbare Ursachen und ist ein vom Menschen nicht zu bewirkendes Wunder. Das aber heißt nicht sofort auch: ohne jedes Zutun der Menschen, unabhängig von menschlicher Anstrengung und Aktivität. Sowenig der Landmann durch sein Wachen oder Schlafen, sein Wirken oder Warten etwas zum Reifwerden der Ernte beitragen kann, so sehr ist er doch zum Säen gerufen, ja nach V. 29 sogar zur Betätigung der Sichel. R. Stuhlmann (Beobachtungen und Überlegungen zu Mk. 4,26–29, NTS 19, 1973, 153–162) hat gezeigt, daß es in Mk. 4 nicht um den Kontrast von Passivität und Aktivität geht, daß das Gleichnis nicht antisynergistisch, antizelotisch oder gar quietistisch ausgerichtet ist, sondern *automatē* „unbegreiflich, wunderbar, ohne sichtbare Ursache" bedeutet. Nicht auf den Ausschluß menschlicher Mitwirkung ist abgehoben, sondern auf das sichere, unerklärliche, unerkennbare, außerhalb jeder menschlichen Möglichkeit (also z.B. auch der Denkmöglichkeit) liegende Kommen der Gottesherrschaft, das allein Gott bewirkt. Die Pointe liegt im sicheren und unerklärlichen Eintreten der Ernte. Ein tätiges Dabeisein und Mittun der Menschen bei der „Ernte" des Herrn aber wird auch sonst vorausgesetzt (Mt. 9,37f. par), und Jesus fordert von den Jüngern, „daß sie selbst *für* das Reich Gottes tätig werden wie er" (K. Kertelge, Jesus und die Gemeinde, in: Die Aktion Jesu und die Re-Aktion der Kirche, hg. v. K. Müller, 1972, 101–117, Zitat 107).

Man hat oft etwas zu emphatisch betont, daß man um das Kommen des Reiches nur beten könne. Das ist in gewisser Weise auch richtig. Aber so wie im Vater-Unser um die Realisierung des göttlichen Willens durch Gott selbst gebeten wird („Dein Wille geschehe") und sich dadurch hoffentlich niemand von der Erfüllung des göttlichen Willens dispensiert glaubt, so gilt Entsprechendes auch von der zweiten Bitte („Deine Herrschaft komme"). H. Conzelmann erklärt, man könne das Kommen der Gottesherrschaft durch das Gebet beschleunigen, was nur scheinbar ein Widerspruch dazu sei, daß Gott selbst es herbeiführt: „Gott allein handelt, und doch kann der Mensch eingreifen und Gott bestimmen" (Grundriß, 129). Aber dieser „Scheinwiderspruch" ist nicht auf das Gebet zu beschränken (vgl. z.B. die Spannung zwischen Lk. 12,32 und 9,62). Der Mensch wird in den Anbruch der Gottesherrschaft einbezogen. Das endgültige Kommen ist Gottes Initiative vorbehalten und von Menschen nicht machbar und inszenierbar. Aber das besagt nicht, daß dem Menschen bis dahin nur das Beten oder gar untätiges Warten bliebe oder er zur bloßen Passivität verurteilt wäre. Man kann dem Kommen der Gottesherrschaft entsprechen, auch in seinem Tun. Man kann und darf aus ihr leben und sie weitertragen (vgl. Mk. 3,14f.; Lk. 9,1f.; 10,9). Und dieses Leben ist nicht bloß Vorbereitung, sondern Partizipation am Anbruch dieser Gottesherrschaft.

1.5 Um genauer bestimmen zu können, was solche Entsprechung meint, ist vor allem noch der Heilscharakter der Gottesherrschaft herauszustellen. Daß Jesus die Nähe und Gegenwart der Gottesherrschaft mit der menschlichen Erfahrung vermittelt, erschließt diese Erfahrung als Heilserfahrung, und zwar bringt die Gottesherrschaft das Heil für den *ganzen* Menschen (vgl. z.B. auch die Heilungen). Gott wird gerade so Herr, daß in Jesu Kampf und Sieg über die Dämonen den versklavten Menschen von ihm Heil und Befreiung widerfährt und er die Sache der Armen und Verlorenen, der Entrechteten und Erniedrigten zu der seinen macht. Indem Jesus die Dämonen austreibt, erweist er sich schon als Sieger über die den Menschen gefangenhaltenden Unheilsmächte (Mk. 3,27), ist er sozusagen der „Finger Gottes", mit dem Gott die Menschen der Herrschaft des Satans entreißt (vgl. Lk. 11,20; auch 10,18). Indem er für die Deklassierten und Benachteiligten Partei ergreift, wird die Ankunft der Gottesherrschaft als Ankunft von Gottes Liebe und Gerechtigkeit glaubhaft. Was Könige und Propheten zu sehen und zu hören begehrten, das beginnt jetzt Wirklichkeit zu werden (Lk. 10,23f.). Nicht zufällig weisen vor allem einige Bildworte, die wie die Gleichnisse das Geheimnisvolle und Indirekte des Anbruchs der Gottesherrschaft andeuten, darauf hin, daß mit Jesus die Stunde des Heils angebrochen ist: schon ist eschatologische Freuden- und nicht Fastenzeit (Mk. 2,18f.), schon ist Zeit der Ernte (Mt. 9,37f.) u.ä.

Aufschlußreich ist ein Vergleich mit der Täuferpredigt. Im Zentrum der Täuferpredigt stand nicht der gnädige Gott, sondern der richtende Gott, nicht das Heil Gottes, sondern der kommende Zorn Gottes (vgl. Lk. 3,7ff. par). Vgl. J. Becker: Johannes der Täufer und Jesus von Nazareth (SBS 82), 1976. Nun hat auch Jesus den Gerichtsgedanken keineswegs einfach abgestreift, sondern in seine Verkündigung integriert (vgl. Mt. 11,22.24; 12,36; Lk. 16,1ff.; 12,16ff.), aber seine Botschaft betont doch primär den Heilscharakter der Gottesherrschaft im Heilsangebot der Verkündigung und in der Sündenvergebung, in Heilung und Bezwingung der dämonischen Mächte, in Tischgemeinschaft mit Sündern und Zöllnern, in Erfüllung der prophetischen Verheißungen usw. Gerade die Interpretation des Anbruchs der Gottesherrschaft „als uneingeschränkte grenzenlose Liebe Gottes zu den Verachteten und Randsiedlern Israels" hält U. Luz mit Recht für das Entscheidende (EWB I, 486).

Die Anwendung von Jes. 61,1f. in Mt. 11,5 (vgl. auch Lk. 4,18f.) ist eine ebenso treffende Charakterisierung der Botschaft Jesu wie die Makarismen in ihrer ursprünglichen Ausrichtung. Nicht zufällig beginnen Matthäus und Lukas im Gefolge von Q die große Redekomposition, die am bedeutsamsten für die Ethik Jesu ist (also Bergpredigt bzw. Feldrede), mit der bedingungslosen Heilszusage der Makarismen. Obschon Matthäus die Reihe ethisch aufgefüllt hat (vgl. S. 154), bleibt deutlich, daß den Armen, den Verachteten, den Klagenden, den Entbehrenden das eschatologische Heil zugesprochen wird. Denen, die nach der Ordnung und dem Maßstab dieser Welt religiös und gesellschaftlich-sozial Zukurzgekommene sind, weil sie nichts haben und aufgrund ihrer Bedürftigkeit allein auf Gott angewiesen sind, denen widerfährt durch Jesu Zusage die Gottesherrschaft als Heil. „Selig seid ihr Armen" (Lk. 6,20).

Der Begriff „arm" hat dabei wahrscheinlich nicht nur eine soziale bzw. wirtschaftliche, sondern auch eine religiöse Bedeutung, so wie schon im Alten Testament und im Judentum an bestimmten Stellen (vgl. Jes. 61,1 f.) eine Doppelschichtigkeit zu erkennen ist (vgl. S. 105 f.). Zu vergleichen sind auch die Worte über das „Annehmen der Gottesherrschaft wie ein Kind" (Mk. 10,15 par), was ja nicht heißt, unschuldig wie ein Kind – von kindlicher Unschuld spricht das Neue Testament nicht –, sondern in Bedürftigkeit und Hilflosigkeit die Gottesherrschaft annehmen und sich ohne Vertrauen auf eigene Kraft und Leistung der Gnade Gottes überantworten (vgl. H. Merklein, 128 f.). Dem bedingungslosen Heilszuspruch entspricht auch Jesu Lebenspraxis, d. h. seine Zuwendung zu den unreinen Kranken, disqualifizierten Frauen, ausgestoßenen Sündern und Samaritanern (vgl. Mk. 2,17 u. ä.). Zöllner und Dirnen, die zu religiös wie gesellschaftlich besonders verfemten Gruppen zählen, werden den Frommen in die Gottesherrschaft vorangehen, und dieses „Vorangehen" (Mt. 21,31) ist nicht einfach im Sinne zeitlicher Priorität, sondern exklusiv zu verstehen.
Wie schockierend solche Aussagen wirken mußten, kann man sich leicht vorstellen. Gerade Mt. 20,1 ff. (das Gleichnis von den Arbeitern im Weinberg) zeigt am Murren der Langarbeiter den Skandal, den Jesus bei den Gesetzesfrommen hervorruft, die seine Haltung gegenüber den Sündern als Verletzung geheiligter Ordnungen ansehen. Der fromme Mensch will einen Gott, der ein Garant der religiös-sittlichen Weltordnung ist, der nach Recht und Würdigkeit jedem das Seine gibt, nicht aber einen solchen, der in überlegener Freiheit an dem vorübergeht, was der Mensch sich – auch ethisch – verdient und beanspruchen zu können glaubt, nicht einen solchen, der die leeren Hände derer füllt, die als Habenichtse vor ihm stehen und nichts vorzuweisen haben. Umso deutlicher aber wird so die Souveränität und Grenzenlosigkeit der Güte Gottes, die sich im Verhalten des Weinbergbesitzers gegenüber den Kurzarbeitern zeigt. Ganz ähnlich im Verhalten des Vaters im Gleichnis von Lk. 15, der seinem auf die schiefe Bahn geratenen Sohn entgegengeht, ihn wieder in sein Haus aufnimmt, die Heimkehr mit einem Fest feiert und damit den Protest des älteren Sohnes herausfordert.

Daß Jesus sich so zur Rechtfertigung seines eigenen Verhaltens gegenüber den Verlorenen auf das Erbarmen Gottes mit den Sünder beruft, hat die bedeutsame Konsequenz, daß Jesus beansprucht, in seinem Handeln die Liebe Gottes zu realisieren, ja als Stellvertreter Gottes zu handeln. E. Fuchs, bei dem die Tragweite dieser Tatsache auch für die Ethik deutlich wird, erklärt zu Recht: „Jesus wagt es, Gottes Willen so geltend zu machen, als stünde er selber an Gottes Stelle"[4]. Das bestätigt auch die Inanspruchnahme einer einzigartigen Vollmacht in der Auslegung des Gotteswillens. Als bedeutsam für die Ethik Jesu ist festzuhalten, daß Jesus den heilvollen Anbruch und Einbruch der Gottesherrschaft proklamiert und gelebt hat und es deshalb von vornherein unwahrscheinlich ist, daß er eine Leistungsethik gepredigt haben sollte, nach der sich

---

[4] A.a.O. (Anm. 3) 154; vgl. J. Jeremias, Theologie I, 121.

30  I. Jesu eschatologische Ethik

der Mensch durch sein Verhalten das Heil verdienen müßte. Seine Ethik setzt vielmehr die schon einbrechende Gottesherrschaft mit ihren Heilsgaben ebenso voraus wie die Zusage und Erwartung ihrer vollkommenen Verwirklichung.

*[Marginalie: Heilszusage als Voraussetzung]*

## 2. Das Verhältnis von Eschatologie und Ethik

Einerlei, wie man Jesu Eschatologie näher bestimmt, die Bedeutung der Eschatologie Jesu für seine Ethik ist von niemandem zu übersehen. Schon J. Weiß und A. Schweitzer haben mit Recht herausgestellt, daß Jesu Ethik primär von seiner Eschatologie her zu erklären ist. Auch wenn die Eschatologie hier einseitig im Sinn endzeitlicher Naherwartung gefaßt und Ethik speziell im Sinn der Interimsethik (vgl. S. 35f.) verstanden wird, ist an dieser Sicht der Dinge unbestreitbar, daß Jesus seine Botschaft und Ethik von der bevorstehenden bzw. hereinbrechenden Gottesherrschaft her verstanden hat. Die Ethik Jesu ist insofern Implikat und Konsequenz seiner eschatologischen Botschaft von der Herrschaft und Güte Gottes (vgl. H. Merklein, 15 u. ö.). Die zugleich ein- und noch ausstehende Gottesherrschaft motiviert und provoziert die Menschen zu einem Handeln, das dieser Gottesherrschaft entspricht.

Daß die Ethik Jesu von seiner Eschatologie abhängt, ist auch da unbestritten, wo diese Eschatologie primär als präsentische bestimmt wird wie bei C. H. Dodd, nach dem die Gegenwart der Gottesherrschaft die Basis der Ethik bildet und den Menschen zu einem adäquaten Verhalten herausfordert. „Die Geschichte hat ihren Höhepunkt erreicht... Es ist die Stunde Null, in der entschlossenes Handeln erforderlich ist" (Gesetz, 68, vgl. auch A. N. Wilder, Eschatology, 160).

Und endlich ist auch bei denen, die Jesu Eschatologie nicht rein futurisch wie J. Weiß und A. Schweitzer oder rein präsentisch wie C. H. Dodd, sondern dialektisch sehen, die Ethik davon mitbetroffen. So findet H.-D. Wendland in Jesu Ethik eine doppelte Motivation, d.h. sowohl „der Indikativ des sich vollziehenden oder gegenwärtigen Heils" als auch „das Futurum des kommenden Gerichtes" bestimmen bei Jesus das Handeln (Ethik, 29; vgl. H. Merklein, 168), wobei jetzt offenbleiben kann, ob mit diesen Kennzeichnungen die beiden Pole richtig bezeichnet werden. Nach R. Schnackenburg (²Botschaft, 35) soll gerade aus der „Spannung zwischen Wirklichkeit und Verheißung, zwischen Gegenwart und Zukunft" der sittliche Imperativ erwachsen.

2.1. Freilich sehen nicht alle Exegeten Jesu Ethik in seiner Eschatologie begründet. Vor allem für H. Windisch (Bergpredigt, 6ff.) und H. Schürmann (Eschatologie, 203ff.) sind Ethik und Eschatologie zwei ziemlich isoliert voneinander stehende Größen, die nicht sofort aufeinander bezogen werden dürfen. Jedoch bleibt auch dann, wenn eine Systematisierung immer problematisch bleibt und eine unmittelbare Verbindung zwischen den beiden Größen auf der literarischen Ebene meist fehlt, die Frage nach einer sachlichen Einheit oder Beziehung gestellt (vgl. S. 38). Man hat diese intendierte Einheit sowohl im Existenzverständnis der Entscheidungssituation als auch im Gottesgedanken als auch in einer impliziten Christologie gegeben gesehen.

## A. Eschatologie und Ethik

Nach R. Bultmann besteht die Einheit von eschatologischer und ethischer Verkündigung Jesu darin, daß beidemal der tiefste Sinn der ist, „daß der Mensch *jetzt* in der Entscheidung stehe" (Jesus, 91; vgl. auch Theologie, 21). In Eschatologie wie Ethik liegt die gleiche Anschauung vom Menschen und seiner Stellung vor Gott zugrunde (vgl. auch H. Conzelmann, RGG III, 637). Da eine zeitlos-existentiale Interpretation aber nicht zum Schlüssel des Verständnisses Jesu gemacht werden kann, ist es eher richtig zu sagen, daß im Anbruch des Heils „der kommende Herrscher als der liebende Vater in die Gegenwart" hineingreift und es Jesus auch in den sittlichen Forderungen „immer radikal um Gott" geht (so W. G. Kümmel, Theologie, 44; vgl. auch H. Windisch, 23). Zugleich ist aber die Einheit der Sachgebiete „in der Person Jesu gegeben, der hier und dort der Erschließende ist" (H. Conzelmann, RGG III, 637; vgl. Grundriß, 144: Die indirekte Christologie sei „gemeinsamer Ausgangspunkt" von Gotteslehre, Ethik und Eschatologie; vgl. auch H.-D. Wendland, Ethik 32). Das Berechtigte an dieser implizit christologischen Lösung besteht darin, daß die Gegenwart des Heils der Gottesherrschaft an Jesus hängt, der gleichzeitig den Anspruch erhebt, an Gottes Stelle zu handeln und Gottes Willen geltend zu machen (vgl. H. Merklein, 41).

Hier kommt es vor allem auf die Bedeutung der Ethik in diesem Dreiecksverhältnis an. Dabei ist es wenig sinnvoll, die Frage nach einer theozentrischen oder eschatologischen Ethik zur Alternative zuzuspitzen (vgl. H. Bald, 36), denn Jesu Verkündigung inklusive seiner Ethik ist sowohl theologisch als auch eschatologisch bestimmt. Eine Spannung zwischen der Eschatologie und bestimmten aus weisheitlicher Tradition gespeisten Gottesaussagen, die Gott nicht so sehr als eschatologisch Handelnden, sondern primär als Schöpfer verstehen, ist zwar nicht zu leugnen (vgl. S. 38f.). Aber diese Spannung ist nicht durch das alternative Gegenüber von Eschatologie und Theologie zu erfassen. Charakteristisch ist gerade, daß in der Verkündigung von der Gottesherrschaft beides zusammenfällt, die eschatologische Herrschaft Gottes also die Herrschaft des Vaters ist, der mit seiner Herrschaft die Heilsmacht seiner Liebe heraufführt.

2.2. Im übrigen gibt es durchaus Stellen, wo Eschatologie und Ethik auch direkt in Beziehung stehen und zwar sowohl futurische Eschatologie und Ethik als auch präsentische Eschatologie und Ethik. Zunächst ein Beispiel mit futurisch-eschatologischer Begründung: In Lk 12,58f. findet sich ein sogenanntes Krisisgleichnis, das vor dem unvorbereiteten Erscheinen vor Gottes Richterstuhl warnt.

Auf die Fassung bei Matthäus (5,25f.) braucht nicht weiter eingegangen zu werden, da das Gleichnis dort paränetisch umgeformt ist. Gemeinsam ist beiden Fassungen, daß man auf dem Weg zur Behörde mit dem Prozeßgegner ins Reine zu kommen sucht, wenn man ihm gegenüber in Schuld ist bzw. Schulden hat. Ist das Gerichtsverfahren erst in Gang gekommen, kann es nur ein bitteres Ende geben (vgl. J. Jeremias, Gleichnisse, 39ff. 179f.; H. Schürmann, Eschatologie, 205ff.).

Das alles ist bei Lukas noch nicht allegorisiert, sondern Gleichnis, das das rechte Verhalten in letzter Minute einschärfen will. Es gibt ein Zuspät, auch wenn das kommende Gericht nicht nur Drohung, sondern auch Chance ist (vgl. auch Lk. 16,1ff.). Die verbleibende Frist kann und soll genutzt werden, sich angesichts des kommenden Eschaton recht zu verhalten.

## I. Jesu eschatologische Ethik

Fraglich ist, ob das Gleichnis über dieses tertium comparationis hinaus auch inhaltlich die Versöhnung mit dem Mitmenschen fordert, weil sonst die stark unterstrichene Aufforderung, mit dem Widersacher schleunigst ins Reine zu kommen (vgl. den im Gleichnis sonst unüblichen Imperativ), zu kurz kommt und außerdem auch sonst immer wieder die Forderung begegnet, als Bedingung für die Rettung im Gericht das Verhältnis zum Nächsten zu ordnen (so H. Schürmann). Träfe diese Deutung zu, würde hier nicht nur formal angesichts des nahenden Endes Umkehr geboten, sondern auch materialiter Vergebungsbereitschaft und Versöhnung gefordert (anders J. Jeremias, Gleichnisse, 40 f.). Jedenfalls motiviert das bald hereinbrechende Eschaton und der dann zu erwartende Urteilsspruch hier die inhaltlich wie immer näher zu bestimmende Ethik (vgl. auch Lk. 13,6 ff., wo dem unfruchtbaren Feigenbaum eine letzte Chance eingeräumt wird und Lk. 16,1 ff., wo der Verwalter sich mit allen Mitteln in seinem gegenwärtigen Verhalten auf die Zukunft einstellt). Nur der entschlossene Blick nach vorn läßt einen tauglich sein für das Reich Gottes (Lk. 9,62).

Ein anderes Beispiel für eine ähnliche Sicht menschlichen Tuns bietet das Schlußgleichnis der Bergpredigt bzw. Feldrede (Mt. 7,24–27/Lk. 6,47–49): Das Tun der Worte Jesu – diese sind hier als Richtschnur und Orientierungspunkt des Lebens verstanden – hat Auswirkungen auf das endzeitliche Heil bzw. ewige Geschick des Menschen. Klug ist derjenige, der sich jetzt schon mit seinem Verhalten darauf einstellt und diese eschatologische Dimension in seine gesamte Lebensrechnung einbezieht. Wer es nicht tut, ist töricht und „des Fall wird groß sein", d. h. für den gibt es keine endzeitliche Rettung.

Hierher gehören auch die sogenannten „Einlaßsprüche"[5], die das Eingehen in die Gottesherrschaft von der Erfüllung bestimmter Bedingungen abhängig machen, und zwar nicht nur vom Annehmen der Gottesherrschaft „wie ein Kind" (Mk. 10,15 par) bzw. vom Werden wie die Kinder (Mt. 18,3), sondern auch vom menschlichen Verhalten (vgl. Mk. 10,25). Dem entsprechen erst recht die unübersehbaren Gerichtsdrohungen, denn auch nach ihnen zieht nicht nur die Ablehnung der Gottesherrschaft das Gericht nach sich (Lk. 10,10 ff.; 11,31 f. u. ä.), sondern auch konkretes Fehlverhalten bzw. wie in Mt. 25,31 ff. bestimmte Unterlassungssünden. So müssen die Menschen im Jüngsten Gericht von jedem unnützen Wort Rechenschaft ablegen (Mt. 12,36), werden die Richtenden gerichtet (Mt. 7,1 f.), werden die Schriftgelehrten, die die Häuser der Witwen fressen und zum Schein lange Gebete sprechen, ein strenges Gericht empfangen (Mk. 12,40), ist der, der mit seinem Bruder zürnt, des Gerichtes schuldig (Mt. 5,22) usw. (vgl. außer Mt. 25,31 ff. vor allem auch Lk. 19,12 ff.). Jeder Mensch geht auf diese endgültige Entscheidung Gottes zu. Alles Tun und Lassen des Menschen hat unwiderrufliche Folgen zum Bösen oder Guten, zum Heil oder zum Verderben.

Vor allem zählt auch der Lohngedanke zu dieser Reihe eschatologischer Motive der Ethik Jesu. Auch hier bezieht sich die Lohnverheißung z. T. auf konkretes Tun, vom Darreichen eines Bechers Wasser (Mk. 9,41 par) bis hin zur Feindesliebe (Mt. 5,46; vgl. auch die Gleichnisse aus Mt. 25).

---

[5] Vg. H. Windisch, Die Sprüche vom Eingehen in das Reich Gottes, ZNW 27, 1928, 163–192; H. Merklein, 134.

Es gibt im Protestantismus eine von Plato und Kant vererbte Befangenheit gegenüber dem Lohngedanken, die durch die Frontstellung gegenüber dem Katholizismus noch verstärkt worden ist. Der genuin biblische Lohngedanke ist aber abzuheben sowohl von der idealistischen Ethik, nach der das Tun des Guten in sich Sinn hat und seinen Wert in sich trägt, als auch von der Lehre von der Verdienstlichkeit der guten Werke. Ein Grundmotiv des neutestamentlichen Lohnbegriffs, das gerade auch für die Ethik von Gewicht ist, läßt deutlich das Gleichnis aus Lk. 17,7-10 vom Herrn und Knecht erkennen, wo es am Schluß heißt: „So sollt auch ihr, wenn ihr alles getan habt, was euch befohlen worden ist, sagen: Wir sind unnütze Knechte, wir haben nur getan, was wir zu tun schuldig waren". Mit dem „Schuldigsein" ist die radikale Indienstnahme und unbedingte Verpflichtung des Menschen gegenüber Gott festgehalten. Autonomie und Autarkie wäre angesichts des dem Menschen „Befohlenen" illusionär und hybrid zugleich. Darum vermögen selbst gute Werke keinen Anspruch des Menschen gegenüber Gott zu begründen. Lohn ist freies Geschenk Gottes (vgl. Mt. 20,1 ff.), wodurch jede spekulierende Lohnberechnung als Motiv der Ethik von der Wurzel her abgeschnitten, andererseits aber der Mensch in seiner Angewiesenheit auf Gott ernstgenommen wird. Vgl. H. Preisker, ThW IV, 702 ff. 719 ff.; G. Bornkamm, Der Lohngedanke im Neuen Testament, Ges. Aufs. II, ²1962, 69-92; R. Schnackenburg, ²Botschaft, 81-85.

Aus dem allen wird jedenfalls klar, daß die eschatologische Botschaft Jesu entscheidendes Motiv und Stimulanz menschlichen Tuns und Lassens ist, genauer: die verheißene und nicht die zu verdienende und zu erwirkende Herrschaft Gottes. „Kehrt um, *denn* die Gottesherrschaft ist nahegekommen" (Mk. 1,15). Das Handeln des Menschen ist Konsequenz, nicht Voraussetzung des Kommens der Herrschaft Gottes, was aber dann, wenn es nicht zu entsprechenden Konsequenzen seitens des Menschen führt, zum Gericht wird.

2.3. Ein religionsgeschichtlicher Vergleich kann das noch verdeutlichen, d.h. vor allem der Hintergrund jüdisch-rabbinischer Äußerungen, in denen Buße und Eschaton wie in Mk. 1,15 in Beziehung gesetzt werden: Im Rabbinat gilt zwar einerseits, daß Gott den Tag der endzeitlichen Erlösung festgesetzt hat, andererseits aber soll die messianische Zeit erst dann erscheinen, wenn die sittlich-religiöse Verfassung des Volks das zuläßt. Auch war man der Ansicht, die Ankunft des Messias und des Heils könne durch Buße ebenso beschleunigt werden wie durch Gebotseinhaltung, Thorastudium u.ä., umgekehrt aber durch das Fehlen entsprechenden Verhaltens auch verzögert werden. R. Eliezer b. Hyrkan (um 90) z.B. hat j Taan 1,1 gesagt: „Wenn die Israeliten nicht Buße tun, so werden sie in Ewigkeit nicht erlöst werden". In b Sanh 97b heißt es von demselben Rabbi: „Wenn die Israeliten Buße tun, so werden sie erlöst, wenn aber nicht, so werden sie nicht erlöst". Entsprechend heißt es von R. Levi (um 300) im Midrasch zu HL 5,2 (118a): „Wenn die Israeliten auch nur einen Tag Buße täten, so würden sie sofort erlöst werden und käme sofort der Sohn Davids" (vgl. Billerbeck I, 162 ff.; vgl. auch 2. Clem. 12,6).

Im übrigen werden z.T. auch in der Apokalyptik trotz des hier vorherrschenden Determinismus ganz ähnliche Stimmen laut. SyrBar 46,5 f. heißt es z.B.: „Bereitet ihr aber einzig und alleine eure Herzen darauf vor, daß ihr dem Gesetz gehorcht ... Denn wenn ihr das tut, werden die Verheißungen für euch herbeikommen". Auch in 44,7 ist Gesetzesobservanz die Voraussetzung für das Kommen des Eschaton: „Wenn ihr geduldig ausharrt und sein Gesetz nicht vergeßt, so wandeln sich für euch die Zeiten zum Heil". Gleichwohl wissen auch die Apokalyptiker meist, daß allein Gottes Machttat die

Gottesherrschaft bringt und der Mensch sich durch das Tun des Gesetzes darauf nur vorbereiten kann.

Zumal in den Qumranschriften und beim Täufer wird denn auch eine andere Verhältnisbestimmung sichtbar, weil hier apokalyptische Aussagen ethische Sätze begründen, aus der Nähe des Eschaton also Mahnungen und Warnungen folgen. Obschon vereinzelt auch von einer eschatologischen Gegenwart gesprochen wird, liegen der Paränese jedoch die dominierenden Zukunftsaussagen zugrunde. Die formale Struktur aber, daß das Eschaton Motiv und Grund der Ethik ist, entspricht am ehesten dem Verhältnis von Eschatologie und Ethik, das wir auch bei Jesus antreffen. Jedenfalls lautet die Botschaft Jesu nicht: „Kehrt um, *damit* die Herrschaft Gottes nahekommt", sondern „kehrt um, *denn* die Herrschaft Gottes ist nahe".

2.4. Den skizzierten Zusammenhang zwischen Eschatologie und Ethik bestätigen nun vollends Texte wie das Gleichnis vom Schatz im Acker und von der kostbaren Perle (Mt. 13,44–46). Hier wird nun zugleich der entscheidende Unterschied zwischen der Apokalyptik und der Eschatologie Jesu und damit auch die Differenz zwischen der apokalyptischen Verhältnisbestimmung von Eschatologie und Ethik und der der Jesusbotschaft erkennbar. Hier wird nämlich die Ethik nicht durch die Zukunft, sondern durch die Gegenwart der Gottesherrschaft begründet.

Nach Mt. 13,44ff. verhält es sich mit der Gottes- bzw. Himmelsherrschaft so wie mit einem Schatz, der in einem Acker verborgen war, dann von jemandem gefunden und wieder verborgen wird. Der Finder aber geht in seiner Freude hin und verkauft alles, was er hat, und kauft den Acker. Ähnlich das Gleichnis von der kostbaren Perle. Vgl. J. Jeremias, Gleichnisse, 197ff.; H. Merklein, 65ff.; H. Weder, 138ff.

Wie der parallele Schluß beider Gleichnisse zeigt, scheint mindestens bei Matthäus – ob die Zusammenstellung auf ihn zurückgeht, läßt sich nicht mit Sicherheit sagen – alles auf den „ganzen Einsatz" und das Entweder/Oder anzukommen (so E. Linnemann, 106; H. Merklein, 67f. u.a.). Sieht man vom Rahmen bei Matthäus ab, kann mit diesem Vergleichspunkt aber noch nicht alles ausgelotet sein. Viele Exegeten weisen darum mit Recht auf das „in seiner Freude" (Mt. 13,44) hin. Da die „Freude" aber nur im Gleichnis vom Schatz im Acker ausdrücklich erwähnt wird, kann man stattdessen auch sagen: Alles kommt auf die unverhoffte Entdeckung an, die im Finden des Schatzes und der Perle beschlossen liegt. Erst damit gewinnt die Entscheidung des Finders angesichts dieses einmaligen Glücksfalls überhaupt ihren Sinn und ihre Motivation, weil eben erst durch den Fund der Mensch zu dem ihn mitreißenden Verhalten geführt wird. E. Jüngel sagt sogar: „Wer von der *Freude* über solch einen Schatz bewegt ist, braucht sich nicht mehr zu entscheiden. Die Entscheidung ist schon gefallen. Der *Fund* hat sie dem Finder abgenommen" (143; vgl. H. Weder, 140). Das dürfte zwar übertrieben sein, stellt aber zu Recht die entscheidende Bedeutung des Fundes heraus, der die Hergabe alles anderen tatsächlich „zur blanken Selbstverständlichkeit" werden läßt (J. Jeremias, Gleichnisse, 199; vgl. auch G. Eichholz, Gleichnisse 109ff.). Entsprechend sind es Lk. 19,11ff. par die anvertrauten „Minen" selbst, die den Gewinn erbringen (vgl. H. Weder, 205f.).

Das besagt dann aber: Die schon zu findende Gottesherrschaft selbst begründet und evoziert das dem Eschaton adäquate Verhalten. Die Gottesherrschaft ist in der Weise Grund der Ethik, daß sie bereits als freudig bejahter Fund, also als das, was dem Leben schon jetzt Heil, Freude und Orientierung gewährt, in die

Gegenwart einbricht. Die Ethik ist für Jesus nicht bloß in der Weise Konsequenz der Eschatologie, daß sie zur Vorbereitung auf das in Kürze zu erwartende Eschaton anhält, wie das bei Lk. 12,57 ff. oder den Einlaßsprüchen der Fall ist. Sie ist vielmehr auch insofern unausweichlich Konsequenz, als sie sich als einzig sinnvolle Entsprechung zu der mit Jesus bereits einbrechenden Gottesherrschaft aufdrängt. Darum ist es in der anbrechenden Freuden- und Heilszeit – „Hochzeitsleute" können nicht gut „während der Hochzeitsfeier" (vgl. J. Jeremias, ThW IV, 1095 f.) trauern und fasten – unangemessen, asketische Speiseenthaltung zu üben (Mk. 2,18 f.). Darum kann die Zuwendung zu den Sündern, Unreinen und Zöllnern mit der in Jesus geschehenen Zuwendung zu den Verlorenen begründet werden (Lk. 15,3 ff.). Und darum vor allem kann auch die neue Sicht des Gesetzes, die der der „Alten" entgegengesetzt wird (vgl. S. 57 f.), nur von der Eschatologie Jesu her begriffen werden[6]. Ein ähnliches Begründungsverhältnis wie in Mt. 13,44 ff. mit stärker inhaltlicher Bestimmung wird im übrigen auch im 4. Abschnitt (z. B. beim Gleichnis vom Schalksknecht) wieder begegnen. Doch zunächst sind nun zwei Abgrenzungen fällig.

*3. Eschatologische Ethik – nicht apokalyptische Interimsethik und nicht sapientiale Schöpfungsethik*

3.1. Es wurde schon kurz angedeutet, daß J. Weiß und A. Schweitzer die Wiederentdeckung des eschatologischen Charakters der Botschaft Jesu zu verdanken ist. Während man im 19. Jahrhundert unter der Gottesherrschaft allgemein das Reich der Sittlichkeit verstand, das sich in innerweltlicher Entwicklung realisiert, indem es von den Menschen ausgebreitet und vorangetrieben wird, behauptete J. Weiß in seiner Untersuchung über „Die Predigt Jesu vom Reiche Gottes" (1892; ³1964), daß die Gottesherrschaft keine immanent-evolutionäre Größe ist, nicht eine moralische Aufgabe und sittliche Möglichkeit des Menschen, sondern dem Zugriff, der Verfügungsgewalt und Initiative des Menschen entzogen bleibt, also nur als wunderbares Wirken Gottes in diese Welt einbrechen kann. Jesu Buß- und Weckruf aber soll darauf vorbereiten. Auch die Ethik Jesu ist danach nur zu verstehen von der Erwartung des nahen Weltendes her. Das Dringende des Augenblicks, in dem alles auf des Messers Schneide steht, zwinge Jesus zur Verkündigung von Ausnahmegesetzen für den letzten Entscheidungskampf, in dem die Dinge der Welt nur lähmen und hemmen können (143). Jesu Ethik ist die Forderung eines Mannes, der sich bereits mit einem Fuß im neuen Äon weiß, bestimmt für solche, die in jedem Moment mit dem Untergang der Welt rechnen. „Er fordert Gewaltiges, zum Teil Übermenschliches, er fordert Dinge, die unter gewöhnlichen Verhältnissen einfach unmöglich wären" (139). Daß der „negativ-asketische Zug" der „eschatologischen Grundstimmung" nicht für *alle* Worte gilt, hat aber auch J. Weiß gesehen und das primär psychologisch durch „eine ruhigere Stimmung" erklärt (134 ff.).

Noch radikaler und konsequenter ist für A. Schweitzer Jesu Eschatologie als Ende aller Kultur und ihrer Werte zu verstehen. Die ganze Ethik Jesu fällt nach Schweitzer „unter den Begriff der auf das Kommen des Reichs vorbereitenden Buße" (Das Messianitäts- u.

---

[6] Vgl. U. B. Müller, Vision und Botschaft. Erwägungen zur prophetischen Struktur der Verkündigung Jesu, ZThK 74, 1977, 416–448, bes. 430 ff.; H. Merklein, 72 ff.

Leidensgeheimnis, ³1956, 18). Weil die Katastrophe bevorsteht und Zeit der Krisis ist, gilt es, alle Brücken hinter sich abzubrechen und die Toten ihre Toten begraben zu lassen. Die eschatologische Verkündigung Jesu ist der entscheidende Ausgangs- und Richtpunkt der Ethik Jesu. Die Gegenwart ist nur Interim und Vorbereitungszeit auf das Reich Gottes, Jesu Ethik also Interimsethik (19; vgl. Geschichte der Leben-Jesu-Forschung, ²1913, 594 ff.; zur Würdigung der Interimsethik vgl. R. H. Hiers, 134 ff.; positive Aufnahme auch bei J. T. Sanders, 11 u. ö.).

3.2. Aber schon das am Schluß des letzten Abschnitts Gesagte zeigt, daß die Eschatologie Jesu nicht mit Apokalyptik identifiziert werden und die Deutung von Jesu Ethik im Sinn der Interimsethik darum nicht zutreffen kann. Es stimmt offenbar nicht, daß die eschatologisch qualifizierten Worte Jesu als Ausnahmegesetz für eine Welt zu verstehen sind, die im Feuerschein und Brandgeruch der hereinbrechenden kosmischen Katastrophe steht (vgl. Bornkamm, Jesus, 197). Jesus war kein Weltuntergangsprophet und kein Katastrophenethiker, der seine Weisungen gar an Symptomen des Funkenflugs oder des Verfalls der Welt orientiert hätte. Bei J. Weiß und A. Schweitzer erhalten Jesu Worte eine apokalyptische Glut, die sie offensichtlich nicht haben, was übrigens auch der Inhalt der Ethik bestätigen wird. Nicht das apokalyptische Weltende oder die Angst davor ist das ausschlaggebende Motiv und der tiefste Grund der Forderungen Jesu (vgl. die Abwehr der Furcht vor der kommenden Abrechnung Lk. 19,11 ff. par), sondern der in Jesus rettend nahegekommene Gott, der in ihm endgültig sein Heil anbrechen und mit Vollmacht seinen Willen verkündigen läßt. Das und nicht die apokalyptische Naherwartung geben z. B. dem Gebot der Nächsten- und Feindesliebe in Mt. 5 und Lk. 6 Grund und Sinn. Die zeitliche Dimension bzw. die Naherwartung als solche kann das nicht erklären.

Wie wenig die apokalyptische Struktur religiös-ethischer Aussagen von sich aus z. B. auf ein Gebot wie das der Liebe zum Feind führt, das nach J. Weiß (150) in die eschatologische Predigt gehört, zeigen etwa die von starker Naherwartung beherrschten Qumrantexte, wo nicht die Liebe, sondern der „Haß" zum Feind bzw. zum Nicht-Angehörigen der Sekte mehrfach eingeschärft wird (vgl. 1 QS 9,21 f.; anders in der Binnenethik 1 QS 10,17 ff.). Man kann auch an andere Merkmale der Qumranethik erinnern wie die Gesetzlichkeit. Aber auch der Zelotismus war durch eine starke eschatologische Erwartung gekennzeichnet, und die Zeloten versuchten von daher, durch gewaltsame politische Aktionen das Eschaton herbeizuzwingen.

Das alles erweist, daß nicht die Eschatologie allein, jedenfalls nicht eine apokalyptische Eschatologie, die Ethik Jesu bestimmt. Die Forderung Jesu beruht also primär nicht auf der Kürze der noch verbleibenden Frist, sondern darauf, daß es die Herrschaft Gottes ist, die anbricht, und zwar des Gottes, der heilvoll an der Welt handelt.

3.3. Der These von der apokalyptisch begründeten Interimsethik darf man selbstverständlich nicht die ebenso einseitige Sicht der „realized eschatology" entgegenstellen, wie das bei C. H. Dodd, A. N. Wilder u. a. geschieht. Man kann sie freilich auch nicht dadurch einleuchtend entkräften, daß man den Inhalt der Forderung verselbständigt und von der Eschatologie überhaupt nicht

A. Eschatologie und Ethik    37

tangiert sein läßt. Damit würde die Bedeutung der Eschatologie und Motiv- und Impulsgebung reduziert und die Nähe des Reiches könnte allenfalls den generellen Bußruf, aber keine inhaltlichen Forderungen motivieren.

„Auch wenn in der Tat jetzt letzte Stunde ist, so will doch Gott heute nichts anderes, als er immer schon wollte" (H. Conzelmann, RGG III, 637). Etwas vorsichtiger urteilt H.-D. Wendland, wenn er den Inhalt der Forderungen von Gottes Wesen und Willen her versteht und nicht aus der Nähe des Weltendes abgeleitet wissen will (Ethik, 18). Nach H. Schürmann endlich bestimmt das nahe Ende „das von Jesus geforderte Verhalten nur akzidentiell, motiviert es praktisch-paränetisch, nicht aber innerlich und letztlich" (212). Ähnlich schon A. N. Wilder, nach dem die Eschatologie nicht dominantes, sondern nur sekundäres Motiv sein soll, nicht „essential sanction" (das ist der Wille Gottes), sondern bloß „formal sanction".

Doch ist das alles kaum überzeugend, denn gewiß ist nicht das nahe Ende für den Inhalt von Jesu Forderung verantwortlich zu machen, jedoch auch kein ewiger unveränderlicher Gotteswille. Dafür ist nicht nur die Diskontinuität zum Alten Testament und seinem Gesetz zu deutlich, sondern auch der hier vorausgesetzte Gottesbegriff und Gotteswille zu formal und unbestimmt, d.h. von Gottes eschatologischem Heilswillen unberührt. Daß Gott seine Sonne über Gute und Böse aufgehen und es regnen läßt – damit wird z.B. die Forderung der Feindesliebe in Mt. 5 begründet – ist eben trotz der intendierten Evidenz mit Hilfe der Schöpfungswirklichkeit nicht so sehr eine allgemeine Feststellung, die die Menschen sich auch selber aus dem Geschehen in der Natur her ableiten können, sondern eine Veranschaulichung des eschatologischen Liebeswillens Gottes, der erst von Jesus erschlossen werden muß, um zu überzeugen. Erst recht ist das dadurch motivierte Gebot der Feindesliebe in dieser Radikalität und Grundsätzlichkeit in der an ewiger Ordnung und Plausibilität orientierten Weisheit nicht zu belegen, ja die Weisheit erwartet, daß jeder nur seinesgleichen liebt (vgl. Sir. 13,15), wie es Mt. 5,46f. für Zöllner und Heiden vorausgesetzt wird. Pred. 9,2f. zieht aus der Gleichbehandlung der Frommen und Gottlosen die Konsequenz resignativen Zweifels an der göttlichen Weltordnung, während Mt. 5,45b das gerade ins Positive wendet und als Ausdruck der Güte Gottes versteht. Und daß Gott den Sabbat zum Heil und Segen des Menschen „gemacht" hat (Mk. 2,27), ist nicht aus einer göttlichen Schöpfungsordnung deduziert, sondern empfängt seine Schlüssigkeit von Jesu unableitbarer Vollmacht und konsequenter Liebespraxis. Der Sinn des göttlichen Schöpfungshandelns und die Möglichkeit der Schöpfung, als Erkenntnisgrund menschlichen Verhaltens zu dienen (vgl. Mk. 10,6), muß von Jesus erst wieder aufgedeckt werden, und neben der Entsprechung von Urzeit und Endzeit, die aber eben nur vom Ende her zu erkennen ist, gibt es eine Überbietung des Anfangs. Erst die eschatologische Gestalt der grenzenlosen Liebe Gottes läßt ihr Licht auch auf die Schöpfung fallen.

Man mag durchaus von theozentrischer und theonomer Ethik sprechen (E. Neuhäusler, 48; H. Schürmann, 214ff.; H. Bald u.a.), doch ist zu klären, was hierbei Gott heißt, d.h. seine eschatologische und soteriologische Qualifizierung ist stets im Auge zu behalten. Gemeint sein kann immer nur der in Jesus heilvoll und endgültig nahegekommene Gott, der Gott, der einen jetzt die kostbare Perle finden und daraus die Konsequenzen ziehen läßt. Es ist darum unzulässig, nur von einer formalen eschatologischen Begründung, aber einer materialen theologischen Begründung vom Gottesgedanken her zu sprechen, denn Gottesgedanke und Eschatologie sind bei Jesus nicht voneinander zu trennen.

Ebensowenig aber kann man streng zwischen Motiv und Inhalt von Jesu Ethik scheiden. H. Merklein hat darum mit Recht betont, daß „wenigstens in den Grundzügen" die sittliche Botschaft Jesu auch materialiter von der eschatologischen Gottesherrschaft zu verstehen ist und eine „Neuorientierung des Handelns" verlangt (42.47; vgl. auch 15). Zu erinnern ist etwa an das Beispiel der Ehelosigkeit (vgl. S. 99f.) oder an die radikalen Nachfolgeworte, die schöpfungstheologisch kaum zu begründen sind.

3.4. Erst recht heißt es die eschatologische Ethik Jesu verkennen, wenn man die Schöpfungswirklichkeit als das gemeinsame Band oder gar als Oberbegriff für Ethik und Theologie bei Jesus ansieht. So sollen etwa für H. Bald vom Schöpferglauben her die futurisch-eschatologische und die ethisch-gegenwärtige Aussage zur Einheit zusammenkommen (45). Übergeordnet und integrierend ist aber nach allem Gesagten nicht die Schöpfungswirklichkeit bzw. der Schöpferglaube, sondern die Gottesherrschaft (vgl. H. Merklein, 37). Erst recht läßt sich Gottes Wille aus keiner allgemein einsehbaren ontologischen Ordnung deduzieren, wie man gegenüber einer Ordnungsethik immer noch oder schon wieder zu betonen hat[7]. Die Wichtigkeit der Aussagen über Gottes Schöpferhandeln für Jesus ist unumwunden zuzugeben, nicht aber ihre angebliche Eigenständigkeit. Im Judentum hat der Schöpfungsglaube denn auch zu einer konservativen Gesetzesauslegung im Sinne der Erhaltung des status quo geführt (vgl. auch zu den Pastoralbriefen S. 265), Jesu eschatologischer Glaube aber bringt ihn zum Entwurf von Handlungsmodellen, die dem neuen endzeitlichen Handeln Gottes entsprechen (P. Hoffmann, Eschatologie, 190f.).

Wie aber verträgt sich damit die Beobachtung, daß die eschatologische Ausrichtung sich längst nicht auf den ganzen Bestand der ethischen Überlieferung bezieht? Wie schon angedeutet wurde, umfaßt Jesu Verkündigung auch Weisheitstraditionen, die Jesus eher als Weisheitslehrer denn als eschatologischen Propheten erscheinen lassen, als Lehrer also, der ohne jede Rücksicht auf das Eschaton lehrt, ja geradezu mit der Dauer der Welt zu rechnen scheint. Es ist allerdings die Frage, ob man daraus die Konsequenz ziehen darf, daß dort, wo die eschatologische Herrschaft nicht ausdrücklich genannt wird, diese auch exegetisch nicht in Anschlag gebracht werden darf. Gegen solche Isolierung von Weisheitstexten ist aber einzuwenden, daß der gedankliche Zusammenhang der

---

[7] „An inward affinity between the natural and the moral" (so W. D. Davies, The Relevance of the Moral Teaching of the Early Church, in: FS Black, Edinburg 1969, 30–49, Zitat 36) ist eine Konstruktion. R. Schnackenburg hält „das natürliche Sittengesetz" für Jesu Ethik mit Recht für „eine unbrauchbare Kategorie" (Die ntl.Sittenlehre in ihrer Eigenart im Vergleich zu einer natürlichen Ethik, in: Moraltheologie u. Bibel, hsg. v. J. Stelzenberger, 1964, 39–69, bes. 49.52).

ethischen Verkündigung Jesu angesichts des isolierten Charakters der einzelnen Überlieferungen überhaupt nur konstruktiv zu erkennen ist und es sich bei diesen Texten allein traditionsgeschichtlich, nicht aber zugleich auch sachlich um Texte handelt, die im Koordinatensystem der Weisheit bleiben (W. G. Kümmel, RGG VI, 72 und ThR 1978, 253). Auch Traditionsgut, das inhaltlich in Spannung zur Eschatologie steht wie etwa der beinahe rationalistische Appell an Vernunft und Erfahrung, der der Weisheit entstammt, gewinnt im eschatologischen Kontext eine andere Bedeutung und ein anderes Gesicht. Man macht sich das am besten an Beispielen klar. Sprüche und Spruchgruppen, in denen das eschatologische Motiv nicht im Vordergrund steht, finden sich z. B. in Mt. 6 und Mt. 10.

In der Warnung vor dem Schätzesammeln von Mt. 6,19 ff. bzw. Lk. 12,22 ff. sehen R. Bultmann und andere Exegeten Jesus als Weisheitslehrer, der durch den Geist eines volkstümlichen Gottesglaubens bestimmt ist (anders H. Riesenfeld, Vom Schätzesammeln und Sorgen – Ein Thema urchristlicher Paränese. Zu Mt. 6,19–34, in: FS O. Cullmann, NT.S 6, 1962, 47–58, bes. 48). Es ist unbestreitbar, daß Jesus hier auch an den sog. gesunden Menschenverstand appelliert. V. 19 z. B. stellt mit einem rationalen Argument die Wertbeständigkeit irdischer Schätze in Frage. Alles kommt darauf an, woran man sein Herz hängt, und dieses Herz soll eben nicht an dem hängen, was irdisch zerrinnt und vergeht, sondern an dem, was himmlisch bleibt, worauf man mit allen Fasern seines Herzens aus sein und worauf man sich im Innersten verlassen kann. Solcher Schatz aber ist irdisch nicht vorfindlich, sondern nur dort zu finden, wo Gott ist: im Himmel.

Ist das alles nun aus allgemein menschlicher Erfahrung gespeiste Weisheitslehre, unmittelbar einsichtig und jedermann evident? Das wird man nur für den Hinweis auf die Vergänglichkeit irdischer Schätze sagen können. Der gesunde Menschenverstand kann zwar von seinem Wissen und seiner Welterfahrung her auf die Torheit des Schätzesammelns stoßen, er wird daraus aber keines wegs notwendig die Konsequenz ziehen, also komme es darauf an, Schätze im Himmel zu sammeln. Mindestens ebenso oft wird er in Verzweiflung und Sinnlosigkeit enden oder im unbekümmerten Lebensgenuß das „Carpe diem" praktizieren: „Lasset uns essen und trinken, denn morgen sind wir tot" (Jes. 22,13). Der Appell an Vernunft und Erfahrung vermag also zwar die Negation zu erkennen und die Sicherheit ins Wanken zu bringen, nicht aber positiv Liebe und Hoffnung zu begründen. Er hat somit zwar eine Art Hilfsfunktion, vermag aber nicht das Ganze zu tragen.

Bestätigt wird das durch die Mahnung zur Sorglosigkeit (Mt. 6,25 ff. par). Zahlreiche Parallelen aus der Volksüberlieferung zeigen auch hier, daß der Abschnitt als solcher einem volkstümlich-optimistischen Vorsehungsglauben entstammen könnte. Wenn die Mahnung z. B. damit begründet wird, daß der Mensch nicht Geber und Erhalter des Lebens ist und seine Lebenslänge durch Sorgen um keine Elle verlängern kann, oder wenn Vögel und Lilien als Beispiele rechter Sorglosigkeit genannt werden, dann sind das Argumente der Weisheit (vgl. Spr. 6,6 ff. u. D. Zeller, 82 ff.).

Aber sie haben auch hier nur begrenzt Überzeugungswert. Vor allem vermittelt Einsicht in die Sinnlosigkeit der Sorge noch keine Freiheit von der Sorge, deren Macht durch Logik und Vernunft allein nicht zu überwinden ist. Das Zentrum des Textes, von dem her die sapientiale Tradition ihren rechten Stellenwert und ihre Grenze zugemessen erhält, ist denn auch V.32 („Euer himmlischer Vater weiß, daß ihr dessen alles bedürft"), was an die Brotbitte des Vaterunsers erinnert. Gerade der, der um die eschatologische Gottesherrschaft bittet, darf damit zugleich der Fürsorge und Schöpfertreue Gottes gewiß sein. Mit der anbrechenden Gottesherrschaft wird auch die Macht der Sorge gebrochen. Darum soll man nach Mt. 6,33 *zuerst* auf die Gottesherrschaft aus sein. Mt. 6,25 ff. malt denn auch keine Idylle, sondern läßt die Härte einer heimat-, besitz- und schutzlosen Existenz erkennen, die im Zeichen der Gottesherrschaft gelebt wird.

Vgl. G. Theißen, ZThK 1973, 251; D. L. Mealand, 85 ff.; L. Schottroff/W. Stegemann, 59 ff. Auch Matthäus hat den Vorrang der Eschatologie übrigens durch die eschatologische Verklammerung der Weisheitstexte im Rahmen der Bergpredigt deutlich zum Ausdruck gebracht. Anders U. Luck (TEH 150,38), nach dem Matthäus „die ursprünglich eschatologisch begründete Proklamation des Gottesrechtes" in den „durch die weisheitliche Denkstruktur geprägten Horizont überführt" (vgl. die Kritik von W. G. Kümmel, ThR 1978, 114). Aber selbst Lk. 12,31 stellt noch klar, daß nichts als das Aussein auf die Gottesherrschaft die Sorge um Nahrung und Kleidung relativiert. Schon für die jüd. Apokalyptik, die ja weisheitliche Elemente integriert hat, gilt, daß sie der Weisheit nie die Prävalenz eingeräumt hat. Entsprechend ist auch bei Jesus die Weisheit und ihre Logik nicht das eigentliche Koordinationssystem. Ist doch die Weisheit aller Radikalität abhold und ihre Weltsicht nicht aus der Perspektive der Deklassierten entworfen[7a]. Vgl. auch R. Schnackenburg, ²Botschaft, 40 f., der aber die von Jesus überschrittene und zerbrochene Weisheit im Sinne der Lebensklugheit von seiner „Liebe zur Schöpfung" mit Recht unterscheidet (41 Anm. 18).

Man muß über solche Begrenzung weisheitlicher Lebenseinstellung hinaus sogar noch einen Schritt weitergehen: die Eschatologie zerbricht die Weisheitstradition auch immer wieder (vgl. schon die prophetische Kritik Jer. 8,8 f.). Das spiegelt sich z. B. in manchen Parabeln, die mit ihren z. T. ganz außergewöhnlichen Zügen den Kontext der Erfahrungswelt und ihrer weisheitlichen Ordnung aufbrechen[7b]. Was normalerweise vernünftig sein mag, kann im Schein der anbrechenden Gottesherrschaft unvernünftig werden. Das eschatologische Neue sprengt die Kategorien und Maßstäbe des Alten (vgl. das Bildwort vom neuen Flicken und neuen Wein Mk. 2,21 f. oder auch die eschatologische Wendung weisheitlicher Sprichworte wie Mk. 4,21 ff.). Auch insofern ist hier „mehr" als Salomo und Jona (Lk. 11,31 f./Mt. 12,41 f.).

E. Käsemann hat zu Mt. 10,26 erklärt, hier werde mit faszinierender Kühnheit die Einsicht der Lebensklugheit in ihr Gegenteil verkehrt: »Denn nichts ist verborgen, was

---

[7a] Vgl. G. von Rad, Weisheit in Israel, 1970, 116 f. 104.
[7b] Vgl. W. Pöhlmann, Wachstum und Gerechtigkeit im weisheitlichen Weltordnungsdenken und in den Parabeln Jesu, Glaube und Lernen 2, 1987, 125–135.

## A. Eschatologie und Ethik

nicht offenbar werden würde, und geheim, was nicht erkannt würde". Das soll offenbar sprichwortartig etwas Ähnliches sagen wie unser „Nichts ist so fein gesponnen, es kommt ans Licht der Sonnen" und wird mit Recht zu den Weisheitsworten gerechnet. Gemahnt wird also wahrscheinlich zur Vorsicht, weil Heimlichkeiten selten heimlich bleiben. Dann aber entsteht das Problem, wieso V. 27 nun gerade dazu aufruft, das heimlich Gehörte von den Dächern herabzuschreien. E. Käsemann fragt: „Sollte der Sinn des jetzigen Spruches sein, in der letzten Zeit müsse man Vorsicht gerade über Bord werfen, so würde das trefflich mit dem Worte über das Nichtsorgen in Mt. 6,25ff. übereinstimmen" (ZThK 1954, 147f.; vgl. auch ZThK 1960, 177f.).

Daß die Umwertung aller Werte in der Endzeit hier dazu führt, eschatologisch gerade das zu tun, wovor man sich sonst vernünftigerweise fürchtet und wovor man sonst normalerweise warnt, ist zweifellos richtig gesehen. Jesu Forderungen gehen auch sonst oft genug über das Maß des Vernünftigen hinaus (vgl. Mk. 9,43ff. u. ä.), und indem das Normale auf den Kopf gestellt wird, wird dem Neuen und dem üblichen Weltverhalten Widersprechenden der Gottesherrschaft Rechnung getragen. Zwar ist generell die Einschränkung zu machen, daß die Authentie der im Weisheitsstil geformten Logien Jesu wegen der Nähe zu Sprichworten, Volksweisheiten usw. besonders schwer zu überprüfen ist. An der Korrektur auch der Weisheitsrede von der eschatologischen Botschaft und ihren radikalen und paradoxen Forderungen her ist dennoch ebensowenig zu zweifeln wie daran, daß diese eschatologische Botschaft nicht einfach die Ankündigung des Weltendes, sondern die Verheißung der eschatologischen Nähe Gottes als des Vaters ist. Diese Heilsmacht des Vaters aber macht der Unheilsmacht des Satans, von dessen heillosem Schreckensregiment die geordnete Welt der Weisheit ohnehin nur wenig Ahnung verrät, ein Ende. Die weisheitliche Explikation bestimmter Grunderfahrungen menschlichen Lebens ist der Verkündigung von der Gottesherrschaft also nachgeordnet und hat „komplementäre und stützende Funktion"[8].

Nach D. Zeller nehmen Sprüche wie Mt. 5,39f. 44f. zwar weisheitliche Anliegen auf, gehen dabei aber „über jedes vernünftige Maß" hinaus (Mahnsprüche, 150). D. Zeller versucht freilich, für die weisheitlichen Mahnworte einen besonderen „Sitz im Leben" zu gewinnen: Sie sollen sich an solche wenden, die dem Ruf der Gottesherrschaft bereits Folge geleistet haben und nun von Jesus in die praktischen Konsequenzen seiner Botschaft eingewiesen werden, z. B. in die Erneuerung der zwischenmenschlichen Beziehungen. Auch D. Zeller betont jedenfalls, daß die weisheitlichen Mahnsprüche Jesu „über jedes übliche Maß hinausgehen" und an der Weisheit gemessen „unerhört" sind (150); vgl. Mt. 5,39b.40; 5,44ff.

Man kann darum allenfalls sagen, daß sich beide Gesichtspunkte auch ergänzen und korrigieren (vgl. E. Neuhäusler, 40). D. h. der Schöpfungsgedanke ist dem eschatologischen Gedanken zwar nach- und untergeordnet, aber dadurch

---

[8] D. Zeller, Weisheitliche Überlieferung in der Predigt Jesu, in: Religiöse Grunderfahrungen, hsg. v. E. Strolz, 1977, 94–111, Zitat 107. Vgl. ders., Mahnsprüche, 182; vgl. R. Schnackenburg, ²Botschaft, 88, wonach die weisheitlichen Motive „der eschatologischen Botschaft Jesu zu- und untergeordnet" bleiben.

nicht einfach relativiert. Zwar fällt auf, wie selten Motivationen natürlicher Ethik bei Jesus begegnen, gleichwohl ist das Auftauchen solcher sapientialer Motive mit ihrer Einfachheit und Verständlichkeit bei der Explikation von Gottes Willen auch sachlich in Anschlag zu bringen. So ist z. B. nicht gesagt, daß eschatologische und rationale Ethik *notwendig* miteinander in Konflikt geraten müssen, zumal die religiöse Weisheit Lebensformen entwickelt hatte, die im einzelnen mit dem eschatologisch begründeten Ethos durchaus verwandt sein können und vom bloßem Rationalismus ebenso abzuheben sind wie von der Lehre einer von Natur aus *(intrinsice)* objektiv guten oder bösen Handlung, auch unabhängig von Gottes Willen. Wo z. B. Kreatürlichkeit und Endlichkeit des Menschen sowie die Vergänglichkeit und Fragwürdigkeit seines Reichtums gesehen werden, können eben selbst vernünftige ökonomische Dispositionen „Torheit" sein, wie die Weisheit immer wieder betont hat (vgl. Lk. 12,16 ff. und S. 106). Solche „Torheit" aber ist nicht einfach intellektuelles Unvermögen, sondern Selbsttäuschung und die Illusion, sich Heil und Leben selbst besorgen zu können. Damit ist zweifellos eine gewisse Affinität weisheitlicher Motive zu eschatologischer Lebenseinstellung gegeben.

E. Käsemann hat betont, daß dort, wo es um das Verhältnis von Religion und Sittlichkeit, Kult und Alltag geht, Glaube und Vernunft für Jesus zusammenfallen. „Das durch ihn erzeugte Ärgernis bestand nicht darin, ... daß er vor unsern Verstand undurchdringliche Geheimnisse stellte. Vielmehr bezeugte er uns einen Gott, der unsern Vorstellungen und Wünschen nicht entspricht, unsern Willen bricht und insofern auch jene Vernunft, welche durch unsern gottlosen, götzensuchenden Willen beeinflußt wird" (Der Ruf der Freiheit, 36).

In der Tat. Die Grenze von Weisheit und Vernunft als Motiv und Inhalt der Ethik ist nicht irgendetwas Mysteriöses, Unverständliches, Spekulatives. Die Grenze und damit zugleich der eigentliche Grund ist der Gott, der sich in Jesu Botschaft und Verhalten eschatologisch als der Liebende zu erkennen gibt. Entscheidend bleibt also das aus weisheitlicher Tradition unableitbare eschatologische Vorzeichen der heilbringenden Herrschaft Gottes.

### 4. Eschatologische Ethik als Entsprechung zum Heil Gottes

Ist Motiv und Horizont der Ethik Jesu eine sich realisierende Eschatologie, nach der Gottes Herrschaft in Jesus schon rettend nahekommt, fragt sich, was das inhaltlich bedeutet. Dazu ist auf die soteriologischen Aussagen über Heilszuspruch, Sündenvergebung, Tischgemeinschaft usw. als Reflex der Liebe Gottes zurückzugreifen. Es wäre seltsam, wenn das nicht auch Konsequenzen für die Ethik hätte. Und in der Tat: Gerade der Anbruch der Gottesherrschaft als Heil soll nach Jesus das Verhalten des Menschen bestimmen.

Auszugehen ist hier am besten vom Gleichnis vom Schalksknecht (Mt. 18,23 ff.), das von einem König handelt, der mit seinen Beamten Abrechnung halten will. Einer, wohl ein Statthalter, schuldet dem König 10 000 Talente, eine unvorstellbare Riesensumme, den Steuerbetrag einer Provinz o. ä. Als der Statthalter sich als zahlungsunfähig erweist und der König ihn, seine Familie und alle seine Habe verkaufen lassen will, wirft sich der Statthalter vor seinem Herrn nieder und bittet um Zahlungsaufschub. Der König aber erläßt ihm großzügig darüberhinaus sogar seine gesamte Schuld. Kaum ist der Statthalter jedoch seiner Schuld ledig, trifft er einen der Mitknechte, wahrscheinlich einen ihm untergeordneten Beamten, der ihm hundert Denare schuldet. In gewollter Übereinstimmung des Wortlautes bittet der den Statthalter ebenfalls um Zahlungsaufschub. Doch der Statthalter bringt ihn sofort in Schuldhaft, damit er seine Schuld abarbeite oder durch Verwandte losgekauft werde. Als der König das hört, läßt er nun seinerseits den Statthalter kommen und wirft ihm vor: „Du böser Knecht, jene ganze Schuld habe ich dir erlassen, weil du mich batest. Hättest nicht auch du dich deines Mitknechts erbarmen sollen, wie ich mich deiner erbarmt habe?" Vgl. E. Linnemann, 111 ff.; H. Weder, 210 ff.

Auf einen Satz gebracht könnte man sagen: Das Gleichnis veranschaulicht die Verpflichtung zur Barmherzigkeit gegenüber dem Mitmenschen aufgrund empfangener Barmherzigkeit Gottes, die zum Anbruch der Gottesherrschaft in Jesus gehört (vgl. Mt. 5,7; 9,27 par u. ö.). Es geht also primär weder um die Strafbarkeit menschlicher Unversöhnlichkeit, wenngleich der Gerichtsgedanke sicher mitschwingt. Es geht auch nicht primär um die Inkommensurabilität zwischen der menschlichen Schuld gegenüber Gott und der gegenüber den Menschen, wenngleich die genannten Geldsummen sicher nicht von ungefähr so enorm differieren und bei aller Parallelität der Relationen nur der Statthalter vor seinem Herrn „niederkniet". Es geht endlich aber auch nicht um die dem Menschen von Gott geschenkte Zeit, wenngleich man in der Barmherzigkeit über die Sündenvergebung hinaus auch das Geschenk der Zeit impliziert finden kann. Entscheidend ist vielmehr die Entsprechung von göttlichem und menschlichem Erbarmen. Dabei geht der Erlaß der Schulden seitens des Königs dem Nicht-Erlaß seitens des Statthalters nicht zufällig voraus.

E. Linnemann erklärt zu Recht, daß das „Prius der Barmherzigkeit des Königs nicht nur erzähltechnische Notwendigkeit ist, sondern sachliche Bedeutung hat", das Verhalten des Statthalters also nur darum verwerflich ist – er tut an sich ja gar nichts Unrechtes, sondern stellt sich einfach auf den Rechtsstandpunkt! –, weil er *nach* der empfangenen Barmherzigkeit unbarmherzig handelt (178). „Das Verhalten des Schalksknechtes ohne die vorausgehende Güte des Herrn erzählt, würde niemals unseren Protest herausfordern. Das Gleichnis läßt deutlich werden, daß dieses Nacheinander mehr ist als die bloße zeitliche Aufeinanderfolge von Ereignissen, die sachlich nichts miteinander zu tun haben" (E. Linnemann, 117).

Die erfahrene Barmherzigkeit Gottes ist also Voraussetzung, Basis und Grund des barmherzigen Verhaltens gegenüber den Menschen (vgl. die umgekehrte Reihenfolge Test.Seb. 8,3). Die Barmherzigkeit Gottes begründet die Forderung Gottes und übrigens auch das Gericht Gottes, wenn diese Barmherzigkeit nämlich trotz ihrer Unbegreiflichkeit und Schrankenlosigkeit folgenlos bleibt. Gottes Handeln ruft aber vor allem nach einer Entsprechung im Handeln der Menschen. Gott begegnet dem Menschen nicht in Güte, damit er seinerseits auf seinem Recht gegenüber dem Mitmenschen beharre, sondern damit seine Güte in unserer Güte ihren Widerschein finde. Der *„Vorsprung der Liebe Gottes"* ist zwar uneinholbar, weil sie unser Verhalten „immer schon überholt hat" (H. Weder, 217), aber gerade von diesem Vorsprung her soll unser Verhalten angemessen bedacht und an Liebe und Güte ausgerichtet werden.

„Von jedem, dem viel gegeben ist, wird viel gefordert werden, und wem man viel anvertraut hat, von dem wird man desto mehr verlangen" (Lk. 12,48b). Man kann auch auf das Gleichnis von den Talenten Mt. 25,14ff. par verweisen: Viele Talente verpflichten dazu, mit ihnen zu arbeiten. Aber auch wenn – wie wahrscheinlich – alle Knechte ursprünglich die gleiche Gabe erhalten haben (vgl. Lk. 19,11ff.), zeigt die Parabel, daß alles an der verantwortlichen Einstellung auf die Gabe der Gottesherrschaft liegt, denn in den Minen steckt ein Anspruch, „dem es unbedingt zu entsprechen gilt" (H. Weder, 205). Aus der Absolutheit der Heilszusage folgt die Absolutheit der Verpflichtung, und zwar nicht nur in formaler, sondern auch in inhaltlicher Entsprechung.

Dieses Entsprechungsverhältnis von Indikativ und Imperativ bestätigt in gewisser Weise auch das Gleichnis von den beiden Schuldnern (Lk. 7,41 ff.), das in die Perikope von der großen Sünderin im Hause des Pharisäers Simon hineinverwoben ist. Dabei kann jetzt außer Betracht bleiben, ob die Gleichnisfiguren vom Evangelisten tatsächlich in geschichtliche Figuren übersetzt und also die Szene erst hinzukomponiert worden ist oder aber nicht, was m.E. wahrscheinlicher ist.

Vgl. H. Drexler, die große Sünderin Lk. 7,36-50, ZNW 59, 1968, 159-173; U. Wilckens, Vergebung für die Sünderin (Lk. 7,36-50), in: FS J. Schmid, 1973, 394-422. In dem kleinen Gleichnis hat ein Gläubiger bzw. Geldverleiher zwei Schuldner, von denen ihm einer 500 und der andere 50 Denare schuldet. Da beide zahlungsunfähig sind, schenkt er beiden die geschuldete Summe. Das Gleichnis endet mit der Frage, wer von beiden den Gläubiger am meisten lieben, d.h. ihm am meisten dankbar sein wird. Die Antwort des Simon lautet: „Der, dem das meiste geschenkt worden ist". Diese Antwort entspricht dem, was dann in V. 47b auch über die Dirne gesagt wird, die Jesus mit Öl und die Füße mit Salbe salbt. Der nicht ganz eindeutige Satz V. 47 ist möglicherweise so zu paraphrasieren: „Gott muß ihr ihre Sünden, so viele es sind, vergeben haben, weil sie so große Dankbarkeit (dankbare Liebe) erweist; wem Gott wenig vergibt, dessen Dankbarkeit (dankbare Liebe) ist klein" (J. Jeremias, Gleichnisse, 127).

Möglich ist aber auch, daß Lukas das tertium comparationis schon verschoben, d.h. den Liebeserweis der Frau zum Grund (Real-, nicht bloß Erkenntnisgrund) der Sündenvergebung durch Jesus gemacht hat (V. 47), um damit zu verdeutlichen, daß zwischen Vergebung und Liebe eine Wechselwirkung besteht (vgl. H. Schürmann, HThK, 437f.). V. 41-43 und V. 47b zeigen jedenfalls, daß das Verhältnis ursprünglich umgekehrt war. D.h. also: menschliche Liebe entspringt und entspricht göttlicher Liebe, ja „das Maß der Liebe entspricht dem Maß der Vergebung" (U. Wilckens, 405), wobei freilich die Liebe zu Gott bzw. zu dem ihn repräsentierenden Jesus im Vordergrund steht (zumal im jetzigen Kontext), was bei Jesus von der Liebe zum Menschen aber nicht zu trennen ist.

Ein letztes Beispiel bringt das bisher gleichnishaft Gesagte auch ohne Bild klar und unmißverständlich zum Ausdruck. In der letzten Bergpredigt-Antithese heißt es zur Begründung der vom Menschen geforderten Feindesliebe:

„Liebt eure Feinde und bittet für die, die euch verfolgen, damit ihr Söhne eures Vaters im Himmel werdet, denn er läßt seine Sonne aufgehen über Böse und Gute und läßt regnen über Gerechte und Ungerechte" (Mt. 5,44f.). Bei Lukas folgt darauf noch: „Seid barmherzig, gleich wie euer Vater im Himmel barmherzig ist" (Lk. 6,36), während Matthäus das wohl geändert hat in: „Seid vollkommen, wie euer Vater im Himmel vollkommen ist" (Mt. 5,48).

Gottes ungeteilte Vaterliebe gegenüber aller Kreatur, den Guten wie den Bösen, ist hier also Motivierung und Orientierung des Gebotes der Feindesliebe. So wie Gott seiner Liebe keine Grenzen zieht, sondern auch die Gottlosen in sie einbezieht, so sollen auch wir unsere Liebe selbst Feinden zugute kommen lassen. Das „gleich wie" in Lk. 6,36 hat dabei vergleichenden und begründenden Charakter zugleich. Gewiß ist die Art und Weise der hier vorliegenden Begründung bzw. Veranschaulichung im einzelnen problematisch (vgl. S. 37), insofern diese Liebe Gottes am Geschehen in der Natur, an dem allen gleichermaßen gespendeten Sonnenschein und Regen abzulesen sein soll.

Nicht zufällig gibt es denn auch für diese „Beweisführung" mit Elementen natürlicher Theologie Parallelen aus der griechisch-römischen Popularphilosophie und dem Judentum (Seneca, De Beneficiis IV 26,1; Pesiq 195a bei Billerbeck I, 374). Schon die Antike hat dabei aber aus der Tatsache des auf alle gleicherweise kommenden Sonnenscheins und Regens ganz verschiedene Folgerungen gezogen, z.B. auch die, daß die Götter sich den Geschicken der Menschen gegenüber gleichgültig verhalten (vgl. schon die Skepsis in Pred. 9,2).

Das, was bei Jesus damit gesagt sein soll, ist aber deutlich genug, daß nämlich auch der Sünder von Gottes Liebe lebt, weil Gott sich auch seinen ungehorsamen Geschöpfen gegenüber als der Gebende erweist. Daß Gott die Ungerechtigkeit der Menschen nicht mit Ungerechtigkeit oder auch nur mit Gerechtigkeit, sondern mit Liebe beantwortet, ist der Nerv und das Wunder dieser Aussage. Eben darum aber ist auch den Jüngern eine daran ausgerichtete Liebe und Barmherzigkeit geboten. Auch Lk. 10,25ff. u. ä. Texte, die zum Erbarmen des Menschen mit den Opfern rufen, sind nur zu verstehen als Entsprechung zur radikalen Liebe Gottes zum Sünder.

## B. Der Wille Gottes und das Gesetz

*Literatur:* R. Banks, Jesus and the Law in the Synoptic Tradition (MSSNTS 28), 1975; J. Becker, Buße, TRE 7, 446–451; K. Berger, Die Gesetzesauslegung Jesu I (WMANT 40), 1972; H. D. Betz, 5–47; D. Bonhoeffer, Nachfolge, 1961[7]; G. Dautzenberg, Gesetzeskritik und Gesetzesgehorsam in der Jesustradition, in: Das Gesetz im NT (QD 108), 1986, 46–70; P. Fiedler, Die Thora bei Jesus und in der Jesusüberlieferung, in: Das Gesetz im NT (QD 108), 1986, 71–87; M. Hengel, Jesus und die Tora, ThB 9, 1978, 152–172; H. Hübner, Das Gesetz in der synoptischen Tradition, 1973; H. W. Kuhn, Nachfolge nach

Ostern, in: FS G. Bornkamm, 1980, 105–132; M. Limbeck, Von der Ohnmacht des Rechts. Zur Gesetzeskritik des NT, 1972; U. Luz/R. Smend, Gesetz, 1981; P. Noll, Jesus und das Gesetz (SGV 253), 1968; E. Osborn, 21–28; A. Schulz, Nachfolgen und Nachahmen, StANT 6, 1962, 17–133; E. Schweizer, Erniedrigung und Erhöhung bei Jesus und seinen Nachfolgern (AThANT 28) 1962, 7–21; G. Theißen, „Wir haben alles verlassen" (Mc.X.28), NT 19, 1977, 161–196 (= Studien zur Soziologie des Urchristentums, WUNT 19, 1979, 106–141).

## 1. Umkehr und ganzer Gehorsam

1.1. Es dürfte nach dem Gesagten feststehen, daß Jesus die Verpflichtung durch die Gabe begründet und daß dieser Indikativ die Heilsgabe der eschatologischen Gottesherrschaft ist, zu der Jesus im Namen Gottes einlädt. Die Einladung impliziert aber einen Appell und Anspruch. Die vom Menschen geforderte neue Einstellung als Antwort auf Gottes Heilsangebot aber heißt zunächst grundlegend und umfassend Umkehr, Richtungsänderung, Neuorientierung, wobei selbst dieser Imperativ „kehrt um!" nicht so sehr Forderung als Chance des Neubeginns und der Rückkehr zu Gott ist (vgl. Lk. 15,11 ff.) Die Nähe der Gottesherrschaft ruft dazu, in neuer Weise ganz auf ihn zu setzen. Insofern ist es kaum begründet, den Ruf zur Umkehr aus der Predigt Jesu zu eliminieren und die Nähe der Gottesherrschaft für Jesus, den Bußruf aber allein für den Täufer zu reklamieren, d.h. Jesus und der Täufer unterscheiden sich nicht dadurch, daß der eine Umkehr predigt und der andere die Gottesherrschaft ankündigt. Zwar dürfte es richtig sein, daß der Täufer vor allem das kommende Zorngericht, Jesus dagegen die nahe Gottesherrschaft als Heil verkündigt.

Aber auch wenn die Gottesherrschaft das Spezifikum Jesu gegenüber dem Täufer wäre, ist damit die Ausscheidung der Umkehrpredigt für Jesus noch nicht gerechtfertigt. Selbst wenn der Terminus *metánoia* bzw. das entsprechende Verbum gefehlt haben sollte, was aber erst noch zu erweisen wäre (vgl. Mk. 11,21f./Lk 10,13; Mt. 12,41/ Lk 11,32; Lk. 13,3.5; 15,10; 16,30), in der Sache ist die Verkündigung Jesu zentral Ruf zur Umkehr. Auch der Verzicht auf Selbstgerechtigkeit (Lk 18,10ff.; vgl. Mk. 10,15), auch die Heimkehr zum Vater (Lk. 15,11ff.), auch Glaube und „Selbstverleugnung" sind Ausdruck der Umkehr. Und so sehr der eigentliche Ausgangs- und Bezugspunkt der Umkehr die anbrechende Gottesherrschaft ist, so sehr kann der Umkehrruf auch bei Jesus durchaus im Kontext der Gerichtsaussage stehen, wenn so dieses Gericht auch nicht eigentlich Motiv geschehender, sondern Konsequenz verweigerter Umkehr ist (vgl. außer Mk. 13,1ff. auch das Wehe über die unbußfertigen Städte in Mt. 11,20ff.) und Johannes wie Jesus nicht wie die Apokalyptik die Völkerwelt mit diesem Gericht konfrontieren, sondern das Volk Gottes selbst (vgl. Lk. 3,7; Matthäus nennt sogar – sekundär – ausdrücklich Pharisäer und Sadduzäer: 3,7).

J. Becker setzt zwar voraus, daß mit der Gerichtsbotschaft auch der Bußruf aus dem Zentrum der Verkündigung Jesu verschwunden ist, will aber doch zwischen Umkehrforderung, die er dem Kontext der Gerichtsbotschaft vorbehält, und „Entscheidungsruf", für die der Heilszuspruch entscheidend sein soll, unterscheiden (TRE 7,448). Er gesteht aber selbst zu, daß es in beiden Zusammenhängen um „eine kompromißlose, grundsätzliche und letztmögliche Neuorientierung vor Gott geht". Das Gericht ist eben auch hier in die Heilsbotschaft integriert. Vgl. weiter J. Behm, ThW IV, 995ff.; H. Braun, „Umkehr" in spätjüdisch-häretischer und in frühchristlicher Sicht, Ges. Studien zum NT u. seiner Umwelt, 1962, 70-85; anders M. Limbeck, Jesu Verkündigung u. der Ruf zur Umkehr, in: FS H. Kahlefeld, 1973, 35-42; H. Merklein, EWNT II 1022-31.

1.2 Was aber meint *metánoia*? Selbst im klassischen Griechisch ist der Begriff nicht einfach intellektualistisch zu verstehen und meint nicht nur, über eine Sache anders zu denken, sondern auch eine Änderung der Gesinnung, der Absicht, des Willens, wenn auch nicht eine durchgreifende Änderung des Gesamtverhaltens und der Lebensrichtung.

Auch das AT ist nicht als ganzes der Ursprungsort der Umkehrpredigt Jesu. Dort finden sich Buße und Umkehr nebeneinander, wobei unter Buße die kultisch-rituellen Bußveranstaltungen und Bußübungen (Fasten, Trauergewänder, Sündenbekenntnis usw.) zu verstehen sind, unter Umkehr aber, wie sie von Hosea bis Jeremia von den Propheten gefordert wird, die Hinwendung des ganzen Menschen zu Gott, die Rückkehr in das ursprüngliche Verhältnis zu Jahwe, das Ernstnehmen des ersten Gebotes, das unbedingte Vertrauen und der unbedingte Gehorsam (gattungsmäßig meist in der Gerichtsverkündigung, nicht in den Mahnworten). Der prophetische Ruf zur Umkehr wird in nachexilischer Zeit nicht mehr in seiner Radikalität durchgehalten, wie vor allem die zunehmende Orientierung am Gesetz und die zunehmende Moralisierung zeigen (vgl. Neh. 9,29).

Das setzt sich im Judentum verstärkt fort. Umkehr wird immer mehr die Wendung von der Gesetzwidrigkeit zur Gesetzeserfüllung. Das illustriert z. B. die Entwicklung der beiden Rezensionen des 18-Gebets: Während es in der palästinischen Rezension in der 5. Bitte noch heißt „Bringe uns zurück zu Jahwe, zu dir, daß wir umkehren", lautet diese Bitte in der babylonischen Rezension „Bringe uns zurück ... zu deiner Tora und ... laß uns umkehren in vollkommener Buße" (beide Texte bei Billerbeck IV, 211). Bezeichnend ist auch die von der Bedeutung der Gesetzesbeobachtung her sich ergebende Rede von „vollkommener Umkehr", die Sündenbekenntnis, Reue und Schmerz voraussetzt und u. a. im Nichtwiederholen gesetzeswidriger Taten, in Verzichtleistungen u. a. besteht (vgl. Billerbeck I, 170). „Buße und gute Werke sind wie ein Schild vor Gottes Strafen" (Aboth IV 11).

Auch in Qumran ist *schub* die Bekehrung zur Thora und, da diese nur in Qumran richtig ausgelegt wird, zugleich zur ordensmäßig organisierten Sekte. Der Novize mußte sich beim Eintritt durch einen bindenden Eid verpflichten, „umzukehren zum Gesetz des Mose gemäß allem, was er befohlen hat" und was den Qumranpriestern offenbart worden ist (1 QS 5,8f.; vgl. Dam. 16,1f.). Die Umkehr zur Mose-Thora sollte mit ganzem Herzen und mit ganzer Seele geschehen (Dam. 15,12). Aber auch hier ist alles am Gesetz orientiert, und gerade das scheidet die Umkehrpredigt Qumrans trotz all ihrer durch keinen Ritus kompensierbaren Radikalität und trotz der eschatologischen Ausrichtung des Thoragehorsams von der Verkündigung Jesu (vgl. auch das priesterliche und separatistische Selbstverständnis).

Es scheint demnach, daß die Umkehrpredigt Jesu sachlich an die alttestamentliche Prophetie und nicht an das Judentum anknüpft. Auch wenn terminologisch eher eine Nähe zu den Apokryphen und Pseudepigraphen bestehen mag, inhaltlich jedenfalls wird die Linie der alttestamentlichen Prophetie fortgeführt. Zudem ist nicht die Buße Voraussetzung des Heils, sondern das Heil die Voraussetzung der Buße.

Umkehr meint also die ganzheitliche und rückhaltlose Hinwendung zu Gott, nicht einen gesetzlich-kasuistischen Bußeifer. Gottes Zuwendung läßt den Menschen *alles* von Gott erwarten (Mk. 10,15 u. ä.). Seine Herrschaft greift nach dem ganzen Menschen und beansprucht entsprechend ungeteilten Gehorsam. Diese Absolutheit und Radikalität von Gottes Zuwendung und Herrschaftsanspruch, so wie er auch im 1. Gebot zum Ausdruck kommt, ist das Ende kleinlicher Kasuistik und aller nur vordergründigen Bußwerke, aber auch das Ende der Orientierung am Gesetz. Umkehren wird darum in Mt. 18,3 mit dem Werden wie die Kinder parallelisiert, und auch die Heimkehr zum Vater (Lk. 15,11 ff.) steht für Lukas nicht zu Unrecht im Kontext der *metánoia* (15,(7)10; vgl. Mt. 18,13). Buße ist dabei nicht nur das Eingeständnis der Sünde und der Angewiesenheit auf die Gnade (Lk. 18,9 ff.), sondern hat zugleich Konsequenzen für die Lebensführung (so schon beim Täufer: Lk. 3,8. 10–12). So unbedingt und voraussetzungslos die Botschaft von der Gottesherrschaft ergeht und Gott sich zum Menschen wendet, so vorbehaltlos und entschlossen soll die Kehrtwendung des Menschen zu ihm hin sein. Gott will nichts Halbes oder Partielles, nicht dies oder jenes, nicht etwas am Menschen, sondern den Menschen ganz.

1.3. Das ist das Berechtigte an der Deutung der Weisungen Jesu im Sinne der Gesinnungsethik.

Danach sind alle konkreten Einzelforderungen Jesu nur paradigmatisch zu verstehen. In allem Einzelnen und Konkreten werde, so sagt z. B. W. Herrmann (Die sittlichen Weisungen Jesu, ³1921), nur der eine große Grundsatz sichtbar, daß der Christ sein Leben ganz und gar in Liebe zu leben habe. Daß Jesus unbedingten Gehorsam fordert, sieht auch Herrmann, aber er will zwischen dem verstehenden Gehorsam der Freien und dem Kadavergehorsam der Unfreien unterschieden wissen. Es gehe Jesus um die volle Selbständigkeit des Menschen. Jesu Worte seien ein Appell an das Gewissen des einzelnen, keine Schablone; sie fordern den Menschen auf, nach seinem eigenen Gewissen zu urteilen und zu handeln, und zwar ohne Vorbehalt, ohne Einschränkung, nicht halb, sondern ganz (vgl. Th. Soiron, 43 ff.; H. van Oyen, RGG II 1537 f.).

Ähnlich haben es auch andere gesagt: Es gehe um das Herz des Menschen, um die innere Einstellung. Jesus wolle nicht die Erfüllung von diesem oder jenem neuen Gebot, sondern eine neue Gesinnung, ein neues Herz, nicht Tun, sondern Sein, nicht Werk, sondern Wesen, und auch ein Mann wie M. Dibelius, für den „ein unbestimmter christlicher Idealismus" als Gefahr gilt (Bergpredigt, 173), konnte sagen, verlangt werde nicht, „daß wir *etwas tun,* sondern daß wir *etwas sind*" (Bergpredigt, 170), so daß alles nur auf die Umwandlung des Menschen ankommt.

Bei dieser hier nur verkürzt wiedergegebenen gesinnungsethischen Interpretation liegt Richtiges und Falsches nahe beieinander. Daß Jesus auf eine neue Gesinnung und einen neuen Willen zielt, daß er mit dem Leib auch das Herz und damit den Menschen ganz für Gott beschlagnahmen will und alle Halbherzigkeit schroff zurückweist, daran ist nicht zu rütteln. Wo der „Schatz" ist, da ist auch das „Herz" (Mt. 6,21 par). Wenn das Auge lauter ist, dann ist der ganze Leib voll Licht (Mt. 6,22 par). Der Mensch kann nur ungeteilt gehorsam sein, nie zwei Herren dienen (Mt. 6,24 par). Die Reinheit des Herzens (Mt. 5,8; vgl.

Mt. 5,28; Mk. 7,15; Lk. 11,41) steht nicht nur im Gegensatz zur rituellen dinghaften Reinheit, sondern im Gegensatz zu jeder partiellen, mit Vorbehalten und Kautelen praktizierten Frömmigkeit. Jeder Gehorsam, der nicht von Herzen kommt, d.h. der nicht das Zentrum, den innersten Personkern und die tiefsten Schichten des Menschen umfaßt und bestimmt, jeder Gehorsam, der noch Versteck spielt und fromme Masken trägt, ist für Jesus kein Gehorsam. Alle willens-, gefühls- und verstandesmäßigen Funktionen stehen im Grunde für den Menschen als ganzen. Das „lautere" Auge (Mt. 6,22) ist das „Auge der Einfalt" (vgl. auch Mt. 10,16: „einfältig wie Tauben"). Das reine Herz ist das ungeteilte Herz. Auf die damit implizit schon gegebene richtige Abgrenzung von der Buchstabenkorrektheit und einem nivellierenden bzw. kasuistischen Einerlei von Kleinstem und Größtem wird noch ausführlicher einzugehen sein.

Falsch aber ist die gesinnungsethische Relativierung von Werk und Tun. Denn darüber kann es nun ebenfalls keinen Zweifel geben, daß Jesus nicht nur eine neue Gesinnung, nicht nur ein Um*denken* und eine innere Umkehr, sondern konkreten leibhaftigen Gehorsam gefordert hat, und das nicht nur in Form eines allgemeinen moralischen Gewissensappells, sondern konkreter Weisungen. Nicht das Verhältnis der Seele zu ihrem Gott, nicht eine neue Innerlichkeit, sondern die Ganzheit der Person und damit auch ihre Tat ist gefordert. „Ein guter Baum bringt gute Früchte" (Lk. 6,34 ff. u. ö.). Ein neues Sein bewirkt ein neues Verhalten. So sehr ein quantitatives Weniger ein qualitatives Mehr sein kann (vgl. das Opfer der armen Witwe, Mk. 12,41 ff.), so sehr zählt eben gerade das, was man bis ins Materielle und Finanzielle hinein konkret gibt oder behält. Das erweisen nicht nur die konkreten Einzelgebote, sondern auch grundsätzliche Äußerungen.

1.4. Die Warnung vor den enthusiastischen Herr-Herr-Sagern, die nicht den Willen Gottes tun, ist zwar erst urchristlich (Mt. 7,21 ff. par), denn die Aufzählung des charismatischen Handelns ist von der nachösterlichen Erfahrung her gebildet[9]. In ihrer Intention aber entspricht diese Warnung durchaus der Botschaft Jesu. Im Gericht wird nicht nach der Gesinnung, sondern nach den Taten der Liebe gefragt werden (Mt. 25,31 ff.). Auch andere Worte Jesu bestätigen das. Zu erinnern ist an das Gleichnis von den beiden ungleichen Söhnen (Mt. 21,28 ff.):

Der erste Sohn erfüllt trotz anfänglichen Neinsagens die Aufforderung des Vaters zur Arbeit im Weinberg. Der zweite Sohn sagt zwar ja, hält aber sein Wort nicht und läßt seiner bereitwilligen Zusage keine Tat folgen. Zwar ist das nicht allein als Warnung davor anzusehen, es bei Worten bewenden zu belassen, weil es vor allem auf die Verwandlung eines grundsätzlichen Nein in ein Ja ankommt und (sekundär?) die anfänglichen Neinsager in V.31d auf Zöllner und Dirnen bezogen werden. Gleichwohl sind eben gerade sie es nun, die den Willen Gottes *tun* und nicht nur ja zu ihm sagen.

---

[9] Vgl. G. Schneider, Christusbekenntnis und christliches Handeln, in : FS H. Schürmann, 1979, 9–24; H. Geist, Die Warnung vor den falschen Propheten – Eine ernste Mahnung an die heutige Kirche, in: Schüler-FS R. Schnackenburg, 1974, 139–149.

Die Diskrepanz zwischen Reden und Tun ist das große Thema auch in Mt. 23, der Abrechnung mit Pharisäern und Schriftgelehrten, jedoch ist gerade in Mt. 23 mit Rückschlüssen auf die Verkündigung Jesu größte Vorsicht geboten. Immerhin bestätigt auch das Schlußgleichnis der Bergpredigt bzw. Feldrede, daß es auf das Tun ankommt (vgl. dazu J. Jeremias, Gleichnisse, 193 und weiter auch Worte wie Mk. 3,35 par; Lk. 10,37 u. ä.).

Auch der Vorwurf der Heuchelei ist wahrscheinlich historisch, freilich nicht der schematisch undifferenzierte des Matthäus. Vor dem verbreiteten Mißverständnis, als sei der Durchschnittsjude ein Heuchler gewesen, der sich mit frommem Schein und religiöser Schau begnügt und sich und anderen etwas vorgemacht hätte, ist dringend zu warnen. Markus hat bezeichnenderweise nur zweimal den Vorwurf der Heuchelei (7,6; 12,15). In Mk. 7,6 ist zwar auch die Diskrepanz zwischen Lippenbekenntnis und Herzensfrömmigkeit im Blick, aber den folgenden Worten kommt es mehr auf das Gegenüber von Gottesgebot und Menschensatzung an. Dann ist aber ein Heuchler primär nicht derjenige, der in der Diskrepanz zwischen Theorie und Praxis lebt, sondern derjenige, der Menschensatzung über Gottes Gebot rangieren läßt. Der Schein der Scheinheiligkeit ist nicht subjektive Unaufrichtigkeit, sondern objektive Verblendung (vgl. auch Lk. 13,15 f., wo der inhumane Widerspruch zwischen der konzedierten Viehtränkung und der verweigerten Heilung einer kranken Frau am Sabbat Heuchelei genannt wird; vgl. weiter U. Wilckens, ThW VIII, 566 f.).

Schon das deutet an, daß nicht nur fehlende, sondern auch verfehlte Praxis von der Kritik getroffen wird und nicht einfach auf ein sogenanntes praktisches Christentum oder einen blinden Aktionismus abgehoben wird. Nicht allein ganzer Einsatz, sondern auch nüchterne Selbstprüfung gehört zur Nachfolge (vgl. Lk. 14,28 ff.). Jesus weiß zudem auch um die Gefahr, daß man – wie es in Lk. 11,39 heißt – Becher und Schüsseln rein hält, das Innere aber voll Raubes und Bosheit ist. Das zielt zwar vor allem gegen eine Veräußerlichung des Gehorsams durch rituelle Reinigungsvorschriften, aber nicht nur liturgisch-rituelle, sondern auch soziale Taten können ein Gottesverhältnis, das in Unordnung ist, zu kaschieren versuchen. Gottes Ruf kann auch durch Geschäftigkeit in Liebeswerken übertönt werden (vgl. etwa Lk. 10,38 ff.). Man darf weder das Innere gegen das Äußere noch das Äußere gegen das Innere, weder das Soziale gegen das Religiöse noch das Religiöse gegen das Soziale usw. ausspielen. Es geht vielmehr immer um das ganze und radikale Tun von Gottes Willen.

Das zeigen vor allem bestimmte Bergpredigt-Antithesen: Nicht erst das Töten, sondern schon der Zorn, nicht erst der Ehebruch, sondern schon der begehrliche Blick ist von Übel (Mt. 5,21 ff.; vgl. weiter dazu S. 64 f.). Diese Radikalität und Ganzheit der geforderten Hinwendung kommt besonders deutlich etwa in Mt. 6,24 zum Ausdruck: „Niemand kann zwei Herren dienen, denn entweder wird er den einen hassen und den anderen lieben, oder sich an den einen halten und den anderen verachten." In der Entscheidung für Gott geht es um ein Entweder/Oder und damit um die ausschließliche Bindung an Gott. Man kann nicht für zwei Herren mit gleicher Hingabe und Einsatzbereitschaft da sein. Gott *auch* lieben, Gott mit halbem Herzen dienen, heißt ihn hassen. Das Wort lieben deutet dabei schon an, daß der Umkehr nicht so sehr düsterer Ernst, Reuegefühle und Trauergebärden entsprechen als vielmehr „die Freude der Buße" (J. Schniewind), die Freude darüber, als der verlorene Sohn in das Vaterhaus des schon wartenden und einem entgegeneilenden Vaters zurückkehren zu dürfen. Daß im Himmel nach Lk. 15,7 über einen Sünder, der umkehrt, mehr Freude herrscht als über neunundneunzig Gerechte, ist nicht so zu verstehen, als ob neunundneunzig von hundert nicht der Umkehr bedürften (wie es in Lk. 15,7 wörtlich heißt), denn nirgendwo ist davon die Rede, daß nur eklatante Sünder die Umkehr nötig hätten. Lk. 13,3.5, wo Jesus von den Opfern der Bluttaten des Pilatus und des eingestürzten Siloa-Turmes berichtet wird, heißt es darum: „Wenn ihr nicht umkehrt, werdet ihr alle auf dieselbe Weise umkommen" (vgl. auch das vor Verharmlosung warnende Bildwort von der engen Tür Lk. 13,24 par, das Kampf, Anstrengung und Opfer verlangt). Sowenig die Botschaft von der Gottesherrschaft nur einen begrenzten Kreis angeht – Jesus vertritt nicht die damals beliebte Vorstellung von einem „heiligen Rest" –, sowenig ist der Ruf zur *metánoia* nur an bestimmte Leute adressiert. Die totale Kehrtwendung in Richtung der kommenden Gottesherrschaft hat jeder nötig, weshalb der, der nicht umkehrt, dem Gericht Gottes verfällt.

1.5 Nur anhangsweise sei noch erwähnt, daß mit der Kritik an einer gesinnungsethischen Interpretation der Ethik Jesu auch ein Verständnis zurückgewiesen ist, das vor allem in der lutherischen Orthodoxie vertreten wurde und Jesu Forderung, z.B. die der Bergpredigt, primär als *speculum peccati* verstand, als Sündenspiegel, der den Menschen nur zur Erkenntnis seiner Sünden anleiten soll (ähnlich aber auch G. Kittel u.a.; vgl. Th. Soiron 17.23ff.). Danach sind von Jesus bewußt undurchführbare Forderungen erhoben worden, um den Menschen daran scheitern zu lassen und ihm seine Heilsbedürftigkeit aufzuzeigen. Aber nirgendwo ist auch nur der geringste Hinweis darauf zu entdecken, daß Jesu Forderungen in die Verzweiflung führen und die Ohnmacht und Schuld des Menschen aufdecken sollen. Daß sie das faktisch immer wieder tun, ist wohl nicht zu bestreiten (vgl. Mt. 6,12 par.), daß sie es aber sollen oder gar allein sollen, ist durch nichts zu begründen. Die oft schockierend radikalen Forderungen mit ihrem scharfen Kontrast zum Normalverhalten sollen die Jünger gerade dazu führen, die sündige Praxis der Welt nicht nachzuvollziehen, also eine Art Alternativethik zu praktizieren (vgl. S. 65f.,118).

## 2. Nachfolge und Jüngerschaft

Daß Jesus in Nachfolge und Jüngerschaft gerufen hat, ist unbestritten. Was er mit diesem Ruf gemeint hat, ist umstritten. Einig ist man sich darin, daß Nachfolgen nicht mit imitatio zu verwechseln ist und es in der Nachfolge in spezifischer Weise um die Bindung an Jesus und seine Sache geht. Doch worin besteht sie? Die meisten Autoren stellen sich Nachfolge und Jüngerschaft, wenigstens teilweise, in Analogie zum jüdischen Lehrer-Schüler-Verhältnis vor. Auch darum, weil ein Vergleich damit in jedem Falle für das Verständnis der synoptischen Nachfolgeworte und -szenen lehrreich ist, zuvor auch hier ein kurzer Überblick über den damit anvisierten Sachverhalt im Judentum.

2.1. Nachfolgen, hinterhergehen und Jüngersein sind im Neuen Testament weitgehend Wechselbegriffe. Im Alten Testament ist „hinter jemand hergehen" ein Ausdruck der Unterordnung, etwa der Soldaten unter den König (Ri. 9,49), des Prophetenschülers Elisa unter den Propheten Elia (1. Kön. 19,21) u. a. Im religiösen Bereich wird es vor allem im Verhältnis Israels zu den fremden Göttern gebraucht (5. Mose 4,3; 6,14; 8,19; 11,28; 13,2; 28,14; Jer. 2,5; 7,6.9; 9,14; 11,10; 13,10). Von der Nachfolge Gottes wird dagegen seltener gesprochen, was nicht auf Kultprozession bezogen, sondern bildhaft gemeint ist (Hos. 11,10), trotz der Alternative zu den Baalen (1. Kön. 18,21). Nachfolge Gottes steht dabei parallel zum Halten seiner Gebote (1. Kön. 14,8; 2. Kön. 23,3; 5. Mose 13,5 LXX). Im Judentum ist mit „Nachfolgen" vor allem das konkrete Hinterhergehen und der respektvolle Umgang des Thoraschülers mit dem Gesetzeslehrer gemeint, dem der Schüler bzw. „Jünger" beim Ausgang oder bei der Reise in bestimmtem Abstand folgt. Die darin zum Ausdruck kommende Unterordnung äußert sich auch in anderen Dienstleistungen für den Lehrer, mit dem der Schüler in Lebensgemeinschaft lebt. Der rabbinische Unterricht und Lehrbetrieb war überhaupt keineswegs allein an theoretischer Wissensvermittlung orientiert, sondern schloß auch die praktische Anwendung ein, und zwar die von Thora und Halacha. Jünger ist im rabbinischen Judentum der sich theoretisch und praktisch mit Schrift und Tradition beschäftigende Rabbinenschüler.

2.2. Ganz abgesehen von der zentralen Bedeutung, die bei diesem jüdischen Lehrer-Schüler-Verhältnis dem Gesetz zukommt, erscheint es nun höchst problematisch, die Nachfolge Jesu in Analogie zum rabbinischen Schulwesen zu interpretieren. Besteht überhaupt Grund zur Skepsis gegenüber der Annahme, man habe sich Jesus als Rabbi vorzustellen, also als Angehörigen des Schriftgelehrtenstandes, der eine zunftmäßige Ausbildung erfahren und die vorgeschriebenen Prüfungen absolviert hat (so z. B. R. Bultmann, Jesus, 43), so sind erst recht Nachfolge und Jüngerschaft nicht von hierher zu verstehen. Nicht zufällig haben auch solche Exegeten, die hier die nächste Parallele finden, schon Besonderheiten notiert, die den Rahmen des Judentums sprengen. Bei den sogenannten Berufungsgeschichten z. B. fällt auf, daß hier die Initiative meist eindeutig von Jesus ausgeht (vgl. aber Lk. 9,57f.), die von ihm Gerufenen also nicht aus eigenem Entschluß und Willen „Jünger" werden, sondern durch sein Wort, das die Nachfolge bewirkt und zu sich ruft. Auch andere Besonderheiten sind unübersehbar: Frauen, die sich im Umkreis Jesu befunden haben, trifft man in der Umgebung von Rabbinen nicht an, und der Umgang mit Sündern, Dirnen und Zöllnern müßte bei einem Rabbi aufs äußerste befremden. Jüngerschaft ist bei Jesus auch nicht ein bloßes Durchgangsstadium, das durch einen Wechsel des Lehrers unterbrochen oder mit eigenem selbständigen Lehrersein abgeschlossen werden könnte (vgl. Bornkamm, Jesus, 127). Nachfolge ist nämlich der durch die Nähe der Gottesherrschaft begründete Anschluß an Jesus und seine Sache. Daß er diese Sache der Gottesherrschaft repräsentiert, ist das Entscheidende, nicht aber die Bindung an Gesetz und Gesetzesauslegung, nicht die Verpflichtung gegenüber einer durch den Lehrer repräsentierten Idee oder Tradition und auch nicht die Ehrerbietung gegenüber seiner Weisheit und Auslegungskunst. Der Ruf Jesu in die Nachfolge ist allein aus der einzigartigen Vollmacht Jesu zur Proklamation der Gottesherrschaft zu verstehen. Darum allein vermag er alle anderen irdischen Bindungen, Traditionen und Autoritäten zu relativieren.

M. Hengel hat darüber hinaus auf weitere Unterschiede der Nachfolge Jesu zum rabbinischen Lehrer-Schüler-Verhältnis aufmerksam gemacht (Nachfolge, 46ff.): Die gelehrte Atmosphäre des Lehrhauses, das intensive Studium, die Pflege exegetischer Gelehrsamkeit, die Traditionsbildung usw., das alles fehlt bei Jesus völlig. Für einen geordneten Lehrbetrieb war zudem die stabilitas loci in einem festen Lehrhaus eine Grundvoraussetzung, während Jesus durch Galiläa und die angrenzenden Gebiete gezogen ist, wobei er sich außerdem gerade an das ungebildete Volk wendet und nicht primär mit Gelehrten oder Gleichgesinnten diskutiert.

M. Hengel (Nachfolge, 55ff.) verweist zu Recht auf die charismatisch-eschatologische Eigenart des Rufes Jesu. Schon die Jünger Johannes des Täufers (Mk. 2,18 par; Mt. 11,2; Lk. 7,18 u. ö.) sind nicht gut in der Atmosphäre des Lehrhauses vorstellbar. Überhaupt ist zu beachten, daß zur neutestamentlichen Zeit mit der Vorstellung von Nachfolge und Jüngerschaft nicht nur die Rabbinenschüler verbunden wurden, sondern auch die Anhänger apokalyptischer Propheten oder Parteigänger zelotischer Führer (vgl. auch H. Merklein, 59f.). Man vgl. hier z.B. die Motive der Trennung von Familie und Angehörigen, die Martyriumsparänese und die eschatologische Motivierung (vgl. M. Hengel, Nachfolge, 20ff., 63ff., der freilich mit Recht auch hier grundlegende Unterschiede hervorhebt). Wichtig ist vor allem das Elia-Elisa-Verhältnis gewesen, mindestens für die Gestaltung der neutestamentlichen Berufungsgeschichten (vgl. 1.Kön. 19,19–21 mit Mk. 1,16ff. oder 2,14).

Vergleicht man damit die synoptischen Berufungen, so ist bis auf die Verweigerung des Abschieds und bis auf das wirkungsmächtige Berufungswort Jesu, das anstelle des prophetischen Zeichens des Mantelwurfes steht, eine deutliche Verwandtschaft festzustellen. Begegnung, Berufung bei der Arbeit, Zurücklassen von Familie und Besitz, Indienstnahme und Jüngerschaft werden auch hier miteinander verbunden. Das Wort aus Lk. 9,59f. par dagegen, man solle die Toten von Toten begraben lassen, muß in seiner Härte und Radikalität schockierend und skandalös gewirkt haben. Verlangt es doch nicht weniger als den entschiedenen Bruch mit Pietät und Konvention, Frömmigkeit und Gesetz. Totenbestattung und Totengeleit ist ein Pflichtgebot, das sogar vom Thorastudium und anderen Pflichten entbindet. Umgekehrt aber muß die Verweigerung eines Begräbnisses als beispielloser Frevel angesehen werden. Jesu herausforderndes Wort gehört darum mit denjenigen seiner Worte zusammen, die die Freiheit von allen Familienbindungen fordern und mit der drängenden Nähe der Gottesherrschaft erklären. Die mit Jesus anbrechende Gottesherrschaft also ist das Entscheidende bei diesem „prophetischen Provokationszeichen"[10], nicht die gemeinsame Beziehung auf die Thora oder ihre Radikalisierung. Man könnte eher geradezu von einer Kritik und Suspendierung der Thora durch die Nachfolge sprechen, da die Bitte „Laß mich zuvor meinen Vater begraben" dem

---

[10] So bezeichnet und versteht I. Bosold (Pazifismus und prophetische Provokation, SBS 90, 1978, 84f. 93) auch die Grußverweigerung in Lk. 10,4; vgl. weiter S. 66.

4. Gebot entspricht (H. Merklein, 61 f.; vgl. übrigens auch Mk. 10,21 „geh hin und verkaufe alles und folge mir nach" nach V. 19 f. oder Mk. 3,21; Mt. 19,12).

2.3. Nun gelten freilich solche ungemein scharfen Worte, die selbst natürliche und familiäre Bindungen relativieren und von deren Radikalität nichts abzumarkten ist, trotz des exemplarischen Charakters der Berufungsszenen (vgl. ihre paränetische Ausdeutung in den Evangelien) nicht einfach jedem in jeder Lebenslage (dasselbe Problem wird sich bei der Frage des Besitzverzichts stellen). Zwar gilt der Ruf, um der einen kostbaren Perle willen alles andere dranzugeben, allen Menschen (Mt. 13,45 f.), aber das Entweder/Oder und der Bruch mit den vertrauten und gewohnten Verhaltensregeln, ja die Bindung an Person und Sache Jesu und damit an die Präsenz der Gottesherrschaft konkretisiert sich offenbar verschieden. Ob der entscheidende Grund dafür ein „abgestuftes Ethos" ist, durch das sich „Wandercharismatiker", die ohne Heimat, Besitz und Arbeit durch die Lande ziehen, von seßhaften „Symphatisanten" in den Ortsgemeinden unterscheiden sollen[11], ist nicht sicher. Gewiß kennt die urchristliche Jesusbewegung verschiedene Sozialformen, doch sind diese mehr Ergebnis als Voraussetzung des Nachfolgerufes, der eben nicht der Ruf in einen Zirkel sich separierender Frommer mit einem asketischen Ethos ist, sondern mit unterschiedlichen „Berufungen" und spezieller Betroffenheit rechnet. De facto waren „alle Anhänger Jesu potentielle Wanderradikale und in die Nachfolge gerufen" (U. Luz, EKK I 1, 371). Das darf aber der Schärfe des Bruchs in den Berufungsgeschichten selbst nichts abbrechen. Es liegt auf der Hand, daß „Nachfolge" in den Berufungsgeschichten von Mk. 1,16 ff. und Mk. 2,14 den unmittelbar persönlichen Anschluß im Sinne der Lebens- und Schicksalsgemeinschaft mit Jesus meint. Der Nachfolgeruf an den Zöllner Levi ist dabei ein Beispiel dafür, daß nicht nur besonders Qualifizierte oder Disponierte von Jesus angerufen werden. Die hier übrigens mit Namen genannten Berufenen verlassen ohne Aufschub und Ausflucht ihre Netze, ihren Vater, ihren Beruf. Wer sich Jesus in dieser Weise anschließt, der folgt ihm durch Dick und Dünn, der geht mit, „wohin immer er auch geht" (Mt. 8,19).

Dabei darf man die Nachfolger in diesem speziellen Sinne allerdings nicht mit den Zwölfen identifizieren, eine Interpretation, die vor allem Matthäus begünstigt hat (vgl. Mt. 8,21; 9,9; 16,24; 19,28). Ob der Zwölferkreis erst eine nachösterliche Institution ist oder nicht, der Kreis der Jünger und Nachfolger im engeren Sinn ist jedenfalls keine geschlossene, auf zwölf Männer beschränkte Gruppe. Charakteristisch ist gerade seine Offenheit.

Er ist aber zweifellos auch nicht einfach mit allen Anhängern der Jesusbewegung identisch. Es gibt Hinweise genug, aus denen zu ersehen ist, daß Jesus nicht jeden in diese Art der Nachfolge gerufen hat, auch wenn eine klare Unterscheidung verschiedener Nachfolgeformen nicht zu erkennen ist, sondern die Grenzen fließend bleiben.

---

[11] So G. Theißen, Studien, 83 ff., bes. 86; vgl. dazu L. Schottroff/W. Stegemann, Jesus, 65 ff.; H. W. Kuhn, Nachfolge, 122 f.; H. Frankemölle, ThBer 14, 1985, 28 ff.

## B. Der Wille Gottes und das Gesetz 55

Daß in Mk. 5,18-20 dem von seiner Besessenheit Geheilten Nachfolge sogar verboten wird, ist freilich sekundär und geht wahrscheinlich auf das Bestreben zurück, in einer Zeit, da Nachfolge im buchstäblichen Sinn nicht mehr möglich war, den Christen deutlich zu machen, daß Glaube keineswegs notwendigerweise bedeutet, mit Jesus sozusagen auf Tuchfühlung zu leben und die gesellschaftlich-sozialen Bindungen aufzugeben: der Mann wird ja von Jesus in sein Haus, also seinen Alltag zurückgeschickt, um sich dort als Zeuge der Heilstat zu bewähren (auch die Legitimation einer Mission in der Dekapolis könnte dabei mitspielen); vgl. R. Pesch (HThK z.St.); H. W. Kuhn 192.211.

Aber auch abgesehen von solchen redaktionellen Deutungen, die eine Ausweitung des Nachfolgebegriffes dokumentieren, gilt doch, was viele Exegeten mit Recht herausstellen, daß Jesus andere in ihrem bisherigen Lebenskreis beläßt und diese, obschon sie Heimat, Beruf und Familie nicht aufgeben, „nicht als die Unentschlossenen und Halben getadelt und von der Gottesherrschaft ausgeschlossen" werden.

So G. Bornkamm, Jesus, 129f.; ähnlich auch E. Schweizer, 20; H. Conzelmann, RGG III, 629; H. W. Kuhn, Nachfolge, 106f. 123f. M. Hengel, Nachfolge, 68ff. stellt heraus, daß man dagegen nicht einwenden darf, hier werde der Gedanke einer doppelten Jüngerschaft eingetragen, weil nicht Jesus selbst, sondern „die Unbedingtheit des göttlichen Willens im Blick auf das nahe Hereinbrechen des Reiches Gottes" das Entscheidende ist. Man kann die Unterscheidung freilich nicht so vornehmen, daß man Nachfolge für einen engeren Kreis, Nachahmung dagegen für alle gelten läßt (gegen R. Thysman, L'éthique de l'imitation du Christ dans le NT, ETL 42, 1966, 138-175, bes. 148).

Ziel und Mitte des Nachfolgerufs Jesu ist also weder eine doppelte Moral noch der persönliche Anschluß an ihn, also nicht seine eigene Person und Vollmacht, sondern die Teilhabe am Hereinbrechen des Reiches Gottes, dessen Repräsentant er ist und dessen Forderungen funktional auf dieses Reich zu beziehen sind. Letztlich bringt nicht Jesus das Reich mit, sondern das Reich bringt Jesus[12]. Wer Jesus nachfolgt, ist eben dadurch „geschickt" bzw. „brauchbar für die Gottesherrschaft" (Lk. 9,62), d.h. der läßt sich auf sie ein und schließt sich mit Jesus zum Dienst für sie zusammen. Der Eintritt in den engeren Kreis der Jünger ist demnach weder eine unerläßliche Heilsbedingung noch eine asketische Bravourleistung für eine religiöse Elite. Man kann die Botschaft von der Gottesherrschaft annehmen, umkehren und Jesu Anhänger sein, auch ohne in die engere Lebensgemeinschaft mit ihm einzutreten und auf den Straßen Palästinas mit ihm herumzuziehen. Man kann freilich nicht der alte bleiben, sich durch die Dinge dieser Welt gefangennehmen lassen und krampfartig an ihnen festhalten. Man kann sich auch nicht auf eine innere Haltung und Einstellung zurückziehen. Vielleicht hat Jesus gerade dort verlangt, beherzt und unwiderruflich alle Brücken hinter sich abzubrechen, wo der Mensch so stark gebunden ist, daß nur eine radikale Wende und entschlossene Preisgabe des Bisherigen in Frage kommen kann (vgl. zu Mk. 10,17ff. S. 110). Vielleicht ist aber auch zu vermuten, daß die Eignung für die Übernahme besonderer Aufgaben der

---

[12] R. Otto, Reich Gottes und Menschensohn, 1954³, 75; zustimmend zitiert auch bei anderen Exegeten.

Grund dafür ist, daß Jesus nicht alle von Haus und Hof wegruft, ohne daß die anderen jedoch von solchen Aufgaben „grundsätzlich entbunden wären"[13].

2.4. Für alle aber impliziert der Ruf Jesu die Bereitschaft zu Verzicht und Entbehrung, zu Risiko und Leid, auch wenn Schicksal und Lebensstil der Nachfolger im engeren Sinn von dem folgenden Wort besonders betroffen werden: „Wer mir nachfolgen will, der verleugne sich selbst und nehme sein Kreuz auf sich und folge mir nach" (Mk. 8,34 par; vgl. auch die Q-Fassung Mt 10,38). Man darf diese später vom Kreuz her interpretierten Worte nicht auf das Kreuz als Todesstrafe beziehen, als ob Jesus seinen Kreuzestod vorausgesagt und von daher Kreuzesnachfolge im Sinne der Vorbild- und Märtyrerethik geboten, also konkret: Bereitschaft zum Martyrium und Tod am Kreuz verlangt hätte. Viele rechnen beim Wort vom Kreuz-auf-sich-Nehmen mit einer volkstümlichen Redewendung, die im Zelotismus entstanden sein soll.

Vgl. A. Fridrichsen, Sich selbst verleugnen, CN 2, 1936, 1–8; M. Hengel, Nachfolge, 64 Anm. 76; H. W. Kuhn, Nachfolge, 121. Vgl. das Referat über die verschiedenen Lösungen bei J. Schneider, ThW VII, 578f., dessen Deutung plausibel scheint: es handele sich um ein plastisches Bild für den, der nein zu seinem eigenen Ich sagt, wobei als letzte Konsequenz auch Hingabe des Lebens denkbar sei. Jedenfalls ist kaum eine Warnung vor antirömischer Rebellion (so aber J. G. Griffiths, The Disciple's Cross, NTS 16, 1970, 358–364) oder eine eschatologische Versiegelung mit einem Taw als Schutzzeichen gemeint (so aber E. Dinkler, Signum Crucis, 1967, 77–98). In Mk. 8,35 par und Q (Mt. 10,39/Lk. 17,33) steht neben dem Wort vom Kreuztragen das bekannte Logion, daß der, der sein Leben zu gewinnen sucht, es verlieren, wer's aber verliert, es gewinnen wird, (das christologische „um meinetwillen" dürfte sekundär sein). Über die allgemeine Erfahrung hinaus, daß Selbstaufgabe zum Selbstgewinn führt, wird hier denen, die das irdische Leben drangeben, ein die irdische Existenz transzendierendes Leben verheißen.

Selbst wer hier aber sekundäre Bildungen vermutet, wird zugeben, daß Nachfolge neben der Absage an sich selbst Leidensbereitschaft, Wagnischarakter und Furchtlosigkeit einschließt (vgl. Mt. 10,28ff. par.).

2.5. Noch ein anderer Punkt ist konstitutiv: Wer in Jesu Nachfolge gerufen wird, für den bedeutet das neben der völlig neuen Ausrichtung des Lebens vor allem ein Hineingenommenwerden in Jesu Auftrag und Wirken. Das zeigt schon die erste Berufungserzählung, wo Jesus zu Simon und Andreas sagt: „Folgt mir nach, ich will euch zu Menschenfischern machen" (Mk. 1,17).

Das viel umrätselte Wort, das vielleicht authentisch ist (vgl. M. Hengel, Nachfolge, 85f.), in der nachösterlichen Gemeinde aber natürlich zur Begründung der Mission diente, meint nicht so etwas wie Gängelei, Proselytenmacherei, Menschenfang o. ä., auch wenn die Metapher bisweilen solchen derb-anstößigen Nebenton hatte. M. Hengel, Nachfolge, 87 denkt wie bei Mt. 8,21 an ein paradoxes provozierendes Logion. Bei Markus ist das Wort abhängig von der Situation. Nicht zufällig geht die Berufsangabe („sie waren nämlich Fischer") unmittelbar voraus (vgl. R. Pesch, HThK, z. St.).

---

[13] So R. Schnackenburg, Christliche Existenz nach dem NT, 1967, 91.93.

Entscheidend ist die Einbeziehung in Jesu Wirken, so daß Berufung und Sendung von vornherein zusammenfallen. Jesus beruft nicht zur Kultivierung der eigenen Religiosität und frommen Innerlichkeit, erst recht nicht in einen Kreis von Frommen, die sich von der Welt zurückziehen. Berufen wird man, um zu anderen gesandt zu werden. Berufen wird man in die eschatologische Ernte (vgl. Mt. 9,37f. par), um als Bote und Mitarbeiter Jesu seine Botschaft weiterzusagen und sein Heilen und Helfen aufzunehmen. Darum ist V.60b „Du aber geh hin und verkündige das Reich Gottes" im Anschluß an die Nachfolgeworte von Lk. 9,57ff. nur konsequent. So wie der Ruf Jesu die Jünger im Alltag trifft, beim Fischfang, Netzeflicken oder an der Zollstation, also gerade nicht in der Wüste, bei frommer Meditation oder bei visionärer Schau, so werden sie auch in diese Alltagswelt hineingeschickt und nicht in eine Mönchssiedlung oder ein frommes Ghetto. Gewiß verlassen Petrus und Andreas ihre Netze, aber nicht darum, weil sie einer vermeintlichen Unreinheit der Welt zu entfliehen trachten, sondern um sich ganz und gar in die Sendung stellen zu lassen. Vor allem Lukas hat bei der Rahmung der Nachfolgeworte von 9,57ff. durch die Aussendungsreden (vgl. 10,1 ff.) unterstrichen, daß zur Nachfolge die Aussendung zur Verkündigung des Reiches Gottes hinzugehört.

Die Missionsinstruktion in Mk. 6 ist dagegen im einzelnen kaum heranzuziehen, da es sich großenteils um nachösterliche Gemeinderegeln handelt. Immerhin ist selbst das noch ein Reflex der Tatsache, daß auch Jesus mit dem Ruf in die Nachfolge Beauftragung und Indienstnahme verbunden hat. Das bestätigt die Aussendungsrede aus Q in Mt. 10 und Lk. 10. Auch hier ist zwar vieles aus der urchristlichen Missionserfahrung in die Texte eingegangen, aber es besteht kein Anlaß zu zweifeln, daß auch Jesus seinen Jüngern Anteil an seinem Auftrag und an seiner Vollmacht gegeben und seine Jünger als Friedensboten und Friedensbringer (vgl. Lk. 10,5) ausgeschickt hat. Vgl. zu den Aussendungsreden F. Hahn, Das Verständnis der Mission im Neuen Testament, WMANT 13, 1963, 33ff.; P. Hoffmann, Studien zur Theologie der Logienquelle, NTA 8, 1972, 236ff.; L. Schottroff/W. Stegemann, Jesus, 62ff.

### 3. Die Stellung des Judentums und Jesu zum Gesetz

3.1. Obgleich die Ethik Jesu nicht aus der Thora abzuleiten ist und nicht das Gesetz, sondern die Gottesherrschaft im Zentrum seiner Verkündigung steht, ist nicht daran zu zweifeln, daß die ethische Forderung Jesu auch im Zusammenhang mit dem Alten Testament und seinem Gesetz steht. Die Frage ist nur, wie stark. Immerhin ist von der zentralen Bedeutung der Gottesherrschaft her zu vermuten, daß der in Lk. 16,16 grundsätzlich konstatierte Einschnitt, wonach das Gesetz und die Propheten bis Johannes gehen (vgl. Mt. 12,13) und von da ab die Gottesherrschaft verkündigt wird, auch die Gültigkeit des Gesetzes betrifft und das qualitativ Neue, das mit dem Anbruch der Gottesherrschaft gegeben ist und nicht zu „alten Kleidern" und in „alte Schläuche" paßt (vgl. auch Mk. 2,21f.), auch das Gesetz zum „Alten" rechnet. „Verkündigung der Gottesherrschaft" (Lk. 16,16) ist zwar typisch lukanisch, so daß wohl ursprünglich davon die Rede ist, daß sich die das Gesetz und die Propheten überholende Gottesherrschaft Bahn bricht (vgl. die Parallelstelle Mt. 11,12b und dazu H. Merklein 81 ff.). Jedenfalls aber werden „Gesetz und Propheten" einerseits und Gottesherrschaft andererseits einander gegenübergestellt, und gerade diese eschatologische Zäsur dürfte von Jesus selbst gesetzt sein[14], auch wenn sie meist weniger zugespitzt und grundsätzlich markiert wird und der Begriff Gesetz im ganzen Markus-Evangelium z. B. überhaupt nicht vorkommt. Ist aber der Mensch nicht um des Sabbats willen, sondern der Sabbat um des Menschen willen geschaffen worden (Mk. 2,27), so kann auch über das Gesetz als ganzes nicht anders geurteilt werden (vgl. J.-F. Collange, 240) und der Sinn des Gesetzes nur darin bestehen, die Herrschaft der Liebe aufzurichten, nicht aber den Willen Gottes auf den Buchstaben zu fixieren. Das wird inhaltlich noch dadurch bestätigt, daß neben dem Wort auch die Praxis Jesu oft genug in Spannung zu einem gesetzeskonformen Verhalten steht. Sabbatheilungen und Tischgemeinschaft mit Zöllnern und Sündern, Berührung von Unreinen (Mk. 1,41; 5,25 ff.) und Umgang mit Frauen transzendieren um der in die Gottesherrschaft integrierten grenzenlosen Liebe Gottes willen immer wieder vor allem die ritualgesetzlichen Vorschriften und Ordnungen. Inwieweit das prinzipiell oder eher punktuell geschieht, ist allerdings ebenso offen wie die Frage, inwiefern durch Jesu Worte und Taten die Thora und die Propheten zur Erfüllung oder zu Ende kommen, ob man eher von Überbietung oder Widerspruch, Verschärfung oder Abrogation zu sprechen hat. Zur Klärung dieser Frage ist zunächst das Gesetzesverständnis der Zeit Jesu in den Blick zu nehmen, das mit dem des Alten Testaments nicht identisch ist.

3.2. Das Gesetz hat sich in Israel sowohl in seinen theologischen Prämissen und Implikationen als auch in seinem konkreten Gehalt stark gewandelt. Thora bedeutet ursprünglich die Einzelweisung, und erst um 500 v. Chr. ist der Pentateuch mit den verschiedenen Gesetzeskorpora zusammengestellt und als die eine Thora verstanden worden. Vor allem in den älteren Geschichtswerken steht das Gesetz deutlich im Zusammenhang mit der Erwählung und Rettung Israels. Es basiert auf dem Bundesschluß und dem damit verknüpften Herrschaftsanspruch Gottes, der den Bundespartner zur Bundestreue verpflichtet. Es ist also keine selbständige Größe, sondern, wie Israels unverdiente Erwählung, Gnade, „Gebot des rettenden Gottes" (R. Smend, 15 über den Dekalog). Die Propheten vor allem erkennen, daß Gesetzeserfüllung mit Verweigerung des Gehorsams und der Liebe zusammengehen kann und wenden sich gegen jede Veräußerlichung des Gesetzes. Dabei steht zwar die kultische Gesetzeserfüllung im Zentrum der Kritik (vgl. Hos. 6,6; Jes. 1,10 ff.; Jer. 7,22 f.), doch auch sonst genügt äußere Legalität nicht (vgl. Jer. 8,8). Andererseits ist das längst bekannte Gottesrecht als gültig vorausgesetzt, ja die Begründung der prophetischen Gerichtsbotschaft (Mi. 6,8).

Der Übergang zum nachexilischen Gesetzesverständnis ist mit M. Noth, E. Würthwein u. a. (vgl. RGG II, 1515) m. E. schon in der Priesterschrift zu erkennen, weil hier die Sinaioffenbarung das heilsgeschichtliche Grunddatum ist. Gewiß ist das Gesetz Hilfe, Wohltat und Glück (vgl. die Gesetzespsalmen), kein Joch und keine Last (vgl. Ps. 19,7: Es ist vollkommen und erquickt die Seele), aber es wird nun doch auch zum Mittel, Gottes Wohlgefallen und Gemeinschaft zu gewinnen. Immer mehr wird das Gesetz zum schlechthin bestimmenden Faktor und gewinnt immer stärkere Selbständigkeit und

---

[14] Vgl. W. G. Kümmel, Verheißung, 114 ff.; H. Merklein, 90.94.

B. Der Wille Gottes und das Gesetz

Absolutheit. Alles hängt an der Gesetzeserfüllung (vgl. Neh. 1,9 u.a.). Das Gesetz verbindet sich mit dem Verdienstgedanken und droht seine ihm vorgeordnete Basis im erwählenden Handeln Gottes zu verlieren.

3.3. Diese Anfänge der Gesetzlichkeit im Alten Testament sind im Judentum fortgeführt worden, wenn auch in verschiedener Weise. Zweifellos gehört das Gesetz auch weiterhin mit dem Bundesgedanken und der Gnade eng zusammen, doch seine Vorordnung und Dominanz wird immer stärker (vgl. R. Banks, 36). Vor allem die Krise des 2. Jahrhunderts v. Chr. bewirkt eine immer stärkere Fixierung auf die Thora, und zwar im gesamten Judentum (vgl. zu dieser Konzentration auf die Thora M. Hengel, Judentum und Hellenismus, WMANT 10, 1969, 563). Die Thora ist von zentraler, absolut normativer Bedeutung, wobei „die enge Zuordnung von Recht und Paränese eine Begrenzung des Geltungsbereichs der Tora auf judiziable Fälle ausschließt" (U. Luz, Gesetz, 53). Im Rabbinat unterscheidet man schriftliche und mündliche Thora und versteht die letztere als Aktualisierung und Ergänzung der ersteren, aber auch als deren Schutz („Zaun um die Thora"). Nach der rabbinischen Theorie soll Gott dem Mose am Sinai zwar auch die mündlichen Überlieferungsstoffe übergeben haben, die dann in ununterbrochener Traditionskette weitergegeben worden sein sollen. Damit konkurriert aber die Annahme, daß die Halachot in der Thora selbst angedeutet und durch Auslegung zu erschließen seien. Jedenfalls dürfte die Autorität der mündlichen Thora auch in Jesu Tagen von den Schriftgelehrten des Pharisäismus nicht bestritten worden sein, während K. Müller sogar einen frühjüdischen Konsens darin sieht, daß die Halacha der Sinaioffenbarung „ohne Abstriche gleichgestellt" worden ist (25). Der fromme Jude war normalerweise auch ein „Eiferer um die väterlichen Überlieferungen", wie Paulus in Gal. 1,14 von sich sagt. Sanh. XI 3 heißt es sogar: „Es ist strafbarer, gegen die Verordnung der Schriftgelehrten zu lehren als gegen die Thora selbst". Allein die Sadduzäer haben offenbar das mündliche Gesetz abgelehnt (vgl. Jos. Ant. 13,297 und R. Meyer, ThW VII, 49f.), was übrigens nicht als Erleichterung, sondern als Erschwerung zu verstehen ist.

Mag also in der Beurteilung der mündlichen Tradition auch eine Differenz innerhalb des Judentums zu erkennen sein, sicher ist jedenfalls die einzigartige Bedeutung des Gesetzes für das gesamte jüdische Leben. Man kann geradezu pointiert sagen: das Gesetz ist der Stellvertreter und Repräsentant Gottes. Sy 1. Bar. 48,22.24 heißt es: „Denn auf dich vertrauen wir, da dein Gesetz ja bei uns ist ... Und jenes Gesetz, das unter uns weilt, hilft uns". Die Thora wird zu einer „Größe, der selbst Gott sich einordnet" (R. Smend, 40 mit Hinweis auf b AZ 3b). Der ewigen Gültigkeit (vgl. Bar. 4,1; äth. Hen. 99,2) – übrigens bringt auch der Messias nach jüdischer Auffassung keine neue Thora, sondern er interpretiert die geltende[14a] – entspricht auch ihre Exklusivität. Sie ist die einzige Offenbarung und Willenskundgebung Gottes, der einzige Weg zum Leben. Welt, Mensch und Israel sind allein um der Thora willen geschaffen. Moral- und Zeremonialgesetz werden dabei nicht getrennt (J. Amir, TRE 13,53).

Vor allem im hellenistischen Judentum gewinnt die Thora als Grund allen Seins und als Schöpfungsordnung ontologisch-kosmologischen Charakter (vgl. schon die Identifizierung von Gesetz und präexistenter Weisheit, Sir. 24). Als solche mit der Natur bzw. mit dem Weltgesetz und der Vernunft identische Größe ist das Gesetz der Bauplan des Kosmos, der Inbegriff aller Ordnung, Lebensordnung Israels und Schöpfungsordnung zugleich (vgl. Philo, Vita 2,48.51f.; M. Limbeck, 17ff.). Diese kosmische Bedeutung der

---

[14a] Vgl. R. Banks, The Eschatological Role of Law in the Pre- and Post-Christian Jewish Thought, in: FS L. L. Morris, Grand Rapids, 1974, 173–185; P. Schäfer. Die Torah der messianischen Zeit, ZNW 65, 1974, 27–42.

Thora spielt m. E. aber in der Jesusverkündigung keine Rolle, weder in Anknüpfung noch in Widerspruch. Man muß sich vor allem dem immer noch nicht ganz ausgerotteten Mißverständnis entgegenstellen, der Jude habe das Gesetz als drückende Bürde empfunden. Das Gesetz ist aber nicht Qual, Joch und Fron, sondern Freude und Stolz, ein unverlierbarer kostbarer Besitz Israels, ja die Freude am Gesetz überwiegt so stark, daß am Fasttag des 9. Av „das Toralernen als zu freudig verboten wird" (J. Amir, TRE 13,54 mit Verweis auf b Taan 30a). Das Gesetz ist Heilsmittler, Heilsgarant und Heilsweg, was nicht sofort im Sinn von Verdienst- oder Lohnspekulation verstanden werden darf (vgl. Aboth I 3 und II 8). Gesetzeserfüllung bringt Gerechtigkeit und Leben und entscheidet über das Schicksal der Menschen. Auch in der Apokalyptik ist das Tun des Gesetzes der einzige Weg zum Heil und zur kommenden Welt (vgl. 4. Esra 7,17; Test. Jos. 11,1). Auch die Nähe des Eschaton relativiert das Gesetz nicht, wie man in Qumran sehen kann, sondern radikalisiert es. Bei allem Wissen um das Angewiesensein auf Gottes Gnade ist an der Gültigkeit, ja der Verschärfung der Gesetzesforderung nicht gezweifelt worden.

Im übrigen darf man von dem Bild her, das die Evangelien bisweilen vom Judentum malen, auch nicht meinen, die Juden hätten diese Verpflichtung gegenüber dem Gesetz nicht ernst genommen. In S zu Lev. 26,3 heißt es z. B. „Wer Thora lernt, ohne sie zu tun, dem wäre es besser, daß er gar nicht geschaffen wäre". Der Gehorsam ist ein fragloser. Der Mensch hat kein Recht, nach der Berechtigung der Gebote zu fragen. Wenn einer an Geboten Anstoß nimmt, ruft Gott ihm nach b Joma 67b zu: „Ich, ich habe sie festgestellt, und du hast kein Recht, dir über sie Gedanken zu machen". Bezeichnend und viel zitiert ist vor allem ein Ausspruch des Rabbi Jochanan ben Zakkai, wonach weder der Tote verunreinigt noch das Wasser rein macht, aber eine Satzung des „Königs aller Könige" vorliegt, die niemand übertreten darf und nach deren Gründen man nicht zu fragen hat (Pesiq 40a; vgl. Billerbeck IV, 524; auf die daraus resultierende Kasuistik ist später noch einzugehen), und alles in ihm Gebotene ist zu halten (Aboth III 8; 1QS V 8f.). Das schließt vereinzelte Äußerungen wie die des R. Simeon b Laqisch nicht aus, daß zuweilen die Aufhebung der Thora ihre Erhaltung ist (b Men 99b) oder man nach R. Nathan die Thora gebrochen hat, als es galt, für den Herrn zu wirken (Ber IX 5, F. Mußner, 33). K. Müller verweist auf einzelne Gesetze, die „der Tora zuwiderlaufen oder in ihr nicht vorgesehen sind" (17). Jedenfalls beruht jüdische Ethik konstitutiv auf dem Gesetz und seiner Auslegung. Vgl. zum jüdischen Gesetzesverständnis weiter W. Gutbrod, ThW IV, 1040-1050; E. Lohse, RGG II, 1515-1517; M. Limbeck, Die Ordnung des Heils. Untersuchungen zum Gesetzesverständnis des Frühjudentums, 1971; U. Luz, Gesetz, 45-57; K. Müller, Gesetz und Gesetzeserfüllung im Frühjudentum, in: Das Gesetz im NT (QD 108), 1986, 11-27; F. Mußner, Das Toraleben im jüd. Verständnis, ebd. 28-45; K.-W. Niebuhr, Gesetz und Paränese. Katechismusartige Weisungsreihen in der frühjüdischen Literatur (WUNT 28) 1987; K. Koch/J. Amir/G. Klein, TRE 13, 40-75.

## 4. Übernahme, Auslegung und Überbietung des Gesetzes

Obschon Jesu Stellung zum Gesetz nicht leicht zu erheben ist, da sich gerade an diesem Punkt die verschiedene Akzentuierung des Gesetzesgedankens innerhalb der Urgemeinde und ihr Streit um die Geltung des Gesetzes störend bemerkbar machen, wird man von vornherein erwarten, in Jesus weder einem Vorläufer Marcions zu begegnen noch einem buchstabengetreuen Nomisten. Er wird das Gesetz weder pauschal verworfen noch pauschal sanktioniert haben. Doch ist das Nähere kontrovers.

## B. Der Wille Gottes und das Gesetz

4.1. Relativ unproblematisch ist zunächst die Feststellung, daß das Gesetz für Jesus eine wie immer näher zu beschreibende positive Bedeutung gehabt hat und seine eigene materiale Ethik wenigstens partiell von daher zu verstehen ist. Gottes Gebote sind auch für Jesus gültiger Ausdruck für Gottes Willen und ein Orientierungspunkt seiner ethischen Forderung. Mk. 10.17 ff. z. B. kann als treffender Ausdruck von Jesu geistiger Haltung gelten.

Vgl. R. Bultmann, Geschichte, 57. Auf die Frage des reichen Jünglings, was er tun müsse, um das ewige Leben zu ererben, erhält er die nüchterne und elementare Antwort „du kennst die Gebote", wobei die Gebote der 2. Tafel aufgezählt werden (Mk. 10,19). Daß diese hier begegnende Gattung der „sozialen Reihe" vor allem bei Philo und Josephus nachweisbar ist (K. Berger, 362 ff.), macht die Entstehung der Perikope im hellenistisch-jüdischen Bereich keineswegs unausweichlich (zur Kritik an K. Bergers These von einer „Thorakritik" im hellenistisch(-apokalyptischen) Judentum vgl. M. Hengel, ThB 1978, 153; H. Hübner, NTS 22, 1976, 319 ff.)

Richtig aber ist, daß hier wie da der Dekalog vor allem im sozialen Sinn interpretiert wird (vgl. auch Röm. 13,9; Jk. 2,11). Hier wird also weder einfach prinzipiell an der Gültigkeit aller Gebote Gottes festgehalten noch gegenüber der Frage nach einem Sonderweg zum Heil auf das ethische ABC eines allen Menschen bekannten göttlichen Willens verwiesen. Vielmehr zeichnet sich ab, daß Jesus auf die Gültigkeit der Thora verweist, aber nicht pauschal, sondern beschränkt auf die Gebote der zweiten Tafel. Insofern hat Matthäus richtig interpretiert, wenn er dem Mk-Text hinzufügt „und deinen Nächsten lieben wie dich selbst" (Mt. 19,19). Gott fordert tatsächlich Liebe und nicht blinden Gehorsam gegenüber der gesamten Thora. Auch ist selbst der Wortlaut des Dekalogs nicht einfach sakrosankt, wie die Aufzählung der Gebote zeigt (das vierte Gebot steht z. B. am Schluß; vgl. weiter das Doppelgebot der Liebe, wo zwei alttestamentliche Gebote nebeneinander gestellt werden), doch kann das auf die Urkirche zurückgehen. Jedenfalls aber kann Jesus als Maßstab rechten Verhaltens ohne alle Bedenken durchaus auch alttestamentliche Gebote nennen. Ginge Lk. 16,29–31 auf Jesus zurück (vgl. S. 110), würde auch hier einfach auf Mose und die Propheten verwiesen, auf die zu hören ist.

4.2. Schon Mk. 10,17 ff. deutet aber zugleich an, daß man bei Jesus durchaus von einer neuen Gesetzesauslegung sprechen kann. In besonderer Weise hat das Matthäus betont, der Jesus dabei in Auseinandersetzung mit der pharisäisch-rabbinischen Gesetzesauslegung sieht. Aber das ist nicht nur matthäische Sicht, sondern auch Jesus selbst hat bestimmte Auslegungen des Gotteswillens kritisiert. Das geschieht z. B., wenn er das ursprüngliche „Gebot Gottes" gegen die Tradition stellt. Nach Mk. 7,6–8 etwa ist die Überlieferung, die Halacha, Menschenwerk, die im Widerspruch zum Gebot Gottes steht.

Allerdings dürfte nur die Grundhaltung dieses Textes auf Jesus zurückgehen, während die Auseinandersetzung um das Abspülen der Hände im einzelnen als Gemeindebildung anzusehen ist (vgl. die Zitierung der LXX; der Unterschied zum hebräischen Text ist gerade in V. 7 nicht gering, denn das Gegenüber von Gottesgebot und Menschensatzung spielt dort keine Rolle). Inhaltlich geht es um den Vorwurf der Nichteinhaltung der

Tradition, genauer: um das Nichtwaschen der Hände durch die Jünger, die sich nicht nach den rituellen Reinheitsvorschriften richten (vgl. S. 71).

Diese waren im übrigen sehr kompliziert. Die bei Billerbeck zusammengestellten jüdischen Belege (I, 691 ff.) sind ein Musterbeispiel für die Kasuistik, mit der selbst das Händespülen geregelt wurde. Weder die Haltung der Hand noch die Menge des Wassers noch die dabei gebrauchten Gefäße usw. waren beliebig, doch muß offenbleiben, was davon im einzelnen schon zur ntl. Zeit geregelt und praktiziert wurde (vgl. zu den Reinheitsvorschriften und Speisegesetzen immerhin schon Arist. 142, wonach Gott „uns von allen Seiten mit Reinheitsgesetzen umgab, die Speisen, Getränke, Berührungen, Hören und Sehen betreffen").

Nach V. 8 aber wird auf diese Weise Gottes Gebot durch Menschengebot außer Kraft gesetzt. Die „Überlieferung der Ältesten" (V. 3.5) ist bloß eine „Überlieferung von Menschen" (V. 8), also alles andere als auf einer Ebene mit dem Gebot Gottes. Es heißt nicht einmal wie später in Mt. 23,23: „Dieses sollte man tun und jenes nicht lassen", also nicht: Ihr sollt Gottes Gebot halten, aber auch rituelle Waschungen nicht aufgeben. Vielmehr wird vorausgesetzt, daß die Jünger die Tradition der rituellen Übungen nicht mehr respektieren. Das aber ist durch den Inhalt des angeführten Jesaja-Zitates nicht mehr mitgedeckt, was besagt, daß die Kritik an den kultischen Geboten nicht allein von der Schrift her gewonnen worden ist. Die sachliche Mitte, von der her hier mit Hilfe der Schrift gegen die pharisäische Lehre und Praxis argumentiert wird, bleibt in Mk. 7,1-8 allerdings noch unaufgedeckt.

4.3. Wenngleich Mk. 7,1-8 auf die Gemeinde zurückgehen wird, steht die Urkirche mit dem Verweis auf die Schrift und der Relativierung der Tradition in der Gefolgschaft ihres Herrn. Das zeigt Mk. 7,9-13 (nur V.9 und wohl auch die Verallgemeinerung in V. 13 gehen auf Markus selbst zurück), wo es ebenfalls um die Konfrontation von Gottesgebot und Menschensatzung geht. Hier wird nun beispielhaft deutlich, daß Gottes Gebot durch die Tradition tatsächlich außer Kraft gesetzt werden kann. Als Beispiel für Gottes Gebot wird das 4. Dekaloggebot genannt: „Ehre deinen Vater und deine Mutter". Im flagranten Widerspruch zur Gültigkeit dieses göttlichen Gebotes aber steht die allerdings auch im Judentum nicht unumstrittene Konzession, daß jemand zu seinen Eltern sagen kann: „Opfergabe sei, was dir von mir zugute kommen soll" (Mk. 7,11). Durch faktische oder auch nur fiktive Übereignung einer Opfergabe an Gott bzw. den Tempel konnte die Gabe dem Gebrauch anderer entzogen werden, so daß die Eltern z.B. um die fällige Unterstützung gebracht wurden.

Vgl. K. H. Rengstorf, ThW III, 860ff. Nach Billerbeck I, 711ff. brauchte man die Bezüge der Eltern nicht einmal in eine Weihegabe an den Tempel umzuwandeln, sondern konnte einfach in der Form eines Gelöbnisses erklären, daß etwas für die Eltern *wie* eine Opfergabe sein sollte, um auf diese Weise das Seine zu behalten, ohne irgend etwas an den Tempel abgeben zu müssen. Jedenfalls ist dieses sogenannte Korbangelübde u. U. tatsächlich eine Überspielung des 4. Gebots gewesen, d. h. hier wird tatsächlich durch Satzungen über Gelübde ein klares göttliches Gebot zurückgedrängt und umgangen. Daß das Halten von Gelübden ein Thoragebot ist (5. Mose 23,21) und somit indirekt auch die Thora selbst von der Kritik mitbetroffen wird, sei nur am Rande vermerkt (vgl. S. 64f.).

## B. Der Wille Gottes und das Gesetz

Ein weiteres Beispiel ist Lk. 11,42: „Wehe euch Pharisäern, daß ihr die Minze und die Raute und jegliches Gartengewächs verzehntet und das Recht und die Liebe zu Gott außer acht laßt". Das wird hier freilich nicht alternativ verstanden, wie die Fortsetzung zeigt, belegt aber wieder, daß durch die Tradition der ursprüngliche Gotteswille verdeckt werden kann.

4.4. Die bekanntesten Beispiele einer Kritik Jesu an der Halacha, wo wir auch historisch guten Grund unter den Füßen haben, sind zweifellos die Sabbatkonflikte, die gewissermaßen den Übergang zur Gesetzes*kritik* markieren. Sie durchbrechen die Sabbathalacha, wobei der legitimierende Bezug auf die Thora aber nur eine sekundäre Rolle spielt. Für die ethische Thematik besonders belangreich ist, daß auch der Sabbat nicht mehr als kultischer, von der Verpflichtung gegenüber dem Nächsten nicht tangierter Freiraum verstanden werden kann, in dem man sich im Namen Gottes dem Mitmenschen gegenüber neutral verhalten oder entziehen kann.

Ch. Dietzfelbinger, Vom Sinn der Sabbatheilungen Jesu, EvTh 38, 1978, 281–298, bes. 238; vgl. auch E. Lohse, Jesu Worte über den Sabbat, in: Die Einheit des NT, 1973, 62–72; Ch. Hinz, Jesus und der Sabbat, KuD 19, 1973, 91–108; M. Trautmann, Zeichenhafte Handlungen Jesu, fb 37, 1980, 297–318, die in den Sabbatheilungen „zeichenhafte Abbildungen des Heilswillens Gottes" sieht.

Das Gewicht der von Jesus provozierten Konflikte ist nur zu ermessen, wenn man die außerordentlich große Bedeutung des Sabbats als Zeichen göttlicher Erwählung und Symbol jüdischen Glaubens in Rechnung stellt und vor allem die sehr penible Sabbatheiligung des Judentums im Hintergrund sieht. Besonders in nachexilischer Zeit wurde das Sabbatgebot immer mehr zu einem Zentralgebot des Gesetzes, das z.B. in Qumran durch immer neue Einzelbestimmungen verschärft worden ist (vgl. Dam. 10,14ff.). Um der Sabbatheiligung willen ließ man sich z.B. am Anfang der Makkabäerkriege ohne Gegenwehr von Feinden niedermachen (1. Makk. 2,32ff.). Nach j Ber. 3c,13f. (Billerbeck I, 905) wiegt das Sabbatgebot so schwer wie alle anderen Gebote zusammen. Einen Eindruck von dem Netz feingesponnener Einzelanweisungen dieser Sabbatkasuistik, die in der Strenge freilich unterschiedlich ausgelegt und eingehalten und nicht als drückende Last empfunden wird, vermittelt z.B. der Mischnatraktat Schabbat. Allgemein gilt, nur das unbedingt Notwendige zu tun. Verboten ist u.a. auch das Ausraufen der Ähren als Unterarbeit der 39 verbotenen Arbeiten sowie das Heilen von Krankheiten, die keine unmittelbare Lebensgefahr bedeuten (vgl. z.B. Dam. 11,16f. und E. Lohse, ThW VII, 12f. 22.24).

Beides aber hat Jesus getan oder gebilligt (vgl. Mk. 2,23ff. und 3,1ff. par; Lk. 13,10ff.). Nur in 2,23ff. wird das durch einen Hinweis auf die Schrift, nämlich das dort bezeugte Verhalten Davids, der die Schaubrote gegessen haben soll, zu rechtfertigen versucht. Es besteht aber Grund zu der Annahme, daß der Schriftverweis in V. 25–26 eine sekundäre Einschaltung ist. Im übrigen paßt der Verweis auf das Alte Testament auch gar nicht recht, denn 1. war David in Lebensgefahr, die Jünger aber nicht, 2. war Davids Verhalten kein Sabbatbruch (was freilich der Midrasch behauptet). Außerdem belegt Matthäus, daß während des Überlieferungsprozesses Schriftverweise zuwachsen, denn Matthäus hat an der Parallelstelle die Perikope noch durch weitere alttestamentliche Stellen ausgefüllt.

Die eigentliche und ursprüngliche Begründung der Sabbatübertretung ist denn auch nicht das Alte Testament, sondern V. 27: „Der Sabbat ist um des

Menschen willen gemacht und nicht der Mensch um des Sabbats willen". Das und nicht der erst bei Matthäus ausdrücklich erwähnte Hunger der Jünger, was eine bloße Ausnahmeregelung für eine legitime Sabbatentweihung voraussetzt, ist die ursprüngliche Begründung für die Relativierung des Sabbatgebotes. Wie unerhört provokativ dieses Wort ist, lehrt schon ein Blick auf Matthäus und Lukas, denen das Wort offenbar schon zu radikal und liberal war, weshalb sie es ausgelassen haben. Gerade die souveräne und ärgerliche Freiheit des Wortes bürgt aber für seine Echtheit. Gewiß ist damit nicht die Gültigkeit des Sabbats prinzipiell bestritten, aber sein Maß und seinen Sinn findet er am Menschen, nicht am Kultgesetz. Gott hat den Sabbat nicht geschaffen, um dem Menschen unerträgliche Lasten aufzuerlegen und durch eine Unzahl von Vorschriften zu beengen, sondern um ihm eine Wohltat zu erweisen. Er ist nicht Zwang und Joch, sondern Geschenk und Chance. Auch Jesu Heilungen am Sabbat, denen geradezu provozierender Zeichencharakter eignet (vgl. Ch. Hinz, 95), legen das Sabbatgebot so aus, daß dadurch der Anbruch eschatologischen Heils und der ihm entsprechenden Freiheit zum Vorschein kommen soll (vgl. S. 76f.).

4.5. Sind schon Traditionskritik und Sabbatbruch sowie deren ausdrückliche Rechtfertigung in gewisser Weise eine Neuauslegung des Willens Gottes, so gilt das erst recht für die sogenannten Antithesen der Bergpredigt Mt. 5,21–48 par. Üblicherweise gilt die Antithesenform bei der 1. (5,21ff.), 2. (5,27ff.) und 4. (5,33ff.) Antithese als vor-matthäisch, da diese Antithesen nur im Zusammenhang mit der These zu verstehen sind (das ohne Antithesenform überlieferte Schwurverbot in Jak. 5,12 ist aber für die 4. Antithese eine gewisse Gegeninstanz) und man nicht ausgerechnet Matthäus die Erfindung der antithetischen Gestalt aufs Konto setzen wird.

Vgl. Ch. Dietzfelbinger, Antithesen, 7ff.; P. Hoffmann/V. Eid, 37ff.; anders z.B. M. J. Suggs, The Antitheses as Redactional Products, in: FS H. Conzelmann, 1975, 433–444; I. Broer: Die Antithesen und der Evangelist Mattäus, BZ 19, 1975, 50–63. Vgl. zuletzt Strecker, Die Antithesen der Bergpredigt, ZNW 69, 1978, 36–72; U. Luz, EKK I 1, 244ff. (Lit.).

Die erste und die zweite Antithese werden dabei in ihrer ursprünglich zugespitzten Form (zu den Erweiterungen vgl. S. 128) meist als Verschärfung, Intensivierung und Überbietung des Gesetzes angesprochen, wobei schon diese Thoragebote selbst apodiktisch und ohne Differenzierung (etwa zwischen Mord, Totschlag, unfreiwilliger oder unbeabsichtigter Tötung usw.) zitiert werden. Weitaus bedeutsamer bleibt aber, daß Jesus seine eigene Forderung nicht exegetisch durch Auslegung oder Ausweitung des Thoragebots zu begründen versucht, so daß auch dann, wenn die Intention des Dekalogs aufgenommen wird, „Thoraverschärfung" eigentlich eine nicht ganz zutreffende Kategorie ist. Gewiß wird in der Richtung der Thoragebote weitergedacht, aber dieses Hinausgehen wird nicht mit der Autorität der Thora legitimiert.

Auch die 4. Antithese in Mt. 5,33ff. ist trotz des fehlenden Rekurses auf den Dekalog dabei ähnlich zu beurteilen. Über das Verbot des „Meineides" – 2. Mose 20,7 und 3. Mose 19,12 verbieten aber allein „den Mißbrauch des Gottesnamens zu nichtigen Zwecken" (Ch. Dietzfelbinger, Bergpredigt, 31) – und das Gebot der Erfüllung von Gelübden hinaus wird nicht nur wie im Judentum vor leichtfertigem und gedankenlosem Schwören gewarnt, sondern Jesus verbietet den Schwur überhaupt und verlangt, daß das Ja ein Ja und das Nein ein Nein ist. Bei absoluter Wahrhaftigkeit ist jeder Eid sinnlos.

Während nach G. Strecker (ZNW 1978, 70f.) auch das Schwurverbot ein Beispiel dafür ist, daß Jesus bis zur „Aufhebung" von Einzelgeboten der Thora geht und sich von der jüdischen Eidespraxis und -kritik abhebt, bestreitet G. Dautzenberg (Ist das Schwurverbot Mt. 5,33-37; Jak. 5,12 ein Beispiel für die Torakritik Jesu?, BZ 25, 1981, 47-66) eine thorakritische Intention, weil es außer im Gerichtswesen keine von der Thora vorgeschriebenen Eide gegeben habe und sich Jesus nicht mit Modalitäten im Straf- und Zivilprozeß befaßt haben werde (51). Das paränetische Schwurverbot stelle eine „Verschärfung der auch sonst im Judentum und in der antiken Welt überhaupt geübten Kritik an Eiden und eidähnlichen Beteuerungen" dar (52).

4.6. Die drei genannten Beispiele belegen also das, was oft Intensivierung und Verschärfung der Thora genannt worden ist, wobei aber die Grenzen zur Thoraaufhebung nicht scharf zu ziehen sind. Manche Autoren sprechen darum bei der 4. Antithese z.B. schon von Aufhebung bzw. Kritik des atl. Gesetzes, soweit es sich auf die Eidesleistung bezieht. Auf keinen Fall aber handelt es sich um bloße Bekräftigung der Thora. Ihre Verschärfung wird zwar vereinzelt durch Schriftworte unterstützt, etwa beim Schwurverbot in Mt. 5,35.

Dort geschieht das durch Verweis auf Jes. 66,1, Ps. 68,3, wonach der Himmel der Thron Gottes ist, was besagen soll: auch bei der beliebten Praxis, den Gottesnamen in den Schwurformeln zu umgehen und auf andere Schwurgaranten auszuweichen („beim Himmel" usw.), hat man es mit Gott zu tun. Das wird freilich sekundär sein, denn wo ein absolutes Schwurverbot vorliegt, bedarf es keiner zusätzlichen Verbote von Schwurformeln mehr (Ch. Dietzfelbinger, Bergpredigt, 32).

In den meisten Fällen fehlt aber solcher Schriftverweis, und er ist in keinem Fall das principium cognoscendi. Ebenso scheint ein leitender Grundgedanke zu fehlen. H. Braun spricht deshalb von „Ungrundsätzlichkeit" und grenzt die bei Jesus von Fall zu Fall geschehende „Thoraverschärfung" ab von der in Qumran zu beobachtenden Grundsätzlichkeit (Radikalismus II, 7, vgl. 14). Man wird wohl zugeben müssen, daß es nur schwer gelingt, zusammenfassende Gesichtspunkte aus dieser „Thoraverschärfung" bei Jesus zu abstrahieren: weder das Gegenüber von Äußerlichkeit und Innerlichkeit noch die Unantastbarkeit menschlichen Lebens noch die Bedeutsamkeit des Nächsten noch die Vereinfachung oder Intensivierung der in den alttestamentlichen Geboten enthaltenen Intention ist *das* die Überbietung der Thora regulierende Prinzip.

Erst recht geht es nicht um den „großen Antagonismus zwischen den Triebansprüchen jedes Individuums einerseits und den von der menschlichen Zivilisation durch moralische Normen auferlegten Einschränkungen dieser Triebansprüche andererseits" (so allerdings H. R. Reuter: Die Bergpredigt als Orientierung unseres Menschseins heute, ZEE 23, 1979, 84-105, bes. 93). Ernsthafter wird man an „sinnvolle Übertreibungen" denken können, deren Funktion es ist, „uns neu zu orientieren, indem sie uns desorientieren" (H. R. Reuter, 95). Zu den bekannten hyperbolischen Mahnungen wie Mt. 5,29 f. 39 f. oder auch Mt. 18,22 vgl. vor allem P. Hoffmann/V. Eid, wo in Analogie zur Gleichnisrede mit Recht von einem beabsichtigten Verfremdungseffekt gesprochen wird, d. h. der Automatismus menschlichen Normalverhaltens und seiner Reaktionsmechanismen soll durch die verblüffende Aufforderung, das krasse Gegenteil vom Normalen zu tun, blockiert und dadurch Offenheit geschaffen (auch beim anderen!) und der Freiraum der Liebe erweitert werden (160; vgl. auch Hoffmann, Eschatologie, 200). Das gilt allerdings mehr für die noch zu besprechende 5. Antithese. J. Eckert (Wesen und Funktionen der Radikalismen in der Botschaft Jesu, MThZ 24, 1973, 301–325) spricht im Blick auf die provokativen Sätze von Lk. 9,59 ff. (vgl. dazu S. 53), Mt. 5,39 ff. (vgl. dazu S. 96.117) und auf andere Stellen von „paradoxen Grenzfällen", die nicht legalistisch (312), sondern von der hereinbrechenden Gottesherrschaft zu verstehen seien, die „die bisherigen Wertmaßstäbe, Verhältnisse und Gesetze des alten Äons in Frage" stelle (318). Sie zielen weniger auf Imitation als auf Provokation und Inspiration. Vgl. auch Th. Matura, Le radicalisme évangélique (LeDiv 97), 1978; G. Lohfink, Gesetzeserfüllung und Nachfolge. Zur Radikalität des Ethischen im Matthäus-Evangelium, in: Der ethische Kompromiß, Studien zur theologischen Ethik 12, 1984, 15–58.

Am ehesten wird man formal davon sprechen können, daß sich gerade hier das durch das Heil der Gottesherrschaft provozierte Drängen auf ganzen, kompromißlosen Gehorsam bemerkbar macht, wobei Gottes Wille zugleich radikal den Mitmenschen schützt. Bestimmte Radikalismen scheinen zwar die Konsequenzen für andere nicht zu bedenken und können u. U. geradezu zur Lieblosigkeit führen (z. B. das Verbot, eine geschiedene Frau zu heiraten Mt. 5,32; Lk. 16,18). Versucht man, ein angemessenes Verständnis vom Zentrum der Botschaft Jesu her zu gewinnen, könnte man auch hier erwägen, an eschatologische Zeichen zu denken (vgl. Lk. 9,57 ff.)[15]. Doch wird man, zumal von der letzten Antithese und der sonstigen Vor- und Überordnung der Liebe her, auch vom Liebesgebot nicht absehen können. Die Entsprechung zur unbedingten Liebe Gottes und nicht die Radikalität des Gehorsams wird auch hier primär in Anschlag zu bringen sein (vgl. M. Limbeck, 75 f.).

## 5. Jesu Gesetzesfreiheit und -kritik

5.1. Ließ sich schon aus Worten wie Mk. 2,27 Jesu souveräne Freiheit ablesen, so gilt das erst recht von solchen Worten, die nicht nur die Thoraauslegung und Thorapraxis, sondern die Thora selbst treffen. Gewiß wird damit keine programmatische Aufhebung oder enthusiastische Gesetzlosigkeit eingeführt, wohl aber die Thora als suffiziente und entscheidende Kundgebung des Willens Gottes relativiert. Das geschieht zunächst so, daß eine Schriftstelle gegen eine andere ausgespielt wird. Schon das ist zwar ungewöhnlich, aber doch nicht ganz ohne Analogien (R. Bultmann, Geschichte, 52). Ein Beispiel für diese Art der Gesetzeskritik durch die Thora selbst ist die Diskussion über die Ehescheidung in Mk. 10. Gegenüber der vom Mose-Gesetz geordneten

---

[15] Vgl. außer S. 53 M. Trautmann, Zeichenhafte Handlungen Jesu, fb 37, 1980; weiter auch S. 118.

## B. Der Wille Gottes und das Gesetz

Scheidung wird von Jesus nach V. 5 ein Satz vorgebracht, der üblicherweise so übersetzt wird: „mit Rücksicht auf eure Hartherzigkeit hat er (sc. Mose) euch dieses Gebot geschrieben". D.h. man läßt Jesus bei solcher Übersetzung im Mosegesetz, das die Scheidung regelt, so etwas wie eine Notverordnung oder Konzession sehen, ein Zugeständnis an die menschliche Schwachheit, eine Rücksichtnahme auf Schwäche, Untreue und Begierde des Mannes o. ä. Weil der Mensch die Ehe nicht nach Gottes Schöpfungsordnung führen kann, wird eine Ordnung gesetzt, die dieser Tatsache Rechnung trägt. Aber sollte Jesus wirklich sagen wollen, Mose habe gegenüber der menschlichen Schwäche resigniert? Vor allem aber: müßte dann nicht eine Kausalbestimmung stehen (z.B. „um euerer Herzenshärte willen")?

Angesichts dieser Schwierigkeiten sind zwei bisher allerdings meist wenig beachtete Vorschläge gemacht worden. So hat H. Greeven (ZEE 1957, 114f.) die Wendung so verstehen wollen, daß die Herzenshärtigkeit das Ziel sei, also nicht der Ort, von dem her argumentiert wird. Das Gebot gehe nicht auf die Herzenshärte ein, sondern gegen sie an. V. 5 („mit Rücksicht auf...") sei zu paraphrasieren mit „euch zum Zeugnis der Herzenshärtigkeit". Mose habe hier nicht Konzessionen gemacht, sondern „schuldhaftes Handeln aus Heimlichkeit und Anonymität gezogen und vor Gott und Welt festgehalten". Das Gebot wäre dann als das angesehen, was den Menschen seiner Sünde überführt und seine radikale Gottesferne sichtbar macht. Schwierig bleibt dabei aber das griechische *pros* im Sinne von „zum Zeugnis" und außerdem die vielleicht doch etwas zu gut paulinisch und reformatorisch anmutende Interpretation des Gesetzes im Sinne des *usus elenchticus legis* (vgl. Röm. 3,20 u.ä., aber auch Jak. 2,9).

Ein anderer Vorschlag kommt von V. Taylor: Auch er will das Mosegesetz nicht als Zugeständnis an die Hartherzigkeit des Mannes auffassen, sondern als Eingreifen Gottes zugunsten der Frau: „eine barmherzige Konzession um der Frau willen"[16]. Auf diese Weise ist tatsächlich wenigstens ein geringer Rechtsschutz für die Frau und also im Falle der Scheidung die Möglichkeit einer Wiederverheiratung der Frau ohne einen Konflikt mit Recht und Moral gewährleistet worden.

Daß der barmherzige Gott zugunsten der benachteiligten Frau eingreift, würde auch dem Alten Testament entsprechen (vgl. 2. Mose 21,20; 22,16; 5. Mose 21,14ff.). Vor allem aber würde das auch dem Gottesbild Jesu stärker korrespondieren. Sicher ist zwar auch diese Deutung nicht, doch würde Jesus damit die ursprüngliche Intention des Gesetzes noch weiter zugunsten der Frau überbieten, jetzt allerdings so, daß dabei Wortlaut und Inhalt der Thora ausdrücklich kritisiert werden.

Sicher ist jedenfalls, daß Jesus hier der wie immer motivierten Regelung des Mose entgegentritt und deutlich macht, daß die Scheidung, obwohl sie - wenn auch durch Scheidebrief konditioniert - im Gesetz steht, nicht Gottes Willen entspricht.

Dabei wird in V. 6f. allerdings wieder Schrift gegen Schrift gestellt und dem von den Pharisäern zitierten Bibelwort die Autorität durch ein anderes Wort bestritten: „Von Anfang der Schöpfung an aber hat Gott sie als Mann und Frau geschaffen. Darum wird

---

[16] V. Taylor, The Gospel according to St. Mark, London 1959, 418; vgl. auch R. Pesch, HThK, z. St.

ein Mensch seinen Vater und seine Mutter verlassen, und die zwei werden ein Fleisch sein."

Die Frage ist, ob hier von Jesus ursprünglich wirklich quasi eine exegetische Debatte geführt worden ist. Gewiß soll der Verweis auf den Schöpfungsanfang die Autorität von 5. Mose 24,1, also die Scheidungsordnung, relativieren: das Mosegebot entspricht nicht dem ursprünglichen Schöpferwillen. Worauf dieser Schöpferwille Gottes aber aus ist, wird wiederum durch Schriftstellen, nämlich 1. Mose 1,27 und 2,24, zum Ausdruck gebracht.

Aber besagen beide Stellen tatsächlich, was sie sollen? In den beiden zitierten Genesis-Stellen ist ja davon die Rede, daß Gott Mann und Frau geschaffen hat und daß sie „ein Fleisch" werden. Die Frage der Eheschließung aber wird in diesen Worten überhaupt nicht erwähnt. Auch für das Alte Testament ist mit beiden Worten weder die Einehe noch die Dauerhaftigkeit der Ehe gegeben. Mindestens nach alttestamentlichem Verständnis ist also 5. Mose 24,1 durch 1. Mose 1 und 2 noch nicht erledigt, und auch für Juden wird der Verweis auf die Genesis-Stellen keine Beweiskraft gehabt haben. Umstritten ist allerdings, ob auch CD 4,20 ff. (mit Verweis auf 1. Mos. 1,27) und Tempelrolle 57,15 ff. nicht nur Polygamie, sondern auch eine Scheidung ausgeschlossen werden soll.

Das zeigt schon: die eigentliche Begründung für die Ablehnung der Scheidung ist nicht das Alte Testament, sondern das Herrenwort von V. 9, das denn auch Pointe und Höhepunkt des ganzen Streitgesprächs ist. Summa: erst das Herrenwort gibt 1. Mose 1 und 2 so etwas wie Beweiskraft und überwindet 5. Mose 24,1.

Die 3. Antithese der Bergpredigt in Mt. 5,31 ff. bestätigt das. Dort wird nämlich ohne jeden Rekurs auf das Alte Testament dem Gesetzeswort aus 5. Mose 24,1 ein Wort Jesu entgegengesetzt, das die Scheidung verbietet. Zwar ist 5. Mose 24,1 dem Herrenwort wahrscheinlich erst von Matthäus entgegengestellt worden, aber auch ohnedies ist klar, daß in dem Herrenwort nicht eine Umdeutung, sondern eine Ablehnung der alttestamentlichen Gesetzesbestimmung steckt, auch wenn das nicht schon zu einem Grundsatzkonflikt zugespitzt werden darf.

5.2. Damit sind wir nun beim letzten und schärfsten Fall der Stellungnahme Jesu zur Thora, daß nämlich das Gebot des Alten Testaments auch ohne jede Legitimierung durch die Schrift von Jesus durchbrochen und aufgehoben wird. Das ist allerdings keine grundsätzliche Kritik, wie das folgende Beispiel verdeutlicht: Mk. 7 bringt das vierte Gebot des Alten Testaments gegen die Korbanpraxis der Tradition zum Zuge. Umgekehrt zeigt Jesu Konflikt mit seiner Familie (vgl. Mk. 3,21 ff.), daß um der Gottesherrschaft willen selbst ein Dekaloggebot aufgehoben werden kann (vgl. auch Lk. 14,26).

Auf der anderen Seite steht es jedoch nicht so, daß man diejenigen Antithesen, die ein alttestamentliches Gesetz kritisieren, gar nicht als wirkliche Antithesen verstehen dürfe.

L. Goppelt (Die Bergpredigt und die Wirklichkeit dieser Welt, 1968) meint freilich, daß die als vollstreckbares Recht zu verstehenden Vordersätze der Antithesen nach Jesu Meinung weiterbestehen sollen, solange es diese Welt gibt. „Das Gesetz, nach dem es z. B.

Ehescheidung gibt, soll unverkürzt gelten, solange Himmel und Erde bestehen" (Die Herrschaft Christi und die Welt, in: Christologie und Ethik, 1968, 102–136, Zitat 104). Die eigentliche Absicht Jesu bestehe darin, das Verhalten des Alltags nicht durch das Recht zu regeln. Nun ist in der Tat Jesu Thoraauslegung nicht juristisch, sondern paränetisch gemeint, ja an der Frage nach einer Umsetzung in eine praktikable Rechtsordnung uninteressiert (U. Luz, Gesetz, 63). Aber eine Alternative von Recht bzw. Gesetz einerseits und Ethik bzw. Paränese andererseits ist Jesus fremd (vgl. W. G. Kümmel, ThR 1978, 113), ja die Paränese tritt geradezu anstelle des Rechts, und zwar paradoxerweise selbst in Form von Rechtssätzen, um so die Verbindlichkeit zu unterstreichen. Auf keinen Fall ist also vorausgesetzt, daß die Jünger noch das in den Vordersätzen stehende Gesetz bzw. Recht respektieren und also etwa auch weiterhin einen Scheidebrief schreiben und das „Auge um Auge" praktizieren.

In Mt. 5,38f. z.B. wird das alttestamentliche *ius talionis* für ungültig erklärt, also die Vergeltung von Gleichem mit Gleichem, die genaue Entsprechung von Tat und Strafe bzw. Wiedergutmachung (vgl. 2. Mose 21,23 ff.; 3. Mose 24,20; 5. Mose 19,21, aber auch schon 1. Mose 9,6). Auch wenn fraglich ist, ob dieser Grundsatz bei der Abmessung des Strafmaßes in Jesu Tagen noch buchstäblich praktiziert worden ist oder aber Ersatzstrafen an dessen Stelle getreten sind, bleibt doch auch bei solchen Schadenersatzbestimmungen das Prinzip der talio als solches herrschend. Jesu Wort aber richtet sich nicht nur gegen diese oder jene Praxis oder gar bestimmte grausame Auswüchse, sondern gegen den Grundsatz als solchen. Die Jünger Jesu sollen sich nicht auf ihr Recht versteifen, sondern auf ihr Recht verzichten. Der Grundsatz der talio ist für sie außer Kraft. Auch seine alttestamentliche Bezeugung hindert Jesus nicht daran, ihn außer Geltung zu setzen. Da die Vergeltung von Gleichem mit Gleichem aber ohnehin der Maßlosigkeit der Rache wehren sollte, kann man vielleicht ähnlich wie zu Mk. 10 von einer gleichzeitigen expliziten Kritik des Thorabuchstabens und einer impliziten Transzendierung der ursprünglichen Thoraintention sprechen.

Ähnlich steht die Sache bei der 6. Antithese in Mt. 5,43: „Ihr habt gehört, daß gesagt ist, ‚du sollst deinen Nächsten lieben und deinen Feind hassen'". Nur der erste Teil des Zitates stammt aus dem Alten Testament. Daß man seinen Feind hassen soll, steht dagegen nirgendwo direkt im Alten Testament.

Nach Billerbeck I, 353 handelt es sich um eine „populäre Maxime", nach der sich der „Durchschnittsisraelit" damals richtete (vgl. Ch. Dietzfelbinger, Bergpredigt, 47f.). Andere Autoren nehmen an, hier sei auf das Haßgebot in Qumran angespielt. In den Qumrantexten begegnet als Konsequenz des radikalen Dualismus zwischen den Kindern des Lichts und den Kindern der Finsternis ja mehrfach eine Mahnung zum Haß aller Nichtmitglieder dieser ordensähnlichen Qumrangemeinschaft. Ebensogut möglich ist auch, und zwar gerade von den anderen Antithesen her, wo ja niemals eine Qumranvorschrift im Blick ist, daß hier einfach eine Konsequenz aus dem radikal verstandenen Liebesgebot gezogen wird, weil es nichts Drittes zwischen Liebe und Haß gibt, und dort, wo nicht geliebt, eben gehaßt wird. Es ist aber auch die Möglichkeit nicht ganz auszuschließen, daß wenigstens indirekt auch Stellen des Alten Testaments selbst angesprochen werden. W. Foerster (ThW II, 813) meint z.B., daß auch im Alten Testament sehr wohl von einem Gebot des Hasses die Rede sei, z.B. in dem Gebot, die Kanaanäer auszurotten oder an Stellen wie Ps. 31,7; 129,21f. Im übrigen darf man „hassen" nicht strapazieren und schon gar nicht psychologisch fassen. Im Blick auf den alttestamentlichen Sprachgebrauch (vgl. 1. Mose 29,30; Mal. 1,2f.) besagt „hassen" so viel wie hintanstellen bzw. „nicht oder weniger lieben". Vgl. zur 5. Antithese auch H. Hübner, Gesetz, 81 ff.; Ch. Dietzfelbinger, Bergpredigt, 37 ff.

Ob nun ein Widerspruch zum Alten Testament im Blick ist oder nicht, sicher ist jedenfalls, daß Jesu Gebot der Feindesliebe implizit den Rachepsalmen des Alten Testaments stracks zuwiderläuft. Damit bestätigt sich aber auch hier, daß Jesu Haltung zur Thora auch Kritik impliziert, und zwar – das ist das Entscheidende und Singuläre – ohne exegetischen Anhalt am Alten Testament selbst, der ja hier, z.B. von Spr. 25,21 f. u.ä. her, durchaus möglich gewesen wäre.

5.3. Darin aber unterscheidet sich Jesus deutlich von allen Rabbinen, was insbesondere auch in der Einleitungswendung der Antithesen („Ich aber sage euch") unüberhörbar zum Ausdruck kommt. Gewiß ist das für Matthäus nur der Einspruch gegen eine falsche Gesetzesauslegung, d.h. für Matthäus kommt es nicht zu einem wirklichen Gegenüber von Mose und Christus. In Wahrheit aber wird hier eine Autorität beansprucht, die neben und u.U. auch gegen die des Mose tritt und auf einer Ebene mit dem von Gott „Gesagten" steht („ihr habt gehört, daß gesagt ist"). E. Käsemann hat darum recht, wenn er erklärt: Wer eine Autorität neben und gegen Mose beanspruche, habe sich „faktisch über Moses gestellt und aufgehört, ein Rabbi zu sein, dem ja immer nur von Moses abgeleitete Autorität zukommt"[17]. Angebliche rabbinische Parallelen kann man tatsächlich nur als formale gelten lassen, weil in den Antithesen Jesu eben nicht ein anderer Rabbi und seine Schriftauslegung, sondern die Schrift und Mose selbst das Gegenüber bilden, im Judentum aber niemals eine Lehrmeinung gegen die Thora selbst gestellt wird.

Aboth III 11 z.B. heißt es sogar: „Wer die Schrift auslegt im Widerspruch zur Überlieferung, hat keinen Anteil an der zukünftigen Welt." Vergleichbare Äußerungen von Rabbinen zum „Ich aber sage euch" leiten zwar eine exegetische Meinung ein, die von der allgemein üblichen abweicht, sie meinen aber nicht einen Gegensatz zu dem von Israel am Sinai empfangenen Gesetz, während Jesu vollmächtige Radikalisierung zwar nicht prinzipiell, wohl aber faktisch „zur Sprengung der Thora" führt (E. Lohse: „Ich aber sage euch", in: Die Einheit des Neuen Testaments, 1973, 73–87, Zitat 84; vgl. auch Ch. Dietzfelbinger, Bergpredigt, 10 und U. Luz, Gesetz, 68: „Das Mosegesetz ist nicht Grundlage, sondern Gegenüber der Antithese").

Jesus setzt eben sein Wort weder dem eines anderen Gelehrten entgegen noch begründet er die Legitimation seiner Auffassung durch eine Schriftexegese. Er stellt seine Forderung vielmehr kraft eigener Exousia auch ohne Rückendeckung in der Thora dem gegenüber, was „den Alten", d.h. der Sinaigeneration, von Gott „gesagt worden ist", und beansprucht dieselbe Autorität.

---

[17] E. Käsemann a.a.O. (Anm. 2) 206; vgl. schon G. Dalman, Die Worte Jesu, 1930, 258: „ein Eingriff in göttliche Prärogative".

### B. Der Wille Gottes und das Gesetz 71

5.4. Der Unterschied zum Judentum und die Kritik am Gesetz ist dabei keineswegs auf solche mit „Ich aber sage euch" eingeleiteten Worte beschränkt. Auch Mk. 7,15 z. B. ist ein Wort von unerhörter Kühnheit, das auf alle gesetzesfrommen Juden wie ein Schlag ins Gesicht wirken mußte: „Nichts, was von außen her in den Menschen eindringt, kann ihn unrein machen, sondern (allein) was aus dem Menschen herauskommt, das macht den Menschen unrein." Kein Wunder, daß zu diesem Wort, das auch über prophetische Kultkritik und die Umdeutung kultisch-ritueller Gebote im hellenistischen Judentum weit hinausgeht (vgl. zum Reinheitsgesetz im hellenistischen Judentum Arist. 139.142), keinerlei Parallelen aus Talmud und Midrasch angeführt werden können. Bedeutet es doch faktisch (nicht programmatisch) nicht mehr und nicht weniger als das Ende der gesamten Kult- und Zeremonialgesetze über Rein und Unrein. Wer solchen geradezu revolutionären Gedanken ausspricht, der setzt sich damit in einen unüberbrückbaren Gegensatz zum Judentum (vgl. besonders die essenische und pharisäische Frömmigkeit), ja in Gegensatz zur Thora und zur Heiligen Schrift selbst.

„Wer bestreitet, daß die Unreinheit von außen auf den Menschen eindringt, trifft die Voraussetzungen und den Wortlaut der Thora und die Autorität des Moses selbst. Er trifft darüber hinaus die Voraussetzungen des gesamten antiken Kultwesens mit seiner Opfer- und Sühnepraxis. Anders gesprochen: Er hebt die für die gesamte Antike grundlegende Unterscheidung zwischen dem Temenos, dem heiligen Bezirk, und der Profanität auf und kann sich deshalb den Sündern zugesellen" (E. Käsemann, a.a.O. [Anm. 2], 207; vgl. auch Mt. 23,25; Lk. 11,39ff. und M. Hengel, ThB 1978, 163f.; G. Bornkamm, Jesus, 89f.; H. Braun, Jesus, 73. Zu Gegenpositionen vgl. W. G. Kümmel, Äußere und innere Reinheit des Menschen bei Jesus, in: Heilsgeschehen und Geschichte, Bd. 2, MThSt 16, 1978, 117–129); R. P. Booth, Jesus and the Laws of Purity, JSNTS 13, 1986, 112ff., 219. Das Zitat von E. Käsemann kann dabei aber andeuten, daß es weniger um einen prinzipiellen oder gar „aufklärerischen" Protest geht, sondern Jesus die Reinheitsthora wohl „im Dienste der Deklassierten und Leidenden" übertritt (U. Luz, Gesetz, 60 sagt sogar „immer", mit Hinweis auf die Berührung von Aussätzigen bei Heilungen Mk. 1,41, den Umgang Jesu mit unreinen Huren Lk. 7,36ff., Tischgemeinschaft mit Zöllnern und Sündern u. a.). Nach H. Thyen bleibt freilich auch der, der die verunreinigende Macht in den aus dem Herzen aufsteigenden Gedanken und Taten sieht, „trotz der Radikalität seiner Kritik auf dem Boden des Rein-Unrein-Systems" (EWNT II 539). Vgl. auch R. Schnackenburg, ²Botschaft, 74f. Zur These, daß bei Zurückführung von Mk. 7,15 auf Jesus die Auseinandersetzung um die Geltung der Reinheitshalacha im Urchristentum unverständlich bliebe, weil das Herrenwort autoritativ verstanden worden wäre (so z.B. G. Dautzenberg, Gesetz, 48f.; vgl. auch E. P. Sanders, 55f. und D. Lührmann, ... womit er alle Speisen für rein erklärte [Mk. 7,19], WuD 16,1981, 71–92) vgl. W. G. Kümmel, 128.

Hier wird also noch einmal unübersehbar deutlich, daß Jesus de facto auch die Thora selbst kritisiert hat und mit der Thora selbst in Konflikt geraten ist. Daß er sich dabei nicht mehr eines alttestamentlichen Wortes bedienen konnte, sondern gerade seine Kontrahenten den Buchstaben des Gesetzes auf ihrer Seite haben, läßt sich nicht bestreiten. Es geht in der Auseinandersetzung Jesu mit dem Judentum nicht nur um das bessere Verständnis des Alten Testaments. Jesu

Sachkritik beruht also primär nicht auf Exegese, sondern auf Vollmacht, die die Unmittelbarkeit Gottes und seines Willens zum Zuge bringt. Zwar steht Jesus in gewisser Weise in der Kontinuität der alttestamentlichen Propheten, aber kein Prophet hat in dieser radikalen Weise das Gesetz selbst einer Kritik unterzogen und z.B. die levitische Gesetzgebung beiseite geschoben (eine Ausnahme ist Ez. 20,25). Wie Mk. 10 und die Antithesen zeigen, darf man dabei nicht meinen, nur das Zeremonialgesetz und nicht auch das Moralgesetz werde von dieser Kritik betroffen.

5.5. Versuchen wir zum Schluß ein Resümee: Auch die Doppelhaltung im Gesetzesverständnis (vgl. die entsprechenden Fehldeutungen bei der Frage nach Präsens oder Futur der Gottesherrschaft) ist natürlich nicht der Reflex verschiedener Epochen in Jesu Wirksamkeit, sondern ein sachliches Ineinander. Zweifellos ist die Thora aus ihrer Zentralstellung, die sie im Judentum innehatte, verdrängt worden. Entscheidend für das Bestehen im Eschaton ist nicht die Stellung zur Thora, sondern die Stellung zu Jesu Botschaft von Gottesherrschaft und -willen. Nicht daß der Wille Gottes in der Thora nicht mehr vernehmbar würde und Jesu Kritik eine grundsätzliche oder gar im Sinne einer Abrogation zu verstehen wäre. Gerade in dem Zugleich von Ja und Nein liegt das Besondere, nicht aber in einer aufklärerisch-rationalistischen oder gar marcionitischen Haltung. Übertretung des Gesetzes ist normalerweise auch für Jesus Gehorsamsverweigerung gegenüber Gott und also Schuld. Jesu Zuspruch der Vergebung z.B. setzt die Anerkennung der im Gesetz lautwerdenden Forderung ebenso voraus wie Jesu Antwort auf die Frage nach dem Maßstab für das rechte Tun in Mk. 10,19. Auch die im Vordergrund stehende Auslegung, Überbietung und Verschärfung bleibt auf die Thora bezogen, die damit zwar „nicht der alles bestimmende Bezugsrahmen", „aber doch bleibende Grundlage" der Ethik Jesu ist (R. Schnackenburg, ²Botschaft 76; vgl. auch E. P. Sanders, 263: Keine Opposition, aber „neither adequate nor the final").

Gewiß, mehr noch als die Kontinuität und Bejahung fällt die andere Seite von Jesu Verhältnis zur Thora auf, die ihn denn auch in Konflikt mit den jüdischen Gesetzeshütern und Hierarchen gebracht hat. Hätte er nur gegen Heuchelei und frommes Theater polemisiert, wäre er kaum abgelehnt und gekreuzigt worden. Aber selbst wenn Jesus den Gesetzesbuchstaben außer Kraft setzt, geht es ihm primär nicht um das Nein zum Gesetz, sondern um das Ja zu Gottes Willen, der aber durch das Gesetz und die Tradition partiell verdeckt und entschärft worden ist. So gewiß die Thora auch weiterhin Gottes Willen bekundet, so gewiß ist beides nicht mehr einfach zu identifizieren. Die Kriterien aber, an denen sich auch das Gesetz messen lassen muß, sind die Gottesherrschaft und das Doppelgebot der Liebe.

## C. Das Doppelgebot der Liebe

*Literatur:* J. Becker, Feindesliebe – Nächstenliebe – Bruderliebe, ZEE 25, 1981, 5–17; G. Bornkamm, Das Doppelgebot der Liebe, in: Ges. Aufs. III, 1968, 37–45; Ch. Burchard, Das doppelte Liebesgebot in der frühchristlichen Überlieferung, in: FS J. Jeremias, 1970, 409–432; J. Friedrich, Gott im Bruder? (CThM 7), 1977; W. Klassen, Love of Enemies, Philadelphia 1984; D. Lührmann, Liebet eure Feinde, ZThK 69, 1972, 412–438; V. P. Furnish, 24–69; U. Luz, Einige Erwägungen zur Auslegung Gottes in der ethischen Verkündigung Jesu, EKK V. II, 1970, 119–130; A. Nissen, Gott und der Nächste im antiken Judentum (WUNT 15), 1974; P. H. Perkins, Love Commandments in the NT, New York 1982; J. Piper, Love Your Enemies (MSSNTS 38), 1979; G. Theißen, Gewaltverzicht und Feindesliebe, in: Studien zur Soziologie des Urchristentums (WUNT 19), 1979, 160–197.

### 1. Die Tradition vom Doppelgebot in Mk. 12,28–34 par.

Schon im vorigen Abschnitt ergab sich, daß das dem Gesetz zugehörige *ius talionis* von Jesus durchgestrichen und durch die Liebesforderung ersetzt worden ist. Daß diese dem Menschen gebotene Liebe nur möglich ist als Antwort auf zuvor empfangene Liebe, ist bei Jesus zwar nicht so pointiert zum Ausdruck gebracht wie etwa bei Paulus und Johannes, doch kann daran, daß Liebe auch nach Jesus im Geliebtwerden gründet und Antwortcharakter trägt, kaum ernsthaft gezweifelt werden. Zu erinnern ist an Gottes vorbehaltlose Liebe aller Menschen (Mt. 5,45) oder an das, was man bisweilen etwas pietistisch Jesu Sünderliebe nennt, also seine Zuwendung zu den Abgeschriebenen und Verlorenen, oder an Worte wie Lk. 7,47, wonach der wenig liebt, dem wenig vergeben worden ist.

1.1. Als Ausgangspunkt empfiehlt sich die Perikope vom höchsten Gebot in Mk. 12,28ff. Dort wird dem Schriftgelehrten auf seine Frage „Welches ist das erste von allen Geboten?" von Jesus geantwortet: „Das erste ist: Höre Israel, der Herr unser Gott ist der eine Gott, und du sollst den Herrn, deinen Gott, lieben von deinem ganzen Herzen und von deiner ganzen Seele und von deiner ganzen Vernunft und von deiner ganzen Kraft. Das zweite ist dies: Du sollst deinen Nächsten lieben wie dich selbst. Kein anderes Gebot ist größer als dieses." Vgl. dazu vor allem G. Bornkamm, Doppelgebot, 37ff. und Ch. Burchard, Liebesgebot, 39ff.

Jesus antwortet nach dieser Tradition auf die Frage des Schriftgelehrten also mit einer Zitatenkombination der beiden alttestamentlichen Stellen 5. Mose 6,5 und 3. Mose 19,18. Die Häufung der Vernunftbegriffe innerhalb der Perikope, vor allem bei der anthropologischen Differenzierung, ist allerdings auffällig und weicht vom hebräischen Text, aber auch von der LXX ab (in der Antwort des Schriftgelehrten in V. 33 kommt auch noch „Verstand" vor, und die Antwort selbst wird als „verständig" bewertet). Man hat daraus wohl mit Recht geschlossen, daß hier die Tradition eines hellenistischen Judenchristentums vorliegt. Auch die ausdrückliche Überordnung des Liebesgebotes über die Opfer in V. 33

und die Zitierung des sogen. *Sch^ema*, also die Betonung des Monotheismus gegenüber dem heidnischen Polytheismus, weist in dieselbe Richtung, also in die des hellenistischen Judenchristentums (G. Bornkamm, Doppelgebot, 38f.).

Von anderen Exegeten ist zudem behauptet worden, daß die Überordnung des Doppelgebots der Liebe im Judentum vorgebildet sei. Dieser Frage ist zunächst nachzugehen. Es ist nun nicht zu übersehen, daß ein Hauptkennzeichen jüdischer Ethik die Kasuistik und die Parzellierung des göttlichen Willens ist.

Nach Rabbi Meir z. B. (um 150) gibt es keinen Israeliten, der nicht täglich mindestens hundert Gebote erfüllt (W. Bacher, Die Agada der Tannaiten II, 1899, 23). Zwar gibt es gelegentlich Versuche, über die Zersplitterung und Zerspaltenheit der ethischen Forderung hinauszukommen. Berühmt ist vor allem die negative Fassung der Goldenen Regel bei Rabbi Hillel. Auf die Frage eines Nichtjuden, was der Inhalt der Thora sei – die Antwort sollte nicht länger dauern, als man auf einem Bein stehen konnte –, antwortet Hillel: „Was dir unlieb ist, das tue auch deinem Nächsten nicht. Das ist die ganze Thora. Das andere ist Auslegung" (b Schabb 31a; Billerbeck I, 460). Auf die negative Fassung dieses Ausspruchs im Gegensatz zur positiven Fassung der Bergpredigt in Mt. 7,12 darf man dabei kaum sonderlich viel Gewicht legen, zumal der Aristeas-Brief (207) beide Formen vereint, wenn auch nicht als Resümee der Thora. Vor allem in den Testamenten der zwölf Patriarchen, die auf die „Einfalt des Herzens" dringen, heißt es Test.Iss. 5,2 z. B. „Liebt den Herrn und den Nächsten". Allerdings steht dieses Gebot in einer Reihe mit „Bewahrt das Gesetz, erwerbt euch die Einfalt" u. a., also ohne besondere Hervorhebung (vgl. A. Nissen, 236: „zwei Einzelgebote unter anderen Einzelgeboten", die also nicht das Ganze der Thora enthalten). Immerhin kann es dann sogar mit Betonung der Liebe b Jebam 79a heißen: „Menschenliebe ist Anfang und Ende der Thora" und in Tos Pea IV, 19 „Almosen und werktätige Nächstenliebe wiegen alle anderen Gebote der Thora auf" (vgl. Billerbeck I, 357f. 460).

Aber allen diesen Ansätzen, über das nivellierende Vielerlei hinauszukommen, war letztlich kein Erfolg beschieden. Entscheidend blieb der Mischnasatz „Es hat dem Heiligen, gepriesen sei er, gefallen, Israel ein Verdienst zu schaffen; denn er hat ihnen die Thoravorschriften umfangreich gemacht" (Makkot III, 16; vgl. selbst Jos Ap II, 173f.: „Unser Gesetzgeber ... überließ nichts, auch nicht von den kleinsten Dingen, der freien Willensentscheidung derer, für die sein Gesetz bestimmt war"). Im Wesen jüdischer Ethik liegt nicht die Konzentration, sondern die immer stärkere Detaillierung und Verästelung der sittlichen Forderung, die nie zu Ende kommt (vgl. A. Nissen, 416 u. ö.). Vor einer Karikierung dieser kasuistischen Bemühungen, auch das Kleine und Kleinste gesetzlich einzufangen, ist zwar zu warnen, an der Tatsache des uneinheitlichen Charakters jüdischer Ethik ändert das aber nichts. Hier konnte es wesensnotwendig zu keiner Einheit, sondern nur zu einem Labyrinth von Einzelforderungen kommen.

Nicht viel anders steht es auch in Qumran. Zwar ist hier der Gehorsam radikaler gefaßt als im Rabbinat, aber nach H. Braun wird die atomisierende Betrachtungsweise hier nur abgelöst durch die summarische, und darin liegt eben doch wieder eine Gleichgewichtigkeit von Wichtigem und Unwichtigem und damit ein Verzicht auf Einheitlichkeit (Radikalismus I, 28f.).

Der Uneinheitlichkeit der hundert und aber hundert Einzelforderungen korrespondiert, daß alles auf einer Ebene liegt. Typisch für die trotz gelegentlicher Differenzierung grundsätzliche Gleichwertigkeit aller Gebote ist ein Satz des Rabbi Abba b. Kahana (um 310): „Die Schrift macht das leichteste unter den leichten Geboten dem schwersten unter den schwersten Geboten gleich" (Billerbeck I, 902, vgl. auch 4. Makk. 5,20). Gegenüber dieser Einflächigkeit konnten die vereinzelten Versuche, die Unzahl der Einzelgebote auf einen Generalnenner zu bringen, nicht aufkommen. Gebot war Gebot, und darum bleiben die zentralen eingeordnet in eine Fülle anderer Vorschriften. G. Bornkamm formuliert pointiert, „daß zum Prinzip des jüdischen Gesetzesverständnisses gerade die Ausschließung und Abwehr der Frage nach einem Prinzip des Gesetzes im ganzen gehört" und die genannten Regeln von Rabbi Hillel usw. nur als „pointierte pädagogische Grundregeln" zu verstehen sind, die „nicht in einem prinzipiellen und erschöpfenden Sinne gemeint" seien (Doppelgebot, 38). Auch jüdische Autoren wie M. Güdemann nennen die Frage nach dem größten Gebot „unjüdisch, unrabbinisch", weil Mischna und Talmud zwischen schwierigen und leichteren, aber nicht großen und kleinen Geboten unterscheiden (vgl. G. Lindeskog, 227f., ferner auch A. Nissen, 337ff.).

1.3. Positiv gewendet heißt das: die Zusammenfassung des Gesetzes im Doppelgebot der Liebe ist wahrscheinlich eine Besonderheit der Verkündigung Jesu (G. Bornkamm, Doppelgebot, 38; J. Piper, 92ff.). Dabei ist freilich zuzugeben, daß gerade im hellenistischen Judentum der Boden für eine solche Zusammenfassung vorbereitet war. Philo z. B. nennt das Verhältnis zu Gott (nämlich Frömmigkeit und Heiligkeit) und das Verhältnis zu den Menschen (nämlich Menschenliebe und Gerechtigkeit) „die beiden obersten Hauptgebote" (Spec Leg II, 63). Dieses stärker systematisierende Denken ist wohl auch im hellenistischen Judenchristentum verbreitet gewesen, und so ist es kein Wunder, daß gerade aus diesen Kreisen auch Mk. 12 stammt, wie schon an der Häufung der Vernunftbegriffe zu sehen war.

Man braucht aber nicht so weit zu gehen, dem jüdisch-hellenistischen Urchristentum die Entstehung der gesamten Überlieferung vom Doppelgebot der Liebe zuzuschreiben. Das ist um so unnötiger, als auch Q eine ähnliche Tradition aufbewahrt hat, wie von Mk. 12 abweichende Gemeinsamkeiten von Matthäus und Lukas in dieser Perikope zeigen, auf die kaum jeder für sich gekommen sein wird (vgl. etwa das unübliche „ein Gesetzeskundiger" statt „ein Schriftgelehrter"). Vor allem die Lukasfassung ist hier besonders aufschlußreich.

Allerdings zitiert hier der Schriftgelehrte selbst das Doppelgebot, was wohl mit der Verschiebung in der Frage zusammenhängt, denn während bei Markus Jesus nach dem wichtigsten Gebot gefragt wird und selbst darauf antwortet, läßt Lukas den Gesetzeslehrer in versucherischer Absicht nach der Bedingung des Lebens fragen („Was soll ich tun...?"). Darauf muß der Fragesteller selbst die Antwort geben, um Jesus die entscheidende Antwort vorzubehalten, daß es auf die Praxis ankommt. Lukas kommt es bei der Nebeneinanderstellung von 5. Mose 6,5 und 3. Mose 19,18 nicht auf das Gewicht dieser Zitate für die Auslegung an, sondern auf das Tun der Thora („Tue dies und du wirst leben").

Im übrigen ist auch die Verbindung der Zitate von 5. Mose 6,5 und 3. Mose 19,18 als Zusammenfassung des göttlichen Willens eine Besonderheit und in jüdischen Texten nicht zu belegen. M. Hengel nennt es darum „ein absolutes Novum", das jüdischem Denken in Palästina wie in der Diaspora widerspreche[18]. Dementsprechend kann man annehmen, daß es vermutlich eine von Hellenismen freie, auf Jesus selbst zurückgehende Fassung der Überlieferung vom Doppelgebot gegeben haben wird. Aber selbst dann, wenn das nicht der Fall sein und Jesus sich nicht so grundsätzlich geäußert haben sollte, *faktisch* entspricht seine Verkündigung dem aufs beste. Was aber besagt das sachlich?

### 2. Die Vor- und Überordnung des Liebesgebotes als „erstes" und „größtes" aller Gebote

2.1. Die Vor- und Überordnung des Liebesgebotes, wie sie Mk. 12 gefordert wird, besagt, daß die Liebe zu Gott und Mensch nicht mehr in einer Reihe mit anderen Thoravorschriften steht, sondern „größer" bzw. „das erste" von allen Geboten ist (V. 31 bzw. V. 29). Das Doppelgebot der Liebe ist damit so etwas wie ein innerkanonisches Sachkriterium, ein hermeneutisches Prinzip und ein ethischer Kanon der alttestamentlichen Thora. Die Überordnung des Liebesgebotes gilt insbesondere, wenngleich hier wie erwähnt Redaktion vorliegt, gegenüber den Kult- und Opfervorschriften (vgl. „weit mehr" V. 33): „Das ist weit mehr als alle Brandopfer und Schlachtopfer". Daß man aber auch hier ein Echo auf Jesu eigene Meinung und Praxis findet, ergibt sich z. B. aus Jesu Kritik an der Korbanpraxis (Mk. 7,9ff.; vgl. dazu S. 62), aus Jesu Tischgemeinschaft mit Zöllnern und Sündern, wo die Frage nach den Speise- und Reinheitsgeboten überhaupt keine Rolle spielt, oder aus den Heilungen am Sabbat, es wird aber auch durch einzelne Mahnungen bestätigt (vgl. auch Mk. 7,15).

2.2. Kein historisch haltbares Beispiel für die Vorrangigkeit der Versöhnung gegenüber dem Kult bei Jesus ist allerdings Mt. 5,23f., wo es heißt: „Wenn du nun deine Gabe zum Altar bringst und dich dort erinnerst, daß dein Bruder etwas wider dich hat, so laß deine Gabe dort im Angesicht des Altars und gehe zuerst hin und versöhne dich mit deinem Bruder. Und dann komm und bring deine Opfergabe dar". Diese Worte sind in Mt. 5 an die judenchristliche Deutung der ersten Antithese angewachsen, wahrscheinlich wohl eine Gemeinderegel (anders freilich z. B. J. Jeremias, der hier authentisches Jesusgut findet: ZNW 1937, 150ff.).

Daß sich aber auch hier die Haltung Jesu selbst spiegelt, illustriert z. B. die Frage Jesu in der Perikope von der Heilung am Sabbat: „Soll man am Sabbat Gutes tun oder Böses tun, Leben erhalten oder töten?" (Mk. 3,4). Damit wird allen kasuistischen Erwägungen über das Recht einer Heilung am Sabbat der Boden entzogen und Heilung über den akuten Notfall hinaus für erlaubt gehalten, ja die grundsätzliche Dominanz der guten Werke und der Lebensrettung über die Sabbatobservanz proklamiert. Die entscheidende Alternative heißt nicht Kult oder Ethos, sondern Tod oder Leben. Wer nicht dem Leben dient, der dient dem Tod. Bedenkt man, daß Jesus seine Heilungen und Exor-

---

[18] M. Hengel, ThB 1978, 170; vgl. auch J. B. Stern, Jesus' Citation of Dt 6,5 and Lv 19,18 in the Light of Jewish Tradition, CBQ 28, 1966, 312–316; anders Ch. Burchard, 55.61; K. Berger, 142. 172.

zismen als Zeichen des Sieges der Gottesherrschaft versteht, gewinnt das noch an Gewicht und bestätigt, daß auch das Liebesgebot unter dem Vorzeichen der anbrechenden Gottesherrschaft steht, die eben Gottes Liebe selbst manifestiert und alle anderen Ordnungen und Worte relativiert. Kultische Fragen, heilige Zeiten, „kirchliche" Konventionen und Tabus, das alles hat zurückzustehen gegenüber der elementaren und gewichtigeren Forderung, in Entsprechung zur göttlichen Herrschaft der Liebe Gutes zu tun und Leben zu retten. Eine Sabbatvorschrift kann und darf darum die Erfüllung des Liebesgebots niemals hindern oder aufschieben. Absoluten Vorrang hat, daß man der Todeswelt ein Stück Leben abringt (vgl. auch Lk. 13,17).

Dabei sollte man, gerade um das Gewicht der hier fallenden Entscheidung ermessen zu können, nicht einfach von Verdrängung des Kultgesetzes durch das Moralgesetz sprechen. Immerhin hat Jesus die Synagogen aufgesucht und wahrscheinlich im Regelfall auch den Sabbat eingehalten (vgl. auch Mt. 23,23). Wohl aber ist die Pflicht zum Gutestun und Lebenretten der Sabbatheiligung und die Pflicht zur Versöhnung der Opferdarbringung grundsätzlich übergeordnet.

In Mk. 3,4 und ähnlichen Stellen wie Mk. 7,15 wird also nicht das Programm des Liberalismus verfochten und der Kult durch Sittlichkeit abgelöst (zur prophetischen Zeichenhandlung der Tempel-„Reinigung" vgl. S. 118f.). Mt. 5,23 heißt es ausdrücklich „und dann komm und bringe deine Gabe dar" und also nicht „und dann ist sie nicht mehr nötig". Aber Versöhnung und Barmherzigkeit haben das Übergewicht. Reinheits- und Zehntengebot sind weniger gewichtig als Recht, Barmherzigkeit und Treue (Mt. 23,23f.). Matthäus hat durch das Hoseawort aus Hos. 6,6 „Barmherzigkeit will ich und nicht Opfer", das er zweimal einfügt (9,13; 12,7), den Vorrang der Liebe noch verstärkt. S. Schulz, Ethik, 54f. findet in Mt. 23,23 „die Verschärfung des Kult- und die Entschärfung des Moralgesetzes", so daß es „kein naives Nebeneinander von Ethos und Kultus" mehr gibt, sondern die radikale Liebe das „Schwergewicht" erhält. Vgl. auch R. Schnakkenburg, ²Botschaft, 69.

Gott will jedenfalls kein Opfer von dem, der keine Versöhnungsbereitschaft und Liebe übt. Kult und Opfer können die Liebe weder ersetzen noch begrenzen. Gebet kann nur Erhörung erhoffen, wenn auch dem Bruder vergeben wird (Mk. 11,25). Priester und Levit, die an dem unter die Räuber Gefallenen vorübergehen, sind durch keinen Tempeldienst, zu dem sie vielleicht unterwegs waren, entschuldigt. Liebe ist durch nichts anderes zu kompensieren und zu limitieren als durch Liebe selbst. Es gibt keinen sakralen Bereich, in dem man nur mit Gott zu tun hat, und daneben dann einen profanen Bereich, wo der Nächste zu seinem Recht kommen kann, sondern in der gesamten Wirklichkeit des Lebens hat man es mit Gott und dem Nächsten zu tun.

2.3. Man sollte dagegen nicht die Salbungsgeschichte (Mk. 14,3ff.) anführen, die ohnehin nicht zu den Ruhmesblättern der Auslegungsgeschichte zu zählen ist, und zwar schon im Neuen Testament. Die Szene ist oft zur Rechtfertigung für eine Kirche geworden, die Armut Armut sein ließ und sich auf die kultische Verehrung konzentrierte (vgl. R. Storch, „Was soll diese Verschwendung?". Bemerkungen zur Auslegungsgeschichte von Mk. 14,4f.; in: FS J. Jeremias, 1970, 247-258).

Bis auf Matthäus, der wohl schon von Mt. 25 her mehr Verständnis für den Einwand und die Kritik am Verhalten der Frau zeigt (er läßt die negativen Wertungen bei Markus weg), ist bereits das Neue Testament ein Dokument für diese Entwicklung. Schon Joh. zeigt ein „Höchstmaß tendenziöser Unsachlichkeit" etwa dadurch, daß er den Einwand Judas in den Mund legt und diesen als Dieb ziemlich verunglimpft (Joh. 12,6). Das setzte sich dann später fort. Dabei wurde aber eben übersehen, daß die Pointe der Geschichte die ist, daß die Gegenwart des Herrn alle anderen Rücksichten und Verpflichtungen suspendiert und Jesu Antwort ausdrücklich auf die Einmaligkeit der Situation aufmerksam macht: „Sie verbietet also geradezu, das Verhalten der Frau zur Norm christlichen Handelns nach Ostern, genauer nach Karfreitag, zu machen" (R. Storch, 247). Es geht somit nicht um ein zeitlos gültiges Prinzip, mit dessen Hilfe man zugunsten einer kultischen Orientierung die sozialen Verpflichtungen hintanstellen könnte und dürfte.

Die Selbstverständlichkeit des Einwands von V. 5 läßt gerade vermuten, daß Reichtum normalerweise Armen zugute kommen soll. Im übrigen aber ist damit ohnehin nicht aus der Welt zu schaffen, daß für den irdischen Jesus an der Vor- und Überordnung des Liebesgebotes nicht zu rütteln ist.

### 3. Nächsten- und Feindesliebe

3.1. Als klassisches Exempel der Nächstenliebe gilt die Geschichte vom barmherzigen Samaritaner Lk. 10,30–37, die Antwort auf die Frage gibt „Wer ist mein Nächster?". Diese Frage (Lk. 10,29) ist nicht einfach als Begriffsstutzigkeit oder Ausflucht des Fragestellers zu verstehen. Wer als Nächster anzusehen ist, war zur Zeit Jesu nämlich umstritten.

Im Alten Testament ist das hebräische Äquivalent von „Nächster" (3. Mose 19,18) der Angehörige des Bundesvolkes, und das Gebot der Nächstenliebe erstreckt sich demgemäß auf die Glieder des Volkes Israel, auch wenn durch die Inblicknahme des im Lande wohnenden Fremden eine Ausweitung zu beobachten ist (vgl. 3. Mose 19,34; 5. Mose 10,18f.). Diese Verwendung des Begriffes im Alten Testament ermöglichte sowohl eine Verengung als auch eine Erweiterung des Gebotes: die spätere jüdische Auslegung hat eine ausdrückliche Begrenzung des Liebesgebots vorgenommen, wenn sie es nur noch für den Israeliten und Vollproselyten gelten läßt (vgl. J. Fichtner, ThW VI, 312f.). Allerdings gibt es daneben auch Stimmen, die für eine Entgrenzung des Liebesgebotes eintraten. Die Diskussion darüber war offenbar z.Z. Jesu noch in vollem Gang, doch kann Billerbeck I, 354 für die universale Fassung erst seit dem 2. nachchristlichen Jahrhundert Belege aus Talmud und Midrasch nachweisen. Im allgemeinen wurde offenbar der eingesessene Nichtjude, also der Fremdling im alttestamentlichen Sinn, nicht mehr als Nächster bezeichnet und anerkannt.

Bestimmte Pharisäer waren sogar der Meinung, der am-ha-arez (also die unstudierte bzw. gesetzesunkundige Bevölkerung) sei auszuschließen (vgl. Billerbeck II, 515ff.). In einer rabbinischen Baraita heißt es z.B. über den Fall, daß man auf jemanden trifft, der in eine Grube gefallen ist: „Die Nichtjuden und Kleinviehhirten zieht man weder herauf noch stößt man sie hinab. Aber die Häretiker und die Denunzianten und Abtrünnigen stößt man hinab und zieht nicht herauf" (b AZ 26a). 3. Mose 19,18 wird z.B. dadurch begrenzt, daß man erklärt: „Wenn er gemäß den Werken deines Volkes handelt, liebe ihn, wenn nicht, liebe ihn nicht" (ARN, Version A, S. 64); vgl. M. Hengel, ThB 1978, 162;

Billerbeck I, 365; E. Fuchs, a.a.O. (Anm. 3), 3. Man darf solche Aussagen gewiß nicht verallgemeinern, aber sie illustrieren das Spektrum der Auslegung des Gebots der Nächstenliebe (vgl. weiter S. 81f.).

Jesus selbst gibt die Antwort auf die Frage nach dem Nächsten mit der Geschichte vom barmherzigen Samaritaner. Mindestens in der gegenwärtigen Form handelt es sich um eine sogenannte Beispielerzählung, die nicht erst von der Bildhälfte in die Sachhälfte transponiert werden muß, sondern an einem exemplarischen Einzelfall die Sache selbst zur Sprache bringt, und zwar eben die Sache der Liebe („Gehe hin und tue desgleichen" V. 37). A. Schlatter sprach von „veranschaulichter Ethik", G. Eichholz von Paränese, in dem der Einzelfall zum Modellfall wird.

Vgl. G. Eichholz, Gleichnisse, 149. Ob das von Anfang an so war, ist umstritten. H. Zimmermann z. B. denkt an eine Parabel, mit der Jesus sein Erbarmen mit einem Sünder rechtfertigen wolle, wobei er „selbst in dem Gleichnis begegnet und sich selbst in ihm auslegt" (Das Gleichnis vom barmherzigen Samariter, in: FS H. Schlier, 1970, 58–69, Zitat 67; vgl. auch E. Jüngel, 169ff.; G. Sellin, Lukas als Gleichniserzähler, ZNW 65, 1974, 166–189, kritisch dazu W. G. Kümmel, ThR 1978, 140f.). Zur These von J. D. Crossan vgl. S. 161.

3.2. Geht man von der Frage aus „Wer ist mein Nächster?", so ist das die Frage nach der Reichweite und Grenze der Liebesverpflichtung. Der Gesetzeslehrer fragt folglich danach, was man von ihm verlangen und ihm zumuten kann, aber auch danach, wann er guten Gewissens sagen kann „bis hierher und nicht weiter". Jesus dagegen erzählt die Geschichte aus der Perspektive des unter die Räuber Gefallenen. Auch wenn die Rahmung der Geschichte lukanisch ist, will Jesus jedenfalls darauf hinaus, sich in die Situation dessen zu versetzen und mit dem zu identifizieren, der auf Hilfe angewiesen ist. Dem entspricht bei Lukas die Verschiebung in der Frage: War in der Frage des Gesetzeslehrers in V. 29 der Nächste das Objekt („*Wen* soll ich lieben?"), so wird er in der abschließenden Frage Jesu „Wer von den dreien ist dem unter die Räuber Gefallenen Nächster geworden?" (V. 36) zum Subjekt („*Wer* ist der Nächste bzw. *wem* bin ich Nächster?"). Das ist vielleicht doch mehr als eine „formale Inkonzinität" ohne tieferen Sinn[19], auch wenn sie erst redaktionell entstanden ist und die Frage in V. 29 zusammen mit ihrer Begründung (vgl. 16,15) erst von Lukas stammt, vielleicht auch V. 36f. (vgl. die ähnliche Konstruktion in 22,24). Jedenfalls aber ergibt sich aus der Beispielerzählung die Grenzenlosigkeit der Verpflichtung zur Liebe, die ihr Ende nicht am Zumutbaren und Üblichen findet. Der grenzüberschreitende Charakter der Liebe läßt sich schon daraus ersehen, daß ausgerechnet ein Samaritaner dem halbtot am Wege Liegenden hilft, Priester und Levit dagegen an ihm vorübergehen.

Man hat sich manches einfallen lassen, um das lieblose Verhalten der beiden zu entschuldigen: Der Priester habe den halbtot Daliegenden vielleicht für tot gehalten und

---

[19] So J. Jeremias, Gleichnisse, 203; vgl. dagegen G. Bornkamm, Jesus, 104; G. Eichholz, Gleichnisse, 174.

eine Berührung aus levitischen Gründen vermieden (vgl. 4.Mose 19,11–16; 3.Mose 21,1). Oder: er habe gemeint, an einem vom am-ha-arez sei das Liebeswerk nicht geboten. Oder man hat gefragt, ob die beiden nicht Angst hatten, selbst den Räubern in die Hände zu fallen. Alle diese und ähnliche Vermutungen werden aber im Text durch nichts nahegelegt, und selbst wenn sie zu Recht bestünden, würden sie in keiner Weise als Entschuldigung gelten können. Wer hätte keine Gründe zur Hand, seine Lieblosigkeit zu erklären und seinen Nächsten links liegen zu lassen? Der Samaritaner hätte sie vermutlich auch haben können. Darf man sich ihn als einen nicht gerade unbegüterten Mann vorstellen – J. Jeremias (Gleichnisse, 203) schließt aus dem „eigenen Reittier" (V. 34), der Mann habe wahrscheinlich auf einem Esel oder Maultier seine Waren mitgeführt und sei auf einem anderen selbst geritten –, so hatte er mehr zu verlieren als die beiden anderen.

Man wird auch nicht, jedenfalls nicht primär, in der Anführung von Priester und Levit eine antiklerikale Spitze sehen dürfen. Manche Exegeten halten es freilich nicht für Zufall, daß beide Vorübergehende Vertreter des Tempelkultes sind. Nach J. Ernst z. B. soll dadurch die Blindheit der Kultbeamten für den aktuellen Anruf Gottes im Alltag anschaulich demonstriert werden, und nach D. Gewalt soll die Erzählung ihre Spannung aus zwei Konflikten beziehen, aus dem „ethisch-religiösen" und aus dem „religionssoziologischen" zwischen Tempelpersonal und „Laien"[20]. Es ist gewiß verlockend und sicher auch nie ohne Aktualität, hier eine theologenkritische Ausdeutung vorzunehmen.

Vgl. die leidenschaftlich anklagende Auslegung des religiösen Sozialisten L. Ragaz z. St.: „Der *Priester* liest sein Brevier. Er hat es mit theologischen und kirchlichen Problemen zu tun. Der Mann da am Weg – was ist er dagegen? Auch wüßte er ja gar nicht, wie er sich seiner annehmen sollte. An so etwas ist er nicht gewöhnt, das versteht er nicht. Ohnehin ist ja das innere Leben die Hauptsache. Daß da ein Mann halbtot am Wege liegt, das gehört ja zum Bestand der Welt. Die Welt, besonders Politik und Geschäft, haben nun einmal, auch nach Gottes Willen, ihre ‚Eigengesetzlichkeit'" (Die Gleichnisse Jesu, 1944, 101 f., zitiert auch bei G. Eichholz, Gleichnisse, 167 f.). Auch P. R. Jones, 241 findet hier eine Kritik an aller Religiosität „with a mania for creeds and an anemia for deeds".

Richtig an dieser Auslegung ist sicher die Polemik gegen eine Überbewertung des inneren Lebens. Dennoch wäre so nur auszulegen, wenn der dritte Vorbeikommende ebenfalls ein Israelit wäre, konkret: ein jüdischer Laie. Dagegen tritt nun ein Samaritaner auf, für einen damaligen Juden noch viel schockierender und verletzender.

Schon seit der Eroberung durch die Assyrer waren die Einwohner der zwischen Judäa und Galiläa gelegenen Landschaft Samarien eine mit Heiden vermischte Bevölkerung, die von den Juden nach Rückkehr aus dem babylonischen Exil nicht als Juden anerkannt, sondern als unrein angesehen wurden, ihr eigenes Kultzentrum auf dem Garizim hatten und auch ihren eigenen Pentateuch (vgl. J. Jeremias, ThW VII, 88 ff.). Nach Josephus soll es im 1. Jahrzehnt n. Chr. zu einem Vorfall gekommen sein, der ein bezeichnendes Licht auf den unversöhnlichen Haß zwischen Juden und Samaritanern wirft: Samaritaner

---

[20] J. Ernst, RNT z. St.; D. Gewalt, Der „Barmherzige Samariter". Zu Lk. 10,25–37, EvTh 38, 1978, 403–417, bes. 416; vgl. auch P. R. Jones, The Love Command in Parable, PRSt 6, 1979, 224–242, bes. 236 f.

sollen nämlich den Tempelplatz während eines Passahfestes durch das Ausstreuen von menschlichen Gebeinen verunreinigt haben (Ant. 18,30; vgl. auch Joh. 8,48). Gerade der Gedanke der kultischen Unreinheit könnte im Gegenüber zu den beiden Kultpersonen auch beim Samaritaner in Lk. 10 eine Rolle spielen (P. R. Jones, 237).

Kurzum: Die beiden lieblosen Juden und der barmherzige Samaritaner werden nicht zufällig kontrastiert. Wenn es nach den normalen Maßstäben zuginge, hätte sich der Überfallene von einem Samaritaner am wenigsten Hilfe erhoffen können. Hilfe soll somit von dem kommen, dem es der in Not Geratene gerade nicht zutraut. Liebe hält sich also nicht an Konventionen und Vorurteile, sondern wagt es, sich auch darüber hinwegzusetzen und in souveräner Freiheit die Schranken zu übersteigen, die sonst die Wege zueinander versperren. Der Liebende vermag in jedem den zu entdecken, der auf seine Mitmenschlichkeit angewiesen ist.

3.3. Das wird in Lk. 6,35/Mt. 5,44 zu der radikalen Entschränkung des „Nächsten" vorangetrieben, so daß auch die Feinde mit in die Liebe einzuschließen, ja ihr eigentlicher Gegenstand sind. Eben damit wird der alle Grenzen überschreitenden Liebe Gottes entsprochen (vgl. Mt. 5,42f.). Dabei ist mit dem Feind sowohl der persönliche Feind gemeint (das ist die allgemeine Bedeutung des Wortes) als auch der religiöse Feind, der Feind Gottes und der seines Volkes. Daß das letztere in Mt. 5,44 im Vordergrund steht, zeigt die Parallelität der Feinde zu den Verfolgern. Lk. 6,27f. werden sie charakterisiert als solche, die hassen, fluchen und beleidigen. Schon der Plural „Feinde" (bei „Nächster" steht dagegen der Singular) deutet an, daß Feindesliebe nicht auf bestimmte Kategorien von Feinden, etwa private, zu beschränken ist. Auch der Imperativ Präsens zeigt, daß nicht an eine einmalige Konfliktsituation gedacht ist. Feind kann der Prozeßgegner sein (vgl. Mt. 5,25), aber auch jeder, „gegen den man etwas hat" (Mk. 11,25; vgl. auch Mt. 10,36; 13,25), doch darf der Feind auch sein politischsoziales Profil nicht verlieren (vgl. „Feind" in Lk. 1,71.74; 19,43). „Privates und öffentliches Leben, Gesellschaft, Volk und Menschheit sind gleicherweise umspannt" (R. Schnackenburg, ²Botschaft, 107; vgl. weiter P. Hoffmann/V. Eid, 153 f.; L. Schottroff, Gewaltverzicht; G. Theissen, Studien, 174 ff.; anders R. A. Horsley, Ethics and Exegesis: „Love your Enemies" and the Doctrine of Non-Violence, JAAR, 54, 1986, 3–31; S. Schulz, Ethik, 45: „der Privatfeind").

Der mit der Feindesliebe zusammenhängende Verzicht auf Wiedervergeltung hat schon alttestamentliche Vorbilder (vgl. die Röm. 12,20 aufgenommene Stelle aus Spr. 25,21 oder auch Spr. 24,17.29; 1.Sam. 24,18). Allerdings haben solche und andere Aussagen wie etwa 2. Mose 23,4f., die von einer wohltuenden Hinwendung zum Feind sprechen, nicht zu einer positiven Formulierung des Gebotes der Feindesliebe geführt, auch nicht im Judentum. P. Lapide (Die Bergpredigt – Utopie oder Programm, 1982, 94) nennt das Gebot der Feindesliebe „jesuanisches Sondergut". Selbst universalistische Auslegungen des Liebesgebotes wie bei Ben Azzai (um 110 n. Chr.), der die Gottesebenbildlichkeit jedes Menschen bei allem Tun und Lassen beachtet wissen will, oder Mahnungen, auch den nichtisraelitischen Armen und Kranken beizustehen (vgl. Billerbeck I 358 f.), sind davon zu unterscheiden. Meist hielt man sich an die Devise „Freue dich nicht über das Unglück deines Feindes und vergilt nicht Böses mit Bösem" (Billerbeck I, 368).

Damit sollen Ansätze zur Universalisierung der Liebesverpflichtung in Richtung auf die Feindesliebe nicht bestritten werden, vor allem nicht für die hellenistische Philosophie und das hellenistische Judentum, doch ist jeweils auf Kontext und Bedeutung zu achten. Seneca z. B. kann zwar sagen, daß Stoiker auch Feinden Unterstützung bringen (De Otio I 4) und auch „den Undankbaren Wohltaten erweisen" sollen (De Beneficiis IV 26), doch das eigentliche Motiv dabei ist das Bemühen um die innere Ruhe und Apathie (vgl. J. Piper, 24 u. ö.). Nach A. Dihle fehlt der antiken Ethik trotz allem Altruismus überhaupt „die Würdigung der vorbehaltlosen Hingabe und der Selbstentäußerung zugunsten des Nächsten" (RAC 6,686).

Im hellenistischen Judentum gibt es zahlreiche Mahnungen, Böses nicht mit Bösem zu vergelten (vgl. JosAs 23,9; 28,5.10.14 u. ö.). Nach Arist. 217 soll man auch den Widersachern bereitwillig seine Gunst zeigen, „damit wir sie so für ihre Pflicht und für unseren Nutzen gewinnen". Auch das rabbinische Judentum kennt Fürbitte für Sünder (vgl. Billerbeck I, 370f.), ja Überwindung des Bösen durch Gutestun (vgl. A. Nissen, 313f.). Vor allem in den Test. XII begegnen der universalen Fassung des Liebesgebotes bei Jesus vergleichbare Mahnungen, die auch den Feind einschließen, wenn Test. Gad 6,7 ihm gegenüber zur Vergebung mahnt und es Test. Jos. 18,2 heißt: „Wenn einer euch Böses tun will, so betet für ihn durch Wohltun, so werdet ihr von allem Bösen durch den Herrn erlöst werden" (vgl. auch Test. Benj. 4,2f.; Test. Jos. 7,6; Test. Seb. 5,1). Zwar ist nicht sicher, wer mit dem Feind hier gemeint ist. Die weisheitlichen Aussagen beziehen sich nämlich bloß auf den persönlichen und nicht auf den Gottes- und Volksfeind. Auch ist der mehr rhetorische Aspekt (so Test. Jos. 18,2) zu beachten, z.T. auch der stoische Klang, und außerdem stehen daneben Aussagen, die das Hassen, ja Töten des Bösen für ein gutes Werk in der Mimesis des Herrn halten (Test. Ass. 4), wie das von Ps. 139,21 her (vgl. auch 2. Chron. 19,2 u.ä.) erst recht in anderen Schriften üblich ist (vgl. z.B. 2.Makk. 15,16), wodurch die guten Ansätze also konterkariert werden (vgl. auch S. 74). Vor allem fehlt auch hier eine direkte positive Mahnung zur Feindesliebe (vgl. A. Nissen, 316 u. ö.). Gleichwohl besteht eine gewisse sinngemäße Nähe zum Gebot Jesu, die Feinde zu lieben. W. Klassen beantwortet die Frage nach dem „Neuen" des Feindesliebegebotes Jesu so: „the command *form*, the *focus* it receives, and the *consistency* with which Jesus lived out this idea" (The Novel Element in the Love Commandment of Jesus, in: FS H. C. Newton, Kansas 1980, 100–114, Zitat 104).

3.4. Sachlich läßt das Gebot, auch die Feinde und Verfolger zu lieben, den Hassenden Gutes zu tun, die Fluchenden zu segnen und für die Beleidiger zu bitten (Lk. 6,27f.), erkennen, daß Liebe nicht heißen kann, in dem zu Liebenden noch irgend etwas Liebenswertes zu entdecken. Vielmehr öffnet sich die Liebe eben für den, von dem der natürliche Mensch sagen würde, daß er der Liebe gerade nicht wert sei. Hier legt sich die Unterscheidung zwischen Liebe qua Agape und Liebe qua Eros und Begehren, Neigung und Trieb sehr nahe. Man soll den Unterschied zwischen begehrendem Eros und schenkender Agape zwar nicht übertreiben, da man einmal der Liebe Gottes das leidenschaftliche Begehren kaum absprechen kann und zum anderen der von sich selbst absehende, im Sinne der Agape Liebende auch selbst Empfangender ist. Ein relatives Recht hat diese Differenzierung aber zweifellos.

Vgl. G. Bornkamm, Jesus, 102f.; A. Dihle (RAC 6,703) bezeichnet das Liebesgebot Jesu als „letztlich unnatürliche, dem Wesen des empirischen Menschen zuwiderlaufende Forderung", so daß von da aus der Gegensatz zwischen der griechischen Ethik, „die in der Erfüllung der menschlichen Natur gipfelt, und der christlichen, die ihre Überwindung lehrt", für „im Grunde unüberbrückbar" gehalten wird. Selbst für Jünger ist Feindesliebe offenbar alles andere als selbstverständlich, wie die Bitte der Zebedaiden zeigt, auf ein ungastliches Samaritanerdorf Feuer vom Himmel herabwünschen zu dürfen, weshalb ihnen Jesus streng entgegentreten muß (Lk. 9,51 ff.).

Gerade die Liebe des Feindes ist jedenfalls ein unüberbietbares Indiz dafür, daß es bei der Liebe nicht um Vorliebe geht (Kierkegaard), nicht um Nützlichkeitserwägungen (vgl. Did. 1,3) bzw. um Liebe nach dem Prinzip des *do ut des*, das auch die Zöllner und Heiden praktizieren (Mt. 5,46 f.). Liebe mit dem Blick auf Gegenliebe und auf der Basis der Gegenseitigkeit – das ist nach Jesus noch keine Agape. Feindesliebe ist auch nicht auf „Entfeindung" im Sinne eines redlichen Bemühens und Werbens, daß der Feind seinen Haß aufgibt und zum Bruder wird (so P. Lapide, Bergpredigt, 101; vgl. U. Luz, EKK I 1, 294 f.), zurückzunehmen. Es heißt eben nicht wie in ARN 23, daß der „der größte Held" ist, „welcher seinen Feind zu seinem Freund macht" (Billerbeck I, 369). So sehr Feindesliebe auch ihre Konsequenzen bedenken und sich am anderen und nicht an den eigenen reinen Motiven orientieren wird, so sehr wird der, der seine Feinde liebt, dies ohne Rechnung und Berechnung tun, ohne das Schielen auf das, was er zurückerhält oder beim anderen als Veränderung erreicht, aber auch ohne jede gruppenfixierte Einengung.

3.5. Eben darum genügt es nicht, im Mittelpunkt der Ethik Jesu die Nächstenliebe zu sehen, zumal das Gebot der Feindesliebe auch in einem gewissen Gegensatz zum Gebot der Nächstenliebe steht. Normal ist, daß jeder seinesgleichen liebt (vgl. Sir. 13,15).

„Denn je unbedingter, je schrankenloser, bedenkenloser und unkritischer man den Nächsten, die Familie, die Klasse, die Nation liebt, desto leichter fällt die Rechtfertigung des Hasses und des Kampfes gegen deren Feinde" (P. Noll, a.a.O., Lit. I B, 17)

D.h. die Universalisierung der Liebe in der Konkretion der Feindesliebe relativiert und desintegriert die vom Gebot der Nächstenliebe her mögliche Identifikation mit den Angehörigen der eigenen Familie, Kultur, Religion usw. Dieser Kritik des Gebots der Feindesliebe an bloßer Gruppensolidarität entspricht, daß Jesus seinen Jüngerkreis nicht sektiererisch und esoterisch auf Eingeweihte beschränkt, sondern „als der Sünder und Zöllner Geselle" (Mt. 11,19) auch für die diskriminierten Vertreter der Amoral und Gesetzesunkenntnis da ist, wobei diese Offenheit nicht zuletzt durch die umfassende Solidarität der Liebe erklärbar wird.

3.6. An der Geschichte vom barmherzigen Samaritaner wird noch ein anderer Zug der Liebe deutlich: Der Samaritaner packt das an, was dem anderen konkret zur Linderung und Überwindung seiner Not und Bedürftigkeit hilft, nicht mehr und nicht weniger. Er verbindet seine Wunden, bringt ihn auf seinem Reittier in das nächste Gasthaus und sorgt für seine Verpflegung und Versorgung, indem er die Kosten für seine weitere Pflege übernimmt. Hier wird unzweideutig anschaulich, daß Liebe nicht mit Gefühlen und Affekten identisch ist, sondern aktives Dasein und konkretes Eintreten für den notleidenden anderen meint. Jesus predigt nicht einen unerschwinglichen Heroismus, der dem Menschen dann leicht die Ausrede verschafft, angesichts seiner begrenzten Möglichkeiten sei er überfordert und eine vollkommene Ordnung sei ohnehin Illusion. Das Liebesgebot behaftet den Menschen bei seinen Möglichkeiten, bei dem, was einem zuvor gegeben worden ist. Das besagt nicht, daß Liebe sich nur personal zwischen einem Ich und Du ereignen könne, auch wenn Jesus sicher nicht im Traum an eine „Liebe durch Strukturen" gedacht hat, von der heute mit Recht die Rede ist.

Man sollte den beliebten (anachronistischen!) Hinweis, Jesus sei nicht für eine Sicherung der Straße zwischen Jerusalem und Jericho eingetreten, nicht als Schriftbeweis für die Vordringlichkeit der privaten Liebestat gegenüber einer strukturell-sozialen Mitgestaltung feiern (dasselbe Argument ließe sich auch gegen Krankenhäuser u. ä. anführen!). Als ob sich die Mahnung, Dürstende zu tränken, gegen Brunnenbau u. ä. ausspielen ließe, das Beispiel der armen Witwe gegen Institutionen wie „Brot für die Welt" usw.! Aber keine geduldige Arbeit an der Veränderung der Strukturen zum Wohl der Benachteiligten ist ein Alibi dafür, das heute und hier konkret Geforderte schuldig zu bleiben, das man sich nicht aussuchen kann.

Für Jesus zählt nicht verwaschene Allerweltsliebe, die so leicht sentimental und illusionär wird, sondern er fordert nüchtern konkrete Hingabe und persönliche Taten, wie sie z. B. in Mt. 25,31 ff. elementar und beispielhaft vor Augen gestellt werden. Das reduziert Liebe nicht auf materielle Hilfeleistung. In Mt. 5,44 z. B. unterstreicht und interpretiert das Gebet für die Verfolger die Liebesforderung. Liebe impliziert also, daß man den anderen mit vor Gott nimmt. Natürlich soll die dadurch erreichte neue Einstellung nicht von aktivem Gutestun (Lk. 6,33) und leibhaftiger Diakonia dispensieren. Wer sich mit seinem Feind vor Gott zusammenschließt, wird vielmehr von daher auch neue Kraft zur Solidarität und Selbsthingabe im Alltag gewinnen.

Ist Liebe als Selbsthingabe zu bestimmen, so ist sie nicht Selbstverwirklichung. Gerade das unterscheidet Jesus und die übrigen neutestamentlichen Autoren von der Stoa, daß Liebe nicht Mittel zur eigenen Selbstvervollkommnung ist (vgl. H. Preisker, Ethos, 68 ff.). Ende und Maß aller Dinge ist eben nicht wie in der Stoa das eigene tugendhafte Leben, sondern das Wohl des anderen. Auch das „wie dich selbst" (Mk. 12,31) ist nicht die Konzession einer Selbstliebe, denn „wie dich selbst" heißt „an deiner Stelle". „Nicht Selbstbegrenzung, sondern Selbstüberwindung verlangt Jesus" (R. Schnackenburg, Botschaft[2], 97). Daß man sich selbst liebt, davon wird hier ausgegangen, das wird aber nicht sanktioniert oder bloß limitiert, sondern gerade korrigiert (vgl. auch Lk. 14,26; Mt. 10,37). Der andere ist das Maß bzw. seine Not ist es. Das „wie dich selbst" kann und soll wie die „Goldene Regel", die bei Lukas im Kontext des Gebotes der Feindesliebe steht (Lk. 6,31/Mt. 7,12), dabei unsere eigenen Erwartungen und Sehnsüchte wachrufen, um eben so Verständnis für die anderen zu wecken (P. Hoffmann, Eschatologie, 206; vgl. S. 152 f.).

## C. Das Doppelgebot der Liebe

### 4. Die formal- und situationsethische Deutung des Liebesgebotes

4.1. Es hat sich gezeigt, daß die Liebe in Mk. 12 als Grund- und Ganzheitshaltung sowie als Quintessenz aller Einzelgebote verstanden ist. Heißt das nun, daß alle Konkretion der eigenen Entscheidung überlassen bleibt? R. Bultmann hat in der Geschichte vom barmherzigen Samaritaner denjenigen Menschen dargestellt gesehen, „der im Gegensatz zu dem Gesetzeskundigen in der gegebenen Situation erfaßt, was von ihm gefordert ist" (Jesus, 68). Jesus habe auch sonst nichts darüber gesagt, *was* man tun und lassen soll, denn das, so meint Bultmann, würde den Menschen als gesichert in seiner Existenz ansehen, verfügend über die Möglichkeiten des Handelns, die ihm begegnen können. Dagegen sehe Jesus den Menschen in völliger Ungesichertheit gegenüber dem, was ihm begegnet.

Der Mensch kann sich danach im Augenblick der Entscheidung nicht auf Grundsätze zurückziehen, auf irgendwelche Maßstäbe aus dem Früher oder dem Allgemeinen, auf die Vergangenheit oder Erfahrung, sondern jeder Moment der Entscheidung ist wesenhaft neu. Jesus mute und traue dem Menschen zu, daß er auch ohne Konkretisierung des Liebesgebots wisse, was jeweils in der Situation der Entscheidung gut oder böse ist. Deshalb sei es auch verfehlt, Jesus nach konkreten ethischen Forderungen oder Themen zu befragen (Jesus, 63), denn konkret sagt Jesus nach Bultmann über den Inhalt der geforderten Liebe nichts. Jesus kann „die Entscheidung immer nur dem Menschen in seiner konkreten Situation überlassen ... Liebt der Mensch wirklich, so weiß er schon, was er zu tun hat" (Jesus, 67, vgl. auch Theologie 19; vgl. weiter R. H. Hiers, 79ff., 160ff.; C. S. Rodd, Are the Ethics of Jesus Situation Ethics?, ET 79, 1968, 167–170; H. E. Tödt, R. Bultmanns Ethik der Existenztheologie, 1978, 85ff.).

4.2. Nun ist es gewiß richtig, daß zur Liebe Freiheit, Phantasie und Spontaneität gehört und Liebe nie ein für allemal detailliert vor- und festgeschrieben werden kann. Man kann die Liebe also nicht auf griffige Formeln oder handliche Rezepte bringen, nicht kasuistisch definieren oder ihren Anspruch mit einem material zu fixierenden Soll hinter sich bringen. Wer meint, mit siebenmaligem Vergeben könne die Liebe ihr Bewenden haben, der muß sich sagen lassen: „Ich sage dir, nicht siebenmal, sondern siebzig mal siebenmal". Es gibt also hier keine Grenze (Mt. 18,21f.). Und natürlich meint Jesus nicht, daß jeder, der einen unter die Räuber Gefallenen findet, ebenso zwei Denare aufzuwenden habe wie der Samaritaner. Man wird auch sagen können, daß in Jesu Begriff vom Nächsten der Augenblick und damit „die Aktualität der evangelischen Forderung" in Erscheinung tritt, wie M. Dibelius das ausgedrückt hat, „jene Aktualität, die nicht fragt, wem man immer zu helfen und wem man die Hilfe immer zu versagen hat, sondern die weiß, wem gerade ich, gerade jetzt, unter diesen Umständen zu helfen aufgerufen bin, heute und hier – morgen kann die Lage völlig anders sein"[21]. „Der Nächste" ist in der Tat keine abstrakte Größe, sondern der konkrete, mir jeweils begegnende, von Gott zugewiesene Mit-

---

[21] M. Dibelius, Das soziale Motiv im NT, in: Botschaft und Geschichte I, 1956, 177–203, Zitat 197; vgl. H. Greeven, ThW VI, 316; G. Eichholz, Bergpredigt, 150.

mensch, der auf mich angewiesen ist. Ein Handeln, daß primär daran interessiert wäre, durch penible Observanz oder mit Rücksicht auf die persönliche Integrität keine Fehler zu machen und alle Risiken zu vermeiden, widerspräche zudem der Freiheit der Knechte, die mit den anvertrauten Talenten in eigene Verantwortung gestellt sind (Mt. 25,14ff. par.).

Aber Bultmanns den Punktualismus überspitzende, das Gewicht der Konkretion und vor allem ihre Verbindlichkeit stark verkürzende Sicht ist zu einseitig. Sowenig Jesu Worte als kasuistisch-gesetzliches System zu verstehen sind, sowenig als farb- und konturenlose, rein formale Imperative, deren Inhalt sich im jeweiligen Augenblick von selbst versteht. Die Situationsethik der Existentialtheologie mit ihrem Verzicht auf jede Konkretion und ihrer ausschließlichen Betonung der individuellen personalen Entscheidung ist nicht die Ethik Jesu[22]. Gewiß kann man die konkreten Weisungen als Paradigmen der Ganzheitsforderung der Liebe bezeichnen und Lk. 10,25ff. als Beispielerzählung. Aber der Primat der Liebe hat Jesus nicht daran gehindert, exemplarisch auch verbindliche Einzelweisungen zu geben. Solche Musterfälle und Einzelgebote sind nicht unverbindlich, sondern tendieren eher auf eine Ausweitung. Natürlich sind nicht nur die in Mt. 5,22 genannten Schimpfwörter verboten (falls hier nicht ursprünglich nur *eines* überliefert war) oder die 2 Denare von Lk. 10,35 geboten. Die Aufforderung, „in gleicher Weise" zu handeln (Lk. 10,37), soll vielmehr zum Weiterdenken ermuntern, also weder das Beispiel als beliebig hinstellen oder überflüssig machen, noch alles allein der Situation überantworten.

Die Einsicht in die Überordnung der Liebe hat Jesus auch nicht dazu geführt, alle anderen Gebote für ungültig und untauglich zu halten. Schon die relativ seltene Bezeugung des Liebesgebots im Vergleich mit der Fülle konkreter Einzelgebote spricht hier eine klare Sprache. Der Nächste wird von Jesus ebenso konkret als Überfallener, Hungernder, Kranker, Zöllner usw. beschrieben wie die Tat der Liebe als erste Hilfe, Heilung, Mahlgemeinschaft usw. (vgl. J. Becker, Feindesliebe, 6). Selbst den jüdischen Autoritäten wird nicht vorgeworfen, daß sie z.B. von bestimmten Früchten oder Küchenkräutern den Zehnten erheben, sondern daß sie das die Mitmenschlichkeit akzentuierende „Gewichtigere im Gesetz" dahinten lassen (Mt. 23,23f.). „Dies aber sollte man tun und jenes nicht lassen" (V. 23) – so ähnlich könnte man die Zitierung der anderen Gebote neben dem Liebesgebot verstehen, wobei die Gebote die Liebe nicht begrenzen, sondern eher schützen sollen. Es wird zwar gesagt, kein anderes Gebot sei „größer", aber es wird nicht gesagt, es gebe keine anderen. Es wird zwar gesagt, es sei „das erste von allen", aber nicht, es sei das einzige.

Die dialektische Zuordnung von Liebesgebot und Einzelgebot scheint mir zutreffend bei P. Noll gesehen zu sein (a.a.O. Lit. I B, 12ff.). Nach Noll ist die Spannung zwischen „Generalklausel" und „Kasuistik", die in der Rechtslehre schon seit langem diskutiert wird, letztlich unaufhebbar: die „Kasuistik" (hier besser: das Einzelgebot) wird nicht

---

[22] Vgl. auch L. Goppelt, Theologie, 158; U. Berner, 31 f.; H. Flender a.a.O. (IA), 53. Vgl. auch Einleitung Anm. 10.

einfach aufgelöst und durch die „Generalklausel" ersetzt, wohl aber ist die „Generalklausel" höherrangig, weshalb die einzelnen Normen unter dem Aspekt der „Generalklausel" zu überprüfen sind. Beide aber fordern sich gegenseitig und sind nicht einfach auf Kosten des jeweils anderen abzulösen. Damit, so scheint mir, läßt sich Schablonenhaftigkeit ebenso verbannen wie die situationsethische Schemenhaftigkeit, die vage, wenig hilfreich und nur allzu leicht mit Beliebigkeit zu verwechseln ist.

## 5. Nächsten- und Gottesliebe

5.1. Zum Schluß ist noch einmal zum Doppelgebot der Liebe zurückzukehren und das Verhältnis der beiden im Doppelgebot nebeneinander stehenden Gebote der Gottes- und Nächstenliebe zu bestimmen, wobei auch das Gleichnis vom Weltgericht mit heranzuziehen ist (Mt. 25,31 ff.). Man könnte angesichts der großen Bedeutung, die dem Gebot der Nächsten- und der Feindesliebe zukommt, fragen, ob Gottesliebe nicht einfach mit Menschenliebe identisch ist. Und ist nicht statt des Doppelgebots eigentlich das Gebot der Nächstenliebe der Auslegungskanon des Gesetzes und der übergeordnete Maßstab menschlichen Verhaltens? Gilt das nicht selbst gegenüber kultischen Vorschriften, die doch – das muß man sich dabei immer vor Augen halten – das Verhalten des Menschen gegenüber *Gott* regeln wollen? Wenn U. Luz formuliert, daß der notleidende Mitmensch „gleichsam zum Textbuch" wird, aus dem der Mensch den Willen Gottes erfährt (EKK V. 1970, 125), so ist daran zweifellos richtig, daß Gott nicht ohne den Menschen zu lieben ist und Liebe zu Gott sich gerade in der Liebe zum Nächsten erweist, also nicht am Menschen vorbei geschehen kann. Die Entscheidung vor Gott stellt in die Begegnung mit dem Nächsten und die Begegnung mit dem Nächsten in die Entscheidung vor Gott. Man kann die Nächstenliebe von daher die „Konkretisierung der Liebe zu Gott" (H. Conzelmann, RGG III, 639) und „die Bewährung der Liebe zu Gott" nennen (G. Bornkamm, Jesus, 99).

5.2. Darf man aber nun noch einen Schritt weitergehen und sagen, daß der richtige Dienst an Gott Dienst am Menschen ist, das Tun des Samaritaners „Vollzug der Liebe zu Gott", so daß man einen „Trend" zur Identifizierung der beiden Teile des Doppelgebots konstatieren dürfte (H. Braun, Jesus, 49f. 122; vgl. A. Dihle, der Koinzidenz konstatiert RAC 6, 702)? Dabei wird dann der Mensch von der Liebe Gottes und Gott von der Liebe des Menschen sozusagen gar nicht mehr direkt erreichbar, sondern nur noch über den Mitmenschen. Gravierender ist zwar, daß dann Gottes Liebe den Menschen auf Erden nur noch durch den Mitmenschen vermittelt trifft. Hier interessiert aber vor allem das letztere, daß Liebe zu Gott mit der Liebe zum Nächsten zusammenfallen soll. Unübersehbar ist dabei die Gefahr, daß Gott nur noch zu einer Chiffrierung für den Menschen oder zu einem ideologischen Überbau wird, der u. U. auch einfach wegfallen kann. Auf die Frage, wieso es eigentlich noch nötig ist bzw. ob es nicht ein Stück sachlich überflüssiger Tradition ist, daß Jesus von der Liebe zu Gott besonders spricht und ob also nicht Gott in Mitmenschlichkeit aufgelöst werde, lautet die Antwort von U. Luz, das Gebot der Gottesliebe halte fest, „daß es in der Nächstenliebe um nichts weniger als um die Begegnung mit dem Gott des Alten Testaments geht" (EKK V., 1970, 126). Letztlich aber scheint Gott damit nichts anderes zu werden als ein Symbol für die Aktualisierung oder Intensivierung der mir im anderen begegnenden Gabe und des mir im anderen begegnenden Anspruchs.

5.3. Es ist aber äußerst unwahrscheinlich, daß nach Jesus Gott selbst tatsächlich als Subjekt oder Objekt der Liebe zu ersetzen ist, sei es durch die uns im Nächsten geschenkte, sei es durch die uns vom Nächsten abverlangte Liebe. Auszugehen ist von Mt. 25,31–46, einem Text, der zu den skizzierten Interpretationen besonders einzuladen scheint, wenn es in dieser Bildrede vom Weltgericht am Schluß heißt: „Was ihr getan habt einem unter diesen meinen geringsten Brüdern, das habt ihr mir getan" und Entsprechendes dann mit umgekehrten Vorzeichen und Ergebnissen denen gesagt wird, die die genannten Liebeswerke nicht getan haben.

Nun ist allerdings umstritten, ob bzw. wie weit das Gleichnis auf Jesus selbst zurückgeht (vgl. U. Luz, EKK V., 1970; E. Brandenburger, Das Recht des Weltenrichters, SBS 99, 1980; J. Friedrich u. U. Wilckens, Gottes geringste Brüder, in: FS W. G. Kümmel, 1975, 363–383). Sicher ist, daß es überarbeitet worden ist. Auf Redaktion geht z.B. die Einleitung in V. 31a zurück, die mit einem traditionell apokalyptischen Topos vom Kommen des Menschensohns mit seinen Engeln spricht (vgl. Mk. 8,38 par; Mt. 16,27), und wohl auch das Sitzen auf dem Thron der Herrlichkeit (V. 31b; vgl. Mt. 19,18). Ist V.31 aber nicht ursprünglich, dann hat das die Konsequenz, daß nicht der Menschensohn zum Gericht erscheint, sondern Gott, und daß es dann auch Gott selbst ist, der sowohl das Gericht vornimmt als auch in den Armen und Erniedrigten begegnet (auch V. 32a.34.41 müßten im Fall der Echtheit des Gleichnisses als überarbeitet gelten).

Als Hauptgründe gegen die Echtheit des Gleichnisses werden meist jüdische Parallelen angesehen, in denen dieselben oder ähnliche Liebeswerke aufgezählt werden wie in Mt. 25 (vgl. Jes. 58,7; Test. Jos. 1,5f.; slav. Hen. 9 u.a.), in denen aber vor allem das, was man den Armen gibt, so angerechnet wird, als ob man es Gott gegeben hätte. U. Luz macht aber im Anschluß an H. Braun geltend, daß das Gleichnis die jüdische Aussage dadurch überbietet, daß es Gott mit den geringsten Brüdern geradezu identisch sein läßt (vgl. jedoch Brandenburger, 75f.). Außerdem entspricht die Universalisierung des Liebesgebotes aufs beste Jesu sonstigem Gebot, ebenso der fehlende Bezug aufs Gesetz. So besteht vielleicht eine gewisse Wahrscheinlichkeit, daß das Gleichnis in der Substanz von Jesus selbst stammt (vgl. J. Friedrich; anders E. Brandenburger, der eine Präexistenzchristologie im Hintergrund sieht). Dabei muß hier die Frage beiseite bleiben, ob mit den geringsten Brüdern notleidende Menschen schlechthin gemeint sind oder notleidende Christen, und ob die, die im Endgericht nach ihren Liebeswerken gefragt werden, Heiden sind oder Gemeindeglieder.

Sieht man sich die Sache an, so ergibt sich tatsächlich, daß Gott selbst sich in den geringsten Brüdern finden läßt. Die eschatologische Scheidung erfolgt aufgrund der Liebeswerke, die den Notleidenden und Bedrängten gewährt worden sind, und wer sich dieser Menschen in ihrer Not, in ihrem Mangel und in ihrer Bedrängnis in Liebe angenommen hat, der hat Gott geliebt, der sich in die alltäglichen Nöte involviert, ja sie zu den seinen gemacht hat. Während die Gerichteten offenbar erwarten, daß sie aufgrund dessen beurteilt werden, was sie Gott getan haben, wird ihr Liebeswerk gegenüber den Notleidenden zum entscheidenden Maßstab, weil Gott sich mit den Armen, Hungernden, Kranken und Gefangenen identifiziert hat.

Wenn Gott so in der Gestalt des notleidenden Menschen begegnet, dann ist Mitmenschlichkeit in der Tat der Ort, an dem sich die Frage nach Gott und dem Heil des Menschen entscheidet. Darf man aber sagen: „der einzige Ort"? Darf man sagen: „der bedürftige Mensch ist *das* ‚Wo' Gottes in der Welt" (so U. Luz, EKK V. 1970, 127)? Es ist angesichts der Geschichte evangelischer Theologie und Kirche sicher ein „trauriger Mut", dagegen zu protestieren, wenn der Ruf zur Mitmenschlichkeit besonders betont wird, und man möchte mit E. Käsemann „lieber bei denen stehen, die wenigstens dies bei Jesus und aus der Bibel gelernt haben, als bei den Fanatikern, welche alle Dogmen akzeptieren und über die von Christen tolerierte und geförderte Unmenschlichkeit schweigen, in der Würde ihrer Rechtgläubigkeit nicht zuerst die Stimme dessen hören, der fragt: Was habt ihr mir in meinem Bruder getan und nicht getan?" (Ruf, 46). Aber auch E. Käsemann ist mit der Losung der Mitmenschlichkeit als Summe des Glaubens nicht einverstanden. Gott hat und meint sozusagen einen Mehrwert, der nicht in Mitmenschlichkeit auf- und untergeht.

5.4. Schon von Mt. 25 her ist zu fragen, ob Gott *nur* im Mitmenschen begegnet, denn Gott erscheint hier ja gleichsam in doppelter Gestalt und Funktion: einerseits gegenwärtig und verborgen in der Gestalt des Notleidenden, andererseits aber zukünftig und offenbar als Weltenrichter. Nun mag man zwar mit U. Luz sagen, der in der Gegenwart und Schwachheit erscheinende Gott sei der Gott Jesu und der in der Zukunft manifeste Gott der Gott der Tradition, und indem Gott sich mit den notleidenden Menschen identifiziere, komme der Gott der Tradition in die Gegenwart und in die Nähe. Aber es wäre wohl doch zu einfach, die Zukunftskomponente hier und anderswo einfach als Tradition abzuwerten. Gerade der Gott der Zukunft läßt eben nach Jesus erkennen, daß es bei dem uneinholbaren Gegenüber von Gott und Mensch bleibt und hier nicht von schlechthinniger Identität zu sprechen ist. Zudem wird man sich angesichts anderer Texte davor hüten müssen, Mt. 25 zu verabsolutieren. Es darf z.B. für Mk. 10,28 ff. keineswegs postuliert werden, daß „das zweite Gebot" im „ersten Gebot" aufgehoben ist oder umgekehrt Gottesliebe und Menschenliebe ein und dasselbe sind. Es ist offenbar nicht ohne Grund und Belang, daß beides selbständig genannt wird.

Lukas läßt darum auf die Beispielerzählung vom barmherzigen Samaritaner die Geschichte von Maria und Martha folgen (Lk. 10,38–42), d.h. eben: neben die Pflicht zur Nächstenliebe wird die Pflicht gestellt, auf das eine zu hören, das heilsnotwendig ist, worin die Alte Kirche nicht ganz zu Unrecht das Nebeneinander von vita activa und vita contemplativa dargestellt fand. Alles kommt darauf an, daß wir Jesus und seinem Wort nicht ausweichen, auch nicht durch unsere Aktivität und Nächstenliebe.

Selbst Matthäus, der anders als Markus ausdrücklich feststellt, das zweite Gebot sei dem ersten gleich, sagt doch nicht, beides sei schlicht und einfach ein und dasselbe (22,39).

Gottes- und Nächstenliebe sind auch für Jesus selbst gewiß nicht ein und dasselbe, so daß die Liebe zu Gott einfach durch die des Nächsten ersetzt werden könnte: „Das hieße die Grenze aufheben, die unverrückbar zwischen Gott und Mensch besteht. Wer in diesem Sinn beide Gebote für dasselbe hält, weiß nichts von Gottes Herrenrecht und wird aus Gott sehr schnell eine bloße Vokabel und Chiffre machen, auf die man alsbald verzichten kann" (G. Bornkamm, Jesus, 97; vgl. auch R. Bultmann, Jesus, 80f.). Man betet eben zu Gott und nicht zum Nächsten. Man erwartet die Herrschaft Gottes und nicht die des Menschen. Vgl. auch Lk. 11,42, wo neben das Recht die „Liebe zu Gott" gestellt und dem äußerlichen Gehorsam konfrontiert wird. Zu erinnern ist auch an manche rigorose Einzelforderungen, die nicht mit Nächstenliebe, sondern wenn überhaupt, dann allenfalls mit radikaler Liebe zu Gott und seinem Reich zu vereinbaren sind (zum verweigerten Abschied vgl. S. 53f., zur verweigerten Heirat einer Geschiedenen S. 103f. u. ä.).

Wer die Liebe zu Gott für einen obsoleten mythologischen Rest hält und ihn durch die Liebe zum Menschen kompensieren und damit auf ihren wahren Sinn bringen will, der mag das tun, doch sollte er sich dafür ehrlicherweise nicht auf Jesus und das Neue Testament berufen. Im übrigen wird er wahrscheinlich sehr bald vor der Frage stehen, wieso eigentlich Liebe überhaupt nötig und sinnvoll ist. Nach M. Horkheimer ist „ohne jede theologische Basis ... der Satz, daß Liebe besser sei als Haß, nicht zu begründen"[23]. Das alles aber soll nicht in Zweifel ziehen, daß die Liebe zum Nächsten und zum Feind für Jesus das alles entscheidende Kriterium rechten zwischenmenschlichen Verhaltens ist und es für ihn keine Liebe zu Gott ohne die des Nächsten und des Feindes gibt.

*Exkurs: Besonderheiten der ethischen Forderungen Jesu?*

Vor den verschiedenen Stellungnahmen Jesu zu den konkreten Lebensfragen soll noch kurz erörtert werden, ob bzw. worin inhaltliche Unterschiede zur Ethik des Judentums bestehen. Dabei kann es nicht darauf ankommen, Jesu Innovationskraft, Originalität oder gar „Überlegenheit" apologetisch zu demonstrieren oder alle Beziehungen zum Judentum zu minimalisieren. Natürlich ist Jesus auch in seiner Ethik zunächst einmal Jude, und Verbindungslinien und Gemeinsamkeiten sind von niemandem zu übersehen. Neben der immer wieder zu Recht betonten unauflöslichen Zusammengehörigkeit von „Religion" und Ethik[24] seien als Parallelen inhaltlicher Art hier zwei Beispiele angeführt, die es zur „Thoraverschärfung" in der 1. Antithese und zu der zentralen

---

[23] M. Horkheimer, Verwaltete Welt?, 1970, 36f.; vgl. H. Neumann, The Death of God and the Problem of Altruism, ZRG 1969, 253–264; E. Wallwork, Thou shalt Love thy Neighbor as thyself: The Freudian Critique, JRE 10, 1982, 264–319.

[24] Vgl. G. Kittel, Die Bergpredigt und die Ethik des Judentums, ZSTh 1925, 553–594; R. T. Herford, Talmud and Apocrypha. A Comparative Study of the Jewish Ethical Teaching in the Rabbinical and Non-Rabbinical Sources in the Early Centuries, New York 1971, 274.

Mahnung von Lk. 6,36, Gottes Barmherzigkeit zu entsprechen, gibt. Nach Rabbi Eliezer (um 90) gehört der, der seinen Nächsten haßt, zu den Blutvergießern (Billerbeck I, 282; vgl. auch die jüdischen Analogien zur 2. Antithese S. 104), und Targum Jerusch I Lv. 22,28 heißt es: „Mein Volk, Kinder Israel (sprach Mose), wie unser Vater barmherzig ist im Himmel, so sollt ihr barmherzig auf Erden sein" (Billerbeck II, 159). Umgekehrt ist es auch nicht so, daß alle Besonderheiten Jesu, die im Judentum unerhört, ja provokativ wirken mußten, verwischt werden dürfen. Jedenfalls versteht es sich von selbst, daß Jesu Ethik nicht einfach analogielos ist und eine große Parallelität zur jüdischen Ethik besteht.

Manche Autoren sind denn auch der Meinung, daß man „nahezu zu jedem der sittlichen Sätze Jesu, wenn man ihn als *Einzelsatz*, als *Einzelforderung* nimmt, irgendeinen Satz aus dem weiten Gebiet des Judentums" finden kann, „der in seiner Weise Analoges bietet", so daß Jesu Besonderheit nicht auf der Originalität von Einzelforderungen beruht. So z.B. G. Kittel, a.a.O. (Anm. 24), 561; (vgl. auch H. van Oyen, Die Ethik Jesu in jüdischer und evangelischer Sicht, ZEE 1971, 98–117, bes. 112 u.a.). Noch weiter geht der jüdische Gelehrte J. Klausner, wenn er erklärt, daß „in allen Evangelien sich auch nicht eine ethische Lehre" findet, die nicht im Alten Testament oder in der jüdischen Literatur der Zeit Jesu ihre Parallele hätte (Jesus von Nazareth 1952³, 534). Auch andere jüdische Forscher urteilen z.T. bis heute: *„nihil novi"* (vgl. Lindeskog, 217; Schalom Ben Chorin, Jesus und Paulus in jüdischer Sicht, ASTI X, 1976, 17–29, bes. 23; P. Lapide, Die Bergpredigt – Utopie oder Programm?, 1982).

Nun scheint schon das eine Übertreibung zu sein. Daß sich „Altes" und „Neues" radikal und unvereinbar gegenüberstehen und die eschatologische Heilszeit *alles* Alte überholt (Mk. 2,21f. par), läßt vermuten, daß die damit ins Auge gefaßten Diskontinuitäten auch den Inhalt des Geforderten nicht unberührt lassen. Zu erinnern ist an die erwähnten Worte Mk. 7,15 oder das in der Sache analogielose „Ich aber sage euch" (vgl. S. 70f.). Konkrete ethische Beispiele sind das absolute Scheidungsverbot, das zur normativen jüdischen Überlieferung im Widerspruch steht, und das trotz aller Eidenthaltung (z.B. bei den Essenern) und trotz aller Warnungen vor dem Eid absolute Schwurverbot, das weder bei Philo noch sonst in der vor- und neben-neutestamentlichen Literatur belegt ist[25]. Zu manchen Aussagen gibt es zwar Parallelen, etwa zu Mk. 2,27 den Satz des Rabbi Simeon („Euch ist der Sabbat übergeben, und nicht seid ihr dem Sabbat übergeben"), doch hat dieser Grundsatz keine allgemeine Gültigkeit, sondern soll besagen, „daß der Sabbat lediglich zur Rettung eines Menschenlebens entweiht werden dürfe" (Billerbeck II 5). Weiter hat schon der jüdische Gelehrte C. G. Montefiore geurteilt, daß Jesus in bezug auf die Kinder, die Frauen und die Sünder „eine revolutionierende neue Einstellung eingenommen" zu haben scheine, was z.B. bedeutet, daß er mit Frauen in einer Weise umgeht, die „der rabbinischen Konvenienz fremd und anstößig" ist, „more merciful and compassionate" (vgl. G. Lindeskog, 240). In seiner Einstellung zur

---

[25] Vgl. W. G. Kümmel, Jesus und die Rabbinen, in: Heilsgeschehen und Geschichte, 1965, 1–14, bes. 3. 6; zum Schwurverbot vgl. G. Strecker, ZNW 1978, 80 und weiter S. 64f.

Familie sei er unjüdisch, vor allem in seiner Ehelosigkeit und Pietätlosigkeit (244). Zum Gebot der Feindesliebe, das jüdische Gelehrte wie R. T. Herford, J. Scheftelowitz, aber auch H. Braun u. a. als jüdischem Denken widersprechend ansehen, kann man, wie S. 81 f. gezeigt wurde, höchstens ganz vereinzelt Parallelen aufweisen. Im Unterschied zu Qumran wie zur Mischna fällt weiter sofort auf, wie wenig das Gesetz für Jesus Grundthema seiner Ethik ist. W. G. Kümmel sieht die Andersheit und Neuheit bei Jesus denn auch darin, daß Jesus „ohne Rücksicht auf rechte oder falsche Auslegung von Toraheboten Gottes Willen verkündete", und auch jüdische Stimmen sprechen im Blick auf die „Liberalität" und Relativierung des Gesetzes von Jesu „Uneinreihbarkeit" ins Judentum.

W. G. Kümmel a.a.O. (Anm. 25), 8; vgl. 12 und ThR 1978, 243 f. Besonderheiten der Ethik Jesu werden denn auch von G. Kittel und jüdischen Autoren wie J. Klausner durchaus nicht bestritten. Oft begegnen Komparative, oder man spricht von Intensivierung und Konzentration. Jesus soll z. B. dem Sabbatgebot eine „freiere" Anwendung gegeben oder das Judentum verinnerlicht oder vertieft, neu gestaltet oder neu orientiert haben. (G. Lindeskog, 223, vgl. 230.236.238). Nach G. Kittel besteht die Besonderheit Jesu außer im Faktum seiner Person darin, daß das, was man in jüdischen Quellen nur auf vereinzelter Höhenlage und mit vielen Abstufungen findet, bei Jesus mit konzentrierter Wucht und auf ein und demselben Niveau vorgetragen wird (579 f.). Nach J. Jeremias muß man im Talmud die wenigen Goldkörner unter viel Spreu heraussuchen (Die Bergpredigt Jesu, 1967, 10, wo das Wort J. Wellhausens zitiert wird: „Alles was in der Bergpredigt steht, steht auch im Talmud – und noch viel mehr", wobei J. Jeremias dieses „und noch viel mehr" als entscheidend ansieht). Aber auch nach jüdischen Gelehrten wie J. Klausner „häufte und verdichtete" Jesus die ethischen Ansprüche derart, „daß sie viel markanter hervortreten" als in Talmud und Midrasch, „wo sie in den Diskussionen der Halacha und der Erörterung unwichtiger Angelegenheiten gleichsam untergehen" (540). J. Klausner spricht zudem, was keineswegs ein Kompliment ist, von Jesu „extrem radikaler Ethik", was zur „Entartung der Moral" führen müsse (564), denn durch ihre Überbetonung und Absolutisierung auf Kosten der Wirklichkeit und Ausführbarkeit (übrigens auch durch die Zurückstellung des Zeremonialgesetzes), sei es unjüdisch und ordnungs- und rechtszerstörend, andere sagen: überspannt, inpraktikabel und monströs (vgl. G. Lindeskog, 225. 243 f. u. ö.; W. G. Kümmel, a.a.O. [Anm. 25], 2 f.). „Kann das Familienleben geordnet sein, wenn Jesus *jede* Ehescheidung verbietet?", fragt z. B. J. Klausner (519 f.).

Eine weitere Besonderheit deckt sich weitgehend mit dem, was S. 47 f. mit der Ganzheit und Radikalität der Gehorsamsforderung Jesu umschrieben wurde. C. Montefiore sprach von „einem himmelhohen moralischen Idealismus" (G. Lindeskog, 234) bzw. einem „excess" in Nachsicht und Vergebung, Geben und Gewähren (ib.). P. Lapide (Er predigte in ihren Synagogen, 1980) nennt die Bergpredigt „die übermenschliche Ideal-Ethik eines Supermoralisten" (51). Genauer ist es wohl, mit G. Kittel von der *„absoluten Intensität"* der Ethik Jesu zu sprechen: „Man könnte sagen: Jesus forderte nicht ein wenig Liebe, nicht ein wenig Reinheit. Er forderte auch nicht möglichst viel davon. Sondern was er fordert, heißt einfach kategorisch: Liebe; heißt einfach und schlechtweg: Reinheit" (G. Kittel, a.a.O. [Anm. 24], 581).

Mit diesen Punkten sind zweifellos wichtige Unterscheidungsmerkmale markiert. Man könnte sie um weitere vermehren. Zu erinnern ist an das Doppelgebot der Liebe im Unterschied zur Kasuistik und Nivellierung des göttlichen Willens in der jüdischen Ethik. Zu erinnern ist endlich an die Verschiedenheit der Motivierung und der Beziehung von Indikativ und Imperativ.

## D. Konkrete Weisungen

*Literatur:* H. Baltensweiler, 19–119; J. Blank, Frauen in den Jesusüberlieferungen, 9–91; F. F. Bruce, Render to Caesar, in: E. Bammel, Politics, 249–263; M. Bünker, „Gebt dem Kaiser, was des Kaisers ist" – aber: was ist des Kaisers?, Kairos 29, 1987, 85–98; O. Cullmann, Staat, 5–35; ders., Jesus und die Revolutionären seiner Zeit, 1970; M. Hengel, War Jesus Revolutionär? (CWH 110), 1970; P. Huuhtanen, Die Perikope vom „Reichen Jüngling" unter Berücksichtigung der Akzentuierung des Lukas, SNTU 1/2, 1976, 79–98; D. L. Mealand, Poverty and Expectation in the Gospels, London 1980; L. O'Neill, Dimension politique de la vie de Jésus, in: Le Christ hier, aujourd'hui et demain, Quebeck 1976, 365–394; G. Petzke, Der historische Jesus in der sozialethischen Diskussion, FS H. Conzelmann, 1975, 223–235; B. Schaller, Die Sprüche über Ehescheidung und Wiederheirat in der synopt. Überlieferung, in: FS J. Jeremias, 1970, 226–246; L. Schottroff, Gewaltverzicht und Feindesliebe in der urchristlichen Jesustradition, in: FS H. Conzelmann, 1975, 197–221; W. Schrage, Staat, 14–49; E. Schüssler Fiorenza, Memory, 105–159; K. Wengst, Pax Romana, 73–92; B. Witherington, Women in the Ministry of Jesus (MSSNTS 51), 1984; J. H. Yoder, The Politics of Jesus, Grand Rapids 1977[4].

### 1. Grundsätzliches

1.1. Es hat sich herausgestellt, daß das Eschaton das konkrete Verhalten des Menschen nach Jesus nicht bagatellisiert, sondern gerade radikal herausfordert und Jesu Botschaft nicht nur eine individual-, sondern auch eine sozialethische Dimension hat. Hat sie auch gesellschaftliche und gesellschaftskritische Aspekte? Wird auch die gesamtgesellschaftliche Wirklichkeit als Handlungsfeld davon betroffen? Gewiß sind für Jesus alle Strukturen und Institutionen dieser Welt ein Provisorium, und zweifellos ist er nicht der Meinung, der Mensch komme durch sie und ihre Veränderung zum Heil. Aber bezeichnenderweise hat er damit das Bestehende nicht einfach stabilisiert oder sanktioniert, weil angeblich alles Etablierte von Gott und darum zu verteidigen ist oder umgekehrt alles Vorfindliche vom Teufel oder von der Vergänglichkeit gezeichnet ist, so daß man die Finger davon lassen sollte. Aber er hat auch nicht einen „neutralen" oder indifferenten Standpunkt vertreten, wobei solches Desinteresse faktisch auf eine systemstabilisierende Stellungnahme zugunsten der Privilegierten hinausliefe. Gewiß soll man im Konfliktfall Vater und Mutter ebenso drangeben wie Haus und Hof, aber das hat Jesus nicht zur Verachtung des In-der-Welt-Seins oder zur Forderung der Lebensweise von Asketen und Eremiten geführt. Nicht von ungefähr ist er, der in dieser radikalen Weise den Bruch mit dem Normalen und in der Welt Üblichen verlangt hat, zugleich als

Fresser und Weinsäufer geschmäht worden (Mt. 11,19 par), worin sich mindestens dieses spiegelt, daß Askese nicht sein Programm war. Nicht von ungefähr hat er den Schöpfungsglauben festgehalten und z.B. kritisch gegen die Ehescheidungspraxis und Sabbatkasuistik ausgespielt, nicht von ungefähr die übliche Diskriminierung der Frau durchbrochen, um nur ein paar Stichwortanzeigen zu geben. Wer die Grenze zwischen Reinen und Unreinen sprengt (Mk. 2,13ff. u.ö.), trifft damit über den religiösen auch den gesellschaftlichen Bereich. Wer Pietät, Familie und Eigentumsverhältnisse anrührt (vgl. Mt. 8,22 u.ö.), bringt damit tatsächlich „nicht Frieden" für die bestehende Ordnung, sondern „das Schwert" (Mt. 10,34f.) und weigert sich damit, „den Status quo einer ungerechten und höchst friedlosen Welt abzusegnen und zu legitimieren" (K. Wengst, 81). Wer das Gesetz antastet, der greift damit auch die von den Römern geschützte Ordnung an, die religiös und staatlich zugleich verfaßt ist und geltendes Recht für Familie, Besitz, Staat u.a. darstellt (vgl. P. Hoffmann, Eschatologie, 219f.). Schon die Täuferpredigt hatte im übrigen politische Implikationen (Lk. 3,19). Das alles deutet an, daß Jesus den Menschen nicht einfach Innerlichkeit und Herzensfrömmigkeit gepredigt und alles Weltliche nur noch als Folie des totaliter aliter angesehen hat. Eine solche Sicht würde schon an den Heilungen und Exorzismen scheitern, die in Mt. 12,28 par als zeichenhafte Vorwegnahme der Wirklichkeit des Reiches Gottes interpretiert werden.

Allerdings begegnet heute nicht nur eine falsche Spiritualisierung und Interiorisierung der Ethik Jesu, sondern auch eine entgegengesetzte Einseitigkeit, wenn man Jesus z.B. zum Vertreter eines politischen Messianismus oder Zelotismus macht oder auch erklärt, die eigentliche Spitze der Botschaft Jesu sei die Veränderung der Welt. Nun ist Jesus sicher kein Verteidiger des status quo. Und richtig ist auch, daß von seiner Botschaft Impulse zur Erneuerung auch der zwischenmenschlichen Bezüge ausgehen. Aber seine Verheißungen sind auf der geschichtlichen Ebene allein nicht einzuholen, und seine Eschatologie ist nicht auf einen rein innerweltlichen Erwartungshorizont zurückzunehmen. Das Reich Gottes wird nicht nur da Wirklichkeit, wo Hungernde satt werden und Weinende wieder lachen können (Lk. 6,21). Zum vollen Heil gehört neben der Heilung und leiblichen Integrität darum das Nahesein Gottes, das den Armen verkündigt wird (Mt. 11,4f.). Nach Lk. 12,13f. weist Jesus die Bitte, einen Erbstreit zu schlichten, mit den Worten zurück: „Mensch, wer hat mich zum Richter oder Erbteiler über euch eingesetzt?". Dieses Wort dokumentiert, daß Jesus seine eigentliche Aufgabe nicht darin gesehen hat, gesellschaftlich oder sozialreformerisch zu wirken, auch wenn zu beachten bleibt, daß es primär um die Absage geht, sich in Erbschaftsangelegenheiten und Rechtsfragen verwickeln zu lassen, um jemandem zu Vermögen und Besitz zu verhelfen (vgl. V. 15ff.).

1.2. Andererseits ist ausdrücklich zu betonen, daß die traditionelle Interpretation der lutherischen Zwei-Reiche-Lehre die Botschaft Jesu ebenfalls verfehlt. M. Luther hat bekanntlich unterschieden zwischen geistlichem und weltlichem Reich, zwischen Person und Amt, zwischen Christen als einzelnen und Christen *in relatione.* Überall, zumal bei der Auslegung der Bergpredigt und den Worten über Ehe, Eid, Wiedervergeltung u. ä., versucht Luther deutlich zu machen, daß der einzelne Christ als Christ angeredet ist und nicht der Christ als „Weltperson" bzw. als Christ im Amt, der die Rahmenbedingungen des Lebens in der alten Welt, an der er teilhat, nicht beseitigen kann. Worte wie das Verbot der Wiedervergeltung dürfen danach nicht auf die staatlichen Autoritäten bezogen werden. Sie gelten dem Menschen nur als Person und nicht im Amt, nicht für die weltliche Ordnung, deren Maßstab vielmehr der usus politicus des Gesetzes Gottes ist, wie er z. B. Röm. 13 zu finden ist. „Die person ist wol ein Christ, aber das ampt odder Furstenthumb gehet sein Christentum nicht an" (WA 32, 440; vgl. auch WA 11, 255).

Es ist hier nicht der Ort, Vor- und Nachteile, Voraussetzungen und Wirkungen dieser ohnehin stark vergröbernd dargestellten Sicht Luthers bzw. seiner Interpreten zu erörtern. Sie ist hier in der skizzierten und wirkungsgeschichtlich besonders verhängnisvoll gewordenen Form allein mit der Predigt Jesu zu konfrontieren. Das ist um so notwendiger, als manche Exegeten die Dinge ganz ähnlich wie Luther sehen und die Reichweite von Jesu Ethik faktisch auf die Privatsphäre begrenzen. Als Beispiel sei die 5. Antithese der Bergpredigt gewählt, also die Mahnung zu Rechts- und Gewaltverzicht. Diese Mahnung wird von einigen Kommentaren z. B. so ausgelegt: es gehe dort allein um die Frage, wie sich der Jünger verhalten solle, wenn er für seine eigene Person Unrecht leiden müsse und als einzelner davon betroffen sei. Als Privatmann bzw. Christ habe man nach Mt. 5 zu handeln. Im Amt aber und in der öffentlichen Verantwortung sei man verpflichtet, u. U. gerade das Gegenteil zu tun und Böses mit Bösem und Gewalt mit Gewalt zu beantworten; vgl. die Kommentare von W. Michaelis und J. Schniewind z. St.; L. Goppelt, a.a.O. (S. 68), 105 u. a.

1.3. Aber mit dieser Unterscheidung zwischen privater und öffentlicher Verantwortung und Sphäre, so sehr sie im Einzelfall berechtigt sein mag und die Bedeutung der Verhaltensänderung des einzelnen hervorheben kann, ist nicht durchzukommen, weder historisch noch hermeneutisch-sachlich. Das *ius talionis* wird nicht nur für besondere Fälle oder Personen, Wirkungskreise oder Aufgabengebiete suspendiert. Die kleine Szene mit dem Prozeßgegner in Mt. 5,23 f. mit seinem profanjuristischen Hintergrund zeigt, daß auch der Raum des irdischen Alltags beansprucht wird und Jesus nicht nur eine Binnenethik für das Verhältnis der Jünger untereinander im Blick hat. Die befreiende Macht der Gottesherrschaft soll über den Kreis der Jesusbewegung hinaus auch in die anderen Bezüge und Handlungsfelder des Lebens eindringen und eine Einstellungsänderung zur Gewalt und Gegengewalt in allen menschlichen Beziehungen bewirken. Mag sein, daß Matthäus selbst die alttestamentliche Anordnung in 5,38 als eine gewisse Freigabe von Selbstjustiz verstanden hat und demgegenüber der Meinung ist, von Mensch zu Mensch solle man „dem Bösen keinen Widerstand leisten". Jedenfalls aber greift Jesu Mahnung in die öffentliche Sphäre ein, wenn neben der Ohrfeige (V. 39) bei einer alltäglichen Schlägerei – bei Lukas ist die erfahrene Gewalttat des Geschlagen- und Beraubtwerdens noch deutlicher auf die Alltagssituation im palästinischen Dorf- und Landmilieu bezogen, während Matthäus die Situation des Schuldprozesses einführt – in

V. 40 das Prozessieren vor Gericht und in V. 41 die Nötigung zu riskanter Wegbegleitung, zur Arbeitsfron oder zu militärisch-polizeilichen Requisitionsmaßnahmen genannt wird[25a].

Schon A. Schlatter (Der Evangelist Matthäus, 1959, 185) hat außerdem gegenüber solcher ethischen Zweigleisigkeit mit Recht erklärt, daß „die Unterscheidung zwischen einer obrigkeitlichen und einer privaten Moral in der Umgebung Jesu keinen Platz" hat, und Ch. Dietzfelbinger hat betont, daß solche Aufteilung völlig der Stoßrichtung der Antithesen widerspricht, „die als Einzelbeispiele für eine menschliche Welt auf die Ganzheit einer menschlichen Welt aus sind, auf eine neue Weise menschlichen Zusammenlebens, die den gesamten Menschen in seinen privaten und öffentlichen Bezügen umfängt" (Bergpredigt, 66; vgl. auch P. Hoffmann, Eschatologie, 200; N. Lohfink/ R. Pesch, 36.63; H.-D. Wendland, Botschaft, 85ff.; D. L. Mealand, 83). Wenn D. Bonhoeffer (Nachfolge, 87) u.a. auf die unlösbare Schwierigkeit verweisen, daß sich die verschiedenen Bereiche und Rollen in der Wirklichkeit überschneiden und es keinen Menschen ohne Relation gibt, gilt das mutatis mutandis erst recht für die damalige Zeit, in der jede „starre Unterscheidung zwischen Privat und Öffentlich, Religiös und Politisch, Individuell und Sozial ... die nicht einseitig auflösbare Verbundenheit des Einzelnen mit der Gesamtgesellschaft und umgekehrt" verkennen würde (P. Hoffmann, Eschatologie, 221f.).Vgl. auch H. Merklein, Politische Implikationen der Botschaft Jesu?, LS 35, 1984, 112–121. Methodisch unzulässig ist es selbstverständlich, aus dem Gleichnis von Lk. 14,31f. zu schließen, „daß ein angegriffener Staat der Gewalt auch Gewalt entgegensetzen darf und soll" (so W. Bienert, Kriegsdienst und Kriegsdienstverweigerung nach der Botschaft des NT, 1952, 30).

Gewisse Ansätze einer Lehre von zwei Regimenten Gottes mag man erkennen im Gegenüber von Eschatologie und Protologie, von prophetischer und weisheitlicher Tradition, möglicherweise auch in dem Wort, Gott zu geben was Gottes ist und dem Kaiser was des Kaisers ist (Mk. 12,17), worauf noch einzugehen ist (vgl. S. 120f.). Aber das ist niemals im Sinne einer Trennung, Isolierung oder Eigengesetzlichkeit des politischen und öffentlichen Bereiches gemeint, als ob die Weisungen Jesu für das Handeln in der Realität der Welt keinen Platz hätten und auf die Privatsphäre zu begrenzen wären, während die Welt sich selbst oder der Vernunft überlassen bliebe.

Und ist der Ehestand für Jesus wirklich nur ein weltlich-äußerlich Ding und allein der Vernunft unterworfen (so Luther WA 32, 378), und predigt Jesus vom weltlichen Geldverkehr wirklich „nichts", sondern „lessets gehen wie es die Vernunft leret" (WA 32, 395)? Der Mensch wird von Jesus nicht in zwei Hälften oder Dimensionen zerspalten und kann sich nicht in fixierten Rollen, Institutionen und Instanzen verstecken und mit dem Hinweis auf ihre Zwänge seinem Anspruch entziehen.

Gewiß ist etwa die Mahnung von Mt. 5,39b nicht legalistisch als immer und in allen Fällen gültiges Prinzip zu verstehen. Nicht von ungefähr ist diese Mahnung in Lk. 6,29 dem Gebot der Feindesliebe unter- und nachgeordnet

---

[25a] Zu V. 40 und 41 vgl. P. Hoffmann, Tradition und Situation. Zur „Verbindlichkeit" des Gebots der Feindesliebe in der synoptischen Überlieferung und in der gegenwärtigen Friedensdiskussion, in: Ethik im NT (hg. v. K. Kertelge), 1984, 50–118, hier 60f.

(Lk. 6,27). Das besagt aber, daß die Liebe auch im Bereich der sogenannten Ordnungen das entscheidende Regulativ ist und sich diese Liebe u. U. auch anders konkretisieren kann. Es besagt aber nicht, daß sie hier nichts zu suchen habe und alles den politischen und gesellschaftlichen Zweckmäßigkeiten und „Sachzwängen", der Vernunft, dem Gesetz, dem Naturrecht usw. zu überlassen sei, die oft nur als Alibi für bestimmte Interessen herhalten müssen.

Wir fassen also vorläufig zusammen, daß Jesus seine eigentliche Aufgabe zwar nicht in der Reform der sozialen und gesellschaftlichen Strukturen gesehen hat und man ausgeführte Konzepte zur Neuordnung des Staates oder der Gesellschaft, der Geschlechterrollen oder Besitzverhältnisse vergeblich sucht, daß aber der von ihm verkündete Gotteswille auch diesen Bereich mitbetrifft. Werden die Institutionen des Rechts und der zwischenmenschlichen und öffentlichen Ordnung nicht annulliert, so wird ihnen doch jede Eigengesetzlichkeit und Isolierung von dem, was Gottes und des Nächsten ist, bestritten, so daß darin jedenfalls Luthers Wort recht behält: „Alles, was wir haben, muß stehen im Dienst; wo es nicht im Dienst steht, so steht's im Raub" (WA 12, 470).

### 2. Mann und Frau/Ehe und Ehescheidung

2.1. Will man Jesu Worte zu diesem Lebensbereich recht einschätzen, ist ein kurzer Blick auf die Umwelt unumgänglich. Erst auf diesem Hintergrund sieht man, wie sehr sich Jesus von der üblichen androzentrischen Einschätzung der Frau, d. h. konkret von ihrer Diskriminierung, abhebt.

Die Benachteiligung der Frauen ist z. T. Folge des Ritualgesetzes (häufige „Unreinheit" und Kultunfähigkeit), z. T. Folge des konventionellen Patriarchalismus. Jedenfalls stehen Frauen im damaligen Judentum in mancher Beziehung auf einer Stufe mit Sklaven und Kindern. Ihre Inferiorität betrifft sowohl den gesellschaftlichen als auch den religiösen Status. Die Frau liest nicht aus der Thora vor, wird in den Synagogen bei der Zählung der für einen Gottesdienst mindestens notwendigen Personen nicht mitgezählt, ist von bestimmten Gebotserfüllungen und Gebeten befreit, im Gottesdienst zurückgestellt (im herodianischen Tempel gab es einen besonderen Frauenvorhof, und in den Synagogen waren Nebenräume oder Emporen für sie bestimmt) usw. In Sota III 4 sagt R. Eliezer (im Unterschied zu Ben Azai): „Wer seine Tochter die Thora lehrt, lehrt sie Ausschweifung"; positive Einstellung zur Thoraunterweisung in Sus. 3; einzelne Grabinschriften der römischen Diaspora sprechen von Thoraliebe von Frauen (CIJ I 476. 482) und von Frauen als Müttern von Synagogengemeinden (CIJ I 496. 523). Freilich sollen auch nach Philo (Spec Leg III 169–171) Frauen zurückgezogen das Haus hüten und sich nur um den Haushalt kümmern. Der fromme Jude sprach zweimal täglich den Lobpreis: „Gepriesen sei, der mich nicht zum Heiden gemacht..., der mich nicht zur Frau gemacht..., der mich nicht zum (rabbinisch) Ungebildeten bzw. – so hat es der babylonische Talmud Men 43b im Unterschied zur Tosephta – zum Sklaven gemacht", Ber 7,18. Von Rabbi Hillel stammt das Wort: „viel Frauen, viel Zauberei, viel Mägde, viel Unzucht" (Abot 2,7). Man sollte sich nicht viel mit seiner eigenen Frau und erst recht nicht mit einer fremden unterhalten. Selbst die Jünger sollen sich nach Joh. 4,27 noch darüber gewundert haben, daß das bei Jesus anders war. Nicht Adam, sondern Eva soll Sünde und Tod in die Welt gebracht haben. Sir. 25,24 heißt es: „Von einer Frau stammt der Anfang der Sünde her, und um ihretwillen sterben wir alle." Daneben steht freilich trotz der patria potestas, der rechtlich möglichen Polygamie und der auch bei der Ehescheidung eindeutigen Bevorrechtigung des Mannes (vgl. S. 101f.) die große Bedeutung der Frau in der Familie und speziell ihre Hochschätzung als Mutter, aber auch als Ehefrau. Wer ohne Frau lebt, ist ohne Freude, ohne Segen, ohne Gutes (b Jeb 62b). Jedenfalls war die Situation der Frau durchgängig belastet durch ihre religiöse und gesellschaftliche Deklassierung. Kurz zusammengefaßt und typisch ausgedrückt ist das mit dem Satz des Josephus: „die Frau steht in jeder Beziehung unter dem Mann" (Ap II 201); vgl. auch Philo, Spec Leg I 200: „unvollkommen, gehorsamspflichtig, mehr zum Leiden als zum Wirken bestimmt". Nichts berechtigt dazu, speziell das romanhafte Judithbuch für repräsentativ zu halten (gegen E. Schüssler Fiorenza, 118). Vgl. weiter J. Leipoldt, Frau, 69ff.; W. Schrage, Frau, 106ff.; L. Swidler, Women in Judaism, 1976; F. Dexinger, Artikel Frau im Judentum, TRE 11, 1983, 424–431.

2.2. Auf diesem Hintergrund nimmt sich Jesu Verkündigung und Verhalten geradezu revolutionär aus. Auch ohne im eigentlichen Sinn gesellschafts- oder sozialreformerische Ziele zu verfolgen, hat er dennoch eine in ihrer Auswirkung kaum zu überschätzende Umwertung vorgenommen und mit Wort und Tat der Minderbewertung der Frau ein Ende gemacht. Selbst wenn manches erst auf die Gemeinde zurückgeht, so ist diese Einstellung doch gerade hier ganz unvorstellbar ohne den Anstoß, der von Jesus selbst ausgegangen ist. Wenn er seinen Ruf an Männer wie Frauen ergehen läßt und sich den Zöllnern wie auch den Dirnen zuwendet, weil Gottes Gericht und Gnade unteilbar ist, wenn er sich ohne Animosität und Ressentiment auch an Frauen wendet und Lk. 8,1–3 (wohl in Anknüpfung an Mk. 15,40f. par.; vgl. dazu J. Blank, 49ff.) sogar „Jüngerinnen" in seiner Begleitung erwähnt werden, wenn Frauen in Heilungsberichten vorkommen und als Typus rechten Glaubens gelten können (vgl. Mt. 15,28 u. ö.), so ist das alles andere als selbstverständlich[26]. Allerdings wird keine der Frauen in die Nachfolge im engeren Sinn gerufen, wohl darum, weil eine aktive Einbeziehung von Frauen in die Sendung innerhalb Palästinas kaum möglich gewesen sein dürfte (vgl. R. Schnackenburg, ²Botschaft, 147; anders E. Schüssler Fiorenza, 118ff.).

2.3. Diese Grundeinstellung steht auch hinter den Worten über Ehe und Ehelosigkeit, Ehebruch und Ehescheidung, wobei gerade hier die eschatologische Perspektive Jesu nicht zu übersehen ist. Wenn Jesus mit Nachdruck darauf verweist, daß die eheliche Gemeinschaft mit dieser Welt vergeht (Mk. 12,25 par), dann ist die eigentliche Spitze dieses Wortes zwar darin zu suchen, daß die Auferstehung nicht eine Prolongation irdisch-kreatürlicher Verhältnisse, sondern ein *totaliter aliter* ist. Zugleich aber ist damit gegeben, daß die Ehe nichts Definitives und Absolutes, sondern etwas Vorläufiges und Vorletztes ist. Dieser Provisoriumscharakter, der nichts mit dem Mythos eines androgynen Urmen-

---

[26] Vgl. J. Leipoldt, Jesus und die Frauen, 1921; ders., Frau, 115ff.; L. Swidler, Jesu Begegnung mit Frauen, in: Menschenrechte für die Frau, hsg. v. E. Moltmann-Wendel, 1974, 130–146; H. Wolff, Jesus der Mann, 1975; W. Schrage, Frau, 114ff.

## D. Konkrete Weisungen

schen zu tun haben dürfte und die sexuelle Differenz nicht als Merkmal der Entfremdung versteht (anders K. Niederwimmer, Askese, 53), hat keine zerstörerischen und verkrampfenden, sondern befreiende Wirkungen, denn er macht dem Absolutheitsanspruch und der Zerstörungsmacht von Sexus und Eros, von Egoismus und Besitzgier, von Schutzlosigkeit und Geringschätzung der Frau ein Ende. Um der Gottesherrschaft willen ist es sogar möglich, auf die Ehe zu verzichten.

Mt. 19,12 heißt es im Anschluß an die Ehescheidungsperikope: „Es gibt Verschnittene, die vom Mutterleib an so geboren sind, und es gibt Verschnittene, die von den Menschen entmannt worden sind, und es gibt Verschnittene, die sich selbst um der Himmelsherrschaft willen entmannt haben. Wer es fassen kann, fasse es." Der Sinn dieser Stelle ist allerdings seit alters umstritten, vor allem, ob das Wort verschnitten *(eunouchoi)* wirklich oder übertragen oder an der ersten und zweiten Stelle wirklich, an der dritten dagegen übertragen zu verstehen ist. Meist wird aber mit Recht auf Ehelosigkeit gedeutet (vgl. J. Schneider, ThW II, 763-767; J. Blinzler, ZNW 48, 1957, 254-270; J. Kodell, The Celibacy Logion in Mt. 19,12, BTB 8, 1977, 19-23; F. J. Moloney, Mt. 19,2-12 and Celibacy, JSNT 2, 1979, 42-60). Daß das Eunuchenwort tatsächlich im Sinne der Ehelosigkeit zu verstehen ist, zeigt der vorangehende V. 10. Mit denjenigen, die als dritte Gruppe genannt werden und auf die es hier ankommt (die, die sich selbst zu Eunuchen gemacht haben), kann kaum an eine Selbstkastration gedacht sein. Eunuch ist vielmehr „Bildwort für den - freiwillig oder nicht - in geschlechtlicher Askese Lebenden" (H. Greeven, Ehe, 49f.).

Wichtig ist zunächst, daß es sich nicht um eine Forderung, sondern um eine Feststellung handelt, Eheverzicht also keine für alle geltende Verpflichtung ist. Das bestätigt die Tatsache, daß Petrus verheiratet war und blieb, die Brüder Jesu ebenfalls (vgl. Mk. 1,30 par; 1.Kor. 9,5 setzt ebenfalls voraus, daß die Familienbande nicht abgeschnitten wurden und Petrus später seine Ehefrau mit auf seine Missionsreisen genommen hat).

Man vermutet wohl nicht zu Unrecht, daß Jesus in Mt. 19,12 seine eigene Entscheidung zur Ehelosigkeit als etwas hinstellt, was um der Gottesherrschaft willen geschieht. Man hat bei Eunuch sogar an ein Schimpfwort wie „Fresser und Weinsäufer" (vgl. auch Mt. 10,25) gedacht, das ihm seine Gegner anhängten und er nun apologetisch aufgreift (J. Blinzler; H. Greeven, Ehe, 49f.; F. J. Moloney, 50f.). Entscheidend ist, daß der Eheverzicht nicht um der Askese willen oder aus dualistischen und meritorischen Motiven geschieht, sondern eschatologisch begründet ist, und d. h. wohl: Eheverzicht soll freimachen für die mit der Gottesherrschaft gegebene Gabe und Aufgabe (vgl. W. Schrage, Frau, 142ff.). Hier unterscheidet sich Jesus deutlich vom rabbinischen Judentum, wo die Ehe eine religiös-sittliche Pflicht ist (vgl. aber schon Jer. 16,1f.). Nach rabbinischer Ansicht übertritt ein Gebot Gottes, wer mit zwanzig Jahren noch nicht verheiratet ist (vgl. Billerbeck II, 372f.; III, 368.373). Zwar ist Ben Azzai ebenfalls ehelos geblieben, aber zum einen ist das die einzige Ausnahme, zum anderen ist Ben Azzai wegen seiner Ehelosigkeit scharf kritisiert worden (vgl. b Sota 4b; b Kethub 63a; J. Schneider, ThW II, 765). Eine gewisse Analogie bietet der Eheverzicht in Qumran (vgl. Jos. Ant. 18,21; Billerbeck II, 160f.), dessen Motive allerdings nicht ganz eindeutig sind. Vgl. H. Hübner, NTS 17, 1970/71, 153ff.; K. Niederwimmer, Askese, 57, Anm. 26; W. Schrage, Frau, 148f. Wahrscheinlich lebte auch der Täufer ehelos.

Sowenig Ehelosigkeit von Jesus als eine für alle geltende Einlaßbedingung in das Gottesreich verstanden worden ist, sosehr hat er im Einzel- oder Konfliktfall gefordert, selbst die engsten Bande hintanzusetzen und aufzugeben (Mt. 10,37f.; vgl. Lk. 14,26). Daß der Ruf in die Nachfolge auch die Trennung von der Familie implizieren kann, zeigt Mk. 1,19f., wo die Brüder Jakobus und Johannes zwar gemeinsam in die Nachfolge treten, sich aber von ihrem Vater trennen und sich nicht hinter vermeintlich unantastbaren Schöpfungsordnungen, Familientreue u. ä. verschanzen. Eine Priorität oder Eigengesetzlichkeit von Sexualität, Ehe oder Familie gegenüber Gott, eine institutionelle oder verwandtschaftliche Bindung, die absieht von Gottes Forderung und Jesu Ruf, kann es hier nicht geben. Nach Mt. 10,34 ist Jesus „nicht gekommen, Frieden zu bringen, sondern das Schwert" (Lk. 12,51 hat statt „Schwert" das bildlose „Entzweiung"), wobei in Anlehnung an Mich. 7,6 das Zerbrechen der engsten Beziehungen zu Verwandten und Hausgenossen, speziell zur älteren, in der patriarchalischen Großfamilie dominierenden Generation, als eschatologisches Zeichen verstanden wird (vgl. K. Wengst, 206, Anm. 40 u. 42). Weil natürliche Verwandtschaftsverhältnisse hinter das Tun des Willens Gottes zurücktreten müssen (Mk. 3,20f., 31ff.; vgl. Lk. 9, 59f. par), hat auch Jesus selbst sich diesem familienkritischen Nachfolgeethos entsprechend um seiner Sendung willen von seiner Familie, die ihm offenbar verständnislos gegenüberstand, getrennt und eine familien- und heimatlose Existenz geführt (Mt. 8,20; Lk. 9,58). Wenn im Kontext der Nachfolge vom „Hassen" der Familie die Rede ist (Lk. 14,26), ist das wahrscheinlich wie im AT (vgl. S. 70 u. 5.Mose 21,15f.; Ri. 14,16) nicht emotional als Affekt zu verstehen, sondern komparativisch als Hintenanstellen aller anderen Lebensbeziehungen (vgl. Mt. 10,37 u. O. Michel ThW IV, 694f.), wobei die Härte der geforderten Absage an alle anderen Bindungen und Ansprüche freilich nicht abgeschwächt und neutralisiert werden darf.

2.4. Daß Jesus damit rechnet, daß seine Botschaft auch Familienbande zerschneidet und Ehe und Geschlechtlichkeit eschatologisch relativiert, hat ihn aber nicht dazu geführt, das alles in gnostischer Manier zu verdammen oder zu dämonisieren. Das zeigt unmißverständlich die Begründung, die in Mk. 10 für das Scheidungsverbot gegeben wird. Gott selbst hat Mann und Frau erschaffen, wie V. 6 im Anschluß an 1. Mose 1,27 sagt. Auch für Jesus gibt es den Menschen nur als Mann oder als Frau, nicht den Menschen an sich, und eben diese geschlechtliche Differenzierung entspricht dem Schöpferwillen. Mannsein und Frausein ist nicht etwas erst sekundär zum Menschsein des Menschen Hinzukommendes, sei es als Höheres oder als Tieferes, sondern es ist dem Menschsein des Menschen seit der Schöpfung unabtrennbar mitgegeben. Darum ist es unmöglich, die Geschlechtlichkeit des Menschen zu vergöttlichen und zu verteufeln. Sie ist keine Folge des Sündenfalls, sondern eine gute Anordnung des Schöpfers, die zur Menschlichkeit des Geschöpfes hinzugehört und in die leiblich-geistige Ganzheit der Person integriert ist.

Entsprechend unbefangen heißt es dann auch über die Ehe, daß die von Gott als Mann und Frau Geschaffenen in der Ehe eine Einheit werden:

„Darum wird ein Mensch seinen Vater und seine Mutter verlassen" – Matthäus fügt noch hinzu: „und seiner Frau anhangen" – „und die zwei werden ein Fleisch sein. Somit sind sie nicht mehr zwei, sondern ein Fleisch" (Mk. 10,7f. par). Vgl. H. Baltensweiler, 54ff. Daß Mk. 10,2–9 die Sprache der Utopie spreche und die Schöpfung hier die Bedeutung habe, einen Hoffnungsinhalt auszudrücken (so L. Schottroff, Frauen, 104), ist zwar übertrieben, stellt aber zu Recht heraus, daß der eigentliche Horizont auch hier die Eschatologie ist, von der aus auch die Schöpfung ihren Sinn zurückgewinnt. Es geht nicht um eine Erinnerung an den Mythos von der androgynen Einheit des Urmenschen, sondern um Partnerschaft eines gemeinsamen Lebens (E. Schüssler Fiorenza, 143).

Fügt Gott selbst die Ehepartner zusammen (V. 9) – ob sich das auf die Institution oder den konkreten Einzelfall bezieht, ist allerdings umstritten (vgl. Tob 6,18: „sie ist dir bestimmt von Anfang an") –, dann ist Ehe nicht einfach private Übereinkunft, gesellschaftliche Konvention oder glücklicher oder unglücklicher Zufall. Der Schöpfer selbst hat seine Hand im Spiel. Die gottgewollte Bindung der Ehe wird im Anschluß an das Alte Testament mit „ein Fleisch" (Mk. 10,8) und „anhangen" (Mt. 19,5) umschrieben, womit eine volle personale Einheit und ganzheitliche Lebensgemeinschaft und Hingabe gemeint ist, so stark, daß selbst die Bindung an das Elternhaus dadurch aufhört.

2.5. Von dieser umfassenden Sicht der Ehe her, die Verläßlichkeit und Dauer einschließt, wird die Ehescheidung abgelehnt. Daß das eine Vertiefung, ja Aufhebung der alttestamentlichen Regelung darstellt (vgl. S. 67f.) und jüdischer Rechtspraxis widerspricht, wird im ersten Teil von Mk. 10 nicht mehr ganz deutlich.

Daß die Pharisäer Jesus nicht nach dem zureichenden Grund, sondern nach dem Recht einer Scheidung fragen, ist aber unhistorisch, da Juden nicht das prinzipielle Recht, sondern nur die Scheidungsgründe diskutierten. Im Judentum hat sich die ganze Diskussion der Ehescheidungsfragen an 5. Mose 24,1 entzündet. „Wenn jemand eine Frau heiratet und sie ihm dann nicht mehr gefällt, weil er etwas Häßliches bzw. Schandbares an ihr findet und er ihr einen Scheidebrief schreibt..." Da der Ausdruck „etwas Häßliches bzw. Schandbares" unbestimmt ist und in moralischen bis hin zu ästhetischen Kategorien näher bestimmt werden konnte, entbrannte hier die Diskussion.

In neutestamentlicher Zeit stehen sich vor allem die Auslegung der Schulen Schammais und Hillels gegenüber. Bei den Schammaiten faßt man die Wendung eng im Sinne von Unzuchtssünden. Bei den liberaleren Hilleliten dagegen faßt man sie viel weiter und erklärt z.B., daß eine schandbare, zur Scheidung ausreichende Sache auch dann gegeben sei, wenn die Frau gegen die guten Sitten verstößt, z.B. mit aufgelöstem Haar ausgeht oder eine Speise hat anbrennen lassen (Gitt IX 10). R. Aquiba konzediert sogar auch dann eine Scheidung, wenn der Mann einer schöneren Frau begegnete, die ihm besser gefalle als die seine, denn es heiße ja 5. Mose 24,1 „Wenn sie keine Gnade in seinen Augen findet" (vgl. zur exegetischen Diskussion der beiden Rabbinenschulen Billerbeck I, 313ff.; K. Niederwimmer, Askese, 21ff.).

Bei allen Schulunterschieden ist jedenfalls zwischen beiden Schulhäuptern und ihren Adepten nicht strittig, daß eine Ehe überhaupt aufgrund von 5. Mose 24,1 geschieden werden kann. Neben den auf 5. Mose 24,1 basierenden Scheidungsgründen gibt es auch noch eine ganze Reihe anderer allgemein anerkannter, ja z.T. als Scheidungsgebot verstandener Scheidungsgründe, z.B. wenn die Frau ihren Mann in bösen Ruf bringt, ihm die Ehre verweigert, ihm keine Kinder gebiert usw. Immerhin erheben sich vereinzelt auch warnende Stimmen (vgl. schon Sir. 7,26 oder b Gitt 89b: „Gott haßt das Wegschicken ..."), und offenbar ist durch vermögensrechtliche Bestimmungen eine Erschwerung der Scheidung versucht worden (vgl. K. Schubert, Ehescheidung im Judentum z. Zt. Jesu, ThQ 151, 1971, 23-27; B. Witherington, 5). Auch wird die Praxis zumal in den unteren Schichten nicht so gewesen sein, wie es Theorie und Rechtsprechung erlaubten. Zu Qumran vgl. I. Broer, Freiheit (a.a.O. III B) 97f.; zur Verurteilung der Scheidung bei Philo vgl. K. Niederwimmer, Askese, 23.

Aufgrund zahlreicher Stellen kommt P. Billerbeck jedenfalls zu Recht zu dem Urteil, „daß es in der mischnischen Periode keine Ehe im jüdischen Volk gegeben hat, die nicht kurzerhand vom Mann in völlig legaler Weise durch Aushändigung eines Scheidebriefes hätte gelöst werden können" (I, 319f.). Von diesem Hintergrund hebt sich die Botschaft Jesu scharf und bestimmt ab, auch wenn manche Exegeten meinen, daß Jesus sich nur den strengen Standpunkt der Schule Schammais zu eigen mache und sich im Grunde nur von der Laxheit und Frivolität der Hilleliten abhebe. Diese Bewertung basiert aber auf der verfehlten Annahme, daß die sogenannte Unzuchtsklausel in Mt. 5,32 (ähnlich Mt. 19,9) authentisch ist (vgl. zu Matthäus). In Wahrheit aber polemisiert Jesus nicht gegen eine laxe Scheidungspraxis, sondern gegen Ehescheidung überhaupt, weil sie die Gültigkeit und Dauer des „Zusammenseins" in Frage stellt.

Während in Mk. 10,2-9 das Verbot der Scheidung damit begründet wird, daß Gott selbst die Ehepartner zusammengebunden hat, haben die an dieses Streitgespräch angehängten Verse 10-11, die ursprünglich selbständig waren, eine mit der Logienquelle (Lk. 16,18; Mt. 5,31) verwandte Pointe: sie stellen nämlich Ehescheidung mit Ehebruch auf eine Ebene. Für das Judentum bedeutet das eine ziemliche Provokation, da nach dessen allein vom Mann her ausgebildeten Eheauffassung Ehe und Frau unter dem Sachen- und Eigentumsrecht rangieren. Die Frau ist durch Brautpreis erworbener Besitz des Mannes. Entsprechend kann der Mann seine eigene Ehe auch gar nicht brechen, sondern nur die eines anderen. Man hat mit Recht gesagt, daß Jesu Wort auf seine Zeitgenossen ungefähr ebenso verblüffend gewirkt haben muß, wie wenn jemand gesagt hätte: Wer eine ihm gehörende Sache aufgibt, begeht einen Diebstahl (vgl. H. Greeven, Ehe, 66). Vor allem kann die von der Thora konzedierte Scheidung jüdischerseits unmöglich als Übertretung des Dekalogs gelten. Nach Mk. 10,10f. aber bricht jeder die Ehe und verstößt damit gegen ein fundamentales Gebot Gottes, der seinen Ehepartner entläßt und jemand anderen heiratet.

Erstens wird danach neben dem Mann auch der Frau Scheidung und Wiederheirat verboten, wobei diese Einbeziehung der Frau in das Scheidungsverbot wohl als sekundäre Angleichung an römische Rechtsverhältnisse zu beurteilen ist.

Zwar gibt es auch im jüdischen Recht den seltenen Fall, daß eine Frau die Scheidung beantragen kann, z. B. bei Impotenz, Unterhaltsverweigerung, ekelerregender Krankheit u. ä., doch der fällt kaum ins Gewicht, und Rechte und Pflichten sind ganz verschieden verteilt und begünstigen den Mann. Charakteristisch ist z. B. der Mischnasatz Jebamoth 14,1: „Nicht gleicht der Mann, der (die Frau durch Scheidebrief) entläßt, der Frau, die entlassen wird. Denn die Frau wird entlassen, sie mag wollen oder nicht; der Mann aber entläßt seine Frau nur freiwillig" (vgl. Billerbeck II, 23f.). Die zweite Eigenart von Mk. 10,10-11 ist die, daß nur Scheidung mit anschließender Wiederheirat untersagt und als Übertretung des 6. Gebots verstanden wird. Ob Wiederheirat von vornherein mitverboten war, ist unsicher, doch ist der Akzent offenbar im Laufe der Zeit stärker darauf verlagert worden.

Anders die Q-Überlieferung (Lk. 16,18; Mt. 5,32), in der nur der Mann angeredet wird. Dabei wird ihm erstens die Heirat einer Geschiedenen untersagt. Beim zweiten Punkt aber gehen Lukas und Matthäus auseinander. Anders als in Lk. 16,18, wo – ähnlich wie bei Mk. – Scheidung und Wiederheirat verboten werden (allerdings nur dem Mann), heißt es in Mt. 5,32, daß derjenige die Ehe bricht, der durch seine Trennung von der Frau bewirkt, daß sie als Geschiedene mit jemandem eine neue Ehe eingeht.

Ob Lk. 16,18 oder Mt. 5,32 ursprünglich ist, läßt sich nicht sicher sagen. Für die Matthäus-Fassung wird angeführt, daß sie noch das polygame Milieu des Judentums voraussetze: Da der Mann seine eigene Ehe nicht brechen könne, bestehe seine Schuld in der neuen Verbindung seiner Frau mit einem anderen Mann, die er durch die Entlassung der Frau ermöglicht hat (vgl. z.B. H. Greeven, Ehe, 67). Außerdem werde hier die bloße Scheidung – also noch ohne die sonst überall hinzutretende Wiederheirat – verworfen. Andere halten die Matthäus-Fassung für eine Rejudaisierung. Gerade weil es für judenchristliche Kreise schwer war, einen Ehemann zu beschuldigen, seine eigene Ehe zu brechen, sei die in Lk. 16,18 vorliegende Tradition judenchristlich umgeformt worden (B. Schaller). In jedem Fall aber sind die mehr am Verbot der zweiten Heirat als am Verbot der Ehescheidung interessierten Texte schon als nachösterliche Erweiterungen oder Erweichungen anzusprechen, die vielleicht dadurch entstanden sind, weil ein bedingungsloses Scheidungsverbot einer in jüdischer Umgebung lebenden Gemeinde unannehmbar erscheinen mußte (vgl. Dietzfelbinger, Bergpredigt, 27). Die Bezeichnung der zweiten Ehe nach einer Scheidung als Ehebruch setzt im übrigen nicht notwendig voraus, daß die erste Ehe noch vor Gott als bestehend angesehen wird. Zweifellos paßt Ehebruch „ihr gegenüber" (Mk. 10,11) besser auf das Verhältnis zur ersten als zur zweiten Frau, und zumal wenn Wiederheirat ursprünglich gar nicht erwähnt war, könnte sich „ihr gegenüber" nur auf die erste Frau beziehen, der gegenüber man im Scheidungsfall die Ehe bricht. Auch die Gleichstellung der Heirat einer Geschiedenen mit Ehebruch (Lk. 16,18b) scheint das Weiterbestehen der ersten Ehe vorauszusetzen. Möglich ist aber auch, daß die Bezeichnung „Ehebruch" sich einfach vom Dekalog her versteht, den Jesus eben auch hier überbietet. „Gegen sie" (Mk. 10,11) würde dann nur verdeutlichen, daß es anders als im Judentum auch der eigenen Frau gegenüber Ehebruch gibt und sie die Leidtragende der Scheidung ist. Scheidung ist eben nicht nur Übertretung eines göttlichen Gebots, sondern zugleich Untreue gegenüber dem Ehepartner.

Es heißt im übrigen „das *soll* der Mensch nicht scheiden", nicht „das *kann* der Mensch nicht scheiden". Daß Jesu Wort nicht judiziabel ist, nicht ein Rechtssatz, der auf Biegen und Brechen durchzusetzen ist (etwa noch vom Staat), sondern die Sphäre des Rechtes gerade durchbricht, ist ohnehin klar. Daß zerrüttete und zerbrochene Ehen durch die beharrliche Wiederholung eines Ehescheidungsverbotes zu heilen wären, dürfte eine Fiktion sein. Daß Jesu Ehescheidungsverbot dadurch in seiner Geltung nichts einbüßt, bleibt davon unbetroffen.

Die Ehe ist eine gute Ordnung des Schöpfers und um des Menschen willen gemacht, so wie auch der Sabbat um des Menschen willen gemacht ist, nicht umgekehrt. Diesem ursprünglichen Schöpferwillen und dem Geschöpf dient auch das Wort Jesu über die Scheidung, nicht einer kasuistischen Rechts- oder Kirchenordnung. Liebe ist auch hier entscheidender Impuls und letzte Instanz. Das deutet sich vor allem darin an, daß das Verbot der Ehescheidung der damals weithin rechtlosen Frau einen Schutz verleiht, der über die Schutzfunktion der Scheidung, die der Frau immerhin das Recht auf eine neue Ehe einräumt, weit hinausgeht. Gerade wenn das Ehescheidungsverbot sich ursprünglich nur an die Adresse des Mannes richtet, ergreift Jesus hier Partei für die in Ehesachen damals rechtlich empfindlich benachteiligte Frau, so daß der „Eherigorismus" Jesu auch „der zeitbedingte Ausdruck für den Schutz und die Achtung" ist, die „der im jüdischen Eherecht ungeschützten und verachteten Frau zugewendet werden soll" (H. Braun, Jesus, 103; vgl. 98; anders L. Schottroff, Frauen, 105).

2.6. Dieser Rigorismus Jesu kommt besonders in den scharfen Worten über den Ehebruch zum Ausdruck, wie sie etwa in der 2. Antithese der Bergpredigt stehen (Mt. 5,27–30).

Für den hier vorliegenden Rigorismus gibt es anders als zum Verbot der Ehescheidung verwandte jüdische Aussprüche, etwa Lev. r 23 „Du sollst nicht sagen, daß nur der, welcher mit dem Leib die Ehe bricht, ein Ehebrecher genannt wird; auch der, welcher mit seinen Augen die Ehe bricht, wird ein Ehebrecher genannt". Nach Traktat Kalla I gilt: „Wer eine Frau begehrlich anblickt, ist so, als hätte er sie beschlafen" (noch drastischere Beispiele bei Billerbeck, z. St.).

K. Niederwimmer vermutet als Grund für die Überbetonung des Sexualrigorismus, daß man an „eine Internalisierung der politischen und gesellschaftlichen Unterdrückung im religiösen Bewußtsein" zu denken habe (Askese 28, Anm. 78); weitere Gründe bei K. Berger, 326.

Man muß freilich beachten, daß „Frau" sowohl im Herrenwort als auch in den entsprechenden jüdischen Texten die verheiratete Frau und nicht die Frau überhaupt ist, erst recht nicht die eigene Ehefrau, wie L. Tolstoi meinte. Ein prinzipielles Virginitätsideal oder geschlechtliche Askese in der Ehe hat Jesus nicht gepredigt, und skrupulöse Ängste hat er nicht hervorrufen wollen (vgl. die von erstaunlicher Freiheit gekennzeichnete Salbung durch eine Dirne Lk. 7,36f.), wie ja überhaupt gerade die zahllosen Gesetzesbestimmungen, mit denen dieser Bereich im Judentum umgeben war (vgl. etwa die rituellen Bestimmungen für die Regelung des ehelichen Verkehrs), bei Jesus offenbar keinerlei Widerhall gefunden haben.

Nicht der Blick überhaupt wird übrigens von Jesus gebrandmarkt, sondern der Blick, „um sie zu begehren". Die begehrliche Absicht also entscheidet. Daß hier gerade der Mann zur Treue gerufen wird, verdeutlicht wieder eine Eigenart Jesu, insofern im rabbinischen Judentum nur dann von Ehebruch beim Mann gesprochen wird, wenn er mit der Ehefrau oder der Verlobten eines anderen jüdischen Mannes vollzogen wird, nicht dagegen, wenn er mit einer Nichtjüdin oder einer anderen unverheirateten Frau begangen wird, was nicht heißt, daß das als erlaubt angesehen wird. Aber auch hier gilt für Jesus nun nicht mehr, daß der Mann eigentlich nur eine fremde, nicht aber seine eigene Ehe brechen kann. Dieses Messen mit zweierlei Maß ist überwunden.

Entscheidend bei allem ist, daß Jesus durch alle kasuistischen Bestimmungen hindurch wieder auf das unzweideutige einfache Gebot Gottes zurückgreift. Gott aber hat die Ehe als unkündbare Gemeinschaft zwischen Mann und Frau geschaffen und will sie als von ihm selbst geschaffene Ordnung schützen. Darum wird eine klare Grenze gegenüber einer sich verselbständigenden Sexualität gezogen und die Frau damit zugleich aus ihrer Rolle als bloßes Lustobjekt männlicher Begierde befreit. Zur Ehe gehört Selbstzucht und bedingungsloses Zueinanderstehen, nicht aber eine zügellose Begehrlichkeit, die alles an den eigenen Triebbedürfnissen mißt und die Ehe ruiniert.

Die Mt. 5,29–30 folgenden Worte vom Abhauen der Hand usw. sind erst von Matthäus in den Zusammenhang mit dem Verbot des Ehebruchs gebracht worden, wodurch eine Sinnverschiebung eingetreten ist. Ursprünglich galt das Wort in drastischer Eindringlichkeit für alle Versuchungen, durch den Kontext bei Matthäus aber wird es auf den sexuellen Bereich eingeengt. Dadurch wird verdeckt, daß der Mensch als ganzer angefochten und gefährdet ist und die Sexualität nur ein Ausschnitt aus dem umfassenden Kampffeld ist, der nicht in isolierter und dadurch verkrampfter Weise angestarrt werden sollte.

### 3. Hab und Gut / Armut und Reichtum

3.1. Die Stellung Jesu zu Hab und Gut, zu Besitz und Besitzverzicht, Armut und Reichtum ist stärker als die zu Mann und Frau traditionell geprägt, ermangelt aber durchaus nicht eindeutiger Akzente. Auch hier ist zunächst wieder ein Blick auf das Alte Testament und Judentum angebracht.

In den Anfängen Israels, also z. Zt. der nomadischen Lebensweise, gab es noch keine schroffen sozialen Unterschiede. Das Problem entstand erst nach der Seßhaftwerdung Israels, besonders nach dem wirtschaftlichen Aufschwung in der Königszeit. Nach Herausbildung sozialer Differenzierung traten besonders die Propheten für die Armen ein und richteten leidenschaftliche Anklagen gegen die Reichen und Mächtigen, ihre Übergriffe und ihre Habgier. Nach Amos (vgl. 2,6ff.; 5,11f.; 8,4ff.) war es besonders Jesaja, der daran Anstoß nahm, daß der Grundbesitz in den Händen weniger vereinigt war und das Recht der Armen vor Gericht gebeugt wurde (vgl. 5,8ff.), wenn solche eigentumskritischen Momente auch weniger aus sozialreformerischen Motiven erfolgten als der Restitution der dem Gottesrecht entsprechenden Gesellschafts- und Wirtschaftsordnung dienten, nach der z.B. Landbesitz Gabe Gottes an das ganze Volk ist. Eine gewisse Analogie zur prophetischen Kritik und ein positives Armenrecht mit Schutzbestimmungen für die sozial Schwachen (Schulderlaß, Sklavenfreilassung, Zinsverbot, Nachleserecht, Neuverteilung des Bodens) findet sich in der deuteronomischen Gesetzgebung (vgl. etwa 5. Mose 24,19ff.; 15,1ff. 12ff.; 23, 20, 24, 14ff.; 3. Mose 25,8ff.). Auch wenn sich über die praktische Durchführung wenig sagen läßt, gilt doch die Mahnung von 5. Mose 15,11: „Willig sollst du deine Hand auftun für deinen bedürftigen und armen Bruder in deinem Lande" (vgl. auch schon 2. Mose 22,21ff.; 23,6.11).

Freilich gibt es in Israel auch Äußerungen genug, die die Armut als Übel ansehen und den Reichtum, falls man ihn mit Weisheit nutzt, rühmen, vor allem in der Weisheitsliteratur, z. B. den späten Partien von Spr. und Sir. Hier gilt Armut z. T. einfach als Folge von Faulheit (Spr. 6,6ff.), Zuchtlosigkeit (Spr. 13,18) oder Genußsucht (Spr. 21,17; 23,21). Andererseits ist aber auch der Reichtum nicht erstrebenswert, denn er verführt leicht zur Sünde (Sir. 34,5f.), und wer sich auf seinen Besitz verläßt, ist ein Tor (vgl. Sir 5,1f.). Reichtum ist flüchtig und vergänglich (Spr. 23,4f.). Interessant im Blick auf Lk. 12,16ff. ist zumal Sir. 11,18f. (vgl. auch Pred. 5,12ff.). Letztlich gilt Reichtum wie Armut als ein Werk Gottes (Spr. 22,2; Hiob 1,21). Die rechte Stellung gegenüber dem Armen aber ist, ihm Recht zu schaffen (Spr. 31,9), ihm die Hände aufzutun (Spr. 31,20; Sir. 7,32), eine Sozialkritik wie bei den Propheten fehlt aber meist (vgl. aber Sir. 13,9ff.; 34,24ff.). Kompliziert ist der Befund in den Psalmen. Zwar ist arm auch hier zunächst eine soziale Kategorie, aber arm und fromm wird fast synonym, und Armut wird mit Demut und Beugung unter Gott zusammengestellt (vgl. Ps. 9,13.19; 37,14; 132,15f.; 146,8f. u. ö.). Vgl. F. Hauck/W. Kasch, ThW VI, 321f.; E. Bammel, ThW VI, 888ff.; H. Merklein, EWNT III, 466ff. (Lit.).

Die vom Alten Testament herkommenden Linien haben sich im Judentum fortgesetzt. Im Rabbinat gilt Armut meist als Plage. Der Arme zählt zu den Toten (b Ned 64b), der Reiche wird gelobt und hochgeschätzt. Daneben aber wird natürlich die Wohltätigkeit gegenüber den Armen eingeschärft, denn Wohltätigkeit und Liebeswerke wiegen alle anderen Thoragebote auf (Tos. Pea 4,19). Nach Aboth 3,17 soll man Gott von dem Seinigen geben, „denn du und das Deine gehören ihm". Die Rabbinen kennen neben der privaten Armenfürsorge eine äußerst effektive, organisierte Armenpflege, die ihresgleichen sucht und durch Steuern und Spenden bestritten wurde (vgl. Billerbeck I, 818ff.; IV, 536ff.). Soziale Unterschiede sollten dadurch nicht aufgehoben werden.

Spezifische und für das Neue Testament wichtige Züge treten besonders in der Apokalyptik hervor. Hier erscheint das Verhältnis arm – reich in doppelter Weise in eschatologischen Zusammenhängen: einmal in Verheißungen für die Armen, zum anderen in Anklagen und Weherufen gegen die Reichen. In dieser zweiten Sicht wird die prophetische Linie der Sozialkritik fortgesetzt (vgl. außer äth.Hen. 94,7f.; 96,4ff.; 97,8ff. auch die aus solcher Tradition gespeiste Stelle Jak. 5,1ff.), d. h. nicht so sehr der Reichtum als solcher wird verurteilt, sondern Bedrückung und Ausbeutung der Armen. Daneben steht die eschatologische Verheißung, die freilich mehrere Formen kennt: Einmal wird erwartet, daß die Begüterten die Armen nach Kräften unterstützen werden (z. B. Sib. III 241ff.). Aber auch die Umkehrung der gegenwärtigen Besitzverhältnisse ist ein beliebter Topos (vgl. außer 1 QpPs. 37 III 3f. 10f. das an eschatologische Hymnen des Judentums erinnernde Magnifikat Lk. 1,52f.).

Besondere Beachtung verdient noch Qumran. Hier wird zunächst, zumal in den Lobliedern, die Linie der Psalmenfrömmigkeit weitergeführt (vgl. 5,18; 2,32ff.). Die Qumrangemeinde nennt sich „Gemeinde der Armen" (1 QpPs. 37). Dabei ist „arm" primär keine soziale Kategorie, sondern ein religiöses Niedrigkeits- bzw. eschatologisches Würdeprädikat, verbunden mit dem Wissen um die Abhängigkeit von Gott. Daneben gibt es aber auch eine wirtschaftliche und soziale Dimension. Besonders auffallend ist die Einrichtung eines Unterstützungsfonds für Waisen, Arme usw. (Dam. 14,12ff.) und (in der Gemeinderegel) der bei Eintritt in die Gemeinschaft verpflichtende (vgl. 1 QS 1,11f.) Verzicht auf Privateigentum und die Gütergemeinschaft. Was die treibenden Motive waren, ist nicht ganz deutlich. E. Bammel meint, die Gütergemeinschaft Qumrans sei zu verstehen als „eine Abbildung der Lebensform..., die Gott mit dem kommenden Zeitalter heraufführt" (ThW VI, 898; anders z. B. H. Braun, Radikalismus II, 36f.). Man könnte an die Erwartung der Sibylle erinnern: „Allen gemeinsam wird dann das Leben und der Reichtum sein" (Sib. VIII 208; vgl. III 247).

## D. Konkrete Weisungen

Jedenfalls darf man die Begriffe arm und reich zur neutestamentlichen Zeit nicht einfach spiritualisieren. Zu erwähnen ist noch die Einstellung der Zeloten, deren Freiheitskampf auch unter sozialem Vorzeichen stand. Sie sollen bei der Eroberung der Oberstadt Jerusalems im Jahre 66 n. Chr. als erstes das Stadtarchiv in Brand gesteckt haben, um „die Schuldverschreibungen der Geldverleiher zu vernichten und die Eintreibung der Schulden unmöglich zu machen" (JosBell II 427; vgl. M. Hengel, Eigentum, 24; zu den sozialen Spannungen in dem vom Feudalismus geprägten Palästina vgl. 23ff.). Auch die Gleichnisse Jesu lassen ein anschauliches Bild, z.B. von den Konflikten zwischen Großgrundbesitzern und Kleinbauern und Pächtern, entstehen (vgl. auch G. Theißen, Studien, 136ff.).

3.2. Blickt man von da aus auf die Verkündigung Jesu, so gibt es viel Übereinstimmung, vor allem was die Parteinahme Jesu zugunsten der Armen betrifft. Jesus übt radikale Kritik am Reichtum, sagt den an den Rand gedrängten Armen die Gottesherrschaft zu und macht ihr Recht geltend. Kann Armut sowohl Not und Elend als auch die Beugung unter Gott bezeichnen, so daß man beides weder einfach identifizieren noch die Parallelität und Affinität zwischen beidem übersehen kann, könnte die Seligpreisung der Armen (Lk. 6,20) nicht viel anders sowohl den sozialen als auch den religiösen Status im Blick haben. Allerdings ist in Lk. 6,20 schon durch die parallelen Seligpreisungen der Hungernden und Weinenden (V. 21) völlig klar, daß hier wirklich Notleidende, Entbehrende, Arme im materiellen Sinne gemeint sind (vgl. Jes. 61,1). Ihre Armut ist nicht qua Armut Glücksfall oder Chance, sondern erhält die Verheißung der Überwindung (vgl. S. 28f.). Aber sowenig diese Heilszusage von bestimmten Voraussetzungen wie Gesetzestreue, religiösem Status u.ä. abhängig gemacht wird (vgl. z.B. die Parallelität von „Armen" und „Tätern des Gesetzes" 1QpHab 12,3ff. u.ö.), sind diese Zukurzgekommenen doch zugleich die, die für das Heil der anbrechenden Gottesherrschaft offen sind und keine innerweltlichen Stützen und Ablenkungen haben, um sich dem Verheißungsruf und der Umkehrforderung zu entziehen. Weil einen der Besitz Gott nur entfremden kann, ist nicht mehr Besitz Zeichen und Unterpfand göttlichen Segens, sondern den Armen wird das Heil verheißen. Weil Gott auf ihrer Seite steht, hat sich auch Jesus in Wort und Tat mit ihnen solidarisch erklärt. Andererseits aber wird durch den matthäischen Zusatz („arm im Geist" Mt. 5,3) festgehalten, daß der Arme nicht qua Armer schon selig zu preisen ist und Armut Abhängigkeit von Gott einschließt. Jesus war nüchtern und illusionslos genug, um zu wissen, daß Not nicht nur beten, sondern auch fluchen lehren kann und Armut und Beugung unter Gott nicht einfach dasselbe sind.

Damit ist nicht in Frage gestellt, daß Gott sich nach Jesus gerade derer annimmt, die ihn besonders nötig haben und auch materiell besonders bedürftig sind. Der, der vor Gott als Bettler steht, der steht auch in der Welt mit leeren Händen da und hat nichts, an das er sich in dieser Welt halten kann, und zwar eben auch äußerlich und materiell.

Dagegen darf man nicht anführen, daß Jesus sich auch den Zöllnern zugewandt und ihnen das Reich Gottes eröffnet hat (Mk. 2,13ff.; Mt. 21,31 u.ö.). Ob man generell zwischen „Zollunternehmern" und „Zollbediensteten" zu unterscheiden hat (L. Schottroff / W. Stegemann, Jesus, 16ff., nach denen die Zöllner der synoptischen Tradition mehrheitlich die Unterzöllner sein sollen – immerhin setzt die einzige konkrete Angabe Betrugsmöglichkeiten voraus Lk. 3,13), ist zwar ungewiß, denn der „Zollunternehmer" hat auch Unterpächter gehabt, die ebenso wie die Oberpächter versucht haben, die festen Pachtsummen durch Mehrertrag zu übertreffen, um so durch diesen Gewinn auf ihre Kosten zu kommen. Richtig ist aber, daß Zöllner nicht eo ipso gutsituierte und wohlhabende Leute sind. Entscheidend für ihre Deklassierung im Judentum ist jedoch, daß sie sich gegen das Gebot Gottes vergehen (vgl. die Zusammenstellung mit Heiden, Dirnen, Ehebrechern u. ä. Mt. 18,17; 21,31f.; Lk. 18,11), und das ist offenbar nicht nur das Urteil gebildeter und vornehmer Leute.

F. Herrenbrück (Wer waren die „Zöllner"?, ZNW 72, 1981, 178–194) sieht die Zöllner nicht im Zusammenhang mit der römischen Steuerpacht als Angestellte einer Steuerpachtgesellschaft oder römische Großsteuerpächter, sondern als hellenistische Kleinpächter, die der gehobenen Mittelschicht angehören. In ZNW 78, 1987, 186–199 („Zum Vorwurf der Kollaboration des Zöllners mit Rom"), wird ihre Deklassierung trotz des Vorwurfs ungesetzlicher Mehreinnahmen (z. B. in b Sanh. 25b) als religiöse Diskriminierung vom schriftgelehrt-pharisäischen Macht- und Legitimationsstreben her erklärt, nicht von Kollaboration. Vgl. weiter auch H. Merkel, EWNT III 835f. (Lit.).

Dem entspricht nun umgekehrt, daß Jesus trotz seiner Liebe auch zu den oft ausbeuterischen Zöllnern unüberhörbar vor den heilsbedrohlichen Gefahren irdischer Schätze warnt (Mt. 6,19–21). Alles kommt darauf an, woran man sein Herz hängt (V. 21). Das, worauf man aus ist und sich verläßt, ist nicht zu verdoppeln. Man kann sein Herz nicht zugleich an irdische und an himmlische Schätze hängen, nicht gleichzeitig Gott und dem Mammon dienen (Mt. 6,24).

Dabei meint Mammon (vgl. F. Hauck, ThW IV, 392; außerdem 1QS 6,2; Dam. 14,20), dessen Etymologie unsicher ist, wie bei den Rabbinen nicht bloß Geld im eigentlichen Sinn, sondern die ganze Habe, alles, was Geldwert hat, das gesamte Vermögen, und zwar nicht nur eine besonders große Menge, sondern den Besitz jeder Art ohne Rücksicht auf Größe und Wert. Zwar ist eine Identifizierung von Mammon und Satan nicht belegt, faktisch aber gerät der Mammon in die Rolle eines Gegengottes oder Rivalen Gottes, wenn er nämlich den Menschen mit Beschlag belegt und sein Vertrauen gewinnt (zum Gegenüber von Gottesliebe und Geld- sowie Weltliebe vgl. äth.Hen. 108,8; Jak. 4,4; 1. Joh. 2,15).

Daß der Mensch immer nur einen Herrn haben kann, bekräftigt das unzweideutige Entweder/Oder in Mt. 6,24. Andererseits aber wird durch „dienen" und das Gegenüber von „lieben" und „hassen" deutlich, daß es bei diesem Entweder/Oder darauf ankommt, wer der Herr des Menschen ist, wem er dient und wen er liebt. Zu vergleichen ist außer Lk. 12,15 auch die Beispielgeschichte vom reichen Kornbauern (Lk. 12,16–21), der in trügerischer Selbsttäuschung große Pläne für die Zukunft schmiedet und sein Vermögen genießen will, aber in seine Rechnung weder seinen Tod einbezieht noch die Möglichkeit, sein Vermögen nicht allein für sich selbst zu gebrauchen. Verlaß und Sinn gewähren nicht die irdischen Güter. Überfluß (V. 15) bzw. gefüllte Scheunen (V. 18) lassen das Leben gerade verfehlen.

## D. Konkrete Weisungen

Wegen seiner individuellen Eschatologie ist Lk. 12,16-21 aber möglicherweise nicht von Jesus. Vgl. aber E. W. Seng, Der reiche Tor, NT 20, 1978, 136-155, bes. 141.145f.; vgl. weiter J. D. M. Derrett, The Rich Fool, HeyJ 18, 1977, 131-151; D. L. Mealand, 52f. Nach L. Schottroff/W. Stegemann, Jesus, 125f. soll auf ein gemeinschaftsschädliches „Wirtschaftsverbrechen" abgehoben sein, weil der Bauer die Rekordernte speichern will, um sie in schlechten Zeiten zu besseren Preisen absetzen zu können (vgl. Spr. 11,26; Cicero Verr II 3,227). Aber zweifellos soll vor allem vor falschem Vertrauen auf irdischen Reichtum gewarnt werden (vgl. Sir. 11,18f.; äth.Hen. 94,7f.; 97,8ff. u. ö.).

Jesus sagt nicht, wieviel man besitzen darf, wenn aus dem Besitz eine „Liebe" zum Besitz wird oder eine Bindung an ihn vorliegt. Wohl aber läßt er erkennen, daß Hab und Gut des Menschen nicht zum Götzen werden darf und man selbst dann, wenn man die ganze Welt gewinnt, sein Selbst verlieren oder beschädigen kann (Lk. 9,25 par).

3.3. Das bedeutet nicht, daß es allein auf die innere Einstellung oder psychologische Gefährdung der Begüterten ankomme. Reichtum und Gottesherrschaft hält Jesus für unvereinbar. Das ergibt sich eindeutig aus Mk. 10,23: „Wie schwer werden die Begüterten in das Reich Gottes kommen." „Es ist leichter, daß ein Kamel durch ein Nadelöhr hindurchgeht als ein Reicher in das Reich Gottes" (Mk. 10,25). Diese zugespitzten Worte sind möglicherweise schon vor Markus an die Szene vom reichen Jüngling V. 17-22 angewachsen (vgl. weiter zu Markus).

Es ist zwar umstritten, ob sie auf Jesus selbst zurückgehen, doch wird es sich schon wegen der Radikalität um echte Jesusworte handeln (vgl. H. Braun, Jesus, 106; Radikalismus II, 77 A. 1; P. Huuhtanen, 88f.), was für V. 25 noch durch Paradoxie und Hyperbelcharakter unterstützt wird.

Ihr Sinn ist der, daß sich Reichtum und Teilnahme an der Gottesherrschaft in aller Regel ausschließen. Von den schon genannten anderen Stellen her wird man sagen müssen: Besitz beschlagnahmt normalerweise das Herz eines Menschen so sehr, daß er zu seinem eigentlichen Schatz wird. Das besagt nicht, daß Jesus einen generellen Besitzverzicht gefordert hätte (vgl. zu den Nachfolgeworten B. 2), aber es besagt erst recht nicht eine Indifferenz gegenüber Besitz und Reichtum oder die Forderung einer bloß innerlichen Lösung davon. Hierher gehört die Geschichte vom reichen Mann und armen Lazarus (Lk. 16, 19-31), die in der jetzigen Fassung doppelgipfelig ist.

V. 19-26 ist die Pointe die Umkehrung der irdischen Schicksale der beiden Männer im Jenseits, d.h. dem armen Lazarus geht es im Jenseits gut, dem reichen Mann dagegen schlecht. V. 27-31 dagegen begründet die Sinnlosigkeit, einen Toten wiederauferstehen zu lassen, um die durch Gesetz und Prophetie bereits gewarnten, aber unbußfertigen Reichen durch ein Wunder doch noch zur Buße zu bringen.

J. Jeremias ist der Meinung, es solle hier gar nicht zu dem Problem arm und reich Stellung genommen werden, sondern alles komme darauf an, „Menschen, die den Brüdern des reichen Mannes gleichen, vor dem drohenden Verhängnis zu warnen". Begründung: der erste Teil des Gleichnisses sei ein traditioneller Erzählstoff, der schon im Judentum die Umkehrung des Geschicks im Jenseits lehrte, weshalb der Ton auf dem

Neuen liege, das Jesus hinzufüge (Gleichnisse, 185). Die Ausführlichkeit von V. 19–26 ist aber nicht zu erklären, wenn es letztlich nur um die Zurückweisung der Zeichenforderung gehen sollte. Immerhin wird man J. Jeremias darin Recht geben, daß Jesus sonst nirgendwo die Ansicht vertritt, daß Besitz an sich die Hölle, Armut an sich aber das Paradies nach sich zieht (184). Es fragt sich allerdings, warum die Schuld des Reichen nicht deutlicher hervorgehoben ist. Es wird ja nur gesagt, daß er täglich Gastmähler veranstaltete und sich mit kostbaren Gewändern kleidete, wobei nicht einmal deutlich wird, daß das auf Kosten der Armen geschah. Immerhin liegt Lazarus „vor der Tür" des Reichen und will sich von dem sättigen, was von dessen Tisch herunterfällt (V. 20f.), und vor allem soll die Kunde an die Brüder aus dem Totenreich ja eine Warnung sein (V. 28), wobei freilich V. 27ff. nach manchen Autoren spätere Auslegung ist.

Möglicherweise wird die Schuld des Reichen darum nicht deutlicher herausgestellt, weil Jesus an einen bekannten Stoff anknüpft. Wahrscheinlich aber stammt Lk. 16,19–31 auch gar nicht von Jesus (vgl. die Schilderung der Qualen, die Betonung des individuellen Todes u. a.). In der vorliegenden Form ist das ohnehin unmöglich, denn V. 19–31 sind so stark lukanisch überarbeitet, daß es schwerfällt, eine vorlukanische Tradition herauszuarbeiten (vgl. F. W. Horn, Lit. zu III C, 82.145ff.). Vermutlich reflektiert Lk. 16,19–31 ebenso wie die Weherufe gegen die Reichen die Spannung zwischen armen und reichen Christen bzw. armen Judenchristen und reichen Repräsentanten Israels (vgl. F. W. Horn, 145) und soll ohne alle Anklagen und Rachegelüste wie Lk. 1,53 „die Hoffnung der Armen auf den gerechten Gott" zum Ausdruck bringen (L. Schottroff/W. Stegemann, Jesus, 41; vgl. auch D. L. Mealand, 32). Wäre die Geschichte auch an Reiche adressiert, könnte man sie im Sinne Jesu jedenfalls nur unter dem Gesichtspunkt akzeptieren, daß der reiche Mann so mit seinem Luxus und Konsum beschäftigt ist, daß er den armen Lazarus vor seiner Tür überhaupt nicht wahrnimmt und darum schuldig wird, nicht aber in dem Sinn, daß Besitz eo ipso gottlos und darum aufzugeben ist.

Wahrscheinlich darf man auch die Geschichte vom reichen Jüngling (Mk. 10, 17–22) nicht so verstehen. Dieser stellt Jesus die Frage nach dem Weg zum ewigen Leben und erhält als Antwort den Hinweis auf die Gebote Gottes. Darauf versichert er, alles von Jugend an gehalten zu haben, was Jesus nicht bestreitet oder als Heuchelei zurückweist, ja Jesus gewinnt ihn lieb. Dann aber folgt der entscheidende Satz: „Eins fehlt dir. Gehe hin und was du hast, das verkaufe und gib es den Armen, und du wirst einen Schatz im Himmel haben, und komm und folge mir nach" (V. 21). Nimmt man das Vorangehende ernst, ist diese Aufforderung kaum als Zusatzgebot zu verstehen, das alle anderen Gebote überragt und sozusagen als elftes Gebot eine asketische Bravourleistung fordert. Dem Fragesteller fehlt nicht ein weiterer Schritt oder ein Rest, sondern das eine, das unabdingbar nötig ist. Erst bei Matthäus heißt die Frage, was „noch" fehlt, d. h. hier wird „aus dem absoluten Fehlen ein noch zu leistender Rest" (U. Wilckens, ThW VIII, 595). Jesu Wort dagegen macht eigentlich nur die Probe aufs Exempel für die Anerkennung des ersten Gebotes bzw. genauer, da der Reiche ja von sich weg auf die Armen gewiesen wird: Jesu Wort dringt auf die Konkretisierung des radikal verstandenen Doppelgebots der Liebe in der

Nachfolge (vgl. auch Mk. 10,28). Wer sein Geld aus dem Spiel lassen will, liebt Gott nicht „mit ganzer Kraft" (das wurde in Qumran und Sir. 7,30 auf das „Vermögen" und „Kapital" bezogen) und kann nicht in die Nachfolge treten. Das Übergeordnete und Betonte ist aber dieser Ruf in die Nachfolge. Von ihr her gewinnt die Hingabe des Vermögens ihren Sinn (vgl. Mk. 1,16ff.).

Die Analogie der Weggabe aller Habe im heiligen Krieg (1. Makk. 2,28; 2. Makk. 8,14) ist darum nicht zu strapazieren, ebensowenig die obligatorische Übereignung des Besitzes an den Orden durch die Novizen in Qumran (zur Gütergemeinschaft vgl. S. 131f.). Auch die Aufforderung an Proselyten „Geht und verkauft alles, was ihr habt, und dann kommt und werdet Proselyten" (b AZ 64a) ist keine Kritik am Reichtum, sondern durch die rituelle Unreinheit des Besitzes von Heiden motiviert (vgl. D. L. Mealand, 71).

Daß der Reiche von Mk. 10 in besonderer Weise an seinen Reichtum gebunden war und sich darum im Unterschied zu anderen Reichen von seiner Habe trennen mußte, ist nicht gesagt. Insofern ist es problematisch, wenn viele Ausleger erklären, Jesu aufs Ganze gehende Forderung sei „pädagogisch" zu nennen und markiere den Punkt, an welchem der Frager besonders gefährdet gewesen sei und der Hilfe bedurfte (vgl. H. Braun, Jesus, 107). Mt. 5,40.42 z.B. sind ganz generell formuliert. Fragt man, was Jesus veranlaßt haben könnte, gerade diesen Reichen mit der Forderung des Besitzverzichts zu konfrontieren, kann man außerdem auf den merkwürdigen Abschluß der Verbotsreihe in V. 19 verweisen („Du sollst nicht berauben"), was im Sinn des den Armen vorenthaltenen Lebensunterhalts (vgl. Sir. 4,1) oder des vorenthaltenen Lohns (vgl. Jak. 5,4) verstanden werden kann (vgl. R. Schnackenburg, Existenz, 96).

Aber auch Liebe und Gerechtigkeit werden eine Rolle spielen. Immerhin wird ausdrücklich erwähnt, daß der Verkauf der Habe den Armen zugute kommen soll. Wie immer es um die Motivierung der Forderung speziell an den reichen Jüngling stehen mag, sicher ist jedenfalls dies: Jesus hat im Einzelfall auch ernsthaft und unverklausuliert die Weggabe des Besitzes gefordert – allein hier wird seinem Nachfolgeruf übrigens der Gehorsam verweigert –, nur ist daraus keine grundsätzliche Ablehnung des Besitzes zu schließen.

3.4. Dieses Fehlen eines generellen Besitzverzichts wird durch eine ganze Reihe von Beobachtungen bestätigt. In Mk. 1,29 wird ohne jede Reserve vom Haus des Simon und Andreas berichtet, das zwar ein Mittelpunkt der Wirksamkeit Jesu in Kapernaum gewesen sein wird, aber andererseits eben nicht verkauft worden ist. Im Zusammenhang mit der Verallgemeinerung von Mk. 10,28 heißt das, daß „alles verlassen" primär bedeutet: alles in den Dienst der Jesusbewegung hineinstellen, nicht aber auch: alles ohne Rest und Vorbehalt weggeben. Auch für Levi, dessen Haus in Mk. 2,14ff. erwähnt wird, schließt Nachfolge offenbar nicht Besitzlosigkeit ein: Levi verläßt zwar seinen Arbeitsplatz am Zoll, aber nach Mk. 2,14ff. scheint es geradezu, als täte er es nur, um Jesus und seine Jünger alsbald zu einem Gastmahl einzuladen, wenngleich V. 13f. und V. 15ff. ursprünglich wohl nicht zusammengehört haben (vgl. aber auch die Erwähnung des Hauses der Martha in Lk. 10,38). Überhaupt zeigt sich an den Einladungen Jesu zu Gastmählern von Steuerpächtern oder an der Apostrophierung Jesu als Fresser und Weinsäufer, Kumpan von Zöllnern und Sündern (Mt. 11,19 par), wie wenig man ihn einfach als rigorosen Vorkämpfer für einen asketisch oder sozialrevolutionär motivierten Konsumverzicht verstehen darf (vgl. M. Hengel, Jesus, 19), hinzu gehört freilich: wie wenig er als Anwalt eines die bestehenden Eigentumsverhältnisse heilig haltenden Besitzfetischismus in Anspruch zu nehmen ist. Daß der Mensch ein unbeschränktes Recht auf Privateigentum habe, ist Jesus erst recht nicht in den Sinn gekommen.

Was sich in Mk. 1,29 andeutet und in Mk. 10,21 expressis verbis zum Ausdruck kommt („gib's den Armen"), läßt sich an anderen Texten bestätigen, daß also Besitz entweder der Hilfe für den Nächsten oder der Sache Jesu zugute kommen soll. Das letztere ergibt sich positiv aus Lk. 8,3, wonach die dort genannten Frauen aus ihrem Vermögen für Jesus und die Seinen sorgten. Das schließt Bedürfnislosigkeit der Jesusanhänger ein. Die, die in weichen Kleidern und Üppigkeit ihr Leben verbringen, sind in den Königspalästen zu finden (Lk. 7,25 par.). In der Missionsinstruktion werden die Jünger angehalten, ohne Geld auszuziehen (Mk. 6,8 f.), und Q geht noch über Markus, der immerhin den Besitz von Wanderstab und Sandalen konzediert, hinaus und verbietet sogar auch diese minimale Ausrüstung.

Allerdings werden die genannten Anweisungen wohl nicht auf Jesus selbst zurückgehen, sondern aus der Mission der nachösterlichen Gemeinde stammen. Daß die hier geforderte äußerste Bedürfnislosigkeit, die der der Kyniker in nichts nachsteht, sich durchaus mit Jesu Geist verträgt, leidet aber keinen Zweifel (vgl. D. L. Mealand, 65 ff.). Die Jünger sollen allein auf Gottes Hilfe vertrauen, womit sie zugleich auf das angewiesen sind, was ihnen von anderen gegeben wird. Wahrscheinlich stammen diese Instruktionen aus der Zeit der ältesten Gemeinde, als die Mission noch aus der Improvisation lebte und noch nicht in weltweitem Ausmaß betrieben wurde, was planmäßigerer Organisation bedurfte. Literatur zu den Aussendungsreden S. 57.

Daß Besitz den Nächsten fördern und unterstützen soll, läßt sich außer aus Mk. 10,21 auch aus dem Gleichnis vom barmherzigen Samaritaner entnehmen. Das vorbildhafte Verhalten dieses Mannes besteht ja nicht darin, alles auf einmal zu veräußern, sondern darin, mit seinen finanziellen Mitteln dem unter die Räuber Gefallenen wieder aufzuhelfen und für eine gewisse Zeit seine Versorgung sicherzustellen. Auch andere Aussagen setzen ein gewisses Maß an Eigentum geradezu voraus: wenn man z. B. Notleidenden helfen soll (Mt. 25,40), Eltern unterstützen soll (Mk. 7,9 ff.), ohne Rücksicht auf Rückzahlung Geld leihen soll (Lk. 6,34 f.), bei Gastmählern Arme u. ä. einladen soll (Lk. 14,12 f.) usw. (vgl. W. G. Kümmel, Eigentum, 273). Vielleicht darf man in diesem Sinn auch Lk. 16,9 zitieren: „Macht euch Freunde mit dem ungerechten Mammon, damit, wenn er vergeht, Gott euch in die ewigen Hütten aufnehme." Nun ist sicher, daß das nicht die ursprüngliche Anwendung des schwierigen Gleichnisses vom ungerechten Haushalter ist.

Die Frage ist, ob der zitierte V. 9 als ursprünglich isoliertes Logion von Jesus selbst stammt. J. Jeremias nimmt an, daß V. 9 ursprünglich die kluge Verwendung unrechtmäßig erworbenen Geldes im Auge hatte und zu Zöllnern und anderen als betrügerisch geltenden Menschen gesagt worden sei (Gleichnisse, 43; vgl. auch G. Schrenk, ThW I,

157 und F. Hauck, ThW IV, 392). „Mammon der Ungerechtigkeit" ist m. E. aber weder unrecht erworbenes Gut (die Adressierung an Zöllner ist rein hypothetisch), noch soll er als prinzipiell böse charakterisiert werden (so H. Braun, Radikalismus, II, 74 u. a.; vgl. dagegen G. Schrenk, ThW I, 157). Der Genitiv ist wohl im Sinn von „Gut, das unzuverlässig ist, das betrügt, das im Stich läßt" zu verstehen (so auch G. Schrenk, ebd.; vgl. Mk. 4,19 „Betrug des Reichtums" und die Wendung „wenn er ausgeht, wenn er vergeht"; vgl. weiter zu Lukas). Nach F. W. Horn (Lit. zu III C), 75 f. soll es sich um einen gen. qual. handeln, d. h. es soll „die Gefährdung des Menschen durch den Mammon zu Ungerechtigkeit" benannt werden.

Da die Bedeutung vom Kontext abhängt, ist über den ursprünglichen Sinn des Wortes, falls es tatsächlich zunächst isoliert umgelaufen sein sollte, keine Sicherheit zu gewinnen. Jedenfalls aber kommt alles auf die richtige, nichtegoistische Verwendung an, denn man soll sich mit dem Mammon, wie immer er zu charakterisieren sein mag, Freunde machen und ihn nicht nur für sich gebrauchen.

Auch das läßt sich verschieden auffassen: W. Grundmann meint, unter den Freunden könne man die Engel Gottes verstehen, die die Aufnahme in die ewigen Hütten vollziehen, aber auch die Liebeswerke und Almosen, die in jüdischen Texten als Fürsprecher gelten (ThHK, z. St.). Nach G. Stählin (ThW IX, 161 f.) soll das, was das Leben in dieser bösen Welt bietet, im Sinne der Agape zu Gott und den Menschen verwendet werden, um so Gott als Freund zu gewinnen; allerdings kann der Plural „Freunde" nur schwer auch Gott einschließen. Am ehesten wird man wohl doch an bedürftige Menschen zu denken haben.

Entscheidend ist dann, daß das irdische Hab und Gut im Dienst der Liebe verwendet wird. Das Problem des Besitzes ist hier also primär ein Problem der Sozialethik und nicht der Individualethik wie in der Stoa (W. G. Kümmel, Eigentum, 274). Daß solche Wohltätigkeit die Empfänger von Almosen entwürdigen könnte, tritt dabei nicht in den Blick. Die Sorge ist mehr, daß nicht genug geopfert wird. Man vergleiche dazu Mk. 12,41 ff. über die Gabe der armen Witwe, die nicht aus Überfluß, sondern aus ihrem Mangel heraus Geld in den Opferstock legt und mit ihrem quantitativen Weniger ein qualitatives Mehr tut. Beim Geben zählt nicht nur das, was man gibt, sondern auch das, was man behält. Es bestätigt sich im ganzen somit auch hier, daß das Liebesgebot die oberste Norm ist und allem vor- und übergeordnet wird. Diese Liebe kennt keine unantastbaren Eigentumsrechte und Besitzverhältnisse, sondern bestimmt und begrenzt auch das Eigentum, wenn anders es nicht zu gottloser Bindung daran kommen soll.

*4. Staat und Gewalt*

4.1. Da die Aussagen Jesu, aber auch der anderen neutestamentlichen Autoren inhaltlich hier weithin im alttestamentlich-jüdischen Raum vorgeprägt sind, ist wieder mit einer Skizze dieser vorgegebenen Überlieferung zu beginnen. Zwar ist diese Verwurzelung vor allem für Röm. 13 und Offb. 13 von entscheidender Bedeutung, aber auch Jesus selbst steht nicht unabhängig neben diesem Überlieferungsstrom, ja gerade in jüngster

Zeit ist mehrfach versucht worden, Jesus zu einem Zeloten zu machen und ihn also ganz in die Linie eines jüdischen Freiheitskampfes gegen die Römer zu stellen, freilich kaum mit Recht. Im Alten Testament stehen verschiedene Aussagen nebeneinander. Bestimmte alttestamentliche Propheten haben sogar in den Israel bedrängenden Weltmächten Werkzeuge in der Hand Jahwes gesehen (Jer. 25,9; 27,5f.12f.; 43,10; Jes. 45,1ff.; 42,2ff.).

Allerdings wird diese Sicht nicht zu einer prinzipiellen Aussage über die Beauftragung der Herrscher durch Gott systematisiert, sondern es wird zwischen den einzelnen Herrschern und Reichen differenziert und in bestimmter Situation immer nur zur Unterwerfung unter eine bestimmte Macht gerufen, um darin Gottes Willen anzuerkennen. Nicht einmal dieselbe Weltmacht wird von allen Propheten als Werkzeug Gottes angesehen (vgl. das Beispiel der assyrischen Großmacht). Für Micha z.B. ist Assur der Feind. Außerdem stehen Haggai und besonders Sacharja in völligem Widerspruch zu der von Jesaja über Jeremia zu Deuterojesaja festzustellenden Entwicklungslinie, wenn beide den Sturz der persischen Weltmacht als Voraussetzung für das Wiedererstehen des davidischen Reiches ansehen (vgl. L. Rost, Das Problem der Weltmacht in der Prophetie, ThLZ 90, 1965, 241–250). Ferner ist zu beachten, daß fast ausschließlich auf die strafende Funktion dieser Fremdmächte gegenüber Israel geblickt wird, nicht aber auf eine positive Aufgabe wie Wahrung von Recht und Gerechtigkeit, und daß das Verhältnis des gesamten Volkes Israel zu den jeweiligen Weltmächten ins Auge gefaßt ist.

Nicht viel anders steht es in der alttestamentlich-jüdischen Apokalyptik, nur wird jetzt generell festgestellt, daß Gott es ist, „der Könige absetzt und Könige einsetzt" und das Königtum gibt, wem er will (Dan. 2,21; 4,14; vgl. 4,29). Das entspricht auch jüdisch-apokalyptischen Aussagen wie Ps.Sal. 2,28ff.; äth.Hen. 46,5. Bei Daniel kommt erstmalig auch der Konflikt zur Sprache, der da aufbricht, wo ein Herrscher gottlose Befehle gibt (Dan. 3,1ff.; 3,17f.). Bekanntes Beispiel für solchen Konflikt ist der Religionsfrevel des Antiochus IV Epiphanes, der im Jahre 170 v.Chr. in das Heiligtum von Jerusalem eindringt und es ausplündert, ja 168 v.Chr. „den Greuel der Verwüstung" (Dan. 9,27) auf dem Altar errichtet, d.h. im Jerusalemer Tempel den hellenistischen Kult des Zeus Olympios einrichtet sowie die jüdische Religions- und Gesetzesausübung verbietet, was zu Guerillakämpfen und den sog. Makkabäerkriegen führt.

Zur neutestamentlichen Zeit führen vor allem die militanten Zeloten den jüdischen Freiheitskampf mit radikaler Schärfe und Konsequenz gegen die römische Fremdherrschaft (vgl. M. Hengel, Die Zeloten [AGSU 1], 1961, 176ff.). Das ist um so auffallender, als die Römer die jüdische Religion im allgemeinen als religio licita tolerierten. Die Zeloten wehren sich also nicht nur wie die übrigen Juden leidenschaftlich gegen Übergriffe des röm. Staates. Sie führen vielmehr einen kompromißlosen heiligen Krieg gegen politische Abhängigkeit von Rom überhaupt. Weil nach ihrer Meinung die römische Herrschaft Gottes Alleinherrschaft antastet, wird die erwartete messianische Zeit erst nach bzw. durch gewaltsame Beseitigung der gottfeindlichen Römermacht anbrechen. Jedenfalls aber halten Zeloten gleichzeitige Unterordnung unter Gott und unter Rom für unmöglich. Glaube und Politik sind hier identisch. Nach Eleazar, dem Befehlshaber von Masada, z.B. gilt es, „weder den Römern noch irgendeinem anderen untertan zu sein, sondern allein Gott" (Jos.Bell. VII 323). Judas, der Begründer der zelotischen Freiheitsbewegung, schmäht die Juden, daß sie „sich nicht nur Gott, sondern auch noch den Römern unterordnen" (Bell. II 433; vgl. II 118; Ant. XVIII 23 und Apg. 5,37). Zum Zelotismus vgl. auch G. Baumbach, „Zeloten und Sikarier", ThLZ 90, 1965, 727ff.; ders., Die antirömischen Aufstandsgruppen, in: Literatur und Religion des Frühjudentums (hg. J. Maier und J. Schreiner), 1973, 273ff.; J. P. M. Sweet, The Zealots and Jesus, in: E. Bammel, Politics, 1–9.

Während die Zeloten mit Gewalt ihr theokratisches Ideal durchzusetzen versuchen und auf der anderen Seite gewisse jüdische Kreise mehr oder weniger ungeniert kollaborieren – zu diesen jüdischen Kollaborateuren gehören etwa die im Dienst der Besatzungsmacht stehenden Steuereintreiber, wahrscheinlich aber auch die Sadduzäer (vgl. E. L. Dietrich, RGG V ³1959, 1278 und W. Schrage, Staat, 21 Anm. 29) –, ist die Stellung des pharisäisch-rabbinischen Judentums wohl im allgemeinen darauf abgestellt, unter Fortsetzung bestimmter alttestamentlicher Traditionen sich loyal zu verhalten und mit den Römern einen modus vivendi zu finden. Dabei ist damit zu rechnen, daß wenigstens Teile des Pharisäismus dem Zelotismus „näher standen, als es die spätere rabbinische Überlieferung wahr haben will" (M. Hengel, Zeloten, 91, der die Zeloten als „die radikalsten Vertreter des linken pharisäischen Flügels" bezeichnet, 385). Dabei hat man auch im Pharisäismus das Ende der Fremdherrschaft ersehnt und z. B. die 12. Benediktion des Achtzehngebetes rezitiert: „Die freche Regierung (= Rom) mögest du eilends ausrotten!". Zahlreiche Worte der Kritik und des geistigen Widerstandes lassen erkennen, daß man Rom gegenüber kaum freundliche Gefühle gehegt hat. So soll Rabban Gamaliel II. gesagt haben: „Mit vier Dingen zehrt dieses Reich an uns: mit seinen Zöllen, Bädern, Theatern und Naturalienlieferungen" (weitere Belege W. Schrage, Staat, 22f.). Wo der Glaube und seine Ausübung fundamental bedroht scheinen, haben sich auch die Rabbinen an blutigen Aufständen beteiligt. Viel typischer ist aber bei aller inneren Resistenz eine realistische Suche nach einem erträglichen Verhältnis mit Rom, ja eine wohl durch die alttestamentliche Tradition inspirierte positive Bewertung auch der Fremdherrschaft. So wird von Chananja, dem letzten Vorsteher der Priesterschaft, kurz vor Ausbruch des jüdischen Krieges das Wort überliefert: „Bete für das Wohl der Regierung (= Rom), denn wenn nicht die Furcht vor ihr da wäre, hätten wir schon einer den anderen lebendig verschlungen" (Aboth III, 2).

Eine noch größere Nähe zumal zur paulinischen Sicht der staatlichen Gewalt aber verrät das hellenistische Judentum, wobei man an die alttestamentliche Weisheit anknüpfen konnte. Schon dort nimmt man an, daß alle Obrigkeit von Gott ist (vgl. Sir. 17,17). Auf Spr. 24,21 wird ja auch im Neuen Testament angespielt. Ähnlich wird dann später den Königen gesagt: „Euch ward vom Herrn die Macht verliehen und die Herrschaft vom Höchsten", so daß die Herrscher auch „Diener seiner Herrschaft" genannt werden können (Weish. 6,3f.). Auch wenn jede Glorifizierung und Verabsolutierung ebenso ausgeschlossen bleibt wie der Herrscherkult, ist es doch Gott, der die Herrschaft verleiht (vgl. 4. Makk. 12,11), das Königtum ist „Gottes Gabe" (Arist. 224), und die Herrschaft wird von ihm verliehen (Arist. 219). Das schließt Ungehorsam gegenüber staatlichen Anordnungen in konkreten Fragen wie bei der Beachtung von Speisegesetzen durchaus ein (vgl. 4. Makk. 9,1; 12,4 u.ö.). Vgl. weiter G. Stemberger, Die Römische Herrschaft im Urteil der Juden (EdF 195), 1983; E. M. Smallwood, The Jews under Roman Rule from Pompey to Diocletian. A Study in Political Relations, Leiden ²1981.

4.2. Nun zu Jesus: Gerade in jüngster Zeit ist wieder die These von R. Eisler aufgegriffen worden, Jesus sei ein politischer, wegen eines Aufruhrs hingerichteter Revolutionär gewesen. Diese Ansicht hat in den letzten Jahren fröhliche Urständ gefeiert, wobei unkritische Exegese mit einer unkritischen Phantasie kombiniert wurde. Der von kirchlicher Retuschierung und pazifistischer Übermalung befreite Jesus soll ein nationaler Prophet gewesen sein, der die Errichtung des Gottesreiches durch eine massive Erhebung gegen die Macht Roms und dessen östliche Vasallen bewirken soll (so J. Carmichael, Leben und Tod Jesu von Nazareth, 1965; ähnlich zuletzt auch S. G. F. Brandon, Jesus and the Zelots, Manchester 1967; vgl. auch P. E. Lapide, Der Rabbi von Nazareth, 1974 u.a.).

Hier wird aus dem Einzug Jesu in Jerusalem eine von Jesus sorgfältig vorausgeplante Demonstration seiner Messiaswürde, aus der Tempelreinigung wird eine mit Blutvergießen und Plünderungen verbundene Provokation an die Römer, und aus dem Schwertstreich des Petrus in Gethsemane wird eine bewaffnete Auseinandersetzung. Vgl. zur Kritik an diesen Uminterpretationen der Texte im Sinne des Zelotismus O. Cullmann, Jesus und M. Hengel, wo allerdings die Frage der Gewaltlosigkeit bzw. die Alternative militante Aktion mit der Waffe in der Hand/individuelle Linderung der Not in innerer Freiheit zu stark akzentuiert wird (Jesus, 17 u. ö.).

Es gibt Indizien genug, daß Jesus kein politischer Revolutionär oder Zelot war. Ob er je mit der Versuchung zu tun gehabt hat, es zu sein, ist fraglich. Die Geschichte vom Zinsgroschen Mk. 12,13 ff. z. B. ist an einer Abgrenzung dagegen, sich den messianischen Erlöser als Kriegsheld und Befreier vom Römerjoch vorzustellen, nicht interessiert. Vielleicht reflektiert die spätere Versuchungsgeschichte, daß Jesus die verführerische Möglichkeit zur politischen Machtausübung nach Art der antirömischen Freiheitsbewegung abgewiesen hat (vgl. außer Mt. 4,1 ff. par auch Joh. 6,15). Es ist aber schon die Frage, ob hier wirklich eine spezifisch messianische Versuchung im Blick ist. Erst recht aber in Mk. 12 geht es nicht um die Frage nach der Messianität im Sinne der nationalen Befreiung, sondern um die Frage danach, wie Jesus sich zur Steuer und zum Imperium stellt. Implizit ist freilich auch Mk. 12 eine Abgrenzung gegenüber der zelotischen Resistenz. Das kommt wahrscheinlich nicht von ungefähr, denn Jesus muß, auch ohne selbst zu den Zeloten gehört oder sich an bewaffneten Aufstandsversuchen beteiligt zu haben, in irgendeinen Zusammenhang mit der Zelotenbewegung gebracht worden sein. Auffallend ist z. B., daß er inmitten zweier wahrscheinlich zelotischer Aufrührer gekreuzigt worden ist (Mk. 15,27). Ebenso auffallend ist, daß sein Prozeß in Verbindung mit Barabbas gebracht wird, der nach Mk. 15,7 „mit den Aufständischen festgenommen worden war, die beim Aufruhr einen Mord begangen hatten", also wohl auch der Zelotenbewegung angehört haben. Ja, Jesus muß darüber hinaus, auch ohne Schwert in der Hand, einige Anziehungskraft auf Zeloten ausgeübt haben, denn im engsten Jüngerkreis gab es ehemalige Zeloten: Simon den Zeloten (Lk. 6,15; Apg. 1,13, wohl identisch mit Simon Kananaios Mk. 3,18 par, der aramäischen Transskription für Zelot) und vielleicht auch Judas Ischariot.

Der Name Ischariot wird jedenfalls z. T. mit dem lateinischen *sicarius* „Meuchelmörder, Messerheld" (von *sica* „Dolch") in Verbindung gebracht, das auch ins Griechische übernommen wurde (Apg. 21,38). Auch Josephus kennt eine Gruppe von radikalen zelotischen Freiheitskämpfern dieses Namens. Zu vergleichen ist auch die altlateinische Lesart Judas Zelotes in Mt. 10,3. Reine Hypothese ist es freilich, von einem ursprünglichen Zelotismus des Petrus zu sprechen (O. Cullmann, Staat, 11 sieht ihn in dem Beinamen des Petrus Barjona Mt. 16,17 angedeutet). Gleichwohl gibt es unbestreitbar ehemalige Zeloten im Jüngerkreis.

Es läßt sich auch kaum leugnen, daß gewisse Berührungspunkte zwischen Jesu Botschaft und dem Zelotismus vorliegen: die soziale Dimension, die Forderung nach bedingungslosem Einsatz bis hin zur Relativierung der Familienbande und zur Bereitschaft zum Martyrium, der eschatologische Charakter und die Radikalität des Gehorsams. Trotzdem kann an Jesu Nein zum zelotischen Extremismus keinerlei Zweifel bestehen. Selbst in Lk. 22,36–38, wo es heißt, daß man seinen Mantel verkaufen und sich dafür ein Schwert kaufen soll, und wo Jesus auf die Äußerung, es seien zwei Schwerter da, antwortet „Es ist genug", wird nicht die Aufrichtung der Gottesherrschaft durch Gewalt gepredigt, zumal in V. 49-51 das Dreinschlagen mit dem Schwert ausdrücklich verwehrt wird, und als momentane Versuchung Jesu zur Gewalt (so J. Gillmann, A Temptation to Violence: The Two Swords in Lk 22:35-38, LouvSt 9, 1982, 142-153) wird man die Szene kaum verstehen dürfen. Ob Lk. 22,36-38 tägliche Kämpfe und Konflikte der Anfechtung und den Ernst der Lage symbolisiert oder aber die persönliche Verteidigung für die angekündigte Zeit der Feindschaft nach Jesu Tod meint, ist nicht sicher, doch sprechen die im Kontext erwähnten Sandalen, Geldbeutel und Vorratstasche eher gegen ein metaphorisches Verständnis (vgl. V. 38.49.52). Vgl. weiter H. W. Bartsch, Jesu Schwertwort Lukas XXII 35-38, NTS 20, 1973/74, 190-203, der annimmt, daß Jesus nach Lukas bewußt zwischen zwei Schwertträgern sterben (vgl. V. 37) und die Teilnahme von Judenchristen am Kampf gegen die Römer entschuldigen wolle (200 bzw. 201 f.; vgl. dagegen G. Schneider, ÖTK 3/2, 454 f.); D. L. Mealand, 69 f.; G. W. H. Lampe, The Two Swords (Luke 22:35-38), in: E. Bammel, Politics, 335 ff.

Nach einigen Autoren soll ursprünglich auch das Gleichnis vom Unkraut unter dem Weizen (Mt. 13,24-30) eine antizelotische Spitze enthalten, weil es die zelotische Einstellung korrigiere, „durch die Vernichtung aller ‚Gottesfeinde' dem Bösen in der Welt ein Ende zu machen und die reine Gottesherrschaft aufzurichten" (so z.B. J. Blank, Gewaltlosigkeit – Krieg – Militärdienst, Orientierung 46, 1982, 157-163, Zitat 160), doch dürfte das Gleichnis sich vor allem gegen die Bildung eines heiligen Restes richten (vgl. H. Weder, 125 f.). Richtig aber wird sein, daß der öffentliche Umgang mit Kollaborateuren der Besatzungsmacht auch „eine öffentliche, ‚politische' Signalwirkung" hatte (J. Blank, 160) und als Friedenszeugnis zu verstehen ist. Eine indirekte Kritik an der Zelotenbewegung enthält auch Mt. 26,52: „Stecke dein Schwert in die Scheide, denn alle, die das Schwert nehmen, werden durch das Schwert umkommen." Das ist kaum nur eine auf den Augenblick der Gefangennahme Jesu bezogene Warnung vor dem Dreinschlagen mit dem Schwert, durch das Gottes Werk nicht verteidigt oder gefördert werden kann, sondern, wie der Begründungssatz zeigt, wird hier der Anwendung von Waffengewalt überhaupt gewehrt, mindestens jedoch der eigenmächtig ausgeübten. Der Vers dürfte freilich kaum auf Jesus selbst zurückgehen. V. 52b sagt ja nicht nur, daß eine Gewalttat die andere nach sich zieht und fordert nicht nur Gewaltlosigkeit, sondern setzt das *ius talionis* voraus, was die Bergpredigt gerade nicht tut.

Gerade die Mahnung der Bergpredigt, die Feinde zu lieben und die andere Backe hinzuhalten, markiert unübersehbar die Distanz zur zelotischen Gewaltanwendung. Während das zugespitzte Wort, „dem Bösen nicht zu widerstehen" (Mt. 5,39), wohl erst von Matthäus stammt und wahrscheinlich das Verfahren im Prozeß vor Augen hat (vgl. 5. Mose 19,18 LXX)[27], erhellt Jesu eigene Sicht deutlicher aus den folgenden Sätzen. Hier ermutigt Jesus nicht zu passiver Ergebung, sondern zu paradoxer Aktivität, die im konkreten Fall auch Rechts- und Gewaltverzicht implizieren kann, um so den Teufelskreis der Gewalt und die Kettenreaktion immer neuen Unrechts zu durchbrechen. Solcher Verzicht auf Gewalt ist nicht Resignation oder Schwäche,

---

[27] Anders A. Lindemann (WuD 1985, 115), nach dem der staatlichen Macht gegenüber, die „das schlechthin Böse" sei, keinerlei Gewaltanwendung zugelassen sei, da in der Situation nach dem Jüdischen Krieg keine andere Haltung als die „der politischen Resignation gegenüber dem radikal bösen Staat" möglich gewesen sei.

sondern Ausdruck von Freiheit und Stärke, die eher leidet als Leiden zufügt. Die beispielhaften, z. T. sicher auch hyperbolischen und bewußt schockierenden Konkretionen, die das Regelverhalten blockieren und den Kontrast zum Üblichen und Eingespielten herausstellen sollen (vgl. S. 65f.), lassen keinem das gute Gewissen, Gewalt mit Gewalt zu beantworten, und sie sind darum mit dem Zelotismus nicht zu vereinbaren, wenn auch von impliziter Romfreundschaft oder prinzipieller Gewaltlosigkeit abzuheben.

Man hat öfter versucht, die Tempelaustreibung (Mk. 11,15–17) als Indiz für Jesu Gewaltanwendung zu interpretieren. Was hier überhaupt als historische Begebenheit zugrunde liegt, ist aber nicht sicher. Daß das Ereignis im Laufe der Überlieferung gesteigert worden ist, zeigen Matthäus und Johannes: Matthäus fügt in 21,12 „alle" hinzu, Joh. 2,14ff. spricht auch noch von Ochsen und Schafen und zitiert das Wort aus Ps. 69,10: „der Eifer um dein Haus hat mich gefressen". Immerhin wird gerade bei Johannes, wo ja dann vom Abreißen des Tempels die Rede ist, vielleicht die ursprüngliche Intention der Zeichenhandlung deutlich: nicht ein offener, gewaltsamer Aufruhr, sondern Ansage des eschatologischen Endes von Tempel und Tempelkult oder aber Kampf um seine eschatologische Reinheit. Ein wirklich revolutionärer Akt, der sich auch gegen das damalige ökonomische System gerichtet hätte, weil die antiken Tempelwechsler zugleich Bankiers waren, hätte mit Sicherheit das Eingreifen der Tempelwache und der römischen Besatzung veranlaßt. Letzte Klarheit ist nicht zu erreichen, doch das berechtigt keineswegs dazu, das Nein zu politisch-zelotischen Aktionen abzuschwächen, warnt aber zugleich davor, Gewaltlosigkeit als Prinzip oder Programm in den Vordergrund zu stellen. Zur Tempelaustreibung vgl. O. Cullmann, Jesus, 35f.; M. Hengel, Jesus, 15f.28.33f. (nach E. P. Sanders, 61ff., ist Mk. 11,15ff. nicht nur Protest gegen Äußerlichkeiten und Mißbrauch durch priesterliche Profitsucht u.ä., sondern Jesus kündigt in symbolischer Demonstration eschatologisch Ende und Neubau des Tempels an).

Ablehnung der zelotischen Option ist jedoch nicht identisch mit Introvertiertheit oder politischem Desinteresse. Nach den vielfach überlieferten Sprüchen, die verlangen, im Unterschied zu den gängigen Größenordnungen und Machtstrukturen Letzter, Diener oder Sklave der anderen zu werden (Mk. 9,35; 10,41ff. u.ö.), wird das Verhalten der Jünger nicht zufällig von dem der staatlichen Machthaber abgesetzt. Die gegebenen Herrschafts- und Autoritätsverhältnisse in Gesellschaft und Politik sollen den Jüngern nicht zum Vorbild dienen, sondern sie sollen alternativ dazu in einer herrschaftsfreien Bruderschaft auf Dominieren und Herrschen verzichten und sich in Liebe und Dienst engagieren (vgl. auch Mt. 23,8f.). Das ist weder auf private Beziehungen zu beschränken noch gar unsichtbar und ohne soziale Konsequenzen. Mk. 9,35 ist vielmehr ein Versuch, „die erwartete endzeitliche Umkehrung der innerweltlichen Ordnungen und Verhältnisse in gegenwärtiges Verhalten zu übersetzen" (P. Hoffmann/V. Eid, 202; vgl. 186ff.; J. H. Yoder, 46f.).

In diesen Zusammenhang gehört auch die Seligpreisung der Friedensstifter (Mt. 5,9). Der hier gemeinte Friede ist natürlich nicht der Seelen- oder Herzensfriede, sondern wie in Röm. 12,18 u.ö. der Friede zwischen den Menschen. Die Dynamik und schöpferische Kraft des mit der Gottesherrschaft anbrechenden Friedens Gottes, den die Jünger als „Boten des Friedens" (Lk. 10,5.16) weitertragen, sucht seine Verleiblichung auf der Erde im Friedenshandeln der Jünger. Von ihnen geht keine Bedrohung aus, sondern barmher-

## D. Konkrete Weisungen

zig und gewaltlos werden sie die Fronten und Gräben dieser Welt zu überwinden und die Mauern der Feindschaft, der Unversöhnlichkeit und des Mißtrauens zu übersteigen suchen. Wie wenig das Friedenstiften auf die Privatsphäre begrenzt sein kann, illustriert die letzte Seligpreisung der Verfolgten bei Matthäus (5,10f.). Vgl. A. Strobel, Die Friedenshaltung Jesu im Zeugnis der Evangelien – christliches Ideal oder christliches Kriterium?, ZEE 17, 1973, 97-106, bes. 103.

4.3. In diesem großen Kontext ist nun auch die kurze Szene zu verstehen, die Mk. 12,13-17 par überliefert ist und in dem bekannten Herrenwort gipfelt: „Was des Kaisers ist, gebt dem Kaiser, und was Gottes ist, Gott!" (V. 17).

Ob es sich bei dem Streitgespräch um eine „ideale Szene" handelt, von der das entscheidende Wort auf Jesus selbst zurückgeht (vgl. W. Schrage, Staat, 26f.), muß offen bleiben. Kritisch dazu G. Petzke, der die Historisierung des Gesprächs für wahrscheinlicher hält als V. 17 (232f.), dabei aber den angeblichen Widerspruch zu Mt. 6,24 par m. E. dramatisiert, andererseits sich mit Recht gegen Versuche wendet, den unpolitischen Jesus als den „unverfälschten" zu erweisen (vgl. besonders 224f. u. Anm. 29; vgl. auch K. Wengst, 76f. 203; F. F. Bruce, 250f.

Um das Gewicht der Frage nach Recht und Unrecht der Kaisersteuer ermessen zu können, hat man sich an die schon erwähnte, im Judentum umstrittene Einstellung zur Besteuerung durch die Römer zu erinnern. Abgesehen von der generellen Unpopularität von Steuern und einem verbreiteten Unwillen gegenüber den rabiaten Steuereintreibungsmethoden und der wirtschaftlichen Ausplünderung des Landes wurde zumal die Kopfsteuer als bedrückende Erinnerung an die Abhängigkeit vom römischen Staat empfunden. Die verfängliche Frage der Pharisäer und Herodianer, die Jesus offenbar zu einer unvorsichtigen Äußerung in der einen oder anderen Richtung provozieren soll, um ihn denunzieren zu können (so ausdrücklich Lk. 20,20), betrifft jedenfalls einen zentralen Punkt der damaligen politischen Ethik.

Jesus läßt sich darauf einen Denar, eine römische Silbermünze, bringen, ein sichtbares Symbol römischer Macht und Oberhoheit. Der Denar zeigt auf der Vorderseite den Kaiser mit dem seine göttliche Würde symbolisierenden Lorbeerkranz, auf der Rückseite die Kaiserinmutter auf einem Götterthron als irdische Inkarnation des himmlischen Friedens. Nicht weniger anstößig als dieses Münzbild war wegen des Hinweises auf die Apotheose des Kaisers auch die sogenannte Münzlegende. Solche Aufschriften lauten auf der Vorderseite „Kaiser Tiberius, anbetungswürdiger Sohn des anbetungswürdigen Gottes" und auf der Rückseite „Hoherpriester" (vgl. E. Stauffer, Christus und die Caesaren, 1960[5], 133.135).

Was aber soll diese Szene mit der Münze? Man hat sie wohl als Hinweis auf die faktische Herrschaftsausübung des Kaisers zu verstehen, der sich die Fragesteller offenbar ohne Gewissensbedenken beugen, wenn sie unbekümmert das Geld der Römer gebrauchen. Sie besagt aber nicht, daß Jesus hier aus der tatsächlichen Oberherrschaft des Kaisers auch dessen göttliche Beauftragung und Recht zur Besteuerung ableitet (auch das erst bei Mt. 22,21 auftauchende „folglich" berechtigt nicht zu solcher Interpretation; ähnlich Lk. 20,25). Vielmehr soll die Szene die Gesprächspartner überführen und selbst zu einer Antwort nötigen. Die Entscheidung der Fragesteller ist ja längst gefallen, und dabei werden sie behaftet (vgl. G. Bornkamm, Jesus, 107). Nach K. Wengst soll sich daran zugleich zeigen, daß sich Jesus und die Seinen, die wegen ihrer unsicheren Existenz von den römischen Behörden nicht zur Steuer herangezogen werden konnten, faktisch der Steuer entzogen haben (78.205), was dann zugleich eine Problematisierung der selbstverständlichen Praxis der Fragesteller bedeutet.

Höhepunkt und Skopus der ganzen Perikope ist das bekannte, so problematisch unproblematische Logion „Gebt dem Kaiser, was des Kaisers ist, und Gott, was Gottes ist". Dem Zusammenhang nach ist das, was des Kaisers ist, zunächst die Steuerzahlung, die damit nicht nur als „erlaubt" (V. 14), sondern als geboten deklariert wird. Doch nicht nur dann, wenn das Wort ursprünglich isoliert umgelaufen und erst nachträglich in eine Szene gekleidet worden sein sollte, ist diese allein von der Frage in V. 14 ausgehende Deutung auf die Steuer zu speziell. Das bestätigt die allgemeine Fassung des Wortes. Zwar liegt das konkrete Abheben auf die Steuerzahlung in der Linie von V. 17, doch darf man es darüber hinaus paradigmatisch fassen. Frühere Zeiten haben nun in V. 17 die Belegstelle für das Bündnis von Thron und Altar gefunden oder die Gleichgewichtigkeit des Gehorsams gegenüber Gott und gegenüber dem Kaiser herausgehört. Das war sicher ebenso verfehlt wie die Annahme, hier werde ein Eigenrecht und eine Eigengesetzlichkeit der kaiserlichen Sphäre proklamiert oder eine bedingungslose Untertanenpflicht gegenüber der Staatsautorität gefordert. Beide Bereiche sind weder völlig voneinander getrennt gedacht, als ob der Kaiser in seinem Bereich eine absolute und autonome Instanz wäre, noch miteinander zu identifizieren (etwa im Sinne eines religiösen Staates oder einer Staatskirche) oder auch nur gleichrangig auf eine Ebene zu stellen. Der vorliegende Parallelismus in V. 17 ist zwar nicht zu bestreiten, doch ist damit nicht eine Äquivalenz oder Balance beider Glieder gegeben. Verschiedene Autoren sprechen darum von einem „ironischen Parallelismus" oder gar einer Antithese (vgl. W. Schrage, Staat, 37). Auf dem Hintergrund der durchgehenden Verflochtenheit von religiösem und politischem Leben in der gesamten Antike wirkt Jesu Wort von daher geradezu wie eine Entideologisierung und Entsakralisierung staatlicher Autorität. Gewiß bestreitet Jesus nicht Macht und Recht des Staates – er spricht im Unterschied zu Paulus aber nicht einmal von der Einsetzung des Kaisers durch Gott –, er bagatellisiert auch nicht das, was dem Kaiser zukommt und hat trotz Lk. 16,13/Mt. 6,24 auch nicht „eine generelle Münz- und Währungsverweigerung" im Auge (von K. Wengst 79f. erwogen; zur fraglichen Differenzierung zwischen griechischem Simplex und Kompositum vgl. W. Schrage, Staat, 35f. Anm. 68). Aber er relativiert es und macht erst recht jede religiöse Überhöhung des Staates unmöglich.

Diese Relativierung des Kaisers bringt vor allem der zweite Teil des Logions zum Ausdruck. Daß hierin die Pointe steckt, ergibt sich schon daraus, daß Jesus diesen zweiten Teil des Satzes ungefragt hinzufügt. Der Gehorsam gegenüber Gott ist allem anderen vor- und übergeordnet. Er bestimmt und begrenzt das, was des Kaisers ist. Nicht der Kaiser bestimmt, was des Kaisers ist oder gar was Gottes ist, sondern Gott, so wie ja schon V. 14 nach dem von *Gott* Erlaubten fragt. Auch wenn Umfang und Grenzen dessen, was des Kaisers ist, nicht ein für allemal abgesteckt, kasuistisch abrufbar und praktikabel zu fixieren, sondern

## D. Konkrete Weisungen

stets neu zu finden sind, so ist doch völlig klar, daß hier keine partiellen Kompetenzbereiche und Pflichtenkreise schiedlich-friedlich nebeneinander gestellt werden, wobei Gott etwa mit des Menschen privater Innerlichkeit oder einem geistlich-religiösen Sektor abgefunden würde und im staatlichen Bereich allein die sogenannte Staatsraison regieren sollte. Erst recht ist mit dem, „was des Kaisers ist", Gott nicht schon gegeben, „was Gottes ist"[28]. So wie die Münze dem Kaiser gehört, so gehört und schuldet sich der Mensch Gott, und zwar als ganzer. Angesichts des Anspruches Gottes kann die Forderung des Staates immer nur ein begrenztes Recht und eine relative Bedeutung haben. Das Wort Jesu hält somit zwar die Mitte zwischen den extremen Positionen der Rebellion und Revolution auf der einen Seite, der Mythisierung, Apotheose und Glorifizierung von Kaiser und Reich auf der anderen Seite, räumt dem Kaiser aber keine gottähnlichen Ansprüche ein und darf auch nicht im Sinne des goldenen Mittelweges oder der Gleichgewichtigkeit mißverstanden werden.

4.4. Daß Jesus kein zelotischer Revolutionär war und den Kaiser nicht generell abgelehnt hat, heißt nicht, daß er ihn kritiklos akzeptiert hätte oder der naiven Meinung gewesen wäre, der Kaiser und seine Organe könnten ihre Macht nicht mißbrauchen. Die erhaltenen Texte setzen zwar Herrscher als gegeben voraus, verraten also keine prinzipielle Infragestellung, bestätigen aber, daß von einem vorbehaltlosen Ja Jesu zum römischen Staat keine Rede sein kann. Schon der Täufer soll Herodes Antipas nicht nur seine ungesetzliche Heirat, sondern „alles Böse" vorgehalten haben (Lk. 3,19; vgl. auch Mk. 8,15). Mk. 10,42 spricht ganz unverhohlen von der Gewalttätigkeit irdischer Herrscher, die die Völker „unterjochen" und „vergewaltigen", woraus man zu Recht eine gewisse Kritik und implizite Opposition herausgehört hat. Lk. 13,32 nennt Jesus seinen Landesherrn Herodes Antipas geringschätzig einen „Fuchs", was sich freilich auf List, Schlauheit und Verschlagenheit, nicht aber auf Mordlust, Grausamkeit und Blutgier beziehen dürfte. Auch Lk. 22,25 kann kritisch bzw. ironisch-sarkastisch gegenüber der Gepflogenheit der Herrscher gemeint sein, wenn sie charakterisiert werden als solche, „die sich Wohltäter nennen lassen". Vor allem aber erweist Jesu Leiden und Sterben, daß er selbst auch mit dem römischen Imperium in Konflikt geraten ist. Es war der römische Prokurator, der den Mann aus Nazareth verurteilen und ans Kreuz schlagen ließ. Auch wenn Jesus den Römern von den jüdischen Hierarchen wahrscheinlich unter politisch-zelotischen Verdächtigungen in die Hände gespielt worden ist, und zwar als revolutionärer Messiasprätendent, wie der titulus „König der Juden" andeutet, muß es bestimmte Konfliktstoffe und reale Anhaltspunkte im Leben Jesu gegeben haben, die ihn als Gefahr für die jüdischen und römischen Behörden erscheinen ließen, was später auch Mt. 2 reflektiert (vgl. V. 3.16ff.). Jesu

---

[28] So J. D. M. Derrett, „Render to Caesar..." in: Law in the NT, London 1970, 313–338, mit der fragwürdigen These, Pred. 8,2 sei die Quelle von Jesu Antwort; vgl. dagegen F. F. Bruce, 260f. und H. G. Klemm, De Censu Caesaris, NT 24, 1982, 234–254.

Kreuzestod ist aber darüber hinaus die Bestätigung dafür, daß das Ja zu den Strukturen und Bezügen der Welt auch sonst stets begleitet worden sein wird von einem Nein, einer kritischen Distanz und einer letzten, auch praktischen Freiheit.

## II. Ethische Ansätze in den frühen Gemeinden

*Literatur:* R. Bultmann, Theologie, 34-186; M. Dibelius, Die Formgeschichte des Evangeliums, 1961⁴; P. Hoffmann, Studien zur Theologie der Logienquelle (NTA 8), 1971; R. Schnackenburg, Botschaft, 131 ff.; ders., ²Botschaft, 159-265; S. Schulz, Ethik, 86-178; H.-D. Wendland, Ethik, 33-48; U. Wilckens, Urchristlicher Kommunismus. Erwägungen zum Sozialbezug der Religion des Urchristentums, in: Christentum und Gesellschaft, hg. v. W. Lohff u.a., 1969, 129-144.

Dieser Abschnitt ist der problematischste, weil wir keine direkten Quellen aus dieser Zeit besitzen, sondern auf Rückschlüsse angewiesen sind. Diese Rückschlüsse basieren z.T. auf der idealisierenden Darstellung der Urzeit in der Apostelgeschichte, z.T. auf rekonstruierbaren vorpaulinischen Überlieferungen in den paulinischen und deuteropaulinischen Briefen, z.T. auf dem Niederschlag der frühen Gemeinden in den Evangelien, vor allem der Logienquelle.

Wenngleich dadurch auch bestimmte Züge der Ethik sichtbar werden, muß man stets beachten, daß es kein zusammenhängendes Gesamtbild gibt und vieles hier hypothetisch bleiben muß. Letztlich können in diesem Abschnitt nur einige Beobachtungen aneinandergereiht werden, die die urchristliche Pluralität vor Paulus allenfalls erahnen lassen können. Die neutestamentliche Forschung hat zwar immer deutlicher erkannt, daß es nicht ausreicht, zwischen Jesus und Paulus die palästinische Urgemeinde und das vorpaulinische Heidenchristentum anzusetzen, sondern schon das Judenchristentum eine sehr komplexe Größe gewesen sein muß. Leider ist es aber so, daß die notwendige traditionsgeschichtliche Differenzierung für die Ethik noch schwieriger ist als sonst, was vielleicht mit der Elementarisierung und größeren Allgemeingültigkeit ethischer Sachverhalte im Urchristentum zusammenhängt, zugleich aber mit den auch sonst noch fließenden Grenzen.

### A. Voraussetzungen und Antriebskräfte

1. Gemeinsame Grundvoraussetzung und Antriebskraft aller nachösterlichen Ethik ist das Kreuzes- und Osterereignis. Daß der verkündigende und gekreuzigte Jesus zum verkündigten, gegenwärtigen und erwarteten Christus geworden ist und seine Auferweckung als der Anbruch der eschatologischen Herrschaft geglaubt und verkündet wird, muß als der grundlegende Neuansatz und alles verändernde Einschnitt angesehen werden. Man darf von vornherein annehmen, daß das auch für die Ethik bedeutsame Konsequenzen hatte. Zwar ist Ostern als unableitbares Wunder Gottes verstanden worden, das die Jünger nicht durch eigene Aktivität oder die Produktivität ihres Glaubens zuwege gebracht haben. Zwar ist die Auferstehung Jesu nicht als nur ihn betreffendes singuläres Faktum angesehen worden, sondern mit der erwarteten Auferstehung der Toten in einen engen sachlichen und zeitlichen Zusammenhang gebracht wor-

den (vgl. 1. Kor. 6,14; 2. Kor. 4,14). Aber beides hat nicht einfach zu einem quietistischen Warten geführt. Gerade die Sendung ist ein konstitutives Merkmal schon der Ostergeschichten selbst. Christophanie und Beauftragung gehören nicht erst für Paulus zusammen.

2. Wichtig gerade auch für die Ethik ist, daß an der Identität des Auferstande-nen mit dem Irdischen nie ein Zweifel gelassen wird. Auch wenn Ostern nicht auf den Satz zu reduzieren ist, daß die Sache Jesu weitergeht, gilt die Auferweckung als das Ja Gottes zu Person, Botschaft und Werk Jesu. Das hat z. B. zur Folge, daß die Logienquelle größtes Interesse an der Weiterverkündigung der Botschaft Jesu verrät. Das heißt nicht, daß der österliche Glaube keine neuen Inhalte gewonnen habe, aber es besagt, daß Ostern auch die ethischen Inhalte der Verkündigung Jesu nicht verabschiedet, sondern neu in Kraft setzt. Das bezeugt nicht nur die Evangelienüberlieferung.

Man darf die Überlieferung der Evangelientradition und die der urchristlichen Glaubensbekenntnisse und kerygmatischen Formeln, auch wenn sie großenteils unberührt nebeneinander herzulaufen scheinen, weder einfach verschiedenen Überlieferungsbereichen zuordnen noch erst recht die Christologie der kerygmatischen und bekenntnishaften Überlieferungen, sei sie titular oder nicht, als ethisch ganz irrelevant alternativ gegen die Jesustradition ausspielen. So wie z. B. die Deutung des Todes Jesu in den Bekenntnissen nicht ohne Entsprechung und Einklang mit Wort und Werk Jesu ist, so haben auch bestimmte Titel, durch die die Urchristenheit den Auferstandenen prädizierte, Anhalt an dem, was der irdische Jesus wollte, auch ethisch wollte.

Nur weniges kann hier angedeutet werden: Sosehr z. B. der Christus-Titel primär durch Kreuz und Auferweckung bestimmt ist und seine politisch-nationalen Züge verloren hat, sowenig darf man ihn urchristlich einfach aus der Antithese zum politischen Messianismus oder gar zu allen ethischen Aktivitäten verstehen. Daß der, der auch wegen seiner anstoßerregenden Verkündigung und Lebenspraxis ans Kreuz gebracht und unter dem Titel „König der Juden" gestorben war, von Gott durch die Auferstehung ins Recht gesetzt und zum Christus gemacht worden ist, läßt darauf schließen, daß trotz des „Messiasgeheimnisses" über dem irdischen Leben Jesu auch die Worte und Taten Jesu bei der Messiasprädikation eine Rolle gespielt haben (vgl. Mt. 11,2 u. ö.). Erst recht birgt der Kyrios-Titel von vornherein Momente in sich, die Jesus nicht nur als am „Tag des Herrn" Wiederkommenden, erst recht nicht nur als im Kult präsenten Kultherrn qualifizieren, sondern zugleich als den Herrn, dessen Wort hier und jetzt getan werden will (vgl. Lk. 6,46 „Was nennt ihr mich Herr und tut nicht, was ich euch sage?"). Selbst der Menschensohn-Titel läßt gerade an Stellen, die die Paradoxie von Niedrigkeit und Hoheit erkennen lassen, paränetische Implikationen erkennen (vgl. Lk. 9,58 mit 10,2ff. oder Mk. 2,10 mit Mt. 9,8), und gerade seine Gerichtsfunktion ist auch ethisch belangvoll (vgl. Mt. 25,31; Lk. 18,8; 21,36).

3. Stimmt es, daß Ostern die endzeitliche Erwartung intensiviert und als Parusieerwartung des kommenden Menschensohns und Herrn das Leben der Christen beflügelt hat, so kommt vor allem der Eschatologie eine große Bedeutung für die urchristliche Ethik zu. Nicht als ob das, was für Jesus abzulehnen war (vgl. S. 35 f.), für die Urgemeinde zuträfe und urchristliche Ethik einfach

„Interims-Ethik" wäre. Aber vor allem der Ruf zu Wachsamkeit und Bereitschaft hat eine wichtige Rolle gespielt, zumal ganz unleugbar ist, daß die früheste Gemeinde in eschatologischer Naherwartung steht.

Sie wird aber zugleich von Propheten geleitet, durch die der himmlische Herr bzw. der Geist seine Gemeinde schon in der Gegenwart tröstet und ermahnt. Urchristliche Prophetensprüche sagen in Droh- und Mahnworten das Gericht über die an, die (nur) essen und trinken, kaufen und verkaufen, pflanzen und bauen (Lk. 17,26ff.; vgl. Mt. 24,37ff.). Diese Kritik an der Sorglosigkeit und Gleichgültigkeit der letzten Generation, die sich in ihrem Alltag durch die Botschaft vom Ende nicht stören läßt, ist vor allem in der Logienquelle ein wichtiger Punkt (vgl. P. Hoffmann, 49).

Die Eschatologie ist ohnehin nicht selbständiges Thema, sondern funktional ausgerichtet, und zwar weniger auf den Trost bezogen (so 1. Thess. 4,15ff.) als auf die Paränese. In 1. Kor. 7,29–31 z.B. wird in einem von Paulus bereits übernommenen Abschnitt aus der Tatsache, daß diese Welt bereits im Vergehen begriffen ist, zwar nicht bloße Passivität, wohl aber kritische Distanz zur Welt gefolgert (vgl. W. Schrage, ZThK 61, 1964, 125ff.; S. Schulz, Evangelium, 486f.). In einem Augenblick, da die Welt als Provisorium erkennbar geworden ist, wäre es ein einziger Anachronismus, mit ihrer Dauer zu rechnen. Selbst als man mit der Verzögerung der Parusie fertig werden mußte, ohne dabei allerdings die Parusieerwartung je ganz aufzugeben (vgl. z.B. Mt. 25,1ff.), blieb die eschatologische Erwartung ein wirksames Motiv urchristlicher Ethik (vgl. auch die vorpaulinische Wendung vom „Nichterben des Reiches Gottes" im Zusammenhang mit Lasterkatalogen 1. Kor. 6,10; Gal. 5,21).

Schon aus der Selbstbezeichnung „die Heiligen" ergibt sich (vgl. Röm. 15,25f.31; Apg. 9,13; 26,10 u.ö.), daß man sich als Gottesvolk der Endzeit von Gott ganz und gar beschlagnahmt weiß. Möglicherweise darf man von daher auch die Bestrafung von Ananias und Saphira (Apg. 5,1ff.) interpretieren. Ob man nun eher an ein „Gottesurteil" denkt, mit dem Gott selbst über der Reinheit der Gemeinde wacht, oder an das kirchliche Bemühen, deutliche Grenzen des in der Gemeinde Möglichen zu markieren, jedenfalls ist Unaufrichtigkeit gegenüber den Aposteln bzw. der Gemeinde „Lüge wider den Heiligen Geist" (vgl. W. G. Kümmel, RGG VI³, 74; G. Schneider [HThK z. St.]: Grundlage sei 5. Mose 13,6 u.ä.; vgl. 1.Kor. 5,13). Daraus folgt keine Konventikelethik einer sich ins Ghetto zurückziehenden Sekte (vgl. das Fehlen von konventikelhaften Selbstbezeichnungen), erst recht keine Amtsethik, als ob allein die Apostel über den Geist verfügten und über den richtigen Weg der Gemeinde zu befinden hätten. Diesen Anschein erweckt erst Lukas, der schon für die Anfangszeit eine kirchenrechtliche Struktur der Kirche voraussetzt. An der Autorität der Apostel ist aber nicht zu zweifeln, ebensowenig jedoch am Prophetentum aller Gläubigen (vgl. Mt. 5,12; 10,40; Lk. 11,49 u.ö.).

4. Die Wirksamkeit der Prophetie verweist zugleich auf die große Bedeutung der nachösterlichen Geisterfahrung für die Ethik der frühen Gemeinden. Die Taufe, die in die endzeitliche Schar der Geretteten eingliedert und an Jesus bindet („im Namen bzw. auf den Namen Jesu"), verleiht ja den Geist. Die populäre Anschauung vom Geist, die in den vorpaulinischen Gemeinden herrscht, sieht im Geist wohl vor allem das Geheimnisvoll-Übermächtige, in

dem sich die göttliche Wunderkraft manifestiert, so daß als pneumatische Phänomene vor allem die mysteriös-außergewöhnlichen Geistwirkungen wie Glossolalie und Ekstase, Machterweise und Wundertaten verstanden werden (vgl. Apg. 2,4; 10,38.46 u.ö.; vgl. auch die vielen vormarkinischen Wunderberichte, die z.T. auch Anleitung zur eigenen Wundertat sind), doch auch Geist und Prophetie gehören von vornherein zusammen (vgl. Apg. 2,11ff.; 21,11 u.ö.). Die Wirksamkeit des Geistes ist jedoch nicht auf ekstatisch-prophetische Äußerungen beschränkt (vgl. Mk. 13,11; Mt. 12,28 u.ö.), und möglicherweise hat nicht erst Paulus die schon im Judentum bekannten ethischen Momente des Geistes herausgestellt.

So gehört es vielleicht zur gemeinchristlichen Anschauung, daß der Geist in wichtigen Situationen und Entscheidungen eingreift und die Christen selbst leitet und ihnen bestimmte Weisungen erteilt (vgl. Apg. 8,29; 10,19.44; 11,28; 13,2.4; 16,6f.). Speziell auf die Ethik ist das aber nicht angewendet worden. Sosehr das Zufall sein mag, bedeutet jedenfalls die Tatsache, daß der Geist am Christus orientiert bleibt, daß „nicht beliebige ethische Inhalte frei produziert werden" können (H.-D. Wendland, Ethik, 37). Sosehr offenbleiben muß, wie weit schon vor Paulus die ethischen Implikationen des Geistes gesehen worden sind, so gewiß dürfte die Taufe – Röm. 6 z.B. ist nicht ohne vorpaulinische Anknüpfungspunkte denkbar – zur Begründung der Ethik herangezogen worden sein. Eine exakte Rekonstruktion dessen, was man als nachösterliche Begründung und Basis der Ethik bezeichnen könnte, ist aber kaum möglich. Vor allem die genauere Verknüpfung dieser Basis mit der Ethik bleibt undeutlich. So muß es bei diesen wenigen Andeutungen bleiben, zumal es sonst intensiverer Analysen bedürfte.

## B. Die Worte Jesu und das Gesetz

1. Für das Thema der urchristlichen Ethik ist vorab dieses von Bedeutung und im Anschluß an das über die Logienquelle schon kurz Angedeutete noch einmal nachdrücklich zu wiederholen, daß die Worte des irdischen Jesus offenbar als verbindliche Richtschnur christlichen Lebens gelten und gesammelt werden. Zwar lassen die Evangelien erkennen, daß man die Stimme des erhöhten Herrn keineswegs allein in den Worten des irdischen Jesus hört, sondern eben z.B. auch durch den Mund der Propheten (vgl. Lk. 10,16 u.ö.). Andererseits aber ist es schon früh zu Sammlungen von Herrenworten gekommen. Das dokumentiert vor allem die von Matthäus und Lukas benutzte Logienquelle, die eine Sammlung von Sprüchen und Spruchkompositionen darstellt.

Sie setzt wahrscheinlich eine charismatisch-prophetische Missionsbewegung voraus (P. Hoffmann, 332) und läßt auch nach Ostern „die Härte der heimat- und schutzlosen vogelfreien Existenz wandernder Charismatiker" erkennen, „die ohne Besitz und Arbeit durch die Lande ziehen" (G. Theißen, ZThK 1973, 251) und sich dabei an Jesus orientieren (vgl. Lk. 9,57ff. mit 10,2ff. und weiter S. 40). Das wird freilich kaum für die gesamte Logienquelle gelten, da auch hier mit einem Wachstum bzw. mehreren Schichten zu rechnen ist. Die von S. Schulz vorgenommene Differenzierung einzelner Stadien kann hier jedoch nicht diskutiert werden (vgl. H. Conzelmann, ThR 43, 1978, 16–18).

Es ist zwar sehr zu bezweifeln, daß die prophetischen und weisheitlichen Jesusworte nur zu paränetischen Zwecken gesammelt worden sind, um Lebensregeln für das christliche Leben zu haben (so M. Dibelius, Formgeschichte, 234 ff.), aber daß die Paränese einen wichtigen Bestandteil bildet, ist unübersehbar. Entscheidend ist dabei die eschatologische Motivation. Da es in Q vor allem um die Weiterverkündigung der eschatologischen Botschaft Jesu geht (sie ist allerdings von Anfang – vgl. Lk. 3,16 f. – bis Ende stärker vom Gerichtsgedanken bestimmt), ist man der „Überzeugung, daß Jesu Verkündigung vom Kommen der Gottesherrschaft auch in der nachösterlichen Situation nicht erledigt sei, sondern erneut proklamiert werden müsse" (H. E. Tödt, Der Menschensohn in der synoptischen Überlieferung, 1959, 227). In diesem Kontext kommt auch die Paränese zu stehen, die Anweisung und Belehrung für die Lebensführung geben soll.

Man hat zwar gemeint, da mit dem Sterben und Auferstehen Christi die überirdische Welt schon im Anbruch begriffen sei, könne man sich, der veränderten Weltzeit entsprechend, nicht mehr auf Worte Jesu berufen, und alle, die fortfahren würden, „Ethik einfach mit Berufung auf die Worte des historischen Jesus zu predigen", begingen „einen unverzeihlichen Anachronismus" (so A. Schweitzer, Die Mystik des Apostels Paulus, 1930, 289). Aber Q wie Paulus beweisen das Gegenteil. Daß der im Zeichen des Eschaton stehende christliche Wandel seine Kräfte und Motive aus der neuen österlichen Welt empfängt, hat den eschatologischen Vorbehalt nicht beseitigt, weshalb sich dieser Wandel auch noch nach Maßstäben vollzieht, die vor und nach Ostern in gleicher Weise in Geltung stehen, zumal Ostern als das Ja Gottes zu Jesus die Wahrheit auch von Jesu Ethik verbürgt. Damit ist nicht bestritten, daß die Zeitdifferenz im Einzelfall auch zum Bewußtsein der Abständigkeit und zu unterschiedlichem Verhalten geführt hat, in Mk. 2,19 f. z. B. zu einer neuen Fastenpraxis gegenüber dem Nichtfasten (vgl. S. 140).

2. Richtig ist allerdings, daß die Urkirche sich nicht sklavisch an die Herrenworte gebunden weiß, sondern diese in die neue Situation hinein für die Lebensführung fruchtbar gemacht hat. Das läßt sich an der synoptischen Tradition vielfältig studieren. J. Jeremias z. B. hat für die Gleichnisse nachgewiesen, daß neben Ausschmückung, Wandlung des Anschauungsmaterials, Einwirkung volkstümlicher Erzählmotive u. ä. vor allem die Verwendung der Gleichnisse für die kirchliche Paränese eine wichtige Rolle im Überlieferungsprozeß gespielt hat:

Aus dem eschatologischen Gleichnis vom Gang zum Richter (Lk. 12,58 f.) z. B. wird eine Mahnung zur Versöhnung (Mt. 5,25 f.). Eine ähnliche Verschiebung ins Paränetische liegt auch beim Gleichnis vom großen Abendmahl vor, das bei Lukas als Beispielerzählung interpretiert ist und dazu auffordert, die Armen, Krüppel, Lahmen und Blinden einzuladen (Lk. 14,22 ff.; vgl. auch die paränetische Umformung in Lk. 12,39 f.42 ff. oder

128   II. Ethische Ansätze in den frühen Gemeinden

die paränetische Deutung von Mk. 4,1 ff. in 4,13 ff.). Dabei ist dieser Prozeß der Umgestaltung immer weitergegangen, wie etwa das Gleichnis vom ungerechten Haushalter lehrt (Lk. 16,1 ff.), an das eine drei- oder gar vierfache paränetische Deutung angewachsen ist. Vgl. J. Jeremias, Gleichnisse, 39 ff.; vgl. M. Dibelius, Formgeschichte, 248 ff.

Aber auch außerhalb des Gleichnisstoffes finden sich immer wieder solche paränetischen Umformungen der Worte Jesu. Die Worte vom Salz und Licht z. B. sind bei Markus (4,21 und 9,50) sowie Lukas (14,34; 11,33; 8,16) noch als Bildworte erhalten. Bei Matthäus dagegen ist daraus ein Appell und Anspruch an die Jünger geworden, sich ihrer Funktion und Verantwortung bewußt zu sein. Die Jünger sind nun insofern das Licht der Welt, als die Leuchtkraft ihrer guten Werke die Welt hell macht (5,13–16). Jedenfalls sich zeigt hier und anderswo eine deutliche „Tendenz der Gemeinden, möglichst viel Paränese aus den Worten Jesu zu gewinnen" (M. Dibelius, Formgeschichte, 257). Dabei kommt es naturgemäß zur Umbildung und Weiterentwicklung. So werden Worte Jesu, die ursprünglich nur in der jüdischen Umwelt zu Hause waren und auf bestimmte jüdische Kontexte zielten, nun auch in neue Bereiche verlängert und auf andersartige Verhältnisse angewendet. Das Verbot der Ehescheidung z. B., das ursprünglich nur an den Mann adressiert war, weil es eben im Judentum kaum vorkam, daß Frauen sich scheiden ließen bzw. scheiden lassen konnten (vgl. S. 102 f.), wird nun erweitert. Beim Eindringen des Christentums in den Bereich römisch-hellenistischer Rechtsverhältnisse wird das Herrenwort nun auch an Frauen gerichtet (Mk. 10,12; 1. Kor. 7,10). Bei dieser Transponierung spielen auch kulturelle und sozioökonomische Faktoren eine Rolle, weil z. B. städtische Gemeinden nach anderen Regelungen verlangen als ländlich-agrarisches Milieu. Natürlich konnte Jesu Intention dadurch ebenso gewahrt wie verfälscht werden. Neben einer durchaus legitimen Übertragung, Verlängerung und Neuanwendung von Herrenworten und den dadurch gegebenen Umformungen gibt es eben auch Tendenzen zur Erweichung und Entschärfung, wobei sich allerdings generell kaum entscheiden läßt, wo der eine oder andere Fall gegeben ist.

Zu erinnern ist an die Beispiele, in denen aus dem ursprünglich mit der Forderung absoluter Wahrhaftigkeit gegebenen Schwurverbot in Mt. 5,37 wieder eine einfache Schwurformel geworden ist (vgl. anders noch Jk. 5,12). Die Verdoppelung des Ja und Nein ist wahrscheinlich eine Konzession an die damalige Schwurpraxis (vgl. slav. Hen. 49,1), auch wenn man wohl der Meinung gewesen sein wird, damit nicht gegen Jesu Schwurverbot zu verstoßen. Ein weiteres Beispiel ist Jesu radikales Zornverbot, das die Unterscheidung zwischen Gesinnung, Gedanken und Herzensregungen auf der einen und der Tat auf der anderen Seite aufhebt, woraus in Mt. 5,22 wieder eine kasuistische Aufreihung und relativierende Abstufung von verbotenen Schimpfwörtern mit entsprechender Steigerung der Sanktionen und Strafinstanzen geworden ist: Wer Hohlkopf sagt, der soll dem Synedrium verfallen, wer aber Idiot sagt, der soll der Feuerhölle verfallen. Dieser Prozeß geht oft bis zur moralischen Verflachung und ist in der handschriftlichen Überlieferung noch weitergegangen. So wird in demselben V. 22a von zahlreichen Handschriften ein Zusatz („ohne Grund") eingeschoben und damit nur noch der Zorn verboten, der grundlos und unmotiviert ist, was Jesu Wort, das solches

B. Die Worte Jesu und das Gesetz     129

Differenzieren zwischen berechtigtem und unberechtigtem Zorn gerade aufheben will, natürlich paralysiert.

Solche Mißverständnisse und Fehlinterpretationen sind aber nicht einfach die Regel. Daß oft so wenig sicher zwischen Jesu eigenen Worten und den Gemeindebildungen unterschieden werden kann, ist eben auch ein Zeichen dafür, daß sich die Urchristenheit in den Bahnen Jesu zu halten versucht hat. Das gilt z. B. für die eschatologische Motivierung, aber auch die Konkretisierung. Für beides sei z. B. auf Mk. 9,41 verwiesen: „Wer euch einen Becher Wasser zu trinken gibt auf meinen Namen hin, weil ihr Christus angehört, amen, ich sage euch: ihm soll sein Lohn nicht mangeln." Im übrigen ist es im einzelnen oft sehr schwer, die Weiterbildungen der Herrenworte genauer zu lokalisieren und zu datieren. Zudem fällt auf, daß auch außerhalb der Evangelien zwar mancherlei Anklänge an Herrenworte begegnen, diese aber anders als Apg. 20,35 als solche nicht kenntlich gemacht sind (z. B. Röm. 12,14ff.; Jak. 5,12 u. ö.).

3. Festeren Boden gewinnt man, wenn man die Geltung des Gesetzes untersucht. Hier läßt sich zeitlich wie lokal genauer differenzieren, da die erhaltenen Texte hier einen Blick in die Auseinandersetzung innerhalb der Urgemeinde gewähren. Während es über die Frage, ob Herrenworte Maßstab christlichen Lebens seien, offenbar nie eine Kontroverse gegeben hat, sondern nur die Anwendung verschieden geschah, ist das beim Gesetz anders gewesen. Auch wenn die frühen Gemeinden sich nicht als Sondergruppe im Gegenüber zu Israel konstituiert haben, ist es über die Geltung des Gesetzes zu Kontroversen gekommen. Mt. 5,18/Lk. 16,17 wird die unverbrüchliche Geltung des Gesetzes bis in alle Einzelheiten hinein verteidigt (Mt. 23,3 schließt darin sogar die jüdische Gesetzesauslegung ein)[1]. Massiver als hier läßt sich die uneingeschränkte Gültigkeit des Gesetzes in allen seinen Bestandteilen nicht behaupten (vgl. die zahlreichen jüdischen Parallelen bei Billerbeck I, 244). Nach allem über Jesu Stellung zum Gesetz Gesagten leuchtet unmittelbar ein, daß dieser Satz nicht den Standpunkt Jesu vertritt. Entsprechend ist auch über Mt. 5,19 zu urteilen, wonach der, der eines der geringsten Gebote außer Kraft setzt und solches lehrt, der Geringste im Himmelreich sein wird. Mt. 5,19 setzt also Leute voraus, die nicht nur faktisch das Gesetz aufheben, sondern solches auch lehren.

Man hat an Paulus gedacht oder an Paulinisten bzw. Ultrapaulinisten. Andere wollen hellenistische Antinomisten und Libertinisten im Visier sehen. Die meiste Wahrscheinlichkeit hat es für sich, daß hier die sogenannten „Hellenisten" befehdet werden, also der Kreis um Stephanus (vgl. Apg. 6,1ff.). Es handelt sich hier um den freieren Teil der ältesten Judenchristenheit, der zwar keine prinzipielle Abrogation der Thora proklamiert, wohl aber sich nicht mehr durch Mosegesetz und Thoraobservanz, sondern durch die Verkündigung des

---

[1] S. Schulz will sogar in allen nachösterlichen Jesusgemeinden Palästinas und Syriens „die grundsätzliche Heilsbedeutung des Gesetzes vom Sinai erkennen" (Ethik, 87ff.), was in dieser Zuspitzung („der einzige und alleinige Heilsweg" 88 u. ö.) kaum zutreffen dürfte.

eschatologischen Christusereignisses und die Geistererfahrung konstituiert weiß[1a]. Die Überzeugung von der Gesetzesfreiheit und der Beginn einer gesetzesfreien Heidenmission hatten denn auch zur Folge, daß diese hellenistischen Judenchristen alsbald von jüdischer Seite blutig verfolgt wurden (Apg. 8,1). Nicht ganz durchsichtig ist, wie der Streit um die Witwenversorgung (Apg. 6,1) damit zusammenhängt. Daß die unterstützungsbedürftigen Witwen der „Hellenisten" nicht mehr in die öffentliche Armenversorgung der Juden (vgl. dazu Billerbeck II 643 ff.) oder in eine schon organisierte Unterstützung der Christen (trotz der mehr auf Spontaneität deutenden Notizen in Apg. 2,44 und 4,35) einbezogen wurden, ist aber wohl am ehesten als Symptom oder Konsequenz tieferliegender Differenzen zu verstehen.

Der spätere Kompromiß des „Aposteldekrets" (Apg. 15,20.28 f.), das durch einen Minimalkonsens Zusammenleben und Tischgemeinschaft in aus Juden- und Heidenchristen gemischten Gemeinden ermöglichen soll und sich offenbar an den noachitischen Geboten orientiert, ist dagegen erst jüngeren Datums und Paulus offenbar noch nicht bekannt. Es ist vielleicht nach dem antiochenischen Zwischenfall (Gal. 2,11 ff.) entstanden, jedenfalls kein Dokument der ältesten Zeit, auch wenn der von Anfang an bestehende Wille zur Gemeinsamkeit nicht unterschätzt werden soll (vgl. das Apostelkonzil). Worin der modus vivendi gesucht worden ist, hängt davon ab, ob die moralische oder aber die kultische Textform ursprünglich ist. In der wahrscheinlich ältesten kultischen Fassung geht es um Fragen ritueller Schlachtung und levitisch reiner Speise, was gesetzestreuen Judenchristen die schlimmsten Ärgernisse ersparen soll.

Die neutestamentliche Forschung ist sich jedenfalls gegen die Darstellung von Apg. 6 weitgehend darin einig, daß die nach Lukas nicht zutreffenden Vorwürfe der Gesetzes- und Tempelkritik, die man Stephanus gemacht hat, tatsächlich zutreffen und die sogenannten Sieben, die Anführer des Stephanuskreises, primär nicht eine karitative und diakonische Funktion ausgeübt haben, sondern Gemeindeleiter und Begründer der christlichen Heidenmission sind. Während der konservative gesetzestreue Teil der Urgemeinde an Sabbatheiligung, Beschneidung u. ä. Formen der Gesetzesbeobachtung festhält und darum von Verfolgung und Martyrium nicht mitbetroffen wird, kommt es hier zur Absage an diese am Gesetz orientierten Praktiken und damit auch zu einer freieren Lebensweise. Wahrscheinlich ist gerade auch diese Gruppe Träger derjenigen Jesus-Tradition, die Jesu freiheitliche Lebenspraxis bezeugt. Jedenfalls stehen Sätze wie Apg. 10,15 („Was Gott für rein erklärt hat, erkläre du nicht für unrein"), die bei Lukas ausgerechnet Petrus vertritt, in der Tradition der Jesusworte (vgl. Mk. 7,15), und nach Apg. 6,14 scheint Stephanus sich für seine Tempel- und Gesetzeskritik auf Jesus berufen zu haben (vgl. U. Luz, Gesetz, 88).

---

[1a] Vgl. M. Hengel, Zwischen Jesus und Paulus, ZThK 72, 1975, 151–206, bes. 191 f.; U. Luz, Gesetz, 86 ff.; N. Walter, Apostelgeschichte 6,1 und die Anfänge der Urgemeinde in Jerusalem, NTS 29, 1983, 370–393; kritisch dazu E. Larsson, Die Hellenisten und die Urgemeinde, NTS 33, 1987, 205–225. Vgl. auch A. Weiser, Zur Gesetzes- und Tempelkritik der „Hellenisten", in: Das Gesetz im NT (QD 108), 1986, 146–168.

## C. Die Gütergemeinschaft

1. Gerade aus dieser Gemeinde hellenistischer Judenchristen scheint auch das Wenige zu stammen, was wir über konkrete Ethik aus der frühen Gemeinde noch wissen und was man seit E. Troeltsch den Liebeskommunismus der Urgemeinde nennt. Lukas hat in Apg. 2 und 4 zwei Summarien, in denen er von der urchristlichen Gütergemeinschaft berichtet. In 4,32ff. heißt es:

„Die Menge der Gläubiggewordenen aber hatte ein Herz und eine Seele, und auch nicht einer sagte, daß etwas von seinem Besitz sein eigen sei, sondern ihnen war alles gemeinsam... Es war auch kein Bedürftiger unter ihnen. Denn die, welche Besitzer von Grundstücken oder Häusern waren, verkauften sie und brachten die Verkaufssumme und legten sie zu den Füßen der Apostel nieder. Es wurde aber einem jeden zugeteilt, wie er es bedurfte. Josef aber, der von den Aposteln Barnabas genannt wurde, was übersetzt Sohn des Trostes heißt, ein Levit, der Herkunft nach ein Zypriot, verkaufte einen Acker, den er besaß, und brachte das Geld und legte es zu den Füßen der Apostel nieder" (vgl. auch 2,44ff.).

Dieses Bild der Urgemeinde ist historisch zweifellos unzutreffend. Auffallend ist schon, daß zwischen der generellen Aussage des Summariums und dem zuletzt berichteten Besitzverzicht des Barnabas eine Spannung besteht. Man fragt sich ja sofort, warum der Verkauf des Ackers durch Barnabas überhaupt erwähnt wird, wenn das allgemein üblich ist. Auch in der Geschichte von Ananias und Saphira in 5,1ff. wird vorausgesetzt, daß die Hingabe allen Besitzes nicht die Regel war, denn V. 4 wird von Petrus ausdrücklich festgestellt, daß sie ihren Besitz durchaus hätten behalten können, was auch Apg. 12,12 bestätigt, wo ein Haus der Maria erwähnt wird, das diese offenbar behalten hat. Auch im Summarium von 2,44-45 selbst steckt eine gewisse Spannung, wenn es einmal heißt, daß es eine Gemeinschaft des Besitzes gibt, der also nicht veräußert worden ist, zum anderen aber, daß die Grundstücke und sonstigen Besitztümer verkauft worden sind (2,44 und 2,45). Ähnlich wird auch 4,32ff. vorausgesetzt, daß nur von Zeit zu Zeit Verkäufe stattfinden, wenn es jeweils nötig erscheint, wie das Imperfekt anzeigt (vgl. später auch Apg. 12,12f.; 16,14f.). Man hat aus alledem mit Recht geschlossen, daß Lukas in den Summarien Einzelfälle – der des Barnabas wird wohl wegen der Bedeutung dieses Mannes für die antiochenische Gemeinde erwähnt – verallgemeinert hat. Möglicherweise haben Lukas zu diesem Idealbild bzw. zu dieser „Sozialutopie" sowohl die Worte Jesu über den Reichtum als auch antike Hoffnungen und Vorbilder inspiriert: Qumran z.B. kannte Gütergemeinschaft, aber auch in Griechenland gab es ähnliche Ideale, z.B. bei Pythagoras, Plato u.a. Die Essener kannten „Gemeinschaft im Besitz" (1QS 5,2); nach Philo haben sie allen gemeinsam gehörendes Geld und allen gemeinsam gehörende Kleider und Speisen (Quod Omnis 46ff.). Nach Seneca haben erst Habsucht und Privateigentum die ursprüngliche Gemeinschaft der Menschen zerrissen und Armut verursacht, weil man aufhörte, alles gemeinsam zu besitzen und Eigenes begehrte (Epistula 93,3). Vor allem aber ist das „alles gemeinsam" antikes Freundschaftsideal:

amicorum esse communia omnia (Cicero, Off I 16,1; vgl. Plato, Nom 739c; Aristoteles, Eth Nic 1159b); vgl. F. Hauck, ThW III, 792 ff.; M. Hengel, Eigentum, 17.39 f.; J. Roloff, NTD 5,89; H. J. Klauck, Gütergemeinschaft in der klassischen Antike, in Qumran und im NT, RQ 11, 1982, 47 ff.; M. Wacht, RAC XIII 1 ff.

2. Wichtiger als diese Verallgemeinerung ist aber die Tatsache, daß die neue Wirklichkeit des Geistes und die Erneuerung des Menschen hier auch real in den ökonomischen Bereich hineinreicht (vielleicht ist auch Mk. 10,30 ein Reflex davon). Zwar ist die Rede von einem Kommunismus oder Liebeskommunismus verfehlt. Es fehlt eine Sozialisierung der Güterbewirtschaftung bzw. der Produktion. Schon E. Kautzky sah, daß es sich nicht um eine Produktions- (vgl. Qumran), sondern um eine Konsumgenossenschaft handelt (vgl. U. Wilckens, 130). Es fehlt weiter der Gedanke der revolutionären Gewalt und ein umfassend organisiertes Gesellschaftssystem. Es handelt sich aber auch nicht – etwa im Unterschied zu Qumran – um ein monastisches Ideal, das in einem klösterlichen, sozusagen von der Unreinheit der Welt ausgesparten exterritorialen Bereich verwirklicht würde (hier wurde von den Mitgliedern bei Eintritt in den Orden außerdem bindend die Hergabe allen Besitzes verlangt). Die Veränderung ereignet sich vielmehr in der alltäglichen Welt der Besitzverhältnisse einer Gesellschaft, wobei Geisterfahrung und Enderwartung der ersten Zeit diese Lebensform zweifellos mit inspiriert haben. Lukas jedenfalls hat (vgl. das unmittelbar vorangehende „und alle wurden vom Heiligen Geist erfüllt" 4,31) die Gütergemeinschaft als „sichtbares Werk des Geistes" verstanden (H. J. Klauck, 74; vgl. Apg. 5,3.9).

Diese zunächst einmal positive Bewertung ist gegenüber der von H. J. Kraus skizzierten Auslegungsgeschichte[2], die stets vor allem das Utopische und Unrealistische des urchristlichen „Liebeskommunismus" betont hat und beinahe genüßlich feststellte, daß die Jerusalemer von Paulus „die Armen" genannt werden – die Verarmung gilt sozusagen als Fluch der bösen Tat (zu den wahren Ursachen vgl. D. L. Mealand, 38 ff.; J. Roloff, NTD 5,90) –, exegetisch sicher im Recht.

H. J. Kraus zeigt, daß nach D. Bonhoeffer (Communio Sanctorum, TB 3, 1954, 218) die nova creatura auch als nova societas manifest wird und K. Barth Apg. 2 als denkwürdigen Versuch und Einladung verstanden hat, als Versuch, der da, wo das Evangelium laut wird, immer wieder unvermeidlich sei (KD IV 2, 198). Er und auch H. J. Iwand haben dagegen protestiert, hier von vornherein von Schwärmerei zu sprechen, als ob die Radikalität der eschatologischen Veränderung nicht auch in die ökonomische Realität hineingreifen könne. Andererseits haben sie sich aber ebenso dagegen gewandt, aus der Freiheit ein Gesetz und aus den Charismen ein Programm für die Neuordnung der Welt werden zu lassen. Tatsächlich handelt es sich ja um eine bruderschaftliche Gemeinde und nicht um eine Weltordnung. Immerhin könnten sich auch in Mk. 10,30 und Joh. 12,6; 13,39 Spuren gemeinsamer Finanzen und Güter der familia dei erhalten haben (vgl. J. P. Miranda, Communism in the Bible, London 1982).

---

[2] H. J. Kraus, Aktualität des „urchristlichen Kommunismus"?, in: FS W. Kreck, 1973, 306–327.

3. Nur in Parenthese sei erwähnt, daß Lukas nicht nur Einzelfälle des Besitzverzichts verallgemeinert, sondern sie offenbar auch mit falschen Kreisen in Verbindung gebracht hat. Er wußte, daß Barnabas in Jerusalem ein Stück Land verkauft hatte und daß er später in Antiochia eine führende Position innehatte (13,1). Daraus hat er dann irrigerweise geschlossen, daß es sich bei Barnabas um ein angesehenes Mitglied der Urgemeinde gehandelt hat, der in amtlicher Mission als Beauftragter Jerusalems nach Antiochien geschickt worden war (vgl. E. Haenchen, Die Apostelgeschichte, [17]1977, z.St.). In Wirklichkeit ist damit zu rechnen, daß Barnabas einer der aus Jerusalem Vertriebenen war, die mit der Heidenmission begannen.

Dann aber ist der Kreis der Hellenisten der Ort, wo nicht nur in der Freiheit des Geistes die Freiheit vom Gesetz, sondern auch die Freiheit vom Besitz praktiziert worden ist. Die Hellenisten haben sich also keineswegs mit Prophetie, Exorzismus und Wunderheilung begnügt, wie die Polemik in Mt. 7,22 gegen die Herr-Herr-Sager verstanden werden könnte, sondern sie haben bei allem Charismatikertum und Enthusiasmus durchaus auch um die Bedeutung konkreter Ethik und realer Veränderung gewußt.

## D. Kritische Rezeption antiker Formen und Inhalte

Dafür spricht nun endlich auch, daß schon in den vorpaulinischen Gemeinden bestimmte Schemata und Inhalte der antiken Ethik ausgewählt und übernommen worden sind und auch dafür am ehesten die Hellenisten in Frage kommen. Solche Übernahme war schon darum nötig, weil die überlieferten Herrenworte in der neuen Situation und Umwelt als Lebensweisungen nicht mehr ausreichten. Es hat dagegen weniger zu tun mit einem Zurücktreten der Naherwartung. Noch bei Paulus findet sich ja beides durchaus nebeneinander: eine starke eschatologische Hoffnung bzw. Naherwartung und eine Rezeption antiker Ethik (vgl. S. 184ff. 204ff.)

Anders allerdings M. Dibelius: „Die urchristlichen Gemeinden waren auf das Vergehen dieser Welt und nicht auf das Leben in ihr eingerichtet; so waren sie auch auf die Notwendigkeit keineswegs gerüstet, paränetische Losungen für ihren Alltag hervorzubringen" (Formgeschichte, 241). Aber gerade die Sammlung von Herrenworten der Logienquelle, die Dibelius unter die Überschrift „Die Paränese" stellt, ist von einer deutlichen Naherwartung gekennzeichnet. Gewiß gibt es auch hier schon Spuren von Parusieverzögerung (Lk. 12,39f.42ff. u.a.), aber D. Lührmann spricht geradezu von einer „Reapokalyptisierung" (Die Redaktion der Logienquelle, WMANT 33, 1969). Jedenfalls kann an der eschatologischen Ausrichtung von Q nicht gezweifelt werden. Dann aber muß auch das paränetische Interesse, das zur Übernahme außerchristlicher Ethik geführt hat, nicht durch eine uneschatologische Haltung ermöglicht und stimuliert worden sein. Zudem werden die übernommenen paränetischen Formen z.T. ausdrücklich eschatologisch begründet, wie etwa die Lasterkataloge in 1. Kor. 6,9f. und Gal. 5,21, die die aufgezählten Laster ausdrücklich mit dem „Nichterben der (eschatologischen) Gottesherrschaft" bedrohen (zugleich ein Indiz, daß Paulus diese Kataloge schon übernimmt, da diese Wendung unpaulinisch ist).

1. Sieht man sich nun die übernommenen Formeln und Inhalte im einzelnen an, so ist zunächst auf die sogenannten Tugend- und Lasterkataloge zu verweisen. Mit den Tugend- und Lasterkatalogen ist ein geläufiges, sprachlich und stilistisch auffallendes Schema der antiken Ethik rezipiert worden.

Das indiziert auch die breite Streuung dieser Form im ganzen Neuen Testament. Typisch ist die lockere Aneinanderreihung der Begriffe ohne feste Reihenfolge, Systematik oder logische Einteilung. Bei der weiten Verbreitung dieser Stilform ist es schwer, ihre Herkunft genauer anzugeben.

1.1. Früher nahm man oft an, sie sei aus kynisch-stoischer Diatribe und Popularphilosophie übernommen worden. S. Wibbing dagegen, der vor allem die Qumrantexte heranzieht, verweist auf den dualistischen Hintergrund und das jüdische Zwei-Wege-Schema. Kein Zweifel, daß sich vor allem Gal. 5 mit seinem Dualismus von Fleisch und Geist und der diesem Dualismus zugeordneten Antithese von Tugend- und Lasterkatalog von hierher gut begreifen läßt. Was für Gal. 5 gilt, darf aber nicht verallgemeinert werden. Sowohl die neutestamentlichen Beispiele als auch die außerordentlich weite Verbreitung der Kataloge außerhalb des Neuen Testaments widerraten solcher Einseitigkeit. Auch Wibbing will die Katalogform im Neuen Testament nicht einsträngig aus dem Judentum ableiten, sondern sieht das Neue Testament gerade hier durch die verschiedenen Traditionsströme bestimmt (S. 78). Popularphilosophen und Wanderredner verwendeten sie in ihren Lehrvorträgen, Rhetoren in Lob- und Grabreden, Astrologen in ihren Horoskopen usw. Den hellenistischen Einschlag zeigt z.B. ganz deutlich die Berücksichtigung rhetorischer Kunstmittel wie Parechese, Paronomasie usw. (vgl. Röm. 1,29.31). Auch die aufgezählten einzelnen Glieder sind meist traditionell. Auch wenn die einzelnen Begriffe variiert werden und zumal die Tugendkataloge auch z. T. christliches Kolorit zeigen, liegen doch großenteils geläufige Inhalte der zeitgenössischen Ethik vor.

1.2. Der Sinn dieser Aufzählung von Lastern und Tugenden ist wohl der, den Christen auch in seinem konkreten Verhalten nicht aus der Verantwortung zu entlassen und das rechte Tun und Lassen paradigmatisch zu illustrieren. Die falsche oder richtige Grundeinstellung manifestiert sich eben auch in der falschen oder richtigen Einzeltat bzw. -unterlassung. Sünde und Gerechtigkeit sind keine Ideen oder Abstraktionen, sondern konkrete Wirklichkeit. Laster sind nicht Gentlemandelikte, sondern Zeichen der Sünden- und Schuldverfallenheit, und die sogenannten Tugenden umschreiben den Gehorsam nicht als Gesinnung, sondern als konkrete Tat. Das Auftauchen der Kataloge ist darum nicht sofort als bedenkliches Symptom von Moralismus zu werten, sondern als Versuch, der Abstraktheit zu widerstehen und die konkreten Einzelentscheidungen und Einzeltaten nicht zu bagatellisieren, auch wenn bestimmte Gefahren dabei nicht zu leugnen sind. Mag immer die Koordinierung verschiedener „Laster" und „Tugenden" dazu verführen, die Einheit des Gehorsams zu zersplittern, so steckt doch die eigentliche Gefahr nicht in der sich in diesen Katalogen vollziehenden Konkretisierung als solcher, sondern allenfalls in einer illegitimen Nivellierung. Im übrigen ist nicht zu übersehen, daß schon hier nicht einfach unkritisch und unbesehen aus dem breiten Strom der antiken Ethik geschöpft worden ist. Die an erster Stelle stehenden vier Kardinaltugenden der Stoa z. B. fehlen ganz. Auch traditionelle Worte und Werte gewinnen gegenüber dem vorchristlichen Gebrauch u. U. einen ganz anderen Inhalt und Sinngehalt (vgl. S. 225). Die Rezeption ist nicht nur eine selektive, sondern auch eine kritische.

2. Es mag überraschen, wenn hier als zweites Beispiel für solche traditionellen Paränesemuster neben den Tugend- und Lasterkatalogen die sogenannten Haus- und Pflichtentafeln genannt werden, die allgemein und mit Recht erst der Spätphase neutestamentlicher Ethik zugeordnet werden, weil die ersten ausgeführten „Haustafeln" erst im deuteropaulinischen Schrifttum erscheinen (vgl. Kol. 3,16ff.; 1. Petr. 2,13ff.). Aber die Verwandtschaft von 1. Petr. 2,13ff. und Röm. 13,1ff., die auf eine gemeinsame Tradition zurückgeht, erweist, daß schon vor Paulus haustafelähnliche Mahnungen bekannt waren und somit über die Regelung gemeindeinterner Probleme hinaus auch das Verhalten im Sozial- und Gesellschaftsgefüge der Welt in den Blick trat, und 1. Kor. 7,17ff. läßt eine ähnliche Grundhaltung gerade bei eschatologischer Naherwartung erkennen (vgl. als Beispiel für die personale Verflechtung von Gemeindegliedern über die Grenze der Gemeindestrukturen hinaus auch die Mischehe 1. Kor. 7,12ff., wobei auch hier keine Berührungsängste zu erkennen sind). L. Goppelt denkt sogar an eine sachliche Berührung mit der Jesustradition durch eine traditionsgeschichtliche Vermittlung[3].

Gemeint sind solche paränetischen Stücke, die vor allem das Verhältnis der verschiedenen Glieder des Hauses zueinander zu ordnen versuchen und sich formal durch ihre Geschlossenheit und Disposition von der sonstigen mehr lockeren und regellosen Aufreihung der Mahnungen abheben. Zu den neutestamentlichen Beispielen (Kol. 3,16ff.; Eph. 5,22ff.; vgl. 1. Petr. 2,13ff.) kommen noch einige Beispiele aus den sog. Apostolischen Vätern, die auf ihre Weise bestätigen, daß das Schema nicht erst auf dem Boden der Deuteropaulinen gewachsen ist. Es handelt sich also um einen im Urchristentum geläufigen Topos der Paränese, der aber nicht als eigenständige Schöpfung des Urchristentums anzusehen ist. Der traditionelle Charakter ist auch der Grund, daß die Stücke nicht als ganze ad hoc formuliert und auf spezielle Situationen zugeschnitten sind. Andererseits zeigt ein Vergleich der verschiedenen Beispiele, daß es sich nicht um ein starres Schema handelt, sondern die Form in mannigfacher Weise abgewandelt werden kann.

2.1. Das Diasporajudentum mit seiner religiösen Propaganda in der hellenistischen Welt hat dem Urchristentum offenbar auch hier vorgearbeitet. Freilich mag das hellenistische Judentum nicht der eigentliche Ursprungsort, sondern nur der Vermittler sein. Als außerjüdisches Beispiel oft zitiert wird das sogenannte Hieroklesfragment, wo die einzelnen Pflichtenkreise in einem Katalog zusammengestellt sind. Am deutlichsten ist das Schema des stoischen Pflichtenkatalogs bei Epiktet zu greifen, doch erschöpft es sich hier im wesentlichen in der Aneinanderreihung der Stände, denen gegenüber man seine Pflicht tun soll, was durch einzelne Begriffe stichwortartig angedeutet wird (vgl. Diss. II 17,31; IV 6,26). Sieht man sich die einzelnen Aussagen bei Epiktet genauer an, tun sich freilich auch tiefgreifende Unterschiede auf, die hier nur schlagwortartig als Merkmale

---

[3] L. Goppelt, Jesus und die „Haustafel"-Tradition, in: FS J. Schmid, 1973, 93–106.

stoischer Ethik überhaupt genannt seien: Intellektualismus und Optimismus, Eudämonismus und Pantheismus. Die Ermahnungen sind dort weiter nicht als gegenseitige beschrieben, sondern an den einzelnen gerichtet, auf dessen innere Grundeinstellung der Ataraxie alles ankommt.

Ein bekanntes Beispiel aus dem hellenistischen Judentum ist das sogenannte phokylideische Mahngedicht 175–230, wo das Verhältnis von Mann und Frau, von Eltern und Kindern, Freunden und Verwandten, Herren und Sklaven u.a. behandelt wird. Hier begegnen Warnungen vor Ehelosigkeit, Bestimmungen über das sexuelle Verhalten, Ratschläge über Geldheirat und Polygamie, über Erbschaftsangelegenheiten und Freundestreue u.a. Vor allem sind Philo und Josephus zu nennen, die haustafelähnliche Mahnungen im Rahmen der Gesetzesauslegung bringen. So exegisiert Philo in seiner Schrift über den Dekalog 165–167 im Zusammenhang einer Gesetzesparänese, wo jedes Gebot als Hauptgebot vieler Einzelgebote erscheint, das vierte Gebot: dieses impliziert dabei alle Gesetze über das Verhältnis von Eltern und Kindern, Greisen und Jünglingen, Herrschenden und Untergebenen, Sklaven und Herren. Auch inhaltlich findet sich hier manche Übereinstimmung: Untergebene haben der Obrigkeit zu gehorchen, Sklaven mit Liebe zu dienen, Herren ihre Sklaven freundlich zu behandeln usw. (vgl. auch Philos Schrift über die Nachkommen Kains 181 und Jos.Ap. II, 190ff.). Vgl. weiter J. E. Crouch, D. Schroeder, die Kommentare zu Kol. 3,16ff. und S. 257ff. Andere wie D. Lührmann (WuD 13, 1975, 53ff. u. NTS 27, 1980/81, 83ff.), K. Thraede (Zum historischen Hintergrund der „Haustafeln" des Neuen Testaments, in FS B. Kötting 1980, 359–368), K. Müller (Die Haustafel des Kolosserbriefes und das antike Frauenthema. Eine kritische Rückschau auf alte Ergebnisse, in: Die Frau im Urchristentum (QD 95) 1983, 263–319, bes. 284ff.) und F. Laub (Sklaverei, 20ff.) verweisen wegen der vorherrschenden (vgl. aber 1. Petr. 2,13ff.) Beziehung auf das Haus, seine drei genannten Gruppen sowie die stärkere Gegenseitigkeit und das Interesse am Gehorsam auf die Tradition der antiken „Ökonomie" (vgl. Seneca, Epistula 94,1), doch sind die Grenzen im Blick auf das NT m.E. nicht zu scharf zu markieren, da 1. Petr. 2,13ff. kaum erst sekundär (an 2,18ff.) zugewachsen sein dürfte, andererseits aber auch dort in der Ehe Gegenseitigkeit zu beobachten ist (1. Petr. 3,1–7) und der zentrale Gedanke der Unterordnung erscheint (2,13.18; 3,1). K. Müller betont zwar, daß schon das antike Schrifttum der Ökonomik die Verhältnisse im Haus pragmatisch und konfliktfrei zu regeln versuchte und eine humanisierende Mittelposition zwischen Liberalisierung und Gleichstellung auf der einen und konservativen, auf Unterdrückung zielenden Gegenentwürfen auf der anderen Seite bezog (288f., 318). Im übrigen aber bestehen auch hier durchaus wichtige Differenzen: So werden z.B. nicht die einzelnen Personen oder Gruppen des Hausverbandes auf ihre Aufgaben hin angeredet wie in den ntl. „Haustafeln", sondern der Hausherr ist der alleinige Adressat, d.h. „die gestuften Abhängigkeitsverhältnisse im Oikos zentrieren sich alle um den oikodespotes" (F. Laub, 31; vgl. auch 29.35). Am jüdischen Einfluß kann ohnehin kein Zweifel sein (vgl. Eph. 6,2f.; 1. Petr. 3,5f.; zu „Furcht des Herrn" Kol. 3,22 vgl. K. Müller, 273f.).

2.2. Ob die Urchristenheit das Haustafelschema aus der Gebotsparänese des Diasporajudentums übernommen hat oder nicht, jedenfalls haben wir es nicht mit genuin urchristlichen Bildungen zu tun. Das bestätigt auch der Inhalt der Haustafeln, denn sie enthalten inhaltlich zunächst keineswegs aus dem Rahmen des damals Üblichen herausfallende Forderungen. Offenbar ist es ihre Intention, nicht so sehr Distanz und Andersartigkeit als die Gemeinsamkeit mit der sittlichen Konvention der damaligen Zeit herauszustellen und die Christen nicht aus den vorgegebenen Bezügen zu entlassen. Gegenüber allen Anflügen von Enthusiasmus wird an Weltlichkeit und Dienst festgehalten.

Auch das, was man in der Profanität der Welt für gut und anständig hält, gerät freilich jetzt in die Relation zum Herrn. Darum geschieht die Respektierung der Ordnung des „Hauses" ebenso wie die Rezeption der dazu auffordernden Haustafeln nicht kritik- und vorbehaltlos. Aufschlußreich ist schon die bloße Registrierung dessen, was aus dem vielfältigen paränetischen Gut der Haustafeltradition alles nicht übernommen wurde, an der Spitze der die Selbstverwirklichung und der die Götterverehrung betreffende Topos. Formal fällt gegenüber den stoischen Pflichtenreihen die paarweise Anordnung der jeweiligen Glieder auf, und d.h. die Zuordnung der angesprochenen Stände bzw. Partner in den Haustafeln. Es geht also hier, auch wenn die selbständige Anrede und Würdigung der Untergeordneten als verantwortliche ethische Subjekte nicht selbstverständlich ist, stärker um ein Denken in der Hinordnung zum anderen und nicht so sehr um eine Wertung der einzelnen Glieder. Inhaltlich neue Akzente, vor allem die Mahnung zur Agape, sind ebenfalls nicht zu übersehen. Die Haustafeln sind zwar auf alles andere als auf eine Sozial- und Gesellschaftsreform aus, ja die Gefahr einer kritiklosen Anpassung und Billigung der geltenden Ständeordnung ist von Anfang nicht zu übersehen (vgl. die größere Ausführlichkeit der Mahnungen an die Unterprivilegierten), aber durch Ausrichtung auf den Herrn werden die mitmenschlichen Bezhiehungen und sozialen Gefüge doch ansatzweise ihren Eigenzwängen und -gesetzlichkeiten entrissen und der Liebe unterstellt (vgl. weiter zu den Deuteropaulinen).

3.1. Daß bestimmte über die Ethik Jesu hinausgehende Formen und Inhalte ethischer Ermahnungen bereits vorpaulinisch sind, gilt auch für den Stoff, den Paulus in den paränetischen Kapiteln seiner Briefe wie Röm. 12,12ff., 1. Thess. 4,1ff., Gal. 5,16ff. u.ä. bringt (vgl. auch die Deuteropaulinen), ist aber im Einzelfall nur schwer zu überprüfen. Hier werden großenteils ohne Systematik und logische Ordnung einzelne Mahnungen nebeneinandergestellt, die meist allgemeinen Charakter haben und für die meisten Lebensverhältnisse passen. Der Inhalt von Überlieferung und Lehre, den Paulus bereits übernimmt, ist somit zweifellos auch paränetischer Natur. Ein Vergleich von Röm. 12,10ff. mit 1. Petr. 3,8ff. z.B. zeigt sehr deutlich, daß hier gemeinsame Tradition verwendet worden ist (vgl. auch Röm. 13,1ff. mit 1. Petr. 2,13ff.)[4]. Verschiedentlich ist sogar behauptet worden, aus der Übernahme jüdischer Lehrsitte in der Urgemeinde folge auch eine Aussage über den Inhalt: „nicht in erster Linie Heilstatsachen, sondern Exegese und Paränese" (K. H. Rengstorf, ThW II, 148). Das erweist sich von Paulus her aber als zu einseitig (vgl. 1. Kor. 11,23ff.; 15,3ff.). Damit ist die vor allem von C.H.Dodd (Gesetz, 14) verfochtene strenge Unterscheidung zwischen Kerygma und Didachē (Didachē im Sinn von Unter-

---

[4] S. Schulz, (Ethik, 138ff.) schreibt der hellenistischen Kirche aber wohl doch zuviel zu, wenn er z.B. Röm. 12,1f. und 1.Kor. 13 dazurechnet.

richt in den ethischen Verpflichtungen) nicht zu halten. Auch eine zeitliche Absetzung ist wenig wahrscheinlich, d.h. die sittliche Forderung und Unterweisung wird nicht erst *nach* der Bekehrung eingesetzt haben, sondern von vornherein in die Missionspredigt integriert gewesen sein (vgl. Gal. 5,21; 1. Thess. 4,6). Vor allem der 1. Thess. mit seinen vielfachen Nachklängen und Anspielungen auf die Missionspredigt zeigt das Nebeneinander deutlich genug.

Sowenig man also Didachē auf Halacha beschränken darf, wie das vom Judentum her naheliegen mag, sosehr umfaßt die Didachē der vorpaulinischen Gemeinden sicher auch katechetisch-paränetisches Gut. Paulus war nicht der erste, der „die Weise, wie ihr euer Leben führen sollt" (1. Thess. 4,1), gelehrt und überliefert hat (vgl. später auch 2. Thess. 2,15 undf 3,6). Auch sonst begegnen Anspielungen auf geformte und tradierte Paränese, wo Paulus bereits an andere anknüpft, und zwar nicht nur an das Alte Testament und an Herrenworte, sondern auch an urchristliche Paränese.

3.2. So unbestreitbar nach allem ist, daß schon vor Paulus christliche Regeln und Grundsätze, Formen und Inhalte in der Urgemeinde umliefen, so wenig sicher oder auch nur wahrscheinlich ist, daß es bereits so etwas wie einen urchristlichen Katechismus gegeben hat. Die seit A. Seeberg mehrfach unternommenen Versuche zur Konstruktion eines urchristlichen Katechismus – und sei es auch nur eines ethischen Katechismus – haben alle mit Recht wenig Anklang gefunden.

Gewiß sind Seebergs Ansichten vor allem wegen ihrer Ausdehnung über das Gebiet des Paränetischen hinaus kritisiert worden. In der Tat ist die Entwicklung bei den durch das Christusgeschehen gesetzten Glaubensaussagen anders verlaufen als bei der z.T. aus jüdischen und hellenistischen Traditionen gespeisten Paränese. Aber nicht weniger mißglückt als die Erstellung eines urchristlichen Glaubenskatechismus ist auch die Rekonstruktion eines Sittenkatechismus (vgl. M. Dibelius, ThR 1931, 212f.).

Schon ob es einen jüdischen Proselytenkatechismus gegeben hat, an den die Urgemeinde anknüpfen konnte, ist alles andere als sicher. Das Zwei-Wege-Schema als solches ist noch kein Beleg dafür. W. Michaelis (ThW V, 58) verweist darauf, daß ein solcher Katechismus am ehesten seine Spuren im rabbinischen Schrifttum hinterlassen haben müßte, was aber nicht der Fall ist, ja nicht einmal von einem festen und allgemeinen Zwei-Wege-Schema gesprochen werden kann.

Doch wie dem auch sei, jedenfalls läßt sich nicht wahrscheinlich machen, daß es einen ähnlichen Katechismus auch in der Urchristenheit gegeben hat, die dann solches Lehrstück aus der jüdischen Praxis übernommen hätte. Es ist kein auch nur einigermaßen sicherer Anhaltspunkt dafür zu entdecken, daß die Mahnungen vor Paulus oder auch später von Paulus selbst katechismusartig fixiert gewesen wären.

Der letzte Versuch, das doch aufzuweisen, ist neben D. Daube/E. G. Selwyn (The First Epistle of St. Peter, London 1946, 467–488) der von C. H. Dodd (Gospel and Law bzw. Das Gesetz der Freiheit, 1960, Kap. 1). Dodd versucht nachzuweisen, daß es schon vor Paulus einen sittlichen Konvertiten-Katechismus gegeben habe, dessen Schema folgendes gewesen sein soll: Zuerst Aufforderung zum Ablegen heidnischer Laster, dann Aufzählung typischer Tugenden, dann Pflichten gegenüber der christlichen Gemeinschaft, dann Verhältnis zu Nachbarn, Staat u. ä. und zum Schluß ein eschatologischer Hinweis. Der Grundfehler bei der auch im einzelnen höchst anfechtbaren Rekonstruktion ist der, daß paränetische Traditionen als Teile eines urchristlichen Sittenkatechismus ausgegeben werden und dann gar noch dessen Aufbau gewonnen wird. Vgl. W. Schrage, Die konkreten Einzelgebote in der paulinischen Paränese, 1961, 131 ff.; F. Laub, Eschatologische Verkündigung und Lebensgestaltung nach Paulus, BU 10, 1973, 2 ff.; F. Hahn in der Einleitung des Nachdrucks von A. Seeberg, Der Katechismus der Urchristenheit (TB 26), 1966, XXI–XXVIII.

Wir halten also fest, daß es schon vor und neben Paulus vielfache Ansätze in der Urchristenheit gegeben hat, an die Paulus selbst, aber auch die Evangelien anknüpfen konnten.

# III. Ethische Akzente bei den Synoptikern

*Literatur zum ganzen Kapitel:* A. Lindemann, Erwägungen zum Problem einer „Theologie der synoptischen Evangelien", ZNW 77, 1986, 1–33; J. T. Sanders, Ethics in the Synoptic Gospels, BR 14, 1969, 19–32; ders., Ethics, 31–46; S. Schulz, Die Stunde der Botschaft. Einführung in die Theologie der vier Evangelisten, 1967; Ph. Vielhauer, Geschichte der urchristlichen Literatur, 1975, 329–409.

## A. Nachfolge und Jüngerschaft bei Markus

*Literatur:* A. M. Ambrozic, The Hidden Kingdom, Washington 1972, 136–182; E. Best, Following Jesus. Discipleship in the Gospel of Mark, (JSNT Suppl. 4), 1981; C. Breytenbach, Nachfolge und Zukunftserwartung nach Markus (AThANT 71), 1984; R. Busemann, Die Jüngergemeinde nach Markus 10 (BBB 57), 1983; W. Egger, Nachfolge als Weg zum Leben (ÖBS 1), 1979; H. C. Kee, Community of the New Age, London 1977, 145–175; K. G. Reploh, Markus – Lehrer der Gemeinde (SBM 9), 1969; S. Schulz, Ethik, 434–446; D. O. Via, The Ethics of Mark's Gospel – In the Middle of Time, Philadelphia, 1985.

1. Markus ist der erste, der ein Evangelium geschrieben hat und damit über die Sammlungen von Streitgesprächen, Wundern und Gleichnissen oder den Überlieferungskomplex der Leidensgeschichte hinaus durch seinen Bericht über das Leben und Sterben Jesu eine unüberholbare Grundlage für die Verkündigung der Kirche geschaffen hat („Anfang" 1,1). Wie schon seine programmatische Überschrift andeutet, will er durch die Aufnahme der Tradition vom irdischen Jesus nicht einfach historische Erinnerungen bieten und das Wirken Jesu als vergangenes darstellen, sondern er will dieses Wirken für die Gegenwart transparent machen. Gewiß ist die geschichtliche und narrative Dimension nicht zu übersehen und nicht alles der Verkündigungsabsicht zu subsumieren. So hebt Markus z. B. in 2,19f. das Nicht-Fasten der vorösterlich-messianischen Heilszeit ab vom Fasten in der Zeit, da der Bräutigam weggenommen wird. Das darf man aber nicht verallgemeinern und zu einer scharfen Trennung zwischen Jesus-Zeit und Zeit der Kirche ausdeuten (vgl. H. C. Kee, 145). In vielen anderen Punkten ist die Darstellung des Lebens und Wirkens Jesu primär von kerygmatischem Interesse, jedenfalls nicht von einer bloßen Historisierungstendenz geleitet.

Markus stellt das Leben Jesu dabei von vornherein in den Schatten des Kreuzes (vgl. die Hinweise auf die Passion von 1,14; 2,20 und 3,5 an), auf das alles zuläuft. Das ist auch die eigentliche Lösung der Paradoxie von Offenbarung und Verhüllung, die durch das sogenannte „Messiasgeheimnis" zum Ausdruck gebracht wird und das ganze Evangelium durchzieht. Zusammen mit dem breiten Raum, der der Leidensgeschichte im Ganzen des Evangeliums eingeräumt wird, hat das zu der oft zitierten Charakterisierung M. Kählers geführt, das Markusevangelium sei eine Leidensgeschichte mit ausführlicher Einleitung. Hierher gehört auch die kritisch-restriktive Interpretation der Wundertradition. Auch wenn Wunder meist eher Unverständnis und Verstockung auslösen (3,22; 6,6.52; 8,17f.), läßt Markus keinen Zweifel daran, daß Jesus im Kampf mit den dämoni-

A. Nachfolge und Jüngerschaft bei Markus       141

schen Mächten Sieger bleibt (3,27) und die Wunder und Heilungen als Zeichen der anbrechenden Gottesherrschaft zu verstehen sind, und zwar nicht nur in der Vergangenheit. Auch Nachfolge und Diakonie kann auf solcher Heilserfahrung basieren, die die Herrschaft Jesu über Krankheit und Hunger, Wind und Wellen vermittelt (vgl. 1,31; 10,52). Wenn im folgenden nur einige Linien nachgezeichnet werden, die deutlicher die markinische Handschrift verraten, soll das nicht heißen, daß all das, was Markus unverändert aus der Tradition übernimmt, für ihn nur sekundäre Bedeutung hat.

Im Zentrum der markinischen Verkündigung Jesu steht das Resümee in 1,14f. Hier interpretieren sich die Erfüllung der Zeit und die Nähe der Gottesherrschaft gegenseitig. Dadurch wird der Gegenwartscharakter der Gottesherrschaft akzentuiert und diese als Grund der Umkehrforderung hingestellt. Das Auftreten Jesu ist die entscheidende Zeitenwende (vgl. das Perfekt) und nicht mehr rückgängig zu machen (vgl. auch Wirken und Beistand des Geistes 13,11). Erfüllung und Gottesherrschaft aber sind unlöslich mit Jesus verknüpft (vgl. 4,11 und 10,14; zur Verknüpfung von Gottesherrschaft und Christologie vgl. 8,38 und 9,1, aber auch 11,9f.). Zugleich aber wird der leidende und auferstehende Menschensohn bei Markus bewußt zum kommenden in Beziehung gesetzt (8,31.38) und der Bezug der Christologie zum christlichen Verhalten sichtbar (vgl. 8,35; 10,29; 13,9.13). Wer Jesus nachfolgt, und Nachfolge sowie Konformität zum Weg Jesu sind die entscheidenden Züge der markinischen Ethik, wird durch Tod und Auferstehung einerseits und die Parusie andererseits bestimmt. Zweifellos enthält das Evangelium Spuren von Parusieverzögerung, also keine Naherwartung (vgl. 13,10), weshalb man die markinische Gemeinde auch nicht als apokalyptisches Konventikel und seine Ethik nicht als Konventikel-Ethik interpretieren darf. Aber Markus hat gewußt, daß eine theologia crucis, aber auch ein christliches Leben in der Nachfolge des Gekreuzigten nicht ohne Hoffnung auf die endgültige Vollendung durchzuhalten ist. Allerdings taucht das eschatologische Motiv (z.B. der eschatologische Lohn) nicht sehr häufig bei ethischen Aussagen auf (z.B. 8,35; 9,41; 10,21.29f.). Von apokalyptischer Paränese zu sprechen (J. T. Sanders, 33), besteht kein Grund, erst recht nicht umgekehrt von gnostischen Tendenzen (gegen J. L. Houlden, 41f., der allerdings richtig betont, daß auch die ethischen Partien vor allem an der Person Jesu und dem Reich Gottes interessiert sind, 43f.); zur Zukunftserwartung als Motiv der Nachfolge vgl. C. Breytenbach.

2. Wie zentral die Nachfolgethematik für Markus ist, ergibt sich aus der Tatsache, daß wahrscheinlich erst er es ist, der aus der Heilungsgeschichte (Mk. 10,46ff.) durch V. 52 eine Nachfolgegeschichte gemacht hat (vgl. K. Reploh, 222f.). Schon gleich am Anfang des Evangeliums nach dem programmatischen Summarium von 1,14f. folgen die ersten Berufungsgeschichten. Bei Markus wird Jesus von Anfang an von Jüngern umgeben, wobei es vielleicht kein Zufall ist, daß zu Beginn nicht eine Einzelberufung steht wie die des Levi (2,13f.) oder des reichen Jünglings (10,17f.), sondern vier Männer zur gleichen Zeit berufen werden, Berufung also sofort in Gemeinschaft stellt und Gemeinschaft schafft. Zugleich wird der Gemeinde deutlich gemacht, daß diese Männer

als Tradenten die Kontinuität zum irdischen Jesus und das weitere Wirken in seinem Geiste verbürgen. Auch von daher hat man das in die Zukunft weisende Wort von V. 17 zu hören: „Ich will euch zu Menschenfischern machen." Obschon über das Verhältnis des Zwölferkreises zum Kreis der Jünger keine rechte Klarheit zu gewinnen ist (der in die Nachfolge berufene Levi gehörte z. B. nicht zum Zwölferkreis und ist in 2,14 vielleicht erst von Markus aus der Gastmahlszene 2,15 ff. zum Objekt einer mit 1,16 ff. strukturgleichen Berufungsgeschichte gemacht worden; vgl. E. Best, 176), wird das, was über die Zwölf gesagt wird, für die anderen mitgelten: Jesus hat sie eingesetzt, „damit sie um ihn wären" (Mk. 3,14b). Betont ist damit ihre Teilnahme an Jesu Wirken, wie die Fortsetzung in V. 14c–15 lehrt und vor allem die Aussendung in 6,6 ff. bestätigt: Sie sollen wie Jesus verkündigen und lehren, wie Jesus Dämonen austreiben und heilen, wie Jesus Vollmacht erhalten (vgl. 1,38 f. mit 6,12; 1,21 mit 6,30; 1,27 mit 6,7; 1,23 mit 6,13). Kennzeichen aller drei Jüngerperikopen ist jedenfalls, daß Aussagen, die über Jesus gemacht werden, großenteils auch für die Jünger bzw. Zwölf gelten und diese damit in das Wirken des irdischen Jesus einbezogen werden. Seine Initiative wird dabei jedoch jedesmal stark betont: *er* beruft, *er* setzt die Zwölf ein, *er* sendet aus, *er* weist Vollmacht und Aufgaben zu. Sosehr Markus das Versagen und Unverständnis der Jünger, ja auch den Kontrast Jesu zu den Jüngern herausstellt (vor allem in der Leidensgeschichte), sosehr liegt ihm doch zugleich daran, das von Jesus ausgehende „Mit-ihm-Sein" als Merkmal der Jüngerschaft hervorzuheben[1]. Inwieweit diese vor und nach Ostern im wesentlichen gleich geblieben ist, läßt sich nur ansatzweise erkennen. 1,14 f. gilt sicher allen Christen, aber 1,17 oder 6,8 ff. ist kaum an alle adressiert (zu 5,18–20 vgl. S. 55).

3. Die entscheidende Zäsur im Evangelium ist das Petrusbekenntnis, von dem an die Jüngerunterweisungen beherrschend in den Vordergrund treten, die die Nachfolge zum Thema haben und die Jünger als Repräsentanten der Gemeinde erscheinen lassen (vor allem 8,27–10,52). Während man bei den bisher besprochenen Texten noch der Meinung sein konnte, die Zwölf bzw. die Jünger seien eher Modell eines Kollegiums mit besonderen Aufgaben und Vollmachten denn Modell der Kirche als ganzer, ist das bei den Nachfolgesprüchen von 8,34 ff. z. B. unmöglich. Hier erscheinen die Jünger weder als Repräsentanten einer Opposition bzw. einer falschen Wundermann-Christologie noch auch (anders H. C. Kee, 87 ff.) speziell als Vorbild von Wandercharismatikern. Hier ist Nachfolge im Leiden „auf dem Weg" (V. 27) vielmehr eindeutig ein gesamtekklesiologisches Zeichen und außerdem nicht auf die Zeit vor Ostern beschränkt (vgl. außer 10,30 auch die Leidenserfahrungen der Gemeinde in 13,9–13). Das wird schon durch die Einleitungswendung deutlich („und er rief die Menge mit seinen Jüngern zusammen und sprach zu ihnen" 8,34), die den bekannten Worten über die Leidens- und Kreuzesnachfolge vorangestellt wird. Solche Nachfolge ist kein einmaliger Akt (vgl. das Präsens und E. Best, 32 f.). Es

---

[1] Vgl. K. Stock, Boten aus dem Mit-Ihm-Sein (AnBib 70), 1975; G. Schmahl, Die Zwölf im Markusevangelium (TThSt 30), 1974.

## A. Nachfolge und Jüngerschaft bei Markus

gibt für Markus kein Hinter-Jesus-Hergehen und keine Nachfolge ohne Selbstverleugnung und Kreuz und damit ohne eine Entsprechung zum Gekreuzigten. Entsprechend bringt Markus im Anschluß an die zweite Leidensweissagung die Perikope über den Rangstreit der Jünger, auf den Jesus mit den Worten antwortet: „Wenn jemand der erste sein will, sei er der letzte von allen und der Diener von allen" (9,35), wobei die letzte Wendung von Markus stammen wird, weil sie über den Kontrast hinausgeht (A. M. Ambrozic, 155), d.h. Markus liegt alles am Dienstgedanken. Wie wichtig Markus dieses Logion ist, zeigt seine Variation in 10,43, was in V.37 am Beispiel der Aufnahme hilfsbedürftiger Kinder, die hier beispielhaft für alle Geringen und Benachteiligten in der Gemeinde stehen, konkretisiert wird: Wer ein solches Kind aufnimmt, nimmt Jesus selbst auf, der sich – ähnlich wie Mt. 25 – mit diesem Kind identifiziert (9,37). Entscheidend aber ist wieder, daß die Jünger mit ihrem Rangstreit in Kontrast statt in Korrespondenz zum Kreuzesweg Jesu stehen. Weil Jesus diesen Weg gegangen ist, ist er ebenso der Weg der Jünger.

Auch die dritte Leidensankündigung steht nicht isoliert, sondern im Kontext von Nachfolgeaussagen. Es folgt nämlich die Bitte der Zebedaiden, ihnen Ehrenplätze zu reservieren (10,35 ff.), und darauf zunächst Jesu Antwort, daß sie offenbar nicht wissen, worum sie bitten (V. 38). Daran würde sich V. 40 gut anschließen, daß es Jesus nicht zusteht, solche Ehrenplätze zu vergeben. Markus hat aber offenbar noch die vorgegebenen (vgl. Lk. 12,50) Verse 38b–39 eingefügt, die den Jüngern den gleichen Leidensweg ankündigen, wie Jesus ihn selbst gehen mußte: „Den Kelch, den ich trinke, werdet ihr trinken, und mit der Taufe, womit ich getauft werde, werdet ihr getauft werden" (V.39). Die Jünger werden das gleiche Schicksal erfahren wie Jesus, und zwar weisen beide Bilder vom Becher und von der Taufe auf ein Leidensschicksal (vgl. 14,36), nicht auf die Sakramente. Der Evangelist ist dabei nicht allein an dem besonderen Schicksal der beiden Zebedaiden interessiert, sondern die Perikope soll die Gemeinde als ganze auf die Konsequenzen aufmerksam machen, die sich aus dem Leidensgeschick Jesu ergeben. Nicht Throngenossen mit Ehrenplätzen und Machtpositionen, sondern Leidensgenossen sollen die Jünger sein.

Markus hat darüber hinaus auch V. 42–45 an die Zebedaidenfrage angeschlossen (daß dieser Abschnitt ursprünglich nicht zur Zebedaidenfrage gehört hat, bestätigt Lk. 22,24 ff.). In dieser von Markus aufgenommenen Tradition aber stehen sich die Einstellung von Welt und Gemeinde kontradiktorisch gegenüber: In der Welt basiert Größe auf Macht und Machtmißbrauch, auf „Unterjochung" und „Vergewaltigung". In der Gemeinde aber soll Macht nicht auf der Ohnmacht der anderen beruhen, sondern Großsein Dienen bedeuten. Das erfährt seine Begründung im Tun des Menschensohns, der ebenfalls gekommen ist, um zu dienen (V. 45a), wobei der Entsprechungsgedanke im Bereich des Verhaltens in V. 45b durch das Lösegeldwort noch sekundär erweitert wird. Vielleicht hat Markus den Abschnitt hier angefügt, weil sich in seiner Gemeinde schon wieder der Drang nach oben, Geltungsstreben, Herrschaftsgebaren u. ä. regen und damit der Nachfolge des Gekreuzigten widersprechen.

4.1. Ein weiterer für die markinische Sicht der Nachfolge aufschlußreicher Text ist 10,1–31, wo nicht der Leidensgedanke, sondern die ethische Thematik im Zentrum steht. Sicher ist, daß die Anführung von V. 11 f. auf das Konto des Markus geht (vgl. das typische „wiederum" oder das Haus-Motiv). Da V. 2–9 darin gipfelt, daß die von Gott gewollte Einheit von Mann und Frau vom Menschen nicht gelöst werden soll, sieht Markus in dem „Zusammenfügen" Gottes (V. 9) die Begründung dafür, daß dann konsequenterweise *jede* Lösung dieser ehelichen Bindung dagegen verstößt, nicht nur die vom Mann veranlaßte wie in V. 2–9. Mit der ausdrücklichen Adressierung von V. 11 f. an die Jünger könnte Markus gerade seiner Gemeinde inmitten der römischen Welt einschärfen, daß das Verbot der Ehescheidung bzw. einer zweiten Ehe auch für Christen beiderlei Geschlechts Gültigkeit hat. Dürfte man den Makrokontext von 8,27–10,45 mit zur Interpretation heranziehen, könnte auch die Ehe von Markus als Ort des Dienstes verstanden worden sein.

4.2. Schwieriger steht die Sache bei der anschließenden Segnung der Kinder, denen nach V. 14 die Gottesherrschaft gehört. Nach allgemeiner Ansicht ist V. 15, wonach selbst die Jünger die Gottesherrschaft wie Kinder annehmen sollen, ursprünglich ein selbständig umlaufendes Logion gewesen und in die Perikope sekundär eingefügt worden. Daß Markus ein Interesse gerade an diesem Wort hat, erhellt aus der schon zitierten Mahnung von 9,35, der auch dort eine Kinderszene folgt (V. 36). Aufnehmen eines Kindes ist dort Konkretion der Diakonia (V. 37). Das Annehmen der Gottesherrschaft wie ein Kind (10,15) könnte dann für Markus Gabe und Dienst in einem meinen (vgl. A. M. Ambrozic, 157). In jedem Fall aber liegt Markus an der rechten Einstellung zu den Kindern, die auf dem Hintergrund der damaligen patriarchalisch strukturierten Gesellschaft aufgewertet werden. Sie gehören zur Gemeinde hinzu, auch wenn V. 15 über die konkrete Szene hinausweist (vgl. R. Busemann, 218). Andererseits hat Markus auch das Zerreißen der Familienbande nicht übergangen und z. B. durch 3,31 ff. das traditionelle Verständnis von Familie relativiert, wenngleich das durch das Hineingestelltwerden in die neue Gemeinschaft aufgefangen wird (3,35)[2] und nach Ausweis von 7,9–13 und 10,2–9 die Unterstützungspflichten der (erwachsenen) Kinder gegenüber den Eltern ebensowenig aufgehoben werden wie die Unauflöslichkeit der Ehe. Daß zur Nachfolge auch Konflikte mit Familienangehörigen, ja auch mit den religiösen und staatlichen Instanzen gehören, könnte auch 13,9.12 zu erkennen geben.

4.3. Besonders instruktiv ist die markinische Stellungnahme zu Besitz und Reichtum in 10,17 ff., wo zwei ursprüngliche Einzelstücke, nämlich das vom reichen Jüngling V. 17–22 und Worte zur Jüngerunterweisung V. 23–27 zusammengestellt worden sind.

Vgl. dazu N. Walter, Zur Analyse von Mk. 10,17–31, ZNW 53, 1962, 206–218; W. Harnisch, Die Berufung des Reichen, in: FS E. Fuchs, 1973, 161–176. Während das erste Stück relativ einheitlich ist (die Begründung der Ablehnung in V. 22b könnte wegen

---

[2] Vgl. H. H. Schroeder, Eltern und Kinder in der Verkündigung Jesu (ThF 53), 1972, 110 ff.

A. Nachfolge und Jüngerschaft bei Markus 145

der conjugatio periphrastica aber von Markus sein), dürfte das zweite stark redaktionell sein (vgl. die typisch markinischen Worte „wiederum", „in hohem Maß", „erstaunen", „sich entsetzen", „gerettet werden können"). Überliefert war wohl nur das Wort, daß es schwer ist für einen Reichen, in die Gottesherrschaft einzugehen, was Markus mit einer für ihn typischen Übergangsformulierung an das Vorhergehende anschließt (V. 23a), und außerdem das Wort über Kamel und Nadelöhr (V. 25). Darauf folgt jeweils als Reaktion der Jünger Entsetzen bzw. gesteigertes Erschrecken. Schon das ist historisch und kompositionell nicht recht begründet, denn nach allem, was wir wissen, zählten die Jünger gerade nicht zu den besonders Begüterten, ja sie haben nach V. 28 alles verlassen. Verständlich ist es dagegen, wenn Markus hier auf eine Zuspitzung der Gefährdung durch den Reichtum aus ist und die Jünger hier Repräsentanten einer späteren Zeit sind, als zunehmend auch Reiche in der Gemeinde Eingang finden, die Worte Jesu über den Reichtum dabei aber als Problem empfunden werden.

Oft wird freilich erklärt, daß Markus von dem konkreten Problem gerade abgehe oder umgekehrt den Besitzverzicht als Thema erst einführe (vgl. W. Harnisch; N. Walter; E. Best, 110f.; R. Busemann, 39ff.). Vor allem die These, daß Markus die Schwierigkeit des Eingangs in das Reich Gottes verallgemeinere, läßt sich aber kaum halten. Zwar sagt V. 23b, daß es für einen Begüterten schwer ist, in das Reich Gottes zu kommen, und V. 24b stellt dann fest, daß es überhaupt schwer ist, hineinzukommen. Aber die Dublette in V. 24b läßt den speziellen Hinweis auf das Begütertsein wohl nur darum aus, weil vom Kontext die Sache klar ist und das folgende Bildwort vom Kamel und Nadelöhr ohnehin eine weitere Zuspitzung auf den Reichen bringt (vgl. auch 4,18f., wo von Verführung und Trug des Reichtums gesprochen wird, der zusammen mit den Begierden das Wort Gottes erstickt).

Zu beachten ist auch, daß Markus V. 28 (29)–30 anfügt, wonach die Jünger alles verlassen haben, und damit einen Kontrast zu dem nachfolgeunwilligen Reichen erreicht (vgl. A.M. Ambrozic 164.170). Zugleich wird unterstrichen, daß die Verzichte und Opfer nicht um der Askese oder des eschatologischen Lohnes willen geschehen, sondern schon in dieser Zeit auch innerweltliche und kreatürliche Gaben und Mitmenschen, und zwar in der Gemeinde als *familia dei*, zurückerhalten werden. Aus 2,14f. könnte man entnehmen, daß Levi nicht alles verlassen, sondern sein Haus in den Dienst der Jesusbewegung gestellt hat.

Die entscheidende Antwort liegt für Markus aber in V. 27: Bei den Menschen unmöglich, aber nicht bei Gott. Damit wird von dem Vorangehenden nichts zurückgenommen. Es wird auch nicht vom konkreten Problem abgelenkt und stattdessen pauschal von totaler Entsicherung gesprochen oder von der allgemeinen Unmöglichkeit, das Heil von sich aus zu gewinnen. Aber alles, was vorher in scheinbarer Absolutheit gesagt wurde, gewinnt durch V. 27 noch einmal eine offene Dimension und verwehrt jede Festigung auf ein Verdammungsurteil bzw. jede falsche Sicherheit über die Zugehörigkeit zu denen drinnen oder draußen (vgl. K. Reploh, 198f.). Einerseits wiederholt Markus also ungekürzt und unverblümt die kritischen Worte Jesu über die Reichen, andererseits kritisiert er jede Haltung, die daraus für sich selbst Sicherheit und Gewißheit der Rettung gewinnt, für den Reichen aber nur die sichere Verdammung behauptet, und er verweist auf die Grundsituation des Menschen, daß alles nur von Gott zu erwarten ist. Da die Perikope im Kontext der Nachfolgeworte steht, wird damit deutlich, daß Reichtum Nachfolge verhindert, rechte

Nachfolge aber nicht Leistung und Verdienst, sondern Gottes Tat und Geschenk ist (vgl. E. Best, 111).

5. Es lassen sich im einzelnen noch manche andere Vermutungen anstellen, was die Ethik des Markus betrifft, doch ist dort jeweils die Redaktion nur noch sehr hypothetisch zu erschließen. Die Perikopen etwa, die die Stellung zum Gesetz betreffen, sind nur schwer auf spezifisch markinische Töne abzuhören. In Kap. 7 etwa wird vor allem V. 9 als markinisch anzusprechen sein (vgl. die neue Einleitung): „Prächtig verwerft ihr das Gebot Gottes, um euere Überlieferung zu befolgen." Durch das stärkere Wort „annullieren, für ungültig erklären" (statt „verlassen" in V. 8) verschärft Markus die Ablehnung der kultischen Satzungen, die seine Gemeinde nicht mehr als bindend ansieht (vgl. auch 12,33 f.; 7,15 ff.). Die jüdischen Autoritäten heben durch ihre „Menschenüberlieferung" das Gebot Gottes auf (vgl. auch V. 13). Problematisch ist es jedoch, von einem Kampf Jesu gegen das mosaische Gesetz bei Markus zu sprechen (so S. Schulz, Stunde, 147). Die Ablehnung der Überlieferung erfolgt gerade mit Hilfe des Gebotes Gottes. Ohne jede Reserve wird auch der Dekalog als verbindlich zitiert (Mk. 10,19).

Unsicher ist, wie Markus die Zusammenfassung des Gesetzes im Doppelgebot der Liebe auffaßt (12,28 ff.). Manche Autoren meinen, nach Markus solle die Perikope im Kontext nur belegen, daß Jesus der bessere Interpret des AT ist (vgl. J. T. Sanders, Ethics, 32 und BR 1969, 20). Ob man sagen darf, in der Gemeinde des Markus werde „allein die Forderung der Gottesliebe und der Mitmenschlichkeit bleibend anerkannt" (so S. Schulz, 148), ist ebenso fraglich, jedenfalls dieses „allein". Zu erkennen ist freilich, daß es Markus sehr um die Mitmenschlichkeit zu tun ist.

## B. Der Weg der „besseren Gerechtigkeit" nach Matthäus

*Literatur:* Vgl. außer der Literatur zur Bergpredigt in Kapitel I weiter: G. Barth, Das Gesetzesverständnis des Evangelisten Matthäus, in: Überlieferung und Auslegung im Matthäus-Evangelium (WMANT 1), 1968[5], 54–154; I. Broer, Freiheit vom Gesetz und Radikalisierung des Gesetzes (SBS 98), 1980; ders., Anmerkungen zum Gesetzesverständnis des Matthäus, in: Das Gesetz im NT (QD 108), 1986, 128–145; T. L. Donaldson, Jesus on the Mountain. A Study in Matthean Theology (JSNT Suppl. 8), 1985; H. Giesen, Christliches Handeln. Eine redaktionskritische Untersuchung zum dikaiosyne – Begriff im Matthäus-Evangelium (E. HST 181), 1982; R. A. Guelich, The Sermon on the Mount, Vaco [2]1983; R. Hummel, Die Auseinandersetzung zwischen Kirche und Judentum im Matthäusevangelium (BEvTh 33), 1963; A. Kretzer, Die Herrschaft der Himmel und die Söhne des Reiches (SBM 10), 1971; G. Lohfink, Wem gilt die Bergpredigt?, 1988; U. Luz, Das Evangelium nach Matthäus (EKK I 1), 1985; B. Przybylski, Righteousness in Matthew and his World of Thought (MSSNTS 41), 1980; S. Schulz, Ethik, 447–466; H. Simonsen, Die Auffassung vom Gesetz im Matthäusevangelium, SNTU 2, 1976, 44–67; G. Strecker, Der Weg der Gerechtigkeit (FRLANT 82), 1971[3]; ders., Glaube, 36–45; R. Thysman, Communauté et directives éthiques. La catéchèse de Matthieu, Gembloux 1974; W. Trilling, Das wahre Israel (StANT 10), 1964[3]; J. Zumstein, La condition du croyant dans l'évangile selon Matthieu, Fribourg 1977.

## B. Der Weg der „besseren Gerechtigkeit" nach Matthäus

Für Matthäus ist die ethische Thematik weitaus zentraler als für Markus, denn für ihn ist christliches Leben konstitutiv Erfüllung der Forderung der „besseren Gerechtigkeit", die Jesus autoritativ gebietet. Die Matthäus leitende und bewegende Tendenz ist eine stark paränetische (A. Kretzer, 303). Wie er das Wirken und Lehren Jesu insgesamt in der Kontinuität zum Alten Testament sieht und das Christusgeschehen als Erfüllung der Verheißung, so ist ihm vor allem die Thora die verbindende Klammer zwischen Israel und der Kirche. Deshalb wird ihre rechte Auslegung zum Zentralproblem, vor allem in der Auseinandersetzung mit dem Judentum. Gerade die Unterweisung im Willen Gottes durch Jesus – bei Matthäus z. T. katechismusartig zusammengestellt (vgl. 6,1 ff.) – wird zu Ostern ausdrücklich neu in Geltung gesetzt, wie der Rückverweis auf die irdische Wirksamkeit und zumal das „Gebieten" Jesu im Missionsbefehl des Auferstandenen zeigt: „lehrt sie halten alles, was ich euch befohlen habe" (28,20). Darin dokumentiert sich das Bemühen des Matthäus um „ein Programm der christlichen Ethik für die Kirche aller Zeiten" (M. Dibelius, Bergpredigt, 93).

1.1. Grundlegend für die matthäische Ethik ist die Bindung an Person und Werk Jesu. Gewiß ist der matthäische Jesus nicht nur der messianische Interpret des Alten Testaments, der zur „besseren Gerechtigkeit" ruft (5,20), sondern auch der, der sie durch Wort und Tat erfüllt (3,15). Er ist der „Immanuel" (1,23; vgl. auch 28,20), der Niedrige (21,5) und Gehorsame, der willig sein Leben auf sich nimmt (vgl. 26,2) und stellvertretend stirbt (vgl. den Zusatz zum Abendmahlswort „zur Vergebung der Sünden"), auch der, der in seinen Heilungen für die Hilflosen eintritt und in Sonderheit der Herr (vgl. 8,25; 24,42 u. ö.) und der Auferstandene, der den Seinen seine Gegenwart verheißt (18,20; 28,20). Vor allem aber ist er doch der vollmächtige Lehrer, der den Jüngern den Weg der „besseren Gerechtigkeit" aufzeigt (5,1 u. ö.) und ihnen in der Nachfolge das Tun des von ihm gelehrten und gelebten Willens Gottes ermöglicht. Gerade weil ihm als Auferstandenem alle Gewalt im Himmel und auf Erden gegeben ist (28,18), sollen die Auferstehungszeugen zu universaler Mission aufbrechen und auch nach Ostern zur Jüngerschaft und Nachfolge rufen (vgl. 28,19; die einzige wirkliche Differenz zur vorösterlichen Zeit liegt im Fortschritt von der Israelmission 10,5 f. 23 zur Völkermission). Zwar bevorzugt Matthäus im Jüngerverständnis die Eingrenzung auf den Zwölferkreis (vgl. 10,1; 11,1; 26,20). Charakteristisch ist aber gerade nicht die Distanz zur Gegenwart und eine Historisierung, sondern die Vorabbildung der Kirche in der Jüngerschaft (vgl. außer 28,19 auch 23,52 und 27,57)[3]. Christsein heißt Jüngersein. Kennzeichen dieser Jüngerschaft par excellence aber ist die Nachfolge Jesu, das Tun des Willens Gottes und die Hereinnahme in Jesu Sendung (vgl. 8,23; 9,37 ff.; 12,49 u. ö.). Nicht zufällig steht die Bergpredigt am Anfang der fünf großen Reden.

1.2. Da für Matthäus trotz der Parusieverzögerung (vgl. 25,1 ff.; 24,48) die Enderwartung eine besondere Bedeutung besitzt, gerade auch für die auf das Gericht zugehende Kirche als corpus mixtum, in dem das Unkraut noch mitten

---

[3] Vgl. U. Luz, Die Jünger im Matthäusevangelium, ZNW 62, 1971, 141–171; anders G. Strecker, Weg, 191 ff.

unter dem Weizen wächst (13,31 ff. 47 ff.), verwundert es nicht, daß gerade Stücke wie die Bergpredigt stark eschatologisch ausgerichtet sind. Zwar scheint das Reich Gottes (trotz 12,28) bzw. das Reich der Himmel eine zukünftige Größe und von der gegenwärtigen Herrschaft des Menschensohns zu unterscheiden (vgl. 13,36 ff.), bleibt aber gerade so in seiner Dynamik erhalten (vgl. 13,11.18a und A. Kretzer, 93, ff. 225 ff.) und zentrales Motiv der Ethik (vgl. 5,8 ff.; 13,43; 21,43 u. ö.). Wahre Früchte sind „Früchte der Gottesherrschaft" (21,43), hervorgebracht und gefordert von ihr selbst bzw. den „Söhnen der Gottesherrschaft" (13,38). Besonders der eschatologische Lohn- und Gerichtsgedanke wird immer wieder betont (vgl. 5,46; 6,1 ff.; 7,21 ff.; 13,41 ff.; 22,11 ff.; 24,45 ff.; 25,14 ff.), z.B. um das „Ausharren bis ans Ende" (24,13)[4], die Treue (25,21) und das Arbeiten mit den anvertrauten Pfunden (25,16) einzuschärfen, vor allem aber, weil der Menschensohn „jedem nach seiner Praxis vergelten" (16,27) und nach der Solidarität mit den „geringsten Brüdern" fragen wird (25,31 ff.).

1.3. Dabei ist aber auch bei Matthäus der Heilsindikativ, wie schon die Einbindung der Bergpredigt in die Jesusgeschichte (vgl. 4,12 ff. 23 ff. und 8–9) und deren Einordnung in den heilsgeschichtlichen Kontext (vgl. 4,15 f. u. ä.) signalisiert, nicht in Vergessenheit geraten (vgl. auch den Hinweis auf die Taufe 28,19, die auch für Matthäus ein Heilsverhältnis begründen wird, oder die Hinweise auf Sündenvergebung 9,2; 26,28 u. ä.). Gerade für Matthäus dürfte zutreffen, daß die Indikative auch paränetischen Charakter haben, umgekehrt aber auch Imperative eine Gestalt der Gnade sein können (vgl. z.B. 11,28 f. oder die befreienden und verpflichtenden Nachfolgerufe und weiter J. Zumstein, 303), weshalb er z.B. auch keinen Widerspruch empfindet, wenn menschliches Vergeben einmal Voraussetzung göttlichen Vergebens ist (6,14 f.), einmal dagegen dessen Konsequenz (18,23 ff.). Der ganze Akzent bei diesem Ineinander von Indikativ und Imperativ liegt allerdings nicht auf dem Heilszuspruch, sondern auf dem Imperativ und der Paränese, die aber eben als solche schon als göttliche Wohltat zu verstehen ist. Jedenfalls zielt gerade Matthäus auf einen konkreten, sichtbaren und effektiven Gehorsam, der in der Nachfolge verwirklicht wird und an „guten Werken" (5,16) und „Früchten" (7,16.20) zu erkennen ist, was auch auf die missionarische Verantwortung hinweist (5,13–16)[5].

2. Sowenig Nachfolge auf Gesetzesgehorsam zu beschränken ist, sondern auch Bedrängnis (8,23 ff.), Leidensbereitschaft (10,17 ff.), Niedrigkeit (18,1 ff.), Dienst (20,20 ff.), Liebeswerke (25,31 ff.) und in allem Schicksalsgemeinschaft mit Jesus einschließt, sosehr kommt es Matthäus unverkennbar vor allem auf das Tun des durch Jesus vollmächtig ausgelegten Gesetzes an. In 5,17 heißt es programmatisch, daß Jesus nicht gekommen ist, um Gesetz und Propheten aufzulösen, sondern zu erfüllen.

---

[4] Vgl. R. Pesch, Eschatologie und Ethik. Auslegung von Mt. 24,1–36, BiLe 11, 1970, 223–238.
[5] Vgl. dazu Ch. Burchard, Versuch, das Thema der Bergpredigt zu finden, in: FS H. Conzelmann, 1975, 409–432, bes. 420.

Da der Vers gehäuft Eigentümlichkeiten des matthäischen Sprachgebrauchs aufweist, wird er meist mit Recht als matthäische Einleitung des folgenden Zentralstücks der Bergpredigt verstanden (vgl. „nehmt nicht an" und dazu 10,34; „Gesetz oder Propheten" und dazu 7,12 und 22,40; „erfüllen" bei Matthäus 16mal u. a.; vgl. E. Schweizer, ThLZ 77, 1952, 479ff.; W. Trilling, 165ff.; R. Thysman, 36ff.). Es ist allerdings wenig wahrscheinlich, daß Matthäus damit die absolute, uneingeschränkte Geltung des Gesetzes bis zum I-Tüpfelchen behaupten will, wie das der folgende V. 18 zu sagen scheint. Daß Matthäus selbst mit V. 18 nicht die Autorität und Ewigkeit des Buchstabens und Buchstabenteils im Sinne haben kann, ergibt sich aus der Begrenzung des Gesetzes auf diesen Äon (vgl. H. Simonsen, 51) und aus seinen sonstigen Vorbehalten gegenüber dem Kult- und Zeremonialgesetz. Entsprechendes gilt auch für V. 19, wonach selbst der, der eines der kleinsten Gebote auflöst, zwar nicht exkommuniziert wird, aber sich doch mit dem geringsten Platz im Himmelreich zufriedengeben muß. Ist Matthäus also eigentlich selbst von diesem Urteil mitbetroffen, weil er de facto zwischen sittlichen und kultischen Geboten differenziert, dann hat er sich den rigorosen Standpunkt des gesetzesstrengen Judenchristentums, auf den V. 18 und V. 19 zurückgehen (vgl. S. 129), nur durch eine Umdeutung zu eigen machen können. Man darf sich also durch V. 18 und 19 nicht täuschen lassen.

Gewiß protestiert Matthäus nachdrücklich gegen jede Relativierung oder gar Annullierung des Gesetzes. Das Gesetz ist Gesetz Gottes (vgl. die Umformung von Mk. 7,10 in Mt. 15,4 oder die der Q-Tradition von Lk. 16,16a), aber das Gesetz „erfüllen" heißt für ihn primär nicht, es einfach aufrichten oder gar komplettieren, sondern es heißt einmal: durch die Tat erfüllen, es verwirklichen und ausführen, was vor allem für Jesus selbst gilt (vgl. 3,15 und die Reflexionszitate[6]). Es heißt aber vor allem: es mit Vollmacht in seiner wahren Bedeutung herausstellen und durch rechte Auslegung zur Vollendung bringen. Matthäus zielt also primär auf eine andere Auslegung des Gesetzes, und zwar zum einen gegen alle christlichen Formen von Antinomismus und Gesetzesfreiheit (vgl. 7,21ff. und 13,41), vor allem jedoch gegen jüdisch-pharisäische Fehldeutungen des Gesetzes durch „blinde Blindenführer" (15,14; vgl. 23,24 und auch die Einleitung des Prophetenwortes Hos. 6,6 in 9,13 „lernt, was es heißt" oder in 12,7). Daß V. 17 weniger die tathafte Erfüllung als vielmehr die rechte Auslegung durch Jesus im Auge hat, erweisen die in V. 21-48 folgenden Antithesen (vgl. G. Barth, 62ff. 138).

3.1. Vor allem 5,20 läßt diese doppelte Frontstellung erkennen: Die Gerechtigkeit soll besser sein als die der Schriftgelehrten und Pharisäer und sie übertreffen. Das geforderte „Mehr" ist auch hier zunächst einmal die tathafte Verwirklichung der Gerechtigkeit (vgl. auch V. 19) sowie die Überwindung der

---

[6] Vgl. weiter U. Luz, Die Erfüllung des Gesetzes bei Matthäus, ZThK 75, 1978, 398-435, bes. 413ff.; G. Strecker, Weg, 147.149. Es ist nicht auszuschließen, daß Matthäus in 5,17 nur „oder Propheten" hinzugefügt hat; dann wäre auch die Erfüllung der prophetischen Verheißung mit angesprochen (vgl. auch 11,13 und F. Hahn, Matthäus 5,17 - Anmerkungen zum Erfüllungsgedanken bei Matthäus, in: FS E. Schweizer, 1983, 42-54), doch kann das wegen des Kontextes der Antithesen und der Opposition zu „auflösen" nicht im Vordergrund stehen (zur ethischen Bedeutung auch der Propheten vgl. z.B. 9,13 und 12,7).

"Heuchelei" (vgl. 6,1 ff. und 23,25 ff.) bzw. der Diskrepanz zwischen Reden und Tun (vgl. 7,21 ff. und 23,3 f.). „Gerechtigkeit" in V. 20 ist also die in und mit der Tat geübte, dem Willen Gottes entsprechende Gerechtigkeit, das rechte praktische Verhalten. Nur darum kann quantitativ und graduell vergleichend und steigernd („bessere") von ihr gesprochen weden. Wer in der Praxis der Gerechtigkeit zurückbleibt, erhält nicht wie die Irrlehrer in V. 19 einen bescheidenen Platz im Reich Gottes, sondern der kommt überhaupt nicht hinein. Kritik der „Heuchelei" impliziert für Matthäus auch Kritik frommer Schauspielerei. Vor allem in Kap. 6 prangert Matthäus darum scharf alle ostentative Zurschaustellung der Frömmigkeit an: das „Posaunenblasen" bei Wohltätigkeit und Spenden, das zur Schau getragene Fasten, das Gebet coram publico in Synagogen und auf der Straße (vgl. auch 23,5 f.). Das „Mehr" der Gerechtigkeit besteht demnach hier in der Verborgenheit von Frömmigkeit und Liebe vor einem selbst und vor anderen, was natürlich nicht auf eine rein innerliche Frömmigkeitspraxis hinauslaufen soll, sondern auf das Fehlen der Abzweckung und Selbstbespiegelung.

3.2. Ebenso wichtig wie die Kritik an religiöser Maskerade und Demonstration – hierbei hat Matthäus vor allem den von ihm einseitig verzeichneten Pharisäismus seiner eigenen Zeit im Blick (vgl. R. Hummel, 12 ff.; noch undifferenzierter ist das Bild in Mt. 23) – ist aber eine entsprechende Warnung nach innen, d.h. die Wendung gegen den christlichen Enthusiasmus zumal der Charismatiker und Herr-Herr-Sager. Darum nimmt er in 7,19 einen Satz der Täuferpredigt aus 3,10 wieder auf und wendet ihn nun gegen die Christen: Ein Baum ohne Frucht wird abgehauen und ins Feuer geworfen. Man darf bei diesem Herr-Herr-Rufen (7,21) nicht an bloß kultische Frömmigkeitsübungen oder Lippenbekenntnisse denken. Im Unterschied zu Lukas berufen sich diese Leute ja auf charismatisches Handeln (Prophetie, Exorzismus und Krafttaten V. 22), und das wird keineswegs generell verworfen (vgl. z.B. die Steigerung der Wunder in 10,8 und die Bedeutung der Prophetie in 5,12; 10,41 und 23,34). Kriterium auch von Prophetie und charismatischem Handeln ist im Sinne des Matthäus eben das Tun des Willen Gottes in Gerechtigkeit und Liebe.

3.3. Der eigentliche Kontrast zum Tun des Willen Gottes ist freilich nicht das charismatische Handeln, sondern das bloße Hören, wie vor allem der Schluß der Bergpredigt zeigt. Für Matthäus ist Gehorsam und Tun die entscheidende Bedingung für das Bestehen im Gericht. Wer von den Geladenen kein „hochzeitlich Kleid" hat und also seine Berufung nicht durch die „bessere Gerechtigkeit" bewährt, verfällt dem Gericht (22,11–14). Dem Volk, das keine Früchte aufweist, wird das Reich Gottes genommen und denen gegeben, die „Früchte des Reiches Gottes" hervorbringen (21,43; vgl. W. Trilling, 58 ff.). Darum interessiert Matthäus mehr das Verhältnis von Hören und Tun als das von Hören und Verstehen. So wichtig das Verstehen als Voraussetzung verantwortlichen Tuns auch ist (vgl. die Eliminierung des Jüngerunverständnisses Mk. 6,52; 8,17 u.ö. oder positiv Mt. 13,51), dem Hören und Verstehen muß das

B. Der Weg der „besseren Gerechtigkeit" nach Matthäus    151

Fruchtbringen folgen (13,23). Gerade in der Bergpredigt geht es primär nicht um Ideen oder Gesinnungen, sondern um das praktische Tun. „Salz der Erde" und „Licht der Welt" sind die Jünger eben durch das Tun der guten Werke (5,13–16). Richtschnur und Orientierung dieses Tuns aber sind nach 7,24.26 und 28,20 Jesu Worte, aber auch Jesu Praxis, die ohnehin einander entsprechen (vgl. z. B. 5,4 mit 11,29 oder 5,39 mit 26,52 und 6,10 mit 26,42f.). Es gilt, von Jesus zu lernen (11,29) und „wie" (so ändert Mt. 20,28 das „denn auch" von Mk. 10,45 um) Jesus zu dienen. Damit ist erneut die Frage gestellt, wie sich diese Orientierung zum Gesetz und zumal zur jüdischen Gesetzesauslegung verhält.

3.4. Wie schon angedeutet, betrifft das „Mehr" von 5,20 nicht nur die Tatsache, daß die Gemeinde tut, was der Pharisäismus nur lehrt, sondern auch die Lehre selbst. Das Mehr impliziert also eine messianische Korrektur der jüdischen Gesetzesauslegung durch die Schriftgelehrten und Pharisäer (zur Abgrenzung von den Sadduzäern vgl. 16,12). Der Wille Gottes muß unter allen Umständen getan werden, gewiß, aber die Willensforderung Gottes ist wie für Jesus so auch für Matthäus trotz 23,3 nicht mehr schlechthin mit der vom Pharisäismus gelehrten Halacha identisch. Das zeigt neben der großen Wertschätzung der Lehre (vgl. außer 5,19 auch 5,2; 7,29; 18,20) und ihrer Abgrenzung von der Lehre der Pharisäer in 16,12 (vgl. auch 15,12–14) vor allem die Reihe der sogenannten Antithesen in 5,21–48 (vgl. S. 70ff.). Das „Ich aber sage euch" Jesu ist dabei für Matthäus der Einspruch des Messias gegen eine verfehlte Auslegung des Sinai-Gesetzes, nicht aber gegen das Gesetz selbst. Daß Jesu Einspruch darüber hinaus eben doch den Wortlaut der Thora selbst trifft, ist faktisch zwar auch bei Matthäus nicht verdeckt worden (vgl. die 3., 5. und 6. Antithese oder 19,8). Matthäus hat das jedoch nicht im Sinne einer Aufhebung, sondern einer vertiefenden, seine eigentliche Intention freilegenden Neuauslegung verstanden.

Vgl. Ch. Dietzfelbinger, Die Antithesen der Bergpredigt im Verständnis des Matthäus, ZNW 70, 1979, 1–15; R. Thysman, 35ff. Bei Matthäus ist diese Aufhebung ja auch sonst bisweilen abgeschwächt worden. Das ist selbst da zu beobachten, wo gar nicht eine Aufhebung, sondern eine Radikalisierung des Gesetzes durch Jesus vorliegt. Zu erinnern ist an die Umdeutung der ersten Antithese, wo neben dem Zorn eine Skala von Schimpfwörtern erscheint (vgl. S. 128). Matthäus wird das freilich im Sinne einer Konkretisierung verstanden haben, und er hat die Mahnung durch die Verpflichtung zur Versöhnung zudem positiv ergänzt (vgl. 18,21f.). Ähnlich scheint in der 4. Antithese wieder eine leichte Schwurformel bzw. ein Schwurersatz toleriert zu werden (vgl. S. 128), doch bleibt der formelle Eid untersagt (vgl. aber 23,16ff., wo Matthäus auf der Verbindlichkeit des Schwörens und auf seiner Beziehung zu Gott besteht). Es ist allerdings nicht sicher, ob die Modifizierungen auf Matthäus oder schon seine Tradition zurückgehen. Die Einfügung der „Unzucht" (wahrscheinlich eheliche Untreue der Frau; andere Exegeten denken an Heirat in verbotenen Verwandtschaftsgraden) als Scheidungsgrund in 5,32 geht eher auf das Konto des Evangelisten selbst, wie dieselbe Konzession in 19,9 (allerdings mit anderem Wortlaut) nahelegt. Immerhin wird auch dadurch nicht generell die Scheidung freigegeben, sondern auf den Fall der durch den (wegen der sonst entstehenden Spannung zu 18,21f. wahrscheinlich dauernden) Ehebruch der Frau zerstörten Ehe begrenzt. Sosehr mit all dem auch einem Teil der jüdischen Gesetzesauslegung widersprochen wird, sosehr hat man sich doch, ob bewußt oder unbewußt, ihr wieder genähert. Es fragt sich allerdings, ob Anpassung die richtige Kategorie ist (vgl. R. Thysman, 55: „une concession pastorale"), aber ebenso, ob tatsächlich alle Antithesen das Liebesgebot konkretisieren sollen (so Ch. Dietzfelbinger, ZNW 1979, 14). Sicher aber sollen sie im Sinne des Matthäus Sinn und Ziel der Thora entfalten, die im Liebesgebot gipfelt. Daß Matthäus gleichwohl auch den gängigen Wertvorstellungen Tribut zollt, zeigt 20,20ff., wo er die törichte Bitte um Ehrenplätze im Himmel – bei Markus noch von Jakobus und Johannes selbst vorgetragen (10,35ff.) – einer Frau, nämlich der Mutter der beiden Zebedaiden, zur Entlastung der Jünger in den Mund legt.

4. Das eigentliche Kriterium der rechten Gesetzesinterpretation ist für Matthäus wie Jesus das Liebesgebot. Damit wird das Gesetz nicht von außen her ausgelegt und gemessen, sondern von seiner inneren Mitte her, die der Messias erschließt. Darum läßt Matthäus die von Markus übernommene Aufzählung der Einzelgebote des Dekalogs, der natürlich verbindlich bleibt (vgl. auch die Angleichung des Lasterkatalogs von Mk. 7,21f. an den Dekalog in Mt. 15,19), im Liebesgebot gipfeln (19,19) und die 6. Antithese den krönenden Abschluß der Antithesenreihe bilden. Vollkommenheit erreicht man nicht durch das Gesetz, sondern durch die Liebe. In Mt. 5,48 übernimmt Matthäus mit dem Gebot der Feindesliebe zugleich den Entsprechungsgedanken, formt ihn aber inhaltlich um: Während bei Lukas – und das ist sicher ursprünglich – der Barmherzigkeit des Vaters entsprochen werden soll (Lk. 6,36), hat Matthäus stattdessen: „Seid vollkommen, wie euer himmlischer Vater vollkommen ist" (auch 19,21, ist der Begriff „vollkommen" redaktionell in die Perikope vom reichen Jüngling eingeschoben worden). Der Begriff der Vollkommenheit ist viel gequält worden, doch ist er weder pietistisch-perfektionistisch im Sinne minutiöser Gesetzeserfüllung (vgl. die Bedeutung der Niedrigkeit und Kleinheit für die Jünger 11,25ff.; 18,3f.) noch gar im Sinne einer elitären Zwei-Stufen-Moral gemeint (anders wohl 19,21). Man hat ihn vielmehr im Sinne des hebräischen *tamim* und *schalim* als „heil, ganz, ohne Zwiespältigkeit" o.ä. zu interpretieren und auf alle zu erfüllenden Weisungen Jesu zu beziehen oder aber – und das liegt im Anschluß an die letzte Antithese besonders nahe, auch wenn der Reiche nach 19,16ff. offenbar das Liebesgebot erfüllt, dennoch aber nicht „vollkommen" ist, nämlich nicht ungeteilt und ganzheitlich in der Nachfolge liebt – auf die Vollkommenheit der Liebe im intensiven oder extensiven Sinn (vgl. G. Delling, ThW VIII, 74f.).

Daß Matthäus das Liebesgebot als das eigentliche Auslegungskriterium des Gesetzes ansieht, bestätigen viele andere Beobachtungen. So wie das Gebot der Liebe betont am Schluß der Antithesenreihen steht, wird in 7,12 noch einmal die Goldene Regel als Summe und Quintessenz von »Gesetz und Propheten" herausgestellt. Das ist auch bei Matthäus nicht nur eine plausible Klugheits- oder Nützlichkeitsregel (vgl. S. 84), sondern sozusagen der Kommentar zum „wie dich selbst" von 22,39 und vor allem Zusammenfassung von Gesetz und Propheten, die dadurch noch einmal resümiert werden. Endlich hat Matthäus auch die Tradition vom Doppelgebot der Liebe in seinem Sinn kommentiert:

während Markus erklärt, das Gebot der Liebe sei das „zweite" Gebot nach dem der Liebe zu Gott (Mk. 12,31), heißt es bei Matthäus, es sei dem größten und ersten „gleich" (22,38). Matthäus betont also ausdrücklich die Gleichrangigkeit von Gottes- und Menschenliebe. Außerdem fügt er wieder den Satz hinzu, daß in diesen beiden Sätzen das ganze Gesetz und die Propheten hängen (22,40) – wie an einem Nagel an der Wand oder wie eine Tür in der Angel –, hierin also Gesetz und Propheten übereinkommen (vgl. G. Barth, 70ff.). Weil das Gesetz letztlich die Liebe gebietet, kann „Erkalten der Liebe" in 24,12 auf „Gesetzlosigkeit" zurückgeführt werden, die das zugunsten des Nächsten gegebene Gesetz Gottes beiseiteschiebt.

Sosehr Matthäus am Gebot der Feindesliebe festhält (Mt. 5,43ff.), ja vielleicht in den Wirren der Kriegs- und Nachkriegszeit Friedenstiften (5,9) und Feindesliebe (5,43ff.) neu aktualisiert (vgl. G. Theißen, Studien 179), ist ihm das Liebesgebot erst recht von innergemeindlicher Relevanz und bis in die Kirchenordnung hinein wichtig. So betont er in Mt. 18 stark die Verantwortung der Gemeinde für die verirrten Brüder (18,12–14), und in dem abgestuften Kirchenzuchtverfahren läßt er trotz der ultima ratio eines Ausschlusses aus der Gemeinde (18,17) alles in der grenzenlosen Vergebungsbereitschaft gipfeln (18,22).

Daß Matthäus das Liebesgebot vor allem als kritische Instanz z.B. gegenüber den kultisch-rituellen Bestimmungen auffaßt, gibt er dadurch zu erkennen, daß er zweimal den ihm offenbar besonders wichtigen Satz aus Hos. 6,6 in seine Tradition einfügt: „Barmherzigkeit will ich und nicht Opfer" (9,13; 12,7).

5. Diese Einfügung aber dient beidemale der Auseinandersetzung mit den Zeremonialgesetzen. In 9,13 wird Hos. 6,6 zur Unterstützung und Legitimierung der von den Pharisäern beargwöhnten Tischgemeinschaft mit Zöllnern und Sündern zitiert, die die jüdischen Reinheitsgebote außer Kurs setzt. Dem entspricht 21,14, wo Jesus auch im Tempel Blinde und Lahme heilt, denen nach 2.Sam. 5,8 (ähnlich in Qumran) das Haus Gottes verboten war. In 12,7 steht das Hosea-Zitat im Rahmen der Perikope vom Ährenausraufen der Jünger am Sabbat. Da Matthäus ausdrücklich in den Markustext einen Hinweis auf den Hunger der Jünger einschiebt (12,1), wird die Übertretung des Sabbatgebotes also wegen der humanitären Bedürfnisse zugestanden (vgl. auch 12,12 und die Auslassung von Mk. 2,27). Das Liebesgebot steht über dem Sabbat, wobei 24,20 vielleicht belegt, daß die Gemeinde des Matthäus den Sabbat im allgemeinen hält (vgl. aber I. Broer, QD 108, 141 Anm. 42). Auch sonst ist keine grundsätzliche Infragestellung des Kultgesetzes zu erkennen.

Entsprechend ist nach 5,23f. die Pflicht zur Versöhnung der kultischen Verpflichtung übergeordnet, ohne davon prinzipiell zu suspendieren. Nimmt man die Auslegung von der Intention des Matthäus her vor, ergibt sich, daß auch hier alles am kritischen Auswahl- und Auslegungsprinzip der Liebe liegt. Gott will keine Opfer von dem, der keine Liebe hat. Darum trifft die Schriftgelehrten und Pharisäer in 23,23 auch das Wehe: „Wehe... ihr Heuchler, denn ihr verzehntet Minze, Anis und Kümmel, und das Gewichtigere des Gesetzes laßt ihr zurück, nämlich das Recht, das Erbarmen und die Treue." Das Schwerere ist nicht das schwerer zu Erfüllende, sondern eben das sachlich Gewichtigere. Zu beachten ist auch hier der Komparativ. Mitmenschlichkeit geht dem Kultischen voran. Ausdrücklich wird aber hinzugefügt: »dieses sollte man tun und jenes nicht unterlassen" (V. 24 vgl. auch V. 26).

Abgesehen von diesen Konfliktfällen aber läßt Matthäus durchaus eine konservative Haltung gegenüber Tempel- und Opferkult erkennen (vgl. H. Simonsen, 58.60 u. ö.; R. Hummel, 76 ff.; I. Broer, QD 108, 139 ff.; anders G. Strecker, Weg, 32 f. 135). Zwar ist im Vergleich zum Judentum der Tempel aus seiner zentralen Stellung verdrängt, ja die Zerstörung Jerusalems und des Tempels wahrscheinlich als Strafe für die Ablehnung der Propheten und für die Kreuzigung Jesu verstanden (vgl. 27,24 f.51; 22,7; die Ankündigung der Tempelzerstörung in 24,2 steht nicht zufällig in direkter Verbindung mit der Pharisäerrede in Kap. 23, speziell 23,38). Aber das alles ändert nichts daran, daß Matthäus den Tempel und seinen Kult nie spiritualistisch, indifferent, skeptisch oder aufklärerisch ansieht. Abgetan ist er wegen des Größeren (vgl. 12,6 „Hier ist Größeres als der Tempel"), was eben eine Überbietung, aber nicht eine Diskreditierung meint.

6.1. Man hat öfter behauptet, Matthäus habe in Jesus den Bringer einer *nova lex* gesehen. Das gilt freilich nicht im Sinne der Promulgation eines neuen Gesetzes, sei es in Analogie, sei es in Antithese zur mosaischen Gesetzgebung. Die Identität mit dem Sinaigesetz wird bei Matthäus so stark hervorgehoben, daß die Bergpredigt kein neues oder besseres Gesetz aufbieten will, sondern das durch den Messias neu interpretierte und auf seinen wahren Sinn gebrachte Mosegesetz. Auch die in den Kindheitsgeschichten vorliegende Mose-Typologie und der an den Sinai (2. Mose 19,3; 24,15) erinnernde Berg in 5,1 deuten an, daß Jesus Mose recht aufnimmt und auslegt.

Vgl. G. Barth, 143 ff.; G. Lohfink, Bergpredigt, 110 ff. Die Frage, die sich von Jesus, aber auch von Paulus her stellt, ist freilich die, ob das, was bei Matthäus mit Vehemenz gegenüber aller Gesetzesfreiheit aufgeboten wird, nicht selbst wieder gesetzlich ist und die Botschaft Jesu zu überfremden droht. So berechtigt die Antithese gegen antinomistisch-libertinistische Tendenzen und das Insistieren auf den Werken ist, das Problem steckt darin, daß auch die Werke selbst wieder zum Schafskleid werden können und als solche nicht eindeutig sind. Das hat Paulus z.B. deutlicher gesehen. Man braucht Matthäus darum noch nicht zum Vorreiter des Frühkatholizismus abzustempeln (so S. Schulz, 191), nicht einmal zum „theologischen Kontrahenten" des Paulus (so M. Hengel, ThRu 1987, 347.362). Man muß ihn allerdings noch konsequenter, als er selbst es getan hat, darauf festlegen, daß die Liebe das zentrale und allen anderen übergeordnete Kriterium ist, um nicht ein Gefälle zur Gesetzlichkeit im Inhalt der Forderung entstehen zu lassen.

6.2. Sicher aber darf auch Matthäus nicht einfach im Sinne von Leistungsfrömmigkeit interpretiert werden, wie sich schon am Anfang zeigte, aber auch die Makarismen belegen, vielleicht auch 7,7–12.

Zu den Makarismen vgl. N. Walter, Die Bearbeitung der Seligpreisungen durch Matthäus, StEv IV (TU 102), 1968, 246–258; I. Broer, Die Seligpreisungen der Bergpredigt (BBB 61), 1986; M. Hengel, ThRu 1987, 329 ff. W. Grundmann hat in seinem Kommentar vermutet, daß 7,7–12 zusammenfassenden Charakter hat und auf alles Vorhergehende zu beziehen ist. Der Abschnitt hätte dann folgenden Sinn: Was Jesus in

B. Der Weg der „besseren Gerechtigkeit" nach Matthäus    155

der Bergpredigt als den Willen des Vaters enthüllt, kann nur darin erfüllt werden, wenn darum gebetet wird. Damit würde deutlich: „Die bessere Gerechtigkeit ist letztlich Gabe Gottes, die Bittenden zuteil wird" (ThHK z. St.).

Man darf jedenfalls nicht von einer durchgängigen Ethisierung des Evangeliums sprechen. Selbst ob die Makarismen in 5,3 ff. die erste und zweite Tafel des Dekalogs bzw. das Doppelgebot der Liebe illustrieren (N. Walter), kann man fragen. Sie fungieren m. E. nicht einfach als „Einlaßbedingungen" oder „eschatologische Tugendtafel", sondern auch als tröstende und ermutigende Erinnerung an die Verheißung (Ch. Burchard a.a.O. [Anm. 5], 418), auch wenn Matthäus ethische Qualitäten hinzunimmt und dadurch Zuspruch und Anspruch engstens miteinander verwoben werden, ja der ethische Anspruch dominiert.

Gerade die matthäischen Zusätze zur Makarismustradition sind aber sehr bezeichnend und machen es schwer, von einem reinen Tugendkatalog zu sprechen. Der erste („im Geist") in 5,3 verweist auf die geistlich Armen (nicht auf die im materiellen Sinn freiwillig Armen), die vor Gott als Bettler dastehen und sich ihre leeren Hände von ihm füllen lassen (vgl. Jes. 61,1 f.; 57,15). Das entspricht der Charakterisierung der Jünger als die „Kleinen" und d. h. Niedrigen, Schwachen, Hilflosen (vgl. ihren Ruf „Herr, hilf" 8,25 und 14,30) sowie dem Ruf zum Kindwerden im Sinne der Bedürftigkeit. Auch die dritte Seligpreisung verweist auf die Niedrigen und Gebeugten, die auf Gott angewiesen sind (vgl. G. Barth, 115 f.).

6.3. Der zweite Zusatz („und dürsten nach der Gerechtigkeit") in V. 6 hat m. E. nicht die ethische Rechtschaffenheit oder eine sittliche Qualität im Auge, sondern ist an die adressiert, die vom Durst nach der göttlichen Gerechtigkeit umgetrieben werden und deren Durst erst im Eschaton gestillt werden wird. Solcher Durst ist freilich keine platonische Angelegenheit. Er ergreift und beherrscht den ganzen Menschen schon hier und jetzt, indem er ihn nach Gottes Recht schreien, sich aber zugleich dafür einsetzen läßt. Jedenfalls ist Gerechtigkeit hier auch Gabe und nicht allein Forderung und Leistung. Denn wenn die nach Gerechtigkeit Hungernden mit Gerechtigkeit „gesättigt werden", dann ist der Geschenkcharakter nicht gut zu bestreiten (vgl. das passivum divinum).

Dieser Doppelaspekt von göttlicher Heilsgabe und Forderung wird zum Teil bestritten (vgl. G. Strecker, 153 f.157; W. Przybylski, 87 f.90 u. ö.; U. Luz, EKK I 1,210), und zweifellos liegt der ganze Nachdruck auf der geforderten Gesetzeserfüllung, doch ist der Geschenkcharakter in 5,6 und 6,33 m. E. nicht zu übersehen. Vgl. M. J. Fiedler: „Gerechtigkeit" im Matthäus-Evangelium, Theol. Versuche VIII, 1977, 63–75, der vor allem auf die alttestamentliche Doppelbedeutung der Gerechtigkeit im Sinn von „Heil" und „Rechtverhalten" verweist (vgl. auch P. Stuhlmacher, Gerechtigkeit Gottes bei Paulus [FRLANT 87], 1965, 189 f.; H. Giesen; K. Kertelge, EWNT I 792 f.). Zwar wird 5,20 und 6,1 durch den Genitiv „eure" die Gerechtigkeit als die der Jünger bestimmt, aber durch 6,33 ist gesichert, daß die Gerechtigkeit nicht nur als Gerechtigkeit der Menschen, sondern auch als die Gottes konzipiert ist, denn „seine" bezieht sich dort auf den in V. 32

genannten himmlischen Vater: „Sucht aber zuerst sein Reich und seine Gerechtigkeit". Entscheidend ist freilich die nähere Interpretation dieser Zuordnung von Reich und Gerechtigkeit. G. Strecker fragt zwar selbst, ob nicht die Parallelität von Gerechtigkeit und Reich bzw. Herrschaft auch für das Verständnis von Gerechtigkeit wichtig sei, da die Herrschaft Gottes auch bei Matthäus eine vorgegebene und nicht eine zu erwirkende Größe darstelle. Er interpretiert dann aber doch in Analogie zu Jak. 1,20, d. h. die Gerechtigkeit sei auch hier eine menschliche Eigenschaft, die durch des Menschen Tun zustande komme. Die Herrschaft sei eine zukünftige, die Gerechtigkeit aber eine gegenwärtige Größe und verhalte sich so wie die Bedingung (Gerechtigkeit) zur Folge (Herrschaft), Weg, S. 154. Schon aus der Reihenfolge in 6,33 wird man eher das Umgekehrte herauslesen: das Ausgerichtetsein auf die Gottesherrschaft hätte das Aussein auf die Gerechtigkeit zur Folge. Es fragt sich aber überhaupt, ob man die Parallelität im Sinne eines Grund-Folge-Verhältnisses interpretieren darf. Zu beachten bleibt in jedem Fall, daß von der Gerechtigkeit des Vaters (vgl. 6,33), nicht einfach Gottes die Rede ist (vgl. im Kontext V. 26.32).

Auch 5,6 spricht m. E. gegen das genannte Verständnis. Es ist G. Bornkamm zuzustimmen, daß die in der 4. Seligpreisung Angeredeten diejenigen sind, die nicht leben können ohne die Gerechtigkeit, die Gott allein ihnen zusprechen und in der Welt aufrichten kann (Jesus, 65; vgl. M. J. Fiedler, 66; A. Kretzer, 269f.). Da aber Gerechtigkeit bei Matthäus unzweifelhaft *auch* das mit Gottes Willen übereinstimmende Verhalten der Jünger meint, wird man besser mit G. Eichholz sagen, daß die seliggesprochen werden, die nach der Verwirklichung des göttlichen Rechts an und über dieser Erde hungern und dürsten, d. h. die darauf warten, daß Gott diese Welt zurechtbringt, und daraus selbst Konsequenzen ziehen (Bergpredigt, 44; ähnlich E. Käsemann, Die Anfänge christlicher Theologie, in: Exeget. Versuche und Besinnungen 2, 1964, 82–104, bes. 102). Diese Konsequenzen aber haben sich an der Gerechtigkeit auszurichten.

## C. Das christliche Leben nach Lukas

*Literatur:* S. Arai, Individual- und Gemeindeethik bei Lukas, AJBI 9, 1983, 88–127; R. Barraclough, A Re-Assessment of Luke's Political Perspective, RTR 38, 1979, 10–18; F. Bovon, Luc le théologien, Neuchâtel/Paris 1978, 403–427; R. J. Cassidy, Jesus, Politics, and Society. A Study of Luke's Gospel, New York 1978; ders. und Ph. J. Sharper (hg.), Political Issues in Luke-Acts, New York 1983; H. J. Cadbury, The Making of Luke-Acts, London 1958[2], 254–273; H. Conzelmann, Die Mitte der Zeit (BHTh 17), 1962[4]; H. J. Degenhardt, Lukas – Evangelist der Armen, 1965; F. W. Horn, Glaube und Handeln in der Theologie des Lukas (GTA 26), 1983; P. Huuhtanen, Die Perikope vom „Reichen Jüngling" unter besonderer Berücksichtigung der Akzentuierung des Lukas, SNTU 1/2, 1976, 79–98; M. Klinghardt, Gesetz und Volk Gottes. Das lukanische Verständnis des Gesetzes nach Herkunft, Funktion und seinem Ort in der Geschichte des Urchristentums (WUNT 32), 1988; G. W. E. Nickelsburg, Riches, The Rich and God's Judgment in 1 Enoch 92–105 and the Gospel according to Luke, NTS 25, 1979, 324–344; J. O'Hanlon, The Story of Zacchaeus and the Lucan Ethic, JSNT 12, 1981, 2–26; W. E. Pilgrim, Good News to the Poor: Wealth and Poverty in Luke-Acts, Minneapolis 1981; W. Schmithals, Lukas – Evangelist der Armen, ThViat 12, 1973/74, 153–167; L. Schottroff/W. Stegemann, Jesus, 89–153; S. Schulz, Ethik, 466–484; D. B. Secombe, Possessions and the Poor in Luke-Acts (Studien zum NT u. seiner Umwelt 6), 1982; J.-Y.

Thériault, Les dimensions sociales, économiques et politiques dans l'œuvre de Luc, ScEs 26, 1974, 205-231; P. W. Walaskay, „And so We Came to Rome". The Political Perspective of St. Luke (MSSNTS 49), 1983; K. Wengst, Pax Romana, 112-131.

1.1. Lukas will nach der programmatischen Äußerung seines Prologs in 1,1-4 relativ erschöpfend und mit Akribie aufbieten, was zuverlässige Basis kirchlicher Lehre und Überlieferung sein soll. Wegen der zunehmenden zeitlichen Abständigkeit von den das Christentum begründenden Ursprüngen will er durch Rückgriff auf die grundlegende Jesustradition Gewißheit vermitteln, wobei die Tendenz, dem christlichen Glauben und Leben eine historische Garantie zu geben und durch eine Traditionskette abzusichern, nicht zu übersehen ist. Dabei stellt Lukas seinen heilsgeschichtlichen Entwurf, nach dem Gottes Handeln in der Geschichte manifest wird, nicht nur in einen Bezug zur Weltgeschichte, um zu verdeutlichen, daß sich alle Ereignisse im Raum der wirklichen Geschichte abgespielt haben, sondern er will vor allem den göttlichen Heilsplan zur Darstellung bringen und einen umfassenden heilsgeschichtlichen Rahmen erstellen. Umstritten ist, ob Lukas die Jesuszeit schon als vergangene Heilszeit beschreiben will, ja sogar die Frühzeit der Kirche schon als abgeschlossene Epoche in den Blick nimmt.

Nach H. Conzelmann steht es so, daß Lukas das Bild der frühen Kirche von seiner Gegenwart abheben will, eine Distanzierung, die auch für die Ethik Folgen hat: die Summarien der Apg. z. B. seien kein Ideal für die Gegenwart (7; ähnlich J. T. Sanders, BR 1969, 25). Auf der anderen Seite hat H. Conzelmann das selbst wieder abgeschwächt, wenn er erklärt, Lukas unterscheide zwischen solchen Weisungen des Herrn, die nur für die damalige Lage bestimmt waren, etwa der Aussendungsrede, und Weisungen für die Dauer, etwa der Feldrede (5) oder der „zeitlosen" Mahnung Lk. 3,10-14 (93). Solche durch den Abstand erzwungenen Unterscheidungen, die sich aber auch schon bei Markus finden (vgl. Mk. 2,19f.), sind gewiß auch für Lukas nicht zu übersehen (vgl. die Entwicklung von der Juden- zur Heidenmission in der Ausrüstung der Missionare von 10,4 zu 22,35f. oder von der Gesetzestreue in den Vorgeschichten zur partiellen Gesetzesfreiheit nach Apg. 15), im ganzen aber eher die Ausnahme. Die Annahme von L. Schottroff/W. Stegemann (Jesus, 92f.), daß sich Lk. 6,20b-26 an die Jünger, V. 27ff. dagegen an die „Zuhörenden" richte, ist kaum zu halten. Die Feldrede ist nach Lukas an die von den Zwölfen unterschiedene „große Schar der Jünger" (V. 17; vgl. V.13.20) adressiert, d.h. an alle Christen, und der Neuansatz in V. 27 hat niemand anderen im Auge, sondern ist durch das dazwischenstehende Wehe an die Reichen begründet. Daß dabei auch die Volksmenge zuhört, ist durch 7,1 deutlich (vgl. auch 6,17). An scharfer Differenzierung zwischen verschiedenen Adressatenkreisen ist Lukas auch in Kap. 12 nicht interessiert (vgl. auch „zu allen" 9,23 und 14,26).

Selbst das Leben Jesu ist Vorabbildung des Weges der Kirche. Der Reisebericht (Lk. 9,51-19,27) charakterisiert durch die Notizen über die Wanderung nicht nur Jesu Weg als Leidensweg, sondern durch die Einbeziehung der Jünger (vgl. 9,56; 10,38) und die Verknüpfung dieser Reisenotizen mit der Jüngerunterweisung betont Lukas, daß die Kirche Jesus auf seinem Weg nachfolgt, speziell in Unsicherheit und Gefahr, Sendung und Mission (vgl. die Transponierung des Futurs von Mk. 10,18 in das Präsens Lk. 18,24 und G. Schneider, ÖTK 3/1, 227 mit Lit.). Wie sehr Lukas an der Kontinuität zur Jesuszeit liegt, ergibt sich außer aus der Betonung des apostolischen Amtes als Garanten der Tradition (vgl. Apg. 1,21f.) z.B. daraus, daß nicht nur Jesus (Lk. 4,43; 8,1; 9,11; 16,16; vgl. Apg. 1,3), sondern auch die Jünger sowohl *vor* (Lk. 9,2.60) als auch *nach* Ostern das Reich verkündigen (Apg. 8,12; 19,8; 20,25; 28,23.31). Und eben dieses Gottesreich ist auch für Lukas ein zentrales Motiv der Ethik (vgl. Lk. 18,29 gegenüber

Mk. 10,29), auch wenn er darunter etwas anderes versteht als Jesus. Erst recht ist die bei Lukas beliebte „Umkehr" bzw. „Buße" *vor* (Lk. 5,32; 15,7 u.ö.) und *nach* Ostern (Lk. 24,47; Apg. 2,38; 3,19; 11,18; 17,30 u.ö.) ein und dieselbe, auch die dem entsprechenden „Früchte" (Lk. 3,8) bzw. „Werke" (Apg. 26,20). Auch das Fehlen von Paränese in der Apostelgeschichte deutet an, daß Lukas die Orientierung für seine Kirche in der Anfangszeit sucht (vgl. F. W. Horn, 35.189.245). Dabei liegt ihm weniger an Historierung oder Imitierung als vielmehr an Aktualisierung.

1.2 Entscheidend scheint darum auch für Lukas bei allem Rückblick und bei allem Wissen um Zeitablauf und Diskontinuität zu den Anfängen das Bewußtsein um Kontinuität und das heißt zugleich: um die Notwendigkeit der Vergegenwärtigung dieser Anfänge heute, weil Gottes Heilshandeln auch in der Gegenwart der Kirche weitergeht. Gerade der Geist ist das Kontinuum. So wie Jesus vom Geist geleitet wird (Lk. 4,1ff.), so auch die Kirche (Apg. 8,29.39; 10,19; 11,12.28 usw.). Gerade die Verkündigung der Gottesherrschaft vor und nach Ostern soll diese Gottesherrschaft auch in der Zeit der Kirche nicht in die Ferne abschieben, sondern heute nahebringen (vgl. Lk. 10,9), wobei sie ihren Zukunftsaspekt zwar nicht einbüßt (vgl. Lk. 19,11), aber doch vor allem mit „der Sache des Herrn Jesus Christus" identifiziert wird (Apg. 28,31; vgl. 8,12; 28,23). In der Verkündigung ist das Reich und damit Jesus selbst präsent (Lk. 10,16). Die Heilungen der Apostel entsprechen denen Jesu (vgl. die Analogie zwischen Lk. 4,38f. und Apg. 28,8 u.ö.), ja in ihren Heilungen wirkt Jesus Christus selbst (Apg. 9,34). Kurzum: der heilsgeschichtliche Weg, der in der Wirksamkeit des irdischen Jesus vorgezeichnet ist, wiederholt sich in der Erfahrung der Kirche, und Kirche ist nur Kirche, wenn sie Jesus und der Gottesherrschaft, aber auch seiner Ethik Raum gibt. Auch die lukanische Vorbildchristologie und -ethik (vgl. Lk. 9,22; 22,27 oder die als Paradigma einer christlichen *ars moriendi* gestaltete Passion) gehen von der Tatsache aus, daß es eine Analogie zwischen Jesus-Zeit und Zeit der Kirche gibt. Sowohl die Zeit Jesu als auch die Zeit der Kirche ist eine Zeit des Heils und eine Geschichte erfüllter Verheißungen (vgl. schon das Proömium oder Lk. 4,21). Gerade in der frohen Botschaft Jesu für Sünder und Arme hat auch Lukas das sola gratia zur Geltung gebracht[7], und trotz mancher Moralisierung hat er genug Beispiele dafür aufbewahrt, daß die göttliche Barmherzigkeit zu lebenslangem Dienst in Heiligkeit und Gerechtigkeit (Lk. 1,72.74f.) und eigener Barmherzigkeit (Lk. 6,36) bewegt, wobei die Änderung des Lebens aber auch Voraussetzung oder Bestandteil des Heils ist (vgl. Lk. 19,8 mit 19,9 oder Lk. 7,47a; Apg. 3,26) und Berufung und Sendung identisch sind (Lk. 5,1; vgl. „von nun an" V 10).

2.1. Besonders dringlich stellt sich für Lukas das Problem der Ethik angesichts der Parusieverzögerung, die ihn nach manchen Exegeten sogar zu einer einschneidenden Enteschatologisierung geführt haben soll. Die Naherwartung in ihrer ursprünglichen Form ist bei Lukas sicher aufgegeben (vgl. Lk. 19,11;

---

[7] Vgl. z.B. W. Klaiber, Eine lukanische Fassung des sola gratia. Beobachtungen zu Lk. 1,5–56, in: FS E. Käsemann, 1976, 211–228, bes. 226. Vgl. zum Verhältnis Indikativ/Imperativ bei Lukas F. W. Horn, 283ff.

21,18). Zwischen Gegenwart und Zukunft ist eine Dehnung eingetreten (vgl. Lk. 19,12). Das bedeutet jedoch keine Preisgabe der Parusie- oder gar Zukunftserwartung, wohl aber eine Akzentuierung der Geduld (vgl. 8,15; 21,19) und Bereitschaft (vgl. 12,35 ff.; 21,36). Die Terminfrage ist zwar illegitim (Apg. 1,7) und die Stunde des Kommens des Herrn ungewiß (Lk. 12,35), aber der unversehens wiederkommende Menschensohn (Lk. 17,20f.), der eine endgültige Scheidung mit sich bringt, läßt auch Lukas z. B. davor warnen, sich in den irdischen Geschäften zu verlieren (vgl. Lk. 17,24ff.). Die Herzen sollen nicht durch Rausch, Trunkenheit und Sorgen um das tägliche Leben beschwert werden, „damit jener Tag nicht plötzlich über euch komme..." (Lk. 21,34). Nach Lk. 19,11 ff. gilt es, gerade während der Zwischenzeit bis zur Wiederkunft die gestellten Aufgaben zu erfüllen. Zudem sind auch bei Lukas Auferstehungs- und Gerichtserwartung eschatologische Motive christlichen Verhaltens. Die Auferstehung bringt z. B. den Lohn für die Einladung von Armen und Krüppeln, Lahmen und Blinden (Lk. 14,14), und nach Apg. 24,15 f. ist die Auferstehungshoffnung für den lukanischen Paulus der Grund, sich in seiner Lebensführung um ein „unverletztes Gewissen gegenüber Gott und den Menschen" zu bemühen. Das kommende Gericht verwehrt das Richten des Bruders (Lk. 6,37) und steht Apg. 24,25 im Zusammenhang mit „Gerechtigkeit und Selbstbeherrschung".

2.2. Weitaus charakteristischer für die lukanische Theologie als die Eschatologie ist aber die an ihre Stelle tretende Pneumatologie, d. h. die Vorherrschaft des Geistgedankens, wobei der Erhöhte selbst Spender des Geistes ist (Lk. 24,49; Apg. 2,33; vgl. E. Schweizer, ThW VI, 403). Neben der traditionellen Verknüpfung von Geist und Prophetie (Apg. 2,18) macht Lukas den Geist zwar für unmittelbare Weisungen an die Kirche und ihre Glieder verantwortlich, ohne ihn aber als Grundkraft des neuen Lebens in die Ethik einzuführen. Das lenkende Eingreifen des Geistes soll vor allem die Realisierung des göttlichen Heilsplans belegen, was allerdings z. T. auch ethische Implikationen hat.

Apg. 10,19 und 11,12 z. B. wird auf das Eingreifen des Geistes die Überwindung der Unterscheidung von reinen und unreinen Speisen und die Aufnahme der Heiden in die Gemeinde zurückgeführt; 13,2 die Aussonderung des Barnabas und Paulus, 16,6 die Verhinderung zur Verkündigung in Asien usw. Dieses Eingreifen des Geistes schließt für Lukas eine menschliche Mediatisierung nicht aus, sondern ein (vgl. Apg. 15,28, wo vor allem die apostolische Autorität neben die des Geistes tritt). Auch wird die verantwortliche Entscheidung des Menschen dadurch nicht überflüssig (vgl. Apg. 5,3; 21,4; E. Schweizer, ThW VI, 405 A. 481). Der Weg der Kirche als ganzer ist zwar durch die Schrift (vgl. Lk. 24,44) und die göttliche Vorsehung vorgezeichnet (vgl. Apg. 2,23; 4,28 u. ö.), doch gilt das mehr für den Rahmen und die großen Linien, auf die ethischen Entscheidungen aber ist das kaum angewandt worden. Eine besondere Begründung der Ethik gegenüber der Tradition ist also auch hier nicht gegeben.

3.1. Unzweifelhaft aber hat die Paränese selber für Lukas besondere Bedeutung. Wenn die matthäische Bergpredigt im Vergleich zur lukanischen Feldrede stärker paränetisch bestimmt ist und die Feldrede eine stärker eschatologischsoteriologische Ausrichtung behalten hat, so ist das für die lukanische Ethik allerdings wenig aufschlußreich, da die Hand des Lukas hier kaum zu erkennen ist.[8] Erstaunlich ist allerdings, wie wenig der eschatologische Charakter zurückgedrängt worden ist und wie wenig Lukas der Gesetzlichkeit verfällt. Die Stellung zum Gesetz ist umstritten und scheint bei Lukas selbst nicht einheitlich.[9] Einerseits gehört das Gesetz zur Epoche des Alten Bundes (Lk. 16,16), andererseits aber fällt kein Strichlein vom Gesetz dahin (Lk. 16,17), und Jesus bestätigt die Gültigkeit des Gesetzes und seiner Gebote (Lk. 10,25f.; 16,19.31; 18,20). Daß das Gesetz positiv und nicht kritisch bewertet wird, zeigt sich von Anfang des Evangeliums an, wo das Tun der Eltern Jesu „nach der Bestimmung im Gesetz des Herrn" erfolgt (Lk. 2,22ff.; vgl. auch 1,6; 2,39) bis zum Ende, wo das Tun der Frauen „gemäß dem Gesetz" geschieht (Lk. 23,56). Ähnlich steht es in der Apostelgeschichte: Auch Paulus handelt nach dem Gesetz (Apg. 16,3; 18,18; 21,23f.; 24,14; 25,8), und Vorwürfe, daß Judenchristen gegen Mose und das Gesetz redeten oder handelten (Apg. 16,11-14; 18,13; 21,21.28; 24,14; 25,8; 28,17) werden regelmäßig zurückgewiesen. Es ist allerdings umstritten, ob das, abgesehen von der prophetischen Funktion (Lk. 24,44; Apg. 28,23 u. ö.) und Reklamation der heilsgeschichtlichen Kontinuität, eine normative Geltung auch für die heidenchristliche Kirche impliziert. Gewiß gibt es Kritik an der Veräußerlichung von der Barmherzigkeitsforderung (Lk. 11,41f.) und auch Konflikte etwa mit dem Sabbatgebot (vgl. Lk. 6,1ff.; 13,10ff.), doch die kritischen Aussagen von Mk. 7,1ff. sind ausgelassen, und daß Lk. 6,27f. und 16,18 von Lukas gesetzeskritisch gemeint seien, ist zu bezweifeln. Die Diskussion um das wichtigste Gebot Mk. 12,28ff. fehlt, und auch eine durchgängige Unterscheidung zwischen einem moralischen „Gesetz" und kultisch-rituellen „Satzungen" ist trotz einiger Ansätze in dieser Richtung nicht zu erkennen. Nach dem Apostedekret behält ein Minimalkatalog von rituellen Forderungen auch für Heidenchristen Gültigkeit (vgl. außer Apg. 15,10.20; 21,15 und dazu S. 130 auch Apg. 10,35), auch wenn ihnen „keine weitere Last" auferlegt werden darf (Apg. 15,28) als die, die schon in Israel für die Heiden galt (3. Mose 17-18) und auch von Lukas als Teil des Gesetzes angesehen wird (vgl. das begründende „denn" in Apg. 15,21). Materialethisch spielt das Gesetz trotz fehlender Abrogation für Heidenchristen gleichwohl keine erkennbare Rolle, und Lukas greift bis auf die erwähnten Stellen im Zusammenhang des Doppelgebotes der Liebe (Lk. 10,25ff.), der Dekaloggebote (Lk. 18,20) und des Besitzverzichts (Lk. 16,29.31 im Kontext von 16,1ff.) auf keine Einzelgebote zurück. Die Hälfte des Besitzes den Armen zu geben, wird z.B. nirgendwo im Gesetz geboten, erst recht nicht das Verbot der Ehescheidung, d.h. Stellen wie Lk. 19,8 und 18,20 zeigen, daß das Gesetz nicht genügt und offenbar auch für Judenchristen nicht suffizient ist. Auch von Gesetzlichkeit sollte man trotz mancher Verschiebung

---

[8] Vgl. H. W. Bartsch, Feldrede und Bergpredigt, ThZ 16, 1960, 5-18 (= in: Entmythologisierende Auslegung, ThF 26, 1962, 116-124); vgl. aber auch F. W. Horn, 97ff.

[9] Vgl. J. Jervell, The Law in Luke-Acts, HThR 64, 1971, 21-36; S. G. Wilson, Luke and the Law (MSSNTS 50), 1984; C. L. Blomberg, The Law in Luke-Acts, JSNT 22, 1984, 53-80; M. Klinghardt; F. W. Horn, 68ff. 272ff.

ins Moralische mit Zurückhaltung sprechen. Diese ist weder durch den durchgängigen Gebrauch des Plurals „Sünden" (Lk. 3,3; 7,37.39 u. ö.) noch durch den Plural „Früchte" (Lk. 3,8 im Unterschied zu Mt. 3,8; sonst hat aber auch Lukas den Singular: 3,9; 6,43 u. ö.) und „Werke" (Apg. 9,36;26,20), noch durch die Betonung einer Änderung des Lebenswandels (Lk. 3,10ff. u. ö.) angezeigt. Daß Lukas statt von „Ungesetzlichkeit" (so Matthäus) von „Ungerechtigkeit" spricht (Lk. 13,27; vgl. auch Lk. 16,8f.; Apg. 1,18 u. ö.), verdeutlicht, daß er ein Interesse daran hat, Sünde u. ä. nicht allein theologisch zu bestimmen, sondern zugleich als ethisch-moralisches Fehlverhalten konkreter zu bezeichnen (vgl. auch den Gebrauch von „sündigen" Lk. 15,18.21 und „Sünder(in)" in Lk. 7,39; vgl. V. 47; 19,7f.). Die große Rolle der Paränese wird auch dadurch bestätigt, daß die charakteristische Frage „Was sollen wir tun?" von Lk. 3,10 an immer wiederkehrt (vgl. 10,25; 16,3; 18,18; Apg. 2,37; 16,30).

3.2. Auffallend ist, daß sich sämtliche sogenannten Beispielerzählungen der synoptischen Tradition im Lukasevangelium finden: Barmherziger Samaritaner, reicher Kornbauer, reicher Mann und armer Lazarus, Pharisäer und Zöllner (10,29ff.; 12,16ff.; 16,19ff.; 18,19ff.). Bekanntlich gibt es hier keine Bildhälfte, sondern die Geschichten sind Modelle und Musterfälle für rechtes Verhalten.

Man hat zwar neuerdings behauptet, daß die Beispielerzählungen ursprünglich durchaus figurative Elemente enthalten haben und erst durch moralisches Mißverständnis der metaphorischen Rede Jesu zu konkreten Handlungsanweisungen geworden seien (so z. B. J. D. Crossan, Parable and Example in the Teaching of Jesus, NTS 18, 1972, 285ff.; dagegen z. B. W. G. Kümmel, ThR 43, 1978, 134f.136), doch kann das hier offenbleiben, denn auf keinen Fall ist Lukas selbst für solche Transponierung verantwortlich. Immerhin hat allein er sie aufgenommen und dadurch zu erkennen gegeben, wie wichtig gerade in der sich dehnenden Zeit solche exemplarischen Regeln für die Christen sind.

Wahrscheinlich geht auf sein eigenes Konto die paränetische Umformung von Gleichnissen, z.B. die des Gleichnisses vom Gastmahl. Lukas hat die Einzuladenden in 14,21 nämlich näher beschrieben: Arme, Krüppel, Blinde und Lahme sollen hereingeführt werden. Das entspricht exakt der Mahnung in den Gastmahlreden von 14,13: „Wenn du ein Gastmahl veranstaltest, so lade Arme, Krüppel, Lahme, Blinde ein". So wie hier das alltäglich-irdische Leben bis hin zur Gastlichkeit beim Frühstück oder Abendbrot zur Konkretion der Liebe gemacht werden soll, so hat Lukas das offenbar auch bei der zusätzlich eingeführten Einladung im Gleichnis verstanden.

3.3. Weitere inhaltliche Akzente sind in der Mahnung zur Demut und in der Warnung vor Herrschsucht zu erkennen (vgl. Lk. 1,51f.; 18,9ff.; 22,24ff.) oder in der Betonung des Lebenseinsatzes (vgl. Lk. 14,26; Apg. 15,26 u. ö.) bzw. Aufgabe der Lebenssicherung (Lk. 17,33 u. ö.). Auch Leidens- und Martyriumsbereitschaft der Christen werden betont: Lukas fügt zu dem Wort, daß man das Kreuz auf sich nehmen müsse, das Wort „täglich" hinzu (9,23), und Apg.

14,22 heißt es: „Wir müssen durch viele Drangsale in die Gottesherrschaft gehen" (vgl. 20,23).

4.1 Lukas liegt sehr an dem Nachweis, daß das Christentum keine staatsgefährliche Religion ist und nicht der Subversion oder Mißachtung der Organe des Imperium Romanum verdächtigt werden darf. Darum werden immer wieder deutliche Spuren politischer Apologetik greifbar, die sich durch das ganze Doppelwerk bis zum letzten Wort der Apostelgeschichte ziehen, das bekanntlich „unverboten" heißt (Apg. 28,31). Daß der römische Staat diese ungehinderte Verkündigung weiter konzediere, ist das brennende Interesse des Lukas. Gewiß, die Bluttat des Pilatus (Lk. 13,1) wird ebensowenig verschwiegen wie die Tötungsabsicht des Herodes (Lk. 13,31), auch werden die Könige und Gewalttätigen als Negativfolie für das Verhalten der Jünger benutzt (Lk. 22,25f.), doch insgesamt treten solche kritischen Momente stark zurück. Schon in der „Standespredigt" des Täufers (Lk. 3,10–14) – nach R. Bultmann ein „katechismusartiges Stück[10] – wird nicht nur das Volk mit radikaler und die Grenze des eigenen Existenzminimums erreichender Zuspitzung gemahnt, von zwei Leibröcken einen abzugeben und der Not des Hungernden abzuhelfen, sondern es werden gleichzeitig auch Zöllner und Söldner angesprochen, im Rahmen des Normalen zu bleiben: Die Zöllner sollen sich beim Erheben des Zolls an die festgelegten Zollsätze halten und sich nicht bereichern, und den Soldaten wird gesagt: „Tut niemandem Gewalt an und erpreßt nicht, und laßt euch an euerem Sold genügen" (V. 14). Die der Buße entsprechenden Früchte (3,8) sollen sich im sozialen und politischen Alltag also so manifestieren, daß dessen Rahmenbedingungen nicht durchbrochen werden. Die Warnung vor Mißhandlung und Erpressung und die Mahnung zur Genügsamkeit lassen jedenfalls keine prinzipielle Unvereinbarkeit von Glauben und Militärdienst erkennen (vgl. auch die Charakterisierung des römischen Hauptmanns Kornelius Apg. 10,1f.), ja implizieren eine grundsätzliche Loyalität. Daß der Satan nach Lk. 4,6 über alle Königreiche verfügen kann, darf kaum im Sinne einer Verteufelung des römischen Imperiums mißverstanden werden.[11] Immerhin, auch ihm ist die Macht nur „übergeben" worden, so daß er nun offenbar über sie verfügen kann.

Auch Jesu eigene politische Unbedenklichkeit wird von Lukas immer wieder direkt und indirekt unterstrichen: Schon Jesu Eltern befolgen anstandslos kaiserliche Edikte (Lk 2,1.5). Herodes will Jesus sehen (Lk. 9,7ff.). Der römische Hauptmann hält ihn nicht für den Gottessohn, sondern für einen Gerechten (Lk. 23,47). Lk. 20,20 wird ausdrücklich vermerkt, daß man Jesus bei einem subversiven bzw. politisch-messianischen Ausspruch fassen will, „um ihn der Gewalt und Macht des Statthalters ausliefern zu können". Aber Jesus ist eben alles andere als ein Zelot oder Aufrührer. Vor allem der römische Prokurator

---

[10] R. Bultmann, Geschichte, 155; vgl. weiter T. Holtz, Die Standespredigt Johannes des Täufers, in: FS Emil Fuchs, 1964, 461–474.

[11] Vgl. H. Schürmann (HThK) z.St.; J.-Y. Thériault, 214f.; anders K. Aland, 169; A. Lindemann, WuD 1985, 113f.

C. Das christliche Leben nach Lukas    163

selbst bestätigt höchstpersönlich dreimal Jesu Unschuld und lehnt seine Verurteilung kategorisch ab (Lk. 23,4.14.22), ja er will ihn freilassen (Lk. 23,16.20.22; Apg. 3,13). Diese Unschuldserklärungen des Pilatus gewinnen um so größeres Gewicht, als Jesus von den maßgeblichen und verantwortlichen jüdischen Instanzen der Hohenpriester bei Lukas ausdrücklich des Aufruhrs und der Steuerverweigerung bezichtigt wird (Lk. 23,2.5). Da das nach Lukas aber auf Verleumdung beruht, soll damit wieder die politische Ungefährlichkeit der Jesusbewegung betont werden (anders freilich R. J. Cassidy, der aber, unter ausdrücklichem Verzicht auf die Belege der Apostelgeschichte, allenfalls bestätigt, daß Apologetik und Neutralität auch für Lukas Grenzen haben).

4.2. Dasselbe wird in der Apostelgeschichte vor allem an Paulus und seinem korrekten Verhalten gegenüber den römischen Justiz- und Verwaltungsbehörden exemplifiziert. Die nach Lukas ganz und gar unberechtigten Anklagen lauten auch hier: „Diese handeln gegen die Verordnungen des Kaisers, indem sie sagen, ein anderer sei König, Jesus" (Apg. 17,7; vgl. auch die zahlreichen anderen Stellen, die den Vorwurf der Staatsgefährdung als Verleumdung zu erweisen suchen wie Apg. 18,12ff.; 25,18ff.; 26,31).

In Wirklichkeit aber – so will Lukas zeigen – ist eben auch der Apostel und seine Botschaft keine Bedrohung der Pax Romana, und vorurteilsfreie Beamte können nur bescheinigen, daß – wie Claudius Lysias an den Statthalter Felix schreibt – es sich bei den von den Juden vorgebrachten Beschuldigungen nur um innerjüdische Streitfragen handelt, die die römische Rechtsordnung nicht tangieren (Apg. 23,29; ähnlich 24,5; 25,19). So ist es nur konsequent, wenn die Behörden sich bei Übergriffen der Juden schützend vor die Christen stellen (Apg. 18,12ff.; 22,23ff. u.ö.). Christen begehen nichts, worauf Tod oder Gefängnis steht (Apg. 23,29; 25,25; 26,31), erregen keine Volksaufläufe (Apg. 24,12), verbrechen nichts gegen den Kaiser (Apg. 25,8). Entsprechend zeichnen sich die Repräsentanten und Instanzen des Imperiums durch unparteiisches, ja entgegenkommendes Verhalten gegenüber Paulus aus: sie respektieren sein römisches Bürgerrecht (Apg. 16,37ff.; 22,25ff.), rehabilitieren ihn (Apg. 16,39), entreißen ihn den Mißhandlungen und der rabies theologorum der Juden (Apg. 21,32; 23,10.27), lehnen seine Verurteilung ab (Apg. 23,29; 24,22; 25,24), gewähren ihm Hafterleichterung (Apg. 24,23 u.a.). Lukas goutiert den römischen Rechtsstaat (vgl. Apg. 22,25), speziell die *aequitas Romana* (Apg. 25,16), die gleiche Behandlung und Entscheidung von Rechtsfällen, und er hofft in allem offenbar auf eine wohlwollende Neutralität Roms auch für seine eigene Zeit, ja eine Garantie für den Freiraum einer ungehinderten Entfaltung der Kirche. Korrektes Verhalten des Staates beschränkt sich auf Fragen von Recht und Ordnung, während er in religiösen Fragen inkompetent ist (vgl. Apg. 18,14f.). Wenn einige Autoren den Zweck der apologetischen Paulusreden mehr im Nachweis sehen, daß Paulus bis zuletzt ein treuer, seinem väterlichen Erbe verpflichteter Israelit geblieben ist, so ist doch am zugleich politischen Charakter der Apologie, die jeden Verdacht einer Opposition gegen das Imperium ausschließen soll, nicht zu zweifeln (vgl. z.B. Apg. 25,8 „weder gegen das

Gesetz der Juden noch gegen den Tempel noch gegen den Kaiser habe ich etwas verbrochen"[11a].

4.3. Dabei darf freilich nicht der Eindruck entstehen, als ob Lukas einen faulen Kompromiß bzw. eine konfliktfreie Lösung um jeden Preis anstrebe. Er überliefert auch kritische Worte (vgl. Lk. 3,19; 13,32f.), weiß um das u.U. notwendige Bekenntnis vor Königen und Statthaltern (Lk. 12,11), läßt Petrus sagen, daß man Gott mehr gehorchen muß als den Menschen und man sich von staatlichen oder anderen Autoritäten keinen Maulkorb umhängen lassen wird (Apg. 5,29, allerdings vor jüdischen Instanzen!; vgl. 4,19); er weiß, daß Christen festgenommen und verfolgt, den Synagogalgerichten übergeben, in Gefängnisse geworfen und vor Könige und Statthalter geführt werden (Luk. 21,12), ja betont die Notwendigkeit der Nachfolge bis zur Hingabe eigenen Lebens (vgl. Lk. 14,26 gegenüber Mt. 10,37; vgl. auch Apg. 20,24; 25,13). Lukas verschweigt auch nicht die Verfolgung durch Agrippa I. (Apg. 12,1ff.), die Lukas aber wohl noch im Rahmen der innerjüdischen Verfolgungen wie das Stephanus-Martyrium (Apg. 7,59) bzw. die Jerusalemer Verfolgung (Apg. 8,1) sieht, aber er unterdrückt auch nicht die Beteiligung des Pilatus an der Ermordung Jesu (Apg. 4,17) oder die Folterung durch römische Behörden (Apg. 26,24), auch wenn diese ihr Unrecht wieder korrigieren. Es überwiegt zwar deutlich die Tendenz, die politische Ungefährlichkeit herauszustellen und die römischen Rechte einzuklagen, wie die Berufung des Paulus auf sein römisches Bürgerrecht oder seine Appellation an den Kaiser zeigt. Man darf aber Lukas nicht einfach zu einem Konformisten machen, der sein Mäntelchen nach dem Wind hängt und zu allem ja und amen sagt. Das könnte auch sein bestimmten Tendenzen der damaligen Zeit entgegenlaufendes Interesse für die Bedeutung der Frau in der Kirche zeigen.

5. Eine besondere Offenheit und Sympathie des Lukas für die Frauen ist immer wieder vermerkt worden. Frauen nehmen in der Tat bei ihm einen bemerkenswert großen Raum ein und stehen an Würde, Begabung und Verantwortung wie die Männer vor Gott.[12] Das beginnt schon in den Vorgeschichten mit Hanna, Maria und Elisabeth, geht dann weiter über die Witwe von Sarepta und von Nain, die große Sünderin und die Erwähnung der nachfolgenden Frauen, Maria und Martha usw. – alles Geschichten, die nur Lukas bietet, wobei auffällt, wie Lukas Berichte über Frauen mit denen über Männer in Parallele setzt (vgl. z.B. Luk. 4,26f.; 15,3ff.8ff.; 17,34f. u.ö.). Entsprechend betont die Apostelgeschichte, daß der heilige Geist auf Frauen wie Männer fällt (Apg. 2,17), und hebt die Bedeutung der Frauen bei der Mission hervor (vgl. z.B. Apg. 18,26; 21,9). J. Jervell (Die Töchter Abrahams, in: In Memoriam R. Gyllenberg, Helsinki 1983, 77–93) erklärt freilich, daß das lukanische Interesse sich

---

[11a] Vgl. S. Légasse, L'apologétique à l'égard de Rome dans le procès de Paul, RSR 69, 1981, 249–256; anders J. Jervell, Paulus – der Lehrer Israels. Zu den apologetischen Paulusreden in der Apostelgeschichte, NT 10, 1968, 164–190.
[12] Vgl. H. Flender, Heil und Geschichte in der Theologie des Lukas (BEvTh 41), 1965, 15f.; E. H. Maly, Women and the Gospel of Luke, BTB 10, 1980, 99–104; L. Schottroff, Frauen, 121ff.

auf die Frauen allein als „Töchter Abrahams", d.h. als Glieder des Gottesvolkes, erstreckt, sie nur als untergeordnete Gemeindeglieder erscheinen und keine leitende und bestimmende Rolle haben. Das ist zwar richtig, und es fehlt auch hier ein gesellschaftliches Reformprogramm, aber das Verhalten Jesu übersteigt gerade in den lukanischen Überlieferungen die typischen androzentrischen Barrieren der Antike (vgl. die unübliche Rolle der Martha oder das Magnificat im Munde einer Frau). Jesus verteidigt bei Lukas Frauen „gegen Zwänge, die sie auf die Hausfrauen- und Mutterrolle reduzieren wollen" (L. Schottroff, Frauen, 123 mit Verweis auf Lk. 11,27f. und 10,38ff.).

Als Kontrapunkt gehört dazu freilich, daß gerade nach Lukas im Konfliktfall auch das Verlassen der Ehefrau geboten ist (vgl. Lk. 14,20; 18,29), was jedoch nicht als Ideal oder gar Pflicht zur Ehelosigkeit zu verstehen ist. Lk. 20,34–36 ist kaum so zu interpretieren, als wenn es als ein Kennzeichen der „Söhne dieses Äons" zu gelten hätte, verheiratet zu sein. Wahrscheinlicher ist, daß „Söhne dieses Äons" *alle* Menschen sind und Nicht-Heirat wie in Mk. 12,25 dem kommenden Äon vorbehalten ist (anders L. Schottroff/W. Stegemann, Jesus, 110; vgl. aber W. Schrage, Frau, 144 und J.-W. Taeger, Der Mensch und sein Heil (StNT 14), 1984, 55ff.). Das ist umso wahrscheinlicher, als Lukas verheiratete Gemeindemitarbeiter kennt (Apg. 18,2.26); vgl. auch F. W. Horn, 201f., der mit Recht dagegen polemisiert, Lukas als androzentrischen Reaktionär hinzustellen, der in subtiler Weise Frauen als Zeugen zu disqualifizieren suche. Am u.U. notwendigen Zerbrechen auch der natürlichen Lebensverhältnisse bis hin zur schmerzlichen Trennung von der Familie ändert das aber nichts (Luk. 14,26; 12,53). Schon der zwölfjährige Jesus läßt bei Lukas diese klare Prioritätsbestimmung erkennen (Luk 2,48f.). Auch nach Lukas hat Jesus die zwischenmenschlichen Bindungen nicht einfach stabilisiert. Die Schärfe des Konflikts soll auch die Hinzufügung der Ehefrau in Luk. 14,16 signalisieren, kaum die Beschränkung der Jesusbewegung und wahren Nachfolger auf männliche Mitglieder (so freilich E. Schüssler Fiorenza, In Memory, 145f.; richtig R. Ryan, The Women from Galilee and Discipleship in Luke, BTB 15, 1985, 56–59). Zu den lukanischen Intentionen in Luk. 8,1–3 vgl. B. Witherington, On the Road with Mary and Magdalene, Joanna, Susanna, and other Disciples – Luke 8,1–3, ZNW 70, 1979, 243–248.

6. Besonders beschäftigt hat Lukas die Frage nach Besitz und Besitzverzicht, nach Wertung und rechtem Gebrauch der irdischen Güter. Das zeigen schon die Beispielgeschichten, die stark die Heilsgefährdung durch Besitz und Reichtum illustrieren. Lukas hat offenbar alles aufgenommen, was die Tradition an diesbezüglichen Aussagen bot. Daß man nicht Gott und dem Mammon dienen kann (Lk. 16,13), die Begüterten schwer in das Reich Gottes kommen, ja eher ein Kamel durch ein Nadelöhr geht (Lk. 18,24f.), das und anderes geht schon auf Jesus zurück, vor allem auch die Seligpreisung der Armen (Lk. 6,20). Auch der Weheruf über die Reichen (Lk. 6,24) ist vorlukanisch. Lukas selbst stellt die Erfüllung der Heilsverheißungen für die Armen zwar in einen das Ökonomische transzendierenden Kontext (Lk. 4,18), ohne daß man aber Armut auf die metaphorische Bedeutung einer „religiösen" Kategorie beschränken dürfte. Soziale und religiöse Deklassierungen werden hier zugleich überwunden. Lukas hat unverkennbar der Versuchung widerstanden, die Härte der Worte Jesu über den Reichtum zu entschärfen und abzuschwächen, und daß man die

radikalen Worte nicht beim Wort nehmen dürfe und auf die Zeit Jesu zu beschränken habe (so W. E. Pilgrim), ist durch nichts angezeigt, gerade weil er an bestimmten Punkten die Differenz selbst markiert und z. B. die harten Worte der Aussendungsrede (9,3; 10,4) in 22,35 f. für die Zeit der Kirche ausdrücklich zurücknimmt.

Wie Jesus tritt entsprechend auch Lukas nicht einfach für ein grundsätzliches Armutsideal oder generellen Besitzverzicht ein. Nicht eine Diskreditierung der irdischen Güter, sondern ihre Einschätzung als Gefahr und ihre rechte Nutzung ist ihm das Entscheidende. Verurteilt wird eine egoistische Betrachtung dessen, was man hat, als „Eigenes" (Lk. 18,28 gegenüber „alles" bei Mk./Mt.; vgl. Apg. 4,32) oder als das, worüber man allein verfügt. Interessanterweise heißt es von Levi, der „alles verließ", zugleich, daß er „ein großes Mahl in seinem Haus bereitete" (Lk. 5,28 f.). Gewiß warnt Lukas auch vor Besitzstreben, Habsucht und Geldgier (Lk. 12,15; vgl. auch 3,11-13; 16,14), weil niemand sein Leben aus Überfluß und Besitz gewinnt. Aber wichtiger als der individualethische oder gar asketische ist ihm der sozialethische und karitative Aspekt. Darum schärft er vor allem immer wieder die Verpflichtung zur Wohltätigkeit und uneingeschränkten Opferbereitschaft für die Armen, Besitzlosen und Nichthabenden ein. Gerade hier sind mehrere redaktionelle Veränderungen zu erkennen.

Lk. 18,22 („Verkaufe alles, was du hast, und verteile es an Arme") stammt freilich bis auf das von Lukas hinzugefügte „alles" (vgl. Lk. 5,11.28 und 14,33) aus Mk. 10,21 (vgl. aber Lk. 18,28: Mk. 10,28). Lk. 12,33 dagegen ist offensichtlich von Lukas selbst eingefügt: „Verkauft eueren Besitz und gebt ihn als Almosen", was H. J. Degenhardt zu Unrecht (vgl. V. 32) auf die Amtsträger beschränkt (87). „Jünger" sind nicht Amtsträger, sondern alle Glaubenden (vgl. Apg. 11,26), und auch Lk. 14,26f.33 u.a. richtet sich nicht an eine „Sondergruppe" oder einen „engeren Kreis" der Jesusanhänger, sondern ist eher eine Warnung an eine zu Unverbindlichkeit und Kompromißbereitschaft tendierende und sich mit bloßem „Mitlaufen" (vgl. V 25) begnügende Christenheit (vgl. D. L. Mealand, 58; F. Bovon, 411). Daß Lukas die Zwölf und die Apostel heraushebt, steht auf einem anderen Blatt. In der Auseinandersetzung mit den Pharisäern, die das Äußere von Bechern und Schüsseln reinigen, aber innerlich voll Raub und Bosheit sind, fügt Lukas hinzu: „Doch gebt das, was darin ist, als Almosen, und siehe, alles ist rein" (Lk. 11,41). Bei solcher Wohltätigkeit relativiert sich eben die Frage nach rein und unrein oder kultischen Bräuchen. Vorbildlich ist das Verhalten des Zachäus, der die Hälfte seines Besitzes den Armen gibt (Lk. 19,8), wodurch Lukas vielleicht zugleich einen „innergemeindlichen Besitzausgleich zwischen wohlhabenden und bedürftigen Christen" intendiert (L. Schottroff/W. Stegemann, Jesus, 138), wie er auch Apg. 11,29 nach Maßgabe der jedem zur Verfügung stehenden Mittel zur Unterstützung der Hungernden praktiziert wird. Auch die Anwendung im Anschluß an die Erzählung vom reichen Kornbauern (Lk. 12,21) ist vielleicht lukanisch. Hier wird gerügt, daß man „für sich" Schätze sammelt, also nur an sich selbst denkt und seinen Besitz nicht für seine Mitmenschen zur Verfügung stellt.

Die Anwendung beim Gleichnis vom ungerechten Haushalter ist wohl schon vorlukanisch, aber ganz im Sinn des Evangelisten: „Macht euch Freunde mit dem ungerechten Mammon" (Lk. 16,9). Die Interpretation dieses Satzes ist zwar umstritten (vgl. S. 112 f.), doch wird man im Sinne des Lukas m. E. am ehesten daran zu denken haben, daß irdisches Hab und Gut im Dienste der Liebe zu verwenden ist. Entscheidend ist die rechte Einstellung und Verwendung in der Liebestätigkeit. Ungerecht wird Geld und Besitz, wenn ihnen „gedient" und nicht geteilt wird. Dann entsteht Ungerechtigkeit, zumal wenn mehr akkumuliert wird, als man selbst braucht (vgl. G. W. E. Nickelsburg, 336f.341, nach dem die lukanische Sympathie für die Armen der für die Outcasts entspricht). Vgl. auch Lk. 8,3; 10,38ff.; Apg. 9,36.39; 10,2; 20,35.

Daß alle diese Aussagen nur durch eine „extreme Situation" herausgefordert seien und eine Reaktion auf gemeindliche Verfolgungen darstellen (so W. Schmithals, 164f.), ist durch nichts angedeutet, erst recht kein direkter Zusammenhang (vgl. F. W. Horn, 216ff.). Das markinische „unter Verfolgungen" Mk. 10,30 hat Lukas in 18,30 gerade ausgelassen. Eher könnte man auch hier an „Milieuanfälligkeit" (H. Schürmann, HThK III 3, 547) denken, wenn Christen sich den Maximen der Gesellschaft anpassen und wieder dem Erwerb und Konsum verfallen (Lk. 9,25). Die Annahme, die Apostelgeschichte reflektiere ein sekundäres institutionalisiertes Stadium einer im Evangelium noch rudimentären enthusiastischen sozialen Bewegung (so D. B. Kraybill, Possessions in Luke-Acts: Sociological Perspektives, BRSt 10, 1983, 215-239), dürfte den lukanischen Intentionen ebenfalls kaum gerecht werden.

Natürlich steckt dahinter erst recht nicht der Traum reicher Leute vom einfachen Leben (vgl. L. Schottroff/W. Stegemann, Jesus, 106f.). Der freiwillige totale Besitzverzicht der Jünger entspricht m. E. einer gewissen Heroisierungstendenz (vgl. die Auslassung von Mk. 14,50 u. ö.) und soll bei der Gemeinde Impulse bewirken, sich nicht an Hab und Gut zu klammern, vielleicht auch (so L. Schottroff/W. Stegemann, Jesus, 108f.) den Reichtum der Reichen kritisieren. Im Blick auf Lk. 22,35ff. wird man zwar zögern, die Worte über den radikalen Besitzverzicht der Jünger als für die Zeit der Kirche verbindlich anzusehen, ja Lukas setzt offenbar schon Besitz bei den Christen voraus (vgl. Lk. 8,3; 19,8 u. ö.), wahrscheinlich auch eine „pluriforme Gemeindesituation" mit sozialer Schichtung (F. W. Horn, 220ff.), in der vor allem das Gewinnstreben und der Rückfall in die hellenistische Gegenseitigkeitsethik des *do ut des* als Gefahr empfunden wurde (vgl. Lk. 6,27ff.; 14,12f.). Entscheidend aber wird sein, daß Lukas für die Herausstellung der radikalen Selbst- und Besitzpreisgabe in seiner eigenen Kirche Betroffenheit und Umkehr bewirken will (F. W. Horn, 199f.).

Das Beispiel der Verantwortung für die Armen ergibt grundsätzlich, daß Liebe für Lukas immer etwas Praktisches und Konkretes ist. Speziell das Gebot der Feindesliebe wird von Lukas als Gutestun und Geldleihen ohne Rückerstattungserwartung interpretiert (Lk. 6,27.35). Dazu betont er, daß Liebe keine sozialen oder politisch-rassischen Grenzen kennt und sich über Vorurteile und Konventionen hinwegzusetzen wagt (vgl. noch einmal die Mahnung zur Einladung der Armen zum Gastmahl Lk. 14,12ff. und das Gleichnis vom barmherzigen Samaritaner Lk. 10,25ff.). Freilich liegt Lukas ebenso sehr an der innergemeindlichen Gemeinschaft, wie der Bericht über die Unterstützungsaktion in Apg. 11,29f., aber auch die Berichte über die Gütergemeinschaft zeigen (Apg. 2,44f.; 4,32). Daß Lukas die urgemeindliche Gütergemeinschaft als vorbildlich und implizit als Aufruf zur Hingabe des irdischen Besitzes an Bedürftige versteht, also nicht nur als Darstellung der Einheit der Gemeinde (so

H. Conzelmann, 218), scheint angesichts der vielen zitierten Worte unbestreitbar. Die Una Sancta kann nicht bloß geistig- religiös reklamiert werden. Selbst wenn Lukas die urgemeindliche Gütergemeinschaft nicht mehr als reale Möglichkeit seiner eigenen Kirche ansieht, sollen davon doch paränetische Anstöße ausgehen. Auch die programmatische Abschiedsrede des Paulus in Milet und ihr testamentarischer Charakter bestätigt, daß es Lukas primär darum geht, in allen Stücken sich der Schwachen anzunehmen und der Worte des Herrn eingedenk zu sein, daß Geben seliger ist als Nehmen (Apg. 20,35). Das impliziert unzweifelhaft eine soziale Dimension.

Gewiß darf man das Evangelium nicht kurzerhand für gesellschaftliche und soziale Probleme vereinnahmen, aber daß die Kategorie des Sozialen unangemessen und wesensfremd sei (so J. Ernst, Das Evangelium nach Lukas – kein soziales Evangelium, ThGl 67, 1977, 415–421), ist mindestens ebenso verfehlt wie die Kennzeichnung des Lukas als „Sozialist unter den Evangelisten" (so J. Schmid). Eine Entgegensetzung von Caritas, die von Person zu Person geht, und Sozialem, das angeblich kein Herz, sondern nur Sachverstand erfordert und naturrechtlich zu regeln ist, geht an Lukas vorbei. Die Kategorie der Armut ist für Lukas keineswegs ausschließlich eine religiöse Kategorie. J. Ernst selbst schreibt in seinem Kommentar zu Lk. 4,18 mit Recht, daß „Erlösung" hier als „Befreiung aus den sozialen, wirtschaftlichen und gesellschaftlichen Zwängen" verstanden sei (RNT, 171). Die Wendung des Geschicks der Armen und Notleidenden kann und soll nach Lukas schon hier beginnen.

# IV. Die christologische Ethik des Paulus

*Literatur zum ganzen Kapitel:* G. Bornkamm, Paulus (UB 119 D), 1979⁴; H. v. Campenhausen, Die Begründung kirchlicher Entscheidungen beim Apostel Paulus, SAH 1957, 2, 1957; Th. J. Deidun, New Covenant Morality in Paul (AnBib 89), 1981; C. H. Dodd, The Ethics of the Pauline Epistels, in: The Evolution of Ethics, hg. v. E. H. Sneath, New Haven 1927, 293–326; G. Eichholz, Die Theologie des Paulus im Umriß, 1972; M. S. Enslin, The Ethics of Paul, New York/London 1930 (Nachdruck 1957); V. P. Furnish, Theology and Ethics in Paul, Nashville 1968; R. Hasenstab, Modelle paulinischer Ethik (TTS 11), 1977; A. Juncker, Die Ethik des Apostels Paulus I. II 1904/1919; E. Käsemann, An die Römer (HNT 8a), 1980⁴; ders., Paulinische Perspektiven, 1972²; U. Luz, Eschatologie und Friedenshandeln bei Paulus, in: Eschatologie und Frieden, hg. v. G. Liedke, 1978, 225–281; O. Merk, Handeln aus Glauben. Die Motivierungen der paulinischen Ethik (MThSt 5), 1968; H. Preisker, Ethos, 168–195; J. T. Sanders, Ethics, 47–66; R. Schnackenburg, Botschaft, 209–246; W. Schrage, Die konkreten Einzelgebote in der paulinischen Paränese, 1961; S. Schulz, Ethik, 290–431; K. Stalder, Das Werk des Geistes in der Heiligung bei Paulus, 1962; G. Strecker, Glaube, 17–35; H.-D. Wendland, Ethik, 49–88.

Paulus hat seine Ethik so in seine Theologie integriert, daß eine Darstellung des Ansatzes der paulinischen Ethik notwendig Grundzüge der paulinischen Theologie skizzieren muß. Das geschieht hier ohne Differenzierung innerhalb der sog. „echten" Paulinen (Röm., 1. und 2. Kor., Gal., Phil., 1. Thess., Phlm.). Tiefgreifende Wandlungen etwa von einer ursprünglich leidenschaftlichen Askese zu einer bloß konventionellen Position (J. L. Houlden, 28 im Anschluß an J. C. Hurd) oder von apokalyptischer Eschatologie zur Weltverantwortung (vgl. S. 188) beruhen auf unhaltbaren Konstruktionen. Zwar ist in Rechnung zu stellen, daß Paulus in der Auseinandersetzung mit nomistischen Judaisten und asketischen und libertinistischen Enthusiasten die Akzente verschieden setzt, aber so wichtig das für das Verständnis der paulinischen Ethik ist, so kann doch diese Situationsbezogenheit die christologisch begründete Ethik des Paulus ebensowenig zureichend erklären (vgl. S. 195f.) wie die urchristliche Tradition, in der Paulus auch mit seiner Ethik bereits steht.

„Eine Entwicklung mit tiefgreifenden Veränderungen" innerhalb der paulinischen Ethik (so S. Schulz, Ethik, 290, der ausdrücklich eine durch den 1. Thessalonicherbrief bezeugte „Frühphase" der paulinischen Ethik von der durch die anderen Briefe repräsentierten „Spätphase" abhebt), ist wenig wahrscheinlich, zumal wenn die paulinische Ethik so stark traditionsbestimmt ist, wie S. Schulz das annimmt. „Das alles entscheidende Kriterium" für die Unterscheidung einer Früh- und Spätphase soll „in der gegensätzlichen Wertung und Beurteilung des Mosegesetzes vom Sinai" liegen (301), d.h. der 1. Thessalonicher kenne „noch keine Unterscheidung zwischen dem Mosegesetz als Heilsweg und als Lebensnorm, dafür aber die Unterscheidung im Mosegesetz zwischen dem Kult- und dem Moralgesetz" (302), ja hier soll das Gesetz noch „alleiniger Heilsmittler" sein (308). Aber das Gesetz wird im ganzen 1. Thessalonicherbrief überhaupt nicht erwähnt, und „die zahlreichen indirekten Anspielungen" auf das AT (303), können die kühne These kaum beweisen.

# IV. Die christologische Ethik des Paulus

## A. Der Ansatz der paulinischen Ethik

*Literatur:* G. Bornkamm, Taufe und neues Leben (Röm 6), in: Das Ende des Gesetzes, (BEvTh 16), 1952, 34–50; J. F. Bottorf, The Relation of Justification and Ethics in the Pauline Epistles, SJTh 26, 1973, 421–430; R. Bultmann, Das Problem der Ethik bei Paulus, ZNW 23, 1924, 123–140 (= ders., Exegetica, 1967, 36–54); J. Eckert, Indikativ und Imperativ bei Paulus, in: Ethik, hg. v. K. Kertelge, 168–189; N. Gäumann, Taufe und Ethik. Studien zu Röm 6 (BEvTh 47), 1967; A. Grabner-Haider, Paraklese und Eschatologie bei Paulus (NTA 12), 1968; P. Grech, Christological Motives in Pauline Ethics, in: Paul de Tarse. Apôtre du notre temps, Série monographique de Benedictina (Sct. Paulinienne 1), Rom 1979, 541–558; H. Halter, Taufe und Ethos. Paulinische Kriterien für das Proprium christlicher Moral (FThSt 106), 1977; E. Käsemann, Gottesdienst im Alltag der Welt (Zu Röm. 12), in: Exegetische Versuche und Besinnungen II, 1964, 198–204; ders., Gottesgerechtigkeit bei Paulus, a.a.O., 181–193; L. E. Keck, Justification of Ungodly and Ethics, in: FS E. Käsemann, 1967, 199–209; U. H. J. Körtner, Rechtfertigung und Ethik bei Paulus, WuD 16, 1981, 93–109; F. Laub, Eschatologische Verkündigung und Lebensgestaltung nach Paulus (BU 10), 1973; K. Niederwimmer, Das Problem der Ethik bei Paulus, ThZ 24, 1968, 81–92; K. Romaniuk, Les motifs parénétiques dans les écrits pauliniennes, NT 10, 1968, 191–207; H. Schlier, Vom Wesen der apostolischen Ermahnung nach Röm. 12,1–2, in: Die Zeit der Kirche, 1958², 74–89; H. v. Soden, Sakrament und Ethik bei Paulus, in: Urchristentum und Geschichte, 1951, 239–275; P. Steensgaard, Erwägungen zum Problem Evangelium und Paränese bei Paulus, ASTI 10, 1975/76, 110–128; H.-D. Wendland, Ethik und Eschatologie in der Theologie des Paulus, NKZ 41, 1930, 757–783. 793–811; ders., Das Wirken des hl. Geistes in den Gläubigen nach Paulus, ThLZ 77, 1952, 457–470; D. Zeller, Wie imperativ ist der Indikativ?, in: Ethik, hg. v. K. Kertelge, 190–196.

### 1. „Indikativ und Imperativ"

Es hat sich eingebürgert, das Verhältnis von Soteriologie und Ethik unter den Stichworten Indikativ und Imperativ abzuhandeln. Das ist trotz der nicht unproblematischen Formalisierung so lange möglich, als das nicht als Indiz einer auswechselbaren Begründung und einer inhaltlosen Formalethik gewertet wird, sondern als Kurzformel für gefüllte Heilszusagen und substantiierte Handlungsanweisungen.

1.1. Auszugehen ist von der bekannten Tatsache, daß einige der paulinischen Briefe eine deutliche Zweiteilung erkennen lassen (vgl. den Römer-, Galater- und 1. Thessalonicherbrief, später auch den Kolosser- und Epheserbrief). Inhaltlich handelt es sich beim ersten Teil dieser Briefe – ganz allgemein gesprochen – um das Kerygma bzw. die „Dogmatik", um Christologie, Eschatologie usw., beim zweiten Teil um die „Ethik". Die Ethik folgt also auf die „Dogmatik". Schon das ist nicht eine rein zufällige Reihenfolge oder ein bloß äußerlicher Reflex der urchristlichen Missionspredigt. Vielmehr deutet sich schon hierin der höchst bedeutsame Sachverhalt an, daß das eschatologische Heilshandeln

## A. Der Ansatz der paulinischen Ethik

<u>Gottes in Jesus Christus unabdingbar Basis, Grund und Voraussetzung allen christlichen Handelns ist.</u>

Auffälliger und problemreicher als dieses Nacheinander der beiden Briefteile ist nun aber, daß auch in den jeweiligen Briefabschnitten selbst Aussagen im Indikativ und Mahnungen im Imperativ (oder Adhortativ) spannungsvoll nebeneinander stehen. So kann einerseits der Indikativ zusagen: „Ihr seid von der Sünde los" (Röm. 6,2), andererseits kann Paulus dazu mahnen, daß die Sünde nicht herrsche (Röm. 6,12). Einerseits heißt es „ihr habt Christus angezogen" (Gal. 3,27), andererseits aber „zieht den Herrn Christus an" (Röm. 13,14). Ähnliche Beispiele lassen sich für Heiligung, Gerechtigkeit u. a. anführen.

Wie verhalten sich der Indikativ der Heilszusage und der Imperativ der sittlichen Mahnung zueinander? Auf den ersten Blick könnte es scheinen, als ob beides sich ausschließen und eine unbeabsichtigte Inkonsequenz vorliegen würde. Das Problem verschärft sich noch dadurch, daß inhaltlich zum Teil *dieselben* Aussagen einmal indikativisch und einmal imperativisch formuliert erscheinen. Daraus ist zunächst zu schließen, daß der Imperativ nicht als eine Ergänzung in dem Sinn zu verstehen ist, als wolle der Imperativ nur dazu aufrufen, die letzten Reste und Überbleibsel des alten heillosen Wesens und Lebens loszuwerden. Er geht vielmehr aufs Ganze. Wie aber können dieselben Aussagen unverkürzt sowohl im Indikativ als auch im Imperativ stehen? Hat Paulus dann, wenn er indikativisch formuliert, den Imperativ vergessen oder dann, wenn er imperativisch formuliert, den Indikativ verdrängt?

Wie wenig das der Fall ist und wie wenig Paulus hier inkonsequent ist, wenn er dieselben Aussagen einmal so und ein andermal so formuliert, geht schon daraus hervor, daß Indikativ und Imperativ unmittelbar nebeneinander stehen können: „Schaffet den alten Sauerteig hinweg, denn ihr seid ja frei von Sauerteig" (1. Kor. 5,7). Oder: „Wenn wir im Geist leben, so laßt uns auch im Geist wandeln" (Gal. 5,25).

1.2. Wie ist die Exegese mit diesem auffälligen Befund fertig geworden? Wenn man nicht einfach die angeblich widersprüchliche Natur des Paulus bemühte, meist so, daß man die eine Seite auf Kosten der anderen abschwächte, aus dem Indikativ einen verkappten Imperativ oder aus dem Imperativ einen versteckten Indikativ machte.

Früher war es beliebt, die Doppelpoligkeit der Aussagen als Kompromiß zwischen Ideal und Wirklichkeit bzw. Theorie und Praxis zu entschärfen, oder man sprach von religiös-enthusiastischer Anschauung auf der einen und empirisch-realistischer Betrachtungsweise auf der anderen Seite. Der Indikativ gilt dann als Ideal und der Imperativ als ein Korrektiv zum Idealismus oder Optimismus des Paulus. Diese Korrektur wurde angeblich durch die rauhe Wirklichkeit und bittere Erfahrung erzwungen oder durch pädagogische Rücksichten des Apostels veranlaßt. Der Indikativ ist danach also nicht mehr als eine Idee, ein Prinzip oder allenfalls eine in bestimmten Augenblicken oder gar Stimmungen gültige Antizipation. Aber christliches Leben wird nach Paulus nicht durch Theorien, Ideen und Lehren auf den Weg gebracht, sosehr auch Vision und Hoffnung Transformation bewirken können.

Umgekehrt steht es bei denjenigen Exegeten, denen nicht der Indikativ, sondern der Imperativ als Inkonsequenz gilt. Hier gilt der Indikativ als das paulinisch eigentlich allein Adäquate und der Imperativ als Rückfall in jüdische Gesetzlichkeit. Das Sittliche verwirklicht sich danach angeblich von selbst. Es wächst mit der Sicherheit des Natürlichen aus dem Gerechtfertigten heraus – so meint man jedenfalls. Allerdings wird versichert, daß Paulus nur im Notfall auf die eigentlich überwundene Stufe des Imperativs herabsteige und solche Notfälle und Kompromisse, die der faktische Zustand der jungen Missionsgemeinden ihm aufnötigen soll, im Laufe der Zeit überflüssig werden. Die Imperative sind sozusagen eine Starthilfe, bis der Motor des sittlichen Bewußtseins ganz von selbst läuft, eine am Anfang notwendige Arznei, bis die religiös-sittlichen Kinderkrankheiten in den Gemeinden verschwunden sind.

Solche Urteile sind nicht nur für eine überwundene Forschungsperiode symptomatisch. Vor allem der sogenannte Praktiker Paulus, der an seinen angeblich idealen Theorien mehr oder weniger deutliche Abstriche machen muß, geistert auch heute noch durch die Literatur und manche Predigten. Was alle genannten Theorien miteinander verbindet, ist dies, daß sie das Verhältnis von Indikativ und Imperativ als auszugleichenden Widerspruch auffassen, einerlei, ob man ihn historisch oder psychologisch zu erklären versucht, einerlei, ob man den Indikativ oder Imperativ als Inkonsequenz auffaßt (vgl. die Belege bei W. G. Kümmel, Röm. 7 und die Bekehrung des Paulus, 1929, Nachdruck TB 53, 1974, 98 ff.; A. Kirchgäßner, Erlösung und Sünde im NT, 1950, 3 ff.; W. Schrage, Einzelgebote, 26 ff.; U. H. J. Körtner, 97 ff.)

1.3. Als erster hat R. Bultmann in einem epochemachenden Aufsatz (ZNW 1924) das Verhältnis von Indikativ und Imperativ als sachlich notwendige Antinomie und Paradoxie bestimmt, also als das Verhältnis zweier sich formal widersprechender, sachlich aber zusammengehöriger Aussagen, wie man sie auch sonst bei Paulus findet (vgl. z. B. Phil. 2,12 f.). Positiv erklärt Bultmann, der Imperativ sei auf der Tatsache der Rechtfertigung begründet und aus dem Indikativ abgeleitet.

Sosehr im einzelnen an R. Bultmanns Ansatz Kritik zu üben ist, muß dies zunächst als erheblicher Erkenntnisfortschritt festgehalten werden. Freilich wird das Problem hier im Grunde nur von der Anthropologie einer Existenzdialektik her gesehen, außerdem aber Gerechtigkeit und Sünde als nicht wahrnehmbare Glaubenswirklichkeit von der Ganzheit des Lebens und dem ethischen Handeln des Gerechtfertigten getrennt. Sosehr damit die Vorgegebenheit (das *extra nos*) des göttlichen Freispruchs gegenüber der empirischen Handlungsebene gewahrt wird, so deutlich wird die Partizipation des Menschen an der Aufrichtung von Gottes Gerechtigkeit im Wandel dadurch verkürzt und zu etwas bloß Zweitrangigem (vgl. W. G. Kümmel, Röm. 7,100 und RGG VI, 75; U. Luz, Eschatologie, 251 f.). Der Sinn der paulinischen Paradoxie von Indikativ und Imperativ ist nach R. Bultmanns Worten das alte Pindarwort „Werde, der du bist". Es ist aber die Frage, ob das die paulinische Verhältnisbestimmung von Indikativ und Imperativ ausreichend erklärt. Vor allem von Eschatologie und Christologie her tauchen hier schwerwiegende Fragen auf, auch wenn R. Bultmann immer wieder Nachfolger gefunden hat, bis hin zu der These, daß das Problem mit der menschlichen Existenz als solcher gegeben sei, weil der Mensch sein Selbst nicht anders haben könne als im Imperativ.

Auch ohne sich explizit mit R. Bultmann auseinanderzusetzen, gehen G. Bornkamm u. a. denn auch darüber hinaus. G. Bornkamm z. B. findet zwar auch, daß die Notwendigkeit der Mahnung ihren Grund in der Verborgenheit des in der Taufe geschenkten neuen Lebens habe. Diese Verborgenheit des Lebens beim einzelnen wird aber nun in einem umfassenderen als dem anthropologischen Horizont gesehen, darin nämlich, daß der alte Äon zwar durch Christus gewendet ist, aber so, daß noch nicht in universaler Offenheit eine neue Welt angebrochen ist. Dann aber liegt der Grund der Antinomie von Indikativ und Imperativ letztlich in der eschatologischen Dialektik, die sowohl Anthropologie als auch Christologie und Pneumatologie umfaßt, denn Christus ist der gegenwärtige Herr und der Erwartete, der Geist ist endzeitliche Gabe und doch erst „Angeld", die Christen sind neue Schöpfung und doch noch Hoffende usw.

Ähnlich auch O. Merk, 37: „Das Zueinander von Indikativ und Imperativ ist also das im Christenleben durchzuhaltende Ineinander der beiden Äonen". Vgl. auch H. Preisker, Ethos, 64ff.; W. G. Kümmel, RGG VI, 74; R.C. Tannehill, Dying and Rising with Christ (BZNW 32), 1967, 78; J. T. Sanders, 54ff.; R. Schnackenburg, Botschaft, 215ff.; U. H. J. Körtner, 93ff.

Dem Zugleich von gegenwärtigem bösen Äon einerseits und dem Anbruch der neuen Schöpfung andererseits korrespondiert also auch die Situation der Christen „zwischen den Zeiten", die in diesem eschatologischen Geschehen, da die alte Weltzeit vergeht und die Heilszeit anbricht, mitten drinstehen. Im neuen Äon bedarf es keiner Paränese mehr. Hier aber ist Ethik immer *ethica viatorum*, Ethik für die, die als die Angefochtenen noch nicht am Ziel sind. Die immer neu Angefochtenen bedürfen des immer neuen Aufrufes und Anrufes, weil man sich Ermunterung und Ermahnung nicht ein für allemal aneignen kann, sondern immer wieder neu hören und beherzigen muß. Ist der Christ nicht immun, sondern bedroht und versucht, wird die Mahnung um so dringlicher (vgl. 1. Kor. 10,12; Gal. 6,1 u.ö.). Darum werden in der paulinischen Paränese denn auch nicht Sünder, Rückfällige, Nachzügler und Zurückgebliebene ermahnt – das ist allerdings die gängige Meinung –, sondern gerade die Heiligen, die Gerechtfertigten, die Erneuerten, die Getauften, die aber als solche noch unterwegs sind.

1.4. Von einer anderen Seite her hat E. Käsemann die Lösung Bultmanns als nicht zureichend und als anthropologisch verkürzt befunden. E. Käsemann moniert, daß der Indikativ zu einseitig als Gabe und damit zu leicht als vom Geber ablösbar mißverstanden werden kann, und er hat die Sorge, daß bei R. Bultmann nicht alle idealistischen Überfremdungen verbannt sind, und meint, man könne das „Werde, der du bist" auch so verstehen, als sei das im Prinzip Gegebene nun doch vom Christen selbst zu aktualisieren, während doch Gottes Anspruch ein konstitutives Moment der Gabe selbst ist. Tatsächlich ist der Imperativ nicht etwas bloß Nachträgliches und Zusätzliches, sondern von vornherein im Indikativ Mitgegebenes. Wenn man den Indikativ nur als Grund des Imperativs bezeichnet, kann das in der Tat suggerieren, daß der Imperativ dazu aufruft, zu realisieren oder zu aktualisieren, was Gott nur als *Möglichkeit* gegeben hat. In Wahrheit aber ist der Imperativ „in den Indikativ integriert".

E. Käsemann, Römer, 167; vgl. ders., Gottesgerechtigkeit bei Paulus, in: Exegetische Versuche und Besinnungen II, 1964, 181, bes. 188. Ähnlich auch V. P. Furnish, Theology, 225; R. C. Tannehill, 82; J. F. Bottorff, 426.429f. Kritisch J. T. Sanders, Ethics, 48 Anm. 6.

R. Bultmann selbst will freilich ausdrücklich nicht im idealistischen Sinne verstanden werden und erklärt, die Formel sei nicht so zu interpretieren, als ob „die Idee des vollkommenen Menschen im unendlichen Fortschritt mehr und mehr verwirklicht werde", vielmehr sei die Freiheit von der Macht der Sünde in der Gottesgerechtigkeit „schon verwirklicht", ihre „Jenseitigkeit" sei „die des göttlichen Urteils" und das Verhältnis das des Glaubensgehorsams (Theologie, 334).

Wichtiger ist noch, daß nach E. Käsemann die eschatologisch-universale Gottesgerechtigkeit – die hier im Unterschied zur Rechtfertigung bei R. Bultmann stellvertretend für den Indikativ steht – nicht ausschließlich als Gabe, sondern auch als Macht verstanden werden muß, jedenfalls aber nicht vom Geber zu trennen ist. Dadurch wird der unkonditionierte und voraussetzungslose Zuspruch von Gerechtigkeit und Heil zwar nicht nachträglich eingeschränkt, aber die Christen werden in die endzeitliche Aufrichtung der Gottesgerechtigkeit durch Christus so hineingenommen (Röm. 6,12ff.), daß sie bis in ihre konkrete Existenz von dieser sich in der Welt durchsetzenden Heilsmacht bestimmt werden und nun „Früchte der Gerechtigkeit" (Phil. 1,11) bringen können (vgl. auch Röm. 8,10)[1]. Damit zeichnet sich zugleich ab, daß die Dialektik von Indikativ und Imperativ nicht formal, sondern nur von der Christologie her angemessen zu verstehen ist. Der Sinn des paränetischen Imperativs als Konsequenz und Bestätigung des Indikativs wird nach E. Käsemann entsprechend viel besser durch die Formel beschrieben: „Bleibe bei dem dir gegebenen Herrn und in seiner Herrschaft" (Gottesgerechtigkeit, 188). Christus als Kyrios beschenkt und beschlagnahmt tatsächlich zugleich. Wo dem Imperativ nicht entsprochen wird, bleibt auch der Indikativ nicht existent. G. Stählin (ThW V, 777) und H. Schlier haben außerdem durch eine Analyse des griechischen Wortes *parakalein*, das im Deutschen sowohl durch ermahnen als auch durch ermuntern, zusprechen und trösten wiedergegeben werden kann, nachgewiesen, daß der Anspruch einen Zuspruch und der Zuspruch einen Anspruch impliziert, Ethik also keineswegs auf die Seite des Gesetzes gehört (H. Schlier, 75ff.; zur Bestreitung der Mehrschichtigkeit des Begriffes durch C. J. Bjerkelund vgl. R. Hasenstab, 69ff.). Schon im AT sind die Gaben immer auch Aufgaben (vgl. J. Eckert, 175f.). Es geht also nicht so sehr um Zuspruch und Anspruch als um den Anspruch des Zuspruchs und den Zuspruch des Anspruchs.

1.5. Gleichwohl kann man wegen des Vorrangs der indikativischen Heilszusage von einem Begründungsverhältnis sprechen. Das heißt also, daß der

---

[1] Vgl. A. Du Toit, Dikaiosyne in Röm. 6. Beobachtungen zur ethischen Dimension der paulinischen Gerechtigkeitsauffassung, ZThK 76, 1979, 261–291; B. Byrne, Living out the Righteousness of God. The Contribution of Rom 6:1–8:13 to an Understanding of Paul's Ethical Presuppositions, CBQ 43, 1981, 557–581.

inhaltlich wie immer zu füllende Indikativ den Imperativ in sich schließt und begründet bzw. der Imperativ auf den Indikativ zurückgreift und bezogen ist. Das bestätigt der Anfang der speziell paränetischen Abschnitte der paulinischen Briefe, und zwar speziell das folgernde „also", „folglich" (Röm 12,1; 1. Thess. 4,1; Gal. 5,1 u. ö.). Aus dieser Folgerungspartikel zu Beginn der Paränese ist zu schließen, daß Paulus seine Ethik als Konsequenz des Kerygmas versteht, das er in den vorhergehenden Briefabschnitten expliziert hat. W. Nauck urteilt darum, die paulinische Ethik sei keine autonome oder finale, sondern eine konsekutive Ethik (ZNW 1958, 134f.). Dabei muß aber gewahrt bleiben, daß diese Konsequenz nicht beliebig ist oder auch fehlen könnte, als ob z. B. Röm. 12–13 nur ein Nachwort oder Appendix sei. Wenn W. Nauck von einer „Ethik der Dankbarkeit" spricht, ist das zudem nicht so mißzuverstehen, als ob in der Ethik nur der Mensch zum Zuge komme. Man darf auf keinen Fall meinen, in Röm. 1–11 z. B. – in der „Dogmatik" also – sei vom Tun *Gottes* die Rede, in Röm. 12,1 ff. dagegen vom Tun des *Menschen*. Die Ethik ist für Paulus keineswegs eine menschliche Reaktion, Ergänzung oder Komplettierung des göttlichen Handelns, sondern auch das Tun der Christen ist durch Gottes Tun begründet und bewegt. Sie ist auch nicht Synergismus in dem Sinne, als ob Gott etwas täte und dann der Mensch oder als ob beide Hand in Hand arbeiten. Jede quantifizierende und partielle Verhältnisbestimmung kann die Dialektik von Indikativ und Imperativ nur verfälschen.

Während bisher mehr formal die grundlegende Bedeutung der indikativischen Aussagen festgestellt wurde, ist im folgenden zu versuchen, das im einzelnen noch zu präzisieren und inhaltlich zu füllen. Man wird sich dabei zu hüten haben, einzelne Momente der paränetischen Motivation zu verabsolutieren und die ganze paulinische Ethik etwa als „Telos-Ethik", „Pneuma-Ethik", „Sakraments-Ethik" u. ä. zu bezeichnen. So einfach ist die Ethik des Paulus nicht auf einen Begriff zu bringen. Vielmehr hängen die verschiedenen Motive, deren Vielzahl und Verschiedenheit unübersehbar ist (vgl. O. Merk, K. Romaniuk), miteinander zusammen, wie schon die einfache Beobachtung zeigt, daß in den einzelnen Texten die Motivationen und Begründungen miteinander verknüpft werden und wechseln. Wenn man überhaupt eine inhaltliche Zusammenfassung versucht, müßte man sagen, daß das eschatologische Heilshandeln Gottes in Jesus Christus der Ansatz und die Wurzel auch der paulinischen Ethik ist.

## 2. *Die christologische Begründung*

2.1. Ansatzpunkt und Basis auch der Ethik des Paulus ist das eschatologische Heilsereignis von Tod und Auferweckung Jesu, in dem Gott endzeitlich und endgültig zum Heil der Welt gehandelt hat. Insbesondere die Rechtfertigungslehre ist eine Explikation des Christus-Geschehens. Im Tod Jesu erweist Gott seine Gerechtigkeit, die den Menschen zugleich zugute kommt und sie beschlagnahmt. Diese Heilstat begründet nicht nur Rechtfertigung und Versöhnung, sondern durch sie werden die Gerechtfertigten und Versöhnten auch in der konkreten Wirklichkeit ihres Lebens geprägt (vgl. 2. Kor. 4,10f.), ja sie werden in dieses eschatologische Geschehen so hineingezogen, daß nun „Christus in ihnen" lebt und regiert (Gal. 2,20) und sie „in Christus" sind und für ihn leben. Nach 2. Kor. 5,14 ist Christus für alle gestorben, damit die, für die er gestorben ist, nicht mehr sich selbst leben, sondern dem, der für sie gestorben und auferweckt ist. Der Liebestat Jesu Christi selbst wird also hier Machtcharakter zugeschrieben. Mit dem Tod Jesu Christi sind das neue Leben und der Gehorsam der Christen mitgesetzt, und zwar nicht nur als ethische Verpflichtung, sondern als Realität. Auch nach Röm. 14,9 ist Jesus Christus dazu gestorben und auferstanden, daß er über Tote und Lebende Herr sei. Das befreiende Herrsein Jesu ist Ausgangs- und Zielpunkt christlichen Lebens und christlicher Ethik. Die Herrschaft Jesu Christi ist dabei nichts anderes als die Herrschaft der heilschaffenden Gerechtigkeit Gottes, die in Jesus Christus manifest geworden ist, „damit wir in ihm Gerechtigkeit Gottes würden" (2. Kor. 5,21, vgl. 1. Kor. 1,30; Röm. 3,21 ff.). Die durch die Gerechtigkeit geschehende Herrschaft der Gnade (Röm. 5,21) führt zur Herrschaft der Gerechtigkeit auch am „sterblichen Leib" (Röm. 6,12 ff.). Selbst eine scheinbar so selbstverständliche Mahnung wie die, die Hurerei zu meiden, wird damit begründet, daß der Christ mit Haut und Haar seinem Herrn gehört (1. Kor. 6,12 ff.).

Darum kann „in Christus" bei Paulus nicht von ungefähr mit „im Herrn" wechseln (vgl. das häufige „im Herrn" im Kontext der Paränese 1. Kor. 7,39; 11,11; Phil. 4,4; 1. Thess. 4,1 u. ö.). Wer „in Christus" ist, der ist eben damit eo ipso dem Herrn im Gehorsam unterstellt: „Leben wir, so leben wir dem Herrn" (Röm. 14,9f.). Gerade der Kyrios-Begriff hat für die paulinische Ethik erhebliche Bedeutung. Herr heißt Jesus Christus nicht nur als im Gottesdienst Akklamierter oder als am „Tag des Herrn" Wiederkommender – diese beiden Momente hat Paulus schon übernommen (vgl. S. 124) –, er ist als Herr vielmehr zugleich Grund und Kraft, aber auch die Autorität und Instanz, vor der sich das konkrete Tun der Christen vollzieht, und zwar im Sinne einer völligen Abhängigkeit von ihrem Herrn (vgl. 1. Kor. 7,22.32; Röm. 16,18; 14,4 u. ö.)[1a]. Freilich kann Paulus den gleichen Sachverhalt nicht nur durch Herr (Kyrios), sondern auch durch Christus ausdrücken, denn auch Christus findet sich in paränetischen Aussagen (vgl. Röm. 8,9f.; 1. Kor. 3,23). Als „Freigelassener des Herrn" und zugleich „Knecht Christi" (1. Kor. 7,22) bewährt der Christ z. B. seinen Gehorsam dort, wo ihn der Ruf getroffen hat (1. Kor. 7,17 ff.). Weil „Christus als Passahlamm geschlachtet worden ist", d. h. durch seinen Tod die neue Weltzeit heraufgeführt und die Macht von Sünde und Welt gebrochen worden ist, soll und kann alles, was dem vergehenden Äon zugehört, ausgekehrt werden und niemand anachronistisch den Praktiken des Alten verhaftet bleiben (1. Kor. 5,7f.; vgl. zur christologischen Begründung der Ethik bei Paulus weiter O. Merk, 237 ff.; G. Eichholz, 265 ff.; H.-D. Wendland, Ethik, 51 f.).

2.2. Wie eng Grund und Maß für Paulus zusammenhängen, kann man daraus ersehen, daß die in Christus manifest gewordene Liebe auch Kriterium

---

[1a] Vgl. W. Kramer, Christos – Kyrios – Gottessohn (AThANT 44), 1963, 149 ff.

A. Der Ansatz der paulinischen Ethik                177

christlichen Handelns ist. Paulus kann zwischen dem Verhalten des Christus und dem Verhalten der Seinen sogar eine inhaltliche Entsprechung herstellen. Zu erinnern ist an Aussagen wie Röm. 15,2f.: „Jeder von uns lebe dem Nächsten zu Gefallen..., *denn auch* Christus hat sich nicht selbst zu Gefallen gelebt"; ähnlich V. 7: „Nehmet einander an, *wie auch* Christus euch angenommen hat". Hier wird die Ethik zwar nicht nur christologisch mit dem Heilsweg Christi *begründet*, sondern zugleich an ihm orientiert. Auch hier ist Christus jedoch, um Luthers Kategorien zu gebrauchen, zunächst nicht *exemplum*, sondern *sacramentum*. Daß Christus sich nicht zu gefallen gesucht hat, daß Christus uns angenommen hat, das soll der Christ in seiner Lebensführung nicht kopieren, davon soll er aber bei seiner Lebensführung in der Liebe ausgehen. Ihm soll er freilich dann auch entsprechen (vgl. V. 3), wenngleich diese Entsprechung immer nur eine partielle sein kann. Auch der Christus-Hymnus in Phil. 2 hat primär begründende Funktion, auch wenn Luther übersetzt mit „Ein jeglicher sei gesinnt wie Jesus Christus auch war". E. Käsemann hat in seiner Analyse des bekannten Hymnus die Interpretation von Phil. 2,5ff. im Sinne eines ethischen Ideals, die hier die Demut und Selbstverleugnung des irdischen Jesus als Beispiel christlicher Gesinnung finden wollte, überzeugend zurückgewiesen[2]. Sicherlich geht es aufgrund der Erniedrigung Christi um Gehorsam und Selbstverleugnung auch der Christen, aber die Erniedrigung Christi wird nicht etwa am Leben Jesu, sondern an dem seine Gottheit aufgebenden Präexistenten veranschaulicht. Schon deshalb scheidet jede Imitation a priori aus (vgl. auch 2. Kor. 8,9). Ist also die Menschwerdung inklusive der Passion vor allem als *Basis* der Paränese im Blick, ist doch in Entsprechung zur Selbsterniedrigung und zum Gehorsam Jesu Christi zugleich auch von den Christen Gehorsam und Niedrigkeit gefordert (Phil. 2,3). Schon darum ist auf die Frage, in welchem Sinn Paulus an anderen Stellen von Imitatio bzw. Mimesis spricht, zurückzukommen (vgl. S. 214f.).

2.3 Daß es an der fundamentalen Bedeutung der christologischen *Begründung* keinen Zweifel geben kann, wird durch Grundsatzäußerungen zur Einleitung paränetischer Aussagen bestätigt, so 2. Kor. 10,1: „Ich ermahne euch durch die Niedrigkeit und Freundlichkeit Christi" (ähnlich Röm. 15,30). Auch hier geht es um Voraussetzung, Grund und Kraft der apostolischen Paränese und des christlichen Wandels. Das ist aber mehr als eine Erinnerung oder ein Fingerzeig auf die verpflichtenden Beweggründe des neuen Lebens und anderes als eine bloße Beschwörung. Paulus will diesen Grund des neuen Lebens vielmehr zugleich wirksam zusprechen und aktualisieren.

Das belegt auch der erste Satz in der Grundlegung der Ethik des Römerbriefes, den Paulus in Röm. 12,1-2 den paränetischen Kapiteln voranstellt: „Ich ermahne euch nun durch die Barmherzigkeitserweise Gottes". Zunächst ist festzuhalten, daß hier mit „Barmherzigkeit" nicht in allgemeiner Weise von

---

[2] E. Käsemann, Kritische Analyse von Phil. 2,5-11, in: Exegetische Versuche und Besinnungen I, 1960, 51-95. Vgl. auch R. P. Martin, Carmen Christi, Phil. II. 5-11 in Recent Interpretation (MSSNTS 4), 1967, 84ff.

Gottes barmherzigen Begabungen und Bewahrungen die Rede ist, sondern „Barmherzigkeitserweise" das in Christus erschienene Erbarmen Gottes bezeichnen, also das, was Paulus in Röm. 1-11 dargestellt hat. Zum anderen aber wird auch hier nicht nur auf Gottes Barmherzigkeit hingewiesen, sondern dieser Barmherzigkeit selbst das Wort gegeben, um sie durch die apostolische Paränese selbst eingreifen zu lassen (H. Schlier, 78f.; W. Joest, 152). „Durch" ist hier kein Latinismus (so allerdings A. Oepke, ThW II, 67), sondern hat den üblichen instrumentalen Sinn. Paulus will Gottes Barmherzigkeit und Liebe als Grund der Ethik und der christlichen Existenz auch neu anbieten, zusprechen und vermitteln. Das heißt dann aber angesichts der Tatsache, daß Paulus an schon bekehrte Christen schreibt: Christus steht nicht allein am Anfang des Christusweges als derjenige, der die neue Existenz und das neue Verhalten ermöglicht und auslöst, sondern er bleibt auch im Vollzug weiteren Mahnens und Wandelns derjenige, der ständig eingreifen muß, auf den alles bezogen ist, von dem alles herkommt, der immer neu in seinem Wort, und zwar auch im Wort der Paränese, erbarmend zu Wort kommen will.

### 3. Die sakramentale Begründung

3.1. Mit diesem Abschnitt beginnt eigentlich kein neues Thema, sondern in Wirklichkeit nur ein Unterabschnitt der christologischen Begründung der paulinischen Ethik. Ist das Sakrament für Paulus doch nichts anderes als die Vergegenwärtigung des Christusgeschehens. Mag die sakramentale Begründung der Ethik als solche Paulus schon vorgegeben sein, weil die Taufe nach urchristlicher Anschauung die Heiligung impliziert (vgl. 1. Kor. 6,11), so ist doch die christologische Zuspitzung spezifisch paulinisch. Zu erinnern ist an die Parallelität der Sätze von Röm. 6,5-7 und Röm. 6,8-10, nach denen Taufgeschehen und Christusgeschehen in bestimmter Weise zusammenfallen, das Christusgeschehen also im Taufgeschehen präsent ist. Taufe ist ein Geschehen „mit Christus", ein *Mit*sterben, *Mit*gekreuzigtwerden, *Mit*begrabenwerden mit Christus oder auch ein „Anziehen Christi", das die Zugehörigkeit zu ihm begründet (Gal. 3,27.29).

Welche Bedeutung das für die Ethik hat, erhellt schon aus dem Anfang der Taufaussagen von Röm. 6, wo ganz deutlich wird, warum Paulus hier auf die Taufe rekurriert.

Röm. 5 hatte betont, daß darum, weil die Sünde mächtig geworden ist, die Gnade übermächtig geworden ist (5,20). Gerade wegen der Mächtigkeit und Fülle der Sünde konnte die *Über*macht und *Über*fülle der Gnade wirksam werden. Von da aus legt sich eine scheinbar logische Konsequenz nahe, die Paulus schon in Röm. 3 einmal angesprochen und dort knapp und scharf zurückgewiesen hatte: Wenn die Gnade Gottes wirklich gerade deshalb überströmend reich geworden ist, weil die Sünde sich mehrte, ist es da nicht konsequent, daß man Gott immer wieder neu Gelegenheit gibt, seine Gnade immer überschwenglicher zu dokumentieren? Wenn viel Sünde viel Gnade hervorbringt, gilt dann nicht: Je mehr Sünde, desto besser? Desto mehr Gnade und also: Wollen wir nicht in der Sünde beharren, um der Gnade auch weiterhin die Chance zum Übermächtigwerden zu geben?

Die verführerische Logik solcher Frage ist bekanntlich nicht auf das Urchristentum beschränkt. G. Bornkamm hat mit Recht nicht nur auf das viel mißbrauchte „Sündige tapfer" (*pecca fortiter*) verwiesen, sondern ein verbreitetes Mißverständnis angesprochen, wenn man es, zumal gegenüber Perfektionismus und Moralismus, als gut paulinisches Recht ansieht, eine Dauerdialektik zwischen Sünde und Gnade immer neu aktualisieren und anschaulich machen zu wollen. Paulus weist solche blasphemische Logik aufs schärfste zurück, mit Bornkamms trefflichen Worten: „Was diese dialektische Pseudotheologie nicht wahr haben will und auf den Kopf stellt, ist die einfache Tatsache, daß der Sieg der Gnade über die Sünde gerade nicht einen dialektischen Schwebezustand inauguriert, sondern eine Wirklichkeit begründet, hinter die wir nicht mehr zurück können" (Taufe, 37). Und diese Wirklichkeit ist eben für Paulus irreversibel und definitiv durch die Einverleibung in Christus in der Taufe gegeben, wodurch die Getauften dem Verfallensein an die Sünde ein für allemal entzogen sind. Ein Verharren in der Sünde provoziert nicht die Gnade des Herrn, sondern ignoriert sie, weil es die reale Eingliederung in die Heils- und Herrschaftssphäre Christi nicht ernst nimmt.

Durch die Taufe sind die Christen so in das Christusgeschehen einbezogen, daß sie dem Christus unwiderruflich übereignet worden sind. Christus-Schicksal und Christen-Schicksal werden hier ein für allemal koordiniert und in eine Entsprechung zueinander gebracht (vgl. das „wie" – „so" in V. 4). Dabei wird die Analogie von Paulus bei der Auferstehung zwar bewußt durchbrochen, gerade dadurch aber treten die ethischen Momente dieser Analogie ans Licht: Gleichwie Christus auferweckt wurde, so sollen auch wir in einem neuen Leben wandeln. Das heißt, die Christen sind zwar noch nicht wie Christus auferweckt worden, aber auch die Existenz der Getauften ist schon charakterisiert durch radikale Neuheit, wobei diese Neuheit zu bestimmen ist als eine solche der Lebensführung. Paulus bindet die Ethik nicht nur an die Taufe, sondern auch die Taufe an die Ethik (N. Gäumann, 126).

3.2. Daß der in der Taufe wirksame Christus befreiend und beschlagnahmend der Herr der Getauften geworden ist, zeigt sich daran, daß die Getauften nun nicht mehr der Zwingherrin Sünde dienen. In der Taufe sind sie von einem stärkeren Herrn befreit und in Dienst gestellt worden. Taufe ist somit Freiheitsgeschenk und Herrschaftswechsel zugleich. Sie bewirkt Freiwerden von der Sünde und Gehorsamwerden gegenüber der Gerechtigkeit bzw. gegenüber dem Christus (Röm. 6,18).

Hier bestätigt sich, daß man nicht zuerst eine Gabe empfängt und dann vielleicht, vielleicht aber auch nicht, dem Christus dient. Vielmehr ist beides nur zugleich real. Die Freien sind die Gehorsamen, und die Gehorsamen sind die Freien (vgl. auch 1. Kor. 9,19: „*Weil* ich von allen frei bin . . ." oder aber „*indem* ich von allen frei bin, habe ich mich allen zum Knecht gemacht"). Die den Christen in der Taufe geschenkte Freiheit begründet verbindlich ihre Knechtschaft und ist ihr paradoxer Modus, oder noch genauer: sie fällt mit ihr zusammen, und zwar so, daß eins ohne das andere für sich nicht bestehen kann. Das ist auch hier nicht als rein anthropologischer Sachverhalt zu begreifen, sondern gewinnt seinen Sinn von der Christologie her. Das „alles ist euer" gilt nur dort, wo auch das „ihr aber gehört Christus" gilt (1. Kor. 3,21.23). Man ist also nur so lange frei, wie man Jesus Christus zum Herrn hat, in dessen Dienst man steht, aber nicht dort, wo man sich einer individualistischen oder liberalistischen Freiheitsideologie verschreibt. Freiheit gewinnt ihre Radikalität nicht im Libertinismus, sondern in der Gestalt des Dienstes. Der Freie bleibt nur so lange frei, als er frei auch von seiner Freiheit bleibt, und seine Freiheit zerfällt, wo sie nicht zugleich Freiheit für Christus und für die anderen ist. Der Mensch steht so oder so in einem Dienst- und Gehorsamsverhältnis, denn keiner ist wirklich unabhängig und verfügt über sich selbst, auch wenn er sich das einbildet. Auch als der angeblich Freie, als der der Mensch sich gern aufspielt, ist er Sklave eines Herrn, und sei dieser Herr auch die eigene Begierde.

Daß der Mensch wahrhaft frei ist und dienen kann, verdankt er dem, der in der Taufe sein Herr wird. Darum ist es sinnvoll, daß gerade im Rahmen des Taufkapitels die ersten Imperative stehen und mit dem in der Taufe Geschehenen begründet werden (vgl. vor allem Röm. 6,12ff.). Diese Mahnungen ermuntern, wie Luther es formulierte, zur Rückkehr zur Taufe (*reditus ad baptismum*). Gerade dadurch ist gesichert, daß die paulinische Ethik nicht dazu aufruft, das Heil zu beschaffen, zu steigern oder zu ergänzen und nichts gefordert wird, was nicht zuvor geschenkt worden wäre. Der Imperativ appelliert nicht an den guten Willen oder die Kraft der Menschen, sondern redet sie auf das an, was ihnen als Getauften schon gegeben ist: die Freiheit und ein neuer Herr. G. Bornkamm hat das hier waltende Verhältnis auf die pointierte Formulierung gebracht: „Die Taufe ist die Zueignung des neuen Lebens, und das neue Leben ist die Aneignung der Taufe" (Taufe, 50; im Text gesperrt).

3.3. Denselben Sachverhalt kann man sich auch an einem anderen Beispiel der Taufterminologie klarmachen. In 1. Kor. 6,11 zum Beispiel weist Paulus die Korinther darauf hin, daß sie abgewaschen, geheiligt, gerechtfertigt sind, womit wahrscheinlich auf die Taufe angespielt wird. Also nicht durch eigene Leistung und Anstrengung, sondern in der Taufe werden die Menschen zu Heiligen gemacht, d. h. von Gott beschlagnahmt und zu seinem Eigentum erklärt. Es ist aber kein Zufall, daß Paulus in der Taufparänese die in der Taufe Geheiligten nun „zur Heiligung" ruft (Röm. 6,19), und zwar eben als „Heilige" und „Geheiligte", wie es in den Adressen der Briefe heißt, also nicht etwa nur als Gerechtfertigte, die ihre Heiligung nun selbst zustande bringen sollen. Es steht nicht so, daß die Rechtfertigung mit dem Indikativ und die Heiligung mit dem Imperativ zusammenzubringen wäre, sondern auch die Heiligung ist Gottes Werk an uns. Aber so wie Gott heilig macht und die Heiligung selbst vollzieht, so sicher ist die Heiligung auch Gottes Wille und dem Imperativ zugeordnet. Aus dem Heiligsein folgt die Verpflichtung zur aktiven Heiligung (vgl. 1. Thess. 4,3 u. weiter K. Stalder, 210ff. 387ff.).

3.4. Die ethische Relevanz des Sakraments wird außer in den Taufaussagen auch in den Aussagen über das Herrenmahl in 1. Kor. 11 deutlich, freilich weniger als ein für allemal geschenkte Grundlegung der Ethik als vielmehr im

Sinne einer dauernd neu aktualisierten Begründung und Verpflichtung im Vollzug der Ethik. Daß das Herrenmahl Selbstmitteilung des Herrn ist, in dem der Herr selbst präsent ist, hat jedenfalls erhebliche ethische Konsequenzen. Stellt das Herrenmahl in den geschichtlich verstandenen Christusleib der Kirche, in dem einer für den anderen ganzheitlich verantwortlich ist, so kann man zum Beispiel kein „eigenes Mahl" mehr feiern (1. Kor. 11,21). Denen, die das Sakrament in Analogie zu Mysterienanschauungen begreifen und die mit dem Herrenmahl verbundene gemeinsame Sättigungsmahlzeit zugunsten des sakramentalen Aktes entwerten wollen, wird entgegengehalten, daß man im Herrenmahl Anteil am Sterben Jesu bekommt und in den Leib Christi eingegliedert wird (vgl. 1. Kor. 10,16f.). Dann aber muß eine Herrenmahlsfeier mit Verletzung der sozialen Bruderpflichten auch die Sakramentsfeier pervertieren. Das Sakrament hat also auch hier eine ethische, die Alltagswirklichkeit einschließende Dimension[3].

### 4. Die pneumatologisch-charismatische Begründung

4.1. Auch hier wird nicht eigentlich der Bereich der Christologie verlassen, weil der Geist als eschatologische Gottesmacht nach Paulus dem Christus zugeordnet ist. Da Paulus die Pneumatologie an der Christologie orientiert, der Geist also eo ipso der Geist Christi (Röm. 8,9) bzw. der des Herrn ist (2.Kor. 3,17), kann man auch die Begründung des neuen Lebens durch die erneuernde und bewegende Kraft des Geistes zu den christologischen Motiven zählen. „Im Geist bekundet der erhöhte Herr seine Gegenwart und Herrschaft auf der Erde" (E. Käsemann, Römer, 205). Paulus hat das von ihm vorgefundene Geistverständnis gerade dadurch, daß er den Geist als Vergegenwärtigung des Christus selbst versteht (2. Kor. 3,17), zurechtgerückt. Die enthusiastische Anschauung, daß sich der Geist vornehmlich im Mirakulösen und Spektakulären, im Außerordentlichen und Übernatürlichen manifestiere, weist er zurück. Der Geist ist vielmehr Inbegriff des neuen Lebens bis in alle, auch unscheinbaren Einzelheiten und Alltäglichkeiten hinein. Das *ganze* Leben der Christen von Anfang bis Ende ist Wirkung und Schöpfung des Geistes, ist „geistlicher Gottesdienst" (Röm. 12,1) und damit Zeichen der anbrechenden neuen Welt. Der Geist wirkt nicht nur da und dort in punktuellen Äußerungen und vereinzelten Erscheinungen, in exzeptionellen Situationen und besonderen Geistträgern, sondern bestimmt jedes Christenleben und jede Gemeinde durch und durch: „alles wirkt ein und derselbe Geist" (1. Kor. 12,11). Diese wunderhafte Bestimmung des Christen durch den Geist umfaßt nicht zuletzt auch das Gebiet des ethischen Handelns.

---

[3] Vgl. H. von Soden und G. Bornkamm, Herrenmahl und Kirche bei Paulus, in: Studien zu Antike und Urchristentum, 1959, 138–176. Zum sozialen Hintergrund des Konfliktes in Korinth vgl. G. Theißen, Soziale Integration und sakramentales Handeln, NT 24, 1974, 179–206.

Daß Paulus vorzugsweise die sich im Ethos auswirkende Erneuerung und Bewegung des Menschen auf das Wirken des Geistes zurückführt, ist schon von H. Gunkel herausgearbeitet worden (Die Wirkungen des Heiligen Geistes nach der populären Anschauung der apostolischen Zeit und der Lehre des Apostels Paulus, 1903³). Wenn H. Gunkel auch den Unterschied zur populären Anschauung überspitzt hat und in der Gefahr stand, Paulus spiritualisierend und ethisierend mißzuverstehen, seine Grundeinsicht ist nicht widerlegt: Geist ist für Paulus wesentlich Grundkraft und Grundprinzip des neuen Lebens und Wandels (vgl. R. Bultmann, Theologie, 332; H.-D. Wendland, ThLZ 1952, 457ff.; E. Schweizer, ThW VI, 413ff.). Die, in denen der Geist wohnt, werden nicht auf mystische Versenkung, ekstatische Schau o.ä. verwiesen, sondern in Dienst und Gehorsam. Der Geist beschert nicht ergreifende Stimmungen und Gefühle, sondern er beherrscht den Menschen in seinem Zentrum.

4.2. Vor allem nach Röm. 8 und Gal. 5 ist der in der Taufe begründete Wandel in der „Neuheit des Lebens" (Röm. 6,4) ein Wandel in der „Neuheit des Geistes" (Röm. 7,6). Sowohl bei der Grundlegung und Zueignung des neuen Lebens in der Taufe als auch bei der Aneignung der Taufe im neuen Leben sind die Christen nicht auf sich selbst gestellt, sondern durch die Wunderkraft des Geistes zu neuem Wandel befähigt und zugerüstet. Daß christliches Leben ein Geisteswandel ist, bringt neben der Motivation auch hier eine neue Orientierung ins Spiel. Das Pneuma ist zwar primär Kraft, Grund und Raum der Existenz des Christen. Doch wo diese Lebensführung im Geist vollzogen wird, da ist das Pneuma auch der beherrschende Maßstab („gemäß dem Geist" Röm. 8,4f.).

Daß die Wirksamkeit des Geistes nicht auf besondere Augenblicke zu reduzieren ist, heißt nicht, daß der Christ den Geist sozusagen ein für allemal unverlierbar in der Tasche hätte. Auch der Pneumatiker bleibt der Angefochtene. Auch der mit dem Geist Begabte hat nicht einen *character indelebilis*, eine unverlierbare Qualität. Auch er steht nach wie vor unter der Verheißung des Geistes und zugleich unter der Bedrohung durch das „Fleisch". Der auch beim Christen noch andauernde Streit zwischen Fleisch und Geist (Gal. 5,17) weist darauf hin, daß Christ und Pneuma nicht identisch werden und der Geist eine dem Christen gegenüberstehende fremde Macht bleibt. Das Wunder des Geistes ist nicht vom Menschen zu manipulieren und zu inszenieren. Der Mensch ist immer ein vom Geist Ergriffener, Objekt und nicht Subjekt des Geistes, ein Getriebener, wie Paulus geradezu sagen kann (Röm. 8,14; Gal. 5,18).

Sosehr der Geist vom Menschen Besitz ergreift und nicht der Mensch vom Geist („die Kehrseite der Rechtfertigung des Gottlosen", E. Käsemann, Römer, 218), so deutlich wird doch auch hier sofort dialektisch das andere hinzugesetzt, daß die Christen nämlich Schuldner sind (Röm. 8,12). Sowenig die Taufe eine magische Verwandlung bewirkt, sowenig ist der Geist eine naturnotwendig wirkende Kraft, die den Menschen zwanghaft und unwiderstehlich hinwegreißt. Das unterscheidet christliche Existenz gerade vom willenlosen Hingerissenwerden, das nach 1. Kor. 12,2 für das Heidentum charakteristisch ist[4].

---

[4] Vgl. G. Schrenk, Geist und Enthusiasmus, in: Studien zu Paulus, AThANT 26, 1954, 107–127, bes. 115f.

Denselben Sachverhalt bringt auch die für den pneumatischen Existenzvollzug verwendete Ausdrucksweise von Gal. 5,22 zum Ausdruck. Wenn hier die durch einen Tugendkatalog konkretisierte christliche Lebensführung als „Frucht des Geistes" apostrophiert wird, dann als Frucht, die der Geist selbst wirkt. In Röm. 6,22 dagegen, wo es Paulus offenbar stärker auf die Aktivität des Christen ankommt, kann Paulus unbedenklich ebenso *„eure* Frucht" sagen. An dieser doppelten Qualifizierung der „Frucht" wird die festgestellte Paradoxie wieder sehr augenfällig. Die Rede von der Frucht des Geistes ist also nicht in Analogie zu einem automatisch ablaufenden Naturprozeß zu verstehen. Schafft der Geist selbst die Frucht, so fordert er sie doch auch vom Menschen. Darum ist z. B. die an erster Stelle genannte Geistesfrucht der Liebe nicht nur Gabe und Frucht des Geistes, sondern eben auch Gebot (Röm. 13,8 ff.; u. ö.). Der Gehorsam des Pneumatikers ist Akt des Pneuma, und doch soll sich der Mensch von dieser Aktion mitnehmen und in Bewegung setzen lassen. Das unumkehrbare Gefälle der Aussagen und damit der Primat des Geistes ist aber stets im Auge zu behalten.

4.3. Ganz ähnlich scheint es nun mit dem *Charismagedanken* zu stehen, der ja mit dem Pneumagedanken eng zusammengehört: In 1. Kor. 12 zum Beispiel kann Paulus „Geistesgaben" mit „Gnadengaben" wechseln lassen und den Charismenkatalog durch die Aussage einleiten, die Charismen seien durch den Geist gegeben (V. 8; vgl. V. 11 und auch Röm. 1,11). Ein Charisma ist nun, wie man im Anschluß an Röm. 12,3 formulieren könnte, das Maß der verliehenen Gnade (vgl. auch Eph. 4,7 „Maß des Glaubens"), die je spezifische Wirkung und Zuteilung des Pneuma (vgl. 1. Kor. 12,7.11), was 1. Kor. 7,7 so formuliert: „Jeder hat sein eigenes Charisma von Gott".

Dies „von Gott" bestätigt zunächst, daß ein Charisma keine eigene Möglichkeit des Menschen ist. Es ist weder aus eigener Kraft und Anstrengung zu verwirklichen, noch läßt es sich befehlen. Auch hier kann Paulus freilich daneben die Mahnung stellen, nach einem Charisma wie etwa der prophetischen Rede zu streben (1. Kor. 14,1). Die Frage ist dann, was Charisma als Werk des Geistes überhaupt von der „Furcht des Geistes" (Gal. 5,22 f.) unterscheidet, zumal beide so eindeutig auf das Pneuma zurückgeführt werden, der Ursprung also derselbe ist.

H. Gunkel war der Meinung, der Unterschied liege im Bereich und der Art der Wirksamkeit: Charismen bezögen sich auf die Öffentlichkeit und den Gottesdienst, Geistesfrüchte aber auf das inwendige Leben. Aber die zum Beispiel in Röm. 12,6 ff. aufgezählten Charismen haben es keineswegs nur mit dem Gottesdienst zu tun. Auffallend ist dort gerade das Ineinanderübergehen gottesdienstlich-gemeindlicher und ethischer Phänomene. Auch sind die Charismen – das ist eine andere vorgeschlagene Differenzierung – keine „Naturmacht", Geistesfrüchte dagegen eine „ethische Macht". Das scheitert ebenfalls an Röm. 12,6 ff., denn Prophetie, Lehre usw. sind für Paulus keine naturhaften Phänomene. Auch Ehelosigkeit oder Ehe sind nicht als solche Charismen. Charismen werden sie erst als Möglichkeit christlichen Handelns zur Förderung der Gemeinde, zur „Erbauung" der Gemeinde (Oikodomé), als Diakonia (1. Kor. 12,5 u. ö.).

Natürlich kann die Gnade auch Naturhaftes bzw. Schöpfungsgegebenes erfassen, zum Beispiel – für Paulus das Paradebeispiel – den Leib. Man darf darum keine unnötigen Gräben aufreißen zwischen einer naturhaften Begabung auf der einen Seite und dem Wunderwirken des Geistes auf der anderen. Eine andere Unterscheidung von Charisma und Geistesfrucht lautet so: Charisma sei dem Indikativ, die Geistesfrucht aber dem Imperativ zugeordnet. Aber auch das trifft nicht. Nicht nur die Geistesfrüchte sollen eifrig erstrebt werden (Röm. 12,13; 14,19; 1. Thess. 5,15), sondern eben auch die Charismen (1. Kor. 12,31; 14,1.12.39). *Beides* sind verpflichtende Geschenke, weshalb der Charismenkatalog vom Röm. 12 nicht zufällig im Rahmen der Paränese steht.

Daß Paulus trotzdem nicht eigentlich zum Prophezeien, Lehren usw. ermahnt, sondern nur zu Geistesfrüchten, hat offenbar einen anderen Grund. Und das ist auch die entscheidende Differenzierung zwischen Charisma und Geistesfrucht. Das heißt, der eigentliche Unterschied liegt in der stärkeren Individuierung der Charismen, denn nach 1. Kor. 7,7 hat jeder sein *eigenes* Charisma, und nach 1. Kor. 12,11 teilt der Geist jedem das Eigene, das Seine, das Spezifische, das Unverwechselbare mit. Darum heißt es Röm. 12,6 auch, daß wir nach der uns verliehenen Gnade *verschiedene* Gnadengaben haben. Freilich hat auch diese Unterscheidung nur ein relatives Recht, denn Röm. 12 werden auch Barmherzigkeit, Hilfeleistungen u. ä. als charismatisch qualifiziert. Außerdem ist Gal. 5 weitgehend traditionell. Gleichwohl kann man mit einem gewissen Recht sagen, daß zwar jeder Christ Pneumatiker und jeder Christ Charismatiker ist, daß aber nur die Früchte des Geistes bei allen in gleicher Weise wachsen, die in Gal. 5 aufgezählten Geistesfrüchte also für jedermann gleichermaßen verpflichtend sind: Liebe, Freude, Freundlichkeit, Friede, Geduld usw. Demgegenüber ist zwar auch jeder Christ Charismatiker, und der Gemeinde als ganzer wird es auch an keinem Charisma fehlen (1. Kor. 1,7). Aber nicht jeder Christ ist *in gleicher Weise* charismatisch begabt, sondern der eine hat dieses Charisma, der andere jenes (1. Kor. 12,8ff.29ff.), so daß bestimmte Charismen sich sogar gegenseitig ausschließen (vgl. 1. Kor. 7,7).

Damit aber ist wahrscheinlich, daß Paulus nicht das ganze christliche Leben, sondern spezifische Eigenheiten und Besonderheiten charismatisch nennen würde, die dem Dienst an der Gemeinde zugute kommen. Im übrigen aber besteht eine weitgehende strukturelle Verwandtschaft zwischen pneumatologischer und charismatischer Begründung des neuen Lebens (so zuletzt S. Schulz, Die Charismenlehre des Paulus, in: FS E. Käsemann, 1976, 443–460, bes. 456f. im Anschluß an E. Käsemann). Der Unterschied ist also nicht scharf zu fassen, weil Paulus den Charismabegriff faktisch auch auf die Ethik ausgeweitet hat, er hat ihn jedoch nicht auf *alle* Verhaltensweisen der Christen bezogen (vgl. U. Brockhaus, Charisma und Amt, 1972, 220ff.).

## 5. Die eschatologische Begründung

5.1. Aus allem bisher Gesagten hat sich ergeben, daß für Paulus die Christologie der alles bestimmende Horizont der Ethik ist. Daran ändert auch die paulinische Eschatologie nichts. Daß für Paulus die Eschatologie das Erste und

Zentrale und darum auch die Ethik ausschließlich eschatologisch begründet sei, ist nur dann richtig, wenn dabei nicht die Parusieerwartung einseitig hervorgehoben und die daraus resultierende Ethik nicht im Sinn einer rein passiven Welthaltung bzw. Weltfremdheit interpretiert wird[5].

Auch die paulinische Eschatologie gehört aber wesentlich in den Rahmen der Christologie und hat in ihr ihre Basis und ihre Mitte (vgl. U. Luz, Eschatologie, 227 ff.). Das gilt mit Sicherheit für die *präsentische* Dimension seiner Eschatologie. Jesu Kreuz und Auferweckung sind ja als die den Anbruch der Äonenwende und die Realität der Heilsgegenwart heraufführenden eschatologischen Ereignisse verstanden. Aber auch die *futurische* Komponente der paulinischen Eschatologie wird stark, wenn auch nicht ausschließlich, christologisch expliziert. Hoffnung und Erwartung des Paulus richten sich auf die Parusie Jesu Christi, vor allem auf das „Mit-dem-Herrn" bzw. „Mit-Christus-Sein". Sowenig der Inhalt der Hoffnung bei Paulus systematisch entfaltet wird, sondern nur aus fragmentarischen Einzelaussagen zu erschließen ist, so sehr ist doch in fast allen Aussagen eindeutig Christus Grund und Ziel der Hoffnung. Dagegen scheint zwar zu sprechen, daß nach 1. Kor. 15 letztes Ziel der Hoffnung Gottes unverkürzte Alleinherrschaft bleibt, doch ist bis auf den Gerichtsgedanken – nach Paulus wird sowohl Gott als auch Christus das Gericht vollziehen – die eschatologische Motivik der *Ethik* wesentlich christologisch gefüllt. Die Ethik gründet dabei sowohl „in der Zukunft des Kyrios" als auch im „gegenwärtigen Christusgeschehen" (A. Grabner-Haider, 110), und beides wird von Paulus miteinander verschränkt. Die, die schon „Söhne des Lichtes" und „Söhne des Tages" sind und nicht der Nacht und Finsternis angehören (1. Thess. 5,3; vgl. V. 9f.), wissen doch zugleich um das Kommen des „Tages des Herrn" (V. 2). Die von Christus schon Ergriffenen aber noch nicht Vollkommenen strecken sich nach vorn aus (Phil. 3,12). So wie die Gegenwart die Zukunft begründet (Röm. 5,8 ff.), so die Zukunft die Gegenwart (2. Kor. 4,16 ff.). Mal folgt im Begründungszusammenhang eine eschatologische Begründung auf einen Heilsindikativ (vgl. Röm. 12,1f.:13,11; 1.Thess. 4,6:4,8), mal steht es umgekehrt (1. Kor. 6,9f.: 6,11; Gal. 5,21: 5,24f.). Schon S. 173 wurde herausgestellt, daß aus dem Zugleich von Heilsgegenwart und Heilszukunft folgt, daß auch der Christ von dieser eschatologischen Spannung betroffen ist, weil er zwar von der Macht des alten Äons befreit ist, aber zugleich noch leidet und seufzt, wartet und hofft. Das meint nicht eine säuberliche Aufteilung, sondern eine Dynamik und einen Prozeß. Dem Prozeß, in dem Jesus Christus dabei ist, die Mächte und Gewalten zu unterwerfen (1.Kor. 15,24ff.; vgl. auch Phil. 2,10f.), korrespondiert das „Wachsen" und „Zunehmen" der Christen (vgl. Phil. 1,9; 1. Thess. 3,12 u. ä.)[5a]. Auch werden immer wieder Versuche erkennbar, im ethischen Handeln der Gemeinde der Zukunft Gottes zu entsprechen und sie schon

---

[5] Zu Gemeinsamkeiten und Differenzen in der Beziehung von Eschatologie und Ethik bei Paulus im Vergleich mit der Apokalyptik vgl. Ch. Münchow, Ethik und Eschatologie. Ein Beitrag zum Verständnis der frühjüdischen Apokalyptik, 1981, 150 ff.
[5a] Vgl. dazu W. Schrage, Zum Komparativ in der urchristlichen Ethik, EvTh 48, 1988, 330–345.

in die Gegenwart hinein- und vorwegzunehmen (vgl. Röm. 14,17 und dazu U. Luz, Eschatologie, 262f.; Ch. Münchow, 165f.). Damit ist freilich die Zukunftsdimension nicht vergleichgültigt. Sie verleiht der futurischen Eschatologie vielmehr eine doppelte Bedeutung für die Ethik: Einerseits führt sie zum Ernstnehmen der befristeten Zeit und der unerlösten Wirklichkeit dieser Welt, was ja überhaupt ein entscheidendes Motiv für die Rezeption futurisch-eschatologischer bzw. apokalyptischer Tradition bei Paulus ist (vgl. Röm. 8,18ff.). Andererseits aber führt sie zur Relativierung der Weltwirklichkeit als etwas Vorläufigem und Provisorischem.

5.2. In 1. Kor. 7,29–31 z. B. kommt Paulus im Zusammenhang mit der Erörterung der Ehefragen grundsätzlich auf die von der futurischen Eschatologie geprägte Welthaltung der Christen zu sprechen:

Der Kairos, das heißt die bis zur Parusie noch verbleibende Zeit, ist „zusammengedrängt", ja das Wesen dieser Welt vergeht bereits. Daraus gilt es, die entsprechenden Konsequenzen zu ziehen: Die da Frauen haben, sollen schon so leben, als hätten sie keine, die da weinen und sich freuen, sollen schon so sein, als weinten und freuten sie sich nicht mehr, die kaufen, sollen es tun, als behielten sie das Gekaufte nicht, und die die Welt gebrauchen, sollen es tun, als gebrauchten sie sie schon nicht mehr.

Die Mahnung zur inneren Freiheit und Distanz zur Welt – nicht nur die Warnung vor dem Übermaß (anders G. Hierzenberger, 52) – wird also hier eschatologisch begründet. Diese eschatologische Begründung ist dabei für Paulus nicht einfach austauschbar oder als irrelevante Vorstellungsform einer Begründung abzutun, die genauso gut auch die kynisch-stoische Weltsicht leisten könnte. Das geht schon darum nicht, weil die paulinische Eschatologie nicht aufgeht in Anthropologie und also für Paulus keine bloße Hilfskonstruktion ist, um die Andringlichkeit des Jetzt oder die unwiederbringliche Einmaligkeit des Augenblicks einzuschärfen (so H. Braun). Wo die Eschatologie in ihrer christologischen und theozentrischen Orientierung entfiele, da hätte das negative Konsequenzen auch für die Ethik. Stehen die Toten nicht auf – und Totenerweckung ist ein Implikat der Christologie –, „so lasset uns essen und trinken, denn morgen sind wir tot" (1. Kor. 15,32). Stehen die Toten aber auf, so gehört der Leib, den Gott auferwecken wird, schon jetzt dem Herrn (1. Kor. 6,14).

Gewiß kommt die christologische Ausrichtung der Eschatologie in 1. Kor. 7 erst in V. 32 zum Zuge, während vorher mehr vom Zusammengedrängtsein der Zeit und vom Vergehen der Welt die Rede ist, was m. E. damit zusammenhängt, daß Paulus in V. 29–31 einen apokalyptischen Topos aufgreift.

Vgl. H. Braun, Die Indifferenz gegenüber der Welt bei Paulus und bei Epiktet, in: Ges. Studien zum NT und seiner Umwelt, 1962, 159–167; W. Schrage, Die Stellung zur Welt bei Paulus, Epiktet und in der Apokalyptik, ZThK 16, 1964, 125–154; G. Hierzenberger, Weltbewertung bei Paulus nach 1. Kor. 7,29–31, 1967.

Man darf aber Christologie und Eschatologie nicht gegeneinander ausspielen. Daß Christus schon jetzt befreiend und herrschend präsent ist (vgl. V. 22), relativiert die Weltdinge ebenso wie der Ausblick auf ihr definitives Vergehen,

## A. Der Ansatz der paulinischen Ethik

das ohnehin mit dem Kommen Christi zusammenfällt. Jedenfalls wird vom Letzten her alles andere zum Vorletzten degradiert. Aus der Nähe des Herrn folgt z.B. Sorglosigkeit (Phil. 4,5), aus seinem kommenden Gericht der Verzicht auf das Richten des Bruders (Röm. 14,10; 1. Kor. 4,5), aus der kommenden Segensfülle die reichliche Beteiligung an der Kollekte (2. Kor. 9,6; vgl. Gal. 6,9f.), aus eschatologischer Verheißung die rechte Einstellung zu den Dingen des irdisch-alltäglichen Lebens (1. Kor. 6,2) usw. Das heißt aber: Die Eschatologie hat Auswirkung auch auf die Substanz und Entfaltung des Imperativs[5b]. Der zu erwartende „Siegespreis" macht frei zum Verzicht auch auf Dinge, die an sich ethisch durchaus erlaubt sind (1. Kor. 9,24ff.), und läßt die Christen als „Kinder des Lichtes und des Tages" wachen, nüchtern sein und nicht schlafen „wie die übrigen" (1. Thess. 5,6). Diese Sicht der Dinge steht und fällt nicht mit der Naherwartung, die Paulus hier zur Intensivierung der Paränese dient (ähnlich Röm. 13,11ff.; Gal. 6,10; vgl. auch 1. Thess. 5,1ff., wo aber stärker die Ungewißheit des Termins im Vordergrund steht), sie steht und fällt aber mit der bestimmten Erwartung des endgültigen Sieges Gottes und seines Christus. Schon das aber deutet zugleich an, daß das Vorletzte nicht beiseite geschoben werden darf und Eschatologie nicht mit weltflüchtigem Enthusiasmus zu verwechseln ist.

5.3. Das bestätigt Röm. 13,11–14, ein Abschnitt, in dem Paulus die beiden paränetischen Kapitel Röm. 12 und 13 in eine eschatologische Motivation auslaufen läßt. Die Stelle ist auch darum besonders aufschlußreich, weil sie im selben Brief wie der das Verhalten zu den staatlichen Autoritäten betreffende Abschnitt Röm. 13,1–7 steht und damit auch eine Antwort auf die Frage gibt, ob sich eine Ethik nicht erst nach Abklingen der Naherwartung erwarten und feststellen läßt.

Paulus beginnt den Passus mit der Mahnung, alles vorher in den beiden paränetischen Kapiteln 12–13 Genannte zu tun im Wissen darum, daß „schon" der Kairos da sei, vom Schlafe aufzustehen. Vor allem das „schon" hier ist sehr auffällig, denn „schon" ist bei Paulus sonst entweder ein Stichwort der „realized eschatology" und ein Losungswort der Schwärmer (1. Kor. 4,8; vgl. 2.Tim. 2,18), oder Paulus selbst negiert das perfektionistische „schon" ausdrücklich: „Nicht, daß ich's schon ergriffen hätte oder schon vollkommen wäre" (Phil. 3,12). Nur hier in Röm. 13,11 gebraucht Paulus das „schon" in qualifiziertem Sinne positiv, und zwar eben zur Begründung des rechten Wandels der Christen.

Diese Verwendung des „schon" ist sehr bezeichnend. Das seinen Lichtschein und Glanz vorauswerfende Eschaton manifestiert sich im Schon der Ethik, was der sonstigen Konformität gerade zum Kreuz des auferweckten Herrn entspricht. Das endgültige Heil dagegen steht noch aus, wenn es auch schon „näher" ist als zum Zeitpunkt der Bekehrung. Auch dieser Komparativ „näher" ist zu beachten, denn er markiert nicht nur die Dialektik, nach der der Christ in

---

[5b] Zurückhaltender urteilt z.B. J. A. Henley, Eschatology and Community in the Ethics of Paul, ABR 27 1979, 24–44, bes. 28. Vgl. seine Kritik in Anm. 14 an V. P. Furnish, 215f.

der jetzigen Übergangszeit in bestimmter Hinsicht beiden Weltzeiten angehört, sondern auch „das Weiterrücken des eschatologischen Stundenzeigers" (G. Stählin, ThW IV, 1114). „Die Nacht ist vorgerückt, der Tag ist nahe herbeigekommen" (V. 12).

Nicht, daß Paulus an diejenige Zeit der Nacht dächte, „in der das vor dem Einbruch der Dämmerung besonders tiefe Dunkel herrscht", als ob er also in apokalyptischer Manier eine fortschreitende Verschlimmerung und Depravation der Welt im Auge hätte (so freilich G. Stählin, ThW IV, 716). Es heißt erst recht nicht umgekehrt, daß das Vorrücken der Nacht im Sinne von Fortschritten der Menschheit, von Evolution, Teleologie oder Progression zu deuten wäre. Das sind unerlaubte Allegorisierungen. Wohl aber heißt es, daß die Nähe des Tages zunimmt, daß das „Näher"-Sein des nahenden Tages die Mahnungen begründet (vgl. auch wieder die Folgerungspartikel in V. 12). Das aber besagt: Ethik ist hier Konsequenz der Eschatologie, und zwar der futurischen Eschatologie (vgl. auch Gal. 6,9f.; Phil. 2,16; 3,14; 1. Thess. 2,12).[6]

5.4. Ist nun die Zukunftserwartung von Röm. 13,11ff. als Motiv der Ethik unbestreitbar, so hat das zumal neben der Mahnung zur Unterordnung unter die staatlichen Autoritäten in Röm. 13,1–7 besondere Bedeutung. Es ist ja öfter behauptet worden, daß urchristliche Ethik erst möglich geworden sei, als die Naherwartung abnahm und der heiße Atem der ersten Epoche zu Ende ging.

K. Weidinger z.B. hat behauptet, daß erst das Leben mit seinen unerbittlichen Alltagsforderungen den Christen klarmachen mußte, daß sie sich noch auf dem Erdboden befanden, während man das in einer eschatologisch bestimmten Anfangszeit vergessen haben soll (Haustafeln, 6f.8; vgl. auch S. 133. Auch nach M. Dibelius soll z.B. die Rezeption der profanen antiken Ethik durch Paulus erst durch die Parusieverzögerung ausgelöst worden sein (vgl. Urchristentum, 18 u.ö.). Und nach C. H. Dodd mußte erst der Glaube an die Nähe der eschatologischen Vollendung und „die überreizte Stimmung der Erwartung" zurücktreten, um ethischen Forderungen Platz machen zu können. Er will bei Paulus bzw. in dessen Briefen eine Entwicklung von eschatologischer Glut in den Anfangsbriefen zu einem immer stärkeren Zurücktreten dieses Glaubens in den späteren Briefen feststellen. Erst diese Revision der Eschatologie, die auf das Konto des robusten common sense des Apostels gehen soll, habe eine neue Wertung christlichen Verhaltens zur Welt möglich gemacht (Gesetz, 35).

Nun ist schon diese angebliche Revision der Eschatologie eine Konstruktion. Vor allem aber zeigt sich eben gerade an einem Text wie Röm. 13, der nota bene zu den späteren Briefen des Apostels zählt, daß die Ethik für Paulus anstelle der behaupteten Kompensation eine notwendige Konsequenz der Eschatologie ist. Paulus ist nie, auch nicht in einer Anfangsphase, ein Schwärmer gewesen, der vor lauter Enderwartung die bedrängenden Probleme dieser Welt nicht mehr ernstgenommen hätte (vgl. 1. Thess. 4,1ff.). Die dringliche Einschärfung der Ethik ist für ihn keine Notlösung, die durch die Übermacht sogenannter Realitäten im Lauf der weitergehenden Geschichte erzwungen wird, kein Kom-

---

[6] Vgl. zu Röm. 13,11–14 besonders A. Vögtle, Paraklese und Eschatologie nach Röm. 13,11–14, in: Dimensions de la vie chrétienne. Série Monographique de „Benedictina" (Sect. Biblico-Oecuménique 4), Rom 1979, 179-194.

promiß und keine Weltanpassung, sondern Auswirkung und Ausdruck davon, daß in Christus eine neue Welt angebrochen ist und alles auf den universalen Sieg Christi und die Alleinherrschaft Gottes zielt. Jedenfalls bewirkt die Eschatologie bei Paulus nicht einen apokalyptischen Quietismus oder ein weltflüchtiges Fieber, statt einer Lähmung des Handelns bewirkt sie vielmehr einen nachhaltigen und wirksamen Antrieb dazu.

5.5 Das mag zum Schluß noch ein anderer Text bestätigen, der zudem noch ein anderes häufig begegnendes Motiv, nämlich das Gericht nach den Werken, zur Sprache bringt: 2. Kor. 5,9-10.

In 2. Kor. 5,1 ff. lenkt Paulus den Blick seiner Gemeinde in die Zukunft, nachdem er vorher die Fülle der zu erwartenden Herrlichkeit mit der kurz bemessenen und darum zu ertragenden Bedrängnis in dieser vergänglichen Welt kontrastiert hat (4,17-18). Er gibt der Gewißheit Ausdruck, daß beim Abbruch des irdischen Leibes eine himmlische Behausung auf die Christen wartet. Ohne den Leib abzuwerten, stellt er dann das Exil in der irdischen Leiblichkeit der Heimat beim Herrn gegenüber, die er sich als Nähe und Kommunikation mit dem Herrn vorstellt (V. 6-8).
Wer aber, so folgert er in V. 9, auf die eschatologische Gemeinschaft mit dem Herrn aus ist, der ist auch auf sein Wohlgefallen hier und jetzt aus, wörtlich: „Daher lassen wir uns eifrig angelegen sein, ob wir daheim (d. h. beim Herrn) sind oder unterwegs (d. h. im irdischen Leib), ihm wohlgefällig zu sein. Denn wir alle müssen vor dem Richterstuhl Christi offenbar werden, damit jeder empfange gemäß dem, was er bei Leibesleben (oder: durch den Leib) getan hat, es sei gut oder böse."

Das besagt zunächst: die eschatologische Hoffnung, von der in V.1 ff. die Rede ist, begründet die Verantwortung und Bewährung hier und jetzt. Das Verlangen nach der Gemeinschaft mit dem himmlischen Herrn führt dazu, daß die Christen ihre irdischen Verpflichtungen ernst nehmen. Es ist also gerade nicht so, daß die Sehnsucht nach dem Herrn das Leben hier und jetzt vergleichgültige. Das Gegenteil ist richtig, wie auch Phil. 1,21 ff. bestätigt. Die eschatologische Hoffnung schärft den Blick und evoziert die Verantwortung für die irdische Existenz zwischen den Zeiten. Das Nebeneinander von eschatologischer und ethischer Aussage bei Paulus ist auch hier keine gewaltsame Verbindung zweier an sich unvereinbarer Größen, vielmehr ist der Aufruf, sich in der Welt und im Leibe zu bewähren, ohne die eschatologische Dimension überhaupt nicht zu begreifen. Bewährung ist Implikat und Folge der Erwartung, nicht ihr Ersatz. Hoffnungslosigkeit lähmt, Hoffnung aber mobilisiert.

Daß der Mensch für sein irdisches Dasein verantwortlich ist, wird dann im V. 10 durch den Gerichtsgedanken verschärft. Zweifellos ist Paulus hier vom Judentum abhängig, wo das Gericht mit dem Ende des jetzigen Äons bzw. mit dem Weltende zusammenfällt. Auch nach jüdischer Ansicht steht der einzelne dann nicht nur unvertretbar für sich allein vor Gott, sondern wird auch für seine einzelnen Taten zur Rechenschaft gezogen (vgl. äth. Hen. 95,5 u. ö.), ursprünglich im übrigen die Hoffnung der bedrängten Gerechten (Ps. 62,13; Spr. 24,12). Vgl. zum Gerichtsgedanken H. Braun, Gerichtsgedanke und Rechtfertigungslehre bei Paulus (UNT 19), 1931; L. Mattern, Das Verständnis des Gerichts bei Paulus (AThANT 47), 1966; E. Synofzik, Die Gerichts- und Vergeltungsaussagen bei Paulus (GTA 8), 1977.

Es kann darum nicht gut bestritten werden, daß Paulus die jüdische These vom Gericht nach den Werken übernimmt. Das heißt nicht, daß Paulus bloß sein jüdisches Vätererbe noch nicht radikal genug losgeworden ist und uneigentlich spricht. Man darf 2. Kor 5,10 und ähnliche Stellen nicht zu pädagogischen Drohungen verharmlosen oder zu hypothetischen Aussagen degradieren. Der Satz vom Gericht nach den Werken ist vielmehr durchaus eigentlich und ernst gemeint. Daß Gott der Richter ist und bleibt, ist ohnehin eine Grundvoraussetzung des „allein aus Gnade" *(sola gratia)*, denn nur weil Gott ernsthaft und nicht nur zum Schein verantwortlich macht, kann der vom Gericht Bedrohte begnadigt werden. Nur der Richter selbst kann Gnade vor Recht ergehen lassen und um Christi willen den Sünder freisprechen und rechtfertigen. Gerade das Gericht hält fest, daß es keine „eigene Gerechtigkeit" gibt.

Aber es steht nach Paulus auch nicht so, daß der gnädige Gott sein Richteramt beim gerechtfertigten Christen aufgegeben hat und bei ihm nun in Zukunft über alles hinwegsieht. Gerade die Christen werden mit der Gerichtsbotschaft konfrontiert, weshalb die meisten Belege nicht zufällig im Rahmen der Paränese stehen (vgl. 1. Thess. 4,6; Gal. 5,8; Phil. 1,10 u. ö.). Gott behält sich auch beim Christen das letzte Wort selbst vor. Nicht daß der Mensch nun doch aus eigener Kraft, auf eigene Faust und in eigener Regie sein Heil suchen soll! Aber die Christen werden danach gefragt werden, ob sie das sola gratia auch wirklich sola, ganz und total haben gelten lassen, was sie mit Gottes Gaben angefangen haben, ob sie auch wirklich vom Eschaton her und in der Kraft des Geistes gelebt und den Heilsweg in Christus nicht verlassen haben. Der Gerichtsgedanke dient nicht der Grundlegung, sondern der Intensivierung ethischer Aussagen. Die Werke sind alles andere als irrelevant und sollen – so könnte man zugespitzt sagen – eben gerade das Werk Gottes bzw. das Werk des Herrn (1. Kor. 15,58) an uns bekunden und damit manifestieren, daß wir Gottes Tun an uns haben geschehen lassen. Das aber bringt wie bei Jesus klar heraus, daß der Mensch durch seinen Herrn radikal in Dienst gestellt und ihm auf Gedeih und Verderb verantwortlich ist. Zwar schließt die Rechtfertigung auch die Zukunft ein (vgl. Röm. 5,9; 8,28 ff. u. ä.), aber die in dialektischer Spannung dazu stehende Aussage vom Endgericht soll davor bewahren, die Gerechtigkeit Gottes in falscher Sicherheit zu mißbrauchen und vom Tun des Willens Gottes zu dispensieren (vgl. 1. Kor. 10,1 ff.). Gerade das Gericht nach den Werken verweist den Christen nachdrücklich in die ethische Verantwortung (vgl. U. Luz, Eschatologie, 278 f.) und schließt auch materialiter bestimmte Konsequenzen ein (vgl. Röm. 14,10).

Wichtig ist, daß Paulus den V. 10 im Anschluß an die Ausführungen über die Hoffnung auf die Auferstehungsleiblichkeit bringt. Diese Vorordnung läßt erkennen, daß nicht Angst, sondern Hoffnung die Grundhaltung des Christen ist, mit der er auf das Ende zugeht. Der das gute Werk angefangen hat, wird es auch vollenden (Phil. 1,6; 1. Kor. 1,6), ja 1. Kor. 3,15 scheint das Werk vom Menschen so zu unterscheiden, daß auch der, dessen Werk im Endgericht keinen Bestand hat, zwar benachteiligt, aber doch gerettet wird (vgl. auch 1. Kor. 5,5). Weil bei

Paulus auch sonst Freude und Zuversicht dominieren und nicht Furcht und Ungewißheit (vgl. auch 1. Thess. 1,10; 2,19; 5,23 f.; Röm. 13,11), spielt in Entsprechung zum Gerichts- auch der Lohngedanke eine große Rolle, vor allem bildhaft (vgl. 1. Kor. 4,5; 9,24; Phil. 3,14 u. ö.), auch zur Ermutigung und Ermahnung in der Paränese (Gal. 6,9 f.; 1.Kor. 3,8; 15,58; vgl. H. Preisker, ThW IV, 704.726 ff.). Paulus ist nicht der Meinung, sich die Auferstehungsleiblichkeit durch Werke und Leistungen verdienen zu müssen. Er geht aus von der großen Hoffnung und Gewißheit, von der Erwartung des wiederkommenden Herrn, der die Christen in seine Gemeinschaft ziehen wird. Und er kommt von daher zur Einschärfung der Gerichtsbotschaft. Dieser Weg ist unumkehrbar. Auch nach 1. Kor. 15 ist nicht das Gericht, sondern die Auferstehungshoffnung Grund der Paränese (V. 34.58), und nach Phil. 4,4-6 ist die Nähe des Herrn Grund zur Freude und führt einerseits zur Sorglosigkeit, andererseits aber dazu, allen Menschen Milde und Güte zukommen zu lassen.

## B. Art und Struktur des neuen Lebens

*Literatur:* G. Bornkamm, Glaube und Vernunft bei Paulus, in: Ges. Studien zu Antike und Urchristentum (BEvTh 28), 1959, 119-137; H.-J. Eckstein, Der Begriff Syneidesis bei Paulus (WUNT 10), 1983; K. Niederwimmer, Der Begriff der Freiheit im NT, 1966, 168-220; P. Richardson, Paul's Ethic of Freedom, Philadelphia, 1979, 79-98; H. Ridderbos, Paulus, 1970, 184-204; W. Schrage, Einzelgebote, 49 ff.; H. Schürmann, Die Gemeinde des Neuen Bundes als Quellort des sittlichen Erkennens nach Paulus, Cath 26, 1972, 15-37 (= Orientierungen am NT, 1968, 64-88); ders., Haben die paulinischen Wertungen und Weisungen Modellcharakter? Beobachtungen und Anmerkungen zur Frage nach ihrer formalen Eigenart und inhaltlichen Verbindlichkeit, in: Orientierungen am NT, 89-116; E. Schweizer, Ethischer Pluralismus im NT, EvTh 35, 1975, 397-401 (vgl. dazu mein Korreferat EvTh 35, 1975, 402-407); P. Sessolo, Bleibende Bedeutung der paulinischen Gebote, ED 32, 1979, 191-210.

### 1. Die Ganzheit, Einheit und Konkretheit christlicher Lebensführung

1.1. Die Befreiung und Neuwerdung des Menschen durch Christus ist nach Paulus ein alles umfassendes Geschehen, eine Wesensverwandlung, eine „Metamorphose" (Röm. 12,2; 2. Kor. 3,18). Daß der Mensch im Widerspruch mit sich selbst steht (Röm. 7,14 ff.), diese Zwiespältigkeit und Gespaltenheit des Ich gehört der Vergangenheit an. Dem radikalen Charakter dieser Neuwerdung entspricht auch die ungeteilte Ganzheit der Beanspruchung und Indienstnahme. Als die radikal Erneuerten und in allem Beschenkten können sich die Christen auch als ganze zur Verfügung stellen und ganz gehorsam sein, nicht nur zeitweilig oder teilweise. Darum geht es in der paulinischen Paränese nicht um eine Summe einzelner Taten oder Gehorsamsakte, sondern um den Menschen selbst. Gewiß spricht Paulus auch im einzelnen von der Erneuerung der Vernunft (Röm. 12,2), gewiß mahnt er zu neuem Selbstverständnis

(Röm. 6,11), zur Hingabe der Leiber (Röm. 12,1 u. ö.) usw., aber die einzelnen anthropologischen Termini stehen auch hier *pars pro toto*. Daß der ganzen Gabe unabtrennbar die ganze Aufgabe und Hingabe entspricht, veranschaulichen besonders deutlich viele Wendungen mit „alles": So wie Gott denen, die ihn lieben, alles zum Guten wirkt (Röm. 8,28) und er mit Christus alles schenkt (Röm. 8,32), so wie er die Christen in allem reich gemacht hat (1. Kor. 1,5; 2. Kor. 9,11) und nun gilt „Alles ist euer" (1. Kor. 3,21), so vorbehaltlos sollen Christen nun auch alles zur Ehre Gottes tun (1. Kor. 10,31), in allem gehorsam sein (2. Kor. 2,9), alles in Liebe geschehen lassen (1. Kor. 16,14) u. ä.

Wie schon bei Jesus ist damit auch hier implizit jede Veräußerlichung oder bloße Buchstabenkorrektheit des Gehorsams abgewiesen, ebenso aber jede Spiritualisierung, die Paulus zum Wiederentdecker eines Ethos der reinen Innerlichkeit macht. Alle Überbetonung der Gesinnung zum Beispiel, wie sie die gesinnungsethische Interpretation auch hier vornimmt (vgl. S. 48f.), also auf Kosten der realitätsbezogenen Verwirklichung und leibhaft-konkreten Gestaltung christlichen Lebens, wäre für Paulus eine irrige Vergeistigung. Gott nimmt auch die Leiber in Dienst (vgl. S. 225f.) und will auch durch Essen und Trinken gepriesen werden (1. Kor. 10,31). Am ehesten könnte man noch 2. Kor. 8,10f. eine Überordnung des guten Willens und der Bereitschaft bzw. Gesinnung über das Tun finden. Aber wenn es auch gut ist, daß die Korinther „nicht nur das Tun, sondern auch das Wollen" angefangen haben, so gehört doch nach den folgenden Versen zum Wollen unabdingbar auch ein entsprechendes Tun, nämlich die materielle Hilfeleistung für die „Armen" in Jerusalem. Zwar ist damit der Gehorsam als Gehorsam nicht eindeutig zu demonstrieren, doch wird man ihn erst recht nicht in totale Verborgenheit und Unanschaulichkeit versinken lassen dürfen. Gründet die Neuheit des Lebens im Urteil und Handeln Gottes und kann sie als solche nur geglaubt werden, so vollzieht sich das neue Leben gleichwohl nicht im Unsichtbaren, sondern ist irdisch und leiblich offenbar (Gal. 5,19ff.). Das Pneumatische ist nicht die Sphäre der Innerlichkeit oder gar Verschwommenheit, sondern der Geist erweist seine Macht und Realität in Wandel und Werk bis in die Leiblichkeit hinein (vgl. oben S. 182f.).

1.2. Mit der geforderten Ganzheit christlichen Lebens hängt die *Einheit* der paulinischen Paränese unmittelbar zusammen. Der geforderte Gehorsam läßt sich nicht auseinanderdividieren oder aus einzelnen Taten zu einem Ganzen summieren. Wie Jesus hat auch Paulus eine einheitliche Grundhaltung und Lebensrichtung im Auge und nicht ein Konglomerat von zusammenhanglosen einzelnen Geboterfüllungen.

Auffällig ist zum Beispiel, daß Paulus zur Bezeichnung des christlichen Handelns fast ausschließlich den Singular verwendet, zum Beispiel „Werk" (1. Kor. 3,13ff.; Gal. 6,4; Phil. 1,6 u. ö.) oder „Frucht" (Röm. 6,22; Gal. 5,22; Phil. 1,11; 4,17). Das wird nicht ganz zufällig so sein, denn zur Charakterisierung des vorchristlichen Tuns kann Paulus durchaus den Plural verwenden und von „Werken der Finsternis" (Röm. 13,12) und „Werken des Fleisches" (Gal. 5,19) sprechen. Besonders auffallend ist der Wechsel des Numerus in Gal. 5: die im Lasterkatalog aufgezählten Laster stellt Paulus unter die Überschrift „Werke des Fleisches", den Tugendkatalog dagegen unter die Überschrift

"Frucht des Geistes". Der Singular ist umso erstaunlicher, als auch hierbei nicht nur *eine* Frucht genannt wird, sondern durchaus eine Mehrzahl.

Die Differenzierung der Früchte verliert angesichts ihres einheitlichen Ursprungs und ihrer einheitlichen Richtung also offenbar an Bedeutung. Die Zerfaserung des Menschen und das zersplitterte Vielerlei seiner Handlungen ist überwunden. Gott fordert nach Paulus nicht dies und das und jenes, nicht unendlich viele Details, sondern er beansprucht den Menschen selbst mit allem, was er ist und hat.

1.3. Ungeachtet dieser einheitlichen Grund- und Gesamthaltung der apostolischen Ethik und der ihr entsprechenden christlichen Lebensführung erweisen die mannigfachen Einzelgebote und -mahnungen des Paulus ihre Konkretheit und eine dadurch bedingte Vielheit von Weisungen (1. Thess. 4,2) und Geboten (1. Kor. 7,19), von Wegen (1. Kor. 4,17) und Überlieferungen (1. Kor. 11,2). Paulus hat sich nicht damit begnügt, unentwegt zu einem ganzen und ungeteilten Gehorsam zu rufen, sondern ohne Skrupel und Befangenheit auch Einzelnes und Konkretes benannt. Gerade *in* ihm will sich die Ganzheit des neuen Gehorsams manifestieren.

2. Kor. 8,7 kann Paulus einer Gemeinde durchaus bescheinigen, daß sie in allem reich ist. Wichtig ist ihm aber, daß sich die Liebe und der Eifer der Korinther nun auch in einer ganz konkreten Einzeltat (Kollekte für Jerusalem) erweist und als echt bewährt. Eben *in* solchem konkreten Kollektenopfer kann das Ganzheitsopfer ihrer Existenz Ereignis werden, das Paulus in V. 5 den mazedonischen Gemeinden nachrühmt. *In* der einzelnen Liebestat gaben sie sich selbst als ganze. Auch in den paränetischen Kapiteln mahnt und fordert Paulus immer wieder auch ganz konkret. Ein Beispiel ist 1. Thess. 4,1 ff.: Nach V. 6 verlangt der Herr die Einhaltung gerade der konkreten Einzelforderungen und wird bei Verstoß dagegen mit Vergeltung nicht sparen (vgl. V. 8).

Die paulinische Ethik läßt die einzelne Tat und den einzelnen Gedanken, das einzelne Werk und das einzelne Wort nicht in einer steilen, aber abstrakten Totalitätsforderung auf- und untergehen (vgl. auch 2. Kor. 10,5 ff.; 1. Thess. 5,22; Phil. 1,9 u. ö.). Ein instruktives Beispiel für die Konkretheit der paulinischen Mahnungen ist 1. Kor. 7, wo Paulus nicht davor zurückscheut, die Gemeinde selbst in sexualethischen Fragen mit seiner Mahnung und Weisung zu konfrontieren.

Auch die paulinischen "Tugend- und Lasterkataloge" bestätigen, daß Ganzheit und Konkretheit zusammengehören und aufeinander bezogen werden müssen, vor allem Gal. 5. Das gute wie böse Einzelne ist Spezifizierung, Symptom und Konsequenz der guten oder bösen Lebensganzheit und Grundrichtung. Gewiß ist mit "Fleisch" und "Geist" jeweils eine alles umgreifende Sphäre und Dimension bezeichnet, aber in den konkreten Details steckt nicht nur der Teufel, sondern in ihnen steht auch der neue Mensch als ganzer auf dem Spiel. Zwar sieht Paulus in den einzelnen Gliedern des Tugendkatalogs die Entfaltung der *einen* Geistesfrucht, gleichwohl nennt er die Auswirkungen doch beim Namen und überläßt die konkrete Entfaltung und Ausgestaltung nicht einfach der Entscheidungsfreiheit und Spontaneität des einzelnen Pneumatikers. Selbst abstrakte Begriffe zielen auf konkrete Taten (S. Wibbing, 58f.108.123; vgl. A. Vögtle, 158f.).

Entsprechendes gilt für die „Lasterkataloge". Auch die Sünde des Menschen, sosehr sie auch meist singularisch als Macht charakterisiert wird, besteht eben nicht nur in einer allgemeinen oder gar theoretischen Gottlosigkeit, sondern die gottwidrige Gesamtrichtung manifestiert sich auch in der empirischen Existenz und in bestimmten Vergehen. Dem entsprechen auch die Mahnungen an die Christen, die nicht nur pauschal vor der Sünde warnen, sondern auch Einzelfälle und Einzelentscheidungen Sünde nennen, weil auch die einzelne Tat wieder die Herrschaft der Sünde heraufbeschwört (1. Kor. 8,12; 6,18; Gal. 6,1 u. ö.).

Weder im Positiven noch im Negativen hat sich Paulus also damit begnügt, umfassende ethische Grundsätze zu proklamieren. Vielmehr hat er den neuen Gehorsam ohne Skrupel auch im einzelnen entfaltet. Die konkrete Vielfalt der apostolischen Handlungsanweisungen sollte nicht als moralische Auflösung der Geschlossenheit christlicher Ethik abgetan werden, zumal Paulus keineswegs alles einzelne auf einer Ebene sieht. Wer materiale Weisungen, die über das Liebesgebot hinausgehen, bereits Moralisierung nennt, der muß solche dann freilich schon bei Paulus konstatieren, sich im übrigen aber fragen lassen, ob er nicht eher mysterienhaft denkt. In den Mysterien ist es ja in der Tat so, daß der Wiedergeborene nicht eigentlich der konkrete geschichtliche Mensch ist, sondern ein Etwas in ihm (R. Bultmann, ZNW 1924, 133). Gewiß will Paulus das Leben der Christen nicht kasuistisch in kleinsten und kleinlichen Vorschriften ersticken. Er will auch gewiß nicht für alle nur denkbaren Situationen passende Gebote aufbieten, aber er will sehr wohl praxisbezogene Konkretheit.

Der Unterschied zur Kasuistik liegt nicht in mangelnder Konkretheit, sondern im Fehlen eines ausgeklügelten Systems von allen nur möglichen Einzelmahnungen mit einer atomisierenden Gleichmacherei und Schablonisierung. Man vergleiche die Stellungnahme des Paulus zur Speisefrage 1. Kor. 8-10 oder Röm. 14-15 mit den hundertfältigen jüdischen Bestimmungen über Rein und Unrein, um den Gegensatz deutlich zu sehen. Ein anderes Beispiel ist die Mahnung an die Eheleute, den ehelichen Verkehr nur befristet und mit beiderseitiger Zustimmung aufzugeben, wobei keinerlei nähere Zeitangaben über die Dauer der Enthaltsamkeit gemacht werden (1. Kor. 7,5), während die Rabbinen genaue Angaben über die Häufigkeit bzw. Versagung des ehelichen Verkehrs zu machen pflegen (Billerbeck III, 368ff.).

1.4. Die eigentliche Streitfrage ist aber nicht, ob der Christ nach Paulus konkret handeln soll, sondern ob ihm sein Tun und Lassen auch konkret und verbindlich von anderen, vor allem vom Apostel, zur Pflicht gemacht werden kann. Manche Autoren sehen die faktisch unbestreitbaren Einzelmahnungen mehr als Not- oder Übergangslösung für die noch ungefestigten Missionsgemeinden an. Die Selbstbestimmung des einzelnen und der damit gegebene Verzicht auf alle konkrete Weisung sei das eigentliche paulinische Ideal und werde sich mit der Zeit auch in praxi durchsetzen und alle Einzelgebote überflüssig machen[7].

---

[7] Vgl. W. Schrage, Zur formalethischen Deutung der paulinischen Paränese, ZEE 1960, 207-233.

Wenn das richtig wäre, müßte man jedoch Äußerungen erwarten, die auf solche ethische Selbständigkeit dringen, die zeitliche Begrenzung der Mahnungen andeuten oder ihre leider immer noch bestehende Unentbehrlichkeit monieren würden. Faktisch aber ist von solchen Wünschen oder Klagen nichts zu hören. Vorwürfe des Paulus beziehen sich auf konkrete Mißstände, nicht auf die Notwendigkeit von Mahnungen. Zum Wesen der Paränese gehört offenbar nicht nur immer neue Aktualisierung, sondern auch die immer neue Konfrontation mit konkreten Mahnungen. So begnügt sich 1. Kor. 10 nicht mit der allgemeinen Warnung vor Sicherheit („Wer meint, er stehe, sehe zu, daß er nicht falle"), sondern konkretisiert das unter anderem in der Warnung vor der Hurerei (V. 8). Auffallend ist vor allem, daß viele Mahnungen begegnen, die bei aller Konkretheit inhaltlich zu den Grundgeboten zu zählen sind und sich – wie sich hier besonders nahelegen würde zu sagen – eigentlich von selbst verstehen müßten. Gerade dies aber, daß Paulus über die vermeintlichen Selbstverständlichkeiten und Anfangsgründe der Ethik nicht zur Tagesordnung oder zu einem Unterricht für sittlich Fortgeschrittene übergeht oder seine diesbezüglichen Mahnungen überhaupt einstellt, spricht eben gegen die These vom allmählichen Überflüssigwerden der konkreten Mahnungen.

Einige Beispiele mögen das erhärten: 1. Thess. 4,1f. und 4,11 bezieht sich Paulus ausdrücklich auf seine früheren Gebote, die der Gemeinde schon aus der Missionsparänese bekannt sind. Die apostolischen Briefe bringen also keineswegs nur unbekannte sittliche Belehrungen mit neuen Inhalten, sondern sie wiederholen auch längst Bekanntes. Ja dieses längst Bekannte *weiß* die Gemeinde nicht nur, sondern – und das ist besonders hinderlich für die Annahme, daß sich bei fortschreitender Mündigkeit Mahnungen erübrigen – sie *tut* es auch (1. Thess. 4,1.10; 5,11; vgl. auch 1. Kor. 4,17). Entsprechend übt Paulus Kritik an der Sünde, nicht aber an der Anfechtung und schon gar nicht an der Notwendigkeit von Paränese.

## 2. *Situationsbezogenheit und ethische Pluralität des apostolischen Gebots*

2.1. Eine Umkehrung der Meinung, die Konkretion der Paränese sei eigentlich unnötig und überflüssig, ist die These, die paulinische Ethik sei ausschließlich konkret und situationsbezogen und eben darum auch auf einmalige geschichtliche Fälle begrenzt. Paulus gibt danach immer nur konkrete Anweisungen für konkrete Fälle[8]. Nun ist natürlich unbestreitbar, daß viele paulinische Mahnungen durch ganz aktuelle Probleme und Gefahren veranlaßt sind und in bestimmte Situationen zielen (vgl. vor allem den ersten Korintherbrief, wo Paulus ausdrücklich auf die Fragen der Gemeinde Bezug nimmt und sie zum Teil sogar zitiert: 7,1 u.ö.). Auch die paulinische Ethik ist entsprechend nicht als zeitlose, von allen geschichtlichen Bedingtheiten und Zufälligkeiten unabhängige moralische Wahrheit zu verstehen. Ihre einzelnen Mahnungen sind auch nicht ausnahmslos für *alle* Menschen in *allen* Situationen bestimmt,

---

[8] So z.B. O. Cullmann, Christus und die Zeit, 1962³, 204.

sondern teilweise ganz und gar einmalig und unwiederholbar (vgl. den Philemonbrief), teilweise auch ganz pragmatisch und praktisch ausgerichtet (vgl. 1. Kor. 16,2).

Andererseits aber begegnen in den Briefen immer wieder auch ganz allgemein gehaltene Partien, die auf keine aktuelle Situation anspielen. Entsprechendes gilt in verstärktem Maße für die Paränese. Neben den aktuellen, situationsbezogenen Mahnungen finden sich auch solche, die von einer speziellen Lage und Veranlassung absehen. Gerade die speziell paränetischen Kapitel (Röm. 12–13; Gal. 5–6; 1. Thess. 4) mit ihrem vom übrigen Brief abweichenden Stil, also lose aneinandergereihte Sprüche oder Spruchgruppen ohne erkennbare Disposition, lassen oft kaum eine direkte Beziehung auf die Briefsituation erkennen. Diese Mahnungen sind „nicht für bestimmte Gemeinden und konkrete Fälle formuliert, sondern für die allgemeinen Bedürfnisse der ältesten Christenheit. Sie haben nicht aktuelle, sondern usuelle Bedeutung" (M. Dibelius, Formgeschichte, 239). Weiter läßt sich zeigen, daß Paulus öfter aktuelle Mahnungen als Anknüpfungspunkt für andere, nicht auf den akuten Anlaß bezogene Mahnungen benutzt oder den aktuellen Einzelfall grundsätzlich beleuchtet (vgl. Röm. 14–15 und 1. Kor. 8–10.13).

2.2. Die Betonung der Situationsbezogenheit der apostolischen Paränese ist noch einmal zu unterscheiden von einer Deutung, die das christliche Handeln selbst primär von der Situation bestimmt sein läßt. Solche situationsethische Deutung der paulinischen Paränese hat ein gewisses Recht, weil sie die Freiheit der Entscheidung und die Spontaneität der Liebe aufzunehmen vermag. Sie wird jedoch oft in eine falsche Alternative zu inhaltlichen Geboten gebracht, was nicht dadurch richtiger wird, daß man das pneumatologisch zu begründen versucht.

Wo das Leben im Geist sich rege, da habe „keinerlei Gebot mehr eine Stätte". Der im Geist Wandelnde tue von selbst, was Gottes Gebot heischen würde, weil ihm der Geist den Weg weise. An den Pneumatiker trete Gott „nie mehr von außen heran" – so hat es H. Lietzmann geradezu klassisch formuliert (An die Römer, HNT 8, 1933[4], 71). J. Weiß sprach von freier Schöpfung religiöser Innerlichkeit, die ihr Gesetz aus sich selbst schöpfe (Das Urchristentum, 1917, 432 f.). Christus selbst leite das Leben der Christen von oben her durch unmittelbare Kundgebungen des Geistes (vgl. M. S. Enslin, 101.130 u.a.; weitere Belege bei W. Schrage, Einzelgebote, 75).

Für solche Interpretation beruft man sich z. B. auf die Wendungen „der Geist in uns" bzw. „Christus in uns" (Röm. 8,1 ff. u. ö.). Die eigentliche Intention dieser Wendungen ist aber eine ganz andere, nämlich die, die Radikalität der Christuszugehörigkeit bis ins Zentrum des Menschen hinein zum Ausdruck zu bringen. Mit keinem Wort wird in ihrem Kontext darauf hingewiesen, daß der Christ durch den in ihm wohnenden Geist von den von außen kommenden Geboten loskomme und als vom Geist Getriebener den Willen Gottes nur noch aus sich selbst heraus wüßte. Nach Röm. 8,4 bewirkt der Geist gerade die Erfüllung der bekannten Rechtsforderung Gottes. Nirgends verraten die Formeln ein Gefälle zur Autonomie oder eine Spitze gegen das „äußere Wort" (verbum externum). Auch die Libertinisten Korinths z.B. haben sich auf den Geist berufen und doch als Übertreter der Gebote die Anwartschaft auf das Reich verwirkt (1. Kor. 6,9).

Selbst Wendungen, die das personale Moment im Verhältnis des Christen zu seinem Herrn betonen (Christus gehorchen, dienen u. ä.), treten nie in eine Spannung zu den Geboten Christi oder seines Apostels. Personaler Gehorsam gegenüber dem Herrn manifestiert sich im Gehorsam gegenüber seinem Gebot. In Röm. 14,18 z.B. ist das „Christus dienen" durch das „darin" auf konkrete Mahnungen bezogen (ähnlich Röm. 16,18). Niemals dagegen hat Paulus das Urteil und den Willen des Christen mit dem Gebot Gottes, des Christus oder des Geistes verwechselt oder verschmolzen. Daß das Wissen um die Bruderliebe nach 1. Thess. 4,9 aus göttlicher Belehrung stammt und andererseits doch der Apostel zur Liebe ermahnt, ist für Paulus kein Widerspruch, auch wenn die Belehrung durch den Apostel oder andere „nur noch – solange der anstehende Äon währt – subsidiär nötig ist" (H. Schürmann, Orientierungen, 69). Normalerweise trifft Gottes Gebot den Christen offenbar nicht neben oder losgelöst von den apostolischen Mahnungen, sondern gerade in ihnen, und diese sind bindend und verpflichtend, weil Christus selbst durch sie hindurch mahnt und gebietet (2. Kor. 13,3; Röm. 15,18). Die Verbindlichkeit der apostolischen Weisungen hängt damit zusammen, daß im Apostel als dem Boten und Repräsentanten seines Herrn Jesus Christus selbst das Wort nimmt, und zwar freisprechend und gebietend zugleich. Der Apostel mahnt und ermuntert, gebietet und warnt nicht im eigenen Namen, sondern im Namen Jesu Christi, und wer sich über seine Gebote hinwegsetzt, verstößt zugleich Christus und Gott (1. Thess. 4,6.8). Gewiß macht Paulus nie einfach eine formale Autorität geltend, ja er fordert zur Prüfung dessen auf, was er schreibt (1. Kor. 10,15), so daß dialektisch sofort auch von der Mündigkeit und Eigenverantwortung der Gemeinde zu sprechen ist. Aber sowenig die Gemeinde zur Befehlsempfängerin apostolischer Dekrete degradiert wird, sowenig sind die paulinischen Mahnungen nur ein mehr oder weniger unverbindlicher Diskussionsbeitrag oder eine unmaßgebliche Privatmeinung. Sie machen den Willen Gottes vielmehr mit Autorität geltend und beanspruchen Befolgung (2. Kor. 2,9; 7,15; Phil. 2,12; Phlm. 8–11). Darum auch die Aufforderung zur Mimesis des Apostels in seinem Verhalten (1. Kor. 4,16f.; 11,1; Phil. 4,9; 3,17).

2.3. Obschon einige Stellen sogar den Anspruch auf eine gewisse Allgemeingültigkeit erkennen lassen (1. Kor. 4,17; 7,17; 11,16), ist nicht jedes Wort des Apostels von gleicher Gültigkeit und Gewichtigkeit. Paulus weiß um Abstufungen und Grenzen und macht sehr wohl Unterschiede in dem, was er vom einzelnen oder von einzelnen Gruppen fordert. Das meiste an konkreten Einzelentscheidungen des Alltagslebens muß er ohnehin der Findigkeit und Verantwortung der Liebe überlassen. In manchem rechnet er ganz selbstverständlich mit dem Ermessen der Betroffenen, z.B. was die Höhe der Kollekte betrifft (vgl. 1. Kor. 16,2; 2. Kor. 8,7f.). Manches läßt er bewußt offen, z.B. das, was eine charismatische Qualifikation voraussetzt. Ist ein Charisma keine

Möglichkeit des Menschen, so kann Paulus Ehelosigkeit z. B. nicht als Gebot für alle Christen proklamieren. An einzelnen Stellen scheint Paulus sogar mit verschiedenen Entscheidungen in ein und derselben Sache und in ein und derselben Situation zu rechnen (vgl. E. Schweizer und W. Schrage, EvTh 1975, 391 ff. 402 ff.).

Interessant für diesen Entscheidungsspielraum ist 1. Kor. 6,1 ff., wo Paulus offenbar zwei verschiedene Formen christlichen Verhaltens für möglich hält. Gänzlich unmöglich und der eschatologischen Berufung der Christen inadäquat ist nur, daß Christen prozessieren und ihre Rechtsstreitigkeiten vor heidnischen Gerichten austragen. Positiv hingegen verweist Paulus zunächst auf die Möglichkeit, Christen als Schlichter einzusetzen, um Streitfragen vor einer innergemeindlichen Instanz zu entscheiden (V. 1-6). V. 7-8 aber geht darüber hinaus und bezeichnet das Vorliegen von Rechtshändeln bzw. das Rechtssuchen schon als solches als „Mangel". Man soll als Christ überhaupt auf sein Recht verzichten[9].

Paulus macht also – das folgt aus dem Nebeneinander der beiden Abschnitte – den völligen Rechtsverzicht nicht zu einem allgemein verpflichtenden Gebot, sondern stellt zwei verschiedene Möglichkeiten christlichen Tuns nebeneinander: Rechtsnahme bzw. Rechtsschlichtung auf der einen und Rechtsverzicht auf der anderen Seite, wobei Verzicht allerdings nicht Passivität meint, sondern wie der Verzicht auf Widerstand Böses durch Gutes überwinden soll (vgl. Röm. 12,17.21). Zwar steht beides nicht einfach gleichberechtigt nebeneinander, sondern Paulus gibt dem Rechtsverzicht vor der innergemeindlichen Schiedsgerichtsbarkeit bzw. Schlichtung durchaus den Vorzug. Immerhin aber deutet er eben doch an, daß es im Rahmen der Gemeinde verschiedene Handlungsweisen geben kann.

Ganz ähnlich steht es bei der Frage nach Ehe und Ehelosigkeit: auch da hält Paulus die Ehelosigkeit zwar für das eigentliche Gebot der Stunde (1. Kor. 7,38.40), aber dem Brennen gegenüber z.B. ist Heirat besser (V. 9). Ein weiterer Hinweis auf die Verschiedenheit ethischen Urteilens und Verhaltens ist auch das Nebeneinander von Starken und Schwachen in einer Gemeinde (Röm. 14-15 und 1. Kor. 8-10). Hier äußert sich Paulus sehr klar darüber, wie er sich das Verhältnis von Christen mit verschiedener Lebensweise denkt.

In Korinth trägt die Mehrzahl der Gemeinde offenbar keine Bedenken, Opferfleisch zu essen, während einige Schwache das aus gewohnheitsmäßiger Ängstlichkeit ablehnen. Die Starken haben aber ihre Entscheidung, so richtig diese auch sein mag, nicht als die allein richtige den anderen aufzudrängen. Weil sich in Rom offenbar beide Gruppen wechselseitig die Rechtmäßigkeit ihrer Entscheidung bestreiten, muß Paulus sich hier noch klarer über die Bedingungen und Konsequenzen verschiedener christlicher Lebensführung aussprechen. Die „Schwachen" mit ihrem Vegetarismus und ihrer Weinabstinenz scheinen sich dort durchaus nicht als solche zu fühlen, sondern sich für die ernsteren und gewissenhafteren Christen zu halten und die freiere und unbefangenere

---

[9] E. Dinkler, zum Problem der Ethik bei Paulus. Rechtsnahme und Rechtsverzicht (1. Kor. 6,1-11), ZThK 49, 952, 167-200 (= Signum Crucis, 1967, 204-240).

Lebensart der anderen zu verurteilen und zu verdächtigen. Diese aber tun dasselbe offenbar gegenüber den „Schwachen" (14,3f.10.13). Vgl. H. v. Soden; G. Theißen, Die Starken und Schwachen in Korinth, EvTh 35, 1975, 152–172 (= Studien zur Soziologie des Urchristentums, WUNT 19, 1979, 272–289).

Paulus stellt sich selbst eindeutig auf den Standpunkt der „Starken", denn es gilt in der Tat, daß nichts an sich unrein ist (Röm. 14,14.20). Trotz der an sich richtigen Einstellung der Starken aber verlangt er gegenseitige Toleranz und brüderliche Gemeinschaft. Die einen sollen die anderen aufnehmen, nicht um den anderen zum eigenen Lebensstil zu bekehren oder dessen Entscheidung geringschätzig abzutun, sondern ohne Vorbehalte, mit allem Respekt. Damit ist die Möglichkeit verschiedener Entscheidung und ein *mandatum concretissimum* grundsätzlich anerkannt.

2.4. Daß Paulus diese ethische Verschiedenheit für einen ebenso begrüßenswerten Reichtum hielte wie die Vielfalt der Charismen, ist damit freilich nicht gesagt. Vielmehr möchte er, daß Gott die Gemeinde auch in den strittigen Fragen zur Einheit führen möge (Röm. 15,5). Die ethische Pluralität ist vor allem nicht auf alles und jedes zu beziehen, sondern nur in einem bestimmten Umkreis mit einem allerdings nicht genau auszumessenden Radius möglich. Gewiß gibt es keinen neutralen Bereich, in dem der Christ aus der Verantwortung vor Gott entlassen wäre, auch nicht beim Essen oder Nichtessen von Fleisch, beim Tagehalten oder Nichttagehalten (1. Kor. 10,31; Röm. 14,6f.). Wohl aber gibt es bestimmte Lebensgebiete, in denen eine unterschiedliche Praxis möglich ist, allerdings nur dann – und das muß man, wenn man Paulus nicht modernisieren will, hinzufügen –, wenn nicht elementare ethische Grundgebote berührt werden. Die Freiheit christlicher Existenz ist zwar einerseits prinzipiell nicht quantitativ einzuschränken, aber schon die Liebe und Verantwortung für den Bruder setzt deutliche Grenzen: „Nicht alles ist förderlich", „nicht alles erbaut" (1. Kor. 6,12; 10,23). Eine andere Grenze wird durch die eigene Bedrohung und Gefährdung markiert. Typisch ist 1. Kor. 6,12, wo Paulus die Freiheit zunächst im Blick auf den anderen begrenzt (V. 12a), dann aber zugleich davor warnt, sich selbst von etwas beherrschen zu lassen, um die Freiheit nicht in neuerliche Knechtschaft umschlagen zu lassen (V. 12b).

Sehr eindrücklich kommt die Grenze allen in der Gemeinde noch tragbaren Verhaltens dort in Sicht, wo Paulus aus Gründen der „Orthopraxie" „Kirchenzucht" übt. Gewiß geschieht solche Grenzziehung nur im äußersten Fall (vgl. z.B. 1. Thess. 5,14; Gal. 6,1), aber das bedeutet nicht, daß nicht bestimmte Grenzen von vornherein undiskutierbar und unverrückbar feststünden.

Ein mit seiner Stiefmutter in wilder Ehe lebender Christ ist nach 1. Kor. 5,1ff. in der Gemeinde untragbar, weshalb Paulus den durch das Konkubinat von dem betreffenden Christen schon selbst vollzogenen Bruch definitiv macht. Gewiß soll der letzte Sinn dieser „Exkommunikation" nicht Verdammung, sondern Rettung sein (V. 5). Gleichwohl fällt auf, wie wenig Paulus hier zu Konzessionen bereit ist. 1. Kor. 5 ist allerdings der einzige Fall und offenbar eine ultima ratio. Vgl. E. Käsemann, Sätze heiligen Rechtes im NT, in: Exeget. Versuche und Besinnungen II, 1964, 69–82, bes. 72ff.; S. Meurer, Das

Recht im Dienst der Versöhnung, 1972, 117ff.; G. Forkman, The Limits of the Religious Community (CB. NT 5), 1972, 139ff. Hätte A. Y. Collins (The Function of „Excommunication" in Paul, HThR 73, 1980, 251–263) recht, würde das harte und irreversible Eingreifen des Paulus insofern verständlicher, als es sich bei dem in wilder Ehe Lebenden nicht einfach um eine Liebesaffäre aus Leidenschaft, Schwachheit oder Sorglosigkeit handelt, sondern um einen öffentlichen und demonstrativen Akt exzessiver Freiheit „im Namen des Herrn Jesu" (Collins bezieht das am Anfang von V. 4 Stehende „im Namen..." direkt auf das „Tun" von V. 3).

Immerhin zeigt sich an diesem Grenzfall, daß die Heiligkeit und Verantwortung der Gemeinde es nicht zuläßt, offenbare Sünde einfach stillschweigend hinzunehmen. Mit Freiheit und Bruderschaft ist nach Paulus nicht einem Allerweltschristentum das Wort geredet, das zu allem ja und amen sagt.

### 3. Gewissensmäßiger, freier und verstehender Gehorsam

3.1. Damit ist nicht bestritten, daß die Gewissensentscheidung in der Ethik für Paulus von großem Gewicht ist. Nicht als ob einsame Gewissensentscheidungen des einzelnen die entscheidende Rolle bei der Frage nach dem von Gott Gebotenen spielten, aber das Gewissensurteil darf nicht einem anderen unterworfen werden, wenn das Bewußtsein der Verantwortung nicht Schaden leiden soll.

Mit „Gewissen" greift Paulus einen wichtigen Begriff der damaligen Zeit auf. Vor allem Seneca beschreibt in De Ira III 36, was gemeint ist: die Selbstprüfung. Im Gewissen tritt der Mensch sich selbstkritisch prüfend gegenüber, reflektiert das Ich des Menschen sich selbst, seine Gedanken und Taten. Es ist die Instanz und das Tribunal, vor dem die *recognitio sui* geschieht, und zwar als nachträgliche Selbstprüfung und Reflexion, die auf eine Norm bezogen ist. Paulus selbst hat den Begriff wohl aus dem hellenistischen Judentum, wo vor allem bei Philo ganz ähnliche Gedanken vorliegen wie bei Seneca. Vgl. außer H.-J. Eckstein auch Ch. Maurer, ThW VII, 897ff.; R. Bultmann, Theologie, § 19; P. Hilsberg, Das Gewissen im NT, Theol. Versuche IX, 1977, 145–160.

Auch für Paulus markiert das Gewissen den Ort, an dem der einzelne Christ sich selbst in seinem Verhalten kritisch gegenübertritt und es kritisch prüft. Einerseits steht es nicht so, daß der Mensch sich hier einfach selbst begegnet, sondern das Gewissen ist eine vom Menschen und seinem Wollen, seiner Innerlichkeit und seiner Welt eigentümlich unabhängige Stimme, die als selbständiger Zeuge auftritt, mitauftritt, wie man von Röm. 2,15 her sagen muß. Andererseits aber ist das Gewissen keineswegs eo ipso die Stimme Gottes. Zwar kann das Gewissensurteil ein vom heiligen Geist bestimmtes sein (Röm. 9,1), zwar kann das Urteil des Gewissens mit dem des Glaubens identisch sein, aber es ist darum weder autark noch absolut noch definitiv (1. Kor. 4,4). Weiter hat das Gewissen auch für Paulus mehr eine prüfende als eine wegweisende und normsetzende Funktion, auch wenn es einem Verhalten vorausgehen kann. Das Gewissen ist jedenfalls nicht so sehr eine orientierende Instanz, die den Inhalt des Geforderten aus sich heraussetzt, als vielmehr eine kritische Instanz, die das

Tun und Lassen des Menschen an Kriterien kontrolliert. Was zu tun ist, sagt nicht das Gewissen, sondern das Gebot, oder die Gemeinde soll es herausfinden (vgl. P. Hilsberg, 155 und S. 203).

Das Kriterium, auf das das Gewissen des Christen bezogen ist, ist dabei nicht der Logos des Universums oder ein menschlich-philosophisches Ideal (z. B. das unwandelbar Natur- und Vernunftgemäße), sondern die Forderung Gottes, die auch im Endgericht geltend gemacht wird (vgl. die Nähe einiger Gewissens-Stellen zu eschatologischen Aussagen). In Röm. 2,15 z. B. ist das Gewissen auf das in die Herzen geschriebene und geforderte Werk des Gesetzes bezogen, in Röm. 13,5 auf die Notwendigkeit zur Unterordnung, in jedem Fall aber auf Gottes Willen und Gebot. Selbstverständlich ist die christliche Verpflichtung davon nicht auszunehmen und also das Gewissensurteil nicht auf das Feld eines allgemeinen Wissens um Gut und Böse zu beschränken. Nur in diesem Sinne ist die gewissensmäßige Entscheidung des Christen das Maß seines Verhaltens.

In diesem Sinne gilt freilich, daß man seiner Gewissensüberzeugung zu folgen hat. Jeder soll dieser eigenen Überzeugung gewiß sein, von der Richtigkeit seines Urteils glaubens- und gewissensmäßig voll überzeugt sein (Röm. 14,5). Mit seinem Gewissensurteil steht der Mensch selbst auf dem Spiel, weshalb diejenigen, die ein „schwaches Gewissen" haben (1. Kor. 8,7.12), auch selbst „schwach" sind (1. Kor. 8,9-11).

Das besagt nicht, daß das Urteil des Gewissens auch dann seine Gültigkeit hat, „wenn es in seinem Was fehlgreift" (so R. Bultmann, Theologie, 220). Zunächst ist daran zu erinnern, daß es sich bei den Divergenzen in 1. Kor. 8-10 und Röm. 14-15 um keine fundamentalen Fragen der Lebensführung handelt und Paulus eine Gewissensentscheidung, die etwa Gottes Gebot überspränge, kaum toleriert hätte. Nur darum läßt er die Lebensform der „Schwachen", die nicht von ihrer Vergangenheit loskommen und aus dem Bekenntnis zu dem einen Gott und Herrn noch nicht die rechten Konsequenzen ziehen können, also Götzenopferfleisch immer noch nicht als eine Speise wie jede andere ansehen, gelten.

Vor allem aber wird das Gewissen bzw. die Gewissensüberzeugung nach Paulus begrenzt durch die Liebe. Die Frage nach Recht oder Unrecht des Genusses von Götzenopferfleisch ist letztlich im Blick auf den Bruder und nicht auf Gott zu entscheiden. Paulus sagt ausdrücklich, daß man sich aus Liebe sogar dazu verstehen kann, auf die Praktizierung und Durchsetzung dessen zu verzichten, was man gewissensmäßig für recht und geboten erkannt hat. Wer die Gewissen der „Schwachen" prügelt (1. Kor. 8,12), der sündigt zugleich gegen den Bruder und gegen Christus. Eine Verabsolutierung der Gewissensentscheidung des einzelnen kann es darum nicht geben, was zugleich heißt, daß auch eine umgekehrte Entscheidung der „Schwachen" nicht selbstherrlich und autoritär absolut gesetzt werden darf, also beide Gruppen auf die Gewissensbindung Rücksicht zu nehmen haben (vgl. P. Hilsberg, 148).

3.2. Ein christliches Gewissen dispensiert insonderheit nicht von der Orientierung am apostolischen Gebot und seiner Anerkennung in Freiheit und Gehorsam. 2. Kor. 2,9 nennt Paulus als Zweck seines Schreibens die Probe, ob die Korinther in allem gehorsam seien. Da dies aber nicht als Bevormundung und geistliche Diktatur zu verstehen ist, wie er selbst wenige Verse vorher sagt (2. Kor. 1,14), soll solcher Gehorsam offenbar ein freier und kein erzwungener, ein sehender und kein blinder Gehorsam sein. Schon weil der Gehorsam letztlich nicht dem Apostel, sondern dem durch ihn wirkenden Herrn gilt, der Apostel selbst aber an seiner Botschaft zu messen ist (vgl. Gal. 1,8), darf man sich das Verhältnis von Apostel und Gemeinde nicht einfach als das von Führer und Geführten vorstellen, in dem der Gemeinde die Rolle eines gefügigen und unselbständigen Untertanen zugemutet würde. Paulus kann immer nur „um der Liebe willen" (Phlm. 9) mahnen, das der Liebe Entsprechende zu tun, er kann aber niemanden nötigen oder unter Druck setzen.

Er will darum die Überlassung des entlaufenen Sklaven Onesimus, den er in seiner Gefangenschaft gut gebrauchen könnte, von Philemon nicht erzwingen und diesen einfach vor vollendete Tatsachen stellen. Das „Gute", das von Philemon erwartet wird, soll eben nicht „aus Zwang", sondern „ungezwungen, aus freiem Willen" geschehen (Phlm. 14). Paulus will und kann nicht einfach kommandieren, sondern er rechnet auf den freien Gehorsam und das Einverständnis des Gehorchenden. Etwas schuldig sein und es dennoch willig und aus eigenem freien Entschluß tun, sind auch sonst keine Gegensätze (vgl. Röm. 15,27; 2. Kor. 9,7). Ist echter Gehorsam aber ein „Gehorsam von Herzen" (Röm. 6,17), also ein vom Zentrum des Menschen geprägter Gehorsam, dann ist er das Gegenteil von aller bloß formalen Korrektheit und äußerlichen Befolgung.

Rechter Gehorsam schließt über das freie Ja des Menschen hinaus auch das Verstehen ein. Die Respektierung der staatlichen Autorität zum Beispiel soll Sache der inneren Verpflichtung werden (Röm. 13,5). Gerade geschuldete Anerkennung (vgl. V. 1) soll Überzeugung implizieren. Die apostolische Mahnung will also nicht als unverstandenes Gesetz, sondern als einsichtige und durchsichtige Weisung gehört und befolgt werden. Ein bloß äußerliches Sichfügen oder eine unkritische Servilität sind darum auch dem Staat gegenüber ausgeschlossen. Der fraglos gültige Gotteswille ist eben nicht die Willkür eines bloße Unterwerfung fordernden Despoten, sondern der Wille des Vaters gegenüber seinen Kindern, denen er seinen väterlichen Willen kundgetan hat (vgl. Röm. 8,14ff.; Gal. 4,6) und darum erkannt und verstanden sein will (Phil. 1,9; Röm. 12,2 u.ö.).

3.3. Alles Erkennen auch des göttlichen Willens aber ist nach Paulus immer nur ein stückweises (1. Kor. 13,9). Das vielfältige Leben stellt zudem stets neue Aufgaben, so daß es immer neu zur Pflicht wird, mit dem an den apostolischen Geboten und Überlieferungen geschulten Blick (vgl. 1. Thess. 4,2f.; Phil. 4,9) zu erfassen, was im Augenblick Gottes Wille ist (vgl. Röm. 12,2). Um so nötiger ist die Erneuerung des Urteils- und Erkenntnisvermögens (Röm. 12,2), das bei Nichtchristen zwar „unbewährt" ist (Röm. 1,28), aber von der umfassenden Neuwerdung durch Christus ebenso mitbetroffen ist wie alles andere am Menschen. Gewiß hat die Vernunft auch in Fragen christlicher Lebensgestaltung nicht das letzte Wort und kann Gottes Gebote nicht außer Kraft setzen, doch Vernunft und Einsicht, Weisheit und Erkenntnis spielen eine große Rolle in der paulinischen Ethik. Gerade die Liebe ist nach Paulus immer auch eine prüfende, unterscheidende und erkennende (Phil. 1,9f.), was allem Aktionismus und Dezisionismus in Erinnerung zu rufen ist. Die „primäre ethische Haltung" ist darum nach Paulus ein ganz bestimmtes Denken, das durch kein Tun, Glauben und Beten zu ersetzen ist[10]. Gewiß ist dieses Denken kein Selbstzweck, sondern ihm soll das Tun auf dem Fuße folgen (vgl. Phil. 4,9). Aber zum Gehorsam des Christen gehört neben der Respektierung der überlieferten Gebote auch das erfinderische Suchen nach neuen Wegen. Zwar stehen deren Grundrichtung und Hauptmarkierungen fest, aber das ethische Wissen des Christen (vgl. Röm. 14,14; 1. Kor. 6,9.15f.; 1. Thess. 4,2) ist kein abgeschlossenes, das weiteres Prüfen und Urteilen überflüssig macht. Die von Glaube (Phlm. 6) und Liebe (Phil. 1,9) durchdrungene und geleitete Erkenntnis soll sich darum nicht bei dem Bisherigen beruhigen, sondern fragen, was jeweils in der neuen Situation der Wille Gottes ist. Das Prüfen gilt dabei dem, „worauf es ankommt" (Phil. 1,10), d.h. worauf es im jeweiligen Augenblick ankommt (vgl. W. Grundmann, ThW II, 263). Dieses Fragen nach dem hier und heute Gebotenen ist seiner Natur nach stets neu zu vollziehen, denn das, worauf es im jeweiligen Einzelfall ankommt, hängt verständlicherweise weitgehend von den wechselnden Gegebenheiten und Umständen ab. Das Überreichwerden der Liebe in der sittlichen Urteilsfähigkeit, von der Phil. 1,9 spricht, kennt zwar ein Wachsen und Reifen („mehr und mehr"), aber keinen Abschluß und kein Fertigwerden. Die Gemeinde kann und wird also in den jetzt und hier notwendigen Entscheidungen immer nur Schritt für Schritt weiterkommen.

Dieses Herausfinden des in der gegenwärtigen Zeit und Stunde christlich Gebotenen ist nicht einfach die Privatangelegenheit des isolierten einzelnen, sondern Sache der Gemeinde, weshalb Paulus das Miteinander im Suchen des rechten Weges betont. Der Ort dieser Suche ist darum nicht das einsame Kämmerlein, sondern der öffentliche Gottesdienst[11], an dem die Gemeinde hörend und unterscheidend beteiligt ist, in dem aber vor allem die Propheten ermutigend, warnend und wegweisend ihre Stimme erheben (1. Kor. 14). Stehen die Lehrer der Gemeinde für Kontinuität und Überlieferung in der Ethik ein, so die Propheten für Aktualität. Gerade bei der notwendig weitergehenden Konkretisierung des göttlichen Willens ist der situationsbezogene Charakter prophetischer Rede für die Weisung von Fall zu Fall in den einzelnen Gemeinden wahrscheinlich von großer Bedeutung gewesen. Dem Stückwerkcharakter (1. Kor. 13,9) und der Vielstimmigkeit (1. Kor. 14,29f.) korrespondiert allerdings auch hier die Notwendigkeit einer Prüfung (1. Kor. 14,29). Die Gemeinde wie der einzelne bedürfen nicht nur des Mutes und „generativer" Kompetenz, sondern auch der Kriterien, die denn auch bei Paulus implizit und explizit immer wieder erkennbar werden.

---

[10] K. Barth, Der Römerbrief, 1922², 424.
[11] Vgl. K. Wengst, Das Zusammenkommen der Gemeinde und ihr „Gottesdienst" nach Paulus, EvTh 33, 1973, 547–559; H. Schürmann, Orientierungen, 64ff.

Schon angesichts der Bedeutung dieses vom Geist geleiteten Unterscheidens, das alles prüft und das Gute behält (1. Thess. 5,19f.), spricht man besser auch bei Paulus nicht von Normen – zumal diese leicht das gesetzliche Mißverständnis einer „deontologischen" Ethik provozieren und von den Folgen des Tuns und damit „teleologischer" Argumentation dispensieren könnten (vgl. S. 19 Anm. 7).

## C. Materiale Kriterien der paulinischen Ethik

*Literatur:* R. J. Austgen, Natural Motivation in the Pauline Epistles, Notre Dame/Ill., 1966; J. W. Drane, Tradition, Law und Ethics in Pauline Theology, NT 16, 1974, 167–178; D. L. Dungan, The Saying of Jesus in the Churches of Paul, Oxford 1971; J. G. Gibbs, Creation and Redemption. A Study in Pauline Theology (NT S. XXVI), 1971; B. Fjärstedt, Synoptic Tradition in I Corinthians, Uppsala 1974; H. Halter, a.a.O. (Lit. zu IV A), 457–492; R. Hasenstab, a.a.O. (Lit. zu IV), 31–66; Th. Herr, Naturrecht aus der kritischen Sicht des NT, 1976; T. Holtz, Zur Frage der inhaltlichen Weisungen bei Paulus, ThLZ 106, 1981, 385–400; H. Hübner, Das Gesetz bei Paulus (FRLANT 119), 1980[2]; W. Joest, Gesetz und Freiheit. Das Problem des Tertius usus legis bei Luther und die ntl. Paraïnese, 1968[4]; W. Lillie, 12–23; A. Lindemann, Die biblischen Toragebote und die paulinische Ethik, in: FS H. Greeven, 1986, 242–265; U. Luz, a.a.O. (Lit. zu I B), 89–112; D. J. Moo, „Law", „Works of the Law", and Legalism in Paul, WTJ 45, 1983, 73–100; S. Pedersen, Agape – der eschatologische Hauptbegriff bei Paulus, in: Die paulinische Literatur und Theologie, 1980, 159–186; E. Reinmuth, Geist und Gesetz (ThA 44), 1985; E. J. Schnabel, Law and Wisdom from Ben Sira to Paul (WUNT 16), 1985, 227–342; W. Schrage, a.a.O. (Lit. zu IV), 187–271; H. Schürmann, „Das Gesetz des Christus" (Gal. 6,2). Jesu Verhalten und Wort als letztgültige sittliche Norm nach Paulus, in: FS R. Schnackenburg, 1974, 282–300; N. Walter, Paulus und die urchristliche Tradition, NTS 31, 1985, 498–522; D. Zeller, Zur neueren Diskussion über das Gesetz bei Paulus, ThPh 62, 1987, 481–499 (Lit.!).

### 1. Das Verhältnis zu den nichtchristlichen Verhaltensmaßstäben

1.1. Es gibt die verbreitete Meinung, das Neue und Eigene der paulinischen Ethik sei überhaupt nicht in Inhalten und Kriterien, sondern allein in Erfüllung und Verwirklichung, Begründung und Motivierung allgemeingültiger sittlicher Normen zu suchen. Das genuin Christliche liege nicht in materialen Neu- und Umbildungen der ethischen Maßstäbe, sondern darin, daß in neuer Weise oder mit vertiefter Einsicht die längst bekannten Maßstäbe realisiert würden und aller Wandel nun im Zeichen der Gnade Gottes in Christus geschehe. Damit ist zweifellos etwas Fundamentales bei Paulus getroffen, auch wenn man sofort hinzufügen muß, daß Motivationen normalerweise auch auf den Inhalt des Handelns durchzuschlagen pflegen und eine inhaltliche Bedeutung implizieren (vgl. H. Halter, 475). Es färbt zweifellos auch auf das Tun selbst ab, wenn man etwa aus Bequemlichkeit oder Resignation ehelos bleibt oder aber um des Herrn und der besonderen Chance des Dienstes willen zum charismatischen Eheverzicht kommt, wenn man aus Hedonismus gastfrei ist oder aus Liebe Gastfreundschaft übt usw. Außerdem geraten die traditionellen Gehalte durch ihre Zuordnung zum Herrn nicht nur in einen neuen Horizont, sondern sie erhalten damit auch einen neuen Sinn. Ist das Neue und Charakteristische der paulinischen Ethik entscheidend und unbestreitbar die christologische Begründung, die als sola gratia geschehene Neuwerdung des Menschen allem menschlichen Tun zuvorkommt, so ist damit jedoch die Frage, ob es nicht auch inhaltlich spezifisch christliche oder genauer, ob es nicht christlich adäquate Forderungen gibt, keineswegs erledigt.

1.2. Es gibt freilich Stimmen genug, die alles inhaltlich Neue rundheraus bestreiten und erklären, daß das „Was" der paulinischen Ethik „nichts durch das Christusereignis bestimmtes Neues" zeige (E. Dinkler, ZThK 1952, 199). Nach R. Bultmann sollen die für die Christen geltenden sittlichen Forderungen „keinen neuen Inhalt" haben und als solche nichts verlangen, „was nicht auch das Urteil des Heiden als gut anerkennen würde" (ZNW 1924, 138; vgl. auch H. Conzelmann, Grundriß, 310; G. Strecker, NTS 1978, 11 f.; kritisch dazu U. Luz, Eschatologie, 226 Anm. 5). Aber wird die paulinische Ethik tatsächlich einem allgemeinen Ethos subsumiert? Hat Paulus nur Motive und Gründe ausgetauscht? Wird die Christologie nur im Begründungszusammenhang oder nicht auch bei der inhaltlichen Bestimmung christlicher Lebensführung wirksam?

Sieht man sich bei Paulus selbst um, so fällt einem bei entsprechenden Äußerungen als erstes die Forderung auf, nicht in Konformität mit diesem Äon zu leben (Röm. 12,2) und Distanz zu halten gegenüber dem Tun und Treiben der „draußen" Stehenden (1. Kor. 5,12 f.), wenn anders Christen als Kinder Gottes „inmitten eines verkehrten und verdrehten Geschlechts" leben (Phil. 2,15). Dieses Nein der „Heiligen" zu allem welthaften Wesen bedeutet zwar kein Nein zum Umgang mit den Menschen dieser Welt, „denn sonst müßten wir die Welt räumen" (1. Kor. 5,9), aber doch eine unmißverständliche Absage an bestimmte Lebensweisen und Praktiken und den unwiderruflichen Bruch mit konkreten Lebensformen und Gewohnheiten der Welt (vgl. 1. Thess. 4,5; Phil. 2,15). Stellen wie Röm. 12,2 verlören ohne den Kontrast zwischen dem Lebensstil der Welt und dem Willen Gottes ihren Sinn (vgl. auch das Einst-Jetzt-Schema). So ist es schon von hierher wenig wahrscheinlich, daß jene Schizophrenie, nach der die Christen zwar aus den Kräften der neuen, aber nach den Maßstäben der alten Welt leben, sich zu Recht auf Paulus berufen wird. Auch Röm. 1 und 2 dürfen nicht verselbständigt und als Basissätze christlicher Ethik verstanden werden. Sie haben für Paulus eine Hilfsfunktion, um die Unentschuldbarkeit des Menschen zu erweisen (Röm. 1,20). Eine „natürliche" Ethik ist für Paulus jedenfalls nie ein vorgegebener fester Rahmen, zumal durch den Kontext die realen Fähigkeiten der Vernunft erheblich eingeschränkt werden und Paulus nicht darauf zielt, „einen gangbaren Weg der Sittlichkeit aufzuzeigen" (R. Schnackenburg, Ethik, 196 f.). Damit ist die Tatsache, daß es immer wieder auch außerhalb der Gemeinde Erkenntnis und Tun des Guten gibt, nicht aufgehoben, auch wenn Paulus das sofort begrenzt (vgl. Röm. 2,14: hier und da; dann und wann; vgl. W. Schrage, Einzelgebote, 192 Anm. 15)[12].

---

[12] Vgl. O. Kuß, Die Heiden und die Werke des Gesetzes, MThZ 5, 1954, 77–98 (= Auslegung und Verkündigung I, 1963, 213–245).

Andererseits ergibt sich aber aus Röm. 1 und 2 zweifelsfrei, daß Paulus in und trotz aller Sünde auch bei den Heiden mit einer sittlichen Norm und Forderung rechnet und dieses „in die Herzen geschriebene" Gesetz nicht die Forderung irgendeines Naturgesetzes ist, sondern das göttliche Gesetz selbst. Damit ist aber zu erwarten, daß Inhalte und Kriterien sittlichen Verhaltens bei Christen und Nichtchristen in den Grundzügen identisch sind. Diesen partiellen ethischen Konsensus bestätigt auch die paulinische Paränese selbst. Zu erinnern ist hier zunächst an Stellen, die zu einer anständigen Lebensführung gegenüber den „draußen" Stehenden auffordern (1. Thess. 4,12; vgl. 1. Kor. 10,32; Röm. 13,13). Die hier empfohlene Rücksicht auf das Urteil der Nichtchristen setzt fraglos eine Gemeinsamkeit sittlicher Standards voraus. Nur ein solcher beide verbindender Maßstab macht ja ein ernstzunehmendes Urteil der Heiden über die christliche Lebensführung überhaupt möglich und sinnvoll. Schon daß Paulus den Terminus „anständig" (euschēmonōs) seiner Umwelt für die sittlich einwandfreie Haltung übernimmt, deutet an, daß über das, was jeweils als anständig zu gelten hat, im großen und ganzen Übereinstimmung herrscht (vgl. H. Greeven, ThW II, 769).

1.3. Weiter ist auf die vielfältige Rezeption formaler und inhaltlicher Elemente antiker Ethik durch Paulus aufmerksam zu machen. Auch hierin verrät sich implizit ein Wissen um eine universal gültige Ethik, deren Forderungen alle Menschen unterworfen sind und deren Erkenntnis alle Menschen verbindet. Natürlich kann dieser Rezeptionsprozeß hier nicht ausführlich behandelt werden, sondern es muß genügen, das komplizierte Verhältnis von Aufgeschlossenheit und Übernahme einerseits, von Auswahl und Korrektur andererseits beispielhaft zu illustrieren.

Ein instruktives Beispiel für die Aufnahme verbreiteter ethischer Formen und Inhalte ist etwa Phil. 4,8, wo Paulus einen konventionellen Tugendkatalog mit Begriffen populärer Moralphilosophie übernimmt. Aber selbst hier ist nicht zu übersehen, daß zwar eine Vergleichgültigung und Verachtung des „Natürlichen" unmöglich ist, andererseits aber nicht die Autonomie eines „natürlichen" Ethos gemeint ist, denn die Begriffe stehen ja im Kontext der Verkündigung von der Nähe des Herrn (4,5), des Liebesgebots (4,5) und der Verheißung des Friedens Gottes (4,7). „Was zunächst ein Fremdkörper innerhalb der paulinischen ‚Ethik' zu sein schien, erweist sich als die kritische Rezeption des Guten, um das die Welt weiß, indem es durch den Wandel nach dem Geist unter der Norm der eschatologischen Agape gereinigt wird. Das Ethos der Welt bleibt in der Gemeinde nicht welthaft, und die Gemeinde Christi muß als die eschatologische Realität, die sie ist, den Anfang machen mit der Offenbarung der Herrschaft Christi in der Sphäre des Ethos unter dem Gesetz" (H.-D. Wendland, Zur kritischen Bedeutung der ntl. Lehre von den beiden Reichen, ThLZ 79, 1954, 321–326, Zitat 326). Zwar ist auch anderswo eine starke Einwirkung der Ethik des Judentums und der Stoa, aber auch von Alltags- und Volksmoral unverkennbar, wie sich in Teil D noch bestätigen wird, doch lassen sich auch dort ebenso deutlich eigene Akzente und materiale Besonderheiten nicht übersehen.

Von einer pauschalen Identität zwischen christlicher und außerchristlicher Ethik kann jedenfalls keine Rede sein. Will man nicht alles Eigene nivellieren, so ist neben aller Integration antiker Ethik auch die dabei sich vollziehende Auswahl und Sichtung des vielfältigen ethischen Gutes nicht zu vergessen. Es gilt zwar, alles zu prüfen, aber nur das Gute zu behalten (1. Thess. 5,21), was von vornherein nahelegt, daß der Rezeptionsvorgang zugleich ein Selektionsvorgang gewesen ist (vgl. V. P. Furnish, Theology, 81). Alle Rezeption war also eine selektive und kritische und keine vorbehaltlose. Die aus der Umwelt übernommenen Begriffe und Gedanken wurden zudem nicht nur ausgewählt, sondern sie erhielten zum Teil auch eine spezifisch christliche Sinngebung und Neuorientierung. Auch inhaltlich läßt sich immer wieder eine Umprägung beobachten, wie sich noch zeigen wird.

Die unübersehbare Kongruenz von christlichem und nichtchristlichem Handeln schließt jedenfalls bestimmte Unterscheidungsmerkmale auch im Inhalt der Ethik nicht aus. Das hängt wieder entscheidend mit der Christologie zusammen. Der Begriff „Niedrigkeit" *(tapeinophrosynē)* z.B. wird in der Profangräzität nur pejorativ gebraucht, weil der grundsätzliche Verzicht auf Selbstbehauptung der hellenistisch-römischen Welt fremd ist, ja bei den Stoikern zu den Lastern zählt. Auch Josephus rechnet Niedrigkeit zu den typischen Merkmalen der Sklaven, die von jedem, der Respekt vor sich selbst hat, abgelehnt wird (vgl. Bell., IV 494). Phil. 2,3 (vgl. auch 2. Kor. 11,7; Röm. 12,16) aber erhält sie wahrscheinlich darum positive Bedeutung, weil es von Christus heißt: „Er erniedrigte sich selbst" (Phil. 2,8).

W. Grundmann (ThW VIII, 23) sieht in diesem zwischenmenschlichen Verhalten in Entsprechung zum Christusgeschehen „eine Möglichkeit, die bei den Griechen nicht gesehen wird und auch die Aussagen des Alten Testaments und des Judentums überschreitet" (vgl. auch A. Dihle, RAC 3, 737.751; E. Osborn, 31 f.).

### 2. Die Bedeutung des alttestamentlichen Schöpfungsglaubens und Gebotes

2.1 Schon die Rezeption antiker Ethik setzt zweifellos den Schöpfungsglauben voraus. Und doch ist gleich am Anfang der Erörterung materialer Kriterien hinzuzusetzen, daß Schöpfungs*theologie* für Paulus – zugespitzt formuliert – primär Schöpfungs*christologie* bedeutet[13], eine Analogie zur Integration weisheitlicher Stoffe in die Eschatologie bei Jesus. Schöpfung wird bei Paulus primär im Zusammenhang der Neuschöpfung in Christus zur Sprache gebracht, d.h. Paulus nimmt schöpfungstheologische Aussagen mit Bedacht im Kontext der Rechtfertigungslehre auf (vgl. Röm. 4,17; 9,19ff.; 2. Kor. 4,6 u.ö.). Die Schöpfungstheologie ist insofern kaum als Gesamthorizont paulinischer Theologie anzusehen (R. Hasenstab, 144 mit Berufung auf E. Käsemann und P. Stuhlmacher), sondern tatsächlich „Interpretament der Soteriologie und somit der eschatologischen Heilsverkündigung zu-, ein- und untergeordnet" (R. Hasenstab, 154). Gibt es aber keinen Schöpfungsglauben an sich – schon im Alten Testament ist ja der Schöpfungsglaube von der Heilserfahrung, d.h. dem befrei-

---

[13] H. F. Weiß, Schöpfung in Christus, in: Beiträge zur Theologie in Gegenwart und Geschichte, 1976, 24–32.

enden und erlösenden Handeln Gottes her erschlossen –, dann gibt es auch keine Schöpfungsethik an sich, also keine Verselbständigung von Schöpfungsnormen, von einer Subsumierung der Ethik unter ein allgemeines Naturrecht erst gar nicht zu reden.

Umgekehrt aber läßt das Heilshandeln Gottes in Jesus Christus nun auch die Welt wieder als Schöpfung Gottes erkennen. Darum steht der „eine Gott, der alle Dinge geschaffen hat", neben dem „einen Herrn, Jesus Christus", der der Schöpfungsmittler ist (1. Kor. 8,6). Das ist der Grund dafür, daß Paulus die Welt niemals wie die Gnostiker als das Werk eines Demiurgen verstehen und abwerten konnte. Die Welt ist und bleibt für Paulus Gottes Schöpfung (Röm. 1,20) und Gott der Schöpfer (Röm. 1,25). Alles kommt von ihm und gehört ihm (1. Kor. 8,6; 10,26; Röm. 11,36). Die in Christus angebrochene eschatologische Zeit bringt nicht eine Destruktion, sondern die Erfüllung und Überbietung dessen, was des Schöpfers Wille von Anfang an war. Gerade gegenüber einem asketischen Rigorismus und einer Überängstlichkeit des Christen im Verhältnis zur Welt ist der Schöpfungsglaube für Paulus ein wichtiger Schutz. Sätze wie „Die Erde ist des Herrn und ihre Fülle" (1. Kor. 10,26; Zitat aus Ps. 24,1) oder „Alles ist rein" (Röm. 14,20) haben für die paulinische Ethik erhebliche Bedeutung. Kommt alles aus Gottes Hand, so hat das auch ethische Konsequenzen, wie sich etwa an der Lösung der Speisefrage zeigt, wo Paulus diesen Schöpfungsglauben bewährt; Christen können alles auf dem Markt angebotene Fleisch essen (1. Kor. 10,23 ff.).

Der Rückgriff auf Ps. 24,1 zur Begründung der Freiheit zum Essen aller Speisen ist auffallend, weil Ps. 24,1 im Rabbinat als Schriftbeleg dafür galt, „über jeder Speise einen Lobpreis Gottes zu sprechen" (Ch. Wolff, ThHK, z.St.), natürlich unter voller Einhaltung vorgeschriebener Speisegesetze; vgl. auch J. Murphy-O'Connor, Freedom or the Ghetto (I Cor VIII, 1–13; X, 23–XI.1), RB 85, 1978, 543–574, bes. 557f. Auf dem alttestamentlichen Charakter der Stelle liegt dabei kein besonderes Gewicht (keine Zitationsformel; vgl. aber S. 211), und der „Herr" ist jetzt Jesus Christus, durch den die Schrift als ganze ihr wahres Verständnis erhält.

Hält man daneben die Aussagen, die von einer Distanz zur Welt als einer vergehenden sprechen und z.B. Ehelosigkeit als Zeichen für die Begrenzung auch der Schöpfungswirklichkeit erkennen lassen (1. Kor. 7,29 ff. u. ö.), so ergibt sich, daß das Verhältnis zur Welt weder rein positiv noch rein negativ, sondern dialektisch zu umschreiben ist. Christen sind nach Paulus gleich weit entfernt von Weltverachtung wie von Weltvergötzung, von Weltflucht wie von Weltsucht. Die Mahnungen zu einem schöpfungsgemäßen Verhalten der Christen zielen darum weder auf ein radikales Nein – die Welt ist ja von Gott geschaffen und in Christus ans Ziel gekommen – noch auf ein unkritisches Ja – die Welt ist ja schon im Vergehen –, sondern eben auf die kritische Mitte zwischen *Ver*weltlichung und *Ent*weltlichung. Dem Nein zur gefallenen Welt entspricht das Ja zur geschaffenen und wieder neu als Schöpfung sichtbar gewordenen Welt, wenngleich auch die Schöpfungsgüter eschatologisch relativiert werden können, weil Paulus Eschatologie nicht auf Restitution reduziert und Neuschöpfung nicht nur im Rahmen und Horizont der Schöpfung konzipiert (vgl. W. Schrage, ZThK 1964, 129; U. Duchrow, 129. 133).

2.2 Mit diesem Vorzeichen trägt Paulus nun keine Bedenken, auf Maßstäbe zurückzugreifen, die mit dem Schöpfungsglauben in Zusammenhang stehen, so etwa auf die Natur *(physis)*. Zwar sind die Natur und ihre Ordnung für Paulus keine selbständigen Größen und kein letztes und unverbrüchliches Kriterium, und doch kann Paulus sich vereinzelt auf sie berufen. Wo aus der Natur Unnatur wird (konkret ist solches „unnatürliche" Verhalten hier offenbar Homosexualität), ist das für ihn ein Symptom des Abfalls von Gott (Röm. 1,26). Damit ist auch umgekehrt angedeutet, daß „der natürliche Verkehr" Gottes Willen und Ordnung entspricht (vgl. weiter S. 233).

Bezeichnet *physis* in Röm. 1,26 das der Schöpfungsordnung Entsprechende, so ist beim Gebrauch dieses Begriffes in 1. Kor. 11,14 noch weniger eine statische Größe im Blick, sondern die sich in Sitte und Herkommen geschichtlich manifestierende Ordnung. Dabei ist sie aber auch hier nur *ein* bestätigendes Argument unter anderen, also keine schlechthin durchschlagende Autorität. Das hebt den vorläufigen Sinn und Wert einer Berufung auf die *physis* zwar nicht auf, warnt aber vor Übertreibungen.

J. Weiß erklärt z. B. in seinem Kommentar zur Stelle: „In der Natur vernehmen wir die Offenbarung Gottes noch unmittelbarer als in der Schrift". Aber damit charakterisiert er die stoische, nicht die paulinische Position. Schon das seltene Vorkommen des Begriffs Natur ist auf dem Hintergrund der sonstigen Häufigkeit im Hellenismus auffallend und bestätigt, daß „für ‚natürliche Theologie' im Denken des Neuen Testamentes sachlich kein Raum da ist" (H. Koester, ThW IX, 265; vgl. auch 266).

Auch auf die erwähnten Mahnungen zum Respekt vor der Konvention ist in diesem Zusammenhang zu verweisen (Röm. 13,13; 1. Kor. 7,35; 13,5; 14,40). Ungebührliches und unschickliches Verhalten wäre nach Paulus eine falsche Konsequenz aus der Botschaft von dem heraufziehenden Ende der Welt (vgl. 1. Kor. 13,5). Das Urteil der Nichtchristen ist nicht nur wegen der „draußen" Stehenden von Belang (so 1. Thess, 4,12), sondern auch für die Gemeinde selbst eine zu beachtende Instanz. Damit sind nicht falsche Kompromisse oder unkritische Anpassungen gemeint. Die Kompetenz der Nichtchristen und die Rücksichtnahme auf sie hat nach Paulus sehr wohl ihre Grenzen. Wenn es sein *muß*, setzt sich auch Paulus unbekümmert über das Urteil der anderen hinweg. Es gibt aber notwendige, in der Sache liegende, und es gibt unechte und unnötige Anstöße, und Paulus warnt davor, durch unordentliches und unehrbares Verhalten berechtigte und vermeidbare Kritik seitens der Nichtchristen herauszufordern. Er selbst ist weder ein prinzipieller Nonkonformist noch erst recht ein prinzipieller Mitläufer.

2.3 Auch die Stellungnahme des Paulus zu Arbeit, Ehe und Staat läßt erkennen, daß die Strukturen und Gegebenheiten des vom Schöpfer empfangenen und erhaltenen Lebens nicht voreilig übersprungen werden dürfen. Eschatologische Schwärmer, die ihre Arbeits- und Berufspflicht aufgeben, bezeichnet Paulus als „Leute ohne Ordnung" (1. Thess. 5,14; vgl. später auch 2. Thess. 3,6f.11). Auch in dem Durch- und Widereinander von Askese und Libertinismus, wie es für Korinth symptomatisch ist, bewährt Paulus seinen Schöpfungsglauben. Ehe gilt ihm als schöpfungsmäßige Ordnung und als wirksamer Wall und Damm gegen die dämonische Macht der Unzucht und den Einbruch des Bösen, was nota bene nicht heißt, daß sich der Sinn der Ehe darin erschöpfe (1. Kor. 7,1 ff.; vgl. weiter S. 234f.). Interessant ist 1. Kor. 11,11f.: Daß „im Herrn" weder die Frau ohne den (oder: anders als der) Mann noch der Mann ohne die Frau ist, die Unterschiede also relativiert sind (V. 11), verdeutlicht V. 12 mit der natürlichen Ordnung, daß „wie die Frau aus dem Mann ist (das ist eine Anspielung auf die Schöpfungsgeschichte), so auch der Mann durch die Frau" (wie es für alle späteren Zeiten der Fall ist). So kommt erst „im Herrn" der Schöpfungswille Gottes in rechter Weise heraus.

Deutlich ist die Anerkennung ordnungstheologischer Gesichtspunkte in Röm. 13 zu erkennen. Zwar ist die Spitze der Mahnung nicht in einer Staatslehre zu sehen, sondern in der Ermahnung der Christen zum rechten Verhalten gegenüber den staatlichen Autoritäten (vgl. S. 245). Andererseits aber ist nicht zu übersehen, daß Paulus hier von der göttlichen Anordnung und Beauftragung staatlichen Handelns ausgeht. So gewiß die paulinischen Aussagen über Ehe und Staat auch von anderen Motiven und Faktoren mitgeprägt werden und diese Ordnungen zur vergehenden Welt gehören, so sicher gewinnt Paulus vom Schöpfungsglauben her die Gewißheit, daß Gott bis zur endgültigen Umwandlung aller irdischen Wirklichkeit die Welt nicht einfach dem Chaos überläßt. Dies geschieht nicht aufgrund einer natürlichen, der Welt selbst inhärierenden Dignität, wohl aber durch die Anordnung Gottes, der als Schöpfer seine Schöpfung nicht aufgibt.

Auch „diese Welt" ist trotz 2. Kor. 4,4 nicht einfach in der Hand des Satans, sondern bleibt Gottes Schöpfung, wie denn auch der Mensch als Sünder Gottes Geschöpf bleibt *(simul peccator et creatus)*. Während die Korinther offenbar die ansteckende Macht des „Fleisches" fürchten und die Distanz zur Welt und den Weltkindern empfehlen, weicht Gottes Macht nach 1. Kor. 7,14 nicht vor der Welt in abgeschlossene Verliese oder innere Sphären zurück, sondern dringt als heiligende Kraft auch in die Profanität ein. Der Christ lebt sozusagen in einem Kraftfeld, das auch Nichtchristen nicht unberührt läßt. Auch geschlechtliche Gemeinschaft mit einem Nichtchristen ist weder gefährlich noch schädlich noch die Gottesgemeinschaft störend (vgl. auch 1. Kor. 8,4 und 10,25ff.).

Christen haben sich darum nicht in fromme Ghettos zurückzuziehen oder wie die Neupythagoräer und Essener in Mönchsorden zu organisieren, sondern sie dürfen darauf vertrauen, daß auch die Institutionen dieser Welt von der Macht des Geistes erreicht werden. Die Heiligkeit Gottes ist mächtiger als die Unheiligkeit der Welt (vgl. Test.Benj. 8,2f.; anders syr.Bar. 98,4f.). Gerade in ihrem provisorischen Charakter sind die Bezüge und Gefüge der Welt von Gott gewollt, zu respektieren und nicht schwärmerisch beiseite zu schieben. Daß die Welt vor dem endgültigen Herrwerden Gottes nicht als ganze zu befrieden ist und Christen nur „soviel an ihnen liegt, Frieden halten" können (Röm. 12,18), weiß Paulus durchaus. Aber das relativiert die Mahnung, die Christuswirklichkeit auch in den Raum der Welt zu tragen, keineswegs.

2.4. Die Bedeutung des Alten Testamens für die paulinische Ethik ist nicht auf den Schöpfungsglauben beschränkt. Auch das alttestamentliche Gebot und Gesetz hat in ihr seinen Ort, zumal gerade für einen Juden ein Zusammenhang zwischen Thora und Schöpfungsordnung besteht (vgl. T. Holtz, 395). Auch wenn Paulus das Gesetz kaum als unwandelbaren, der Schöpfung eingestifteten Willen Gottes versteht (so E. Reinmuth, 95), wird das Gesetz als materiales Kriterium christlicher Lebensführung nicht einfach verabschiedet. Der Kampf des Paulus gegen den Nomismus ist kein Kampf gegen das Halten der Gebote, sondern dagegen, diese als Heilsbedingung gesetzlich zu verdrehen. Daß Gott „ohne des Gesetzes Werke rechtfertigt" und das Gesetz als Heilsweg, als „knechtisches Joch" (Gal. 5,1) und als Fluch (Gal. 3,10.13) erledigt ist, bedeutet nicht, daß der Christ vom Halten der Gebote dispensiert wäre (1. Kor. 7,19). Die Dialektik der paulinischen Stellungnahme zwischen Nomismus und Enthusiasmus ergibt sich z. B. aus 1. Kor. 9,20: Paulus ist nicht unter dem Gesetz, aber auch kein Gesetzloser, sondern „im Gesetz Christi" (vgl. dazu auch S. 213). Darum wird das Alte Testament bzw. sein Gebot als Kriterium christlicher Lebensführung vorausgesetzt und geltend gemacht. Hier kommt es nicht so sehr auf die Beispiele an, wo Paulus sozusagen ganz selbstverständlich und ohne weitere Begründung bestimmte Wertungen voraussetzt, die dem jüdischen, an der Thora orientierten Denken entstammen (vgl. T. Holtz, 387ff. zu 1. Kor. 1ff. 12ff. u. ä.; vgl. auch E. Reinmuth, 12ff. zur Enthaltung von Unzucht und Habgier als zentralen Forderungen des Gesetzes). Signifikanter sind die Beispiele, wo Paulus gerade gegenüber Heidenchristen expressis verbis und bewußt auf das Alte Testament und seine Thora zurückgreift.

Weniger auffallend ist zunächst die mehr oder minder getreue Übernahme und Verwendung einzelner alttestamentlicher Worte, vor allem aus dem paränetischen Spruchgut der Weisheitsliteratur und aus den Gesetzesbüchern (Röm. 12,16.17.19.20 usw.). Immerhin sind auch hier einige dieser Stellen durch Einleitungsformeln eingeleitet (Röm. 12,19; 1. Kor. 6,16; 2. Kor. 8,15; 9,9). Das zeigt, daß Paulus nicht einfach unbewußt oder unreflektiert zitiert. Röm. 12,19 mit seinem begründenden „denn es steht geschrieben" zeigt darüber hinaus, daß die alttestamentlichen Worte einen autoritativen Charakter behalten haben. Ähnlich steht es in 1. Kor. 5,13; 2. Kor. 8,15 und 9,9, wo die alttestamentlichen Zitate einen Gedankengang abschließen und so nicht nur eine überflüssige Verzierung sind, sondern eine bestätigende, abschließende, übergeordnete Begründung liefern. Auch in den nicht mit Einleitungsformeln beginnenden Zitaten meldet sich offenbar ein Wissen um die Kontinuität ethischer Gebote. Vgl. auch das begründende „denn" in Röm. 13,8.

Seine schlechthin durchschlagende Autorität hat das jeweils zitierte alttestamentliche Wort allerdings verloren. Letztgültige Instanz kann es offenbar für Christen nicht mehr sein. Lehrreich ist 1. Kor. 9, wo man geradezu von einem sich steigernden Beweisgang für das apostolische Recht auf Unterhalt durch die Gemeinde sprechen kann.

1.Kor.9,7 beginnt Paulus mit drei Beispielen aus dem Leben des Soldaten, des Weinbauern und des Hirten, V. 8–9 bestätigen dann dieses Argument durch einen Hinweis auf das Alte Testament (5. Mose 25,4), in V. 13 folgt ein weiterer Schriftbeweis und in V. 14 ein Herrenwort. Da es sich bei dem Beweisgang offenbar um eine Klimax handelt, folgt daraus einerseits, daß das Alte Testament für die Christen „höhere Autorität als die Gewohnheiten des Alltags und des wirtschaftlichen Lebens" und das natürliche Gefühl für Recht und Billigkeit besitzt (so H.-D. Wendland, NTD, z.St.), andererseits aber hat das Alte Testament für die Christen keine selbständige Bedeutung mehr, sondern wird durch die Autorität des Herrenwortes überboten und auch relativiert. Dabei ist allerdings zu beachten, daß Paulus nicht eine Instanz kritisch gegen die andere ausspielt, sondern sie sich einander bestätigen (vgl. auch Röm. 15,3, wo das zitierte Psalmwort das vorbildliche Verhalten Christi bestätigt und veranschaulicht).

Als weiteres Beispiel ist auf 1. Kor. 10 zu verweisen, wo Paulus in einem Midrasch über verschiedene Pentateuchstellen sein typologisches Verständnis des Alten Testaments auch für die Paränese fruchtbar macht. Die alttestamentlichen Geschehnisse sind Vorabbildungen *(typoi)*: Was Israel widerfuhr, dient zur Zurechtweisung der am Ende der Zeiten stehenden Gemeinde (V. 11). Vom Ende her gewinnt das Alte Testament gerade für das eschatologische Gottesvolk mahnende Autorität.

2.5. Allerdings wird das Alte Testament kaum einmal als das einzige oder entscheidende Argument geltend gemacht (so allerdings Röm. 12,19). Daß Röm. 8,4 von der „Erfüllung der Rechtsforderung des Gesetzes durch die, die sich nach dem Geist richten", gesprochen werden kann, meint keine pauschale Sanktionierung oder Restitution des vom Gesetz Gebotenen. Zugespitzt: Das Gesetz des Alten Testaments muß erst zum „Gesetz Christi" und auf seine eigentliche Intention hin ausgelegt werden (Gal. 6,2), bevor es zum Maßstab christlichen Lebens werden kann. Daß das Alte Testament nur a posteriori für die Christen Verbindlichkeit gewinnt, impliziert ein wenn auch meist unausgesprochenes Sachkriterium und eine im Sinne von Phil. 4,8 und 1. Thess. 5,23 geschehende Sichtung und Auswahl. Auch die alttestamentliche Ethik wird selektiv und also kritisch rezipiert. Wo die Angst vor dem Fluch und dem Verdammungsurteil des Gesetzes überwunden ist, da verliert man offenbar auch eine übertriebene Ängstlichkeit vor dem Buchstaben. Die inhaltliche Brechung der Thora ergibt sich schon aus dem Wegfall der kultisch-rituellen Gebote (vgl. die Differenzierung zwischen Beschneidung und Gebot 1. Kor. 7,19), auch wenn das Gesetz meist als Einheit vorausgesetzt wird (vgl. Gal. 5,14 „das ganze Gesetz") und Paulus nie programmatisch zwischen Zeremonial- und Moralgesetz unterscheidet (vgl. z. B. D. J. Moo, 84 f.). Daß nichts unrein ist (Röm. 14,14), widerspricht alttestamentlichem und jüdischem Denken. Aber auch manche ethischen Anschauungen des Alten Testaments können für Paulus nicht mehr als *Typoi* gelten. Solche Korrektur der alttestamentlichen Ethik wird sich zum Teil auch stillschweigend und undramatisch vollzogen haben.

Immerhin ist es auffallend, daß zum Beispiel das Ledigsein des Menschen in 1.Mose 2,18 als „nicht gut" bezeichnet wird, während Paulus es in 1. Kor. 7,26 „gut" nennt,

Heirat und Wiederheirat zu meiden, gewiß nicht, weil das Alleinsein als Alleinsein gut wäre oder die Heirat als Heirat böse, sondern weil und wenn dieses Alleinsein ein ungeteiltes Für-den-Herrn-da-sein ist. Immerhin ist der Unterschied nicht zu übersehen. Ein weiteres Unterscheidungsmerkmal zur alttestamentlichen Ethik ist das Verbot der Ehescheidung (1. Kor. 7,10), wobei Paulus anders als Mk. 10 und Mt. 5 auf das Verhältnis zum Alten Testament aber gar nicht eingeht.

Es findet sich also auch bei der Geltendmachung des Alten Testaments, ähnlich wie im vorigen Abschnitt, dieselbe dialektische Haltung: einerseits Verbindlichkeit, andererseits aber gewinnt das Alte Testament seine Gültigkeit erst von Christus und seinem Gesetz der Liebe her, auch wenn nach Röm. 13,8-10 das Liebesgebot, in dem alle anderen Gebote zusammengefaßt sind (vgl. S. 219f.), im Alten Testament selbst bezeugt wird. Auffallenderweise werden bei den zitierten Geboten des Dekalogs die der ersten Tafel aber ausgelassen, möglicherweise um die Stellung des Menschen vor Gott aus dem Bereich von Gesetzeserfüllung herauszuhalten (N. Walter, 512).

„Zusammenfassung" meint weder Vervollständigung noch die Reduktion einer Vielheit auf eine Einheit, sondern daß verschiedene Einzelgebote konzentriert auf einen Bezugspunkt bezogen werden (vgl. H. Schlier, ThW III, 681; R. F. Collins, The Ten Commandments and the Christian Response, LouvSt 3, 1971, 308-322, bes. 319). Das heißt aber nicht, daß die Liebe „nicht mehr im Gesetz" steht, sondern „aus dem Gesetz" heraustritt, ja „gegen das Gesetz" tritt (so O. Wischmeyer, Das Gebot der Nächstenliebe bei Paulus, BZ 30, 1986, 161-187, Zitat 187). Gewiß findet das Gesetz in der Liebe sein Maß, aber es wird in der Liebe gerade „erfüllt".

Allerdings meint „Gesetz" bei Paulus nicht überall die Thora. Zu den Stellen mit übertragenem Gebrauch von „Gesetz" in Röm. 3,27 und 8,2 vgl. H. Räisänen, Das „Gesetz des Glaubens" (Röm. 3,27) und das „Gesetz des Geistes" (Röm. 8,2), NTS 26, 1980, 101-117.

Durch die Liebe jedenfalls wird das ganze und eine Gesetz erfüllt (Gal. 5,14). Erfüllung heißt aber nicht Verdrängung. Ist die Liebe die Summe des Gesetzes und das Einheitsband der Einzelgebote, so impliziert das gewiß, daß die Einzelgebote nicht ersetzt oder aufgesaugt, sondern zusammengefaßt und rekapituliert werden. Auch hat Paulus die Gesetzesfreiheit nicht darum verkündigt, weil er die sittliche Forderung vereinfachen und auf das Liebesgebot konzentrieren oder statt einer quantitativen nun eine qualitative Gesetzeserfüllung gewollt hätte. Gleichwohl ist das „Gesetz des Christus" doch zugleich auch eine Begrenzung des Inhalts der Gebote.

Das „Gesetz des Christus" ist das Gebot, die Lasten der anderen in Liebe zu tragen (Gal. 6,2). Ob die Formulierung einer messianischen Thora nachgebildet ist, läßt sich schwer entscheiden, da der Begriff bei den Rabbinen nur einmal begegnet (Billerbeck, III, 577). Abzulehnen ist eine Deutung im Sinne der Imitatio Christi, aber auch im Sinne der Orientierung am vorbildlichen Verhalten und Wort Jesu; so H. Schürmann, Das Gesetz des Christus (Gal. 6,2). Jesu Verhalten und Wort als letztgültige sittliche Norm nach Paulus, in: FS R. Schnackenburg, 1974, 282-300; ähnlich R. B. Hays, Christology and Ethics in Galatians: The Law of Christ, CBQ 49, 1987, 268-290. Wahrscheinlich will Paulus sagen, daß die Thora im „Gesetz Christi" ihrer eigentlichen Intention nach erfüllt wird (W. Gutbrod, ThW IV, 1069; vgl. weiter auch E. M. Young, „Fulfill the Law of Christ": An Examination of Gal. 6,2, SBT VII, 1977, 31–42; E. Reinmuth, 61 ff.). Auch H. Schürmann, nach dem die Wortbildung etwas Doppeltes besagen soll, spricht neben der erwähnten Deutung mit Recht von einer Konzentration der Thora auf das Liebesgebot (290). Daß die Erfüllung des „Gesetzes Christi" durch Christus erst möglich und auch vorgelebt worden ist, soll erst recht nicht bestritten werden (vgl. S. 176 f.).

### 3. Entsprechung zu Jesus Christus und seinem Wort

3.1 Bei der zentralen Bedeutung Jesu Christi für die Theologie des Paulus versteht es sich von selbst, daß bei aller Konzentration auf die Soteriologie und auf die Begründung der Ethik auch die Richtung des neuen Lebens christologisch orientiert wird, d. h. Heilswerk und Gebot Jesu Christi für die Lebensführung der Christen schlechterdings maßgebend sind. Wie aber ist diese Maßgeblichkeit näher zu bestimmen? Früher wurde oft behauptet, daß Paulus seine Ethik an der Person Jesu orientiert habe.

P. Feine hat sogar die kühne These vertreten, daß Paulus das richtige Verhalten der Gemeinde „an dem irdischen Verhalten Jesu abgelesen" und dessen Bild bis in alle Einzelheiten gekannt habe (Der Apostel Paulus, 1927, 327 ff.; vgl. ähnlich W. D. Davies, Paul and Rabbinic Judaism, 1956, 147 ff.). Die für solche Thesen angeführten Stellen, die die Bedeutung des irdischen Jesus für die paulinische Ethik erweisen sollen, vermögen die ihnen aufgebürdete Beweislast aber kaum zu tragen. Sie dürften sich nämlich gar nicht auf den irdischen Jesus beziehen, sondern auf den Gehorsam des Präexistenten.

Das gilt zum Beispiel für den Christushymnus (Phil. 2,5 ff.), der gerade nicht das Verhalten des irdischen Jesus im Sinne eines Beispiels besingt und die Selbsterniedrigung nicht am Mensch*gewordenen*, sondern am Mensch*werdenden* veranschaulicht (vgl. S. 177 f.). Natürlich ist das für Paulus kein Gegensatz, aber im Vordergrund steht der Gehorsam des Präexistenten, der auf seine göttliche Stellung und Würde verzichtet. Auch 2. Kor. 8,9, wo es heißt, daß Christus „arm ward um unsertwillen", ist mit dem Armwerden der Gehorsam des Präexistenten und nicht das arme Leben Jesu und dessen Imitatio gemeint, wenngleich – das sei sofort hinzugefügt – der Gedanke des Vorbildes beidemal nicht ganz auszuschalten ist.

3.2. Anders steht es selbst da nicht, wo Paulus ausdrücklich von der Nachahmung *(Mimesis)* Christi spricht (1. Kor. 11,1). Beachtenswert ist nämlich schon, daß statt von der Nachahmung *Jesu* von der Nachahmung *Christi* die Rede ist (vgl. auch 1. Thess. 1,6, wo es von den Thessalonichern heißt, sie seien „Nachahmer des Paulus und des *Herrn*"). 1. Kor. 11,1 paßt sich dem Bisherigen insofern ganz ein, als zwar ein vorbildhaftes Moment durchaus zu erkennen ist, aber dieses Vorbild auch hier nicht der irdische Jesus ist. Das, was „nachgeahmt" werden soll, besteht darin, daß man nicht das Seine, sondern das des anderen sucht, wie es Christus exemplarisch in seiner Erniedrigung „für uns" *(pro nobis)* erwiesen hat (vgl. 10,33). Auch das „Gesetz des Christus", also das

Gebot, einander die Lasten zu tragen (vgl. S. 213), ist von Christus durch seine Liebestat der Selbsthingabe (Gal. 2,20) vorgelebt worden.

Darin besteht inhaltlich eine große Nähe zu Röm. 15,1 ff.: Röm. 15,3.7 sind überhaupt die deutlichsten Beispiele für das, was N. A. Dahl „Konformitätsschema" genannt hat[14], wo Paulus eine Entsprechung zum Verhalten Jesu Christi intendiert. In der Wendung „wie auch der Christus" steckt neben dem kausalen auch ein komparatives Moment, dessen inhaltlicher Richtungssinn nicht eskamotiert werden darf (vgl. S. 177): Nehmt einander an, *weil* und *wie* euch der Christus angenommen hat. Inhaltlich ist sowohl beim Mimesis- als auch beim Konformitätsgedanken entweder an die *theologia crucis*, also das Leidensschicksal, oder an die Agape gedacht, wahrscheinlich an beides (vgl. V. P. Furnish, Theology, 223).

Paulus hat also das geschichtliche Leben und Wirken Jesu nicht detailliert zur konkreten Orientierung des Christenlebens herangezogen. Erst recht ist jeder Versuch einer Kopie oder Imitation des Lebens Jesu, die Jesus als Modell betrachtet, nicht paulinisch. Die angeführten Beispiele sind aber gleichwohl bedeutsam und erweisen, daß Christi Selbstentäußerung bei der Menschwerdung oder seiner Selbsthingabe am Kreuz nicht nur einen formalen Gesinnungsimpuls vermittelt, sondern eine inhaltlich bestimmte Grundrichtung christlichen Lebens aus sich heraussetzt. Auch die in Christus wirksame Gottesgerechtigkeit impliziert ethische Entsprechungen (vgl. Röm. 6,12ff.; 8,10).

3.3. Was vom Leben Jesu gilt, darf jedoch nicht in gleicher Weise auch von seiner Verkündigung gesagt werden. Über die Bedeutung der Worte Jesu läßt sich nicht dasselbe negative Urteil fällen wie über die Bedeutung Jesu als irdische Person oder ethisches Vorbild, wenngleich das weitaus größere Interesse am Heilswerk statt am Wort Jesu für Paulus selbstverständlich nicht zu leugnen ist und die Herrenworte auch in seiner Paränese nicht gerade im Vordergrund stehen. Gleichwohl dürfte es kaum zutreffen, daß Jesus als Verkündiger des Gotteswillens noch weniger eine Rolle spiele denn als irdische Person. Direkte Hinweise auf Herrenworte finden sich zwar selten, doch darf nicht übersehen werden, *wie* Paulus hier auf Worte Jesu zurückgreift und welche Bedeutung er ihnen zumißt.

In 1. Kor. 9,14 z. B. ist das Herrenwort die allen anderen Instanzen wie Altes Testament und Natur überlegene Autorität. In 1. Kor. 7,10 unterscheidet Paulus sein eigenes Gebieten ausdrücklich vom Gebot des Herrn. Nicht der Apostel, sondern der Herr selbst gebietet den Eheleuten, sich nicht zu scheiden. Im folgenden V. 12 wird dann zudem diesem Herrenwort gegenüber ein deutlicher Neuansatz markiert: „Den übrigen aber sage *ich*, nicht der Herr..." Dadurch ist das Herrenwort nach vorn wie nach hinten klar abgegrenzt.

---

[14] N. A. Dahl, Formgeschichtliche Beobachtungen zur Christusverkündigung in der Gemeindepredigt, in: FS R. Bultmann, BZNW 21, 1954, 3-9, bes. 6f.; vgl. auch W. Kramer, a.a.O. (Anm. 1a), 137.

Paulus scheint sich damit nicht nur des Umfangs des durch jenes Zitat gedeckten Inhalts bewußt gewesen zu sein, sondern darüber hinaus dem Herrenwort eine seiner eigenen überlegene Autorität zuzuerkennen: „Nicht ich, sondern der Herr." Das Herrenwort ist auch für ihn, den Apostel, eine übergeordnete verbindliche Instanz. Auffallend ist freilich, wenn man die aus der synoptischen Tradition bekannte Form des Logions mit 1. Kor. 7,10 vergleicht, daß Paulus eher eine Interpretation als ein wörtliches Zitat bietet. Die Erweiterung des Scheidungsgebotes auf beide Geschlechter entspricht dabei wie in Mk. 10,12 hellenistischer Rechts- und Ehescheidungspraxis, doch ist bei Paulus das Scheidungsgebot für die Frau vorangestellt. Jedenfalls ist klar, daß Paulus trotz seines Bewußtseins, im Auftrag und in der Vollmacht des Herrn zu sprechen, sich nicht einfach auf Inspirationen und Offenbarungen des Erhöhten beruft, sondern Herrenworte als solche kenntlich macht und ihnen durchschlagende Autorität zubilligt.

Daß Paulus die Jesusüberlieferung darum zitiere, weil Christus als Überwinder des Mosegesetzes „den ursprünglichen Anspruch des Schöpfers neu zur Geltung bringt" (R. Hasenstab, 235), ist durch nichts angedeutet. Gewiß kommt es auch nach Paulus zur Freilegung des ursprünglichen Schöpferwillens, aber nicht der Ordnungsanspruch des Schöpfers, sondern der Gehorsamsanspruch Jesu Christi ist auch hier das, was den Apostel in letzter Instanz bindet.

Das Gewicht dieser Tatsache wird durch die geringe Zahl der zitierten Herrenworte kaum beeinträchtigt. Darum fällt es auch schwer, an eine absichtsvolle Zurückdrängung tradierter Herrenworte durch Paulus zu denken. Auch die Auseinandersetzung mit seinen Gegnern dürfte kaum der entscheidende Grund sein, daß Paulus sich allein im 1. Kor. darauf beruft. Ebensowenig wird man sagen dürfen, daß ausgerechnet für Paulus gerade Fragen der Gemeindeordnung in erhöhtem Maße der ausdrücklichen Berufung auf ein Herrenwort bedurften. Vielmehr ist angesichts der wenigen Belege wohl das unterschiedliche literarische Genus des Briefes in Rechnung zu stellen, das zur Aufnahme von Jesustradition nur bedingt geeignet ist. Vor allem aber ist davon auszugehen, daß der Bestand an Herrenworten, die zur Verfügung standen und für die Verkündigung an Gemeinden in einem anderen kulturellen und sozio-ökonomischen Milieu als dem Palästinas geeignet waren, ziemlich begrenzt war und nicht nach Belieben erweitert werden konnte. In 1. Kor. 7,25 bedauert Paulus ausdrücklich, für die Ehelosen *kein* Gebot des Herrn zur Verfügung zu haben.

3.4. Neben den ausführlichen Zitaten finden sich auch mancherlei sachliche Anklänge, Berührungen und Übereinstimmungen, die zweifellos irgendeine Kenntnis der Evangelientradition verraten, aber schon von Jesus losgelöst erscheinen.

Vgl. Röm. 12,14 mit Lk. 6,28, Röm. 12,17 mit Mt. 5,38ff., Röm. 13,8ff. mit Mk. 12,31, Röm. 14,14 mit Mk. 7,15. In einigen Fällen legt sich die Frage nahe, ob Paulus nicht bewußt auf ihm bekannte Herrenworte anspielt. Dabei braucht man durchaus keine literarische Abhängigkeit anzunehmen oder eine gemeinsame Quelle für Paulus und die Synoptiker zu postulieren, aber irgendwie setzen Paulus und die Synoptiker eine gemeinsame Tradition voraus (vgl. B. Fjärstedt, 29ff.). Daß es sich hier überall nur um Möglichkeiten handelt (so R. Bultmann), dürfte zu wenig sein. M. Dibelius, der eine Abhängigkeit von den Synoptikern schon wegen des Fehlens einer Zitationsformel ablehnt, macht doch mit Recht darauf aufmerksam, daß daraus nicht der Schluß zu ziehen ist, daß diese Worte nicht als Herrenworte erkannt worden seien (Formgeschichte, 242).

Die mancherlei inhaltlichen Übereinstimmungen mit Aussagen Jesu könnten in dieselbe Richtung weisen wie die schon erwähnte Tatsache, daß Paulus die ausdrücklich genannten Herrenworte nicht verbatim zitiert, sondern sich die Freiheit zu Modifizierungen nimmt: Nicht der Wortlaut, sondern die Sache entscheidet. Auch die Parenthese von 1. Kor. 7,11a, wo Paulus entgegen dem Herrenwort doch eine Scheidung zu konzedieren scheint, könnte bestätigen, daß die Bindung an Jesu Wort von Paulus nicht in einem äußerlich-rechtlichen, mit formaler Buchstabenkorrektheit sich begnügenden Sinne gemeint ist. Wohl aber bestätigt sich, daß die Autorität des irdischen Herrn für Paulus nicht einfach durch Ostern überholt ist. Auffallend ist weiter, daß Paulus sich selbst nicht an die in 1. Kor. 9,14 zitierte Weisung des Herrn hält, sondern in seinem Verhalten auf Unterhalt verzichtet und für seine Person davon abweicht. Die Gültigkeit jener Regel wird freilich auch dadurch nicht in Zweifel gezogen.

3.5. Gewiß hat Paulus die Worte nicht isoliert verstanden von dem, der sie gesprochen hat und als solcher identisch ist mit dem Gekreuzigten und Auferstandenen. Aber Jesus Christus spricht als der Gegenwärtige eben auch durch die tradierten Herrenworte (vgl. das Präsens in 1. Kor. 7,10). Daß Paulus die übernommenen Worte nicht als Worte des irdischen Jesus, sondern des erhöhten Herrn angesehen habe (so R. Bultmann, RGG²IV, 1028), ist eine für Paulus unbekannte Alternative. 1. Kor. 11,23 heißt es sogar ausdrücklich, daß Jesus die zitierten Worte gesprochen habe „in der Nacht, da er ausgeliefert wurde" (vgl. auch den Aorist in 1. Kor. 9,14). Schon nach Ausweis von 1.Kor. 11,23ff. hat Paulus sich nicht mit dem bloß formalen Daß des irdischen Lebens Jesu begnügt, sondern an einer bestimmten Geschichte Jesu Christi, ja an narrativen Elementen und vor allem an Worten Jesu festgehalten.

Merkwürdig ist, daß bis auf 1. Kor. 11,23ff. alle zitierten Herrenworte die christliche Lebensführung berühren und Herrenworte in christologischen und soteriologischen Aussagen fehlen. Sieht man sich den Inhalt gerade der bloßen Anspielungen auf die Herrenworte an, fällt auf, daß Paulus auch die Worte Jesu „akzentuiert auf das Liebesgebot hin befragt", und zwar offenbar darum, „weil er Jesu Worte von der sich selbst erniedrigenden Liebe des Sohnes Gottes her interpretiert" (H. Schürmann, Gesetz, 286). Insofern besteht zwischen dem exemplarischen Charakter des Lebens und des Redens Jesu für Paulus weitgehend Übereinstimmung.

## 4. Die Liebe als höchstes Gebot

4.1. Wie sehr gerade die Liebe bestätigt, daß Paulus sich auch hier an Christus orientiert, ergibt sich aus der Beobachtung, daß die Liebe durch Merkmale charakterisiert wird, die zugleich Christus-Prädikate sind (vgl. 1. Kor. 13,5 mit Phil. 2,4 oder Röm. 15,3). „Entsprechend der Liebe sein Leben führen" (Röm. 14,15) meint nichts anderes als „die Entsprechung zu Jesus Christus" (Röm. 15,5). Die durch Christus definierte Liebe (vgl. Gal. 2,20) aber „treibt" und bewegt auch die Christen (2. Kor. 5,14 u. ä.), ja sie kann ihnen auch geboten werden (1. Kor. 14,1; 16,14 u.ö.). Dieser unabdingbare ethische Aspekt der Liebe ist nicht als bloß sekundär abzutun.

Man hat oft betont, daß Liebe nicht in der ethischen Dimension aufgeht, daß sie zuerst nicht Handeln, sondern Sein ist. Aber für Paulus ebenso wichtig ist zweifellos, daß sie sich in bestimmten Verhaltensweisen und Lebensformen äußert (vgl. die zahlreichen Verben in 1. Kor. 13,4 ff.) und nicht mit einem vagen Wohlwollen oder gar einem konformistischen Pragmatismus zu verwechseln ist. Man kann sie darum durchaus erkennen und auf ihre Echtheit prüfen (2. Kor. 2,4; 8,8.24). Der Hinweis auf die Verborgenheit und Zweideutigkeit der Liebe – nach R. Bultmann zum Beispiel kann liebendes Handeln weder dem Außenstehenden noch sich selbst gegenüber als Liebe ausgewiesen werden[15] – ist nur richtig, wenn dadurch nicht verdeckt wird, daß Paulus sehr wohl Zeichen und Gestalten kennt, die den Liebenden auch in der konkreten Wirklichkeit seines Lebens vom Nichtliebenden unterscheiden.

Gewiß ist die Liebe nicht demonstrierbar, weil mit keiner Tat ohne weiteres identisch. Sie kann selbst in den höchsten Charismen, ja im Wegschenken der Habe und im Martyrium bzw. in der Selbstversklavung fehlen, denn keine der in 1. Kor. 13,1–3 genannten Verhaltensweisen ist ohne weiteres mit Liebe gleichzusetzen. Aber andererseits will die Liebe gerade *in* diesen Verhaltensweisen und nicht daneben oder gar im Gegensatz zu ihnen Ereignis werden. Wo die Taten der Liebe im sichtbaren, realen Leben nicht mehr zeichenhaft aufleuchten, wird ihre Echtheit zweifelhaft. Das Einzelne und Konkrete *ist* nicht die Liebe, aber die Liebe verleiblicht und bekundet sich darin, wird sich dieser Ausdrucksform bedienen und nicht in der Unanschaulichkeit verharren. Repräsentiert sie „das Eindringen der Welt Gottes in die Welt der Menschen schon in diesem Äon" (S. Pedersen, 177), dann freilich nicht nur innerhalb des gottesdienstlichen Rahmens (anders S. Pedersen, 181).

So wie Gottes Liebe ist auch die des Menschen nicht Gesinnung, Gefühl oder Stimmung, sondern Tat (vgl. „Arbeit der Liebe" 1. Thess. 1,3), Freisein von sich selbst und Dasein für den anderen. Solche am Nächsten orientierte Liebe sucht nach 1. Kor. 13,5 nicht das ihre, sondern engagiert sich für den anderen (vgl. 1. Kor. 10,24.33). Parallel zu „lieben" können darum von Paulus auch Verben wie „dienen", „sich hingeben" und „erbauen" (nicht individualistisch, sondern ekklesiologisch zu verstehen!) verwendet werden. Liebe ist somit Selbstentäu-

---

[15] R. Bultmann, Das christliche Gebot der Nächstenliebe, in: Glauben und Verstehen I, 1980⁶, 229–244, bes. 239f.

*ßerung* und nicht Selbst*verwirklichung*, nicht ein Tun, in dem der Nächste Objekt der eigenen Selbstvervollkommnung wäre oder gar zugunsten der eigenen Selbstverwirklichung instrumentalisiert würde. Wie weit das völlige Absehen von sich selbst gehen kann, zeigt Röm. 9,3. Nicht daß Liebe nicht auf etwas zielte und es erreichen wollte! Sie will den anderen keineswegs einfach bestätigen oder seine Bequemlichkeit und seinen Egoismus unterstützen, wohl aber will sie ihn „fördern" (vgl. die Belege in Abschnitt 4.3), z. B. Böses durch Gutes überwinden (Röm. 12,21) oder die, die sich verfehlt haben, durch Güte zurechtbringen (Gal. 6,1).

Das heißt nicht, daß Liebe sich nur in personaler Zuwendung ereignen und nicht auch institutionell verleiblichen könne. Liebe ist für Paulus nicht institutionsallergisch oder -feindlich. Sie drängt vielmehr auch zu stärker institutionellen Aktionen und Funktionen (vgl. H. Schürmann, Heil, 28f.). Gewiß sind Kollekten (vgl. 2. Kor. 8–9) oder „Hilfeleistungen" und „Dienste" (1. Kor. 12,28; Röm. 12,7 u. a.) gemeindeinstitutionell und etablieren keine ökonomisch oder politisch relevanten Gesellschaftsstrukturen, aber sie sind doch auch nicht auf spontane Ich-Du-Beziehungen begrenzt. Freilich steht es bei solchen die Sphäre der Personalität übersteigenden Liebeserweisen so, daß das Feld der Agape überwiegend durch die sogen. Primärstrukturen (Ehe, Familie, Haus) abgesteckt ist. Daß Liebe auch dem Sozialverhalten in Gesellschaft und Staat seinen Stempel aufdrücken könnte, kommt allenfalls am Rande in Sicht (vgl. zu Röm. 13 S. 245). Überhaupt ist die Liebe nach Paulus primär (vgl. 1. Thess. 4,9; Röm. 12,10; Phlm. 5), wenn auch nicht exklusiv (vgl. 1. Thess. 3,12; 5,15; Phil. 4,5; 2. Kor. 9,13), Liebe der Brüder. Gewiß ist selbst der Feind nicht ausgeschlossen (Röm. 12,17ff.), im Vordergrund der ohnehin mehr oder weniger punktuellen Hilfsaktionen steht allerdings der Gemeinschaftsgedanke (vgl. Phil. 4,14f.), während die sozialen Probleme als solche kaum in den Blick treten. Daß Liebe die Lasten der anderen mitträgt (Gal. 6,2), gilt zwar prinzipiell uneingeschränkt, doch in der zum Gutestun begrenzten Zeit bis zur Parusie soll diese gegenüber „allen" festgehaltene Verpflichtung mit Vorrang gegenüber den „Glaubensgenossen" wahrgenommen werden (Gal. 6,10). So haben Prisca und Aquila z. B. in einer gefährlichen Situation für Paulus „den eigenen Hals hingehalten" (Röm. 16,4), um unter Einsatz ihres Lebens das des Apostels zu retten.

4.2. Diese sich selbst aufgebende Liebe zum anderen ist nun nicht nur Herz und Mitte, sondern auch das schlechthin maßgebende Kriterium der paulinischen Ethik. An dieser Vor- und Überordnung des Liebesgebotes über alle anderen Gebote ist nicht zu zweifeln, auch wenn sich nicht alle Einzelmahnungen darauf zurückführen lassen. Damit steht Paulus auch hier in Kontinuität zu dem, was sich schon bei Jesus findet (vgl. S. 76ff.). In Gal. 5,22 scheint die Agape zwar nur *eine* Frucht des Geistes unter anderen zu sein (immerhin steht sie auch hier an der Spitze), aber viel charakteristischer ist 1. Kor. 12,31, wo Paulus den Weg der Liebe als den Weg aller Wege bezeichnet, als Weg, der über alle anderen Wege hinausführt, als schlechthin höchsten Weg[16]. Darum kann Paulus geradezu sagen, daß *alle* Dinge in Liebe geschehen sollen (1. Kor. 16,14). Nach Röm. 13,8–10 ist das Liebesgebot Quintessenz und Einheitsband aller einzelnen

---

[16] Vgl. G. Bornkamm, Der köstlichere Weg (1. Kor. 13), in: Das Ende des Gesetzes, 1952, 93–112; O. Wischmeyer, Der höchste Weg (StNT 13), 1981.

Gebote, die in ihm ihre verborgene Einheit und ihren Sinn, aber auch ihr eigentliches Maß haben (vgl. S. 212f.), d.h. Paulus versteht das Gesetz von der Liebe, nicht die Liebe vom Gesetz her (W. Schrage, Einzelgebote, 255).

4.3. So wie die Liebe von Paulus in grundsätzlichen Aussagen als Höchstes im Christenleben herausgestellt wird, läßt sich diese Zentralstellung der Liebe auch innerhalb der konkreten Einzelmahnungen beobachten. Mehrfach führt Paulus die Liebe als regulative Größe in seine Paränese ein und macht sie zum ausschlaggebenden Kriterium christlichen Verhaltens. Ob die Agape in Röm. 12,9 programmatisch am Beginn der Reihe von Mahnungen von V. 9–21 steht, ist zwar nicht sicher, faktisch aber ist sie beherrschendes Thema und kumuliert in der Feindesliebe. Selbst 1. Kor. 13 ist nicht ein systematischer Exkurs über den Primat der Liebe noch gar eine sekundäre poetische Einlage, sondern trotz der Schönheit der geformten Sprache ein notwendiges Glied im Argumentationszusammenhang des Briefes (1. Kor. 12–14). Sie allein läßt einen auch bei der Praktizierung der Charismen, z.B. bei der Glossolalie im Gottesdienst, den anderen nicht aus dem Auge verlieren.

Noch deutlicher als gegenüber der korinthischen Hochschätzung außerordentlicher pneumatischer Phänomene tritt die kritische Kraft der Liebe hervor in der Diskussion des Verhältnisses von Starken und Schwachen in Rom und Korinth. Hier wie dort soll allein der der Liebe entsprechende Wandel (Röm. 14,15) die entscheidende Richtschnur sein, die die anderen Maßstäbe bewerten und begrenzen soll.

Immer wieder kommt Paulus im Verlauf der genannten Kapitel auf dieses Thema zurück und umschreibt es auf mannigfache Weise: „Das suchen, was dem anderen von Vorteil ist" (1. Kor. 10,33), „fördern" (1. Kor. 8,1; 10,23; Röm. 14,19 u.ä.) u.a. Alle diese Wendungen besagen letztlich dasselbe, sowohl negativ in ihrer Polemik gegenüber einem pneumatischen Individualismus und Subjektivismus als auch positiv als Ausdruck der Liebe.

In 1. Kor. 8–10 sind es vor allem Erkenntnis und Freiheit, die dem kritischen und prüfenden Urteil der Liebe unterworfen werden. Zwar sind Glaubende immer auch Erkennende, aber ihre Erkenntnis droht zu hochmütiger Selbstgefälligkeit zu verkommen, wird sie nicht vom Blick auf die Brüder und deren Förderung geleitet und begrenzt. Zwar sind Glaubende immer auch Freie, denen alles erlaubt ist, und doch findet diese Freiheit ihre Schranke am Bruder und hat sich paradoxerweise gerade im Verzicht auf die Freiheit mit Rücksicht auf den anderen zu erweisen (1. Kor. 8,7ff.; 10,23ff.). Auch der Schöpfungsglaube, der weiß, daß es nur einen Gott und keine Götzen gibt (1. Kor. 8,4), vermag das Liebesgebot nicht einzuschränken. Vielmehr ist die Liebe ein Korrektiv auch zum Schöpfungsglauben. Christliche Freiheit hängt nicht nur am Herrn (vgl. S. 180), sondern auch an der Liebe. Nicht der ist „frei, der für sich da ist und nicht für einen anderen" (Aristoteles, Metaph. I, 2, 982b), sondern der Liebende. Freiheit manifestiert sich in der Liebe zum anderen. Vgl. weiter G. Friedrich, Freiheit und Liebe im 1. Kor., in: Auf das Wort kommt es an, 1978, 171–188.

4.4. Ist die Liebe die treibende und richtungweisende Kraft allen christlichen Lebens, wird sich ihre kritische und schöpferische Potenz auch da zu erweisen haben, wo Paulus nicht expressis verbis auf sie zu sprechen kommt, aber

Konfliktregelungen und konkrete Entscheidungen anstehen. Zu vergleichen ist etwa die in 1. Kor. 7,36-38 zur Debatte stehende Frage der Verlobung oder 1. Kor. 7,4, wo die Aussage, daß Eheleute kein Verfügungsrecht über den eigenen Leib haben, auch als Spezialfall dessen verstanden werden kann, daß der Christ nicht mehr über sich selbst verfügt und nicht mehr das Seine sucht (vgl. S. 235).

Auch das Verhältnis von Herr und Sklave hat Paulus im Licht der Liebe gesehen und dadurch zugleich vertieft, überboten und relativiert. Während es in der Stoa bei dem dort vorherrschenden Ideal des sich selbst genügenden Individuums auch in der Sklavenfrage mehr auf das Vermeiden unwürdigen Zorns als auf den Sklaven selbst ankommt, ist bei Paulus die Sicht der Liebe maßgebend, eine Sicht, die das menschliche Verhältnis von Herr und Sklave in eine folgenschwere Wandlung einbezieht. Schon daß der Sklave üblicherweise als Sache oder Besitz, bei Paulus aber als „geliebter Bruder" gilt (Phlm. 16), ist gewichtig genug. Ist doch der Sklave Onesimus nun viel mehr als ein Sklave (ebd.). Dabei haben sich Liebe und Bruderschaft aber nicht nur im innerkirchlichen Raum und in den gemeindlichen Beziehungen, sondern auch im Raum der Welt und in außergemeindlichen Verhältnissen zu bewähren, wie Paulus ausdrücklich und nicht zufällig nebeneinander sagt („sowohl im Fleisch als auch im Herrn" Phlm. 16). Christliche Liebe geht nicht nur die innere Beziehung oder Gesinnung zwischen Herrn und Sklaven etwas an, sondern hat auch praktische Folgen in der Realität des Alltags, zum Beispiel des Rechtslebens.

Ein entlaufener Sklave wurde damals steckbrieflich verfolgt und hatte als „sein eigener Dieb" *(fur sui)* nach damaligem Recht schlimme Strafen zu erwarten, schwere körperliche Züchtigung, manchmal Brandmarkung, unter Umständen sogar den Tod in der Arena oder am Kreuz (vgl. H. Bellen, Studien zur Sklavenflucht im römischen Kaiserreich, FASk 4, 1971, 17ff.). Wenn Paulus um Verzeihung für den Entlaufenen bittet (Phlm. 12.17), so zeigt das, daß die Liebe auch die soziologischen und rechtlichen Gepflogenheiten nicht unberührt läßt, sondern gestaltend auch in die Strukturen der Gesellschaft eindringt. Die Liebe wandelt nicht nur die Herzen, sondern vom Herzen her auch die Taten, und dies wiederum nicht nur „im Herrn", wobei etwa an gemeinsame Herrenmahlfeiern, Bruderkuß o. ä. zu denken ist, sondern auch „im Fleisch", d. h. in den äußerlich-irdischen Verhältnissen. Wäre Onesimus aber gar kein fugitivus, sondern hätte nur bei Paulus Zuflucht gesucht, um ihn wegen seines Deliktes (V 18f.) um Fürsprache zu bitten (so P. Lampe, Keine „Sklavenflucht" des Onesimus, ZNW 1985, 135-137), wäre dem Philemon von Paulus auch dann ein durch die Liebe motivierter Rechtsverzicht auf finanzielle Entschädigung empfohlen worden.

4.5. Selbst die Respektierung der Institutionen kann als Ausdruck der Liebe gefaßt werden. Jedenfalls reicht es nicht aus, die Ordnungen allein vom Gesetz her zu begreifen und auszufüllen. Eine Beziehung zum Liebesgebot ist zum Beispiel beim Verhältnis der Christen zur *iustitia civilis* und zur Konvention zu konstatieren (1. Kor. 13,5), aber auch beim alltäglichen Arbeitsleben. Die Pflicht zur eigenen Arbeit (1. Thess. 4,11) ist in 1. Thess. 4,9 nämlich unter die Überschrift der Liebe gestellt. Arbeit hat ihren Sinn hier nicht in sich, geschieht auch nicht um der finanziellen Unabhängigkeit und sittlichen Erziehung willen, sondern eben aus „Bruderliebe". Möglicherweise ist selbst das Verhältnis zum Staat vom Liebesgebot nicht einfach zu isolieren. Gewiß ruft Paulus den Regierenden gegenüber nicht zur Liebe, sondern zur Unterordnung auf. Es fragt sich aber, ob damit jede Beziehung zur Agape und ihrer Orientierung am „Guten" (Röm. 12,21) zu leugnen ist.

Man hat öfter darauf hingewiesen (vgl. z.B. O. Cullmann, Staat, 40f.), daß Röm. 13,1-7 eingeklammert ist von Mahnungen, die das Verhältnis der Christen zu ihren Mitmenschen durch die Liebe bestimmt sehen wollen (einerseits Röm. 12,14ff. und andererseits 13,8ff.). Es läßt sich von daher vermuten – mehr kann man freilich kaum sagen –, daß diese Umklammerung trotz der fehlenden Systematik in der Anordnung paränetischer Texte nicht ganz zufällig, sondern beides zueinander in Beziehung zu bringen ist. Letztlich bewegte und beherrschte die Liebe zum Nächsten (nicht zum Staat) die Christen dann auch in ihrer Einstellung zum Staat (vgl. W. Schrage, Einzelgebote, 263f.; ders., Staat, 53; U. Duchrow, 144; U. Wilckens, a.a.O. [Lit. zu IV D], 209f. 238). Auf keinen Fall aber ist mit N. A. Dahl in dem angeblich unverbundenen Nebeneinander „ein Ansatz zu einer Lehre von ‚zwei Regimenten'" zu erkennen (Neutestamentliche Ansätze zur Lehre von den zwei Regimenten, LR 15, 1965, 441-463, Zitat 453). Immerhin ist zuzugeben, daß die Grenze der Gemeinde bei der Liebe außer in allgemeinen Aussagen (Röm. 12,14ff.; 1. Thess. 3,12; 5,15) nur selten überschritten wird.

4.6. Allerdings soll das Verhältnis des Christen zu den Ordnungen und Strukturen der Welt durch die Liebe nicht nur geprägt und durchwaltet, sondern unter Umständen auch begrenzt und durchbrochen werden. Das zeigt sich etwa am Beispiel der Ehelosigkeit, die für Paulus als Charisma eine Möglichkeit zum Dienst an den anderen und zur Auferbauung der Gemeinde ist. Ein ebenso erhellendes Beispiel solcher Begrenzung der Ordnungen ist 1. Kor. 6,1ff.: Der Grund für die Bevorzugung des Rechtsverzichts gegenüber der Rechtsschlichtung (vgl. S. 198) ist zweifellos der eschatologisch motivierte Verzicht auf das Recht gegenüber dem anderen, der das Rechtsuchen und Rechthabenwollen ausschließt. Streit und Rechtshändel beweisen, daß die Christen noch nicht von der eschatologischen Wirklichkeit der Agape erfaßt sind und noch nicht ernst damit machen, daß das „Gesetz Christi" oberstes Gebot ist und Liebende auf ihr Recht verzichten (vgl. Röm. 12,17ff.; 1. Kor. 13,7). Gerade 1. Kor. 6 ist ein unübersehbarer Versuch, „innerhalb der christlichen Gemeinschaft die radikale Forderung in die Weltverhältnisse selbst zu überführen"[17]. Liebe sorgt für den anderen (1. Kor. 12,25), sie prozessiert aber nicht. Daraus ist nicht eine allgemeine Suspendierung der Rechtsordnung abzuleiten, schon gar nicht für die Welt. Nicht das Recht wird von der Liebe durchgestrichen, sondern einerseits das *egoistische* Rechtsuchen, andererseits aber auch die Rechts*verletzung*.

So gewiß also die rechtlichen und gesellschaftlich-sozialen Gefüge nicht destruiert werden, so werden sie doch auch nicht als starre Institutionen sanktioniert, sondern sie werden im Licht der Agape kritisch überprüft, in Dienst genommen oder zurechtgerückt, und dort, wo sie nicht der Verwirklichung

---

[17] M. Dibelius, Das soziale Motiv im NT, in: Botschaft und Geschichte I, 1953, 178-203, Zitat 196. Vgl. auch U. Luz, Eschatologie, 262f. im Blick auf Röm. 14,17.

von Liebe dienen können, wird auf sie verzichtet. Dadurch erweist sich die Liebe nochmals als das auch den schöpfungsgemäßen Kriterien überlegene, ja schlechthin höchste Kriterium christlicher Lebensführung.

4.7. Schon aus dem Gesagten erhellt, daß die Liebe bei aller Variation und Situationsbezogenheit ihre ganz bestimmten sich durchhaltenden, richtungskonstanten Inhalte und Signaturen hat. Liebe ist gewiß nicht stereotyp und unwandelbar in ihren Ausdrucksformen, aber sie ist auch nicht regellos und der bloßen Improvisation und Spontaneität ausgeliefert.

Daß mit der Liebesforderung nirgends ein Was des Handelns angegeben werde und das Liebesgebot „seinem Wesen nach keine formulierten positiven Bestimmungen" dulde (so R. Bultmann, a.a.O. [Anm. 15], 235; ders., Theologie, 570), ist auch von Paulus her kaum zu halten. U. Wilckens bezeichnet es mit Recht als gravierendes Mißverständnis, wenn R. Bultmann „gerade von der Liebe meint, sie könne um ihres eschatologischen Charakters willen grundsätzlich nicht konkret benannt und behaftet werden" (a.a.O. [Lit. zu II], 140). Sie verlöre eben dadurch ihre Weltbezogenheit (vgl. U. Duchrow, 172), und die Reduktion der Ethik auf das „Liebe und tue, was du willst" Augustins *(ama et fac quod vis)* ist „zu sehr der Gefahr einer unfruchtbaren Sentimentalität ausgesetzt" (C. H. Dodd, Gesetz, 80). Vgl. auch H.-D. Wendland, Ethik, 63; W. Schrage, Einzelgebote, 268ff.; E. Osborn, 179ff.; T. Holtz, ThLZ 1981, 393.

Wohl werden die Einzelgebote dem Liebesgebot untergeordnet und unter Umständen auch begrenzt, aber dadurch werden die einzelnen Gebote ebensowenig abgewertet oder schlechthin in das Ermessen des einzelnen gestellt, wie das in 1. Kor. 13 mit den einzelnen Taten und Äußerungen der Liebe geschieht. Gerade als oberstes Kriterium setzt die Liebe andere Kriterien voraus. Es wäre gewiß ein grobes Mißverständnis von Röm. 13,9, hier durch die Zusammenfassung der Einzelgebote im Liebesgebot die aufgezählten Einzelgebote des Dekalogs annulliert oder bagatellisiert zu finden, zumal Paulus in V. 10 ausdrücklich erklärt, daß die Liebe dem Nächsten nichts Böses tut. Man kann nicht seinen Nächsten lieben und ihn zugleich in Gestalt seines Ehegatten betrügen, ihm sein Eigentum oder seine Ehre streitig machen oder ihm nach dem Leben trachten. Wer liebt, nimmt auch die anderen Grundgebote und Kriterien ernst. Ist die Liebe die Zusammenfassung der Einzelgebote, so sind die Einzelgebote auch Entfaltung und Stütze des Liebesgebotes. Selbstverständlich ist dem Fehlen von Liebe auch mit konkreten Geboten nicht abzuhelfen, andererseits aber kann man durch das Fehlen konkreter Weisungen die Liebe auch in einem diffusen Wohlwollen oder romantisch-impulsiven Improvisationen verschwinden lassen.

Stehen die Gebote im Dienst der Liebe, so wird doch die Liebe auf diesen guten Dienst der Gebote nicht verzichten, um sich in der Mannigfaltigkeit des Lebens konkret entfalten zu können. Gewiß wird sich der Christ auch immer wieder in neuen Situationen finden und sich veränderten Lebens- und Handlungsbedingungen gegenübersehen, die nur durch die von der Liebe geleitete Vernunft zu bewältigen sind (vgl. S. 202f.), aber sein Leben braucht doch einer eindeutigen Richtung und Orientierung nicht zu entbehren. Geht die Liebe über die einzelnen Gebote hinaus, so doch nicht darüber hinweg. Paulus hat nicht nur den einzigen Weg der Liebe gewiesen, sondern auch konkrete Wege (1. Kor. 4,17), auch wenn diese alle von dem Weg über alle Wege ausgehen (1. Kor. 12,31) und wieder in ihn einmünden. Mit Liebe ist das Größte, aber nicht alles gesagt. Sie ist das höchste, aber nicht das einzige Kriterium, das vornehmste, aber nicht das einzige Gebot für das Verhalten der Christen.

## D. Konkrete Ethik

*Literatur:* E. Bammel, Romans 13, in: ders., Politics, 365–383; N. Baumert, Ehelosigkeit und Ehe im Herrn (fzb 47), 1984; P. R. Coleman-Norton, The Apostle Paul and the Roman Law of Slavery, in: FS A. C. Johnson, Princeton 1951, 155–177; G. Dautzenberg, Zur Stellung der Frauen in den paulinischen Gemeinden, in: Die Frau im Urchristentum (QD 95), 1983, 182–224; G. Delling, Paulus' Stellung zu Frau und Ehe (BWANT 4, 5), 1931; ders., Röm. 13,1-7 innerhalb der Briefe des NT, 1962; R. Gayer, Die Stellung des Sklaven in den paulinischen Gemeinden und bei Paulus (EHS.T 78), 1976: R. Heiligenthal, Werke, 93–114; E. Kähler, Die Frau in den paulinischen Briefen, 1960; E. Käsemann, Röm. 13,1-7 in unserer Generation, ZThK 65, 1959, 316–376; ders., Grundsätzliches zur Interpretation von Röm. 13, in: Exegetische Versuche und Besinnungen II, 1964, 204–222; H. Merklein, „Es ist gut für den Menschen, eine Frau nicht anzufassen". Paulus und die Sexualität nach 1. Kor. 7, in: Die Frau im Urchristentum (QD 95), 1983, 225–253; T. Preiss, Vie en Christ et éthique sociale dans l'épître à Philémon, in: La vie en Christ, Neuchâtel/Paris, 1951, 65–73; E. Schüssler Fiorenza, Memory, 205–241; A. Strobel, Zum Verständnis von Röm. 13, ZNW 47, 1956, 69–93; A. Suhl, Der Philemonbrief als Beispiel paulinischer Paränese, Kairos 15, 1973, 267–279; K. Wengst, Pax Romana, 92–112; U. Wilckens, Röm. 13,1-7, in: Rechtfertigung als Freiheit, 1974, 203–245; V. Riekkinen, Römer 13 (AASF 231), 1980; O. L. Yarbrough, Not like the Gentiles. Marriage Rules in the Letters of Paul (SBLDS 80), 1985; V. Zsifkovits, Der Staatsgedanke nach Paulus (WBTh 8), 1964.

### 1. Individualethisches

1.1. In diesem Abschnitt soll nur kurz Weniges benannt werden, was nicht direkt sozialethisch orientiert ist, aber verdeutlichen kann, daß auch individualethische Aussagen von der Liebe, die vom Nächsten her ihre Ausrichtung empfängt, beleuchtet und begrenzt werden. Überhaupt ist eine scharfe Trennung von Individual- und Sozialethik unmöglich, weil sich beide bis zu einem gewissen Grade überlagern. Entscheidungen auf der einen Ebene haben immer auch Konsequenzen auf der anderen.

Ein der griechischen Kalokagathie entsprechendes Ideal – bekanntlich der Inbegriff der körperlichen und geistigen Formung im Griechentum – fehlt bei Paulus völlig. Schon das Gemeinschafts- und Solidaritätsdenken im Alten Testament und im Judentum (das im Dekalog angeredete Du ist z. B. mal das Volk, mal der einzelne) ließ bei allem Ernst der individuellen Verantwortung keine primär am einzelnen Individuum orientierte und von der Gemeinde abstrahierte Ethik aufkommen.

Sehr aufschlußreich ist, daß „Tugend" *(aretē)* bei Paulus ganz unüblich gebraucht wird, zudem nur ein einziges Mal, in Phil. 4,8. Dort werden die anderen Begriffe ganz ungriechisch nicht der *aretē* subordiniert, sondern koordiniert. R. Bultmann sagt richtig, daß nicht der Gedanke des Ideals und der Tugend die paulinische Ethik bestimmt, sondern daß der Gedanke bestimmend ist, daß das Gute die Forderung Gottes ist (Theologie, 121). O. Bauernfeind (ThW I, 460) und K. H. Schelkle (213) vermuten, daß das beinahe völlige Fehlen des Tugendbegriffes im Neuen Testament darin seinen Grund hat, daß „dieses Wort als zu sehr anthropozentrisch und zu sehr als Herausstellung menschlicher Leistung" empfunden wurde. Aber wahrscheinlich geht es hier nicht nur um eine Abgrenzung gegenüber Tugendstolz und Tugendruhm, sondern auch gegenüber dem stark individualistischen Ansatz. Wie wenig das Verhältnis des Menschen zu sich selbst bei Paulus zentral ist, geht schon aus dem für die paulinische Anthropologie und Ethik außerordentlich wichtigen Begriff „Leib" *(sōma)* hervor.

1.2. Während R. Bultmann im paulinischen Leib-Begriff *(sōma)* die umfassendste Charakterisierung menschlichen Seins sieht, sein Selbst, seine Existentialität, seine Geschichtlichkeit, ist von K. A. Bauer, E. Käsemann u. a. gefragt worden, ob Bultmann nicht damit doch entgegen seiner Intention der idealistischen Anthropologie verhaftet geblieben ist, die das denkende Subjekt in seiner souveränen Freiheit und Spontaneität allen innerweltlichen Bindungen und welthaften Beziehungen entnimmt und davon absehen läßt, daß der Leib bei ihm selbst mit zum Subjekt gehört. Wichtiger ist aber, daß E. Käsemann nicht nur die Zurücksetzung des ontischen Fundaments, nämlich der Leiblichkeit und des Weltbezugs, kritisiert, sondern positiv deutlich macht, daß „sōma" der Mensch in seiner Weltlichkeit und Kommunikationsfähigkeit ist und daß „Leib" die Solidarität dieses Weltseins und die Solidarität mit der unerlösten Schöpfung festhält. Vgl. E. Käsemann, Perspektiven, 36ff.; K. A. Bauer, Leiblichkeit – das Ende aller Werke Gottes. Die Bedeutung der Leiblichkeit des Menschen bei Paulus, StNT 4, 1971.

Sieht man sich die paulinischen Texte an, so ergibt sich, daß „Leib" zunächst den Körper bezeichnet, weshalb Leib und Glieder parallel gebraucht werden können (Röm. 6,12-13). Leib ist also der Ort, wo man Leben und Tod, Krankheit und Sexualität, kurzum seine Kreatürlichkeit und Naturhaftigkeit erfährt. Leib ist der Mensch, wie er leibt und lebt. Gewiß kann der Begriff mit dem Personalpronomen wechseln (1. Kor. 6,13-15; 12,27 u. ö.) und somit in der Tat anzeigen, daß er einfach für das Ich bzw. die Person eintreten kann. Viel wichtiger aber ist das Umgekehrte, daß dieses Ich sich nicht von seinem Leib distanzieren kann, daß dieses Ich Leib *ist*, von dem es nicht abstrahieren kann. Darum ist der Mensch vor dem Glauben nicht nur Sünder, sondern wird auch sein *Leib* von Sünde beherrscht (Röm. 6,6). Und darum erwartet der Christ nicht eine Erlösung *vom* Leib, sondern eine Erlösung *des* Leibes (Röm. 8,23; vgl. Phil. 3,21).

Für die ethische Thematik ist von besonderer Bedeutung, was dazwischen passiert, zwischen dem der Vergangenheit angehörenden „Leib der Sünde" auf der einen und dem erwarteten „pneumatischen Leib" auf der anderen Seite. Dabei scheint zweierlei von Bedeutung zu sein: Erstens werden die Christen zur Hingabe ihrer Leiber ermahnt (Röm. 12,1), d. h. der Herr ergreift nicht nur die Gedanken und Seelen, sondern auch die Leiber, wie denn auch die Kirche für Paulus nicht aus Seelen, sondern aus Leibern besteht (1. Kor. 6,15). Zweitens aber ist Leib in der Tat ein Korrelatbegriff, der eine Zuordnung und Beziehung ausdrückt (1. Kor. 6,12 ff.), und zwar weniger ein Verhältnis zu sich selbst als die Fähigkeit zur Kommunikation und Korrelation mit dem Herrn. Daß der Leib dem Herrn gehört (vgl. 1. Kor. 6,13c), entspricht der erkannten ungeteilten Ganzheit und konkreten Realität des Gehorsams und widersteht aller idealistischen Spiritualisierung. Viel überraschender ist freilich die Umkehrung in 1. Kor. 6,13d („und der Herr dem Leib"), wonach der Herr gerade dem Leib zugeordnet ist. Weil der Leib der primäre Ort ist, an dem Christus in der irdischen Wirklichkeit zur Herrschaft kommt, bekommt der Christ es hier oder nirgends mit seinem Herrn zu tun. Christus kommt gerade so zu seinem Recht und seiner Herrschaft, daß er in den Leibern der Christen schon jetzt die Welt für sich beschlagnahmt (vgl. E. Käsemann, a.a.O.).

Das ist auch der entscheidende Grund gegen die Unzucht. Hier wird eine Grenze der Freiheit über den Liebesgedanken hinaus auch im Blick auf den Christen selbst sichtbar. Der Leib gehört einem nicht selbst, sondern dem Herrn.

1.3. Schon im Alten Testament und Judentum spielt die Frage nach dem *Leiden* und seiner Bewältigung eine große Rolle. Verschiedene Antworten, die im Laufe der Zeit gegeben wurden, kehren mehr oder weniger modifiziert auch im Neuen Testament wieder: Leiden als heilsame Zucht und Prüfung (vgl. Spr. 3,11 f.; Hiob 5,17 u. ö.), Verstummen des Menschen vor Gottes unbegreiflicher und wunderbarer Größe (Hiob 42,3), Unbeständigkeit des Glücks der Gottlosen (Ps. 37), stellvertretende Bedeutung des Leidens (Jes. 53) oder die allem Leid überlegene Gemeinschaft mit Gott („Wenn ich nur dich habe..." Ps. 73,25 ff.). In der Apokalyptik vor allem wird für die Zeit nach den messianischen Wehen, in denen die Leiden ihren Kulminationspunkt erreichen, der neue Äon mit dem Ende allen Leides erwartet, dessen Herrlichkeit in keinem Verhältnis zum jetzigen Leiden steht. Vgl. weiter E. Gerstenberger/W. Schrage, Leiden (Biblische Konfrontationen 1004), 1977.

Auch Paulus übernimmt Motive dieser Tradition, vor allem die apokalyptische Sicht, daß „die Leiden der gegenwärtigen Zeit nicht wert sind der kommenden Herrlichkeit" (Röm. 8,18; 2. Kor. 4,17). Die eigentliche Deutung der Leiden des Christen aber erfolgt von Leid und Tod Jesu her. Weil dem Leiden und Sterben Jesu eschatologische, Raum und Zeit übergreifende Bedeutung zukommt, werden die Christen in die Christusleiden hineingezogen, so daß die Existenz der Christen nun ein „Mitleiden mit Christus" genannt werden kann (vgl. Röm. 8,17). Solches Mitleiden ist Voraussetzung des Mitverherrlichtwerdens, es ist aber zugleich der paradoxe Ort göttlicher Kraft und des Lebens Jesu Christi hier und jetzt. Beides veranschaulichen die vielen Peristasenkataloge in den paulinischen Briefen (vgl. 1. Kor. 4,11 ff.; 2. Kor. 4,8 ff.; 6,4 ff.; 11,23 ff.)[18].

Diese Leiden sind für Paulus nicht die willkommene Chance, Weltüberlegenheit und Ataraxie zu dokumentieren wie in der Stoa, sondern bedrohliche Anfechtung. Daß Paulus sie durchsteht, verdankt er nicht eigenem Aufbäumen

---

[18] Vgl. W. Schrage, Leid, Kreuz und Eschaton. Die Peristasenkataloge als Merkmale paulinischer theologia crucis und Eschatologie, EvTh 34, 1974, 141–175.

und eigenem Widerstandswillen, sondern dem Wundereingriff Gottes, einer Wirklichkeit extra se. Freilich – und darum ist das auch für die paulinische Ethik wichtig – die Stunde des Wunders ist zugleich die Stunde der Bewährung, so daß es z.B. in 1. Kor. 4,12 heißt: „als Verfolgte halten wir durch". Gottes helfende Gegenwart dispensiert nicht vom eigenen Ertragen und Aushalten. Sie geschieht nicht neben, sondern in ihm. Außerdem entbindet auch das Leid nicht von der Zuwendung zum anderen: „als Geschmähte segnen wir" (1. Kor. 4,12). Bedrängnis und Unglück werden freilich nicht wie in der Stoa dadurch überwunden, daß man sich auf sich selbst zurückzieht und dadurch die innere Unabhängigkeit gewinnt. Paulus sieht den Menschen als ganzen von den Aporien und Peristasen betroffen: „Außen Kämpfe, innen Ängste" (2. Kor. 7,5). Trost und Freude im Leiden gewinnt man nach Paulus auch nicht aus dem Wissen um Gottes ewigen Geschichtsplan, sondern aus dem Wissen um das Einbezogensein in das Christusschicksal, in dem Gottes eschatologische Liebe offenbar geworden ist, von der einen nichts scheiden kann (Röm. 8,35ff.).

Weil Christus als der Sterbende zugleich der Auferstandene ist, wird im Todesgeschick des Christen zugleich die Lebensmacht Jesu erfahren (2. Kor. 4,10), ist die Schwachheit zugleich der paradoxe Modus, in dem die Christuskraft erscheint (2. Kor. 12,9). Bei dieser paradoxen und verborgenen Gestalt der Epiphanie des Lebens und der Kraft wird es jedoch nicht bleiben. Darum blickt Paulus zugleich auf Gottes totenerweckendes Handeln voraus, in dem solche Paradoxie und Verborgenheit ihr Ende haben wird. Leiden sind für Paulus sowohl der Ort der paradoxen Offenbarung des Lebens als auch Zeichen der unerlösten Welt (Röm. 8,18). Gewiß liegt der Akzent nicht so sehr darauf, daß das Neue *nach* dem und *jenseits* des Alten beginnt, sondern auch und gerade *im* und *trotz* des Alten („als die Sterbenden und siehe wir leben" 2. Kor. 6,9). Aber daneben steht eben auch, daß sich die Trübsal von der Zukunft her ertragen und durchstehen läßt; sie ist vorübergehend, die Paradoxie kein Dauerzustand. Dadurch werden die Bedrängnisse nicht zu einer Lappalie, aber sie gewinnen sub specie des Kommenden doch ein anderes Gesicht und Gewicht. Gerade der Hoffende braucht den Blick vor der rauhen und brutalen Wirklichkeit nicht zu verschließen.

1.4. Zu einer dualistischen Leibfeindschaft und *Askese*, also zu einem radikalen Rückzug aus der Sinnenwelt und Weltlichkeit und vor allem zu einem Nein zur Leiblichkeit und Geschlechtlichkeit konnte es bei Paulus schon wegen seines Schöpfungsglaubens nicht kommen. Wohl aber hat Paulus viel von Selbstdisziplin gehalten. Hier interessiert das nur so weit, als die Thematik nicht in sozialethischen Fragen wie z.B. bei Ehe und Geschlechtsverkehr wiederkehrt, also das Verhältnis zu sich selbst davon betroffen wird. Der im Tugendkatalog von Gal. 5 zuletzt auftauchende Begriff *„Enkratie"* kommt nur an dieser Stelle bei Paulus vor. Zweimal noch gebraucht Paulus das entsprechende Verb:

In 1. Kor. 7,9 konzediert er, daß es für Unverheiratete und Witwen Situationen gibt, in denen sie keine geschlechtliche Enthaltsamkeit mehr üben können und es dann besser ist zu heiraten, als im Feuer geschlechtlichen Verlangens zu verbrennen.

In 1. Kor. 9,25 dagegen ist der Begriff nicht speziell auf die Geschlechtlichkeit bezogen, sondern in dem dort von Paulus gebrauchten Bild vom Wettkämpfer heißt es von dem, der im Stadion den Siegeskranz erringen will, daß er in jeder Hinsicht enthaltsam lebt. Der Christ lebt danach wie ein Sportler, der während seines vorbereitenden Trainings auf Annehmlichkeiten und Genüsse verzichtet, weil jeder Sieg etwas kostet.

Da Paulus einerseits in 1. Kor. 7 von Eheleuten keine geschlechtliche Askese fordert, sondern geradezu davor warnt, andererseits aber die Aufzählung von Gal. 5 für *alle* Christen gilt, kann auch in Gal. 5,22 mit „Enkratie" nicht speziell die geschlechtliche Enthaltsamkeit gemeint sein. Der Begriff meint also wohl allgemeiner die Selbstzucht und Selbstbeherrschung.

Diese Enkratie spielt in der antiken Ethik eine große Rolle. Nach Sokrates ist sie z. B. die Grundlage der Tugend und der Religion, nach der Stoa ein Kennzeichen menschlicher Würde und Selbstachtung sowie der Herrschaft der Vernunft über den Körper. Meist ist damit die Herrschaft über die sinnlichen Triebe gemeint, die Mäßigung und Kontrolle der natürlichen Begierde, insbesondere des sexuellen Triebes und der Lust am Essen und Trinken. So möchte z. B. H. Chadwick auch 1. Kor. 9,25 verstehen. Nach ihm soll Paulus dort in der Absicht schreiben, „die Asketen Korinths von seinem eigenen Asketentum zu überzeugen" (RAC 5, 350).

Daß die Deutung auf Askese wenig wahrscheinlich ist, geht aber schon aus dem pluralischen „alles" hervor. Paulus will sich hier nicht Asketen durch Hinweis auf eigene asketische Leistungen empfehlen, ja es ist überhaupt zu bezweifeln, daß hier Askese im Blick ist. Es ist vielmehr auf die allgemeine Grundbedeutung zurückzugehen, nach der der *enkratēs* ist, der Macht *(kratos)* und Herrschaft über sich selbst hat. Im Unterschied zur griechisch-hellenistischen Vorstellungsweise empfiehlt Paulus die Enkratie auch nicht um des Ideals der freien, auf sich selbst gestellten Persönlichkeit willen oder aus dualistischen Motiven. Sie ist für ihn vielmehr der Ausdruck dafür, daß zum Christsein auch der Kampf gegen das eigene Ich gehört, wobei aber solche Selbstbeherrschung nur durch die Herrschaft des Herrn gelingen kann.

Darum heißt es Phil. 4,11 ff.: „Ich habe gelernt, mir in jeder Lage genügen zu lassen. Ich weiß in Niedrigkeit zu leben, ich weiß auch Überfluß zu haben. In alles und jedes bin ich eingeweiht, Sattsein und Hungern, Überfluß haben und Mangel leiden. Alles vermag ich durch den, der mich stark macht." Hier berührt sich Paulus zwar mit stoischen Bekenntnissen (vgl. Marc Anton 1,16), doch bleibt zu beachten, daß solche „Autarkie" des Paulus nicht mit Gleichgültigkeit und Unberührbarkeit zu verwechseln ist. Vor allem aber gewinnt Paulus diese Freiheit und Bedürfnislosigkeit allein in der Schule seines Herrn, nicht durch Selbstvertrauen oder innere Distanz zu den äußeren Umständen. Wer sich auf sich selbst stellt statt auf die Macht des Herrn, wer sich in seine innere angeblich sturmfreie Festung zurückzieht, statt in allem auf den Herrn zu vertrauen, der ist nicht unabhängig, sondern abhängig, und zwar von sich selbst. Im übrigen lassen die Peristasenkataloge erkennen, daß trotz des in Phil. 4 erwähnten Überfluß-Habens, das man ebenso mit „aus dem Vollem leben" übersetzen könnte, Paulus vor allem ein entbehrungsreiches Leben geführt hat. Allerdings steht es auch hier nicht so, daß dabei die Arbeit am Charakter im Vordergrund steht und der Christ sich immer besser in die Hand bekommt und unabhängiger wird. Worauf es ankommt ist vielmehr, daß er immer und überall seinem Auftrag treu bleibt.

Dafür noch zwei Beispiele aus 2. Kor. 6,5: „Wachen" meint einfach den erzwungenen Schlafverzicht, die notgedrungene Entbehrung von Schlaf. Man wird dabei am ehesten an Aussagen denken, wo Paulus von seiner Nachtarbeit spricht, die er neben seiner missionarischen Verkündigung verrichtete, um seinen Lebensunterhalt zu verdienen (vgl. 1. Thess. 2,9 u. ö.). Auch die Gemeindeveranstaltungen, die nur am Abend stattfinden konnten, werden oft bis in die Nächte gedauert haben (vgl. Apg. 20,7.9.31 u. ö.). Also nicht möglichst wenig Schlaf ist die Devise, sondern daß man in Zeitnot und Zeitdruck seinen Dienst zu tun hat. Entsprechend ist auch das daneben stehende „Fasten" zu verstehen, das zunächst allgemein das „Ohne-Nahrung-Sein, Hunger-leiden-Müssen" bedeutet. Zwar hat das Wort schon im Neuen Testament die spezielle Bedeutung „Fasten", aber 2. Kor. 6,5 wie auch 11,27 wird an das aufgezwungene Hungern denken (vgl. J. Behm, ThW IV, 926). Das entspricht auch den Aussagen von 1. Kor. 4,11 (vgl. auch 2. Kor. 11,27). Handelt es sich also um eine Entbehrung aus Not und nicht um eine fromme Übung, so bleibt gleichwohl der Gedanke der Selbstzucht nicht ausgeschlossen.

Im übrigen kennt Paulus nicht nur eine äußere Selbstzucht, die alle Lebensumstände als Einweisung des Herrn akzeptieren kann, sondern auch ein inneres, geistiges Maßhalten (vgl. Röm. 12,3). Im klassischen Sinne meinte *sōphrosynē* eine Begrenzung, ein Gegenüber zur Hybris, aber auch die Besonnenheit im Sinne der Mäßigung, der Zucht. Solche Besonnenheit dokumentiert sich nach Röm. 12,3 in der rechten Einschätzung des von Gott gegebenen Maßes und der von Gott jedem einzelnen gesetzten Grenzen. „Über das Maß hinausgehen, übermütig sein", wie der Gegenbegriff in Röm. 12,3 heißt, ist das Merkmal von Enthusiasten, die die Funktionsvielfalt der Glieder des einen Leibes außer acht lassen.

Im Blick auf alle drei Abschnitte gilt, daß sich individualethische Aussagen bei Paulus nur in geringer Anzahl finden. Selbst die in diesem Abschnitt skizzierten Phänomene sind überwiegend gemeinschaftsbezogen bzw. gemeindebezogen. Am sittlichen Verhalten des Christen als einzelnem Individuum hat Paulus kein sonderlich großes Interesse, auch wenn er weiß, daß jeder Christ seinem Herrn steht oder fällt (Röm. 14,4) und jeder seine spezifische Gabe in die Gemeinde einbringt. Aber das bedeutet keine Privatisierung der Ethik.

## 2. Mann und Frau / Ehe und Ehescheidung

2.1. Zur Auffassung von der Inferiorität der Frau und ihrer Diskriminierung im Judentum sind die Belege S. 97f. zu vergleichen. Das vielschichtige Urteil der hellenistischen Welt ist sehr viel schwerer darzustellen, zumal man zwischen den verschiedenen Regionen ebenso zu differenzieren hat wie zwischen Großstadt- und Landbevölkerung, Ober- und Unterschicht, Theorie und Praxis, reaktionärer und emanzipatorischer Einstellung.

Die hellenistische Zeit scheint einerseits eine gewisse Emanzipation der Frau mit sich gebracht zu haben. Sie wird z. B. erbberechtigt, kann ein Testament machen, Vormundschaft übernehmen, die Scheidung beantragen usw. Zumal vermögende Frauen der Oberschicht gewannen auch eine wirtschaftliche Unabhängigkeit (vgl. Apg. 16,14f. u. ö.). Wir finden Frauen in den verschiedensten Berufen. Neben reinen Männer- und Frauenkulten gab es in den Mysterienreligionen religiöse und kultische Gleichberechtigung. Auch Paulus selbst setzt bei der Regelung der Mischehen 1. Kor. 7,12f. voraus, daß Frauen in religiösen Fragen eine selbständige Entscheidung treffen konnten, wenn sie Christinnen werden konnten, während ihre Männer Heiden blieben und umgekehrt. Wir hören auch von guten Ehen und hohen Eheidealen, in denen die Frau große Wertschätzung genießt. Auf der anderen Seite bleibt eine deutliche Ablehnung und Abwertung der Frau unverkennbar. Der Misogyn ist eine hellenistische Schöpfung. Insgesamt scheint die Ansicht von der Inferiorität der Frau festgehalten worden zu sein, von einer wirklichen Gleichstellung kann jedenfalls keine Rede sein. Nach Seneca ist der Mann zum Herrschen geboren, die Frau zum Gehorchen (De Const.Sap. 1,1), ja nach Seneca ist die Frau dem Manne auch sittlich unterlegen (14,1). Sieht Seneca in der Frau im allgemeinen ein inferiores Wesen, so betont der Stoiker Musonius allerdings gerade die Ebenbürtigkeit. So heißt es 9,1f., daß „die Frauen ebenso wie die Männer von den Göttern denselben Logos empfangen haben". Über die Stellung der Frau in der Ehe ist später noch einiges nachzutragen. Vgl. weiter J. Leipoldt, Frau, 10ff.; C. Schneider, Kulturgeschichte des Hellenismus I, 1967, 78ff.; K. Thraede, RAC 8, 197ff.; W. Schrage, Frau, 108f.; L. Schottroff, Frauen, 91ff.

2.2. Die grundlegende, wenn auch von Paulus schon übernommene Aussage steht Gal. 3,28: „Hier ist nicht Jude noch Grieche, nicht Sklave noch Freier, nicht Mann und Frau, denn ihr seid alle einer in Christus"[19] (vgl. 1. Kor. 12,13 und Kol. 3,11). Mag immer die Herkunft des Satzes in enthusiastischen Kreisen zu suchen sein, so bleibt er für Paulus doch keine illusionäre, die realen Verhältnisse unberührt lassende Parole. In dem einen Christusleib sind alle innerweltlichen Klassifizierungen, ja selbst schöpfungsmäßige Differenzierungen überholt. Christus und die Seinen bilden eine Einheit, in der die neue Schöpfung schon angebrochen ist und darum alle trennenden Unterschiede zwischen den Menschen beseitigt sind. Der Leib Christi hat zwar viele Glieder und Funktionen, so daß eine Uniformierung und nivellierende Gleichmacherei nicht der Sinn von Gal. 3,28 ist. Wohl aber können die der alten Welt angehörenden Kategorien und Schemata nicht mehr als maßgebend gelten. Das hat durchaus auch gesellschaftliche Implikationen und soziale Konsequenzen. Zunächst aber besagt es für Mann und Frau, daß beide vor Gott gleichen Wert und gleiche Würde haben, die Inferiorität und Disqualifizierung der Frau also „im Herrn" überwunden ist. Das bedeutet gleiche Begnadung und gleiche Verpflichtung. Die praktische und gesellschaftliche Fixierungen und Rollenzwänge aufbrechenden Konsequenzen zeigen sich z.B. darin, daß Paulus Frauen als Mitarbeiterinnen und Mitstreiterinnen nennt (Röm. 16,3; Phil. 4,3 u.ö.), ja

---

[19] Vgl. D. Lührmann, Wo man nicht mehr Sklave oder Freier ist, WuD 1975, 53–83; H. Thyen „... nicht mehr männlich und weiblich". Eine Studie zu Gal. 3,28, in: F. Crüsemann/H. Thyen, Als Mann und Frau geschaffen, Kennzeichen 2, 1978, 107ff.; U. Luz, Eschatologie, 248 Anm. 40; W. Schrage, Frau, 122f.; E. Schüssler Fiorenza, 205ff.; G. Dautzenberg, 214ff.

sogar Frauen im Apostelamt kennt (Röm. 16,7). Vor allem verwehrt Paulus den Frauen nicht die prophetische Verkündigung, wie 1. Kor. 11,5 unmißverständlich zeigt. Das Charisma der Prophetie ist nicht dem männlichen Geschlecht vorbehalten, sondern wird auch von der Frau ausgeübt. 1. Kor. 11,5 ist besonders darum wichtig, weil das wie selbstverständlich ganz nebenbei erwähnt wird (vgl. W. Schrage, Frau, 132ff.).

Das wird nun freilich in 1. Kor. 14,34ff. mit dem *„mulier taceat in ecclesia"* wieder zurückgenommen, doch hat dieser reaktionäre Abschnitt als deuteropaulinischer Einschub zu gelten (vgl. G. Fitzer: „Das Weib schweige in der Gemeinde", TEH 110, 1963). G. Fitzer hat den unpaulinischen Charakter der Verse in umfassender Weise nachgewiesen (unpaulinische Zitationsformel „wie auch das Gesetz sagt", Spannung zum Kontext und seinem leitenden Gesichtspunkt der Erbauung und Verständlichkeit u. a.), so daß an der Unechtheit kaum zu zweifeln sein dürfte. Selbst wenn das griechische *lalein* hier unangebrachtes „Dazwischenreden" meinen sollte (vgl. E. Kähler, 74ff.), bleibt das apodiktische Schweigegebot eine unüberwindbare Schwierigkeit, zumal 1. Kor. 14 ein ungestörter Verlauf des Gottesdienstes nicht als Ideal gilt und Paulus sonst nie von „Unterordnung" der Frauen spricht, in 1. Tim. 2,11f. dagegen (vgl. S. 270) Schweige- und Unterordnungsgebot ebenfalls nebeneinanderstehen. Daß hier zwischen unverheirateten Frauen, die reden dürfen, und verheirateten, die es nicht dürfen, unterschieden werde (so E. Schüssler Fiorenza, 160f.), ist eingetragen (vgl. G. Dautzenberg, 193f.).

2.3. Nicht so leicht kommt man in 1. Kor. 11,2ff. davon. Hier scheint Paulus bis auf die erwähnte prophetische Begabung in V.5 seine Äußerung von Gal. 3,28 selbst zu desavouieren. Die Auslegung ist im einzelnen allerdings sehr kontrovers. G. Dautzenberg spricht mit Recht von einer „Spannung zwischen patriarchalischem Ordnungsdenken und theologisch begründeter Gleichrangigkeit der Geschlechter" (209).

Vor allem der Anlaß der Mahnung, daß die Frauen im Gottesdienst nicht mit unbedecktem Kopfe bzw. nicht mit aufgelöstem Haar beten oder als Prophetinnen reden sollen, liegt ziemlich im Dunkeln. Möglich ist, daß sich das gegen eine Art Emanzipationsbewegung mit enthusiastischen Vorzeichen richtet. Wichtiger ist aber die Art der Begründung der Mahnung, mit der Paulus sich offenbar sehr schwer tut, ja mit der er unter seinem sonstigen Niveau bleibt. Das zeigt neben der offenbar durch eine Auslegungstradition von 1. Mose 2 inspirierten Aussage von V. 3, wonach der Mann „Haupt" (etwa = Ursprung; vgl. V. 8) der Frau ist, besonders V. 7. Dort wird der Mann als Abbild und Abglanz Gottes bezeichnet, die Frau aber als Abglanz des Mannes. Das ist offensichtlich selbst gegenüber 1. Mose 1,27 ein Rückschritt, denn dort wird der *Mensch* und nicht der *Mann* allein als Ebenbild Gottes charakterisiert, während nach 1. Kor. 11,7 der Frau offenbar nur eine abgeleitete Gottesebenbildlichkeit zukommt.

Erst V. 11-12 kehrt Paulus, möglicherweise selbst über seine Einseitigkeit erschrocken, zu dem zurück, was man eigentlich von ihm erwartet, denn dort heißt es ja nun: „Jedoch ist im Herrn weder die Frau etwas ohne den Mann noch der Mann ohne die Frau. Denn wie die Frau aus dem Mann ist, so ist auch der Mann durch die Frau, alles aber aus Gott". Das steht geradezu im Widerspruch zu V. 8 und nimmt praktisch das wieder zurück, was vorher gesagt wurde, ohne daß Paulus allerdings sein Anliegen aufgibt (vgl. V. 13-16).

Vgl. weiter W. O. Walker, 1 Cor. 11,2-16 and Paul's Views Regarding Women, JBL 94, 1975, 94-110; J. Murphy-O'Connor, The Non-Pauline Character of 1 Cor. 11,2-16?, JBL 95, 1976, 615-621; L. Cope, 1 Cor. 11,2-16: One Step Further, JBL 97, 1978, 435f.; J. P. Meier, On the Veiling of Hermeneutics (1 Cor. 11:2-16), CBQ 40, 1978, 212-226; A. Padgett, Paul on Women in the Church. The Contradictions of Coiffure in 1 Cor. 11,2-16, JSNT 20, 1984, 69-86; G. Dautzenberg, 209ff.

Man muß freilich die mißliche Situation berücksichtigen, in der Paulus sich hier befindet. Die korinthischen Frauen haben offenbar theologisch nicht schlecht argumentiert und sich auf Paulus selbst berufen, d.h. auf die Gal. 3,28 zitierte These von der Gleichheit von Mann und Frau „im Herrn". Ist von daher nicht zumindest im Gottesdienst solche Gleichheit konsequent zu praktizieren und die Konvention überholt?

Schon die Vielzahl der unterschiedlichen Argumente, die Paulus hier anhäuft (er verweist ja außer auf die genannten Gründe noch auf die Konvention, die Natur, die Praxis der anderen Gemeinden und auf die mythologische Vorstellung von den begehrlichen Engeln), läßt deutlich seine Verlegenheit erkennen. Es ist offenbar nicht ganz leicht, die Konsequenz der „Emanzipation" abzufangen, wenn man Gal. 3,28 ernstnimmt.

Faktisch hat Paulus denn auch die Notwendigkeit einer Kopfbedeckung für die Frau bzw. das Gebundenseins ihres Haares nicht überzeugend und schlüssig bewiesen. Zum einen folgt selbst aus der schöpfungsmäßigen Nachordnung der Frau nicht eo ipso auch eine bestimmte Konvention. Zum anderen aber beziehen sich alle von Paulus angeführten Argumente außer V. 11 auf die schöpfungsmäßigen Gegebenheiten, die aber doch auch nach Paulus „im Herrn" nicht einfach letzte Kriterien sind, und „im Herrn" ist gewiß auch hier wie in Gal. 3,28 nicht nur auf die Stellung coram deo, sondern das christliche Miteinander in der Gemeinde und im Zusammenleben zu beziehen, das die patriarchalischen Leitbilder, Privilegien und Praktiken überwindet (vgl. S. 230).

Paulus hat mit seiner antienthusiastischen Polemik trotz der Schwäche seiner Einzelargumente dieses für sich, daß er sich gegen die Verwechslung oder In-Eins-Setzung von christlicher Freiheit und sozial-gesellschaftlicher Emanzipation wehrt.

E. Käsemann sagt darum m. E. zu Recht, daß die korinthische Freiheitsparole, für sich betrachtet und auf den konkreten Fall bezogen, einleuchtender zu sein scheint als die paulinische Reaktion darauf, aber am Grundgebrechen enthusiastischer Frömmigkeit leidet: „Sie faßt nur die Freiheit vom lästigen Zwang ins Auge. Dem Apostel geht es dagegen hier wie stets um die Freiheit, die sich zum Dienen gerufen weiß, und sie eben sieht er bedroht, wo Enthusiasmus am Bestehen der Ordnung rüttelt und im Namen des Geistes sein vermeintlich gutes Recht proklamiert" (Exegetische Versuche und Besinnungen II, 1964, 218). Das ist richtig, macht aber die paulinische Argumentation im einzelnen nicht überzeugender. Man muß wohl zugeben, daß Paulus in der Klemme, in der er sich befand, sich nicht anders zu helfen wußte, als auf Argumente zurückzugreifen, über die er eigentlich hinaus war. Das scheint er auch selbst so empfunden zu haben, wenn er in V. 11-12 seine eigene Beweisführung desavouiert.

Eine andere Erklärung bietet L. Schottroff (Frauen, 116ff.), die Paulus vor allem „an der sichtbaren Demonstration der gesellschaftlichen Rolle der Frau als dem Mann untergeordnet" interessiert (118) und entsprechend eine „konsequente Linie" von 1. Kor. 11 zu 1. Tim. 2,11ff. führen sieht – kaum zu Recht. Auch wenn Paulus die nichtchristliche

## D. Konkrete Ethik 233

Öffentlichkeit respektiert (vgl. 10,32) und die Gemeinde unter öffentlichem Druck steht, bleibt zu fragen, wie christliche Praxis, wenn sie denn schon „eine völlige Alternative zur gesellschaftlichen Realität und Ideologie" bildet (119), auf den Raum der Gemeinde beschränkt bleiben kann und ob Paulus wirklich primär am Urteil der Nichtchristen gelegen ist, denn sonst hätte er eigentlich konsequenterweise den Frauen wie 1. Tim. 2 auch das prophetische Reden untersagen müssen.

2.4. Obschon Paulus das Problem der Homosexualität nur en passant im Rahmen eines Lasterkatalogs (1. Kor. 6,9f.) oder des Aufweises der Gottlosigkeit der Heiden (Röm. 1,24.27) anspricht, ist darauf kurz einzugehen. Nach dem Alten Testament ist Homosexualität ein todeswürdiger Greuel (vgl. 3. Mose 20,13), auf einer Ebene mit dem Verbot des Geschlechtsverkehrs mit einer menstruierenden Frau, Sodomie und vor allem sakraler Prostitution (vgl. z.B. 1. Kön. 14,22ff.), im Gegenüber zu den Fruchtbarkeitskulten (vgl. 3. Mose 18,3.22). Paulus knüpft an die Tradition an, wenn er in Röm. 1 einen Zusammenhang zwischen Götzendienst und Homosexualität aufweist und Homosexualität als Schuld und Strafe zugleich hinstellt. Zugleich nimmt er mit der Charakterisierung „gegen die Natur" eine Stellungnahme auf, die gegen die weit verbreitete Praxis der Homosexualität in der hellenistischen Welt z.B. von Plato (Gesetze 636b), Philo (Abraham 135f.) und stoischen Autoren angeführt worden ist. Die dabei angesprochene „Vertauschung" des „natürlichen" Geschlechtsverkehrs mit dem „unnatürlichen" setzt eine willentliche Abkehr voraus, die angesichts des heute weitgehend konstatierten konstitutionellen (genetische Disposition, hormonelle Faktoren u.ä.) und wahrscheinlich irreversiblen Charakters der Homosexualität ebenso zu problematisieren ist wie das, was Paulus „der Natur gemäß" nennt (1. Kor. 11,14f. ist damit die gesellschaftliche Konvention gemeint). Damit ist das Natürliche = Schöpfungsgemäße zwar als Kriterium nicht grundsätzlich entwertet, aber doch noch einmal relativiert (vgl. S. 209). Vgl. vor allem die Beiträge von J. Becker, H. Balz und K. Wengst (ZEE 31, 1987, 36ff.) und P. v. d. Osten-Sacken, Paulinisches Evangelium und Homosexualität, BThZ 3, 1986, 28–49; G. Strecker, Homosexualität in biblischer Sicht, KuD, 28, 1982, 127–141.

2.5. Auch die paulinische Stellung zur Ehe soll mit einem kurzen Blick auf die Umwelt eingeleitet werden.

Es scheint, daß die Zeit des Hellenismus auch hier ein Doppelgesicht trägt. Einerseits hört man von vielen guten Ehen, besserem Schutz der Frau durch Ehekontrakte u.ä. Das Eheideal der Philosophen ist z.T. vorbildlich. Während man die Ehe früher mehr mit der Fortpflanzung begründete, tritt nun stärker der Gemeinschaftsgedanke in den Vordergrund. Das gilt vor allem für die Stoiker und hier besonders für Musonius, nach dem die beiden Ehegatten einander so nahestehen sollen, daß sie in voller Gemeinschaft miteinander leben und wirken, alles als gemeinsam ansehen und nichts mehr als Eigenes, nicht einmal den eigenen Leib" (67,7ff.; vgl. auch Plutarch, Praec, Coniug. 34).

Neben so hohen Idealen fehlen aber auch die Schattenseiten nicht (vgl. auch die Belege S. 259f.), was vor allem für die Sexualmoral gilt, d.h. für die Laxheit in der ehelichen Treue und die Verbreitung des Hetären-, Dirnen- und Sklavenunwesens. Zumal der Verkehr mit Sklavinnen, Hetären und Hierodulen war beim verheirateten wie beim unverheirateten Mann kaum anstößig. Symptomatisch ist der vielzitierte Ausspruch aus der pseudodemosthenischen Rede gegen Neaira (59,122): „Die Hetären haben wir zum Vergnügen, die Konkubinen zur täglichen leiblichen Pflege (ein Euphemismus), die Ehefrauen, um rechtmäßige Kinder zu erzeugen und um eine treue Wächterin für die häuslichen Dinge zu haben" (vgl. A. Oepke, ThW I, 740). Im ganzen ist gerade in der Frage der Geschlechtlichkeit ein eigentümliches Schwanken zwischen einer Über- und Unterbewertung kennzeichnend. Vgl. weiter H. Preisker, Christentum, 13 ff.; A. Oepke, RAC 4, 650 ff.; K. Gaiser, Für und wider die Ehe, 1974; W. Schrage, Frau, 149 f. Auf die Hintergründe der dualistisch-enkratitischen Tendenzen mit ihrer Empfehlung der geschlechtlichen Askese, die zum Verständnis der paulinischen Haltung ebenfalls zu beachten sind, ist im Zusammenhang mit der deutero-paulinischen Ethik noch genauer einzugehen (vgl. 271).

2.6. Bei der paulinischen Sicht der Dinge muß man sich zunächst vor dem Trugschluß hüten, in 1. Kor. 7 werde so etwas wie eine vollständige paulinische Ehelehre geboten. Gerade 1. Kor. 7 ist deutlich durch korinthische Anfragen veranlaßt, und V. 1, wonach es gut ist, keine Frau zu berühren, ist wahrscheinlich sogar ein Zitat aus dem Brief der Gemeinde (ähnlich wie 1. Kor. 6,13; 7,26; 8,1 u.a. Stellen). Paulus stellt dieser Losung der geschlechtlichen Enthaltsamkeit und Ehelosigkeit in V. 2 seine eigene Meinung entgegen, die ihm von seinen Kommentatoren viele Vorwürfe eingetragen hat.

So hat man gesagt, Paulus sehe die Ehe „nur vom primitiven sinnlichen Gesichtspunkt aus" als „notwendiges Übel", als erlaubte Stillung „eines unchristlichen Bedürfnisses", nur als „Sicherheitsventil" gegen böse Entgleisungen, als ein „Mittelding" zwischen Enkratie und Unzucht. Vgl. weiter W. Schrage, Zur Frontstellung der paulinischen Ehebewertung in 1. Kor. 7,1–7, ZNW 67, 1976, 214–234.

Nun ist eine gewisse Reserve gegenüber der Ehe bei Paulus keineswegs zu leugnen (vgl. die Erörterung der Ehelosigkeit S. 237 f.). Aber diese Zurückhaltung beruht nicht auf einer Diskriminierung der Sexualität oder des Leiblichen, sondern hat ganz andere Gründe. Paulus sagt auch nicht, die Vermeidung der Unzucht sei der einzige Sinn und Zweck der Ehe. Aber gegenüber den Korinthern, die wie viele Enthusiasten und Rigoristen offenbar die Ehe selbst in die Nähe der Unzucht rücken, muß eben herausgestellt werden, daß gerade Leib- und Geschlechtsfeindlichkeit zur Unzucht führen können und zur Vermeidung dieser drohenden Gefahr die Ehe der angemessene Weg ist. Paulus war nüchtern und illusionslos genug, um bei aller eigenen Hochschätzung der Ehelosigkeit die Risiken der sexuellen Askese nicht so wie die Asketen zu bagatellisieren. Askese ohne Charisma ist für ihn Schwärmerei und gerät in der Wirklichkeit des Lebens nur zu leicht unter die Räder. Geht es um die Frage der besseren Prophylaxe gegen die Unzucht, dann ist die Ehe der vom Schöpfer gewiesene Weg, die Sexualität des Menschen in geordneten Bahnen zu halten und Mann und Frau vor geschlechtlicher Zügellosigkeit zu bewahren, was jüdischer Tradition entspricht (vgl. Billerbeck III 368. 372 f.). Ist „haben" (V. 2) = heiraten, dann darf man das „jeder" und „jede" zwar nicht strapazieren, es ließe aber immerhin erkennen, daß Paulus die Ehe im allgemeinen auch in der christlichen Gemeinde für das Normale hält. Auch eine Ehe im Sinn der vollen Partnerschaft kann Ort der „Heiligung" (1. Thess, 4,4 f.) und des „Friedens" sein (1. Kor. 7,15; vgl. dazu W. Schrage, Frau, 153 f.). In 1. Kor. 7,2 liegt es aber näher, „haben" wie in 5,1 im Sinne von „geschlechtliche Gemeinschaft haben" zu verstehen (wegen der sonst zu starken Spannung zu V. 7; vgl. H. Merklein, 232 f.), auch wenn kein Anlaß besteht, den Eheschluß ausdrücklich auszuschließen.

## D. Konkrete Ethik

Was es nun um die eheliche Gemeinschaft ist, zeigt 1. Kor. 7,3-5: „Der Mann erfülle der Frau gegenüber seine Pflicht und die Frau dem Manne. Die Frau verfügt nicht über ihren Leib, sondern der Mann, und der Mann verfügt nicht über seinen Leib, sondern die Frau." Eheliche Gemeinschaft ist eo ipso auch leibliche Gemeinschaft. Wenn und wo eine Ehe besteht, besteht auch die Schuldigkeit geschlechtlicher Beziehung. „Schuldige Pflicht" ist dabei zwar zunächst ein Euphemismus, aber es ist nicht auszuschließen, daß Paulus auch dieses „Schuldigsein" im Licht von Röm. 13,8 und 15,1 versteht, nämlich im Licht der „Schuld" der Agape und der gegenseitigen Verantwortung. Daß die Ehe dem Menschen das Verfügungsrecht über seinen Leib entzieht, kann auch daran erinnern, daß gerade von der Agape gilt, daß sie auf die Selbstverfügung verzichtet. Daß christliche Ehepartner nicht mehr über ihren Leib verfügen, wäre dann ein Spezialfall dessen, daß Christen nicht mehr über sich selbst verfügen, nicht mehr das Ihre suchen, daß Liebe also auch in Strukturen und Bezügen dieser Welt wie der Ehe ihren Ort hat.

Vgl. H. Greeven, Hauptproblem, 136; W. Schrage, ZNW 1976, 229f. Im übrigen ist zu beachten, daß hier jeweils Mann und Frau angesprochen werden. Wesentlich ist auch, daß hier nicht einfach auf die leiblichen Bedürfnisse abgehoben wird, „Leib" also nicht in Körperlichkeit aufgeht. Paulus dürfte vor allem darauf aus sein, daß Mann wie Frau in gleicher Weise aufeinander angewiesen und einander verpflichtet sind. Es ist kein Zufall, daß Paulus jeweils Mann *und* Frau nennt und nicht nur den einen Ehepartner anspricht, die Aussagen also zueinander in Beziehung gesetzt sind (vgl. E. Kähler, 14 ff.). Von ganz wenigen Ausnahmen abgesehen, werden in Kap.7 Mann und Frau nicht für sich oder allein angeredet, sondern ihnen wird durchgängig etwas Entsprechendes und nicht etwas gänzlich anderes gesagt (vgl. V. 2.3.4.5.10f.12f.14.15.16.28.32). Zur alles einschließenden Gemeinschaft und Partnerschaft der Ehe kann man am ehesten Aussagen des Hierokles (Stob. IV 505) und Musonius (67f.) vergleichen.

Wie ernst Paulus den Grundsatz der Gegenseitigkeit nimmt, geht auch aus 1. Kor. 7,5 hervor, wo Paulus von den Bedingungen der Verweigerung leiblicher Gemeinschaft spricht. Sie soll zeitlich befristet sein, vor allem aber nicht einseitig geschehen, sondern in gegenseitiger Übereinstimmung. Wie diese Übereinstimmung erreicht wird, sagt Paulus nicht, doch versteht es sich wohl von selbst, daß auch sie von Liebe und Rücksichtnahme geleitet wird. Die eigentliche Tendenz der Aussage ist eine Warnung vor allen hyperasketischen Verstiegenheiten. Darum hält Paulus auch nichts von sogen. „Josephsehen" ohne leibliche Gemeinschaft, wie sie die alte Kirche bezeugt und verschiedene Exegeten auch in 1. Kor. 7,36-38 voraussetzen. Möglicherweise haben die Korinther tatsächlich solche platonischen Eheverhältnisse bevorzugt, und Paulus hat das nicht ganz durchschaut. Ganz unvorstellbar aber ist, daß er selbst solche geschlechtslosen Ehen favorisiert hat (vgl. weiter H. Baltensweiler, 175 ff.; H. Thyen, a.a.O. [Anm. 19], 178 ff.); anders neuerdings wieder S. Schulz, Ethik, 426, nach dem Paulus für eine „asexuelle Ehe" optieren, ja 1. Kor. 7 „das Hohelied der totalen Sexualaskese" sein soll (422).

Wahrscheinlich geht es in 1. Kor. 7,36-38 um normale Verlöbnisse; vgl. W. G. Kümmel, Verlobung und Heirat bei Paulus (1. Kor. 7, 36-38), in: Heilsgeschehen und Geschichte 1965, 310–327. Wenn ein Verlobter gegenüber seiner Verlobten „schamlos" zu handeln glaubt, weil er in geschlechtlicher Spannung, ja in einer sexuellen „Zwangs- und Notlage" steckt (vgl. G. Schrenk, ThW III, 61), die zum Vollzug der leiblichen Gemeinschaft drängt, so daß sein Begehren ihm zu entgleisen droht, soll er seine Verlobte heiraten. Wer dagegen Gewalt hat über seinen Geschlechtstrieb, dem empfiehlt Paulus auch weiterhin Ehelosigkeit, wobei hier dieselben Gründe maßgebend sein werden wie in 1. Kor. 7,25 ff. (vgl. dazu S. 237 f.).

2.7. Auf die Frage der Ehescheidung braucht nicht noch einmal eingegangen zu werden, da das bei der Interpretation des Herrenwortes in 1. Kor. 7,10–12 schon geschehen ist (vgl. S. 216). Festzuhalten ist aber, daß dieses Beharren auf der Unauflöslichkeit der Ehe in deutlichem Widerspruch zu dem steht, was in der Umwelt üblich war.

Auch in der nichtjüdischen Umwelt war die Ehescheidung an der Tagesordnung, wobei nach hellenistischem Recht auch die Frau die Scheidungsklage einreichen konnte. Bekannt ist die von G. Delling geradezu epidemisch genannte Häufigkeit der Scheidungen in Rom (Paulus, 15). In einer Grabrede heißt es z. B.: „Selten sind lange Ehen, die durch den Tod beendigt, nicht durch Scheidung abgebrochen werden". Nach Seneca zählen die Frauen ihre Jahre nicht nach Konsuln, sondern nach der Zahl der Männer: „sie scheiden sich, um zu heiraten, und heiraten, um sich zu scheiden" (De Beneficiis 3,16; weitere Belege A. Oepke ThW I, 778 f.; G. Delling, RAC 4, 709 f.).

Demgegenüber betont Paulus das Ehescheidungsverbot Jesu (1. Kor. 7,10–12). Eine Frau soll sich von ihrem Mann nicht „trennen" (das meint keine zeitweise Trennung von Tisch und Bett, sondern Scheidung), und ein Mann soll sich nicht von seiner Frau scheiden. Die Parenthese in V. 11 räumt für den Fall, daß die Frau sich schon getrennt hat (vielleicht schon vor ihrer Bekehrung), nur die Möglichkeit ein, unverheiratet zu bleiben oder sich mit dem Ehepartner zu versöhnen (vgl. R. Pesch, Treue, 61 ff.). Auch 1. Kor. 7,26 sagt: „Wer an eine Frau gebunden ist, soll von ihr nicht loszukommen versuchen" (vgl. auch Röm. 7,2). Auch in Mischehen lebende Christen sollen sich, wenn der nichtchristliche Ehepartner an der Ehe festhält, nicht scheiden lassen (1. Kor. 7,12 ff.), was speziell für christliche Frauen in einer Ehe mit einem nichtchristlichen Ehepartner und seinem paganen Lebensstil nicht leicht gewesen sein dürfte (vgl. E. Schüssler Fiorenza, 223; O. L. Yarbrough, 1 f.) und der atl.-jüd. Tradition und Praxis des Verbots von Mischehen widerspricht (vgl. 5. Mose 7,3 f.; Esr. 9,12; Jub. 25,1; Test. Hiob 45,3; Philo, Spec Leg 3,29). Paulus erwartet sogar, daß der nichtchristliche Partner durch den Christen an der Erlösung teilhaben wird (V. 14 f.), wobei das Wie allerdings im Dunkeln bleibt.

Selbstverständlich gehört für Paulus zur Unauflöslichkeit der Ehe auch die eheliche Treue, also neben die Verwerfung der Ehescheidung auch die Verwerfung des Ehebruchs (vgl. Röm. 13,9; 1. Kor. 6,9). Auch diese Überzeugung von der Unantastbarkeit der Ehe hebt sich von dem, was über die Großzügigkeit oder doch Unentschiedenheit in dieser Frage in der Umwelt zu finden ist, in aller Deutlichkeit ab (vgl. G. Friedrich, Sexualität, 108 ff., G. Delling, RAC 4,666 ff.).

2.8. Eheverzicht von Christen ist für Paulus ein Charisma (1. Kor. 7,7). Damit ist zweierlei mitgegeben: Erstens ist Eheverzicht kein Gebot für alle Christen, sondern eine unverfügbare Gnadengabe Gottes. Zweitens aber ist er als Charisma eine besondere Möglichkeit zum besonderen Dienst an anderen, eine an der Diakonie orientierte Fähigkeit. Nicht gemeint ist jedenfalls eine Ehelosigkeit aus asketisch-leibfeindlichen Motiven zur Kultivierung der eigenen pneumatischen Persönlichkeit oder eine Ehelosigkeit aus Egoismus oder Verachtung des anderen Geschlechts u. ä.

Ein weiteres Motiv zur Empfehlung des Eheverzichts kommt 1. Kor. 7,25ff. zur Sprache. Dort rät Paulus um der kommenden Bedrängnis der eschatologischen Zeit willen, vor der er die Gemeinde „verschonen" möchte (V. 28b), keine Ehe einzugehen. Paulus argumentiert also bei seiner Bevorzugung der Ehelosigkeit nicht einfach von dogmatischen Theologumena her, sondern seine Sorge um verheiratete Gemeindeglieder bewegt ihn dazu, zum Eheverzicht zu raten. Schmerz und Leid, Sorge und Furcht dieses zu Ende gehenden Äons können sich für die Verheirateten nur potenzieren (vgl. auch V. 37). Daß die Frau eine schwer zu tragende Last sei (so Solon, Stob IV 521) oder die Ehe ein „großer Kampf" sei (Antiphon, Diels II 357) oder gar, daß sie die Ataraxie und Autarkie störe (vgl. O. L. Yarbrough, 33 f.), sagt Paulus gerade nicht. Näher kommen ihm schon Aussagen wie die, daß Kyniker sich ganz dem Dienst der Gottheit weihen und durch nichts ablenken lassen sollen (Epiktet, Diss III 22,69). Umgekehrt hat es Paulus freilich auch nicht bekümmert, daß Städte ohne Ehen veröden und der Staat nicht überleben kann, Ehe also eine staatsbürgerliche Pflicht ist (vgl. Musonius 72 f.; Epiktet, Diss III 7,19 f.), oder daß nach der staatlichen Ehegesetzgebung des Augustus alle Männer zwischen 25 und 60 und alle Frauen zwischen 20 und 50 Jahren eine Ehe eingehen sollen, was auf eine Hebung der öffentlichen und privaten Moral sowie eine Erhöhung der Geburtenrate zielte.

Das eigentliche Motiv für die Bevorzugung der Ehelosigkeit aber nennt erst V. 32d-33. Danach kann sich der Unverheiratete ganz und gar auf den Herrn ausrichten. Wer dagegen verheiratet ist, wird auch in die sorgenvollen Dinge und Geschäfte dieser Welt verstrickt. Er ist, wie V. 34 sagt, zwischen dem Herrn und der Welt „geteilt". In der Ehelosigkeit dagegen sieht Paulus die Chance zur ungeteilten Hingabe an den Herrn (vgl. auch V. 35), wobei der „Dienst gegenüber Christus" (Röm. 14,18) auch hier durch die Liebe gegenüber dem Bruder bestimmt ist (Röm. 14,15). Entscheidend für die paulinische Empfehlung der Ehelosigkeit ist also die eschatologisch-christologische Motivierung, nicht eine spätantike Ehemüdigkeit oder gar asketisch-dualistische Ehefeindschaft. Da wie dem Juden (vgl. S. 99) auch dem Stoiker die Ehe eine von der Natur gewollte und darum dem Menschen gebotene Lebensform war (vgl. H. Greeven, Hauptproblem, 119 f.; O. L. Yarbrough, 31 ff.), unterscheidet sich Paulus auch hier von dem damals Normalen. Gegenüber der bisher fast allein üblichen spöttischen oder mitleidigen Geringschätzung der Unverheirateten gibt es in der christlichen Gemeinde die Möglichkeit, „mit Ehren und Freuden ehelos zu bleiben" (A. Schlatter, Paulus der Bote Jesu, 1969[4], 245; vgl. weiter G. Friedrich, Sexualität, 62 ff.).

## 3. Arbeit, Eigentum, Sklaverei

3.1 Die Stellung der Umwelt zur Arbeit ist z.T. abhängig von Stand und Klasse dessen, der sie beurteilt. An und für sich war im Griechen- und Römertum jede Arbeit geachtet. „Arbeit ist keinerlei Schande, nur Müßiggang ist Schande" (Hesiod V 311; Xenophon, Mem I 2,56). Mit dem Hervortreten einer herrschenden Adelsschicht und vor allem der Verbreitung der Sklaverei aber bekam speziell die körperliche Arbeit den Beigeschmack des Entwürdigenden. In bestimmten Kreisen wurde Arbeit immer mehr als ein von Zeus verhängtes Übel angesehen, das mit Krankheit, Unglück u. ä. auf die Schattenseite des Lebens gehört, während der Freie sich lieber mit Sport, Geselligkeit, Philosophie und Politik befaßt. So wundert es nicht, daß gerade auch viele Philosophen, zumal wenn sie vermögend sind, zu keiner rechten Würdigung der Arbeit gelangen. Cicero z.B. rechnet alle Handwerker unter die Angehörigen der „unsauberen Zunft". „Was kann schon eine Werkstatt Edles an sich haben?" (De Officiis I 151). Der Stoa, wo die Arbeit ausdrücklich in Gegensatz zum verwerflichen Nichtstun und Vergnügen gestellt wird, gilt sie aber auch als Mittel der Selbsterziehung. Zwar kann Seneca die Arbeit des Menschen mit dem zwecklosen Herauf- und Herunterlaufen der Ameisen an einem Stamm vergleichen, aber er meint doch, daß jeder tüchtige Mann sich nach Arbeit sehne (De Providentia 2 u. ö.). Im übrigen zeigen gerade die Papyri, die auf die sogenannten kleinen Leute und Handwerker zurückgehen, viel Liebe, Selbstwertgefühl und Sorgfalt in bezug auf die Arbeit (vgl. F. Hauck, RAC I, 585 ff.).

Die positive Beurteilung der Arbeit durch Paulus scheint vor allem auf sein jüdisches Erbe zurückzugehen. Im Judentum wird die Arbeit auf einen Auftrag Gottes zurückgeführt. Gewiß weiß man, daß des Menschen Arbeit auch unter dem Fluch steht (1.Mose 3,17) und Mühsal im Schweiße des Angesichts bedeutet (1.Mos. 3,19), aber man weiß eben zugleich, daß Gott den Menschen schon vor dem Sündenfall im Paradiesgarten mit Arbeit betraut hat (1. Mose 2,15). Vor allem die Weisheit warnt vor Faulheit und ihren Folgen (Spr. 6,6 ff.; 10,4 f.; 12,27; 14,23; 24,30 ff.). Zwar gibt es nach der Herausbildung des Schriftgelehrtenstandes auch kritische Stimmen, die die geistige Arbeit mit der körperlichen für schwer vereinbar halten (vgl. schon die Vorbehalte Sir. 38,24), im allgemeinen aber wird gerade bei den Rabbinen beides miteinander kombiniert. Nach Aboth II 2 z.B. hat Rabban Gamaliel III gesagt: „Schön ist das Thorastudium in Verbindung mit weltlicher Beschäftigung (wie Handwerk oder Handel); denn die Mühe um beides läßt Sünde vergessen (daß man ihr nicht dient). Alles Thorastudium aber, mit dem man keine gewerbliche Tätigkeit verbindet, hört schließlich auf und zieht die Sünde nach sich" (vgl. Billerbeck II, 745, wo noch andere entsprechende Belege zitiert werden).

3.2. Auch Paulus selbst hat ein Handwerk erlernt. Nach Apg. 18,3 war er Zeltmacher. Anders als Jesus, der den erlernten Beruf des Bauhandwerkers (vgl. Mk. 6,3; Mt. 13,55) als eschatologischer Prophet nicht mehr ausgeübt hat (vgl. auch die Aufgabe des Berufs bei den Jüngern Mk. 1,16 ff.; 2,14), hat Paulus in solcher Arbeit kein Hindernis für die Verkündigung des Evangeliums gesehen.

## D. Konkrete Ethik

Aus seinen Briefen erfahren wir, daß er sich mit eigenen Händen seinen Lebensunterhalt erarbeitet hat. Schon das Auftauchen solcher Notiz im Peristasenkatalog von 1. Kor. 4,12 warnt freilich davor, diese mühevolle Handarbeit zu idealisieren oder als Mittel zu sittlicher Selbsterziehung zu verstehen. Nach 1.Thess. 2,9 hat Paulus Tag und Nacht gearbeitet, um niemandem zur Last zu fallen, nach 2. Kor. 12,14, um der Gemeinde deutlich zu machen, daß er nicht das Ihre, sondern sie selbst sucht.

Paulus hat sich mehrfach dagegen wehren müssen, mit dem geschäftstüchtigen Gebaren vulgärchristlicher oder auch synkretistischer Missionare und Propagandisten verwechselt zu werden (vgl. 1. Thess. 2,5; 2. Kor. 7,2; 12,14–18 u. ö.). Gewinnsüchtige Wanderprediger scheinen keine Seltenheit in der antiken Welt gewesen zu sein. Wenn Paulus betont, sich nicht auf Kosten der Gemeinde zu bereichern, will er nicht bestreiten, daß er als Apostel durchaus das Recht hätte, sich von der Gemeinde unterhalten zu lassen (1. Kor. 9). Aber er hat auf die Inanspruchnahme dieses Rechtes verzichtet, nicht generell, aber dort, wo es um des Evangeliums willen nötig war.

In 1. Thess. 4,9ff. stellt er seine eigene Arbeit unter das Stichwort der Bruderliebe und mahnt dort auch die Gemeinde dazu, mit eigenen Händen zu arbeiten, damit sie nicht fremder Unterstützung bedarf. Im Epheserbrief wird dann später noch eindeutiger die eigene Arbeit mit der Liebe motiviert, wenn man mit seinen Händen arbeiten soll, um den Bedürftigen geben zu können (4,28). Entscheidend sind also auch hier nicht die natürlichen oder „bürgerlichen" Motive. Auffallenderweise hat Paulus nach 1. Thess. 4,11 schon während seiner dreiwöchigen Anwesenheit bei der Gründung der Gemeinde die Thessalonicher über diese Arbeitspflicht nicht im Unklaren gelassen. Vermutlich bestand Anlaß, schon von vornherein zu betonen, daß die eschatologische Erwartung nicht zur Aufgabe von Arbeit und Beruf führen soll. Eine sozusagen aristokratische Verachtung der Handarbeit dagegen scheint Paulus nirgendwo zurückweisen zu müssen.

3.3 Über *Eigentum* erfährt man bei Paulus viel weniger als bei Jesus (vgl. S. 107ff.). Von grundsätzlicher Bedeutung ist 1. Kor. 7,30: „Die da kaufen, sollen es so tun, als behielten sie es nicht." Die eschatologische Welthaltung stellt nicht das Kaufen als solches in Frage, sondern das Festhalten und Besitzen. Wer kauft, soll nicht so tun, als kaufe er gar nicht, sondern er soll nicht meinen, er könne über das Gekaufte in Zukunft verfügen. Paulus widersteht hier einer Verabsolutierung nicht darum, weil Kaufen oder Konsumieren vom Teufel oder das Alltagsleben mit seinen Wirtschafts- und Kaufgewohnheiten einfach aufzugeben wäre, sondern darum, weil aus dem Provisorium nicht ein Letztes werden soll. Auch Phil. 4,11ff. (vgl. dazu S. 228f.) läßt neben innerer Distanz und äußerer Bedürfnislosigkeit keinen prinzipiellen Besitzverzicht erkennen.

Wichtiger als diese mehr individualethisch orientierten Aussagen, zu denen auch noch die Warnung vor der Habsucht zu stellen wäre (Röm. 1,29; 1. Kor. 5,10; 6,10) – immerhin geht 1. Thess. 4,6 mit seiner Warnung vor geschäftlicher Übervorteilung des Nächsten darüber hinaus –, sind aber solche Stellen, an denen Paulus umfassend, also inklusive der irdischen Güter, zur Gemeinschaft in der Gemeinde oder Ökumene aufruft. So mahnt z. B. Gal. 6,6, daß die, die im Wort unterrichtet werden, auch den Unterrichtenden Anteil an allem Guten geben sollen, wozu zweifellos auch materielle Unterstützung gehört (vgl. auch Röm. 12,13; Phil. 4,14f.). Vor allem ist hier an die Kollekte für Jerusalem zu erinnern, auf die Paulus mehrfach in seinen Briefen zu sprechen kommt (vgl. 2. Kor. 8,9; Röm. 15,26; Gal. 2,10).

Gewiß ist diese Sammlung nicht einfach eine materielle karitative Hilfsaktion (erst recht keine von der Jerusalemer Kirchenleitung erhobene Kirchensteuer), sondern zugleich auch die Anerkennung von Einheit und Gemeinschaft der Kirche. Gleichwohl ist sie auch eine wirtschaftlich-soziale Hilfe in einer ökonomischen Notlage. Paulus mahnt dazu, daß der, der viel hat, keinen Überfluß haben möge und der, der wenig hat, keinen Mangel (2. Kor. 8,15; vgl. G. Stählin, ThW III, 348f.). Paulus fordert auch in diesen Dingen der Ökonomie einen Ausgleich, ja eine „Gleichheit" (2. Kor. 8,13f.; für Cicero dagegen ist solche aequatio in der Besitzaufteilung (nicht im Recht!) größtes Unheil, De Off. II 73).

Auch hier hat die Liebe das letzte Wort. So sehr man nach 1. Kor. 13,3 selbst bei der Hingabe seines Eigentums auch die Liebe verfehlen kann und also Besitzverzicht nicht ohne weiteres mit Liebe identisch ist, so sehr kann kein Zweifel daran bestehen, daß sich Liebe auch im Verzicht auf das, was einem finanziell und materiell gehört und zur Verfügung steht, konkretisieren wird. Gewiß ist nicht die Beseitigung des sozialen Elends das eigentliche Anliegen, aber die Gemeinschaft des Leibes Christi hat auch eine ethische und soziale Dimension. Die sozialen Aspekte des Herrenmahles sind schon bei der sakramentalen Begründung der Ethik zur Sprache gekommen (vgl. S. 180f.). Hier sei noch einmal daran erinnert, daß eine Entwertung der gemeinsamen Mahlzeiten zugunsten der sakramentalen Feier die sozial Armen benachteiligen und die Gemeinschaft in der Gemeinde zerstören würde (1. Kor. 11,17ff.). Soziale Aktionen zugunsten von Nichtchristen hat Paulus von der grundsätzlich unbegrenzten Liebesforderung her offenbar nicht abgeleitet oder unternommen.

3.4 Die apostolische Zeit ist charakterisiert durch ein Riesenheer von Sklaven. Für die Antike gilt die Sklaverei dabei weithin als naturgegeben und selbstverständlich. Sklaven gelten als Teil des Besitzes, weshalb sie oft in Vermögensverzeichnissen neben Geld, Sachwerten, Ländereien usw. aufgeführt werden. Sie sind ein Teil der beweglichen Habe und können als solche verkauft, verpfändet, vererbt und vermietet werden. Der Sklave ist ein lebendiges Besitzstück (Aristoteles, Pol I, 1253 b), eine Sache *(res)*. Vermöge der *dominica potestas* hat der Herr weitgehende Gewalt über seine Sklaven, nicht nur über ihre Arbeitskraft. Die stoische Philosophie hat zwar durch die Erinnerung an die gemeinsame Menschennatur zur Humanisierung beigetragen. Auch soll nicht verkannt werden, daß es natürlich weitgehend vom einzelnen Sklavenherrn abhing, wie das Los der Sklaven im Einzelfall aussah, und natürlich ist das Verhalten des Vedius Pollio, der mit einem Sklaven die Muränen in seinem Fischteich füttern will (Seneca, De Ira III 40), nicht repräsentativ (zu Beschränkungen grausamer Behandlung durch die kaiserliche Gesetzgebung vgl. N. Brockmeyer, 182f.: z. B. keine Verwendung von Sklaven zum Tierkampf, kein Verkauf in Gladiatorenschulen oder Bordelle u. ä.). Im Normalfall ließen die Sklavenherren ihren Sklaven schon im eigenen Interesse eine erträgliche Behandlung zukommen, ja sie stellten ihnen zum Ansporn besonderen Lohn oder die Freilassung in Aussicht (vgl. Ps.-Aristoteles, Oec. I, 1344a). Auch daß es die als Schreiber, Musikanten, Verwalter, Ärzte und Lehrer arbeitenden Sklaven leichter hatten als die in den Bergwerken arbeitenden oder die an die Mühlen gefesselten, versteht sich von selbst. Gleichwohl ist die Sklaverei oft ein himmelschreiendes Elend gewesen. Allgemein gilt, daß der Sklave neben Arbeit und Essen auch Strafen und Prügel brauche, wobei das Auspeitschen noch eine der mildesten Strafen ist. Nach C. Cassius läßt sich „jenes Gesindel nur durch Furcht in Schranken halten", weshalb er im Senat die Hinrichtung der 400 Sklaven des Stadtpräfekten Pedanius Sekundus durchsetzt, als dieser von einem seiner Sklaven ermordet wurde (Tacitus, Annalen XIV 43 f.). Vgl. weiter W. L. Westermann, The Slave Systems of Greek and Roman Antiquity, Philadelphia 1964; F. Bömer, Untersuchungen über die Religion der Sklaven in Griechenland und Rom I–IV, 1957–63; R. Gayer, 19 ff.; N. Brockmeyer, Antike Sklaverei (EdF 116), 1979; F. Laub, 11 ff. Wie die staatliche Gesetzgebung kannte auch das AT bestimmte Schutzbestimmungen für Sklaven (vgl. 3. Mose 25,42 f.; 5. Mose 15,12 ff.; 23,15 f.; zum Judentum vgl. Billerbeck IV 698 ff.). Nirgendwo aber ist die Institution der Sklaverei als solche mit ihren sozialen Schranken angetastet worden, auch nicht durch die Stoa und die Mysterienkulte, trotz der Gleichheitsidee bzw. „religiöser Verbrüderung" (vgl. F. Laub, 17 f.). Allerdings scheinen die Qumranfrommen in ihrer Ordenssiedlung am Toten Meer nach Philo (Omn Prob Lib 79) und Josephus (Ant 18,21) keine Sklaven gekannt zu haben, auch wenn die Damaskusschrift Vorschriften über die Behandlung der Sklaven enthält (11,12; 12,6.10 ff.). Wie die Gütergemeinschaft (vgl. S. 131) dürfte auch der Verzicht auf Sklavenhaltung als ein „Versuch der Antizipation einer eschatologischen Ordnung im Bild priesterlicher Tradition" zu werten sein (R. Gayer, 93; vgl. 95).

Daß auch ein christlicher Sklave ebenso weitgehend von seinem Herrn abhing wie sein nichtchristlicher Mitsklave, liegt auf der Hand. Zwar war es mehr und mehr usus geworden, den Sklaven die freie Ausübung ihrer Religion zu gestatten (zum „religiösen Freiraum" der Sklaven vgl. F. Laub, 56 ff.), aber eigentlich nur dann, wenn diese nicht mit der Religion des Hauses und ihre Ausübung nicht mit den eigenen Dispositionen des Herrn kollidierte. Daß hier immer wieder Konflikte entstehen konnten, ist leicht zu begreifen. Aus dem Brief des Ignatius an Polykarp 4,3 und anderen frühchristlichen Schriften wissen wir, daß die christlichen Sklaven oft den Wunsch gehabt haben, auf Kosten der Gemeinde aus der Sklaverei freizukommen, und es ist nicht auszuschließen, daß das auch in apostolischer Zeit schon so gewesen ist.

3.5 Sieht man sich auf diesem Hintergrund die paulinischen Aussagen an, so werden solche Hoffnungen auf eine eschatologisch oder humanitär motivierte Gesellschafts- und Sozialreform von Paulus offensichtlich enttäuscht.

In 1. Kor. 7,20 ff. heißt es nämlich: „Jeder bleibe in dem Stand, in dem er berufen worden ist. Bist du als Sklave berufen worden, so frage nicht danach, wenn du aber sogar frei werden kannst, mache um so lieber davon Gebrauch. Denn wer im Herrn als Sklave berufen worden ist, der ist ein Freigelassener des Herrn. Desgleichen wer als Freigelassener berufen worden ist, der ist ein Sklave Christi."

Gewiß verklärt Paulus die Sklaverei hier nicht als eine gottgewollte Institution. Andererseits aber vertritt er auch nicht eine progressiv-sozialreformerische Forderung nach Sklavenfreilassung. Nicht darum, weil solche Freilassung oft Brotlosigkeit und Unsicherheit mit sich gebracht hätte. Erst recht nicht darum, weil er mit weltfremden Worten über die erbärmliche Situation hinwegtrösten will. Ihm geht es vielmehr darum, in der kurzen bis zur Parusie noch verbleibenden Zeit den Gehorsam dort zu bewähren, wo man sich vorfindet, den Ort der Berufung als den von Gott gewiesenen Ort der Bewährung anzunehmen.

Umstritten ist, ob der Sklave selbst dann, wenn er freikommen kann, in der Sklaverei bleiben soll. Die philologischen, kontextuellen und zeitgeschichtlichen Argumente bei der Auslegung von 1. Kor. 7,21b stehen z.T. in Spannung miteinander. Sicher ist, daß Paulus nicht einfach den status quo sanktioniert, sondern ihm alles auf den „Wandel" in den Strukturen ankommt. Die meisten Exegeten ergänzen das griechische Wort, das oben mit „mache Gebrauch davon" übersetzt wurde, durch „Sklaverei", was vom Grundtenor des Kontextes her näher zu liegen scheint, doch könnte Paulus gerade ein vom Kontext her naheliegendes Mißverständnis, man solle selbst die Möglichkeit der Freilassung ablehnen, ausschließen wollen. Gegen die Deutung auf solche Zurückweisung einer Freilassung spricht, daß Sklaven eine Wahlmöglichkeit in bezug auf die Freilassung gar nicht gehabt zu haben scheinen (vgl. aber 2. Mose 21,5f.). Das spräche aber auch gegen die gegensätzliche Interpretation: „ergreife" (die Freiheit), wofür man den den einmaligen Akt bezeichnenden Aorist anführen könnte. Möglicherweise ist darum auch nur unterstrichen, daß der Christ auch im Fall der Freilassung in Übereinstimmung mit seiner Berufung in Christus leben soll, weil kein sozialer Status daran etwas ändern kann (so vor allem S. S. Bartchy; vgl. auch P. Trummer, Die Chance der Freiheit, Bibl. 56, 1975, 344–368; P. Stuhlmacher, Der Brief an Philemon (EKK XVII), 1981², 44f.). Allerdings verwendet Paulus das Verbum „gebrauchen" sonst nicht absolut (vgl. 2. Kor. 1,17; 3,12; 13,10). Mir scheint darum doch mehr für die Ergänzung durch „Freiheit" zu sprechen. Abgesehen von dem einen einmaligen Akt bezeichnenden Aorist, der besser zu einer Situationsänderung paßt, sind elliptische Sätze virtuell meist durch denselben Satz zu ergänzen, und auch die sprachliche Formulierung weist eher in diese Richtung (vgl. das „aber" gegenüber V. 21a und das steigernde „wenn sogar, wenn tatsächlich"). Außerdem setzt Paulus auch bei der Behandlung der Ehefragen im größeren Kontext keine Unwandelbarkeit der gegebenen Verhältnisse voraus (vgl. V. 9.12ff. u.ö.). Vgl. weiter F. Lang, NTD 7, 97; G. D. Fee, NIC, 315ff. Gegenteiliger Meinung sind u.a. H.-D. Wendland, Ethik, 78f.; H. Schlier ThW II, 498; R. Gayer, 206f.

Es könnte so scheinen, als ob Paulus im Sinne der Stoa die äußere Freiheit zu relativieren versucht, wenn er in V. 21a sagt: „Kümmere dich nicht darum, laß dir nichts daran liegen, frage nicht danach." So sehen manche denn auch allein die innere Freiheit im Blick, die durch äußere Umstände gar nicht berührt werden kann. Daß Paulus den Sklaven als „Freigelassenen des Herrn" bezeichnet, scheint sich zudem mit dem paradoxen Freiheitsbegriff des Epiktet zu berühren, nach dem man auch in äußerer Sklaverei frei sein kann, wenn man die wahre, die innere Freiheit besitzt. Aber weder ist die Innerlichkeit für Paulus eine unangreifbare Bastion, in der der Mensch über sich selbst verfügen kann, noch kann der Mensch von sich aus die Freiheit gewinnen, noch ist christliche Freiheit stoische Ataraxie oder Autopragie. Frei ist der Christ nur als „Freigelassener des Herrn" und als „Sklave Christi" (V. 22). Die durch Christus geschenkte Freiheit und der Christus geschuldete Dienst allein sind es, die auch die rechtlichen und gesellschaftlichen Differenzierungen zwischen Sklaven und Freien relativieren. In der Freiheit von den Verstrickungen und Verlockungen,

## D. Konkrete Ethik

Sorgen und Ansprüchen dieser Welt und in der Bindung an Christus und den Bruder in der Liebe braucht man auch als Sklave auf die soziologischen Realitäten mit ihren schmerzvollen und erniedrigenden Erfahrungen letztlich kein Gewicht mehr zu legen.

3.6 Daß das nicht so zu verstehen ist, als bleibe einfach alles beim alten und ändere sich überhaupt nichts, lehrt der Philemonbrief. Der Sklave Onesimus, so ist dem Brief zu entnehmen, ist seinem christlichen Herrn Philemon davongelaufen, möglicherweise nicht, ohne einen Griff in die Kasse seines Herrn getan zu haben, und er ist dann von Paulus zum christlichen Glauben bekehrt worden. Daraus ist zunächst zu schließen, daß der christliche Herr seinen Sklaven nicht zum christlichen Glauben gezwungen, sondern ihm die Freiheit gelassen hat, bei seiner nichtchristlichen Lebensweise zu bleiben. Wichtiger ist, daß Paulus zwar auch hier nicht einfach aus moralischen oder theologischen Gründen für die Aufhebung dieses Verhältnisses von Herr und Sklave eintritt, es aber sehr wohl durchgehend durch die Ethik und Praxis christlicher Bruderschaft bestimmt sieht. Das aber läßt trotz des Weiterbestehens des alten Rechtsverhältnisses auch die Institution selbst nicht unberührt[20]. Daß der Sklave statt als Sache nun als „geliebter Bruder" gilt (Phlm. 16), ist ein auch menschlich und sozial gewichtiger Sachverhalt (vgl. S. 221), der nicht allein den Sklavenherrn selbst angeht. Wie wenig das Verhältnis des Philemon zu seinem Sklaven eine bloße Privatangelegenheit ist, zeigt die Adressierung des Briefes an die Hausgemeinde (V. 2), die davon eben mitbetroffen ist (A. Suhl, 277f.). Ist Onesimus nun „viel mehr als ein Sklave" (Phlm. 16) und in die Liebe, die der Herr des Onesimus zu allen Heiligen hat (Phlm. 5), auch sein Sklave mit eingeschlossen, dann hat das nicht nur im Raum der Gemeinde, sondern auch im Raum der Welt mit ihren Gegebenheiten und Bezügen (Phlm. 16) reale Konsequenzen und macht eine dualistische Sozialethik unmöglich (Th. Preiss).

Wenn Paulus z.B. Verzeihung für den entlaufenen Onesimus wünscht (Phlm. 12.17), so wird damit eben nicht nur eine abstrakte Freiheit von allen äußeren Verhältnissen gepredigt, sondern eine auch in die eigentumsrechtlichen und gesellschaftlichen Gefüge eingreifende Liebe erkennbar, und zwar hier in zweifacher Weise: zunächst dadurch, daß Paulus sich des Entlaufenen, der nach damaligem Recht schwere Strafen zu erwarten hatte (vgl. S. 221), fürsprechend annimmt und den Herrn des Onesimus daran erinnert, was christliche Bruderschaft auch in diesem Falle nahelegt: Verzeihung (vgl. dagegen z.B. Plato, Leg 777e; Diog L VII 123). Damit ist aber das Zweite schon berührt: Auch der Herr des Onesimus hat nicht das zu praktizieren, was rechtens oder üblich sein mag, sondern das, was die Liebe gebietet, d.h. er hat dem Diebstahl seines „Produktivkapitals" mit Verzeihen statt mit Strafen zu begegnen.

---

[20] „Wie auffallend für die Umwelt die praktizierte Brüderlichkeit war, läßt der Vorwurf sexueller Promiskuität erahnen, der aus der Bruder- und Schwesteranrede abgeleitet wurde" (F. Laub, Sklaverei, 52 mit Verweis auf W. Speyer, Zu den Vorwürfen der Heiden gegen die Christen, JAC 6, 1963, 129–135, hier 130).

Durch Paulus selbst werden diese Ordnungen u. U. sogar durchbrochen. Die Aufnahme eines entlaufenen Sklaven, falls es sich bei Onesimus tatsächlich um einen *fugitivus* handelt, war nämlich ein strafbares Vergehen. Wenn jemand z. B. einen *fugitivus* auf seinem Besitz entdeckte, war er zur Anzeige verpflichtet. Daß Paulus den Onesimus zu seinem Herrn zurückschickt und selbst für den entstandenen Schaden aufkommen will (V. 18f.), scheint zwar anzudeuten, daß Paulus durchaus weiß, was das Gesetz von ihm fordert. Gleichwohl schreibt er eben nicht: Weil es der *lex Fabia de plagiariis* entspricht, schicke ich dir hiermit den entlaufenen Onesimus zurück, damit dem Gesetz Genüge geschehe und alles seine Ordnung habe. Aber auch wenn Onesimus kein Ausreißer war und nur um Fürsprache des Apostels gebeten hätte, würde Paulus einen Rechtsverzicht nahelegen. Zudem wünscht Paulus die Überlassung des Onesimus und seine Freistellung für den Dienst bei sich bzw. als „Gemeindegesandten", damit er ihn in seiner eigenen Gefangenschaft zur Verfügung habe[20a]. Das aber bestätigt, daß es ihm keineswegs einfach um unantastbare Rechte und Eigentumsverhältnisse geht, sondern daß dann, wenn das Evangelium und die Liebe es erfordern, auch diese Institutionen relativiert werden.

### 4. Das Verhältnis zum Staat

4.1. Die paulinische Bewertung des Imperium Romanum ist trotz einiger Probleme vor allem Röm. 13,1–7 zu entnehmen. Gewiß dürfen darüber die anderen Aussagen, die eher Distanzierung und Kritik erkennen lassen, nicht zurücktreten, z. B. nicht die 1. Thess. 5,3 vorliegende Abgrenzung von der römischen Staatsideologie mit ihren Stichworten *pax et securitas* (vgl. K. Wengst, 99; A. Lindemann, 115f.) oder die Relativierung der Zugehörigkeit zur römischen res publica durch Phil. 3,20 (vgl. Wengst, 227). Aber schon umfangmäßig hebt sich Röm. 13,1–7 heraus. Dabei ist gerade Röm. 13 oft im Sinne einer unkritisch-servilen Untertanengesinnung und einer biblischen Begründung für eine religiös verbrämte Staatsdignität und Staatsmetaphysik mißbraucht worden. Eher verständlich ist schon, daß man den Abschnitt oft als nicht genuin paulinisch oder als „Fremdkörper" empfunden hat. Solche „Fremdheit", die vor allem auf den traditionellen Charakter dieses Abschnitts der paulinischen Paränese zurückzuführen ist, begründet zwar keine Interpolationshypothese, sie verschärft aber die Notwendigkeit, Röm. 13 von seiner paulinischen Klammer her zu interpretieren.

4.2. Man kann sich m. E. nicht mit der Annahme aus der Affäre ziehen, Röm. 13 sei durch besondere Gefahren in der römischen Gemeinde veranlaßt, etwa durch revolutionäre oder anarchische Tendenzen, durch zelotische oder andere vom Judentum beeinflußte Romfeindschaft. Der Abschnitt selbst läßt keinerlei Bezugnahmen auf antirömi-

---

[20a] Vgl. W.-H. Ollrog, Paulus und seine Mitarbeiter (WMANT 50), 1979, 101ff.; G. Friedrich, NTD z. St.; aus Kol. 4,7.9 wird oft geschlossen, daß Philemon den Onesimus tatsächlich für den Dienst freigegeben hat (vgl. P. Stuhlmacher, Der Brief an Philemon, EKK XVII, 1981, 18f. 57).

sche Strömungen oder Ressentiments in der Gemeinde erkennen. Wie weit die spezifisch zelotische Problematik zurücktritt, zeigt schon die Selbstverständlichkeit, mit der Paulus in V. 6 (Indikativ!) die Steuerzahlung als etwas Gegebenes voraussetzt. Nicht ganz auszuschließen ist wohl, daß auch Paulus von den Protesten gegen die Mißstände bei der staatlichen Steuererhebung, die Nero zu einer Steuerreform zwang (vgl. Tacitus, Annalen XII 50f.), gehört hatte, doch ob er mit Röm. 13 vor einer Teilnahme an dieser Protestbewegung warnt (vgl. J. Friedrich/W. Pöhlmann/P. Stuhlmacher, Zur historischen Situation und Intention von Römer 13,1-7, ZThK 73, 1976, 131-166), bleibt fraglich (vgl. V. Riekkinen, 166; K. Wengst, 103f.), vor allem angesichts des begründenden Indikativs in V. 6. Auch die Auskunft, Röm. 13 sei durch gute Erfahrungen des Apostels mit der römischen Rechtsordnung während der Anfangszeit der neronischen Regierung inspiriert, läßt sich nicht halten. Sie scheitert schon an dem usuellen Charakter der Paränese, in deren Rahmen Röm. 13 steht, aber auch an den Voraussetzungen dieser Auskunft selbst. Natürlich soll nicht bestritten werden, daß Paulus als *civis Romanus* auch positive Erfahrungen mit den römischen Behörden gemacht hat (vgl. seine Appellation an den Kaiser), aber andererseits gibt es eben auch eindeutig negative Erfahrungen, und wenn Paulus auch noch nichts Nachteiliges über den späteren Mutter-, Bruder- und Gattenmörder Nero gehört haben sollte, der Cäsarenwahn eines Caligula dürfte auch ihm zu Ohren gekommen sein. Auch hatte Paulus längst den Mißbrauch römischer Macht am eigenen Leibe erfahren müssen. 2. Kor. 11,25 etwa, wo Paulus von den ihm widerfahrenen, durch römische Behörden verhängten Geißelungen spricht, liegt zeitlich früher als Röm. 13. Auch ist Röm. 13 nicht „auf dem Hintergrund bereits vorhandener und weiterhin zu befürchtender Konflikte von Christen mit Gesellschaft und staatlicher Gewalt" zu erklären (so L. Schottroff, KT 79, 1984, 16f.). Röm. 12,21 ist keineswegs ein Beleg für eine Verfolgungssituation, ganz abgesehen vom usuellen Charakter des Abschnitts (vgl. A. Lindemann, WuD 18, 1985, 117f.). Der Abschnitt ist also nicht einfach von den paulinischen Erfahrungen diktiert. Damit soll ein Einfluß solcher Erfahrungen nicht einfach bestritten werden, auch nicht ein latenter christlicher Enthusiasmus, den Paulus befürchten könnte, nur genügt der Hinweis darauf nicht, um Röm. 13 zu erklären.

4.3. Röm. 13,1-7 ist nun (vgl. S. 222) vorn wie hinten von Spruchgruppen umgeben, die die Liebe zum Thema haben (12,21 bzw. 13,8-10). Die Verklammerung oder Spannung zum Inhalt von 13,1-7 ist gewiß nicht reflektiert. Da Paulus *alles* der Agape unterordnet und sich diese Liebe auch in den profanen Strukturen dieser Welt durchhalten soll, wird aber auch das Verhältnis des Christen zu den staatlichen Beamten davon mitbestimmt sein, so daß man die geforderte Loyalität mit K. Wengst (103) in der Tat „als sehr nüchterne Konkretion des Liebesgebotes in einem bestimmten Bereich" ansprechen kann.

Doch mag man hier auch Bedenken tragen, an einer sachlichen Beziehung zu Röm. 12,1-2 und 13,11-14, wovon der ganze paränetische Block umklammert und bestimmt wird, ist dagegen nicht zu zweifeln. Röm. 12,1f. zeigt als Überschrift und Basis des Folgenden an, daß auch der Gehorsam gegenüber den staatlichen Gewalten ein Stück des geforderten Gottesdienstes im profanen Alltag ist (vgl. E. Käsemann, Grundsätzliches, 207. 218ff.). Und Röm. 13,11-14 läßt entsprechend die Unterschrift und Klausel des Vorhergehenden und damit den eschatologischen Vorbehalt erkennen. Auch der Staat ist ein Provisorium, das der vergehenden Welt angehört, nichts Letztes und Absolutes, sondern etwas Vorletztes und Vorläufiges (vgl. O. Cullmann, Staat, 43 f.; W. Schrage, Christen, 54 f.; K. Aland, 179 ff.). Daß die politische Macht ein Provisorium und auch der Gehorsam ihr gegenüber zeitlich und sachlich begrenzt ist, heißt nicht, daß beides eine quantité négligeable wäre, etwas völlig Belangloses. Gerade unter Voraussetzung und Geltung der eschatologischen Blickrichtung, die die Christen nach dem „himmlischen Staatswesen", in dem sie jetzt schon Heimat- und Bürgerrecht haben (Phil. 3,20), Ausschau halten läßt, kann und soll der Christ die vorläufige Ordnung der von Gott geschaffenen Welt respektieren und die damit gegebenen begrenzten Verpflichtungen gegenüber dem Staat nicht voreilig überspringen und sabotieren.

4.4. Auf diese paränetische Absicht, die irdisch-alltäglichen Pflichten mit Anstand und Verantwortung hinter sich zu bringen, kommt es Paulus vor allem an (E. Käsemann, Grundsätzliches, 208; Röm. 13,325), nicht auf eine erschöpfend und prinzipiell angelegte Lehre über den Staat. Die dabei gebrauchten traditionellen Inhalte und Begründungen darf man nicht überschätzen, denn diese Anleihen haben vor allem funktionale Bedeutung. Das gilt auch für den „Ordnungsgedanken", der in Röm. 13 zweifellos eine besondere Rolle spielt (V. 1.2.5), was aber weder zur Überbetonung des Ordnungsmotivs noch gar zur Konstruktion eines ganzen metaphysischen oder sakralen Ordnungsgefüges mißbraucht werden darf. Gewiß sind die Ordnungs- und Institutionselemente nicht zugunsten der personalen Relationen oder des geschichtlichen Handelns Gottes zu bagatellisieren (vgl. U. Duchrow, 156 f.), aber sie sind auch nicht zu verselbständigen (vgl. oben S. 210). Erst recht ist keine Theorie über den Staat als solchen aus Röm. 13 herauszulesen (gegen E. Bammel, 372).

Ein Hinweis darauf, daß Paulus in Röm. 13 nicht an eine fertige Institution denkt, ist wahrscheinlich der Begriff „Anordnung" *(diatagē)*, ein nomen actionis (V. 2). Paulus spricht „nicht vom himmlischen und irdischen ordo, sondern von der göttlichen ordinatio, also von der Anordnung, dem verordnenden Willen Gottes" (E. Käsemann, Grundsätzliches, 209). Worauf es Paulus ankommt, daran gibt es keinen Zweifel: Es ist dies, daß der Anordnung Gottes die Unterordnung der Christen entspricht, und zwar die Unterordnung unter die Amtsträger, Behörden, Beamten, Magistrate usw.

4.5. Nun zur Begründung der Mahnung zur Unterordnung: Ohne sich auf Legitimität, Verfassung und Grenzen der bestehenden staatlichen Gewalten einzulassen, bezeichnet Paulus die faktisch bestehenden – also nicht die einem bestimmten Ideal entsprechenden – Gewalten recht unbekümmert und lapidar grundsätzlich als „von Gott" kommend (V. 1), als von ihm als dem Schöpfer an ihren Platz gestellt und ermächtigt. Daß die staatlichen Autoritäten von Gott mit der Machtausübung betraut sind, bedeutet keine Apotheose des Staates. Auch impliziert das Mandat der staatlichen Gewalten nicht, daß der bei Paulus nicht erwähnte Modus der Regierungsform und Regierungspraxis gleichgültig wäre oder gar alle staatlichen Einzelanordnungen als Anordnungen Gottes zu gelten hätten. Gleichwohl haben die staatlichen Gewalten ihre Macht und Autorität nicht allein qua Natur, Geschichte oder Vertrag – Paulus macht darüber keine Aussagen –, sondern sie stehen in Gottes Auftrag und Dienst. Ob

## D. Konkrete Ethik

sich die staatlichen Gewalten selbst als von Gott eingesetzt verstehen oder nicht, ist dabei unwichtig. Sie sind jedenfalls „Diener" und „Beamte Gottes" (V. 4.6).

Das ist die Begründung der Mahnung an die Christen. Wenn aber der, der das Gute tut, die Staatsgewalt nicht zu fürchten braucht (V. 3), sind damit indirekt zugleich auch die Aufgabe und der Dienst des Staates angesprochen. Seine Aufgabe und sein Sinn ist nicht wie bei Cicero, „in erster Linie dafür zu sorgen, daß der Privatbesitz keines Staatsbürgers angetastet wird" (De Off. II 73; vgl. 78), sondern zunächst Schutz und Förderung des Guten. Neben der Erhaltung von Recht und Gerechtigkeit, der Förderung des Guten, ist den Organen des Staates die Abwehr des Bösen aufgetragen. Dem Staat kommt also eine gewisse antichaotische Ordnungsfunktion zu. Dabei setzt Paulus fast naiv und ganz selbstverständlich voraus, daß der Staat nicht nur zwischen Gutem und Bösem zu differenzieren vermag, sondern das Gute auch tatsächlich fördert und das Böse auch tatsächlich hindert. In Wahrnehmung dieser Funktion der Abwehr des Bösen trägt „er das Schwert nicht umsonst" (V. 4), übt er also auch Strafgewalt aus. Das hat freilich nur der Übeltäter, dem die staatliche Gewalt mit „Zorn" begegnet, zu fürchten. Den aber, der Gutes tut, erwartet nicht das „Schwert", sondern „Lob" (V. 3). „Schwert" deutet dabei eher auf Straf- und Polizeigewalt denn auf Kapitaljustiz (vgl. E. Plümacher, EWNT II 980).

Jedenfalls kommt also dem, der das Gute tut, inmitten der vergehenden Welt die rechte Funktion des Staates „zugute". „Dir zum Guten" (V. 4) wird hier entweder in der Sicherung eines geordneten Zusammenlebens im Schutze des Rechtes gesehen oder in der Hilfe bei der Realisierung des den Christen auch als Staatsbürgern aufgetragenen „guten Werkes" (V. 3.4b), das für sie vom Tun der Liebe nicht zu trennen ist (vgl. U. Wilckens, 209f.).

4.6. Die rechte Haltung des Christen gegenüber den staatlichen Autoritäten aber ist wie bei „jedermann" die Unterordnung. Solches Sich-Unterordnen meint auch hier keine unkritische Servilität oder blinde Unterwerfung.

K. Barth sprach vom „sang- und klang- und illusionslosen *Geltenlassen* des Bestehenden" (Der Römerbrief, 1922², 469), was gewiß eine Abschwächung bedeutet, doch hat er bei aller Unterkühlung damit mehr recht als all jene pathetische Verabsolutierung der „Obrigkeit" und des Gehorsams ihr gegenüber, die lange Zeit in Röm. 13 eingelesen worden ist. Gleichwohl meint der Begriff das „Sicheinfügen in eine von Gott gesetzte Ordnung" (G. Delling, ThW VIII, 44).

Daß Paulus in Röm. 13 nicht auf Konfliktsituationen, Machtmißbrauch und Gehorsamsgrenzen eingeht, heißt nicht, daß er nichts davon wüßte. Das zeigt etwa 2. Kor. 11,32f., wo Paulus die drohende Verhaftung durch den Ethnarchen des Königs Aretas erwähnt, dessen Zugriff er nur durch eine abenteuerliche Flucht über die Stadtmauern entrinnen kann. Das erweisen ferner 2. Kor. 6,5 und 11,25–32, wo Paulus von römischen Prügelstrafen, jüdischen Geißelhieben und von Inhaftierungen spricht, die er zu erdulden hatte (vgl. Apg. 16,22f.). Daß es auch für Paulus eine unüberschreitbare Grenze des Gehorsams gibt und Unterordnung nicht mit Kadavergehorsam zu verwechseln ist, bestätigen endlich seine Verurteilung und sein gewaltsamer Tod in Rom. Niemals würde er dem Verbot der Christuspredigt gehorcht (vgl. Apg. 16,19ff.) oder etwa das

„Kyrios Kaisar" (Martyr. Polyc. 8,2) gesprochen haben. Solche Gehorsamsverweigerung läßt sich durchaus mit der Auffassung vereinbaren, daß die staatlichen Gewalten von Gott angeordnet sind.

Gerade darum respektieren Christen die staatliche Gewalt auch nicht aus opportunistischen Gründen, etwa bloß, um der von den staatlichen Organen angedrohten Strafe zu entgehen oder weil Widerstand unter den gegebenen Umständen ohnehin zum Scheitern verurteilt wäre. Gerade wenn man das Tun des Guten (V. 3b) mit dem Kontext verbindet (12,9.17.21), wird man die paulinische Mahnung schwerlich an der Einsicht ausrichten können, „daß das Überleben einer Minorität nur durch Konformität gegenüber äußeren Machtstrukturen garantierbar bleibt" und solche Konformität nach außen „Freiheit zu verändernden innergemeindlichen Aktionen" verschafft (so R. Heiligenthal, Strategien konformer Ethik im NT am Beispiel von Römer 13.1-7, NTS 29, 1983, 55-61, bes. 58f.), so sehr zuzugeben ist, daß Christen (vgl. 1. Petr. 2,12) Vorurteile durch gute Werke widerlegen können und Paulus keine „utopistische" Ethik vertritt, etwa gar noch als „Feigenblatt für ein Versagen in der Alltagsethik" (60). Christen bejahen nach Paulus die staatlichen Behörden vielmehr aus verantwortungsbewußter, gewissensmäßiger, also „mit-wissender" Bindung an Gottes Willen (V. 5). Darum, so sagt Paulus in V. 6, zahlen die Christen auch Steuern, d.h. die innere Bindung läßt die Christen auch prosaische Verpflichtungen wie die Steuerzahlung nicht als bedeutungslose Lappalie abtun. Und in V. 7 mahnt der Apostel noch einmal, dem die direkten und indirekten Steuern zu zahlen, dem sie gebühren.

4.7 Eine gewisse Spannung zwischen Röm. 13 und 1. Kor. 6 ist freilich unverkennbar und wohl auch Zeichen für ein tastendes Sich-Orientieren in diesen Fragen der „politischen Ethik". Zugleich aber dokumentiert sich darin die Dialektik paulinischen Weltverständnisses und die Überordnung der Liebe (vgl. auch O. Cullmann, Staat, 45; K. Aland, 197f., der aber 1. Kor. 6 ebenso wie Phil. 4,8 gegenüber Röm. 13 ein zu starkes Gewicht verleiht).

Wenn Paulus in 1. Kor. 6,1ff. (vgl. S. 198) die Christen in Korinth davor warnt, die staatliche Rechtsprechung in Anspruch zu nehmen, geschieht das nicht, um die Gerichte juristisch zu disqualifizieren, sondern aus Liebe, wie die Bevorzugung des Rechtsverzichts gegenüber einer innergemeindlichen Schlichtung zeigt. Damit sind Macht und Recht des Staates zur Entscheidung von Zivilstreitigkeiten ebensowenig prinzipiell verworfen wie das Ordnungs- und Rechtsstreben des Staates überhaupt. Es ist aber unübersehbar deutlich gemacht, daß die Funktion des Staates und seiner Rechtsordnung durchaus nicht einfach eine der Sache des Evangeliums und der Liebe dienende ist, auch da nicht, wo der Staat seine legitime Sendung erfüllt.

# V. Die Ethik der Weltverantwortung in den Deuteropaulinen

## A. Das neue Leben nach dem Kolosser- und Epheserbrief

*Literatur:* J. E. Crouch, The Origin and Intention of the Colossian Haustafel (FRLANT 109), 1972, 120ff.; R. A. Culpepper, Ethical Dualism and Church Discipline Eph. 4,25–5,20, RExp 76, 1979, 529–539; K. M. Fischer, Tendenz und Absicht des Epheserbriefes (FRLANT 111), 1973, 147–172; E. Lohse, Christologie und Ethik im Kol., in: Die Einheit des NT, 1973, 249–261; K. Müller, Die Haustafel des Kolosserbriefes und das antike Frauenthema, in: Die Frau im Urchristentum (QD 95), 1983, 263–319; J. T. Sanders, 68–81; W. Schrage, Zur Ethik der neutestamentlichen Haustafeln, NTS 21, 1974/75, 1–22; E. Schüssler Fiorenza 251–284; S. Schulz, Ethik, 557–588; P. Stuhlmacher, Christliche Verantwortung bei Paulus und seinen Schülern, EvTh 28, 1968, 165–186, bes. 174–181; H. F. Weiß, Taufe und neues Leben im deuteropaulinischen Schrifttum, in: E. Schott, Taufe und neue Existenz, 1973, 53–70; R. Völkl, 298–322; H.-D. Wendland, Ethik, 90–95.

Beide Briefe stammen von Schülern des Paulus, die sich dem theologischen Erbe des Apostels verpflichtet wissen und dieses Erbe in einer neuen Situation zu aktualisieren versuchen. Der Kol. richtet sich gegen eine synkretistisch, vorwiegend judaisierend-gnostisierende Häresie, die in der Ethik z. B. durch asketische Lebensweise und Tabuisierung des Weltverhaltens charakterisiert ist (vgl. Kol. 2 und S. Schulz, Ethik, 264–272). Der Eph. dagegen will in einer kirchlich-theologischen Krise ausgleichend wirken und meditiert dabei vor allem über die Kirche. Beide Briefe sind gewiß nicht an allen Punkten bloß Variationen und Weiterführungen paulinischer Aussagen, aber sie sind erst recht nicht ein Ausverkauf paulinischen Erbes. Wie in der Theologie, so sind die beiden Briefe auch in der Ethik der Höhenlage genuin paulinischen Denkens durchaus adäquat.

1. In der Begründung und Motivierung der Ethik wird man keine tiefgreifenden Unterschiede zu Paulus feststellen können, jedenfalls soweit das strukturelle Verhältnis von Indikativ und Imperativ als solches zur Diskussion steht. Auch hier basiert der Imperativ der sittlichen Mahnung auf dem Indikativ der Heilszusagen und ist nicht davon zu trennen. Das zeigt schon der paulusähnliche Aufbau beider Briefe (vgl. den ausdrücklichen Rückbezug auf die indikativischen Heilsaussagen am Beginn der Paränese in Kol. 3,1 und Eph. 4,1), ist aber auch im einzelnen zu beobachten. Von einer bloß gewaltsamen und künstlichen Verbindung von Indikativ und Imperativ kann keine Rede sein (anders J. T. Sanders, 69). Ein aufschlußreiches Beispiel ist Kol. 3,3.5. Heißt es Kol. 3,3 „Ihr seid gestorben", so zieht 3,5 daraus die Konsequenz: „So tötet nun euere Glieder". Aus dem Gestorbensein des „alten Menschen" folgt die Verpflichtung zur Tötung seiner Glieder, so wie aus dem „mit Christus in Gott verborgenen neuen Leben" (Kol. 3,3) die Verpflichtung zum „Anziehen des neuen Menschen" folgt (Kol. 3,10). Ebenso werden schon im Eingangsvers

Kol. 3,1 Indikativ und Imperativ bündig und unübersehbar miteinander verklammert: „Seid ihr nun mit Christus auferstanden, so sucht, was droben ist"[1]. Gerade auf Erden ist die Ausrichtung nach „oben" paradoxerweise die einzig konsequente Weise des neuen Lebens, weil sie die Ausrichtung auf Christus ist (vgl. V. 1b). Zugleich wird die christologische Näherbestimmung des Indikativs deutlich, ähnlich Kol. 2,6: „Wie ihr also Jesus Christus als Herrn angenommen habt, wandelt in ihm, als die ihr festgewurzelt seid und auferbaut werdet in ihm ...", doch ist hier der Bezug auf die Lehrtradition zu beachten (vgl. V. 7). Wer Christus als Herrn angenommen hat und in seinem Herrschaftsbereich lebt, ist frei davon, anderen Mächten und Gewalten zu dienen und wird sein Leben allein an ihm ausrichten („Christus gemäß", V. 20).

Auf dieselbe Dialektik trifft man auch im Eph. Ist man einerseits Licht nur „im Herrn", so ist man andererseits doch nur im Herrn, wenn man wie „Kinder des Lichts" sein Leben führt und „Frucht des Lichtes" wachsen läßt (Eph. 5,8f.). Das vom Christus auf den Christen fallende Licht hat zur Wirkung, daß sich nun das ganze christliche Leben im Licht vollzieht und verleiblicht. So wie Christus selbst Licht ist (5,13b.14b), so sind es auch die Christen (V. 8b.14a) als Reflex und Medium des wahren Lichtes. Umgekehrt kann zwar auch das „Erwachen vom Schlaf und Auferstehen von den Toten" einmal Voraussetzung für das Handeln Christi sein (Eph. 5,14), aber normalerweise begründet das Heilshandeln Christi das dem gemäße Handeln der Christen. So werden z.B. die, die schon „in Liebe verwurzelt und gegründet sind" (Eph. 3,17), zur Liebe gerufen (Eph. 4,2; 5,2). In anderen Beispielen für denselben Sachverhalt wird innerhalb des Begründungs- auch ein Entsprechungsverhältnis sichtbar: „Verzeiht einander, wie Gott in Jesus Christus euch verziehen hat" (Eph. 4,32), oder: „Wandelt in der Liebe, gleichwie Christus uns geliebt hat" (Eph. 5,2; vgl. 5,25 u.ö.).

2. Sieht man sich den Indikativ inhaltlich im einzelnen an, tun sich freilich auch gewichtige Unterschiede zu Paulus auf, die mit der Theologie der beiden Briefe insgesamt zusammenhängen. Man denke an das Zurücktreten des Motivs der eschatologischen Erwartung (vgl. aber immerhin die traditionellen Gerichts- und Lohnmotive in der Paränese Kol. 3,6.24f.; Eph. 5,6; 6,8f.13) oder das der Gerechtigkeit Gottes (Gerechtigkeit wird zum rein ethischen Terminus; vgl. Kol. 4,1; Eph. 4,24; 5,9; 6,1.14). Besonders auffällig beim Motiv der Christuszugehörigkeit ist das Hervortreten der Erhöhung und Herrschaft Christi mit der Partizipation der Gemeinde an diesem Triumph (vgl. Kol. 2,11f.; 3,1; Eph. 1,21–25). Dabei warnt aber gerade die Paränese der beiden Briefe davor, sie als ganze allzu stark in die Nähe ihrer hymnischen Tradition und deren „realisierter Eschatologie" zu rücken, zumal der Kol. gegen eine Lehre polemisiert, die die durch Christus erwirkte Erlösung als ergänzungsbedürftig anzusehen scheint.

Die Orientierung am Himmlischen statt am Irdischen (Kol. 3,1f.) ist kein

---

[1] Vgl. E. Gräßer, Kol. 3,1–4 als Beispiel einer Interpretation secundum homines recipientes, in: Text und Situation, 1973, 123–151, bes. 131 ff.

Triumphalismus, sondern die Orientierung an der Herrschaft Jesu Christi, der „zur Rechten Gottes sitzt" (V. 1c; vgl. 2,19 „Festhalten am Haupt") und auf Erden in seiner Gemeinde als Herr anerkannt wird. Offenbar soll die Paränese des Kol. (und Eph.) den vor allem in den Hymnen zutage tretenden Enthusiasmus, nach dem die Mächte schon entmächtigt sind, geradezu korrigieren. Daß Christus das Haupt der Mächte ist, läßt der Kolosserbrief jedenfalls jeweils in Paränese ausmünden (Kol. 1,21 ff. 2,16 ff.). Schon durch die Einfügung des „Kreuzesblutes" (Kol. 1,20) und „der Kirche" (Kol. 1,18) in den vorgegebenen Hymnus[2] ist die Herrschaft Jesu Christi als Herrschaft des Gekreuzigten bestimmt und konkret auf die Gemeinde bezogen, was beides zusammen ein Ausbrechen aus der Wirklichkeit verwehren soll (vgl. auch 1,12–14 u. E. Schweizer, EKK, z. St.). Erst recht aber drängt die Paränese selbst darauf, der Herrschaft Jesu Christi real und ohne alle erdenferne Illusion Raum zu geben. „Vollkommenheit" der Erfüllung des göttlichen Willens ist trotz des radikalen Bruches zwischen Einst und Jetzt (1,21 f.; 3,7 f.) und trotz der Tatsache, daß die Christen in bestimmter Weise schon „nicht mehr in der Welt leben" (2,21), nicht gegeben, sondern aufgegeben (Kol. 1,28; 4,12).

Auch im Eph. wird die „Neuschöpfung" des Menschen durch Christus in 2,10 sofort als „Geschaffenwerden zu guten Werken" interpretiert. Licht ist nicht mehr bloß Prädikat des Himmels oder des Erlösers, sondern auch der Christen auf der Erde (Eph. 5,8), erweist sich aber allererst im Wandel (V. 8b) und in der „Frucht des Lichts" (V. 9). Jenseitiges und Diesseitiges sind gewiß nicht mehr scharf voneinander getrennt, aber wenn Christen „in den Himmel versetzt sind" (Eph. 2,6), ist das im Sinne des Briefes nicht schwärmerisch zu verstehen, wie der Kampfcharakter christlichen Lebens zeigt (Eph. 6,12). Gewiß fehlt die Parusieerwartung, aber der Geist bleibt doch „Angeld" (1,14) und Siegel für den „Tag der Erlösung" (4,30). H. F. Weiß betont darüber hinaus mit Recht, daß trotz des fast perfektionistischen und den eschatologischen Vorbehalt überspringenden Auferstehungslebens der Getauften am extra se des „in Christus" und an der Vorordnung der Christologie auch im Eph. kein Zweifel sein kann (56.59).

Auch im einzelnen bestehen über das Begründungsverhältnis von Indikativ und Imperativ hinaus manche Berührungspunkte und nicht nur Differenzen zu Paulus. Man denke etwa an die fruchtbringende Kraft des Wortes (Kol. 1,6), den Herrschaftsanspruch Jesu Christi in der konkret-geschichtlichen Existenz (Kol. 3,17 ff.; Eph. 4,1 ff.), an den Charismagedanken (Eph. 4,7) oder an das Motiv der „Frucht" des Geistes bzw. Lichtes (Eph. 5,9), an die Tauferinnerungen (Kol. 2,12; 3,1; Eph. 5,14.26) bzw. an das Ablegen des alten Menschen in der Taufe und das Anziehen des neuen Menschen (Kol. 3,9 f.; Eph. 4,22 ff.).

Selbst angesichts von Eph. 2,10 müßte sich Paulus keineswegs im Grabe herumdrehen (so J. T. Sanders, 78), wenn trotz des unpaulinischen Plurals „Werke" nicht nur gesagt wird, daß wir in Jesus Christus zu guten Werken geschaffen worden sind, sondern daß

---

[2] Vgl. dazu außer den Kommentaren H. J. Gabathuler, Jesus Christus – Haupt der Kirche – Haupt der Welt (AThANT 45), 1965; K. Wengst, Christologische Formeln und Lieder des Urchristentums (StNT 7), 1973, 170–180.

diese Werke von Gott schon „vorherbereitet" worden sind, damit wir „in ihnen" wie in einem Raum wandeln. Auffallend ist freilich das stärkere Hervortreten des Imperativs im Blick auf den Umfang der Paränese. K. M. Fischer (146) vermutet, daß darum, weil der Vf. des Eph. die Einheit der Kirche nicht institutionell sichern könne, er auf einen gemeinsamen christlichen Lebensstil hinaus wolle, durch den sich die Gemeinde von ihrer Umwelt abhebe. Das sei die beste Erklärung dafür, warum die Paränese im Eph. einen so unverhältnismäßig großen Raum einnimmt. Es ließen sich aber auch andere Gründe denken.

3. Bei den Aussagen über den Vollzug und die Struktur des neuen Lebens fällt wiederum Übereinstimmung und Unterschied zu Paulus zugleich auf. Das Verhältnis von Ganzheit und Konkretheit in Forderung und Gehorsam ist ähnlich wie bei Paulus zu bestimmen. Beides ist offensichtlich aufeinander bezogen und gehört notwendig zusammen. Das „Ausziehen des alten Menschen" z. B. ist ein „Ausziehen des alten Menschen mitsamt seinen Taten" (Kol. 3,9), impliziert also eo ipso eine kategorische Absage an dessen konkrete Praktiken. Ablegen der einzelnen Laster ist Ausdruck und Symptom des „Ausziehens des alten Menschen", und die Praktizierung dessen, was im Tugendkatalog steht, ist Ausdruck und Konsequenz der generellen Mahnung von Kol. 3,1, auf das aus zu sein, was droben ist. Geht es einerseits um die einheitliche „Frucht" aus einer einheitlichen Wurzel, wird sie andererseits doch konkret benannt (Eph. 5,9).

Bei der wachsenden Bedeutung, die dem Apostel, aber auch der apostolischen Tradition und Lehre zukommen (Ermahnung bleibt aber Funktion aller Christen Kol. 3,16), überrascht es, daß Kol. und Eph. wie Paulus mehrfach ausdrücklich zur Prüfung des göttlichen Willens auffordern. Kol. 1,9f. bittet darum, daß die Briefempfänger erfüllt werden möchten mit der Erkenntnis des göttlichen Willens „in aller Weisheit und pneumatischen Einsicht", damit sie ihren Lebenswandel würdig des Herrn führen und in allerlei gutem Werk Frucht bringen. Auch hier führt der Weg in unumkehrbarer Richtung vom Erkennen durch die vom Geist erneuerte Vernunft (vgl. auch Eph. 4,23) zum Handeln. Das heißt nicht, daß mit dem geistbestimmten und christusgemäßen (vgl. Kol. 2,8) Erkennen auch schon das Tun des Willens gegeben sei, wie man gelegentlich annimmt. Das wäre sokratisch. Aber es geht dem Vf. in der Tat um Erkenntnis und Verständnis des göttlichen Willens (vgl. auch Kol. 4,12, wonach die Christen fest überzeugt bzw. mit Gewißheit erfüllt sein sollen in allem, was Gottes Wille ist). Auch der Eph. mahnt in ähnlichem Sinn. Eph. 5,10 heißt es: „Prüft, was dem Herrn gefällt", und 5,17: „Seid nicht ohne Verstand, sondern versteht, was der Wille des Herrn ist". Das Entdecken dessen, was jeweils der Wille Gottes ist, ist offenbar nicht einfach aus handlichen Rezepten abzuleiten und bleibt doch zugleich an dem orientiert, was sich z. B. aus dem oben skizzierten Entsprechungsverhältnis ergibt (vgl. S. 250). Das ist um so dringlicher, als Gefahr besteht, daß die Adressaten sich durch „Satzungen" erneut knechten lassen (Kol. 2,20), „als Unmündige vom Wind jeder beliebigen Lehre hin- und hergeworfen werden" (Eph. 4,14; vgl. auch Kol. 2,8 die Warnung vor der kolossischen Häresie) oder sich den traditionellen Verhaltensstandards wieder anpassen könnten (Eph. 5,11). Der mehrfach herausgestellte Dualismus des Eph., der in einer gewissen Nähe zu dem der Qumrantexte steht, soll offenbar ebenfalls das Bewußtsein wachhalten, von der Welt und ihrem Lebensstil getrennt zu sein (vgl. R. A. Culpepper, 530.532). Gerade Eph. 5,3 ff. läßt aber erkennen, daß der Wandel der „Kinder des Lichtes" anders als in Qumran weder im Thoragehorsam noch in mönchischer Abschließung besteht, sondern darauf zielt, daß auch die Finsternis Licht werde (5,13). Unterstellung unter die Herrschaft Jesu Christi führt zur Bewährung in der kritischen Mitte zwischen Weltversessenheit und Weltvergessenheit.

4. Sucht man nach den der Paränese zugrundeliegenden Kriterien, ergibt sich bei den Herrenworten eine völlige Fehlanzeige. Ähnlich steht es bei den Geboten des Alten Testaments, jedenfalls im Kol. Im Eph. dagegen wird einige Male in betonter Weise auf das Alte Testament im Rahmen der Ethik zurückgegriffen, davon zweimal innerhalb der Haustafel. Dort wird zunächst bei der Mahnung an die Eheleute 1. Mose 2,24 zitiert: „Darum wird ein Mann Vater und Mutter verlassen und an seiner Frau hängen, und die zwei werden ein Fleisch sein" (Eph. 5,31 f.).

In diesem alttestamentlichen Wort, das ursprünglich die enge Verbindung von Mann und Frau in der Ehe begründet, sieht der Verfasser auf geheimnisvolle Weise zugleich die enge Verbindung von Christus und Gemeinde angedeutet. Darum fügt er hinzu: „Das Geheimnis ist groß. Ich sage das mit Beziehung auf Christus und die Gemeinde". Das große Mysterium ist also nicht die Institution der Ehe, sondern die allegorisch-geheimnisvolle Deutung der alttestamentlichen Schriftstelle oder die Verbindung zwischen Christus und Kirche selbst (vgl. G. Bornkamm, ThW IV, 829ff.). Nach J. P. Sample, „And the Two Shall Become One Flesh" (MSSNTS 16), 1971, 30ff. liegt auch V. 33a ein alttestamentliches Wort zugrunde (3. Mose 19,18b), doch ist „wie dich selbst" kaum mehr als eine Anspielung, auch wenn es natürlich richtig ist, daß der Eph. wie jüdische Autoren (vgl. S. 259) das Verhältnis von Mann und Frau im Licht des Liebesgebotes sieht, das er freilich christologisch präzisiert (vgl. S. 259).

Das zweite alttestamentliche Wort innerhalb der Haustafel des Eph. steht bei der Mahnung an die Kinder, die durch das vierte Gebot verstärkt wird (Eph. 6,2 f.). Auf die Mahnung, den Eltern zu gehorchen, folgt ein Zitat aus 2. Mose 20,12a in der Übersetzung der LXX: „Ehre deinen Vater und deine Mutter".

Das wird in Anlehnung an jüdische Gepflogenheit als erstes Gebot mit einer Verheißung bezeichnet und durch eine Modifizierung von 2. Mose 20,12b konkretisiert: „damit es dir wohlgehe und du lange lebest auf Erden". Die im Alten Testament vorliegende Beziehung auf das Heilige Land ist dabei ausgelassen und signalisiert die Problematik solcher Übernahme. Ursprünglich bezieht sich die Verheißung zudem auf das Volk als ganzes.

Neben diesen beiden alttestamentlichen Stellen, die die Paränese verstärken und ausdrücklich als Schriftstellen markiert sind, ist noch auf Eph. 6,14 ff. zu verweisen, wo der Kampf der Christen und ihre Kampfausrüstung in Anlehnung an alttestamentliche Stellen charakterisiert wird. Eph. 4,25 f. begegnen ebenfalls alttestamentliche Worte

(Sach. 8,16 und Ps. 4,5), doch sind sie nicht als solche kenntlich gemacht. Das erklärt sich nicht nur durch jüdische Herkunft dieser Paränese, die alttestamentlich-jüdische Tradition ist vielmehr bereits fest in die Gemeindeüberlieferung integriert.

So bleibt also für die bewußte Heranziehung des Alten Testaments nicht sehr viel, obschon die eigentlich paulinische Gesetzesproblematik, also die Frage nach dem Gesetz als Heilsweg, keine Rolle mehr spielt. Überraschenderweise ist auch der alttestamentliche Schöpfungsgedanke nicht stark ins Spiel gebracht worden, was doch gerade angesichts der asketisch-dualistischen Irrlehrer des Kol. mit ihrer Speisetabuisierung (2,16.21), „schonungsloser Härte gegenüber dem Leib" (2,23) u.ä. nahegelegen hätte. Natürlich ist der Schöpfungsglaube festgehalten, ja in Kol. 1,15ff. wird die Schöpfungsmittlerschaft Jesu Christi in eindrücklicher Weise besungen und damit allen kosmischen Mächten als geschaffenen jedes Eigengewicht bestritten: „Christus ist der Erstgeborene vor aller Schöpfung, durch den alles geschaffen ist im Himmel und auf Erden". Die ethische Bedeutung dieses Glaubenssatzes zeigt z.B. Kol. 3,10, wo das neu geschaffene und dem Christus als „Ebenbild Gottes" (1,15) nachgebildete Geschöpf zur ursprünglichen Ordnung des Schöpfers zurückgerufen wird. Diese Erneuerung nach dem Ebenbild dessen, der es erschaffen hat, zielt auf die Erkenntnis von Gottes Willen und den ethischen Lebensvollzug (vgl. auch Eph. 4,22f.). Damit sind die schöpfungstheologischen Aussagen, die zudem auch hier eigentlich schöpfungschristologisch bestimmt sind, aber schon erschöpft. Gewiß ist die Zurückweisung der häretischen Vorschriften „das darfst du nicht anfassen, das nicht essen, daran nicht rühren" (Kol. 2,21) nicht ohne den Schöpfungsglauben denkbar, aber ausdrücklich begründet wird die Kritik an solcher Tabuisierung damit, daß die Macht der kosmischen Mächte gebrochen ist (Kol. 2,15ff.). Diese Entmächtigung geschieht zwar durch den, der zugleich der Schöpfungsmittler ist, also Christus, der das „Haupt jeder Macht und Gewalt" ist. Aber das Gewicht liegt nicht auf dem Schöpfungsglauben, sondern auf dem Triumph über die Mächte und Gewalten. Das ist die eigentliche Begründung für die Absage an die Satzungen der Irrlehrer.

5. Daß selbst im Rahmen der Haustafeln nicht auf Gott den Schöpfer rekurriert wird, sondern auf den Herrn Jesus Christus, ist im höchsten Maße bemerkenswert und von weitreichender Bedeutung. Natürlich setzt auch die Haustafel voraus, daß die Welt Gottes Schöpfung und nicht in gnostischer Manier zu verteufeln ist, aber nicht der Schöpfer, sondern der eschatologische Herr tritt erstaunlicherweise hinter den irdischen Instanzen und gesellschaftlich-sozialen Gebilden in Erscheinung. Ihm und nicht den Menschen wird in Wirklichkeit Gehorsam geleistet (Kol. 3,23). Es geht in allem ausschließlich um das „dem Herrn Christus dienen" (Kol. 3,24), nicht aber darum, daß hier die Gegebenheiten der Welt als unveränderbare Schöpfungsordnungen sanktioniert würden.

Daß keine naturrechtliche oder rationale Begründung gegeben wird, fällt vor allem beim Vergleich mit der Stoa auf. Mag bei der Entstehung der verwandten Pflichtenreihen in der Umwelt des Neuen Testaments das Bewußtsein um ein „ungeschriebenes Gesetz" lebendig gewesen sein, mögen die Schüler des Paulus von der Wirklichkeit eines universalen Gottesgesetzes gewußt haben, so ist doch höchst auffällig, daß die Haustafel selbst nie als Stück eben dieses Gesetzes ausgegeben oder ihre Verbindlichkeit von daher begründet wird.

Zwar wird in Eph. 5,31 die Ehe mit dem Willen des Schöpfers begründet, aber die Mahnung zur Agape in der Ehe ist auch hier eindeutig christologisch orientiert. Es ist darum kaum überzeugend, daß die Haustafeln in erster Linie dem Ziel dienen sollen, „den Bestand des *oikos* (Hauses) zu sichern und ihm die Erfüllung seiner Aufgaben ... in Übereinstimmung mit dem Willen Gottes als des Schöpfers zu ermöglichen" (so K. H. Rengstorf, Mann, 29). Wie in Röm. 13 wird nicht die Institution christologisch begründet, sondern das Verhalten der Gemeinde in ihr.

Entsprechend spielt die Christologie nicht nur bei der Begründung, sondern auch als Orientierung eine wesentliche Rolle, vor allem im Eph. (vgl. die S. 250 genannten Stellen), aber auch im Kol. Bezeichnend ist z.B. Kol. 3,13: „Wie der Herr euch vergeben hat, so auch ihr", d.h. Einstellung und Ausrichtung des Handelns der Christen wächst aus der Zuwendung Christi heraus und wird ihr konform. Schon in Kol. 1,10 werden die Christen aufgerufen, „des Herrn würdig ihr Leben zu führen", und in den Haustafeln gewinnt dieser Gedanke besondere Bedeutung, wenn die Verhaltensweisen innerhalb der Strukturen Christus entsprechen sollen. Hier werden nicht bestimmte Sozial- und Gesellschaftsstrukturen als Abbilder ewiger göttlicher Ordnungen religiös überhöht und legitimiert, sondern bestehende Ordnung wird neu orientiert. An die Stelle von Kosmos- oder Schöpfungsstrukturen, die Gott repräsentieren oder eine lex aeterna abschatten, tritt Christus-Konformität, die die zwischenmenschlichen Bezüge durchdringen soll (vgl. W. Schrage, NTS 21, 16ff.). Die Ehe ist nicht ein ontologisches Geheimnis für das Verhältnis Christus-Kirche, sondern von diesem Verhältnis her werden Verhaltensregeln für die Ehepartner abgeleitet. Auch wenn in Eph. 5,31f. das Analogieverhältnis umgedreht ist und die Ehe als gleichnisfähig für die Beziehung zwischen Christus und der Kirche angesehen wird, stellt schon V. 33 die entscheidende Blickrichtung wieder her. Ehe zwischen Christen soll gelebt werden als Abbild und in Entsprechung zu jener urbildlichen Beziehung zwischen Christus und der Kirche.

6. In beiden Briefen scheint die Liebe als entscheidendes Kriterium und Zusammenfassung alles dessen zu gelten, was der neue Mensch zu tun hat. Darum wird sie in Kol. 3,14 „über diesem allen" genannt, also als das, was alles andere überragt und krönt und vor allem anderen wichtig ist. Gemeint ist nicht, daß zu allem Genannten noch etwas „hinzugefügt" werden soll, sondern: das, was über allem steht.

In ihrer Bedeutung nicht ganz sicher ist die weitere Charakterisierung der Liebe als „Band der Vollkommenheit". Umstritten ist, ob die Liebe hier als das die einzelnen Tugenden zur Vollkommenheit zusammenschließende Band vorgestellt ist, oder aber ob hier final auf die Einheit der Gemeinde abgezielt ist, die durch die Liebe vollkommen wird. E. Lohse (KEK, z. St.), J. T. Sanders, 68 u. a. fassen den Genitiv nicht qualitativ, sondern final auf, interpretieren also im zuletzt genannten Sinn, daß die Liebe zu der die einzelnen Glieder des Christus-Leibes zusammenbindenden Vollkommenheit führt. Das wird durch Kol. 2,2 bestätigt, wo die Liebe ebenfalls als dasjenige gilt, was die Gemeinde vereint und zusammenhält.

Die Liebe begründet und erhält also den Zusammenhang der Gemeinde. Daß die Liebe ein Kriterium der Kirche ist, bestätigt auch Eph. 3,17 und 4,15f. und vor allem 5,2. Ein Leben, das „würdig des Rufes" geführt wird, zeigt sich darin, daß man „einander in Liebe aushält" und dabei Niedrigkeit und Geduld an den Tag legt (Eph. 4,1 f.). Bei den Haustafeln ist näher auch auf die Liebe im Verhältnis zu den Strukturen der Welt einzugehen. Ungeachtet der hervorragenden Bedeutung der Liebe ist der Inhalt der Paränese im einzelnen allerdings stark traditionell[3].

7. Ein Spezifikum, das man mit Kirchlichkeit der Ethik umschreiben kann, steht vor allem im Eph. im Vordergrund. Vorausgegangen ist aber auch hier schon der Kol., wenn er den ursprünglich kosmologisch gefaßten Leib-Begriff des Hymnus in 1,18 auf die Gemeinde bezieht, ohne freilich die kosmische Herrschaft Christi einfach in eine solche über die Gemeinde (vgl. 2,9–10.15) oder gar über den einzelnen umzusetzen (vgl. 3,11). Das ist zwar auch im Eph. so (1,20ff.), doch wird hinzugefügt, daß Christus Haupt der Mächte „für die Kirche" ist. Daß die Kirche anders als bei Paulus das große Thema dieses Briefes ist, wirkt sich auch in der Ethik aus.

Nicht zufällig beginnt der Verfasser seine Paränese in Kap. 4 mit der umfangreichen Mahnung zur Einheit der Kirche (übrigens wieder ein Beispiel für den Bezug des Imperativ auf den Indikativ; vgl. 2,14ff.). Damit ist die Kirche bzw. sind die „berufenen Heiligen Gottes" (Kol. 3,13) nicht nur das eigentliche ethische Subjekt, vielmehr wird auch der Inhalt der Ethik von vornherein auf die Kirche bezogen (vgl. schon Kol. 3,13.15f.) und die Kirche selbst zum Thema der Paränese (vgl. 5,22ff.). Auch die Vielfalt der Charismen (4,7ff.), die die Einheit der Kirche von Sterilität und Uniformität abhebt, ist ekklesiologisch ausgerichtet, selbst wenn V. 12 die Charismen „zur Zurüstung der Heiligen zum Werk des Dienstes" gegeben sieht und die letzte Wendung vielleicht über die Grenzen der Kirche hinausblickt. Da sich auch die Herrschaft und Machtergreifung Christi über den Kosmos (so auch Kol. 2,19) vor allem mittelbar und geschichtlich durch die weltweite Mission vollzieht (vgl. Eph. 4,10 in seinem Kontext und Eph. 4,13ff.[4]), liegt alles am Wachsen der Kirche im extensiven und intensiven Sinn. Auch die Einzelmahnungen sind vor allem Mahnungen für das Zusammenleben in der Gemeinde und also „nicht für die individuelle Formung der Persönlichkeit" (H. Conzelmann, NTD 8,75).

Dabei findet vor allem die Zusammengehörigkeit von Juden- und Heidenchristen die besondere Beachtung des Verfassers. Er vergeschichtlicht dabei

---

[3] Vgl. z. B. J. Gnilka, Paränetische Traditionen im Epheserbrief, in: FS B. Rigaux, Gembloux 1970, 397–410; E. Käsemann, RGG II[3], 518.

[4] Vgl. E. Käsemann, Christus, das All und die Kirche, ThLZ 81, 1956, 585–590, bes. 587f.; E. Schweizer, Die Kirche als Leib Christi in den paulinischen Antilegomena, in: Neotestamentica 1963, 293–316, bes. 314f.

z. B. die kosmischen Aussagen, die er im Friedenslied von 2,14ff. aus der Tradition übernimmt. Die Realität der Pazifizierung und Versöhnung des Alls dokumentiert sich demnach auf der Erde in der Vereinigung von Juden und Heiden in der einen Kirche. Versöhnung zwischen göttlicher und irdischer Sphäre bedeutet zugleich Versöhnung zwischen den Menschen. Erlösung ist nicht einfach das In-Ordnung-Bringen eines individuellen, privaten und inneren Gottesverhältnisses, sondern Friede für eine zerrissene Welt.

Beides gehört zusammen, auch wenn es traditionsgeschichtlich zwei Stadien sind. In einer Welt, die sich aufs stärkste von außerirdischen Mächten bedroht und von der himmlischen Welt durch eine kosmische Sperre in Form des Firmamentes abgeschnitten sah, mag das vom Verfasser übernommene Christuslied, das die Durchbrechung der kosmischen Trennungsmauer zwischen Himmel und Erde durch Christus und die Hereinnahme der Mächte in den universalen Christusleib preist, eine befreiende Antwort gewesen sein. Der Eph. selbst hat eine andere Gefahr im Auge: die nämlich, daß ein geschichtsloser Enthusiasmus sich über die geschichtlichen Bindungen erhaben glaubt. Das ist auch ethisch von Belang. Wer die Geschichte nicht ernst nimmt, verliert in schwärmerischer Entwurzelung und Überheblichkeit zugleich Gottes Heilsplan und die Gemeinschaft der Brüder aus den Augen (so E. Käsemann, GPM 1958, 169). Auch nach H. F. Weiß (60) werden die „enthusiastischen" Aussagen des Hymnus durch V. 8–10 gleichsam „vom Himmel auf die Erde herabgeholt" (vgl. auch S. 62). Vgl. J. Gnilka (HThK, z. St.); K. M. Fischer, 131ff.; anders z. B. H. Merklein, Christus und die Kirche. Die theologische Grundstruktur des Eph. nach Eph. 2,11–18 (SBS 66), 1973; P. Stuhlmacher, „Er ist unser Friede" (Eph. 2,14), in: FS R. Schnackenburg, 1974, 337–358.

8. Daß himmlisches Heil und irdisches Leben nicht auseinandertreten dürfen, bestätigt die Paränese auch im einzelnen. Vor allem die stärker verchristlichte Haustafel des Eph. bezieht das irdische Leben in den weltlichen Ordnungen richtungweisend auf das Christusgeschehen. Die Haustafel ist eine beide Briefe verbindende Besonderheit gegenüber Paulus (Kol. 3,18ff./Eph. 5,23ff.).

Es handelt sich (vgl. S. 135f.) bei der Haustafel um paränetische Stücke, die als Form Analogien haben und auch inhaltlich nicht einfach ad hoc formuliert und auf spezielle Situationen zugeschnitten sind. Nach manchen Autoren wenden sie sich gegen eine schwärmerische Überbetonung der eschatologischen Naherwartung, die die Strukturen dieser Welt überfliegen zu können meint, nach anderen liegt Polemik gegen gnostische Enthusiasten mit asketischen oder auch emanzipatorischen Tendenzen vor. Die Haustafel des 1. Petr. widerrät aber einer einseitigen Bezugnahme auf solche Gefahren.

Jedenfalls wird der Christ durch die Haustafel nüchtern und illusionslos dort festgehalten, wo in dieser Welt noch sein Platz ist: in den vielfältigen Bezügen und Ordnungen des Alltags. Bei aller möglichen impliziten antienthusiastischen Frontstellung sind die Haustafeln auch nicht nur sozusagen aus der Defensive zu verstehen, sondern enthalten auch ein offensives Moment. Vielleicht nicht zufällig taucht die erste Haustafel im Kol. auf, dessen Verfasser gegenüber den asketischen Forderungen und Tabuisierungen der kolossischen Irrlehrer den Kosmos entdämonisiert und den Sieg des Kyrios Jesus über die Kräfte und Mächte bezeugt. Diese Herrschaft Jesu Christi aber soll nun eben auch im Haus Wirklichkeit werden.

Zwar ist der Kosmos nicht identisch mit dem Leibe Christi, aber die in der Heils- und Herrschaftssphäre Jesu Christi lebenden Christen sind eben auch in der Welt bereits vom Kyrios beschlagnahmt und verpflichtet. Es findet eine „Überkreuzung der beiden Reiche" (H.-D. Wendland, Botschaft, 76) bzw. eine „Bewegung des Reiches Gottes in das Weltreich hinein" statt (94), so daß die „sozialen Gefüge und Relationen verändert werden, ohne doch in ihrer menschlich-sozialen Struktur vernichtet zu werden" (93). Auch innerhalb der Geschlechter- und Sozialbeziehungen ist eben der Herr die entscheidende Instanz und eigentliche Motivierung christlicher Lebensgestaltung, wie die vielen diesbezüglichen Wendungen innerhalb der Haustafeln anzeigen: „im Herrn" (Kol. 3,18.20/Eph. 6,1), „als dem Herrn" (Kol. 3,23/Eph. 5,22; 6,7), „dem Herrn Christus" (Kol. 3,25), „wie dem Christus" (Eph. 6,5). Diese Formeln sollen nicht bloß wie aufgeklebte Etikettierungen die Haustafeln als christliche deklarieren. Vielmehr werden die Mahnungen, und zwar auch die inhaltlich mit antiker Begrifflichkeit und außerchristlichen Inhalten übereinstimmenden Mahnungen, in den Horizont der Herrschaft Jesu Christi gerückt.

Unmittelbar vor der Haustafel steht nicht zufällig: „Alles was ihr tut in Wort oder Werk, das tut alles im Namen des Herrn Jesus" (Kol. 3,17; vgl. auch den ähnlichen Satz inmitten der Haustafel Kol. 3,23). Die Haustafeln wollen also das Leben der Christen gerade und auch in den Ordnungen und Bezügen der Welt der Herrschaft Jesu unterstellen. Auch im Haus lebt der Christ nicht nach einer aus den Strukturen der Welt abgeleiteten Eigengesetzlichkeit, sondern nach dem Willen des Herrn. Der Kyriostitel begegnet darum im Zusammenhang der Haustafel des Kol. ebenso oft wie im sonstigen Briefkorpus zusammen. Von den 14 Belegen stehen 7 in der Haustafel und von den restlichen 7 einige noch in paränetischen Aussagen wie 3,17 und 1,10.

Diesem Herrn aber, der so auffällig oft in der Haustafel genannt wird, gehört der Gehorsam nicht in einer ghettohaft von der Weltwirklichkeit abgegrenzten Sphäre, in die man sich weltflüchtig zurückzieht, nicht in reiner Innerlichkeit oder allein im Raum der Kirche, sondern auch im gesellschaftlichen und sozialen Bereich.

9. Inhaltlich bedeutet das, daß die Sozialgebilde und Ordnungen zur Chance und zum Ort der Agape werden sollen. Damit in Spannung steht allerdings das teilweise unkorrigiert stehengebliebene patriarchalische Leitbild und autoritäre Gepräge der antiken Großfamilie, wonach der Familienvater z.B. für die Erziehung verantwortlich ist (nur die Väter werden in Kol. 3,21 angesprochen), ja nach K. Müller soll die Haustafel überhaupt primär „die Aufforderung zu familiärer Fügsamkeit unter die patria potestas" intendieren (277). Auch der inhaltliche Leitbegriff „Sich-Unterordnen" für das Verhalten z.B. der Frau gegenüber ihrem Mann entspricht einer damals weithin gültigen Konvention (natürlich erst recht der von den Kindern verlangte Gehorsam), auch wenn K. Müller mit Recht dagegen protestiert, die gesamte antike Ethik als autoritären Konservativismus hinzustellen (296f.), und Kol. 3 nur als „eines von mehreren denkbaren ethischen Angeboten" versteht, wobei der Verfasser eine „humanisierende Mittelposition" (318; vgl. 314) wähle.

Schon das zeigt, daß aus den Verhaltensmustern ausgewählt und im einzelnen auch manches modifiziert und anders akzentuiert worden ist. Erstaunlich ist z.B., daß die Kinder überhaupt direkt angesprochen und als verantwortliche Personen ernstgenommen werden. In das Umfeld des Wortes „Unterordnung" kann es weiter nicht mehr gehören, daß der Mann die „Konfession" der Frau bestimmt und es der Frau zukommt, „allein die Götter zu ehren und zu kennen, an die auch der Mann glaubt" (Plutarch, Praec. Coniug. 19). Das zeigt schon die Tatsache von Mischehen an, die ja nicht alle nur aus nichtchristlichen Frauen und christlichen Männern bestanden haben werden. Unterordnung bedeutet auch nicht Unterwürfigkeit, weil die Unterordnung der Frau in Eph. 5,24 mit der Unterordnung unter Christus verglichen wird (vgl. auch 1. Kor. 15,28).

Wichtiger ist jedoch, daß die Mahnung zur Unterordnung nicht für sich allein ausgelegt werden darf, weil sie in Korrelation zur Mahnung an den Mann zu sehen ist. Die einzelnen Mahnungen sind also aufeinander zu beziehen und nicht allein vom einzelnen Individuum her zu begreifen. Sie stehen zudem innerhalb einer Ermahnung der Gemeinde, die nicht einfach als ganze aus der Verantwortung entlassen ist. Vor allem aber wird durch den Inhalt der Mahnung an die Ehemänner das Haus und seine Ordnung nicht als Stätte von Unterdrückung, Herrschaftsausübung und Fremdbestimmung freigegeben. Der Mann wird eben gerade nicht zur Überordnung, sondern zur Liebe gerufen (Kol. 3,19/Eph. 5,25). Darum kann die Haustafel des Eph. die Mahnungen der Haustafel sinnvollerweise sogar als Ruf zu *gegenseitiger* Unterordnung überschreiben und interpretieren (Eph. 5,21).

Gerade die Mahnung zur Agape gegenüber der Frau ist nun in dem vom Makrokontext der Briefe gebotenen Sinn in der damaligen Zeit etwas schlechthin Besonderes und Neues (so z.B. H. Greeven, ZEE 1957, 122 und RGG II³, 319; K. Gaiser a.a.O. [S. 234], 99). Daß Agape ein paarmal auch außerhalb des Neuen Testaments meist in ziemlich blassem oder leidenschaftlichem Sinn vorkommt (öfter in der LXX, z.B. auch für das Verhältnis von Simson zu Delila Ri. 16,4 oder das von Rehabeam zu Maacha 1. Chron. 11,21; andere Beispiele: 1. Mose 24,67; 29,18; 34,2 u.ö.), besagt wenig, zumal der Begriff nirgendwo in haustafelähnlichen Mahnungen begegnet. Das Judentum hat allerdings einige Male das Gebot der Nächstenliebe auf die Liebe des Mannes zur Frau übertragen (vgl. Billerbeck III, 610; vgl. weiter Tob. 6,19; Jubil. 36,34). Jedenfalls ist in der Haustafel mit Agape nicht die erotische Liebe gemeint, sondern die sich hingebende, von sich selbst absehende Liebe: „wie auch Christus die Kirche geliebt und sich für sie hingegeben hat" (Eph. 5,25; vgl. auch Kol. 3,12-14). Daß der Ehemann in Eph. 5,23 „Haupt" seiner Frau genannt wird, verwehrt es gewiß, die Ehe als Gemeinschaft gleichberechtigter Partner zu verstehen, impliziert aber nicht nur eine Über-, sondern auch eine Zuordnung zugunsten der Frau (vgl. Eph. 4,15f.25 und G. Friedrich, Sexualität, 88f.91 f.; W. Schrage, Frau, 160f.) und darf darum nicht einfach als christologische Zementierung des inferioren Status der Frau ausgegeben werden (anders z.B. E. Schüssler Fiorenza, 269f.). Liebe wird hier eindeutig von der Selbsthingabe Christi her definiert und ist damit alles andere als eine bloße Gefühlsangelegenheit oder Selbstverständlichkeit.

Die gängige Einstellung zum rechten Verhältnis des Mannes zur Frau sah damals meist anders aus. Auf eine kurze Formel gebracht hieße sie nicht „liebt eure Frauen" wie in der Haustafel, sondern eher mit den vielzitierten Worten aus den Praecepta Delphica, die wie andere Sinn und Auftrag der Stellung des Ehemanns im Herrschen, Leiten und Regieren sehen: „Beherrsche die Frau". Selbst Plutarch spricht an der Stelle, wo er die Unterordnung der Frau lobt, beim Manne vom Herrschen, gewiß in einer noblen und moderaten Form („nicht wie ein Despot, sondern wie die Seele über den Leib, mitfühlend und durch Zuneigung verwachsen", Praec. Coniug. 33), aber Seneca z. B. kann trotz anderer auf Gleichwertigkeit zielender Äußerungen auch ganz ungeniert sagen: „der eine Teil ist zum Gehorchen, der andere zum Herrschen geboren" (De Const.Sap. 1,1). Auch nach Josephus hat Gott dem Mann die Herrschaft gegeben (Ap. II 201).

Auf diesem gewiß nicht einfach zu verallgemeinernden, aber eben auch nicht untypischen Hintergrund verliert die Mahnung zur Agape gegenüber der Frau alles bloß Konventionelle und gewinnt erst ihre rechten Konturen. Werden die Männer nicht dazu ermahnt, ihre Privilegien auszunutzen oder ihre Rechte wahrzunehmen, sondern Liebe und Güte walten zu lassen, und zwar eben im Haus, dann hat das sozialethisch weitreichende Konsequenzen.

L. Goppelt erklärt dagegen, nirgends werde der Liebeserweis zur maßgeblichen Richtschnur des Handels in den Ständen gemacht, vielmehr handelten die Christen zwar „von dem erhöhten Herrn her und auf ihn hin, aber nach den dieser Welt gegebenen und mit der Sünde verflochtenen Regeln" (Christologie und Ethik, S. 130). Aber mit einer solchen Zwei-Reiche-Lehre bzw. mit einer scharfen Unterscheidung zwischen religiöser und sozialer Sphäre ist dem Text nicht beizukommen. Die christologische Argumentation legalisiert weder die Sozialstrukturen noch die in ihnen üblichen Praktiken, sondern „sie radikalisiert die bestehende Ordnung, gleichzeitig limitiert und relativiert sie aber ganz erheblich das vorhandene Herrschaftssystem" (G. Friedrich, Sexualität, 89).

Ein Grundduktus der Haustafel scheint jedenfalls der zu sein, daß die Liebe durch die Christen auch in die profanen Strukturen der Gesellschaft eindringt, und d. h. für die damalige Zeit nicht mehr und nicht weniger, als daß das Haus für Christen zum Raum der Agape wird. Das eheliche Miteinander soll durch die Agape nicht spiritualisiert, sehr wohl aber unter das Liebesgebot gestellt werden, und zwar auch im häuslichen Alltag. Die Verpflichtung zur Liebe wird nicht auf einen religiösen Sektor der Ehe beschränkt und die christliche Existenz nicht in einen weltlich-häuslichen und einen kirchlich-religiösen Bereich aufgespalten.

10. Auch wenn die Ehe wie keine andere Struktur sozialen Lebens eine solche Transparenz erreichen und die dem Herrn und seiner Liebe entsprechende Liebe reflektieren kann (vgl. J. P. Sample, 149), ist diese auch rechtliche und soziologische Verhältnisse gestaltende Liebe wahrscheinlich auch sonst zu bewähren und nicht auf das Verhältnis des Mannes zur Frau beschränkt. Wo anders als in der Liebe, die sich nach 1. Kor. 13 nicht erbittern und zum Zorn reizen läßt, hätte z. B. neben dem „seid nicht erbittert gegen sie" (Kol. 3,19) im Verhältnis zur Frau auch das „fordert sie nicht heraus" bzw. „reizt sie nicht auf, damit sie nicht mutlos werden" gegenüber den Kindern (Kol. 3,21) seinen Sinn und seine Möglichkeit?

K. H. Rengstorf (Mann, 35) z. B. hat richtig betont, daß der leitende Gesichtspunkt auch in der Mahnung an die Väter nicht deren Stellung als Familienoberhaupt ist, weil nicht von Rechten und Vorrechten die Rede ist, sondern von ihren besonderen Aufgaben und Pflichten. G. Schrenk (ThW V, 1005) ist der Meinung, Kol. 3,21/Eph. 6,4 richte sich gegen die in Willkür und Brutalität ausartende patria potestas. Daß das wenigstens implizit durchaus geschieht, ist nicht zu leugnen. Man braucht neben Kol. 3,21 und Eph. 6,4 etwa nur das zu halten, was selbst hellenistische Juden wie Philo und Josephus über die patria potestas sagen: „Der Vater ist befugt, sein Kind zu schelten, zu schlagen, schweren Züchtigungen zu unterwerfen und gefangenzusetzen. Für den Fall aber, daß die Kinder trotzdem in ihrer Halsstarrigkeit beharren ... gab das Gesetz den Eltern sogar Befugnis, bis zur Verhängung der Todesstrafe zu gehen (Spec. Leg. II 232 im Anschluß an 5. Mose 21,18 ff.; vgl. auch 243 ff.; ähnlich Josephus, Ant. IV 260 ff.; vgl. auch Ps-Menander 9 f. Nach der Tempelrolle Qumrans (Kolumne 54) soll ein störrischer und aufrührerischer Sohn, der auch nach Züchtigung nicht hört, von den Männern der Gemeinde gesteinigt werden. Gewiß melden sich wie im Hellenismus (z. B. bei Menander und Plutarch) oder im Rabbinat (vgl. b Git 7a) auch innerhalb des hellenistischen Judentums Gegenstimmen gegen die harte väterliche Gewalt zu Wort, wenn nach Pseudo-Phokylides 207–209 der Vater auf die Züchtigung eines ungeratenen Sohnes verzichten und die Zurechtweisung anderen überlassen soll. Doch der Gedanke der strengen Zucht blieb beherrschend, wie das schon für die Weisheitsliteratur kennzeichnend ist (vgl. Spr. 13,24; Sir. 30,1.11 u. ö.).

In der Haustafel wird jedenfalls gerade nicht der Gedanke der Züchtigung oder unumschränkten Verfügungsgewalt des Vaters betont. Betont ist vielmehr seine Pflicht. Diese aber ist, wenn auch nicht so eindeutig wie gegenüber der Frau, nicht ohne Agape zu bestimmen. Damit bestätigt sich, daß die Bezüge und Ordnungen der Welt für den Christen Raum und Chance eines der Liebe entsprechenden Verhaltens werden sollen.

Freilich heißt es an die Herren nicht: „Liebet eure Sklaven", sondern: „gewährt ihnen das, was gerecht und billig ist". Der Haustafel liegt hier vor allem daran, daß die Sklavenherren, die in der Gemeinde wahrscheinlich nicht sehr zahlreich vertreten sein werden, ihren Sklaven Gerechtigkeit widerfahren lassen und das Recht ihrer Sklaven respektieren und schützen, also das tun, was billigerweise auch von nichtchristlichen Herren zu erwarten und sicher z. T. auch praktiziert worden ist, jedenfalls aber Gegenstand der Mahnung war (vgl. Seneca, Epistula 47, 10; Pseudo-Phokylides 224). Es ist jedenfalls nicht selbstverständlich, daß es in der Haustafel nicht wie bei Aristoteles heißt, daß der Herr eines Sklaven diesem gegenüber nie Unrecht tun könne, da er ja sein Eigentum sei („schlechthin unser eigen") und kein Mensch sich selbst Unrecht zufügt (Nikomachische Ethik V 10,1134b). Auch Sklaven haben ihr Recht. Für christliche Herren bedeutet das keinen Dispens von der Liebe (vgl. Phlm. 5.16), sondern eine Erinnerung daran, daß Liebe nicht von Recht und Billigkeit dispensiert. Ausdrücklich wird den irdischen Herren ins Gedächtnis gerufen, daß auch sie einen Herrn haben. Die Sozialstrukturen werden auch hier nicht einfach sanktioniert oder dem Belieben der einzelnen anheimgegeben, und der Herr wird nicht als ihr Garant in Anspruch genommen. Vielmehr wird alles auf ihn bezogen und an ihm orientiert, und das heißt eben zugleich: alles wird zum Feld der Bewährung gegenüber dem Herrn und an der Liebe gemessen.

11. Das Problem bleibt freilich, wie die ausführlichen Mahnungen an die unterlegenen und untergeordneten Stände – die Mahnung an die Sklaven, ihren

Herren „in allem gehorsam zu sein" ist die ausführlichste – damit zu vereinbaren ist. An diesem Punkt will der Verfasser offenbar eine Verwechslung der christlichen Freiheit mit gesellschaftlicher Freiheit verhindern, auch wenn die sonst kaum ernst genommene Verantwortlichkeit von Frauen, Kindern und Sklaven, weiter auch die Relativierung der irdischen Herren, die Ausrichtung auf den eigentlichen Herrn und die eschatologische Perspektive zu beachten bleiben. Gleichwohl wird man den zahlreichen Kritikern der Haustafeln in der Mißbilligung der auf die Unterordnung zielenden Mahnungen am ehesten zustimmen, weil die „Verchristlichung" hier am wenigsten geglückt ist, ja die konservative Grundhaltung hier auch hinter dem zurückbleibt, was schon damals möglich gewesen und gelebt worden ist. Gilt die Mahnung, „über allem die Liebe" regieren zu lassen (Kol. 3,14) und in der Liebe zu wandeln, „wie Christus geliebt hat" (Eph. 5,1) – und nirgendwo ist angedeutet, daß diese Mahnungen für das Verhalten in den Strukturen der Welt keine Gültigkeit hätten oder an einer sogenannten Eigengesetzlichkeit ihre Grenze fänden –, dann wird man auch die Einzelmahnungen an die Unterprivilegierten in der Haustafel daran messen und von der umfassenden Verklammerung nicht isolieren dürfen. Dann aber sind diese speziellen Anwendungen zumal heute problematisch. Nicht die soziale Schichtung und Unterschiedlichkeit ist das Problem und nicht die erst später damit legitimierte Festschreibung antiker Strukturen als ewig und unveränderlich. Das Problem sind die fehlenden Gegengewichte bei Mißbrauch der Rahmenbedingungen durch die Übergeordneten im Sinne der Repression oder Ausbeutung. Die kritische Tendenz, die sich in der Auslassung von „in allem" (Kol. 3,22) innerhalb der Sklavenmahnung des Eph. andeutet (Eph. 6,5; auch einige Handschriften in Kol. 3,22 haben die Wendung ausgelassen), ist darum verstärkt fortzuführen.

12. Im Nachtrag noch ein kurzer Blick auf den 2. Thess., der ebenfalls nicht von Paulus stammt, aber von einem anderen Verfasser als Kol. bzw. Eph. Auch hier spielt der Gedanke der apostolischen Überlieferung und ihrer Autorität eine große Rolle (2,15), vor allem in der Paränese (3,6.10.12). Ethisch von Belang ist zumal 3,6 ff., wo das apostolische Beispiel der Arbeit für den eigenen Lebensunterhalt als verpflichtende Norm für die Arbeitspflicht der Christen eingeschärft wird und Faule zurechtgewiesen werden. Offenbar ist die Gemeinde durch eine intensive apokalyptische Naherwartung beunruhigt, als ob der Tag des Herrn schon da sei (2,2). Ob diese apokalyptische Hochspannung für den „unordentlichen" Lebenswandel des Herumtreibens und Faulenzens verantwortlich ist oder aber eine allgemeine Arbeitsscheu vorliegt, ist nicht ganz sicher (vgl. weiter W. Trilling, EKK, z. St.). Einigermaßen sicher ist aber trotz des mysteriösen Charakters der Aussage, daß die geheimnisvolle Größe, die das Erscheinen des Antichrist nach 2,6 f. aufhält, keine politische Macht ist, etwa der römische Staat, sondern Gott selbst.

## B. Die apostolischen Weisungen in den Pastoralbriefen

*Literatur:* H. W. Bartsch, Die Anfänge urchristlicher Rechtsbildungen (ThF 34), 1965; M. Dibelius, Die Pastoralbriefe (HNT 13), 3. Aufl. neubearbeitet von H. Conzelmann, 1955; L. R. Donelson, Pseudepigraphy and Ethical Argument in the Pastoral Epistles (HUTh 22), 1986; W. Foerster, Eusebeia in den Past., NTS 5, 1958/59, 213–218; O. Merk, Glaube und Tat in den Pastoralbriefen, ZNW 66, 1975, 91–102; St. Ch. Mott, Greek Ethics and Christian Conversion: The Philonic Background of Tit. II 10–14 and III 3–7, NT 20, 1978, 22–48; J. T. Sanders, 81–90; S. Schulz, Ethik, 588–610; R. Schwarz, Bürgerliches Christentum im NT? Eine Studie zu Ethik, Amt und Recht in den Pastoralbriefen (ÖBS 4), 1983, 99–121; P. Trummer, Die Paulustradition der Pastoralbriefe (BET 8), 1978, 227–240; P. Stuhlmacher (Lit. zu V A), 181–184; R. Völkl, 323–341; H.-D. Wendland, Ethik, 95–101.

Die Pastoralbriefe sind viel weniger das Dokument einer kongenialen Schülerschaft des Paulus als Kol. und Eph. Hier ist alles viel prosaischer, hausbackener, bürgerlicher, moralischer, auch traditioneller und formelhafter, vor allem aber kirchenamtlicher und institutioneller. Im Vordergrund stehen Ketzerbekämpfung und kirchliche Tradition, Gemeindeordnung und Gemeindeleitung. Alles zielt auf eine geregelte und verläßliche Amtsstruktur mit klaren Zuständigkeiten. Die Gemeinde kommt als eigenständige Größe mit Eigeninitiative gar nicht mehr vor. Auch die Paränese zielt in erster Linie auf Ruhe und Ordnung und eine solide kirchliche Praxis, steht auch meist beziehungslos neben dem Indikativ. Die Inhalte sind traditioneller und als Lebens- und Moralregeln lehrhaft fixiert.

Damit soll nicht einfach eine Abqualifizierung der Briefe vorgenommen werden. Man muß vielmehr sehen, daß bei aller unabdingbaren Sachkritik gegenüber der Hypertrophie des Amts- und Legitimitätsprinzips den Briefen in der damaligen Zeit doch auch das Verdienst zukommt, eine Lehre, die ins Spekulative, Asketische, Apokryphe und Schwärmerische auszubrechen drohte, nüchtern an diese Erde zurückgebunden zu haben, wie die Paränese erkennen läßt, wenn etwa gegen Leute polemisiert wird, die Gott zu kennen vorgeben, ihn aber „mit ihren Werken verleugnen" (Tit. 1,16). Der Ansturm der Gnosis war offenbar so wirksam, daß man sich an das Bewährte anlehnen mußte und wirksame Regeln brauchte. Ob der Pragmatismus und Traditionalismus freilich soweit vorgetrieben werden mußte, wie das hier geschieht, ist eine andere Frage. Auch wer Sinn für historische Veränderung hat und um die Notwendigkeit weiß, in einer veränderten Zeit Paulus nicht historisierend zu repristinieren, sondern ihn neu zu aktualisieren, ja über ihn hinauszukommen, der vermißt doch schmerzlich ein charismatisches und eschatologisches Korrektiv. Auch wenn die gnostischen Pneumatiker sich allzu extensiv auf den Geist beriefen, wird man doch schwerlich annehmen dürfen, daß Enthusiasmus und Gnosis nur durch hierarchisches Amtsdenken und bürgerlich-biedere Moral korrigiert werden können, als seien Gefahren von innen und außen primär durch eine Stabilisierung der Institution und Konvention zu bannen. Der respektable Versuch, das Erbe des Paulus festzuhalten und aufzuarbeiten, soll damit nicht übersehen oder kleingeschrieben werden.

1. Auch hier ist zunächst nach dem Ansatz und der Begründung der Ethik zu fragen. Man wird zwar feststellen dürfen, daß auch in den Past. der Indikativ den Imperativ begründet, die im Kol./Eph. noch zu beobachtende Paradoxie dieser Verhältnisbestimmung aber verschwunden ist. Das heißt aber nicht, daß

Soteriologie und Ethik auseinanderfallen und beziehungslos nebeneinanderstehen (so allerdings U. Luz, Rechtfertigung bei den Paulusschülern, in FS E. Käsemann, 1976, 365–383, bes. 377.379; vgl. das folgernde „also" in 1. Tim. 2,1 und 2,8 und dazu M. Wolter, Die Pastoralbriefe als Paulustradition (FRLANT 146), 1988, 94f. Als Begründung einer haustafelähnlichen Mahnung heißt es z. B. in Tit. 2,11ff., daß die Gnade Gottes erschienen ist, „die allen Menschen zum Heil dient und uns dazu erzieht, daß wir der Gottlosigkeit absagen und besonnen, gerecht und fromm leben". Hier kommt heraus, daß zwar auch die Past. die Ethik soteriologisch fundieren und als Antwort auf Gottes Gnade interpretieren, diese Soteriologie aber mehr in der Inkarnation gründet und auch sonst anders akzentuiert wird als bei den früheren Paulusschülern. Damit sind authentisch paulinische Elemente nicht geleugnet, aber die Differenzen etwa in Pneumatologie und Eschatologie fallen doch stärker ins Gewicht. Vom Wirken des Geistes oder von der Taufe z. B. ist nur noch ansatzweise die Rede.

Tit. 3,5f. heißt es, Gott habe uns errettet nach seiner Barmherzigkeit durch das Bad der Wiedergeburt und die Erneuerung des Geistes, den er reichlich über uns ausgeschüttet hat durch Jesus Christus. Das hat zum Ziel und zur Konsequenz, daß die Getauften als Gerechtfertigte und als Erben zu guten Werken kommen. Auch 2. Tim. 1,7 läßt sich hier anführen und sogar in paulinischem Sinn deuten: Daß Gott uns „nicht einen Geist der Furcht, sondern der Kraft und der Liebe und der Zucht gegeben hat", erinnert an die Aussagen des Paulus vom Geist als Kraft des neuen Lebens. Aber das sind auch die einzigen Stellen aus den 13 Kapiteln der 3 Briefe, die man dafür anführen kann, daß das Leben des Christen auf dem Wirken des Geistes beruht (vgl. weiter E. Schweizer, ThW VI, 443f.).

Der Geist wird eben nicht mehr als Gabe und Anbruch des Eschaton verstanden, sondern stattdessen werden nun Geist und Amt eng miteinander verbunden. Von der Vielfalt der Charismen ist entsprechend nicht mehr die Rede, sondern nur noch vom Charisma der Amtsgnade im Zusammenhang mit der Ordination. Der Geist, der in der Ordination verliehen wird, ist dieser Kirche wichtiger geworden als der Geist, der jedem Christen in der Taufe als Kraft neuen Lebens geschenkt wird. Nicht von ungefähr befähigt er eben dazu, das anvertraute Gut der reinen Lehre zu bewahren (2. Tim. 1,14). Von Zukunftshoffnung ist zwar die Rede (vgl. 2. Tim. 4,8; Tit. 2,13; 3,7), doch sie hat an kritischer und mobilisierender Funktion verloren und kann weder die auf Dauer angelegte Einrichtung in der Welt in die Schwebe bringen noch die Christenheit vorwärtsdrängen. Zweifellos hat der Verfasser am Zeugnischarakter christlichen Lebensstils festgehalten (vor allem bei Amtsträgern, aber auch sonst: 1. Tim. 5,14; 6,1; Tit. 2,5.8.10) und ebenso klar an der Korrespondenz von heilbringendem Evangelium (vgl. 2. Tim. 1,10) und Glaube, aber dieser Lebensstil ist eben alles andere als charismatisch, und der Glaube ist selbst, „mit Attributen des Wohlverhaltens ausgestattet", zur christlichen Tugend geworden (O. Merk, 93). Trotz all der einschneidenden Modifizierungen des paulinischen Ansatzes wird man im ganzen aber wohl feststellen dürfen, daß die Gegenwart des Heils die Ethik begründet. Ob aber „bei aller Einseitigkeit und

## B. Die apostolischen Weisungen in den Pastoralbriefen 265

Schwunglosigkeit eine legitime Fortsetzung des paulinischen Denkens" vorliegt, weil „die Gnade als eine das alltäglich-bürgerliche Leben formende Kraft verstanden wird" (so R. Bultmann, Theologie, 536), ist umstritten[5]. Daß sich christliches Leben „nicht nur im Außergewöhnlichen und Besonderen, sondern in der schlichten Erfüllung des Alltäglichen" äußert (R. Schwarz, 59; ähnlich 176), ist gewiß nicht zu beanstanden, die Frage ist aber, ob diese biedere „Schlichtheit", die gewiß nicht einfach mit billiger Durchschnittsmoral und Spießbürgerlichkeit verwechselt werden soll, nicht doch allzuweit geht und eine gewisse Weltanpassung und Sterilität das zwangsläufige Ergebnis sind.

2. Fragt man nach den Kriterien und Inhalten der Ethik, so ist neben dem Schöpfungsglauben vor allem die große Übereinstimmung mit den Idealen der hellenistischen Moral und Bürgerlichkeit zu nennen. Das christologische Konformitätsschema begegnet ebensowenig wie ein Herrenwort. Auch das Alte Testament wird trotz des Einflusses der Weisheit (vgl. R. Schwarz, 108 ff.) mit seiner Spruch- und Weisheitstradition nicht fruchtbar gemacht, ebensowenig seine Gebotsparänese (das Gesetz ist nach 1. Tim. 1,9 für Gesetzlose und Unbotmäßige reserviert). An deren Stelle ist vor allem die katechetisch-paränetische Tradition getreten, die als verläßliche und autoritative Anleitung für die Praxis der Christen gilt (vgl. 1. Tim. 4,9; Tit. 3,8).

Anders als mit den alttestamentlichen Geboten steht es mit dem Schöpfungsmotiv, das dem Verfasser gerade in seinem Kampf mit der dualistischen Askese willkommen und wichtig werden mußte. Darum wird dem häretischen Eheverbot und der Enthaltung von Speisen in 1. Tim. 4,3 f. ausdrücklich der Schöpfungsglaube entgegengesetzt: Die Irrlehrer verbieten das, was Gott doch dazu erschaffen hat, daß es mit Danksagung empfangen werde, „denn alles, was Gott geschaffen hat, ist gut und nichts davon verwerflich, was mit Danksagung empfangen wird, denn es wird geheiligt durch Gottes Wort und Gebet".

Ob hier auf das göttliche Schöpfungswort verwiesen wird, ist zwar nicht sicher, jedenfalls aber ist der Schöpfungsgedanke hier ein entscheidendes Korrektiv und Kriterium christlicher Lebensführung. Ähnlich übrigens auch Tit. 1,15f.: „Alles ist rein für die Reinen, den Befleckten aber und Ungläubigen ist nichts rein, sondern Sinn und Gewissen sind befleckt. Gott behaupten sie zu kennen, verleugnen ihn aber ... mit ihren Werken". Das darf man zwar kaum einfach als aufklärerischen Satz verstehen bzw. als einen Satz, „wie ihn die Aufgeklärten aller Länder der kultischen Nahrungsaskese gegenüber vertreten" (so M. Dibelius/H. Conzelmann, HNT 13, z. St.). Aber der Schöpfungsglaube kann eben durchaus auch ein begrenztes Bündnis mit der Aufklärung eingehen, wie sich auch bei Jesus und Paulus zeigte. Daß der Schöpfungsgedanke allein nicht ausreicht, um die paulinisch klingende These von Tit. 1,15 zu erklären, beweist das Judentum, das trotz seines Schöpfungsglaubens eine strenge Unterscheidung von rein und unrein vertritt. Daß der Schöpfungsgedanke auch zur Unterstützung patriarchalischer Leitbilder herhalten kann, zeigt 1. Tim. 2,13. P. Stuhlmacher spricht im Blick auf 1. Tim. 2 und 6 sowie Tit. 2 nicht zu Unrecht von „statischer Schöpfungstheologie" (184). Im übrigen wird die

---

[5] Zustimmend dazu N. Brox, RNT, 175; kritisch U. Luz, Rechtfertigung bei den Paulusschülern, in: FS E. Käsemann, 1976, 365–383, bes. 379 Anm. 42.

These von Tit. 1,15 anders als etwa in Röm. 14 nicht durch das Motiv der Liebe und Rücksicht auf die Schwachen eingeschränkt.

Überhaupt hat die Liebe nicht mehr die Bedeutung, die ihr bei Paulus, aber auch bei seinen Schülern im Kol. und Eph. zukam. Nur 1. Tim. 1,5 erinnert noch an paulinisches Denken, wenn die Liebe dort „Ziel der Weisung" genannt wird, was im Gegensatz zu den Mythen, Spekulationen und dem leeren, nichtigen Geschwätz der Irrlehrer steht, dementsprechend also die tätige Liebe meint. An allen anderen Stellen aber, wo Agape erscheint, hat sie ihre beherrschende Rolle eingebüßt, auch wenn sie meist zusammen mit gewichtigen anderen Begriffen steht wie Glaube und Reinheit (1. Tim. 4,12), Kraft und Besonnenheit (2. Tim. 1,7), Gerechtigkeit und Friede (2. Tim. 2,22), Langmut und Geduld (2. Tim. 3,10). Eine Stelle wie Tit. 2,2 läßt aber deutlich erkennen, daß sie vom Verfasser zugunsten anderer Werte und Prioritäten degradiert worden ist. Hier ermahnt der Verfasser die alten Männer, daß sie ehrbar, besonnen, im richtigen Glauben, in der Liebe, in Geduld leben sollen (vgl. auch 1. Tim. 6,11). Die Liebe ist hier also nicht mehr als eine Tugend unter anderen (anders R. Schwarz 114f. mit Hinweis auf 1. Tim. 1,14; 2,15; 2. Tim 1,13).

3. Aus allen drei Briefen ist auch klar zu ersehen, an wen die Liebe ihre Vor- und Überordnung abgegeben hat. Zentralbegriff und Grundhaltung ist nämlich die *eusebeia* geworden, die Pietät, die Ehrfurcht, das Gott wohlgefällige Verhalten.

W. Foerster hat gezeigt, daß in *eusebeia* nicht allein das religiöse oder das sittliche Moment zu betonen ist, sondern beides zusammengehört. Der Begriff ist im Griechentum „Ausdruck für ein ehrfürchtiges Verhalten überhaupt", sei es gegenüber den Eltern, den Toten, dem Vaterland, dem Recht u. ä., also „ein ehrfürchtiges Verhalten zu den Ordnungen ..., die das gesamte familiäre, staatliche und auch zwischenstaatliche Leben tragen" (215). Da aber die Götter als Garanten dieser Ordnungen gelten, kann *eusebeia* auch einfach die Frömmigkeit bezeichnen. Summa: Durch *eusebeia* wird derjenige charakterisiert, „der die Ordnungen, die das Zusammenleben tragen und die die Götter schützen, achtet" (ebd.).

Entsprechend interpretiert W. Foerster auch die Belege in den Pastoralbriefen, wo der Begriff gerade im Gegenüber zu den schwärmerisch-gnostisierenden Irrlehrern, die die natürlichen Ordnungen verachten, seine Funktion habe. Gemeint sei auch hier nicht allgemein ein frommes Verhalten, sondern ehrende Anerkennung der Ordnungen, die in der Ehrfurcht vor Gott ihre Wurzel hat (217). Diese Auslegung hat ihr Recht vor allem durch 1. Tim. 4,7f.: „Übe dich in der Frömmigkeit, denn die leibliche Übung (gemeint ist die Askese) ist wenig nützlich, die Frömmigkeit aber ist für alles nützlich bzw. bringt vollen Nutzen ein, denn sie hat die Verheißung des jetzigen und des kommenden Lebens". In diese Linie ist auch 1. Tim. 5,3 zu stellen, wo vom pietätvollen Verhalten gegenüber der eigenen Familie die Rede ist.

An anderen Stellen aber hat der Begriff (anders W. Foerster) einen stärker religiösen Akzent und scheint mehr die Frömmigkeit als anständiges ordnungskonformes Verhalten zu bezeichnen (so 1. Tim. 3,16; Tit. 1,1). Zu Tit. 2,12 erinnert W. Foerster selbst an die griechische Unterscheidung des Verhaltens zu sich selbst, zum Nächsten und zu Gott, dem die dreifache Mahnung zu einem ehrbaren, rechtschaffenen und frommen Leben entspricht (vgl. auch 1. Tim. 6,3.5f. und 2. Tim. 3,5 und N. Brox, RNT, 174ff.). Andererseits findet diese Frömmigkeit ihre Explikation und Konkretion in ehrbarer Lebensführung. Dabei spielt auch die Rücksichtnahme auf die Reaktion der Umwelt eine große Rolle (vgl. 1. Tim. 3,7; Tit. 2,3ff.).

4. Alle diese Worte wie *eusebeia* oder *semnotēs* (Ehrbarkeit, Sittsamkeit, Besonnenheit) haben jedenfalls auch in der hellenistischen Ethik eine große Bedeutung. Das Wie des christlichen Lebens entspricht also weitgehend dem hellenistischen Ideal. Von den klassischen vier Kardinaltugenden fehlt nur die Mannhaftigkeit bzw. der Mut, doch hat S. C. Mott erwiesen, daß es auch für die Dreizahl inklusive der *eusebeia* Parallelen gibt, und zwar wie im Titusbrief auch im Zusammenhang mit der Befreiung von den Lastern zu den Tugenden (z.B. Philo, Virt. 180), zu denen die Gnade erzieht (vgl. Philo, Sacr. 63; 4. Makk. 10,10).

M. Dibelius hat vom „Ideal christlicher Bürgerlichkeit" in den Past. gesprochen und will diese christlich-bürgerliche Lebensgestaltung angesichts der anderen Möglichkeit, sich mit dem Verbleib in der Welt vorläufig abzufinden (nämlich der gnostischen), „als echte Darstellung des Seins in der Welt aus Glauben", verstehen, wenn auch „die Dialektik der eschatologischen Existenz nicht mehr in ihrer ursprünglichen Schärfe verstanden" werde (HNT 13, 32f.). Auch R. Schwarz versteht die „Bürgerlichkeit" der Past. in hohem Maß als „eine Reaktion gegen das Schwärmertum der Irrlehrer" (30). Bildeten die „Ethik" der Gnosis und die der Pastoralbriefe tatsächlich ein Entweder-Oder, wäre das größere theologische Recht auf seiten der Pastoralbriefe. Die Frage ist jedoch, ob wirklich die gnostische Welteinstellung die einzige Alternative zu dieser geordneten Lebensführung einer „christlichen Bürgerlichkeit" ist.

Zweifellos hat auch Paulus durchaus Elemente der antiken Ordnungsethik aufnehmen können, und Kol./Eph. haben das in einer veränderten Situation ebenso getan (vgl. auch 1. Petr.), doch ist niemand dabei zu einer solch statischen Bürgerlichkeit gelangt wie die Pastoralbriefe. Ein Satz wie der, daß Christen ein ruhiges und stilles Leben führen sollen in aller Frömmigkeit und Ehrbarkeit (1. Tim. 2,2), ist denn doch ein Unikum im Neuen Testament. Dabei soll nicht verkannt werden, daß der status confessionis auch hier eine unüberschreitbare Grenze bildet, an der auch die ordnungsfromme Bürgerlichkeit endet. Die Schilderung der Todesbereitschaft im 2. Tim. ragt auch nach M. Dibelius/H. Conzelmann „aus dem Bezirk der normalen bürgerlichen Tugenden" heraus (HNT 13, 32). N. Brox fügt hinzu, daß trotz aller „Überschneidung mit einer pragmatischen, ‚opportunistischen' Mentalität" das Unterscheidende auch in der „aus der Christuspredigt geschöpften Vitalität und Motivation" zu sehen ist (RNT, 125). Gleichwohl bleibt die Frage, ob das nicht nur so etwas wie eine letzte Barriere ist, während im allgemeinen das Ideal bürgerlicher Moral vorherrscht und mindestens in der Ethik die Grenze zur Welt verschwimmt. H.-D. Wendland bemerkt zur Familienethik der Past. z.B., daß von der Nachfolgeforderung Jesu, die auch die Bande der Familie zersprengen kann, in den Past. nichts mehr zu spüren ist. „Gott wird, etwas scharf ausgedrückt, zum Erhalter und Schirmherr der Familie und rückt so an die

Stelle der heidnischen Hausgötter" (Ethik, 98). Das ist zweifellos richtig beobachtet.

5. Bürgerlichkeit darf allerdings nicht einfach Weltlichkeit oder Verweltlichung genannt werden, wie sich etwa in der Stellung zu den Gütern des Lebens, zumal an der großen Wertschätzung des Maßhaltens zeigt, das auf der einen Seite im Gegenüber zur Askese und Weltflucht steht, auf der anderen Seite aber auch zu den „weltlichen Begierden" (Tit. 2,12) und der heidnischen Vergangenheit in der Bindung an die „vielfältigen Begierden und Lüste" (Tit. 3,3).

Zunächst zum besonnenen Maßhalten *(sophrosynē)*: „Wenn wir Nahrung und Kleidung haben, so wollen wir damit zufrieden sein" (1. Tim. 6,8), was an ähnliche Sprüche über Genügsamkeit bei den Kynikern erinnert (vgl. Diog. Laert. VI 105). Damit ist nicht Besitzverzicht, sondern ein gewisser Mittelweg und Kompromiß zwischen Besitzlosigkeit und Reichtum gemeint. Reiche können nur in nichtige und schädliche Begierden fallen, in Versuchung und Schlingen (1. Tim. 6,9), ja nach 1. Tim. 6,10 ist Geldgier geradezu die Wurzel alles Bösen, ein verbreitetes antikes Sprichwort. Während also einerseits vor den Gefahren der Geldgier und des Reichseins gewarnt wird, wird doch andererseits ganz selbstverständlich ein gewisser Besitz vorausgesetzt (vgl. 1. Tim. 5,16 u. ö.). Den Reichen wird geboten, „nicht stolz zu sein, noch ihre Hoffnung auf die Unsicherheit des Reichtums zu setzen, sondern auf Gott, der uns alles reichlich darreicht zum Genuß" (1. Tim. 6,17). Vor allem aber sollen Reiche freigebig sein und sich dadurch an guten Werken reich zeigen (V. 18). In ihrer Tendenz ähnlich und typisch für die Einstellung des Verfassers sind auch seine Worte über den Weingenuß. Man soll nicht übermäßigem Weingenuß zugetan sein (1. Tim. 3,2; Tit. 1,7), sich nicht vielem Weintrinken ergeben (Tit. 2,3), aber gegenüber der Weinabstinenz heißt es: „Trinke nicht nur Wasser, sondern nimm etwas Wein zu dir wegen deines Magens und deiner häufigen Schwächeanfälle" (1. Tim. 5,23). Also weder keinen Wein noch viel Wein, sondern etwas Wein. Diese Mitte zwischen Weinabstinenz und Weinsauferei charakterisiert trefflich die Stellung zu den Lebensgütern in den Past. überhaupt.

6. Auffällig ist das Ineinander von Kirchenordnung und Ethik. Was als Verpflichtung des Bischofs, der Diakone und der Presbyter aufgezählt wird, ist nichts anderes als eine Verpflichtung auf ein bürgerlich-sittliches Verhalten:

„Der Bischof soll als Haushalter Gottes unbescholten sein, nicht anmaßend, nicht zornig, kein Trinker, kein Raufbold, nicht gewinnsüchtig, sondern gastfrei, ein Freund des Guten, besonnen, gerecht, fromm" (Tit. 1,7; ähnlich 1. Tim. 3,2). Ganz ähnlich lauten auch die Dienstvorschriften für die Diakone: „Sie sollen ehrbar sein, nicht doppelzüngig, nicht übermäßigem Weingenuß ergeben, nicht gewinnsüchtig ..., *einer* Frau Mann, gut ihren Kindern und Häusern vorstehend" (1. Tim. 3,8 ff.). Und auch für die Ältesten endlich gilt Ähnliches (Tit. 1,6).

Ein Vergleich der genannten Eigenschaften ergibt sofort, daß vieles übereinstimmt und kaum etwas spezifisch für die jeweiligen Ämter ist, ja sie sind eigentlich für jeden Christen gültig und nicht auf ein besonderes Amt zugeschnitten (beim Bischof und bei Diakonen werden allerdings auch noch einige andere Voraussetzungen im Pflichtenkanon angeführt). „Das geistliche Amt tritt so in die Reihe der bürgerlichen Berufe ein"[6]. Viel auffallender als die Tatsache, daß die erwähnten Tugend- und Pflichtenreihen im Grunde nichts für die betreffenden Ämter Eigentümliches fordern, sondern *jedem* Christen gelten, ist allerdings, daß es sich bei den verlangten Pflichten für die Amtsträger nicht einmal um spezifisch christliche, sondern allgemein menschliche und moralische Qualitäten handelt, die auch in der bürgerlichen Umweltethik gefordert werden. Der Grund für diese merkwürdige Beschränkung auf das, was in jeder antiken Durchschnittsethik steht, ist nicht genau anzugeben. Da solche Vermahnungen an Amtsträger in Gestalt eines schematischen Tugendkatalogs aber wiederum in den Pflichtenlehren der hellenistischen Welt ihre Analogien haben (M. Dibelius/H. Conzelmann, HNT zu 1. Tim. 3,1 ff.), ist dies zunächst wieder ein schlagendes Beispiel für die Tatsache, daß der Verfasser sich stark an die Ideale der Moralphilosophie seiner Zeit anlehnt. Ein Hinweis auf den tieferen Grund dieser Anlehnung ist vielleicht die Aussage, daß nur der ein Amt recht verwalten kann, der sein eigenes Haus gut verwaltet (1. Tim. 3,4). Die Kirche wird ja in 1. Tim. 3,15 ausdrücklich als „Haus Gottes" charakterisiert und der Bischof in Tit. 1,7 als „Haushalter Gottes". So versteht man die Frage von 1. Tim. 3,5: „Wenn jemand sein eigenes Haus nicht zu führen vermag, wie will der die Gemeinde Gottes recht verwalten?". Kirche und Haus werden hier also eng aufeinander bezogen. Allerdings ist auch die Schlußfolgerung aus der Führung des Hauses auf das Amt nicht singulär, sondern findet sich auch sonst in der griechischen Paränese (vgl. M. Dibelius/H. Conzelmann, HNT 13 zu 1. Tim. 3,4f.). Für den Verfasser gehören institutionelle Kirchlichkeit und bürgerliche Moral jedenfalls aufs engste zusammen. Umgekehrt ist es für ihn selbstverständlich, daß Irrlehrer eine laxe Moral haben, obschon sich das mit der Askese dieser Leute stößt. Was der „gesunden Lehre" der Kirche entgegensteht, kann darum in einem Lasterkatalog aufgezählt werden (1. Tim. 1,9f.).

Es läßt sich gar nicht leugnen, daß der Verfasser die christliche Botschaft moralisiert hat. Wo sich die Zugehörigkeit zur Kirche primär in einem ordentlich geregelten kirchlichen Leben und in bürgerlicher Rechtschaffenheit dokumentiert und aus der Sünde primär eine moralische Verfehlung wird, da ist eine folgenschwere Verschiebung eingetreten. H.-D. Wendland meint, daß die Kirche der Past. der Gefahr, zur „moralischen Anstalt" zu werden, noch nicht erlegen sei, weil sie am Herrn Jesus Christus, an der Gnade Gottes und an der Substanz der gesunden Lehre festgehalten habe (Ethik, 100). Jedenfalls ist sie nur wenig von dieser Grenze entfernt, ja sie hat sie m. E. an einigen Punkten auch schon überschritten.

Das hängt gewiß auch zusammen mit der von M. Weber sogenannten „Veralltäglichung des Charismas", die ja wiederum nicht von einer Rationalisierung und zugleich Banalisierung zu trennen ist. Entscheidender ist aber, daß die Eschatologie als kritische

---

[6] H. v. Campenhausen, Kirchliches Amt und geistliche Vollmacht (BHTh 14), 1953, 116ff., Zitat 123.

und inspirierende Kraft außer Sicht geraten ist und der Provisoriumscharakter nicht mehr ernsthaft in Rechnung gestellt wird. Zugleich aber ist (trotz 2. Tim. 2,11) der Gekreuzigte aus der Mitte der Theologie und Ethik verschwunden, was die Anpassung an das Normale zusätzlich erleichterte.

7. Zum Schluß noch einige Konkretionen, soweit sie symptomatisch sind. Zunächst zu Mann und Frau. Schon das mulier taceat in ecclesia aus 1. Kor. 14,34 ist wahrscheinlich vom Verfasser der Past. eingefügt worden (vgl. S. 231), zumal da sich in 1. Tim. 2,11f. eine ähnliche Aussage findet:

„Eine Frau aber soll schweigend und in aller Unterordnung lernen. Zu lehren aber gestatte ich der Frau nicht noch dem Manne dreinzureden, sondern sie hat in Stille zu verharren. Denn Adam wurde zuerst erschaffen, danach Eva. Und nicht Adam wurde verführt, sondern die Frau ließ sich verführen und ist in Übertretung geraten. Sie wird aber durch Kindergebären gerettet werden, wenn sie an Glaube, Liebe und Heiligung festhalten in der Zucht".

Umstritten ist, ob sich das auf die Stellung der Frau in der Schöpfung oder auf das Verhalten im Gottesdienst bezieht. H. W. Bartsch macht aus der Not eine Tugend und erklärt, die Unmöglichkeit, eine eindeutige Trennungslinie zwischen gottesdienstlichen und allgemeingültigen Regeln zu ziehen, zeige, daß der Verfasser kein Interesse an solcher Grenzziehung habe (60). Übernehme die Gemeinde die für den Gottesdienst gültigen Regeln als für das ganze Leben verbindlich, so bekunde sie damit, daß sie ihr ganzes Leben als im Angesicht Gottes geführt verstehe (70). Mindestens traditionsgeschichtlich liegt die Sache aber gerade umgekehrt: Ursprünglich allgemeine Regeln und gesellschaftliche Ordnungsvorstellungen werden für den Gottesdienst reklamiert, so wie das ja auch bei den Bischofsspiegeln der Fall ist, wo allgemeine Qualitäten für das Bischofsamt übernommen werden.

Das heißt dann aber: der Verfasser macht zwar keinen grundsätzlichen Unterschied zwischen Gottesdienst und Bürgerlichkeit, aber nicht weil der Gottesdienst im Alltag der Welt bewährt wird, sondern weil die Welt bis in den Gottesdienst vordringt, so daß nun bürgerliche Regeln auch für den Gottesdienst gelten. Bezieht sich das Lehrverbot für die Frauen in V. 12 aber auf das Reden in der Gemeindeversammlung, bei der die Frau nicht in das den Männern vorbehaltene Lehramt eingreifen soll, dann hat hier die Moral den Gottesdienst durchsetzt und zugleich Kirchenordnung und Ämterhierarchie über das Charisma gesiegt. Der Geist Gottes, der nach Paulus auch die Frau ergreift und durch Frauen redet, hat zu schweigen, weil es nicht der Konvention entspricht, daß Frauen öffentlich reden, was ebenso wie 1. Kor. 14,34f. der Aussage von 1. Kor. 11,5 widerspricht. Noch problematischer ist freilich die Begründung für das Lehrverbot und für die Unterordnung unter das, was die Männer lehren. Den Grundsatz, daß das Ältere das Wertvollere, der Mann aber vor der Frau erschaffen worden ist, mag man noch als alttestamentlich qualifizieren (vgl. auch 1. Kor. 11,8f.). Viel problematischer ist aber, daß der Frau die Alleinschuld am Sündenfall zugeschoben wird (V. 14).

Das widerspricht sowohl der paulinischen Sicht in Röm. 5,12 als auch dem alttestamentlichen Bericht, der deutlich die gemeinsame Schuld Adams und Evas zum Ausdruck bringt. Es entspricht aber Aussagen wie Sir. 25,24: „Von einer Frau kommt der

Anfang der Sünde, und um ihretwillen sterben wir alle". Möglicherweise ist aufgrund jüdischer Tradition sogar an eine Unzuchtssünde Evas mit der Schlange gedacht. Das würde den problematischen V. 15 erklären, wo das Kindergebären als Teil des Heilswegs ausgegeben wird. Die Sühnung der Schuld und die Rettung muß sozusagen auf demselben Gebiet erfolgen wie die Sünde, eine außerordentlich gefährliche und suspekte Aussage. Auch wenn sich V. 15 möglicherweise wieder gegen eine häretisch-asketische Abwertung von Ehe und Geschlechtlichkeit richtet (vielleicht sogar gegen die Auffassung der Irrlehrer, daß Kindergebären vom Heil ausschließt) und man für die Einbeziehung der natürlichen Vorgänge in das Glaubensleben Verständnis hat, ist die ihnen zugebilligte (durch V. 15b allerdings wieder eingeschränkte) Heilsfunktion höchst problematisch (vgl. H.-D. Wendland, Ethik, 97; positiv P. Trummer, 150).

Immerhin muß man die Gegenposition im Auge haben, um die Überreaktion des Vf. zu verstehen. Ob schon die Gegner des Paulus in Korinth die These vertreten haben, daß es gut sei, keine Frau zu berühren, ist zwar nicht sicher (m. E. ist 1. Kor. 7,1 aber Zitat aus dem Schreiben der Gemeinde, vgl. W. Schrage, Lit. S. 234, 214ff.; dort auch Belege für die gnostische Askese), jedenfalls begegnen wir in den Past. Leuten, die die Ehe verbieten (1. Tim. 4,3). Das steht im Zusammenhang dualistischer Leibfeindschaft, die im Regelfall Ablehnung der Ehe und sexuelle Askese zur Folge hatte, wenngleich vereinzelt aus derselben Grundvoraussetzung der Degradierung und Dämonisierung des Leiblichen auch Libertinismus gefolgert werden konnte (vgl. schon 1. Kor. 6,12ff.). Die spätere kirchliche Ketzerpolemik berichtet immer wieder von Gnostikern, nach denen Heiraten und Zeugen vom Teufel stammen sollen (Irenäus, Haer. I 24,2), Ehe und Geschlechtsverkehr Obszönität und Unzucht zu heißen seien (Tertullian, Gegen Marcion, I 29; Hippolyt, X 19) usw. Auch gnostische Texte selbst disqualifizieren die geschlechtliche Zeugung als „schmutzige Übung" (Sophia Jesu Christi, 106,5), lassen Jesus gekommen sein, „um die Werke des Weiblichen zu zerstören" (Ägypterevangelium) u. a. Gewiß gibt es auch außerhalb der Gnosis asketische Züge, vor allem kultisch bedingte sexuelle Abstinenz, doch fast ausschließlich auf Priester und Priesterinnen beschränkt (vgl. Th. Hopfner, RAC 1, 41ff.), also nicht als grundsätzliche Verwerfung von Ehe- und Geschlechtsgemeinschaft zu verstehen (vgl. S. Schulz, Ethik, 247ff.).

Eine weitere für den Themenkomplex noch aufschlußreichere Stelle ist Tit. 2,2ff. Beachtenswert ist, daß hier von der Liebe des Mannes zur Frau anders als in der Haustafel des Kol./Eph. (vgl. S. 259f.) nicht mehr die Rede ist. Der Unterordnung der Frau unter den Mann wird hier nicht als Pendant die Liebe des Mannes zur Frau zur Seite gestellt, sondern *beides* wird von der Frau verlangt. Auffallenderweise wird hier auch nicht von Agape, sondern von Philia gesprochen, d. h. es handelt sich um die natürliche Mannes- und Kinderliebe. Nicht von ungefähr wird die familienzentrierte Rolle der Frau als Mutter besonders betont (vgl. außer 1. Tim. 2,15 auch 1. Tim. 5,14).

Wie beim Bischof und Diakon, die „*einer* Frau Mann" sein sollen (1. Tim. 3,2.12; Tit. 1,6), heißt es bei der Frau, daß sie „*eines* Mannes Frau" gewesen sein soll (1. Tim. 5,9). Bei der Frau scheiden die beim Mann gegebenen Antworten, damit sei Polygamie abgewehrt (die meisten denken beim Mann wie R. Schwarz, 47 an das Verbot der Vielehe), sofort aus. Man hat „*einer* Frau Mann" auf das Verbot von Unzucht, von Wiederheirat nach Scheidung oder nach dem Tod des ersten Ehegatten gedeutet. Aber eheliche Treue (so z.B. P. Trummer, 151; ders., Einehe nach den Past., Bib. 51, 1970, 471–484) wird meist anders umschrieben. Jüngeren Witwen wird zudem ausdrücklich

Wiederheirat empfohlen (1. Tim. 5,14). So ist wohl am ehesten an das Unverheiratetbleiben Geschiedener zu denken (so z. B. A. Oepke, ThW I, 789). E. Glasscock, „The Husband of One Wife". Requirement in 1 Timothy 3:2, BS 140, 1983, 244–258 betont freilich, daß es nicht um zurückliegende Tatbestände, z. B. frühere Scheidungen geht, sondern um die Gegenwart. Sicherheit ist nicht zu erreichen.

8. Eine im Urchristentum singuläre Mahnung betrifft die Witwen (1. Tim. 5,3–16)[7]. Es geht in diesem ausführlichen Abschnitt um zwei Dinge: um die Witwenversorgung und um das Witwenamt bzw. den Witwenstand. Was das erste betrifft, so ist deutlich zu erkennen, daß dem Verfasser daran liegt, die Zahl der von der Gemeinde zu unterstützenden Witwen einzugrenzen. Daß Witwen und Waisen in besonderer Weise der Fürsorge der Gemeinde befohlen werden, ist schon im Alten Testament und Judentum selbstverständlich (Jes. 1,17; Jer. 22,3; Sach. 7,10; Sir. 4,10 u. ö.). Das Weiterführende an der Regelung von 1. Tim. 5 ist aber, daß hier nicht nur der einzelne auf seine individuelle und spontane Liebe angesprochen wird, sondern die Gemeinde Verantwortung und Fürsorge für einen der damals sozial, wirtschaftlich und rechtlich benachteiligten Stände übernimmt. Erst unter Justinian ist ja gesetzlich festgelegt worden, daß eine Witwe ein Viertel der Hinterlassenschaft ihres Ehemannes erhält, während die erbrechtlichen Bestimmungen sonst sehr nachteilig für sie waren (vgl. G. Stählin, ThW IX, 430 ff.). 1. Tim. 5 zeigt nun weiter, daß die Gemeinde nicht in der Lage ist, Finanzmittel mit vollen Händen für karitative Aktionen auszugeben, sondern sehr genau kalkulieren muß (V. 16b). Darum wird mehrfach daran erinnert, daß die materielle Unterstützung von Witwen in erster Linie Sache der betroffenen Angehörigen ist. Wer sich nicht um die Witwen seiner Familie kümmert, verleugnet den Glauben (V. 8). Die Gaben der Gemeinde sollen dagegen nur den „wirklichen Witwen" zugute kommen, womit offenbar zunächst diejenigen gemeint sind, die nicht im Verband einer Familie leben (vgl. V. 16) und vereinsamt sind (V. 5). Allerdings wird in V. 6 der wirklichen Witwe auch noch eine andere Kategorie gegenübergestellt, nämlich die leichtfertige, ihrem Vergnügen lebende Witwe, d. h. zu den sozialen Kriterien eines Unterhalts durch die Gemeinde treten auch noch moralische (vgl. auch V. 10). Soziale wie moralische Voraussetzungen bedingen also die diakonische Wirksamkeit der Gemeinde.

Wenn man sich fragt, ob der barmherzige Samaritaner den unter die Räuber Gefallenen vor seiner Hilfe nach seinem moralischen Lebenswandel ausgefragt haben könnte, liegt der Unterschied auf der Hand. Freilich muß man auch hier das Problem sehen und nicht voreilig aburteilen. Daß sich diese Kirche nicht einfach schamlos ausnehmen läßt und ihre Kirchengroschen dafür hergibt, wird man ihr kaum verargen können. Nur daß jetzt auch nach moralischen Kriterien aussortiert wird, ist das Peinliche. Positiv aber ist festzuhalten, daß hier das Institutionelle in seiner Bedeutung erkannt ist, ohne wie im Kirchenregiment überschätzt und verabsolutiert zu werden (V. 8).

---

[7] Vgl. J. Müller-Bardoff, Zur Exegese von 1. Tim. 5,3–16, in: FS E. Fascher, o. J., 113–133; J. M. Bassler, The Widows' Tale: A Fresh Look of 1. Tim. 5:3–16, JBL 103, 1984, 23–41; R. Schwarz, 163 ff.

Umstritten ist weiter, ob dieselben Kriterien, die für die Witwenversorgung genannt werden, auch für den Stand der Gemeindewitwen bzw. für das Witwenamt gelten oder ob V. 9 eine von der Witwenversorgung gelöste eigene Thematik beginnt. Zur Funktion der im Gemeindedienst stehenden Witwen gehören vielleicht seelsorgerliche oder diakonische Hausbesuche, jedenfalls aber das intensive Gebet (V. 5; vgl. Lk. 2,36–38). Wahrscheinlich steht es so, daß die Gemeindeversorgung nicht nur an soziale und moralische Voraussetzungen gebunden wird, sondern auch an die Mitarbeit in der Gemeinde. Das schließt nicht aus, daß auch andere unterstützt werden können, aber bei der offenbar regelmäßigen Versorgung wird eine wie immer näher zu bestimmende Funktion in der Gemeinde vorausgesetzt, Hilfe also an Mithilfe geknüpft.

Jüngere Witwen werden aber ausdrücklich bei einer Meldung zum Witweninstitut abgelehnt (V. 11). Man muß sich dabei vor Augen halten, daß man damals recht früh heiratete und die Zahl junger Witwen nicht unbeträchtlich gewesen sein wird. Der Verfasser möchte diesen jungen Witwen offenbar ersparen, in einen Konflikt zwischen Witwenamt und Wiederheirat zu kommen. Er will, daß die jüngeren Witwen wiederheiraten (V. 14) und nicht, wenn sie ihr Leben Christus ganz verschrieben und auf eine weitere Ehe verzichtet haben, ihrem Gelöbnis untreu werden (V. 11f.).

Nach J. Müller-Bardoff soll der Verfasser das Ideal einer geschlechtlich-abstinenten „Gotteswitwe" voraussetzen, das auch aus anderen als religiösen Gründen attraktiv gewesen sei, wobei es ihm um „Beschneidung gewisser Auswüchse und Bekämpfung einer unguten Überhandnahme eines asketischen Ideals" gehe (133); vgl. aber auch E. Kähler, Frau, 163. J. M. Bassler vermutet, daß bei den Witwen selbst die Ehelosigkeit darum bevorzugt wurde, um von der bedrückenden Ungleichheit der patriarchalisch strukturierten Ehe frei zu bleiben (24). Zweifellos kann ein eheloser Lebensstil von Frauen auch Protest und Alternative zur üblichen Subordination sein, doch läßt der Text nichts von dieser angeblich attraktiven Seite erkennen. Er setzt auch nicht voraus, daß Keuschheit – u. U. sogar durch Scheidung bewußt herbeigeführte – und nicht Witwenschaft der entscheidende Punkt war (so aber J. M. Bassler 35).

9. Zweimal werden speziell die Sklaven ermahnt (1. Tim. 6,1f.; Tit. 2,9f.). Was gegenüber der Haustafel im Kol./Eph. (vgl. S. 261) vor allem auffällt, ist das Fehlen einer entsprechenden Mahnung an die Herren. Die Erfüllung der irdisch-häuslichen Angelegenheiten durch die Sklaven soll der christlichen Botschaft zur Zierde gereichen (vgl. auch 1. Tim. 6,1).

H. Gülzow hat an die damals verbreitete Meinung erinnert, daß fremde Religionen die Sklaven verderben. So darf man vielleicht annehmen, daß in den Past. der Vorwurf ausgeschlossen werden soll, „die Christen seien schlechte und unwürdige Sklaven und begegneten ihren Herren mit Verachtung und Überheblichkeit" (75).

10. 1. Tim. 2,2 steht die bis heute befolgte Mahnung, für Könige bzw. Kaiser und alle Obrigkeiten fürbittend und danksagend zu beten, wobei deutlich an jüdische Gepflogenheiten angeknüpft wird, vielleicht auch schon an urchristliche Gebetspraxis.

Vgl. H. W. Bartsch, 27ff.; ders., Das Gebet für die Obrigkeit in 1. Tim. 2, in: Entmythologisierende Auslegung (ThF 26), 1962, 124–132, der freilich hier zu Unrecht eine „Indifferenz gegenüber der bestehenden Obrigkeit" findet (125). Vgl. K. Aland, 207. Bekanntlich wurde im Tempel von Jerusalem für Kaiser und Reich gebetet, und es wurden für sie auch Opfer dargebracht. Neben Chananjas Mahnung zum Gebet „für das Wohl der Regierung" (Aboth III 2) sind etwa Äußerungen Philos oder Synagogeninschriften zu vergleichen, die belegen, daß auch in den Synagogen des hellenistischen Judentums außerhalb Palästinas Loyalitätsbekundungen gegenüber den Herrschern bekannt gewesen sind (vgl. W. Schrage, ThW VII, 825).

Die Begründung der Fürbitte in den Past. weist nicht auf die Gefahr einer möglichen Absage an den Staat, sondern die Mahnung ist situationsunabhängig. Die staatlichen Repräsentanten und Organe sollen sozusagen den Rahmen schaffen, innerhalb dessen die Gemeinde das Ideal eines vor Gott und den Menschen wohlgefälligen Lebens realisieren kann. Daß Fürbitte auch in Zeiten staatlicher Feindseligkeit und Verfolgung nicht unterlassen wird, andererseits aber durchaus Gehorsamsverweigerung einschließen kann, wissen wir aus dem etwa gleichzeitigen Polycarpbrief. Jedenfalls soll der Staat nach der Meinung des Verfassers dem Chaos wehren und ein geordnetes Zusammenleben ermöglichen und zugleich damit das christliche Leben nach dem Willen Gottes. Er soll freilich auch hier nicht mehr sein. Dieser letzte Vorbehalt, den die Past. mit den anderen Zeugen des Neuen Testaments teilen, dokumentiert schon die Fürbitte. „Fürbitte, so positiv sie ist, ist schlechterdings Verneinung der Anbetung. Wer der Fürbitte bedarf, ist, ob Kaiser oder König oder Statthalter, ein Mensch"[8].

## C. Christlicher Lebensstil nach dem 1. Petrusbrief

*Literatur:* D. L. Balch, „Let Wives be Submissive...". The Origin Form and Apologetic Function of the Household Duty Code (Haustafel) in 1 Peter, Diss. Yale, 1974; ders., Early Christian Criticism of Patriarchal Authority, USQR 39, 1984, 162–173; G. Delling, Der Bezug der christlichen Existenz auf das Heilshandeln Gottes nach dem ersten Petrusbrief, in: FS H. Braun, 1973, 95–113; L. Goppelt, Prinzipien neutestamentlicher Sozialethik nach dem 1. Petr., in: FS O. Cullmann, 1972, 285–296; ders., Die Verantwortung der Christen in der Gesellschaft nach dem 1. Petr., in: Theologie des NT II, 1976, 490–508; L. Kline, Ethics for the Endtime: An Exegesis of 1 Pt 4:7:11, RestQ 7, 1963, 113–123; S. Légasse, La Soumission aux Autorités d'après I Pierre 2.13–17, NTS 34, 1988, 378–396; E. Lohse, Paränese und Kerygma im 1. Petr., in: Die Einheit des NT, 1973, 307–328; K. Philipps, Kirche in der Gesellschaft nach dem 1. Petr., 1971; R. Schnackenburg, Botschaft, 296–301; S. Schulz, Ethik, 613–632; C. E. Sleeper, Political Responsibility According to 1 Peter, NT 10, 1968, 270–286; J. B. Souček, Das Gegenüber von Gemeinde und Welt nach dem 1. Petr., CV 3, 1960, 5–13; W. C. van Unnik, The Teaching of Good Works in 1 Peter, NTS 1, 1954/55, 92–110; H.-D. Wendland, Ethik, 101–104; Ch. Wolff, Christ und Welt im 1. Petr., ThLZ 100, 1975, 333–342.

Es mag überraschen, auch den 1. Petr. unter den Deuteropaulinen angeführt zu finden. Das hat aber guten Sinn, auch wenn der Verfasser selbst sich nicht auf Paulus, sondern auf Petrus beruft. In welchem Maß der unbekannte Verfasser paulinische und deuteropauli-

---

[8] G. Kittel, Das Urteil des NT über den Staat, ZSTh 14, 1937, 651–680, Zitat 665.

nische Anschauungen vertritt und nur im Ausstrahlungsbereich paulinischer Verkündigung und Theologie entstanden sein kann, zeigt seine große Nähe und Verwandtschaft zum Corpus Paulinum. Gewisse Gemeinsamkeiten gehen zwar auf das Konto gemeinsamer Traditionen (vgl. vor allem die christologischen Aussagen und den paränetischen Bereich). Neben solch gemeinsamer Tradition bleibt aber genügend anderes, das als typisch paulinisch anzusprechen ist.

Abgesehen von den mit Paulus gemeinsamen Traditionen ist der Brief auch sonst von zahlreichen urchristlichen Überlieferungen durchsetzt. So hat man urchristliche Lieder und Bekenntnisformeln und vor allem paränetische Formen rekonstruieren können, die im urchristlichen und alttestamentlich-jüdischen Raum vorgeprägt worden sind. Offensichtlich liegt auch diesem Verfasser weniger an Originalität als an Tradierung und Aktualisierung bewährter Sätze.

Der Brief richtet sich an eine Gemeinde, die in Anfechtung und Leid und unter Anpassungsdruck durch die Umwelt steht. Die Christen werden verdächtigt und geschmäht, ja offenbar auch um ihres Christseins willen belangt. Der Verfasser will unnötige Konfrontationen vermieden wissen, doch weiß er zugleich, daß die durch den nonkonformistischen Lebensstil der Christen eingetretene Entfremdung und Diskriminierung, ja auch Kriminalisierung nicht immer vermieden werden kann.

1. Ähnlich wie bei Paulus begründet und motiviert die Zusage von Heilsgegenwart und Heilszukunft die Paränese, auch wenn der Imperativ voransteht und darauf dann erst der Hinweis auf den Willen oder die Taten Gottes folgt (vgl. E. Lohse, 325). Charakteristisch ist das kausale „denn" zur Begründung ethischer Mahnungen (vgl. 1,15f.; 3,17f.; 5,5 u. ö.). Im Blick auf den Inhalt des die Paränese begründenden Indikativs ergibt sich, daß die letzte und eigentliche Begründung der ethischen Ermahnung christologisch-soteriologischer Art ist. Gewiß geschieht das auch hier z. T. etwas formelhaft, um den neuen Horizont, in dem man die Ethik zu sehen hat, wenigstens anzudeuten. So spricht 3,16 z. B. einfach von dem guten Wandel „in Christus", und 2,13 läßt der Verfasser die christologische Begründung durch die Wendung „um des Herrn willen" anklingen. Viel charakteristischer sind aber ausführliche Begründungen durch kerygmatische Sätze, Bekenntnisse und Hymnen, die das grundlegende Heilsereignis des Kreuzestodes Jesu bezeugen. So sollen die Christen nach 1,17–19 darum ihr Leben verantwortlich führen, weil sie wissen können, daß sie durch das kostbare Blut Christi von ihrem nichtigen Wandel erlöst worden sind. In 3,17f. wird es besser genannt, um guter Taten willen zu leiden als Böses zu tun, weil Christus um der Sünde willen als Gerechter für die Ungerechten gelitten hat. Darauf folgt dann ein hymnisches Stück, das in geprägten Formulierungen das Heilswerk Christi beschreibt und das Schicksal Jesu Christi der Gemeinde in ihrer Bedrängnis als Ermunterung vor Augen stellen soll. Ähnlich wird auch in der Mahnung an die Sklaven in Kap. 2 zur Begründung der Haustafelparänese auf christologische Tradition zurückgegriffen und auf die Situation der christlichen Sklaven angewendet (2,21ff.). Sie sollen wissen, daß der stellvertretende Sühntod Jesu auch ihnen ein Leben ermöglicht, das in Gerechtigkeit gelebt wird und frei ist vom Sündigen und Umherirren (2,24f.). Dem vorausgesetzten Leidensschicksal der Adressaten entsprechend ist es nicht Zufall, daß vor allem der leidende Christus immer wieder in den Blick tritt. Die leidenden und angefoch-

tenen Christen werden eben in ihrer Anfechtung und ihrem Leiden auf den leidenden und angefochtenen Christus verwiesen und sollen dadurch getröstet und ermutigt werden. Daß dieser Gekreuzigte zugleich der Auferstandene (1,3), der lebendige (3,18) und erhöhte Herr ist (3,22), versteht sich beinahe von selbst.

2. Anders als in Kol./Eph. und Past. ist im 1. Petr. auch eine durch die Auferstehung Jesu „lebendige" (1,3) eschatologische Hoffnung eine der Hauptantriebskräfte christlicher Existenz und Ethik: Glaube ist als Hoffnung (vgl. 1,21) immer sofort nach vorn auf die erwartete „unaussprechliche" Freude gerichtet (4,13), die die Wiederkunft Christi mit sich bringen wird (vgl. 1,8f.). In 4,7 heißt es ausdrücklich: „Das Ende aller Dinge ist nahegekommen. Seid darum besonnen und nüchtern zum Gebet. Vor allem habt inständige Liebe untereinander". Hier liegt klar und unmißverständlich eine eschatologisch motivierte Mahnung vor, angesichts des nahen Endes aller Dinge die richtigen Konsequenzen zu ziehen, was übrigens auch darum wichtig ist, weil wir es mit einem Dokument vom Ende des 1. Jahrhunderts zu tun haben und die Enderwartung gleichwohl eine solch dominierende Rolle spielt. Die Ethik ist auch hier nicht Ersatz, sondern Konsequenz der Eschatologie (vgl. 4,17, wo der eschatologische Satz die Mahnung von V. 16 begründet). In 1,13 wird aus dem Wissen um die endzeitliche Stunde die Mahnung zur Bereitschaft und Nüchternheit abgeleitet: Die Vorläufigkeit alles Innerweltlichen läßt wahrhaft besonnen und verständig sein, und Christen brauchen sich durch diese Weltzeit als etwas Vorletztem nicht mehr berauschen zu lassen. Von der zukünftigen Offenbarung Jesu Christi her werden sie zugleich desillusioniert und mobilisiert. Sie setzen ihre Hoffnung ganz auf den Herrn und sind gerade so als „Kinder des Gehorsams" (1,14) vom Anpassungszwang an die Welt frei und zum Handeln in Gelassenheit bereit.

Besonders wichtig ist die Überschrift über der großen Haustafel, in der die Christen als „Fremde" und „Gäste" in dieser Welt angesprochen werden (2,11), als „die eschatologische Exodusgemeinde in der Zerstreuung" (L. Goppelt, Prinzipien, 285). Alles christliche Leben und Handeln im Alltag steht unter diesem Vorzeichen. Auch die Stellung der Christen in den irdischen Institutionen ist ohne diesen alles umwertenden und neue Maßstäbe setzenden Gesichtspunkt nicht zu verstehen. Auch als Bürger des Staates, auch in Familie und Gesellschaft sind diese „Fremden" und „Gäste" bei aller Verantwortung, mit der sie ihre politischen, gesellschaftlichen und familiären Verpflichtungen erfüllen, doch solche, die ihre wahre Heimat woanders haben als in dieser Welt und die ihr Heil und ihre Zukunft bei allem Engagement der Liebe von einem anderen erwarten (weitere eschatologische Motive wie Gerichts- und Lohngedanke auch 1,17; 3,7; 4,5.17; 5,1.4 und 3,9–12[9]). Dieser Kommende aber kann in der Zeit ihres „Aufenthalts in der Fremde" (1,17) darum in rechter Weise erwartet und in der Lebensführung bezeugt werden, weil die Heilsvollendung durch die Erlösung schon verbürgt ist (1,18; vgl. G. Delling, 101).

---

[9] Vgl. dazu J. Piper, Hope as the Motivation of Love: 1. Peter 3:9–11, NTS 26, 1979/80, 212–231.

### C. Christlicher Lebensstil nach dem 1. Petrusbrief

3. Neben der Eschatologie ist im 1. Petrusbrief darum auch die Taufe Grund und Motiv christlicher Lebensführung, die den Christen Mut, Kraft und Trost vermitteln soll. Auch sie gewinnt ihre Kraft durch die Auferstehung Jesu (1,3; 3,21) und das Wort (1,23). Die von Gott in der „Wiedergeburt" (vgl. außer 1,3.23 auch 2,2) geschaffene neue Wirklichkeit wird so in 1,22f. als Motiv angespannter Bruderliebe hingestellt. Taufe als Neuwerden des ganzen Menschen führt eo ipso zum Gehorsam. Der Imperativ „liebt einander" wird hier vorn und hinten durch zwei Partizipien des Perfekts umgriffen und begründet, die beide auf die Taufe hinweisen: „geheiligt" und „wiedergeboren".

Als letzte, wieder stark an Paulus erinnernde Begründung christlicher Lebensführung ist die pneumatisch-charismatische zu nennen, wobei freilich Taufe und Geist eng zusammengehören. Schon in der Briefadresse wird von der „Heiligung des Geistes" gesprochen (1,2). Da auch die anderen Genitive in der Adresse eindeutig subjektive Genitive sind, ist das auch in der Wendung „Heiligung des Geistes" der Fall. Der Geist selbst ist also das Subjekt der Heiligung. Christen handeln nicht, um geheiligt zu werden, sondern als schon Geheiligte, als von Gott und seinem Geist schon Ergriffene und Beschlagnahmte. Daß die Christen der Kraft des Geistes bedürfen, bestätigt auch 1,12 und 4,14, vor allem aber die charismatische Begründung allen christlichen Handelns in 4,10–11: „Wenn jemand dient, so tue er es aus der Kraft, die Gott verleiht" (V. 11). Alles Tun und Dienen der Gemeinde steht nicht auf eigener Kraft, sondern auf der Kraft, die Gott darreicht, und zwar immer wieder darreicht (vgl. das Präsens), nicht ein für allemal dargereicht hat. Im Reden und Handeln der Christen ist Gott selbst am Werk, der dadurch verherrlicht wird.

All das bestätigt, daß die Begründung der Ethik ganz ähnlich geschieht wie bei Paulus: Gottes gegenwärtiges und zukünftiges Heilshandeln in Jesus Christus ist Basis und Impetus des Handelns der Christen. Die Ethik ist auch hier nicht verselbständigt, sondern in unlöslicher Verklammerung mit dem Tun Gottes gesehen. Ohne Wiedergeburt kein neuer Gehorsam, ohne Hoffnung keine Bewährung christlicher Existenz.

4. Bei der Frage nach den Inhalten und Kriterien spielt anders als in den Past. auch die alttestamentliche Ethik wieder eine gewisse Rolle, was mit der an der Heilsgeschichte orientierten Christologie und Ekklesiologie zusammenhängt. Jedenfalls ist es vom heilsgeschichtlichen Denken des Briefes her konsequent, daß wenigstens partiell auch alttestamentliche Ethik übernommen wird. In 1,15f. heißt es geradezu programmatisch: „Nach dem Willen dessen, der euch berufen hat und heilig ist, sollt auch ihr in eurer ganzen Lebensführung heilig werden. Denn es steht geschrieben: Ihr sollt heilig sein, denn ich bin heilig".

Allerdings darf man aus der Einführung des alttestamentlichen Zitats keine falschen Schlüsse ziehen, z.B. nicht den, daß die alttestamentliche Schrift qua Schrift für die Christen in Bausch und Bogen Gültigkeit beanspruchen könnte. Hier wird nicht irgendein beliebiges Zitat angeführt, sondern ein zentrales Theologumenon des Alten Testaments. Also gilt nicht das ganze Alte Testament als normativ, sondern seine Grundintention wird aufgenommen: als „heiliges Volk" (2,9) soll die Gemeinde sich in ihrer ganzen

Lebensführung ungeteilt und ausschließlich von Gott in Anspruch nehmen lassen. Eine pauschale Autorisierung aller alttestamentlichen Einzelgebote wäre dagegen kaum im Sinne des Verfassers, auch wenn er selbst kein Sachkriterium nennt, an dem das Alte Testament zu messen ist, sondern mehr das Formalprinzip des „es steht geschrieben" zu regieren scheint. Aber der Schein trügt. Hier wird nicht nur gesiebt, sondern auch umgedeutet. Denn „heilig" hat im 1. Petr. gegenüber dem Pentateuch zweifelsohne einen anderen Inhalt gewonnen. Von levitischer Reinheit kann z.B. keine Rede mehr sein.

Zwei andere Stellen bestätigen aber, daß das Alte Testament gleichwohl als autoritativ auch in der Ethik gilt. In der Mahnung an die Frauen wird ein Beispiel aus dem Alten Testament zur Begründung angeführt, wobei die christlichen Frauen als „Kinder Saras" angeredet werden (3,6). Hier verrät sich auch der innere Grund, warum das Alte Testament als Buch ethischer Beispiele genutzt werden kann: Die Christen sind Erben der Verheißung (vgl. 1,10–12). Während Paulus die Christen als Kinder Abrahams bezeichnet und allein im Glauben das Kennzeichen der Abrahamskindschaft sieht, wird hier bei der Sarakindschaft ausdrücklich auf die guten Werke verwiesen und also die Ethik ans Alte Testament angebunden. Freilich wird auch hier christlich interpretiert. Eine christliche Interpretation ist auch in dem längsten alttestamentlichen Zitat zu erkennen, das im Briefe enthalten ist, nämlich in 3,10–12. Das Zitat stammt aus Ps. 34, und zwar in ziemlich genauer Übereinstimmung mit dem Wortlaut der LXX. Merkwürdig ist nun zunächst, daß dieses längste der Zitate gar nicht als solches gekennzeichnet ist. Vermutlich ist die Spruch- und Weisheitstradition des Alten Testaments inzwischen so sehr selbstverständlicher Besitz der urchristlichen Paränese geworden, daß über die Herkunft gar nicht mehr reflektiert wird.

Dasselbe zeigt sich 5,5, wo der bekannte Satz zitiert wird, daß Gott den Hoffärtigen widersteht, aber den Niedrigen Gnade gibt. Dieses bekannte Schriftwort aus Spr. 3,34 wird auch in Jak. 4,6, Ign. Eph. 5,3 und 1. Klem. 30,2 zitiert und erweist so nicht nur seine Beliebtheit im Urchristentum, sondern eben auch, daß bestimmte alttestamentliche Worte gar nicht mehr als solche gekennzeichnet zu werden brauchten. Sie werden freilich sehr wohl umgedeutet, wie gerade 1. Petr. 3,10–12 zu erkennen ist. Die Hoffnung des zitierten Psalmisten war fraglos eine innerweltliche. Die guten Tage, die er als Ziel vor Augen stellt, sind gute Tage im irdischen Leben. Das aber wird vom 1. Petr. ins Eschatologische transponiert, d.h. das Leben ist das ewige Leben, und die guten Tage sind das ewige Gut im Eschaton. Was im Alten Testament praktische Klugheitsregel war, erhält hier eschatologische Dimension.

Sosehr sich das Heilsziel und das Gewicht der Voraussetzung geändert haben, sosehr besteht in der geforderten Lebenspraxis Übereinstimmung. Auch den Christen ist das Böse verwehrt. Auch sie sollen das Gute tun, auch sie dem Frieden nachjagen. Möglicherweise ist auch eine Analogie zum Verhalten Jesu intendiert: So wie sich im Munde Jesu kein Trug fand (2,22), so soll es nach 3,11 auch bei den Christen sein.

5. Solche materialen Entsprechungen zum Verhalten Jesu finden sich auch sonst betont in 1. Petr. Wenn es in 3,9 heißt: „Vergeltet nicht Böses mit Bösem

oder Schmähung mit Schmähung", so erinnert das unmittelbar an 2,23, wo von Jesus gesagt wird, daß er als Geschmähter nicht wieder schmähte. Geradezu programmatisch aber wird diese Christusförmigkeit christlichen Lebens in 2,21 zum Ausdruck gebracht: „Denn auch Christus hat für euch gelitten und euch ein Vorbild hinterlassen, damit ihr seinen Spuren folgt". Christen sollen sich am Weg und Beispiel ihres Herrn ausrichten.

Aus den bei G. Schrenk (ThW I, 772f.) zusammengestellten Belegen ist zu ersehen, daß mit Vorbild bzw. Muster wohl ursprünglich ein pädagogischer Zug verbunden war, wenn Kindern z.B. eine Gedächtnishilfe und Mustervorlage gegeben wird. Das entsprechende Verbum wird zum Vorzeichnen von Linien gebraucht, die der Lehrer für Kinder, die noch nicht schreiben können, mit dem Griffel zieht, damit sie sich bei ihren ersten Schreibversuchen an diese Linien halten können. Natürlich ist das vom Verfasser als Bild gebraucht, das ja auch sofort durch ein anderes abgelöst bzw. ergänzt wird, dem von den Fußspuren nämlich. Dabei ist Christus dann der Führer, in dessen Fußstapfen die Seinen treten und ihm so nachfolgen.

In beiden Bildern aber geht es um die vorbildhafte Bedeutung Jesu, was hier auch inhaltlich gefüllt wird. Der Weg, auf dem die angeredeten Sklaven ihrem Herrn folgen sollen, ist der Leidensweg. Das Leiden Jesu Christi ist also hier deutlich in den Rahmen einer Vorbildethik gestellt (vgl. Hebr. 12,2). Beherrschend ist aber nicht der Gedanke des Modells, sondern der einer Spur, die als solche nicht nachgeahmt, sondern der nachgegangen wird, und dabei ist immer auch der Abstand zwischen dem Vorangegangenen und den Nachfolgenden im Blick.

Vgl. A. Stumpff, ThW III, 407. Eine Nachahmung in allen Einzelheiten würde schon darum nicht möglich sein, weil sich der Gedanke der Sühne und Stellvertretung solcher Nachahmung entzieht, ja den Vorbildgedanken sprengt. Gleichwohl ist ganz unbestreitbar, daß Christen nach dem Verfasser in den Spuren ihres Herrn zu bleiben haben.

6. Ein anderer wichtiger Gesichtspunkt, den der 1. Petr. mit Nachdruck in seiner Ethik geltend macht, ist der missionarisch-apologetische. Schon in dem grundlegenden Satz von 2,12 heißt es: „Eure Lebensführung unter den Heiden sei eine gute, damit sie, falls sie euch als Übeltäter verleumden, aufgrund eurer guten Werke, wenn sie genauer hinsehen, Gott preisen am Tag der Heimsuchung" (ähnlich 3,16; vgl. auch 4,14f.). Das Motiv dieser Mahnungen ist überall dasselbe: Vorwürfe der Heiden sollen nicht im praktischen Versagen der Christen Grund und Anlaß haben. Christen dürfen sich nicht zurückziehen und isolieren, sie sollen vielmehr mit ihren guten Werken die Vorwürfe der Heiden zum Verstummen bringen.

Nach D. L. Balch richtet sich die Apologie gerade in der Haustafel konkret gegen die Verdächtigung der Römer, Christen seien staatsgefährdende und aufsässige Störenfriede, die durch abweichende Gebräuche in harmonischen Häusern Unruhe stiften und eine soziale und politische Gefahr darstellen (USQR 1984, 163). Die weitergehende These von J. H. Elliott (A Home for the Homeless, Philadelphia 1981), daß die Fremdlingsterminologie (1,1.17; 2,11) vor allem auf einen rechtlich-sozialen Status von dauernd oder vorübergehend ansässigen Nichtbürgern mit eingeschränkten Rechten verweise, geht an der traditionellen Metaphorik und dem Kontext der drei genannten Stellen vorbei (vgl. Ch. Wolff, ThLZ 109, 1984, 443 ff.).

Vom Nebeneinander der beiden Motive von der Fremdlingsschaft der Kirche in 2,11 und der Wirkung der Gemeinde auf die Welt in 2,12 her hat K. H. Schelkle nicht ganz unrecht, wenn er auf die Kirchengeschichte verweist und erklärt, daß diese bezeuge, „daß die Kirche, je mehr sie sich in der Welt als fremd empfunden hat, um so mächtiger auf die Welt zu wirken" vermochte (HThK XIII 2, z. St.). Mit Anbiederungsversuchen oder dem krampfhaften Bemühen, sich weltlicher zu geben als die Welt, ist der Welt in der Tat nicht zu imponieren. Es ist allerdings die Frage, ob das die eigentliche Spitze von 2,12 ist. Die Bekehrung erfolgt nämlich zunächst nicht aufgrund der Fremdheit der Christen, sondern aufgrund ihrer guten Werke. Das ist jedenfalls die Meinung des 1. Petr., auch wenn beides natürlich miteinander zusammenhängen kann. Daß die Paränese dagegen primär der Gruppensolidarität und -kohäsion diene, ist nicht zu erkennen.

Daß es primär auf die guten Werke ankommt, bestätigt auch 3,1 f., wo die Ehefrauen angeredet werden: „Ordnet euch eueren Ehemännern unter, damit, auch wenn einige dem Wort nicht gehorchen, sie durch die Lebensführung ihrer Frauen ohne Wort gewonnen werden, wenn sie auf euere lautere Lebensführung in der Gottesfurcht blicken". Obschon das Christsein nach dem Verfasser als Gehorsam gegenüber dem Wort zu charakterisieren ist, wird hier der wortlosen Lebensführung auch dann eine Chance eingeräumt, wenn das Wort selbst nicht zum Ziel kommt. Zwar ist vorausgesetzt, daß auch die Existenz der Christen „ohne Wort" eine worthafte, wortbestimmte Existenz ist und das Wort dem Mann sehr wohl schon gesagt worden ist, denn er hat es ja abgelehnt. Gleichwohl bleibt erstaunlich, daß der Lebensführung in einer Mischehe hier zugetraut wird, was dem abgewiesenen Wort verwehrt war, daß nämlich die Männer „gewonnen werden". Erfolgreiche Mission erwartet der Verfasser also auch vom Christenleben, das als Ausstrahlung und Darstellung der Wirklichkeit des Wortes gelebt wird, nicht mit penetrantem Bekehrungseifer, aber im Wissen, daß das Leben eine Gestalt von Verkündigung ist, das die Echtheit des Evangeliums bewahrheiten oder verleugnen kann.

Der Verfasser weiß freilich aus Erfahrung, daß der christliche Lebensstil bei den Heiden neben positiven auch negative Reaktionen auslösen kann. Vor allem die unausweichliche Absage der Christen an eigene frühere Lebensformen wird oft genug schmerzliche Abschiede und Konflikte mit der Umwelt heraufbeschworen haben. Die, mit denen man früher gemeinsam das tat, was in 4,3 an Verfehlungen aufgezählt wird (natürlich ist nicht nur die Saufkumpanei, aber diese auch gemeint), sind darüber befremdet, daß die Christen als „Kinder des Gehorsams" unter diese frühere Lebensart ganz konsequent einen Schlußstrich gezogen haben (vgl. auch die scharfen Zäsuren zwischen „einst" und „jetzt" in 1,14; 2,9f. u.ö.).

Das bedeutet einen Bruch mit Lastern, aber auch mit täglichen Lebensgewohnheiten, z. B. auch mit der gemeinsamen Religions- und Kultausübung. Christen werden sich z. B. von den öffentlichen, fast immer mit bestimmten Kulthandlungen verbundenen Festen und Staatsfeiern, von bestimmten Formen der Geselligkeit und Gesellschaft wie kulturellen Veranstaltungen und Theateraufführungen, von heidnischen Ehepraktiken und anderem distanziert haben. Das Einst-Jetzt-Schema betrifft nicht nur den Lasterkatalog, dessen einzelne Glieder mit Ausnahme des Götzendienstes man in der Tat „ziemlich unspezifisch, zufällig und trivial" nennen mag (N. Brox, EKK, 193), vielmehr haben Christen eben auch viele andere „Gemeinsamkeiten aufgekündigt, besonders im Bereich von Kult und Ethos" (194).

Solche Distanz von der eigenen früheren Lebensgewohnheit aber bewirkt Unbeliebtheit, Ressentiments und Beargwöhnung. Wer das gängige Schema sprengt, schafft sich Verdächtigung und Verleumdung. Aus 4,14 ist zu ersehen, daß nicht nur ein allgemeines Befremden der Grund der Schmähungen ist, sondern das Christsein der Christen. Jedenfalls muß man diesen Pol der Distanz und Andersartigkeit im Verhalten der Christen immer neben den der Rücksichtnahme und der in 3,15 erwähnten Apologie stellen, wenn von einem Lebensstil aus missionarischer Verantwortung gesprochen wird.

7. Bei der Frage nach dem Stellenwert der Liebe kann von einer besonderen Hervorhebung des Liebesgebotes nicht die Rede sein, jedenfalls nicht der Nächsten- oder Feindesliebe. Es geht dem Verfasser gewiß nicht darum, daß sich Christen selbst vervollkommnen und ihre eigene Religiosität und Innerlichkeit pflegen, sondern es geht auch ihm darum, daß sie sich in der Liebe für andere engagieren. Insofern besteht auch hier derselbe Gegensatz zu allen Spielarten individueller Frömmigkeit und Mystik, die die Kultivierung der eigenen Seele und die Isolation von der Welt propagieren. Aber im 1. Petr. steht nicht die Agape, sondern die Philadelphia im Vordergrund, nicht die Nächstenliebe, sondern die Bruderliebe (1,22; 2,17; 3,8). Gemeinde ist hier als *familia dei* gesehen, in der Bruderschaft herrscht und man in Solidarität miteinander lebt. Schon die mehrfache Wiederholung dieser Mahnung zur Bruderliebe läßt darauf schließen, daß sie für den Verfasser nicht nur eine Verhaltensweise unter anderen ist. Kein Wunder, denn in Verfolgung und Leiden ist kaum etwas anderes wichtiger als Bruderschaft. 5,9 nimmt ausdrücklich darauf Bezug. Die weltweite Bruderschaft der Christen, gemeinsam durch die Leiden angefochten, hat sich jetzt zu bewähren.

Die Verpflichtung zur Liebe untereinander wird darum wohl auch in 4,8 als das „vor allem" Wichtige und Dringliche bezeichnet. Damit ist mit der erwähnten Modifizierung die Liebe auch hier als die höchste Aufgabe der Christen charakterisiert und am Vorrang des Liebesgebots in Form der Bruderliebe festgehalten. Freilich ist das mehr eine These, denn in der Paränese selbst tritt die Liebe nirgendwo direkt als Regulativ in Erscheinung. Ohne Schwierigkeiten läßt sich allerdings zeigen, daß diese Liebe Konsequenzen hat und konkret werden will.

Sie äußert sich z.B. darin, daß sie die Kraft hat, Sünden zuzudecken, wie es im Anschluß an Spr. 10,12 in 4,8b heißt. Als Äußerung der Liebe hat man wohl auch die in V. 9 genannte Gastfreundschaft zu erklären (vgl. D. Gorce, RAC 8, 1104). Gastfreundschaft gilt es offenbar besonders gegenüber den reisenden Brüdern und Schwestern zu praktizieren, die sozusagen dienstlich unterwegs sind (vgl. Apg. 18,2f.26; 3. Joh. 5-8;

Phlm. 22 u. ä.). Man muß sich dabei vor Augen halten, daß es damals noch kein Gaststätten- und Hotelgewerbe gab und das Reisen oft höchst beschwerlich war. Die Verfolgungssituation mag auch hier ein übriges getan haben, die Mahnung zu betonen, denn daß offene Türen gegenüber Bedrängten und Verfolgten in besonderer Weise lebenswichtig sind, liegt auf der Hand. „Ohne Murren" (V. 9) zeigt an, daß Gastfreundschaft auch beschwerlich sein kann und Zeit sowie Geld kostet, also Liebe, die nicht an sich selbst denkt, aufzubieten ist.

Eine Mahnung, die letztlich als ein Appell zur Konkretion der Bruderliebe zu verstehen ist, findet sich auch in der Aufforderung zum Mitleiden und Mitfühlen (3,8f.). Einer soll des anderen Freud und Leid mit durchmachen, soll verstehend und mitfühlend am Geschick des anderen Anteil nehmen. Ob auch die an derselben Stelle gebotene Barmherzigkeit und Demut ein innergemeindliches Verhalten im Auge hat oder aber als Übergang zu V. 9 über die Gemeinde hinausblickt, ist nicht ganz sicher. V. 9 jedenfalls („Vergeltet nicht Böses mit Bösem ..., sondern im Gegenteil...") klingt so deutlich an die Mahnung der Bergpredigt zur Feindesliebe an, daß mindestens an dieser Stelle die Liebe den Bereich der Bruderliebe transzendiert und scharfe Abgrenzungen darum nicht im Interesse des Briefes sein können. Hier geht es um christliche Mitmenschlichkeit gegenüber den Verfolgern in einer feindlichen Umgebung. Das Verhalten der Christen soll nicht einfach eine Reaktion auf das Verhaltensmuster dieser Umgebung sein, indem Böses mit Bösem heimgezahlt wird, sondern wider alle Logik und Vernunft soll Böses durch Gutes erwidert, der Segen dem Fluch entgegengesetzt werden.

8. Zum Schluß noch einige konkrete Aussagen über die im Brief behandelten Lebensbereiche. Zunächst die über Frauen und Männer (3,1-7). Die Mahnung an die Frauen in 3,1-6 ist mit Ausnahme von V. 1b-2, wo die missionarische Aufgabe in der Mischehe erwähnt wird, und V. 6, wo die mehrfach erwähnte Unerschrockenheit wieder auftaucht, ohne spezifisch christliches Kolorit. Vor allem in V. 3-5 liegt eine Tradition vor, die vor äußerlichem Schmuck und Luxus warnt.

Übertriebener Schmuck und Luxus der Frau sind zu allen Zeiten eine Zielscheibe moralischer Kritik gewesen (vgl. Jes. 3,18ff.; 1. Tim. 2,9). Außerdem gibt es zahlreiche Belege aus der außerchristlichen Literatur bei Plutarch, Epiktet, Philo u.a. Bei aller Einsicht in die zeitgeschichtliche Bedingtheit und den „Puritanismus" dieser Einstellung darf aber die eigentliche Intention nicht aus den Augen verloren werden: die Freiheit und Distanz gegenüber aller Äußerlichkeit und Üppigkeit. Allerdings steckt auch in dem Satz, der wirkliche Schmuck der Frau sei im Inneren verborgen, eine nicht ungefährliche Nähe zu hellenistisch-dualistischen Aussagen. Gewiß ist der Mensch nicht mit seinem Äußerlichen identisch. Ebenso richtig aber ist, daß der Mensch nicht von seinem Äußerlichen ablösbar und abstrahierbar ist. Wo der wahre Mensch als der innere Mensch bestimmt wird, führt das leicht zu einer falschen Introvertiertheit und läßt vergessen, daß Gott den ganzen Menschen beansprucht und sich der Gehorsam auch im Leiblichen realisiert.

Die Mahnung an die Männer in V. 7[10] ist im Vergleich zu der an die Frauen sehr kurz gehalten. Die meisten Erklärungen für diesen Tatbestand befriedigen nicht. Am ehesten mag man sagen, daß der Verfasser hier seiner Zeit Tribut zollt, andererseits spricht im Unterschied zu den vorangehenden Mahnungen an die Frauen hier viel weniger für den traditionellen Charakter dieses Verses, so daß er auf den Verfasser selbst zurückgehen kann, der spürte, was nicht selbstverständlich ist, daß eine Mahnung auch an die Männer nicht fehlen darf.

Im Unterschied zu V. 1-6 hat der Verfasser in V. 7 wohl auch nur christliche Ehen im Auge, also keine Mischehen. Die Frauen werden ja „Miterben der lebensspendenden Gnade" genannt. Die Frage ist, ob man hier nur von einer „Zusammengehörigkeit der Männer und der Frauen im Hinblick auf die Heilsgüter und das ewige Erbe" sprechen darf, die Männer aber „sozial und liturgisch die erste Rolle spielen müssen" (so B. Reicke, a.a.O. [Anm. 10], 303). Es wird wohl eher so stehen, daß hier dem Mann „die selbstverständlichen Rechte seiner privilegierten sozialen Position" genommen werden (N. Brox, EKK, z. St.).

Die Gleichbegnadung motiviert eine Mahnung, die das Verhältnis von Mann und Frau hier und jetzt im Alltag der Ehe betrifft. Daß es in bezug auf das Heil keine Unterschiede mehr gibt, läßt das Verhältnis von Mann und Frau auch in ihrem ehelichen Umgang miteinander nicht unberührt. Wer weiß, daß Gott einen gelten läßt, kann schlechterdings kein Haustyrann sein und den anderen nicht gelten lassen. Der Mann soll darum Rücksicht, Verständnis und Achtung auch im Alltagsleben sichtbar werden lassen. Solches liebende Verständnis schulden die Männer den Frauen auch als dem angeblich „schwächeren Geschlecht", d.h. die Mahnung wird auch mit der schwächeren Konstitution der Frau begründet. Nur dort, wo die Männer ihren Frauen gegenüber eine verständnisvolle Haltung an den Tag legen, werden ihre gemeinsamen Gebete nicht verhindert (V. 7c). Dabei ist nicht an Störung der Gebete durch häuslichen Lärm oder eheliche Zwistigkeiten gedacht, sondern an eine grundsätzliche geistliche Unfähigkeit zum Gebet. Lieb- und Rücksichtslosigkeit im Verhältnis zu den Menschen belastet und zerstört auch das Verhältnis zu Gott.

9. Bei dem, was der Verfasser in 2,18 ff. zu den Sklaven sagt, hält er sich bis auf die christologisch orientierte Leidensparänese an das Übliche und vertrit weder ein sozial- oder gesellschaftsrevolutionäres Konzept noch devote Kriecherei. Das Stichwort heißt auch hier Unterordnung (2,18), und zwar - wie ausdrücklich hinzugesetzt wird - nicht nur gegenüber den gütigen und milden Herren, sondern auch gegenüber den verdrehten und launischen, die ihre Sklaven hart und unbillig behandeln. Daß solche harte Behandlung nicht die Ausnahme war (vgl. S. 240f.), erweist die ganze Mahnung, die im Grunde ja nur den leidenden Sklaven vor Augen hat. Daß solche Unbilligkeit gegenüber den Sklaven „Unrecht" ist, daran wird freilich kein Zweifel gelassen. Aber wer Unrecht leidet, d.h. harte Behandlung durch Schläge, Beschimpfungen und

---

[10] Vgl. dazu B. Reicke, Die Gnosis der Männer nach 1. Petr. 3,7, in: FS R. Bultmann (BZNW 21), 1954, 298-304.

ähnliche Ungerechtigkeiten, erfährt nach Meinung des Verfassers eine besondere Gnade von Gott. Der Verfasser empfiehlt dabei nicht Apathie und Ataraxie, wohl aber, daß solches Leiden nicht durch ungebührliches Verhalten provoziert wird. Freilich rechnet er nüchtern damit, daß auch dann, wenn der Sklave Gutes tut, ihm Leid widerfährt. Darum verweist er auf das Beispiel des unschuldigen Leidens Jesu. Die Existenz der Sklaven kann exemplarisch die Konformität zum leidenden Christus abbilden.

Ein Problem ist das Fehlen einer entsprechenden Mahnung an die Sklavenherren. Über die Gründe läßt sich nur spekulieren. Vielleicht gab es bei den Adressaten überwiegend nur Christen in sozial unterprivilegierten Positionen. Vielleicht ist der Verfasser auch hier von den Verhaltensstandards seiner Zeit abhängig. Vielleicht erschien ihm eine Orientierung der Paränese am leidenden Christus hier allzu widersinnig.

10. In der vom Brief vorausgesetzten Situation, in der die staatlichen Behörden der christlichen Gemeinde nicht mehr tolerant zu begegnen scheinen, muß das Verhältnis zum Staat von besonderer Dringlichkeit werden und die Frage aufkommen lassen, ob Illoyalität mit Illoyalität zu beantworten sei. Der Verfasser beantwortet solche Fragen in 2,13–17 ebensowenig wie Paulus (vgl. S. 246) mit einer Staatslehre, sondern mit einer Mahnung, der eine ähnliche Tradition zugrunde liegt wie Röm. 13. Daß unmittelbar vor dieser Mahnung die Christen als solche angeredet werden, die als Fremde und Gäste in dieser Welt unterwegs sind und also in einem Provisorium leben, ist ebenso von Bedeutung wie die Anrede als „Freie" innerhalb der Mahnung selbst. Als solche Freie sollen sie sich eben auch im Staat bewähren. Das bedeutet wie bei Paulus zunächst „Sich-Unterordnen", genauer: „Unterordnung unter jedes menschliche Geschöpf" (V. 13).

Ob mit „menschliches Geschöpf" die griechische Wendung richtig übersetzt wird, ist freilich sehr umstritten. Die meisten Exegeten verstehen das Wort als „Ordnung", z. T. noch spezieller als staatliche Ordnung inklusive deren göttlicher Urheberschaft. Diese offensichtlich von Röm. 13 inspirierte Deutung ist aber keineswegs überzeugend. *Ktisis* heißt sonst nirgendwo „Ordnung", weder in der Profangräzität noch in der LXX. Da das Wort außerdem in V. 13f. und V. 17 durch personale Begriffe aufgenommen wird und auch in V. 18a (vgl. auch 3,1 und 5,5) jeweils eine personale Fassung der Unterordnung im Blick ist, liegt die Übersetzung „Geschöpf" durchaus näher. Vgl. W. Foerster, ThW III, 1034; M. Dibelius, Rom, 191 A.28; H. Teichert, 1. Petr. 2,13 – eine crux interpretum?, ThLZ 74, 1949, 303 f.; S. Légasse, 380 ff.

Der geschuldete Gehorsam gilt also konkret Menschen, die auch als Träger von staatlicher Macht „Geschöpfe" bleiben. Bedenkt man weiter, daß trotz des Rückgriffs auf dieselbe Tradition jede Parallelaussage zu Röm. 13,1b–2 fehlt, ist eine Akzentverlagerung unverkennbar. Der Kaiser und die kaiserlichen Statthalter sind nicht eo ipso von Gott eingesetzt oder gar von göttlicher Dignität, sondern ihre Autorität ist die von Geschöpfen (vgl. auch die negative Wertung Roms durch den apokalyptischen Decknamen „Babylon" in 5,13[11]). Und

---

[11] Vgl. dazu C. H. Hunzinger, Babylon als Deckname für Rom und die Datierung des 1. Petr., in: FS H. W. Hertzberg, 1965, 66–70; K. Aland, 203.

Unterordnung unter sie erfolgt nicht, weil ihre Autorität vom Herrn ist, sondern „um des Herrn willen", d. h. weil es dem Willen des Herrn entspricht. Die Funktion der staatlichen Gewalthaber wird zwar ähnlich wie in Röm. 13 beschrieben, doch auch diese Bestimmung zum Rechtsstaat wird nicht direkt von Gott abgeleitet (so Röm. 13,3 f. „Gottes Dienerin"). Nicht Gott, sondern der Kaiser ist es, der seine Statthalter „zur Bestrafung der Übeltäter, zum Lob aber derer, die Gutes tun", schickt (V. 14).

Grund und Modus des Gehorsams der Christen gegenüber den staatlichen Autoritäten aber ist die Freiheit (V. 16). Ist solcher Gehorsam der Gehorsam der Freien, so ist damit eine blinde, fügsame Subordination ebenso ausgeschlossen wie ein christlicher Mißbrauch der Freiheit. Sind die Christen nicht Sklaven des Staates, sondern „Sklaven Gottes" (V. 16) und damit Freie, so fürchten sie sich nicht vor dem Kaiser, sondern vor Gott, wie es in bezeichnender Modifikation des in V. 17 zitierten Spruches aus Spr. 24,21 heißt. So wie der Verfasser nicht sagt, daß die Regierenden „Gottes Diener" sind, so mahnt er erst recht nicht dazu, den Kaiser zu fürchten. Furcht gebührt Gott. Dem Kaiser aber gebührt nach V. 17d, was nach V. 17a allen gebührt: Ehrerbietung. Der Christ steht den Regierenden also frei gegenüber, und diese Freiheit manifestiert sich normalerweise in Respekt und Loyalität, Unterordnung und Ehrerbietung.

11. Anhangsweise sei noch ganz kurz auf 2. Petr./Judas eingegangen, die in die späteste Zeit des Neuen Testaments führen (vgl. S. Schulz, Ethik, 657–664). Hier regieren die Ideale hellenistischer Ethik (vgl. 2. Petr. 1,5–11). Massive Ketzerpolemik gegen häretischen Libertinismus steht im Vordergrund (vgl. 2. Petr. 2). Weltgenuß und Gesetzwidrigkeit, Ausschweifung und Habgier sind Hauptvorwürfe. Weltangst und Weltflucht (2. Petr. 2,20), Tugend und Moral sind die empfohlenen Gegenmittel, die durch Rekurs auf das von den Aposteln „überlieferte heilige Gebot" (2. Petr. 2,21) abgestützt werden.

## VI. Die Paränese des Jakobusbriefes

*Literatur:* J.-L. Blondel, Le fondement théologique de la parénèse dans l'épître de Jacques, RThPh 29, 1979, 141-152; M. Dibelius, Der Brief des Jakobus, hsg. v. H. Greeven (KEK 15), 1964[11]; G. Eichholz, Glaube und Werk bei Paulus und Jakobus (TEH 88), 1961; H. Frankemölle, Gesetz im Jakobusbrief, in: K. Kertelge, Das Gesetz im NT (QD 108), 1986, 175-221; L. Goppelt, Theologie II, 529-542; R. Heiligenthal, Werke, 26-52; E. Lohse, Glaube und Werke. Zur Theologie des Jakobusbriefes, in: Die Einheit des NT, 1973, 286-306; U. Luck, Die Theologie des Jakobusbriefes, ZThK 81, 1984, 1-30; T. B. Maston, Ethical Dimension of James, SWJT 12, 1969, 23-29; L. G. Perdue, Paraenesis and the Epistle of James, ZNW 72, 1981, 241-256; W. Popkes, Adressaten, Situation und Form des Jakobusbriefes (SBS 125/126), 1986; J. T. Sanders, 115-128; R. Schnackenburg, Botschaft, 281-295; E. Schawe, Die Ethik des Jakobusbriefes, WuA 20, 1979, 132-138; S. Schulz, Ethik, 642-657; D. O. Via, The Right Strawy Epistle Reconsidered: A Study in Biblical Ethics and Hermeneutics, JR 49, 1969, 253-267; H.-D. Wendland, Ethik, 104-109.

Keine andere Schrift des Neuen Testaments ist so sehr von ethischen Fragen beherrscht wie der Jakobusbrief. Das hat es dem Brief in der Kirche nicht leicht gemacht. Anfangs stieß er wegen seines Rigorismus auf Schwierigkeiten. Später haben die Probleme, die eine von der Reformation herkommende Exegese mit dem Brief gehabt hat und die auf seinem theologischen Gegensatz zu Paulus und dessen Rechtfertigungslehre beruhen, die Ethik des Jakobus oft zu Unrecht in den Schatten gestellt. Der Brief ist ganz und gar paränetisch ausgerichtet und protestiert rigoros gegen ein quietistisches, bloß verbal oder kognitiv-theoretisch ausgerichtetes Christentum, das die praktische Verwirklichung im Alltag christlichen Lebens vernachlässigen zu können meint und dadurch zu einem Pseudochristentum erstarrt.

Formgeschichtlich gehört der Brief ausschließlich zur Gattung der Paränese (M. Dibelius), die Einzelmahnungen, Spruchreihen und kleinere Abhandlungen ethischen Inhalts locker miteinander verbindet. Von Anfang bis Ende folgen ohne erkennbaren Zusammenhang und Gedankenfortschritt Mahnungen und Warnungen aufeinander, wobei man zwischen Abschnitten mit lose aneinander gereihten Einzelsprüchen oder Spruchgruppen und Abschnitten mit einer relativ einheitlichen Thematik (so 2,1-3,19) unterscheiden kann. Diese zuletzt genannten Abschnitte sind offenbar auch diejenigen, in denen der Verfasser am eigenständigsten formuliert und sein eigentliches Anliegen am deutlichsten zur Sprache bringt. Im übrigen aber schöpft der Verfasser aus einem breiten paränetischen Traditionsstrom, der von vielfältigen Elementen antiker, auch urchristlicher (vgl. die Querverbindungen zu den Synoptikern, zu 1. Petr. und Paulus) Ethik gespeist worden ist. Dieser Eklektizismus (bei M. Dibelius/H. Greeven, 36 wird von „Internationalität und Interkonfessionalität" gesprochen) erklärt auch die relativ wenigen christlichen Züge. Jedenfalls liegt dem Verfasser nicht an Originalität, sondern an katechismusartiger Sammlung dessen, was er für eine christliche Lebensführung für unabdingbar hält. Daß dabei durchaus auch pastorale und werbende Töne laut und vor allem bestimmte Konturen und Fehlentwicklungen bei den Adressaten sichtbar werden, gegen die der Verfasser sich wendet, ist damit nicht bestritten (zur kritischen Würdigung neuerer

Gattungsbestimmungen vgl. W. Popkes, 10ff., 125ff.). Schon J. B. Souček sah eine „fortschreitende Verinnerlichung, Individualisierung und auch Theoretisierung" des Christseins (EvTh 18, 1958, 460ff., bes. 466; vgl. W. Popkes, 33f.), gegen die der Brief angeht, und nach W. Popkes will der Verfasser „soziale Probleme einer Veränderung zuführen" (53), wobei speziell sozio-ökonomische Verhältnisse (wirtschaftliche, berufliche, statusmäßige) zu erkennen seien, d.h. die Gemeinde befinde sich „durch ihre Mitglieder in einer sozio-ökonomischen Aufwärtsentwicklung" und drohe allmählich den Kontakt zu den unteren Schichten zu verlieren (53f., 199).

## A. Die Werke im Verhältnis zu Glauben, Hören und Hoffen

Die eigentliche Intention des Briefes ist nicht Verkündigung der Heilsbotschaft oder gar dogmatische Belehrung, sondern der eindringliche Ruf zur tathaften Verwirklichung und gehorsamen Bewährung christlicher Existenz ohne jedes Wenn und Aber. Freilich bleibt auch bei Einsicht in die primär ethische Ausrichtung dieser lehrhaften Mahnschrift die defizitäre Begründung und Motivierung ihrer Ethik bedenklich. Von einer spezifisch christlichen oder christologischen Begründung kann erst recht (abgesehen von 2,1) keine Rede sein. Damit ist nicht behauptet, daß der Brief vom Leistungs- und Verdienstdenken beherrscht würde oder der Verfasser nicht auch wüßte, daß Christen Empfangende sind (vgl. 1,17). Aber als Ansatz und Motivierung der Ethik ist dies kaum fruchtbar gemacht worden, und im Zentrum des Briefes, also in 2,14ff., fehlt jede Spur eines Hinweises darauf. Daß der Verfasser durchaus Heilsaussagen kennt (vgl. 1,18), „den Herrn voller Erbarmen und Mitleid" bezeugt (5,11) und auch eine „konsekutive Ethik" vertritt (J. L. Blondel, 150), soll damit nicht generell geleugnet werden. Sieht man, daß allein Werke die wahre „Weisheit" erweisen und „Weisheit" durch und durch praktisch-ethisch orientiert ist, gewinnt vor allem die Aussage, daß die als friedensbereit, gütig, erbarmend und fruchtbringend zu charakterisierende Weisheit „von oben" kommt (3,17; vgl. 1,5)[1], den Rang einer indikativischen Begründung der Verwirklichung von Gottes Willen. Auch das Gebet versteht Jakobus offenbar als Kraftquelle für eine auf das „vollkommene Werk" (1,4) zulaufende und der Weisheit entsprechende Lebensführung (1,5), und wahrscheinlich zählt zu dem „vielen", das die Macht des Gebetes eines Gerechten nach 5,16 bewirkt, über die Heilung hinaus auch die ethische Bewältigung des Alltags (vgl. 4,3; 5,17f.). Auch soll nicht übersehen werden, daß es das „Wort der Wahrheit" ist, das die neue Lebenswirklichkeit des Menschen hervorbringt (1,18). Da dieses mit dem „vollkommenen Gesetz der Freiheit" (1,25) identisch ist, sind damit auch Evangelium und Gesetz letztlich ein und dasselbe (anders L. Goppelt, Theologie II, 533). Das Problem ist freilich nicht so sehr, daß Evangelium und Gesetz nur zwei Seiten ein und derselben Medaille sind, sondern daß dem Text leider nicht zu entnehmen ist, daß das Gesetz der Freiheit das ethische Engagement

---

[1] Vgl. R. Hoppe, Der theologische Hintergrund des Jakobusbriefes (fzb 28), 1977, 44ff

fundiert (anders J.-L. Blondel, 149). Der Imperativ steht vielmehr ziemlich selbständig und unbegründet da. Die Erwähnung der Taufe in 2,7 z. B. hat mit der sonst üblichen indikativischen Begründung des Imperativs nichts zu tun. Entsprechend ist auch der Glaube als Annahme der Heilsbotschaft nicht betont (vgl. S. 290). Gewiß, der Glaube soll sich bewähren (1,3), er soll z. B. nicht von Parteilichkeit begleitet werden (2,1), aber man wird den Glauben gleichwohl nicht als Grundkraft oder Basis christlicher Existenz und Ethik ansprechen können (anders J.-L. Blondel, 146 f.; L. Goppelt, Theologie II, 541). Jak. insistiert – mit guten Gründen – auf den Werken, nicht aber – mit weniger gutem Grund – auf dem Glauben, was bei seinem Begriff von Glauben allerdings nicht sonderlich verwundert.

1. Das zeigt gerade das Beispiel, das der Verfasser selbst in die Mitte stellt, das Verhältnis von Glaube und Werken (2,14 ff.). Die These dieses Abschnittes wird schon am Anfang in 2,14 genannt: Nur Glaube und Werke zusammen bringen dem Menschen das Heil. Ohne Werke ist der Glaube nutzlos und tot, was nicht weniger als dreimal wiederholt wird (V. 17.20.26).

Gegen den Einwand eines fingierten Diskussionspartners in V. 18a, der beides auf verschiedene Personen verteilen will, wird vom Vf. in V. 18b–20 protestiert, und zwar vor allem gegen jede Isolierung des Glaubens. „Zeige mir deinen Glauben ohne Werke" – solche Demonstration ist im Sinne des Verfassers von vornherein zum Scheitern verurteilt, auch wenn jeder Auslegungsversuch angesichts von V. 18a hypothetisch bleibt und Schwierigkeiten in Kauf nehmen muß, vgl. zuletzt R. Hoppe, a.a.O. (Anm. 1), 101 ff.; Ch. Burchard, Zu Jak. 2,14–26, ZNW 71, 1980, 27–45, bes. 35 ff.

Eine von vielen aus V. 18b herausgelesene Verflochtenheit oder gar Gleichwertigkeit von Glaube und Werken ist den Versen dagegen kaum zu entnehmen. Nicht die Gleichrangigkeit von Glaube und Werken wird hier betont, sondern die Sinnlosigkeit eines behaupteten Glaubens ohne Werke. Man kann nach Meinung des Verfassers nur von den übergeordneten Werken auf den untergeordneten Glauben schließen. Eine umgekehrte Schlußfolgerung ist dagegen unmöglich.

Könnte man von den bisherigen Aussagen her vermuten, der Verfasser kritisiere einen zur Unsichtbarkeit verinnerlichten Glauben, so scheint er sich im folgenden mehr gegen einen bloß intellektuell-theoretischen Glauben zu wenden. Aber auch dabei geht es ihm nicht so sehr um eine andere Art von Glauben als um seine Komplettierung durch Werke (vgl. D. O. Via, 256). Natürlich hat Jakobus nichts gegen einen Glauben einzuwenden, der nach V. 19 z. B. die Einzigkeit Gottes bekennt, aber die Fortsetzung läßt das Unzureichende solchen Glaubens, ja seine Ironisierung unverkennbar werden: Solcher Glaube unterscheidet die Menschen nicht von den Dämonen. Auch die Verwendung des Abrahambeispieles dient der Widerlegung eines Glaubens ohne Werke und soll die These von der Rechtfertigung aus Werken belegen.

## A. Die Werke im Verhältnis zu Glauben, Hören und Hoffen

Der Verfasser schließt sich damit einer jüdischen Auslegungstradition an: Zwar sieht auch das Judentum in Abraham nicht nur den exemplarisch Gerechten und Gehorsamen, sondern auch das große Vorbild des Glaubens, aber der Glaube von 1. Mose 15,6 wird entweder auf das ganze fromme Leben Abrahams bezogen (vgl. auch Hebr. 11,8ff.) oder auf das herausragende Werk der Opferung Isaaks in 1. Mose 22 (vgl. 1. Makk. 2,52). Kurz: Abrahams Glaube ist identisch mit Abrahams Werk.

Auch für Jakobus ist die Bereitschaft zur Opferung Isaaks und also das Werk der Grund der Rechtfertigung (V. 21b). 1. Mose 15,6 dagegen ist nicht mehr als eine Voraussage, die Abraham durch 1. Mose 22 verwirklicht. Die Schlußfolgerung (V. 22): Der Glaube ist den Werken Abrahams kooperativ als Gehilfe beigesprungen, er hat bloß „mitgewirkt", und zwar eben bei der Erreichung der Rechtfertigung (vgl. 1,20) oder bei den Werken (vgl. 22b und Ch. Burchard, 42). Keine Rede aber davon, daß der Glaube der entscheidende Beitrag oder auch nur die primäre Antriebskraft für die Werke wäre oder den gleichen Wert wie sie hätte. Das versteht sich z.T. aus der Frontstellung des Briefes.

Vor allem V. 24 läßt deutlich eine Polemik gegen die These von der Rechtfertigung sola fide erkennen. Der Eindruck, daß der Satz, nicht der Glaube rette und rechtfertige, eine Antithese gegen paulinische Sätze sei, ist durchaus berechtigt. Das Problem einer Rechtfertigung allein aus Glauben begegnet denn auch nirgends vor Paulus und kann es auch schwerlich, da es für das Judentum die Alternative Glaube-Werke gar nicht gibt und geben kann. Es ist gewiß zu fragen, ob die hier anvisierten „Paulinisten", die das paulinische Erbe vielleicht schon theologisch heruntergewirtschaftet und pervertiert haben, den Apostel nicht ebenso mißverstanden haben wie Jak. Daß Jak. selbst die paulinische Verkündigung gekannt und richtig verstanden hätte, ist jedenfalls zu bezweifeln. Die Diskrepanz ist offensichtlich und nicht allein durch den anderen historischen Kontext und das andere theologische Koordinatensystem zu erklären. Vom Fundament der Werke und von der Basis der Ethik ist jedenfalls kaum die Rede. Der ganze Abschnitt erwähnt weder das Christusgeschehen noch den Geist noch die Taufe.

Zwar geht es dem Verfasser durchaus um die Echtheit und Bewährung des Glaubens (vgl. 1,3). Aus der möglichen Demonstration des Glaubens durch die Werke (2,18) könnte man sogar schließen, daß dem Verfasser an der Manifestation und Verleiblichung des Glaubens in Werken liegt (vgl. auch 2,1), was nicht zu verdächtigen, sondern in seiner Zeichenfunktion positiv zu würdigen ist (vgl. R. Heiligenthal, 26ff., 312ff.). Insofern könnte man sagen, daß Glaube für Jak. „immer die Glaubenspraxis mit einschließt" (H. Frankemölle, 211). Aber diese Linie der Praxisorientierung gegenüber einer falschen Alternative Glaube/Werke wird durch die Addition beider, ja die Unterordnung des Glaubens unter die Werke durchkreuzt. Der Glaube wird geradezu zur bloßen weltanschaulichen Theorie und Doktrin degradiert (V. 19). Mag der Verfasser hier auch in einer Tradition stehen und den entleerten Glaubensbegriff seiner Zeit oder verwilderter Pseudopaulinisten übernehmen, so läßt er jedenfalls keinerlei Absicht erkennen, ihn zu korrigieren. Ein Glaube, der so intellektualistisch heruntergekommen ist, kann natürlich nicht retten. Darin stimmen Paulus und Jakobus überein. Er versteht dabei aber anders als Paulus die Werke als Heilsbedingung und verteidigt nicht nur die Einheit und Verklammerung von Glaube und Werken, sondern ordnet die Werke dem Glauben vor und über, ja er räumt der Tat des Menschen sündentilgende Kraft ein (5,20).

2. Dabei wird freilich Sachkritik in puncto Rechtfertigung nicht als Alibi dienen dürfen, den Brief in Bausch und Bogen zu disqualifizieren oder als bloßen Moralismus abzutun. Gegenüber einem formelhaft erstarrten oder zu ethischer Laxheit degenerierten Glauben behält er sein Recht (vgl. H.-D. Wendland, Ethik, 109). Schon die Vielzahl seiner Argumente sollte davor warnen, ihn allein von 2,22 her auszulegen. An einer neuen Rechtfertigungslehre oder an einer mit theologischer Akribie geführten Debatte über den Glaubensbegriff hat er kein Interesse. Sein Thema ist die konsequente Realisierung eines praktischen, leibhaftigen und konkreten Tatchristentums. Wie wenig ihm an subtiler und präziser theologischer Formulierung liegt, zeigen eben die durcheinanderlaufenden Linien seines Glaubensbegriffs.

Worauf hier alles ankommt, erhellt aus 1,22 ff., wo der Verfasser dazu aufruft, „Täter des Wortes und nicht nur Hörer" zu sein, „die sich selbst betrügen". Dieses Wort, das man tun soll, wird in 1,21 als eingepflanztes Wort, das retten kann, bezeichnet (vgl. auch 1,18). Allerdings sind z.B. V. 21a („Legt ab allen Schmutz und der Bosheit Fülle") und V. 21b („Nehmt an das eingepflanzte Wort") nicht im Grund-Folge-Verhältnis miteinander verknüpft, so daß man sagen könnte, die Kraft zur Erfüllung der sittlichen Forderungen erwachse aus der Annahme des Wortes. Endzeitliche Rettung bewirkt die Annahme des Wortes, zu der V. 21 aufgerufen wird, nur dann, wenn das Gehörte in der Tat verwirklicht wird. Jede theologische Problematisierung des Tuns könnte dabei nur ablenken. Nach Jakobus kann man sich nicht mit dem Tun, sondern nur mit dem Nichttun selbst betrügen. Gewiß geht es bei dem Vergleich mit dem Spiegel (1,23–25) sehr wohl um das sorgsame, eifrige und vor allem beharrliche „Hineinschauen" in das Wort. Man kann von daher sagen, daß eine Voraussetzung für das Tun das beharrliche Hören ist. Aller Akzent aber liegt nicht darauf, daß man vor dem Tun hören muß, sondern darauf, daß das Gehörte zu tun ist.

3. Eine explizite Begründung der Ethik fehlt auch sonst. Die eschatologische Perspektive des Briefes ist weniger eine Begründung als eine Motivierung, denn die im Sinne der Zukunftserwartung zu fassende Eschatologie des Jakobus ist weniger Fundament als Antriebskraft. Auch wenn man den Unterschied nicht übertreiben darf, so ist eine präsentische Eschatologie (vgl. dazu immerhin 1,18) doch stärker eine Begründung – hier wird das Handeln auf das gestellt, was schon geschenkt worden ist –, eine futurische Eschatologie dagegen stärker eine Motivierung – hier wird das Handeln durch das in Bewegung gesetzt, was noch erwartet wird.

Jedenfalls begegnet im Jakobusbrief vor allem eine futurisch-eschatologische Motivierung, möglicherweise sogar als ausgesprochene Naherwartung, wenn nämlich 5,7 im Stil prophetischen Mahnens und Tröstens dazu aufruft, bis zur Erscheinung des Herrn in Macht und Herrlichkeit am Ende der Tage geduldig zu warten: „So wartet auch ihr geduldig, stärkt eure Herzen, denn die Parusie des Herrn ist nahegerückt. ... Seufzt nicht widereinander, Brüder, damit ihr nicht gerichtet werdet. Siehe der Richter steht vor der Tür" (5,8-9). So wie der Bauer das Wachsen und Reifen der Früchte nicht beschleunigen, sondern nur mit unentwegter Geduld und Hoffnung erwarten kann (V. 8), so sollen die Christen den langen Atem nicht verlieren (vgl. auch 1,3). Das scheint zwar eine gewisse Verzögerung der Parusie vorauszusetzen, bedeutet aber keinen Abschied von der Naherwartung oder gar von der geduldigen Erwartung überhaupt.

Auch an anderen Stellen des Briefes erscheint das kommende Gericht als Motiv rechten Verhaltens (vgl. 2,12f.; 5,12). Wenngleich so der Gerichtsgedanke vorherrscht, darf man das heil- und verheißungsvolle Motiv bei der Parusie nicht übersehen (vgl. 1,18.21; 4,10). Der vor der Tür Stehende ist auch in 5,9 nicht nur Richter, sondern auch Rechtshelfer, der den Bedrückten (vgl. V. 4.6) Recht verschafft (vgl. auch 4,12, wonach der Richter retten und verderben kann). Und auch nach 2,5 hat Gott die Armen zu „Erben des Reiches erwählt".

Ein Problem ist, daß auch eine andere Erwartung sichtbar wird, wenn es etwa in 1,9-11 heißt, daß der Reiche wie die Blume des Grases vergehen und dahinwelken wird. Dabei ist unbestimmt, ob der Verfasser auf die eschatologische Zukunft verweist oder auf die irdische Vergänglichkeit. Der hier aufgenommene Text aus Jes. 40,6ff. wird z.B. in syr. Bar. 52,6ff. und 83,12 auf die eschatologische Weltverwandlung bezogen, so daß auch Jakobus die kommende Umwertung aller Werte im Blick haben könnte. Andererseits können auch Apokalypsen von der Vergänglichkeit des Menschen sprechen, ohne das erwartete Ende aller Dinge zu berücksichtigen. Auch Jak. 1 blicken die Futura kaum auf die Parusie allein, sondern umschreiben ein allezeit gültiges Geschehen. Vielleicht hat der Verfasser in der Vergänglichkeit des Menschen eine Andeutung oder gewisse Vorwegnahme des eschatologischen Gerichts gesehen. Jedenfalls sind diese Verse nicht einfach von eschatologischer Naherwartung bestimmt, zeigen aber, daß der Verfasser auch in anderer Weise seine Kritik an den Reichen vorbringen kann.

Ähnlich steht es auch 4,13ff., wo der Verfasser gegen eigenmächtiges Planen und Tun polemisiert und darauf hinweist, daß die, die Handel treiben und Gewinne machen wollen, ein Dampf sind, der nur für kurze Zeit zum Vorschein kommt und dann verschwindet. Das richtet sich gegen Hochmut und Selbstgerechtigkeit vor allem der Geschäftsleute, die ihre Rechnung ohne Gott machen und bis ins Detail hinein wissen zu können meinen, wann und wohin und wie lange und wozu sie unterwegs sind. Demgegenüber meint der Verfasser, es sei Torheit, der Zukunft sicher zu sein, da der Mensch nicht einmal wissen kann, was ihm der morgige Tag bringen wird. Alles steht unter dem Vorbehalt „wenn der Herr will", was nicht heißt, wenn es Gottes Gebot, sondern wenn es Gottes souveränem Walten entspricht. Es ist also eine Art Vorsehungsglaube, der hier zum Ausdruck kommt, wobei dieser Gott, von dessen Regiment alles abhängt, für Jakobus gewiß kein in Resignation oder Verzweiflung treibendes Fatum, sondern derjenige ist, dessen Heilswillen Vertrauen ermöglicht (vgl. 1,17f.; 4,6; 5,11). Nur darf man die eschatologische Erwartung nicht als das einzig beherrschende Motiv der Ethik ansehen. Sie steht vielmehr unausgeglichen neben dem Wissen um des Menschen Vergänglichkeit und Gottes Regiment (S. Schulz, Ethik, 654, sieht die Eschatologie des

Briefes sogar durch einen „hellenistisch-räumlichen Dualismus Erde-Himmel" überfremdet).

Viel gravierender ist aber, daß die Christologie so wenig in Ansatz gebracht wird. Jesus Christus wird überhaupt nur zweimal erwähnt: in der Adresse 1,1 und in 2,1, wo es heißt, man solle „den Glauben an unseren Herrn Jesus Christus in seiner Herrlichkeit" nicht mit der Bevorzugung von Personen verbinden. Für die Begründung der Ethik trägt dieser Vers aber wenig aus (zum „Herrn" im Zusammenhang von Parusieaussagen in 5,7f. vgl. S. 290). Andere Motive und Begründungen als die genannten sind im Jakobusbrief nicht zu finden. Die Ausbeute an ethischen Grundlagen ist also recht bescheiden, wenngleich man trotz dieses mageren Ergebnisses nicht behaupten kann, daß einfach Fehlanzeige zu erstatten wäre.

## B. „Das Gesetz der Freiheit"

1. Fragt man nach den vom Verfasser direkt herausgehobenen Kriterien der Ethik, so ist vor allem das Gesetzesverständnis des Briefes zu diskutieren (vgl. W. Gutbrod, ThW IV, 1074f.; H. Frankemölle, 199ff.). Denn auch wenn das Gesetz explizit nicht sehr häufig zitiert wird, scheint der Verfasser ihm doch eine überragende Rolle bei der Orientierung der Christen einräumen zu wollen.

Wichtig ist vor allem der Abschnitt 2,8-12, wo es heißt: „Wenn ihr das königliche Gesetz erfüllt gemäß der Schrift ‚Du sollst deinen Nächsten lieben wie dich selbst', so handelt ihr gut. Wenn ihr aber bestimmte Personen bevorzugt, tut ihr Sünde, vom Gesetz als Übertreter überführt. Denn wer das ganze Gesetz hält, aber in einem dagegen verstößt, der hat sich gegen alle (Gebote) verschuldet. Denn der da sprach ‚Du sollst nicht ehebrechen', hat auch gesagt ‚Du sollst nicht töten'. Wenn du zwar nicht die Ehe brichst, aber tötest, bist du ein Übertreter des Gesetzes geworden. So redet und handelt als solche, die durch das Gesetz der Freiheit gerichtet werden."

Hier liegt eine lehrhafte Behandlung des Verhältnisses von Einzelgebot und ganzem Gesetz vor. Wer die Reichen bevorzugt, der verstößt gegen das in der Schrift bezeugte Gesetz, das z. B. den Nächsten zu lieben gebietet. Dieses Gesetz wird dann näher als „königliches Gesetz" charakterisiert und zitiert (3. Mose 19,18). Kommt man von Jesus und Paulus her, könnte man meinen, damit werde es als das bedeutendste und oberste Gebot ausgezeichnet. Doch würde man dem Befund damit kaum gerecht. „Königlich" heißt das Gesetz nicht, weil damit die Vor- und Überordnung des Liebesgebots angedeutet werden soll, sondern weil es vom König des Gottesreiches kommt (vgl. 1. Esra 8,24; 2. Makk. 3,13) und als solche Autorität keinen Widerspruch duldet.

Im anderen Falle wäre zu erwarten, daß in V. 8 von einem Gebot statt vom Gesetz die Rede wäre (vgl. Mk. 12,18.31). Vor allem haben die folgenden Verse 10 und 11 nur dann Sinn und begründende Funktion, wenn das Liebesgebot hier als ein Gebot unter anderen gilt (vgl. M. Dibelius z. St.; V. P. Furnish, Love Commandment, 179; anders z.B. R. Hoppe, a.a.O. [Anm. 1], 88f., 92). Es geht dem Verfasser nicht um das Verhältnis von

B. „Das Gesetz der Freiheit"   293

Hauptgebot und Einzelgebot, sondern um das von ganzem Gesetz und beispielhaftem Einzelgebot, also darum, daß das Gesetz als unteilbar ganzes eine homogene Einheit bildet und den Menschen verpflichtet. Derselbe Gott, der das sechste Gebot gab, hat auch das fünfte gegeben.

Daß der Verfasser gerade diese beiden Gebote nennt, ist mit dem vorher von ihm angeführten Liebesgebot nicht so zu verbinden, daß man die Verweigerung der Liebe als eine Art geistigen Mord oder geistigen Ehebruch interpretiert. Der Grund ist vielmehr einfach der, daß das vierte oder fünfte Gebot traditioneller Anfang der Zitation von Dekaloggeboten ist (vgl. Mk. 10,19; Röm. 13,9). Die einzelnen Gebote gehören jedenfalls untrennbar zusammen, und sie sind als Teil des alttestamentlichen Gesetzes auch Teil des „vollkommenen Gesetzes der Freiheit", das auch für die Christen in Geltung steht.

V. 10, wonach der, der das ganze Gesetz hält, aber in *einem* Gebot dagegen verstößt, sich gegen *alle* Gebote vergangen hat, erweckt sogar den Eindruck, als ob das Gesetz buchstäblich und bis in alle Details hinein verpflichtend sei. Faktisch aber nimmt die Gesetzesthematik und -auslegung im Brief als ganzem trotz der programmatischen Sätze in 2,8–12 keine herausragende Stellung in der Paränese ein, und außerdem zieht der Verfasser z. B. Kult- und Zeremonialgesetz stillschweigend ab, wie sich noch zeigen wird. Daß das Ritualgesetz überhaupt nicht im Blick ist, deutet sich schon durch die Beispiele in V. 11 an, wo paradigmatisch zwei Einzelgebote des Dekalogs nebeneinander stehen. Es geht also vor allem um die Geltung der grundlegenden ethischen Gebote, wobei aber im Unterschied etwa zu Matthäus (vgl. S. 152) das Doppelgebot der Liebe nicht besonders hervorgehoben oder als Auslegungskanon für das Gesetz angesehen wird.

Gewiß denkt Jakobus nicht perfektionistisch, denn nach 3,2 „straucheln wir alle viel" (vgl. auch 5,16). Gleichwohl wird die Geltung des ethischen Gesetzes uneingeschränkt festgehalten. Es bleibt die Norm, nach der die Christen gerichtet werden (2,12). Wer eines der Gebote übertritt, ist ein Übertreter des *ganzen* Gesetzes. Gottes Wille ist vom Menschen nicht nach Belieben zu dividieren. Auch wer im Unterschied zu Jakobus von der Notwendigkeit einer Differenzierung und eines Sachkriteriums überzeugt ist, wird daraus die Warnung entnehmen, sich Gottes Gebot nicht nach Lust und Laune zurechtzulegen oder nur das herauszupicken, was einem ins eigene ethische Konzept paßt. Diese Gefahr sieht Jakobus offenbar vor allem in einer Bevorzugung von Reichen gegeben. Man kann nicht mit Hinweis auf das Liebesgebot die Reichen bevorzugen. Solches Ansehen der Person und parteiisches Urteilen ist ein Verstoß gegen das Gesetz, das eben als ganzes gültig ist.

2. Das „vollkommene Gesetz der Freiheit" (1,25) ist das *ganze* Gesetz, also nicht im Sinne der Vollendung des Gesetzes zu verstehen, sondern im Sinne seiner Ganzheit. Dieses Gesetz aber versklavt nicht, sondern es macht frei, und zwar eben dadurch, daß es getan wird und nicht dadurch, daß es inhaltlich unbestimmt bleibt und „kontextuelle Freiheit" gewährt (anders D. O. Via, 261 f.; vgl. aber 266). Für Jakobus ist Freiheit nicht Freiheit vom Gesetz, sondern Freiheit durch das Gesetz und im Gesetz (auch nach Aboth 6,2 ist frei, wer sich mit dem Gesetz befaßt), wobei zu beachten bleibt, daß dieses Gesetz

mit dem „eingepflanzten Wort der Wahrheit" (1,18) und dem „rettenden Wort" (1,21) identisch und insofern umfassend gemeint ist (vgl. H. Frankemölle, 206). Die vom Gesetz gewährte Freiheit dürfte dabei die Freiheit von sich selbst im Tun der Barmherzigkeit sein (vgl. 2,12f.).

Daß der Christ das Gesetz zu respektieren hat, bestätigt auch 4,11f.: „Wer einen Bruder verleumdet oder kritisiert, der verleumdet das Gesetz und kritisiert das Gesetz. Wenn du aber das Gesetz kritisierst, bist du kein Täter des Gesetzes, sondern sein Richter. Einer aber ist Gesetzgeber und Richter, der, der retten und verderben kann."

Weil die unbedingte Autorität des Gesetzes auch für Christen feststeht, kommt ihnen allein die Rolle der Täter zu und nicht die der Kritiker. Kritiker ist allein Gott, der den Menschen das Gesetz gegeben hat und sie einst nach diesem Maßstab richten wird. Auch das hört sich so an, als ob es dem Gesetz gegenüber nur uneingeschränkten Respekt und Tun geben könnte. Die indirekte Kritik, die der Verfasser selbst durch die Nichtbeachtung bzw. Umdeutung des Zeremonialgesetzes übt, kommt ihm dabei offenbar nicht zum Bewußtsein. Er denkt wiederum allein an die sittlichen Forderungen, die inhaltlich hier speziell im Umkreis des Liebesgebotes zu suchen sein werden (vgl. den Schlußsatz in V. 12 „den Nächsten kritisieren" und die Nähe von 3. Mose 19,16 zu 19,18 = Jak. 2,8).

3. Wie sehr dem Brief alle rituellen Züge fehlen, ergibt sich vor allem aus 1,27, wonach „ein reiner und unbefleckter Gottesdienst vor Gott dem Vater dies ist: nach Waisen und Witwen in ihrer Bedrängnis zu sehen und sich vor der Welt ohne Fehl zu bewahren" (vgl. auch V. 26). Danach sind Fürsorge für Witwen und Waisen und Distanz zur Welt der wahre Gottesdienst. Deutlicher läßt sich die Reserviertheit gegenüber allem Kultischen kaum ausdrücken. Daß Jakobus das Thema des reinen und unbefleckten kultischen Verhaltens anschneiden kann, ohne das Ritualgesetz auch nur mit einem einzigen Wort zu erwähnen, ist sehr bezeichnend und ein eindrückliches Indiz für die Priorität der ethischen und sozialen Dimension im Denken des Verfassers. Gott verehren kann nur der recht, der sich der Ärmsten der Armen, der Waisen und Witwen annimmt (vgl. Am. 5,21ff.; Jes. 1,10ff. u.a.).

Der Verfasser sagt nicht einmal, daß beides nur zusammen möglich sei, wie das in dem bekannten Wort von D. Bonhoeffer aus der Zeit der Judenverfolgung im Dritten Reich der Fall ist: „Man hat kein Recht, gregorianisch zu singen, wenn man nicht für die Juden schreit." Vielmehr kommt bei Jakobus das „gregorianische Singen" überhaupt nicht vor. Man soll zwar kein argumentum e silentio strapazieren, und es soll hier erst recht nicht behauptet werden, der Verfasser kenne gar keinen anderen Gottesdienst als den von 1,27, zumal da 2,1ff. den Gottesdienst und andere Stellen erst recht eine vita spiritualis wie das Gebet voraussetzen (vgl. 1,6; 5,15), der Akzent aber ruht eindeutig auf der Verpflichtung gegenüber den Witwen und Waisen.

Damit ist zugleich klar, daß das „Unbeflecktsein von der Welt" nicht Rückzug vom sozialen Engagement und vom Eintreten für die Schwachen und Bedrückten meint. Auch die letzte Wendung des Satzes bestätigt vielmehr die

Ethisierung der Kultbegriffe, denn „ohne Fehl" bzw. „fleckenlos" – ursprünglich ein kultischer Begriff – ist im sittlichen Sinne verstanden. Ganz ähnlich in 4,8: „Reinigt eure Hände, ihr Sünder, und heiligt eure Herzen, ihr Zwiespältigen." Auch das war ursprünglich eine kultische Mahnung, ist aber nun ein Ruf zu ungeteiltem Gehorsam. Aus alledem ergibt sich, daß zwar das ethische Gesetz des Alten Testaments, nicht aber das Kultgesetz für den Verfasser Orientierung und Kriterium christlicher Ethik ist.

4. Neben den Hinweisen auf eigentliche Gesetzespartien verwendet der Brief auch alttestamentliche Beispiele, wie schon das Abrahambeispiel erkennen ließ. Abraham ist dabei nicht wie bei Paulus das Modell der iustificatio impii, sondern des tathaften, die Rechtfertigung eintragenden Gehorsams. Daß Abraham implizit auch ein Beispiel für Gastfreundschaft abgeben soll[2], erscheint dagegen wenig wahrscheinlich. Neben Abraham erwähnt V. 25 noch die Hure Rahab: Auch sie ist ein Beispiel für die Rechtfertigung aus Werken, weil sie die Kundschafter Josuas in Jericho aufnahm und den Nachstellungen des Königs von Jericho dadurch entzog, daß sie sie heimlich mit einem Seil vom Dach herabließ (Jos. 2). Wahrscheinlich bringt der Verfasser dieses Beispiel, weil Rahab als Typ der Proselytin gilt und so keinen Zweifel daran läßt, daß es auch für Nichtjuden keine andere Möglichkeit der Rechtfertigung gibt als die aus Werken. Weitere alttestamentliche Beispiele enthält Kap. 5. In 5,10f. werden „als Beispiel der Ausdauer im Leiden und der Geduld im Warten" die Propheten genannt, also sehr klar als Beispiel und Vorbild angesprochen, das zum Nacheifern anspornen soll. V. 11 erwähnt noch die vorbildliche Standhaftigkeit Hiobs und V. 17 das vorbildhaft inständige Gebet des Elia. Der Brief rückt mit diesen Beispielen in die Nähe der langen Reihe alttestamentlicher Exempla von Hebr. 11 und überhaupt zur Mimesisethik.

Weiter beruft er sich auf alttestamentliche Schriftworte, außer an den genannten Stellen in 2,8.11.23 und in 4,5f., wobei das erste der beiden in 4,5f. zitierten Worte im Alten Testament gar nicht zu finden ist. Das kann darauf aufmerksam machen, daß sich dem Verfasser die Grenzen zwischen dem „Schriftgemäßen" (2,8) und dem umfangreichen Traditionsmaterial aus der jüdisch-hellenistischen Paränese, das er übernimmt, verwischen, so wie er ja umgekehrt bisweilen alttestamentliche Wendungen aufgreift, ohne das besonders herauszuheben (vgl. 1,10f. und 5,11, aber auch die unbestimmte Einleitung des Zitats in 4,6 mit „darum heißt es"). Die ausdrückliche Heraushebung der „Schriftgemäßheit" des „königlichen Gesetzes" in 2,8, die fehlende Auslegung des alttestamentlichen Gesetzes und die Einheit von Gesetz und Evangelium (vgl. S. 293) weisen gemeinsam darauf hin, daß Gesetz für den Verfasser nicht allein die alttestamentliche Thora sein kann.

5. Das wird endlich dadurch bestätigt, daß dem Jakobusbrief auch Herrenworttraditionen Maßstab und Kriterium rechten Verhaltens sind, da er sich mehrfach formal und inhaltlich mit Worten Jesu berührt (von E. Schawe, 313f.

---

[2] So R. B. Ward, The Works of Abraham. James, 2,14-26, HThR 61, 1968, 283-290.

stark übertrieben). Mindestens an einem Punkt hat der Brief sogar eine gegenüber Matthäus ältere Fassung eines Herrenwortes aufbewahrt. Das lehrt ein Vergleich von Jak. 5,12 mit dem Schwurverbot in Mt. 5,37.

Jesus hat offenbar das Schwören überhaupt verboten (das scheint auch in Mt. 5,34 noch durch), und er ist dafür eingetreten, daß das Ja des Menschen ein Ja und sein Nein ein Nein ist. Genau das aber bezeugt Jak. 5,12, während Matthäus statt dessen schon wieder eine in der Verdoppelung bestehende Beteuerungsformel konzediert (vgl. S. 128). Geht Jak. 5,12 aber auf Jesus selbst zurück, so besteht prinzipiell durchaus die Möglichkeit, daß Jakobus auch anderswo Traditionen aufgenommen hat, die auf Jesus zurückzuführen sind, selbst wenn sie keine Parallele in den Evangelien haben. Auch nach Abfassung der Evangelien ist der Strom der mündlichen Überlieferung ja noch weitergeflossen (vgl. z. B. das Herrenwort in Apg. 20,35, zu dem es keine Parallelen in den Evangelien gibt). Aber diese grundsätzliche Möglichkeit dürfte sich faktisch im Jakobusbrief kaum irgendwo zu einer begründeten Annahme verdichten lassen.

Ein weiteres Problem ist, daß Jakobus die an Herrenworte anklingenden Sprüche gar nicht als solche zitiert oder kenntlich macht. Das ist im Urchristentum nicht singulär, wie die Didache, aber auch Paulus zeigt, der neben ausdrücklichen Zitaten (1. Kor. 7,10; 9,14) ebenfalls mancherlei Berührungen und Anspielungen auf die Herrenworttraditionen bringt, ohne sie ausdrücklich zu kennzeichnen (vgl. S. 216f.). Ein plausibler Grund dafür, warum der Brief Herrenworte im teilweisen Unterschied zu den alttestamentlichen Mahnungen nicht markiert, läßt sich auch hier nicht angeben. Es ist also nur dieses festzuhalten, daß der Brief auch urchristlich-paränetische Tradition aufnimmt, die in Einzelfällen auf Jesus selbst zurückgehen kann. Eine hervorgehobene Bedeutung dieser Herrenworte dagegen läßt sich nicht erkennen.

## C. Inhaltliche Schwerpunkte

1. Als erstes ist herauszuheben, daß der Verfasser mehrmals auf ein radikales Entweder-Oder und auf einen ganzen und ausschließlichen Gehorsam dringt. Schon 1,4 mahnt dazu, ganz („vollkommen") und ungeteilt zu sein, und 1,8 warnt vor Zweifel und Zwiespältigkeit. Ein Zweifler ist für Jakobus kein radikaler Skeptiker, sondern jemand, der in innerer Zerissenheit einer vom Wind hin- und hergetriebenen Meereswelle gleicht (1,6), ein Mann mit zwei Seelen (1,8), mit geteiltem Herzen. Jakobus aber geht es um Eindeutigkeit und Ungeteiltsein[3] und insbesondere um die Einheit von Glaube und Werken bzw. sozialer Praxis.

Vor allem der Abschnitt 4,1–12 ist durch ein schroffes Entweder-Oder charakterisiert, deutlich besonders in V. 4: „Ihr Ehebrecher, wißt ihr nicht, daß die Liebe zur Welt Feindschaft zu Gott bedeutet? Wer also ein Freund der Welt

---

[3] Vgl. G. Schille, Wider die Gespaltenheit des Glaubens – Beobachtungen am Jakobusbrief, Theol. Versuche IX, 1977, 71–89; J. Zmijewski, Christliche „Vollkommenheit". Erwägungen zur Theologie des Jakobusbriefes, in: Studien z. NT u. seiner Umwelt (hg. A. Fuchs), 1980, 50–78; W. Popkes, 44f., 191ff.

sein will, der erweist sich damit als Feind Gottes." Wer sich auf die Welt einläßt, der begeht einen Treuebruch, wie es unter Anspielung auf das im Alten Testament gebrauchte Bild vom Ehebund Jahwes mit seinem Volk heißt. Daß man nicht Gott und die Welt lieben kann, erinnert an johanneische Aussagen (vgl. 1. Joh. 2,15), ist aber weder weltanschaulicher Dualismus noch Indiz von Weltflucht, sondern ethischer Rigorismus. Wer sich für die Welt als bindende und von Gott abziehende Größe entscheidet, der entscheidet sich damit gegen Gott, der den von ihm geschaffenen und dem Menschen als Geschenk verliehenen Geist für sich allein beansprucht (V. 5).

In 3,13 ff. umschreibt der Verfasser das Entweder-Oder durch die Kontrastierung von himmlischer und irdischer Weisheit. Weisheit „von oben" ist charakterisiert durch gute Werke und eine sittlich verantwortliche Lebensführung. Streit oder Selbstsucht dagegen sind ein Ausweis von Pseudoweisheit, die nicht göttlichen Ursprungs und Wesens sein kann, sondern als irdisch, psychisch und dämonisch zu bestimmen ist. Ein konkretes Beispiel für das nicht praktizierte Entweder-Oder ist die Tatsache, daß mit derselben Zunge Gott gepriesen und Menschen verflucht werden, aus demselben Mund Preis und Fluch hervorgehen (3,9ff.). Diese unbegreifliche Doppelzüngigkeit und Zwiespältigkeit des Menschen ist nach Jakobus geradezu naturwidrig, denn in der Natur kann nichts, was unvereinbar miteinander ist, aus derselben Quelle hergeleitet werden.

2. Traditionelle Polemik gegen die sogenannten Zungensünden (vgl. J. Behm, ThW I, 720f.) spielt auch sonst eine große Rolle. Der ganze Abschnitt 3,1–12 handelt ausführlich von der gefährlichen Macht der Zunge und schildert ihre verderbenbringenden Wirkungen.

Die Zunge ist kein harmloses Übel, sondern wie der Funke im Wald hat sie verheerende Folgen. Ja sie ist der Inbegriff der Ungerechtigkeit oder gar eine Welt voll Ungerechtigkeit. Ihr unheilvolles Feuer ist geradezu auf das Feuer der Hölle selbst zurückzuführen (V. 6). Was für andere antike Autoren ein Ruhmesblatt für den Menschen ist, die Bändigung der Natur, wird hier zur Anklage: Die Beherrschung der Natur läßt um so schmerzlicher bewußt werden, wie wenig der Mensch gegenüber diesem todbringenden Gift der Zungensünde vermag (V. 7f.). Das klingt pessimistisch, soll aber Gegenkräfte freimachen. Gerade die Bilder von V. 12, wonach ein Feigenbaum keine Oliven hervorbringt, ein Weinstock keine Feigen und eine Salzwasserquelle kein Süßwasser, zeigen, daß die pessimistische Sicht nicht im Sinne einer Kapitulation vor den sogenannten Realitäten verstanden werden darf. Der ganze Abschnitt soll vielmehr einen besonders intensiven Versuch herausfordern, die Gefahren zu bannen. Verantwortungsvolles Reden gegenüber den nach dem Bilde Gottes geschaffenen Menschen soll dem Lobe Gottes entsprechen (V. 9). Ähnlichen Sinn wie 3,1 ff. haben auch Warnungen wie die, daß jeder schnell zum Hören, aber langsam zum Reden sein soll (1,19) oder daß der, der seine Zunge nicht im Zaume hält, einen wertlosen Gottesdienst ausübt (1,26). Zur unbedingten Wahrhaftigkeit, die keines Eides bedarf, mahnt auch 5,12.

Damit zusammen gehört aber auch die Mahnung, Wort und Tat nicht auseinanderbrechen zu lassen: Reden und Handeln gehören zusammen (2,12). Wenn ein Bruder oder eine Schwester Kleidung und tägliches Brot entbehren müssen, nützt es nichts, ihnen zu sagen, „Geht hin in Frieden, wärmt und sättigt euch", wenn man ihnen nicht gibt, wessen der Leib dringend bedarf (2,15f.). Geht es in 1,19 um den Zusammenhang von *Hören* und Tun, so hier um den von *Reden* und Tun. Gute Worte reichen nicht aus. Wem es an notwendigster Kleidung und Nahrung fehlt, den kann man nicht mit guten Worten und Wünschen abspeisen, die dem Bedürftigen wie Hohn in den Ohren klingen müssen. Hier wird nicht nur gegen salbungsvolle Phrasen und fromme Redensarten polemisiert. Gerade auch freundliche, wohlmeinende, ernstgemeinte Worte genügen nicht, weil der Hungernde davon nicht satt und der Frierende davon nicht warm wird. Darbende und Notleidende benötigen weniger verbale als materielle Unterstützung.

3. Es entspricht dem erwähnten Engagement für die sozial Schwachen, daß vor allem die scharfe Kritik am Reichtum im Jakobusbrief einen erheblichen Raum einnimmt (vgl. besonders 2,1ff. und 5,1ff.)[4]. 2,1 setzt offenbar voraus, daß auch Reiche die Gemeindeversammlung aufsuchen. Ob sie als Ungläubige oder als Gemeindemitglieder kommen, wird zwar nicht gesagt, doch ist das erstere wahrscheinlicher, zumal auch das Anweisen der Plätze (V. 3) mehr in diese Richtung weist. Über die Motive der unterschiedlichen Behandlung – der Reiche wird zum bequemen Sitzen aufgefordert, der Arme soll stehenbleiben – verlautet zwar nichts, doch wird man sich wohl von den Reichen Subvention und Prestige versprochen haben, während der Arme eine Last darstellt. Die Gemeinde wird nun nicht einfach zu unparteiischem Verhalten aufgefordert, sondern sie soll durchaus Partei ergreifen, aber für die Armen. Auch Gott hat das getan (V. 5). Auf den Hinweis auf Gottes Vorliebe für die Armen läßt der Verfasser dann noch eine Erinnerung an die schlechten Erfahrungen folgen, die die Gemeinde mit den Reichen gemacht hat:

„Sind es nicht die Reichen, die euch vergewaltigen und vor die Gerichte ziehen? Sind sie es nicht, die den guten Namen lästern, der über euch ausgerufen ist?" (V. 6–7). Der erste Vorwurf der Vergewaltigung erinnert an die sozialen Anklagen der Prophetie gegen die reiche Oberschicht, die die Armen ausbeutet und ihnen Gewalt antut (vgl. Am. 4,1; 8,4; Sach. 7,10; Mi. 2,2; Mal. 3,5; Ez. 18,12; 22,7 u.ö.). Damit stimmt auch überein, daß nicht einzelne, sondern die ganze Schicht angeklagt wird (der Artikel ist generisch; das Präsens weist auf etwas Geläufiges).

Zur sozialen Bedrückung der Armen kommt noch hinzu, daß die Reichen die Armen vor Gericht schleppen, was die Wehrlosigkeit der Armen bei Prozessen andeuten wird, wo die Reichen ihre wirtschaftliche Macht ausspielen (vgl. Jes. 1,23; 10,1ff.). Nicht deutlich ist, ob es bei diesen prozessualen Auseinandersetzungen auch um das Christsein der Armen geht. Es ist zwar nicht zu übersehen, daß die christliche Botschaft durchaus die geschäftlichen Interessen und wirtschaftlichen Profite wohlhabender Bürger in Gefahr gebracht hat (Apg. 16,16ff.; 19,23ff.). Aber die in V. 7 erwähnte „Lästerung des schönen Namens", d.h. des bei der Taufe ausgerufenen Namens Jesu Christi, ist wohl

---

[4] Vgl. B. Noack, Jakobus wider die Reichen, StTh 18, 1964, 10–25.

## C. Inhaltliche Schwerpunkte

eher eine zusätzliche und damit dritte Anklage gegen die Reichen, also nicht mit der forensischen Situation von V. 6 zusammenzubringen.

Da Blasphemie gegen den Namen Christi nur von Nichtchristen kommen kann, scheinen die Reichen hier wieder außerhalb der Gemeinde vorausgesetzt. Andererseits aber rechnet das Beispiel von V. 2 damit, daß Reiche in den Gottesdienst kommen, ja der Verfasser scheint einen gewissen Einfluß der Reichen und einen Konflikt in der Gemeinde zu befürchten. Sosehr die Annahme berechtigt sein wird, daß der Leserkreis sich vorwiegend aus niederen Schichten zusammensetzt, sowenig sicher läßt sich ausmachen, ob die Reichen innerhalb, außerhalb oder am Rande der Gemeinde stehen. Vielleicht kommt die Annahme der Wirklichkeit am nächsten, daß es bisher nur vereinzelt begüterte Christen gibt (vgl. immerhin 4,13 ff.), der Verfasser aber Sorge hat, ihr Einfluß könne sich vergrößern. Möglicherweise ist aber gerade 4,13 ff. ein Beleg, daß das Geschäfte- und Gewinnmachen Christen möglich ist. W. Popkes spricht von damit verbundenem Konkurrenzkampf, Konsumsucht, Weltbezogenheit, Liberalität (55 ff., 90), ja hält sogar für möglich, daß in 5,1 ff. christliche Großgrundbesitzer angesprochen werden (59 f.; V. 6 spricht eher dagegen). An der scharfen Kritik des Verfassers und der eindeutigen Option für die Armen kann freilich nicht gezweifelt werden. Eine Bevorzugung der Reichen stünde in den Augen des Verfassers in flagrantem Widerspruch zum Liebesgebot (2,8 f.), das Barmherzigkeit fordert (2,13).

Eine klare pauperistisch-apokalyptische Ausrichtung hat 5,1-6, ein Abschnitt, der deutlich an die alttestamentlich-jüdischen Weherufe über die Reichen erinnert. Wie in der alttestamentlichen Gerichtspredigt der Propheten beginnt der Verfasser auch hier mit einer Aufforderung zum Heulen und Wehklagen, und ganz wie dort wird das auch hier eschatologisch mit dem kommenden Gerichtstag begründet (vgl. z.B. Jes. 13,6). Allerdings richtet sich diese Gerichts- und Unheilsdrohung nun nicht an die Völker oder an das Gottesvolk, sondern an die Reichen. Auch die Apokalyptiker haben den Reichen dieses Wehe entgegengeschleudert (vgl. z.B. äth. Hen. 94,8 f. und weiter S. 106).

Jak. 5,2 („euer Reichtum ist vermodert, eure Gewänder sind von Motten zerfressen") ist aber wohl nicht im Sinne einer Imitation des prophetischen Perfekts antizipierend als schon vollendete Tatsache zu verstehen, also nicht so, als ob der Verfasser sich und seine Leser in die Zeit versetzen wollte, in der es mit dem Reichtum der Reichen vorbei ist. Vielmehr steht in V. 2 und 3 wohl der *Grund* für die eschatologische Gerichtsdrohung: Der Rost wird ja nach V. 3 zum Anklagezeugnis werden, und zwar offenbar darum, weil er ein Beispiel für den in sozialer Verantwortungslosigkeit angehäuften Überfluß der Reichen ist.

Jakobus prangert also an, daß die Reichen ihre Habe lieber von Rost und Motten zerfressen als den Bedürftigen zukommen lassen. Entsprechend soll auch das „Verfaulen" des Reichtums (wahrscheinlich ist hier an Getreidevorräte gedacht), der Mottenfraß an den Kleidern und das Rosten von Silber und Gold weniger an die Vergänglichkeit allen irdischen Reichtums erinnern (so Mt. 6,19) als an das unbarmherzige, unsoziale Verhalten der Reichen.

Neben der Unbarmherzigkeit der Reichen steht ihre Ungerechtigkeit. „Siehe, der Lohn der Arbeiter, die eure Felder abgemäht haben, schreit, denn ihr habt ihn ihnen vorenthalten, und die Schreie der Erntearbeiter sind zu den Ohren des Herrn Zebaoth gedrungen" (V. 4). Das läßt erkennen, daß der Reichtum der Reichen auf unmenschliche Ausbeutung und brutale Auspowerung der Armen zurückgeht. Wahrscheinlich ist an Großgrundbesitzer gedacht, die den Erntearbeitern ihren verdienten Lohn vorenthalten, für den Verfasser eine himmelschreiende Ungerechtigkeit. Das Schreien dieser Entrechteten kommt vor Gott, was vor allem die Zusicherung enthält, daß Gott selbst für das Recht der Ausgebeuteten einsteht. Für die Reichen, denen V. 5 ein von Egoismus und Lebensgenuß beherrschtes Leben vorwirft, das sie prassend und schwelgend in Saus und Braus führen, ist das zugleich eine soziale Anklage. Wenn V. 6 als schwerste Anklage sogar die Verurteilung und Ermordung des Gerechten nennt, ist dies blutige Unrecht um so verwerflicher, als ihm kein Widerstand entgegengesetzt wird, die Wehrlosigkeit der Armen also der brutalen Macht der Reichen scharf kontrastiert. Ob aus diesen letzten Anklagen von V. 4–6 indirekt zu entnehmen ist, was eigentlich die Aufgabe der Reichen wäre, nämlich soziale Verantwortung und Gerechtigkeit, ist ungewiß. Es ist nämlich die Frage, ob der Verfasser dies überhaupt für möglich hält und nicht Reichtum einerseits und soziale Verantwortungslosigkeit und Ungerechtigkeit andererseits für so eng miteinander verfilzt hält, daß das gar nicht der Fall sein kann und Reichtum eo ipso Schuld bekundet. Immerhin zeigen Stellen wie 1,27 und 2,15 deutlich, wie hoch Jakobus das soziale, brüderliche Verhalten veranschlagt. Beide Stellen setzen voraus, daß die Gemeindeglieder zu solcher Hilfestellung gegenüber Bedürftigen in der Lage sind. Nach W. Popkes soll Jakobus überhaupt nur den Mißbrauch von Macht und Reichtum bzw. „rabiates Vorgehen" gegen die Armen angreifen (88.55) und „Luxuskritik" vorliegen (197), nicht aber die Propagierung eines radikalen Besitzverzichts oder eine Umverteilung der Güter die Devise sein.

Zum Schluß sei noch kurz darauf hingewiesen, daß der Verfasser auch den inneren Grund des Habenwollens kritisiert, wenn er 4,1f. schreibt: „Woher kommen Streitigkeiten und Kämpfe unter euch? Nicht daher: aus euren Begierden, die in euren Gliedern streiten? Ihr begehrt und habt nichts." Die leidenschaftliche Gier nach Besitz und Lust ist nicht nur der Grund äußeren Streits, sondern bringt dem Menschen auch letztlich nichts ein. Das Begehren kommt so nicht zum Ziel und läßt einen mit leeren Händen zurück. Dagegen hilft allein die „von oben" kommende Weisheit, die auf Frieden aus ist und voller Güte und Erbarmen (vgl. 2,17). Entscheidendes Merkmal christlicher Existenz ist die Barmherzigkeit (vgl. 1,27; 2,13.15f.; 3,17 u.ö.).

# VII. Das Gebot der Bruderliebe in den johanneischen Schriften

*Literatur:* H. Balz, Johanneische Theologie und Ethik im Licht der „letzten Stunde", in: FS H. Greeven, 1986, 35–56; R. Bultmann, Das Evangelium des Johannes (KEK II), 1950[11]; R. F. Collins, „A New Commandment I Give to You, that You Love one another..." (Jn 13:34), LTP 35, 1979, 235–261; E. Käsemann, Jesu letzter Wille nach Joh. 17, 1971[3]; M. Lattke, Einheit im Wort. Die spezifische Bedeutung von „agape", „agapan" und „filein" im Joh.-Evangelium (StANT 41), 1975; N. Lazure, Les valeurs morales de la théologie johannique, Paris 1965; L. Morris, Love in the Fourth Gospel, in: FS R. C. Oudershuys, Michigan 1978, 27–43; O. Prunet, La morale chrétienne d'après les écrits johanniques (EHPhR 47), 1957; M. Rese, Das Gebot der Bruderliebe in den Johannesbriefen, ThZ 41, 1985, 44–58; J. T. Sanders, 91–100; L. Schottroff, Der Glaubende und die feindliche Welt (WMANT 37), 1970; R. Schnackenburg, Botschaft, 247–280; S. M. Schneiders, Women in the Fourth Gospel and the Role of Women in the Contemporary Church, BTB 12, 1982, 35–45; S. Schulz, Ethik, 486–527 (vgl. auch 204–246); H. Thyen, „...denn wir lieben die Brüder" (1. Joh. 3,14), in: FS E. Käsemann 1976, 527–542; H. J. Wachs, Johanneische Ethik, Diss. Kiel 1952; R. Völkl, 393–439; H.-D. Wendland, Ethik, 109–116; W. Wittenberger, Ort und Struktur der Ethik des Joh.-Evangeliums u. des ersten Johannesbriefes, Diss. Jena 1971.

Johannes schreibt sein Evangelium, um den Glauben an Jesus Christus als Sohn Gottes zu wecken oder zu stärken und um dadurch Leben zu vermitteln (20,30f.). Solche Zielbestimmung braucht von bestimmten Gefahren der Adressaten nicht abzusehen (vgl. die Abgrenzungen gegen die Täuferanhänger oder „die Juden" im Evangelium oder von den gnostischen Irrlehrern im 1. Joh.), ebensowenig von innergemeindlichen Problemen. Doch sind bei allen polemisch-apologetischen Komponenten und geschichtlichen Erfahrungen weder das Evangelium noch die Briefe primär von zeitgeschichtlichen Anlässen her zu verstehen. Die historischen Entstehungsverhältnisse und religionsgeschichtlichen Hintergründe sind ohnehin ebenso heftig umstritten wie Quellenfrage, Frontstellung u. a. Jedenfalls wird man – um nur zwei für die Ethik wichtige Themenkomplexe zu nennen – weder den Dualismus allein als Reflex, Instrument und Interpretament von Auseinandersetzungen mit der sich etablierenden jüdischen Orthodoxie erklären können noch die Beschränkung der Liebe auf die Bruderliebe (vgl. dagegen W. Wittenberger, 29ff. u.a.).

Wegen der großen Verwandtschaft in Stil und Gedankenwelt werden die johanneischen Schriften hier als relative Einheit angesehen. Es ist weder sinnvoll noch zwingend geboten, trotz der zweifellos bestehenden Unterschiede auch in der Ethik – wichtig ist z. B., daß der paränetische Charakter im 1. Joh. stärker wird – zwischen dem 4. Evangelium und den johanneischen Briefen zu differenzieren. Es ist zwar m.E. wahrscheinlich, daß der Verfasser des 1. Joh. der sogenannten „kirchlichen Redaktion" des 4. Evangeliums nahesteht, zumindest aber vom Verfasser des 4. Evangeliums abzuheben ist, doch schon eine Differenzierung zwischen johanneischen und deutero-johanneischen bzw. redaktionellen Stücken im 4. Evangelium wäre viel zu kompliziert und zu hypothetisch, von einer aus verschiedenen Stufen und Schichten zu rekonstruierenden ganzen Theologiegeschichte der johanneischen Gemeinde bzw. Schule ganz zu schweigen. Es ist nur möglich, hier und da einige spezifische Akzente zu markieren (vgl. auch H. Thyen, ThR 43,357 und 44,132.134). Zum Vorrang der synchronen Ebene vgl. auch J. Becker, ThRu 51, 1986, 8.11 f. u. ö., aber auch die kritischen Fragen 14 ff).

Man kann fragen, ob in den Rahmen einer neutestamentlichen Ethik überhaupt ein Kapitel über die johanneischen Schriften hineingehört und man sich nicht auf eine Würdigung des Johannes innerhalb der Theologie des Neuen Testaments beschränken sollte. H.-D. Wendland hat zu Recht den „Eindruck einer gewaltigen Reduktion ethischer Fragen und Aussagen" (Ethik, 109). Gerade wenn man neben die Schriften der johanneischen Schule die bisher behandelten neutestamentlichen Schriften und ihre Ethik hält, fällt sofort das fast vollständige Fehlen konkreter Weisungen oder ausführlicher paränetischer Abschnitte auf. Kein Wort über Ehe und Eigentum, allenfalls ein indirektes zum Staat. Gleichwohl kennt auch Johannes „keine ‚Dogmatik' ohne ‚Ethik'" (R. Bultmann, KEK, 206) und keinen Glauben ohne Liebe. Beides wird nie isoliert gesehen, sondern bildet eine Einheit. Die ethischen Aussagen der johanneischen Schriften sind freilich noch in einer ganz anderen Weise in das Gesamte der Theologie integriert als in den anderen Schriften des Neuen Testaments (vgl. O. Prunet), so daß Sein und Sollen beinahe identisch werden und in verschiedenen Theologumena ethische Aspekte und Implikationen erscheinen (vgl. N. Lazure). Hier hängt eines mit dem anderen eng zusammen, und das ist bei der Schwierigkeit der Einordnung johanneischer Theologie, die scheinbar so unkompliziert, in Wahrheit aber höchst geheimnisvoll ist, eine bedeutende Erschwerung der Aufgabe.

## A. Der christologische Ansatz und Grund

1. Der erste Abschnitt hat auch hier dem Ansatz und Grund der Ethik zu gelten. Dieser Abschnitt aber kann sich nicht am Leitfaden der Anthropologie orientieren, sondern eigentlich nur ein Thema haben: die eschatologische Sendung des präexistenten Gottessohnes als Heilsbringer und Offenbarer in die Welt. Da die Christologie das beherrschende Grundthema und eindeutige Zentrum des Johannes ist, gründet auch die Ethik so exklusiv wie nirgendwo anders in der Christologie. Gottes Liebe zu der dem Tod und der Finsternis verfallenen Welt ist der Grund der Sendung Jesu Christi, und diese Sendung bringt dem Glaubenden die Rettung aus Verlorenheit und Gericht (Joh. 3,16; 1. Joh. 4,9 u. ö.). Der vom Vater aus Liebe in die Welt gesandte Sohn ist, wie die vielen Ich-bin-Worte zeigen, der gute Hirte, der Weg, die Wahrheit, das Leben, das Brot des Lebens, das Licht der Welt usw., wobei besonders das Bild von der Tür (10,9) die Exklusivität und Absolutheit der in Christus gegebenen Offenbarung und des in Christus gewährten Heils verdeutlicht. Heil, Leben, Freude, Licht, reiche Fülle u. a. – das alles gibt es nur in der Bindung an Jesus, und zwar in bleibender Bindung. Denn ist Jesus der Weg und die Wahrheit (14,6), dann steht es nicht so, daß er bloß den Weg zeigt, und dann lehrt er keine Wahrheit, die auch unabhängig von ihm selbst gültig wäre oder ihn selbst überflüssig machen könnte. Ist er doch der, in dem Gott selbst auf dem Plan ist. Weil der Sohn und der Vater eins sind (10,30), begegnet der Vater den Menschen nur im Sohn. Ihm ist alles übergeben (3,35; vgl. 5,36; 10,18; 17,4) und gezeigt (5,20;

## A. Der christologische Ansatz und Grund

vgl. 8,28), ja wer an den Sohn glaubt, der glaubt an den Vater, und wer den Sohn sieht, der sieht den Vater (12,44f.). Er wird darum auch in gleicher Weise geehrt wie der Vater (5,23), und im Thomas-Bekenntnis heißt es dann sogar: „Mein Herr und mein Gott" (20,28). Dieser immer wieder betonten Einheit mit dem Vater entspricht es, daß in der Darstellung des irdischen Lebens Jesu die Herrlichkeitszüge dominieren.

Zwar bleibt die Fleischwerdung des göttlichen Logos ein Skandalon, aber E. Käsemann hat nicht zu Unrecht betont, daß nicht eigentlich die Paradoxie der Inkarnation zu akzentuieren ist, wonach der Offenbarer als purer Mensch erscheint (so R. Bultmann). Alles komme vielmehr auf 1,14b an („und wir sahen seine Herrlichkeit") und nicht auf 1,14a („das Wort ward Fleisch"). D.h. V. 14a ist letztlich nur die Voraussetzung für V. 14b.
E. Käsemann will die Züge der Niedrigkeit des irdischen Jesus im 4. Evangelium nicht völlig bestreiten, er fragt aber, ob sie mehr sind als „das unabdingbare Mindestmaß der Ausstattungsregie für den ..., welcher sich eine kurze Weile bei den Menschen aufhält und ihresgleichen zu sein scheint, ohne doch selber dem Irdischen zu verfallen" (Jesu letzter Wille, 28f.). Wichtig an dieser Kritik der gängigen Darstellungen johanneischer Theologie, die das *vere homo* in den Vordergrund stellen, ist, daß nicht das Menschsein Jesu betont ist, sondern die Doxa Christi in der Tat die Szene beherrscht. Jesu himmlisches Wesen bleibt auch durch das Fleisch hindurch zu erkennen. Das gilt selbst für das Kreuz, das von vornherein im Licht der Auferstehung erscheint. Darum ist der Anstoß des Kreuzestodes entschärft und der Kreuzesweg als souveräner Siegesweg des aller Anfechtung und allem Grauen überlegenen und triumphal zum Vater zurückkehrenden Christus dargestellt (vgl. z.B. 12,27f.). Der Tod ist Verherrlichung, so daß nach E. Käsemann das Kreuz „nicht länger der Schandpfahl dessen (ist), welcher der Verbrecher Geselle wurde. Es ist der Erweis der sich dahingebenden göttlichen Liebe und siegreicher Rückkehr aus der Fremde zum sendenden Vater" (29). Vgl. auch M. Lattke, 142ff.

Das ist gegenüber der angeblichen Niedrigkeitschristologie grundsätzlich richtig, aber z.T. überspitzt. Von „naivem Doketismus" ist kaum zu sprechen, da Jesus tatsächlich wahrer Mensch ist. Er bleibt jedoch auch in Menschengestalt der auf Erden „zeltende" Logos, auf den die Engel Gottes darum auf- und absteigen (1,51) und der eben so die himmlische Herrlichkeit des Vaters sichtbar werden läßt, in die der Sohn nach dem Tod zurückkehrt. Die Inkarnation ermöglicht nur die rettende Begegnung mit der himmlischen Doxa bzw. die Gnade und Wahrheit vermittelnde Kunde, die Jesus vom Vater bringt (1,18). „Seht den Menschen" (mit der Dornenkrone) – das sagt eben der ungläubige Pilatus. Die Passion ist nur letzter Höhepunkt und Abschluß der ganzen Sendung, Liebe „bis zum Äußersten" (13,1). Sie gehört zwar zum Erlösungswerk als „Vollendung" der Selbsthingabe (Joh. 19,30 bezieht sich auf das gesamte Heilswerk), aber betont ist, daß der Gekreuzigte der Erhöhte ist, nicht daß der Erhöhte der Gekreuzigte ist. Zweifellos aber gibt es auch andere Züge am Christusbild, wie z.B. die Fußwaschung zeigt, aber auch die simple Tatsache, daß Jesus Sohn des Joseph aus Nazareth genannt wird (1,45; vgl. auch 2,3; 7,10). Für das ethische Thema vor allem ist von Bedeutung, daß Johannes nicht einfach eine *theologia gloriae* vertritt und die von der Doxa geprägte Christologie nicht in die Anthropologie ausgezogen hat. Gerät der, der dem Christus begegnet, „in den Bereich der Sieghaftigkeit und partizipiert an ihr" (E. Käsemann, 41), so kontrastiert doch damit das Bild, das Johannes von der unausweichlichen Situation der Anfechtung und des Leidens des Glaubenden in der Welt zeichnet: „In der Welt habt ihr Angst" (16,33). Gerade das Liebesgebot soll offenbar zur Bewältigung einer Krisensituation dienen (13,34f. steht auffallenderweise zwischen Judasverrat und Petrusverleugnung), die theologisch mit dem Weggang Jesu (vgl. V. 33) zusammenhängt (über die Hälfte der Belege für Liebe steht in den Abschiedsreden).

2. Sosehr die Deutung der johanneischen Christologie im einzelnen umstritten ist, an einem kann kein Zweifel sein: an ihrer fundamentalen Bedeutung für die Gemeinde und ihr Verhalten. Ein instruktives Beispiel für die Auswirkung der Christologie auf die Ethik ist besonders die Rede Jesu über Weinstock und Reben (15,1ff.). Hier kommt unmißverständlich heraus, daß es ohne Bleiben an Jesus als dem einzig wahren Weinstock keine Frucht im Christenleben gibt. Das Bleiben an ihm als Voraussetzung des Fruchtbringens aber wird begründet durch das Bleiben Jesu in den Seinen.

J. Heise interpretiert das „und" in V. 4a („Bleibet in mir *und* ich in euch") mit Recht folgendermaßen: „Bleibet in mir, wie und weil auch ich in euch bleibe", d. h. das Bleiben Jesu „begründet und ermöglicht das Bleiben der Seinen in ihm" und damit auch das Fruchtbringen (Bleiben. Menein in den johanneischen Schriften, 1967, 85, vgl. 81ff.; vgl. auch R. Borig, Der wahre Weinstock, StANT 16, 1967). Auch nach Johannes hat man es in der Nachfolge nötig, „daß Jesus immer wieder verheißend, erinnernd, lehrend, warnend, tröstend zu uns kommt", aber „weder unsere Erfahrung noch unsere Entscheidung konstituieren, wer Jesus ist" (E. Käsemann, 59f.).

Wichtig ist zunächst, daß die Seinen ihre Kraft zum Wachsen und Fruchtbringen nur in der unlöslichen Verbindung mit Jesus erhalten, sie abgetrennt von ihm aber verdorren müssen. Solche intensive Verbindung ist nicht als mystische Gemeinschaft zu interpretieren, sondern durch das Wort vermittelt, wie V. 3 und 7 sowie das mit dem Bleiben synonyme Hören zeigen. Nach V. 16 ist es Jesus selbst, der seine Jünger erwählt und dazu bestimmt, Frucht zu bringen. Alles Sein, Können und Tun der Christen ist jedenfalls nur im Zusammenhang mit Jesus zu realisieren und zu verstehen, der seinerseits wieder die Manifestation der Liebe Gottes ist. Sosehr damit letztlich Gottes Liebe selbst das Lieben des Menschen bewirkt, ja Gottes Bleibe in der Welt ist (Joh. 17,26; 1. Joh. 4,12), so eindeutig ist sie doch einzig durch Christus vermittelt.

Aber Johannes betont auch die Umkehrung, was nicht einfach durch eine Polemik gegen einen überbetonten Heilsindikativ veranlaßt ist[1]. Nicht nur gibt es ohne die Verbindung mit dem Weinstock keine Frucht, sondern es gilt auch umgekehrt: ohne Frucht muß die Verbindung mit dem Weinstock abreißen, ja

---

[1] Vgl. G. Klein, „Das wahre Licht scheint schon", ZThK 68, 1971, 261-326, bes. 264 Anm. 17. Nach S. Schulz, Ethik, 507 soll freilich „faktisch der Indikativ in den Imperativ integriert" sein „und nicht umgekehrt".

A. Der christologische Ansatz und Grund            305

ohne Frucht ist man schon aus der Verbindung mit Jesus herausgefallen (V. 2 und V. 6). Zwischen V. 2 und V. 4f. besteht insofern eine gewollte Spannung: Nach V. 2 ist Fruchtlosigkeit die Ursache für das Abreißen der Ranke, nach V. 4 ist das Bleiben am Weinstock Voraussetzung für die Frucht. R. Bultmann sieht darin die Dialektik von Indikativ und Imperativ zutage treten (Theologie, 432), wobei der Indikativ dem Imperativ auch hier begründend vorgeordnet ist. Vom Menschen wird nur das erwartet, was ihm zuvor zugewachsen ist. Lieben kann nur, wer geliebt worden ist. Auch sonst begründet Johannes die Liebe immer wieder im Geliebtwerden. Die johanneische Ethik der Liebe steht und fällt allein damit, daß Gott in der Sendung und Hingabe seines Sohnes seine Liebe erwiesen hat und seine Liebe erst in der Liebe der Seinen zum Ziel kommt. Sie kommt ihnen zugute, und sie wird ihnen zugemutet. Auch im 1. Joh. ist die Ethik, d.h. das Liebesgebot, im Liebeserweis Gottes in Christus verankert (vgl. 1. Joh. 4,10f. u.ö.)[2].

Wegen der großen paränetischen Bedeutung der Fußwaschungsszene (vgl. S. 311f.) ist schon hier zu betonen, daß soteriologische und ethische Deutung in 13,1-17 keinen Widerspruch bilden, sondern das heilsentscheidende Tun Jesu („die vollkommene Liebe" bzw. „die Liebe bis zum Ende" V. 1), das durch den Liebesdienst der Fußwaschung symbolisiert wird, die Voraussetzung für den eigenen Liebesdienst der Jünger ist. Damit ist zweierlei klar: Erstens darf man zur Charakterisierung der johanneischen Ethik kaum die Worte Gesetzlichkeit und Moralismus verwenden (anders H. Preisker, Ethos, 209), was noch weiter erschwert wird durch „das Geben" des göttlichen Gebotes der Liebe (15,10), weil Geben sonst ein göttliches Geschenk charakterisiert (vgl. 3,34; 6,11; 10,18 u.ö.). Zweitens hat die geforderte Liebe nicht nur ihre Norm und ihr Maß (vgl. dazu S. 310f.), sondern auch ihre Begründung und Ermöglichung allein in Jesu Liebe. Nur als Geliebte bleiben die Liebenden in der Erfahrung der Liebe Jesu und können so selbst lieben. Damit ist gegeben, daß sich diese Liebe nicht als ethisches Prinzip oder Programm von Jesus trennen und abgelöst von ihm praktizieren läßt. Das neue Gebot der Liebe steht nicht zufällig in 15,12 im Kontext der Bildrede vom Weinstock und Fruchtbringen.

3. Daß der Mensch sich nicht von sich aus in Bewegung setzen, aktivieren und Frucht bringen kann, bringt auch die johanneische Prädestinationslehre zum Ausdruck. 3,27 heißt es noch im Sinn der bisherigen Überlegungen, daß kein Mensch etwas nehmen kann, „es werde ihm denn vom Himmel gegeben", womit also alles Nehmen auf einem Empfangen beruht. Wie aber kann man empfangen, wenn einem nichts gegeben wird, christologisch ausgedrückt: wie kann man bei Jesus bleiben oder zu Jesus kommen, wenn dieses Kommen davon abhängt, „daß der Vater einen zieht" (6,44; vgl. V. 65)? Allerdings steht in 6,45 neben dem deterministisch klingenden Satz sofort der andere: „Jeder, der vom Vater gehört und gelernt hat, kommt zu mir." Das ist offenbar auf das Ziehen des Vaters von V. 44 zurückzubeziehen und so zu interpretieren, daß

---

[2] Vgl. G. Eichholz, Glaube und Liebe im 1. Joh., EvTh 4, 1937, 411-437.

sich *im* Hören und Lernen das Ziehen des Vaters ereignet. „Nicht hinter der Glaubensentscheidung des Menschen, sondern in ihr vollzieht sich das Ziehen des Vaters" (R. Bultmann, KEK, z. St.).

R. Bultmann betont freilich zu stark den Entscheidungscharakter. Nach ihm ist es die Entscheidung, die das Sein und das Woher konstituiert (KEK, 240). D. h. in der Entscheidung kommt zutage, was der Mensch eigentlich ist und immer schon war. „An seiner Entscheidung für sein Wohin entscheidet sich auch die Frage seines Woher ... Daß sich ein Mensch in der Begegnung mit dem Offenbarer für oder gegen ihn entscheidet aufgrund seiner Vergangenheit, ist nur ein kühn-paradoxer Ausdruck dafür, daß in seiner Entscheidung zutage kommt, was er eigentlich ist" (KEK, 115). Hier ist die Paradoxie zu einseitig zugunsten der Entscheidung aufgelöst.

Bei Johannes dagegen stehen Erwählung und Verantwortung dialektisch nebeneinander und sind miteinander verschränkt, das Gezogenwerden und das Hören oder Wollen, von dem 7,17 oder 8,44 und andere Stellen sprechen. 6,27 steht beides nebeneinander, die Aufforderung, unvergängliche Speise zu wirken, und das Wissen, daß sie nur gegeben werden kann. Auch im 1. Joh. kann es einerseits heißen, daß der, der aus Gott gezeugt ist, keine Sünde begeht (3,9) oder die Welt überwindet (5,4), andererseits aber, daß der, der die Gerechtigkeit tut oder liebt, aus Gott gezeugt ist (2,29; vgl. 4,7 u. ö.).

H.-M. Schenke (Determination und Ethik im ersten Johannesbrief, ZThK 60, 1963, 203–215) sieht im 1. Joh. das Neben- und Ineinander von Indikativ und Imperativ durch die Spannung von Sündlosigkeit und Sünde zum Ausdruck kommen, begründet das aber mit dem überirdischen und irdischen Aspekt christlichen Daseins (215). Daß Determination und Ethik sich nicht gegenseitig aufheben, sondern sachlich zusammengehören, ist richtig, daß aber der Gedanke der Verpflichtung gerade aus dem *irdischen* Aspekt erwachse und vor aller „Theorie" (so wird S. 214 der Indikativ umschrieben) schon feststünde, wird man bezweifeln.

4. Derselbe Sachverhalt kommt ähnlich auch in der johanneischen Interpretation von Sakrament und Geist heraus. Auch hier ist zunächst vorausgesetzt, daß der Mensch von Natur aus vom Heil und damit auch vom neuen Leben ausgeschlossen ist, denn „was vom Fleisch geboren ist, das ist Fleisch, und was vom Geist geboren ist, das ist Geist" (3,6). Geburt aus dem Geist aber, die als Wiedergeburt aus Wasser und Geist (3,5) und als „Von-neuem-geboren-Werden" nicht nur eine partielle Korrektur und Besserung des Menschen, sondern nur ein Neuwerden des ganzen Menschen meinen kann, ist als Wunder Gottes keine Möglichkeit des Menschen. Darf man 1. Joh. 5,1 mit heranziehen, so steht aber auch hier daneben der Glaube, d. h. niemand als der Glaubende ist „der aus Gott Geborene". Sakrament und Glaube dürfen folglich ebensowenig gegeneinander ausgespielt werden wie Indikativ und Imperativ.

Auch das Wirken des Geistes ist ähnlich zu verstehen. Der Geist weht, wo er will (3,8). Er ist es, der lebendig macht (6,63), und doch appelliert schon der folgende Vers an den Glauben (6,64), der mit der Liebe engstens zusammengehört. Bedenkt man, daß der Geist das Wirken des Christus fortsetzt, ist deutlich, daß Christologie und Pneumatologie gemeinsam das Leben und Lieben der Christen bestimmen. Der Primat der Christologie auch in den Sakraments- und vor allem den Geistaussagen ist aber unübersehbar. Der Geist ist ja der, in dem Jesus selbst wiederkommt (vgl. 14,16f.26 u.ö.) und der an Jesu Worte erinnert (vgl. 14,26), was auch für die Liebe Bedeutung hat (vgl. 14,18 mit 14,23).

5. Der größte Unterschied zu Jesus und Paulus im Blick auf den Heilsindikativ besteht zweifellos in der radikal vergegenwärtigten Eschatologie, wobei hier zwischen Evangelium und 1. Joh. zu differenzieren ist. Das Evangelium vertritt eine prononciert präsentische Eschatologie (vgl. 5,24; 3,36; 6,47; 8,51; 11,25f.). Gewiß ist nicht zu leugnen, daß der Verfasser Reste von Zukunftserwartung aufgenommen hat, und zwar ganz unabhängig davon, ob das Evangelium in seiner jetzigen Form ursprünglich ist oder die meisten futurischen Aussagen erst auf eine kirchliche Redaktion zurückgehen. Stellen wie 14,2, daß in des Vaters Haus viele Wohnungen sind und Christus die Seinen zu sich holen wird (vgl. auch 12,32; 17,24), weist auch R. Bultmann dem Evangelisten zu.

Was R. Bultmann aber mit Recht nachdrücklich betont, ist, daß die traditionelle jüdisch-christliche Zukunftseschatologie von Johannes durch und durch vergegenwärtigt und vergeschichtlicht worden ist (nach S. Schulz, Ethik, 491, soll freilich im jetzigen Evangelium sogar „alles Gewicht auf der futurisch-apokalyptischen Totenauferstehung zum Endgericht" liegen). Das Entscheidende ist schon geschehen, und von der apokalyptisch-kosmischen Eschatologie des Urchristentums ist nur die individuelle Hoffnung auf die himmlische Vollendung übriggeblieben. Die apokalyptische Erwartung einer kommenden neuen Welt ist reduziert auf eine anthropologische Hoffnung, wobei dann, wenn 5,28f. u.ä. Stellen nicht erst sekundär angefügt worden sein sollten, auch die Auferstehungshoffnung impliziert wäre (vgl. E. Käsemann, 36ff., 146ff.). Entscheidend ist jedenfalls, daß die Glaubenden schon das Leben haben, das Gericht schon stattgefunden hat und die Zukunft eigentlich nichts Neues mehr bringen wird. Käsemann hat aber klar herausgestellt, daß der Ausgangspunkt und Horizont auch hier die Christologie ist, die Gegenwart dessen, der die Auferstehung und das Leben ist (42).

Während die Konsequenzen dieses gegenwärtigen Lebens für die Ethik abgesehen vom Kontext der Christologie direkt kaum ausgezogen worden sind, steht die Sache anders im 1. Joh., wo nun aber vereinzelt wieder futurische Enderwartung mit Parusie- und Gerichtsmotiv das „Tun der Gerechtigkeit" in Entsprechung zu Christus motiviert (vgl. 1. Joh. 2,28ff.). Nach diesem Abschnitt steht die Hoffnung zwar auch in unlöslicher Beziehung zur Heilsgegenwart der Gotteskindschaft, doch ist „noch nicht erschienen, was wir sein werden", und die Hoffnung, daß wir ihm gleich sein werden (3,2), führt zu entsprechender Lebensführung. „Jeder, der diese Hoffnung auf ihn hat, reinigt sich selbst", d.h. die Zukunft des Hoffenden wirkt hinein in die Gegenwart und macht frei zur Reinheit. Auch nach 4,17 kann „Freimut im Gericht" haben, wer die Liebe Gottes zur Vollendung gelangen läßt, was nach 4,12 (vgl. auch 2,5) auch die Bruderliebe einschließt.

## B. Der christologische Imperativ

1. Ist so die Christologie das beherrschende Thema des johanneischen Indikativs, so ist von vornherein zu erwarten, daß das seine Korrespondenz auch im Inhalt des Imperativs findet. Und in der Tat, das Grundverhalten des Christen nach Johannes ist die Christusbezogenheit, was mit oft weithin synonymen Begriffen wie glauben, lieben, hören, bleiben, erkennen, hinzukommen, aufnehmen, dienen oder nachfolgen ausgedrückt wird. Dabei geht es zunächst nicht so sehr um Schicksalsgemeinschaft („Wo ich bin, da wird auch mein Diener sein" 12,26; vgl. 13,36) oder die Korrelation in der Lebensführung (vgl. dazu S. 310f.) als vielmehr um das Bleiben bei dem Herrn, der allein „Worte des ewigen Lebens hat" (6,68) und als solcher der von Menschen unterschiedene und ihnen vorangehende Gottessohn ist, der zu Dienst und Nachfolge ruft (vgl. 12,26). „Ihr seid meine Freunde, wenn ihr tut, was ich euch gebiete" (15,14). Nicht die Gleichrangigkeit, sondern der Vorrang Jesu dominiert in dieser Christusbezogenheit. Glaube z. B. ist das Hören auf die Stimme Jesu Christi (vgl. 10,26f.; 10,4), nicht aber ein persönlich-mystisches Verhältnis. Darum wird immer wieder zum Hören und Halten seines Wortes gerufen. Bleiben am Wort ist der Ausweis echter Jüngerschaft (8,31).

Was aber ist der Inhalt dieses Wortes? R. Bultmann behauptet, daß Jesu Worte „nie etwas Spezielles und Konkretes mitteilen". Thema seiner Rede sei „immer nur das Eine, daß der Vater ihn gesandt hat, daß er gekommen ist als das Licht, das Lebensbrot, als Zeuge für die Wahrheit usw." (Theologie, 414), zugespitzt 415f.: „Jesu Worte vermitteln gar keinen greifbaren Inhalt als eben den, daß sie Worte des Lebens, Worte Gottes sind; d. h. nicht durch ihren Inhalt, sondern als *seine* Worte, als Worte dessen, der sie spricht, sind es Worte des Lebens, Worte Gottes." Ihr Besonderes und Entscheidendes liegt also im aktuellen Gesprochenwerden.

Richtig daran ist, daß Jesus in der Tat keine kosmologischen, soteriologischen oder anderen Wahrheiten und keine esoterischen Mysterien vermittelt. Richtig ist auch, daß eine unverkennbare Reduktion auf die Christologie im Inhalt seiner Worte zu verzeichnen ist. Und doch hat Jesu Wort „einen klar bestimmbaren Inhalt" (E. Käsemann, 102): Zeugnis der Väter, Wort und Werk des irdischen Jesus, kurz die von Johannes aufgegriffene Tradition. Johannes sieht wohl in der Tat, daß es notwendig zur Schwärmerei und Anarchie führt, „wenn Jesu Wort nur durch den prophetischen Geist und die jeweilige Situation bestimmt werden kann" (102, vgl. 82f.).

2. Fragt man nun im einzelnen, was Jesu Wort inhaltlich gebietet, so ist als erstes für die ethische Thematik das „Halten der Gebote" zu nennen. Diese aber sind nicht mehr mit denen des Alten Testaments gleichzusetzen. Vergleicht man die ethischen Weisungen Jesu mit denen des Johannesevangeliums, fällt sofort auf, daß das Gesetz als Anleitung zum Handeln keine Rolle mehr spielt[3]. Gewiß

---

[3] Vgl. S. Pancaro, The Law in the Fourth Gospel, Leiden 1975; U. Luz, Gesetz, 119ff; anders freilich S. Schulz, Ethik, 493ff., nach dem zwar nicht das Kult-, wohl aber das Moralgesetz seine Bedeutung behält, weshalb 1,17 nicht antithetisch, sondern „im Sinne des synthetischen bzw. klimaktischen Parallelismus" auszulegen sei (494); die für „die Anerkennung und Praktizierung des mosaischen Moralgesetzes" genannten Belege 1,17; 3,20ff.; 5,27ff.; 20,23 (S. 510) sind freilich wenig überzeugend.

verweist der johanneische Jesus bisweilen auf das Gesetz, und zwar in dem Sinne, daß es für das Alte Testament als Ganzes steht, der Sinn dieses Verweises ist aber nur der, daß schon das Gesetz auf Christus hinweist.

So heißt es im Wort des Philippus an Nathanael: „Wir haben den gefunden, von dem Mose im Gesetz und die Propheten geschrieben haben, Jesus, Josephs Sohn aus Nazareth" (1,45). In Jesus erfüllen sich die Heilserwartungen des Alten Testaments. Freilich zeigt die Skepsis des Nathanael („Was kann aus Nazareth Gutes kommen?" V. 46), daß das Christuszeugnis auch hier nicht in einem exegetischen Beweisverfahren zu ermitteln ist, ja Einwände von den Vätern her gute Gründe auf ihrer Seite haben. Sollte der Messias nicht aus Davids Samen sein und aus der Davidstadt Bethlehem kommen?

Daraus ist zu schließen, daß Jesus die Verheißungen nicht nur erfüllt, sondern auch zerbricht, weshalb Christus und Mose auch antithetisch gegenübergestellt werden (1,17; vgl. auch 6,32; 9,28). Diese Gebrochenheit und zugleich Erfüllung belegt auch 5,39: „Ihr durchforscht die Schriften, weil ihr in ihnen ewiges Leben zu haben wähnt. Und sie sind es, die von mir zeugen." Beschäftigung mit den Heiligen Schriften sichert nicht das ewige Leben, denn „die Schrift als solche hilft zu nichts..., Leben schafft sie nur, soweit sie von dem zeugt, der das Leben ist" (W. Bauer, HNT 6, z.St.; ähnlich R. Bultmann, KEK, z.St.; J. Becker, ÖTK 4, z.St.). Einerseits kann das Erforschen der Schrift die Stimme Jesu geradezu überhören lassen, andererseits aber redet in der Schrift tatsächlich bereits Christus. Würde man wirklich auf Mose hören, würde man auch dem Christus glauben (5,46). Tut man es nicht, erweist sich Mose als Ankläger (5,45). Nach U. Luz (Gesetz, 120) unterscheidet Johannes bewußt zwischen Gesetz („gleichsam eine jüdische Vokabel") und Schrift („das Alte Testament in seinem eigentlichen Sinn, nämlich als Hinweis und Zeugnis für Christus").

Stärker auf das Gebiet des Verhaltens führen einige andere Stellen, vor allem die Sabbatbrüche Jesu (vgl. 5,9.16–18; 7,22f.; 9,14–16). Diese Sabbatbrüche, die mit dem Sabbat auch die Thora relativieren, bringen neben Jesus (5,16; 9,16) auch die Geheilten mit dem Sabbatgebot in Konflikt (5,10; 9,15.18.34), was die Geheilten auf Jesu Autorität und Macht zurückführen (5,11; 9,15.30ff.). Das Sabbatgebot ist dabei zwar kein aktuelles Problem mehr, sondern die Konfliktsituationen sollen vor allem Jesu einzigartige Sonderstellung herausstellen (vgl. J. Becker, ÖTK 4,233). 7,19ff. stellt der Evangelist aber umgekehrt die Juden als Gesetzesbrecher hin, die sich zu Unrecht auf Mose berufen: sie vollziehen am Sabbat die Beschneidung und wollen Jesus selbst wegen seiner Heilung am Sabbat verurteilen.

Allerdings ist die Argumentation im einzelnen nicht ganz durchsichtig. V. 19 wirft den Juden Übertretung des Mosegesetzes vor, V. 23 dagegen eine Verdrängung des Sabbatgebotes durch die Beschneidungspraxis in Befolgung der mosaischen Anordnung. Nach R. Bultmann ist das, wenn das Ganze Sinn haben soll, nur so zu deuten: „Die Juden brechen das Mose-Gesetz, weil sie, obwohl durch das Beschneidungsgebot angeleitet, nicht nach dem fragen, was Mose eigentlich gewollt hat" (KEK, 209; vgl. S. Pancaro, 136f.).

Dann ist also zu differenzieren zwischen einem vordergründigen und dem eigentlichen Sinn des Gesetzes. Wenn es 8,17 heißt, „auch in euerem Gesetz steht geschrieben, daß ein auf zwei Menschen beruhendes Zeugnis wahr ist", so kommt dieser Satz vom Zusammenhang her freilich beinahe einer Persiflage gleich. Die Distanz wird ja schon in dem „in *euerem* Gesetz" unüberhörbar (vgl.

W. Gutbrod, ThW IV, 1077; vgl. auch 15,25 und 19,7: „nach dem Gesetz muß er sterben"). Im ganzen überwiegt die Überzeugung von der Überlegenheit der Gnaden- und Heilsoffenbarung gegenüber der Gesetzesoffenbarung (vgl. 1,17). Als verpflichtend im Sinne seiner sittlichen Weisungen und Beispiele wird das Alte Testament nicht in Anspruch genommen, ja der Begriff „Gebot" wird den Weisungen Jesu reserviert, und das Gesetz ist ohne jede Bedeutung für die Ethik. Nicht einmal das Liebesgebot gilt als Konzentration und Summe des Gesetzes. U. Luz bestreitet für Johannes darum mit Recht eine direkte wie indirekte Kontinuität zwischen dem alttestamentlichen Gesetz und der christlichen Ethik (Gesetz, 124). Auch K. Haacker will im „neuen" Gebot von 13,34 einen antithetischen Bezug zur Mose-Thora erkennen (Die Stiftung des Heils, AzTh 47, 1972, 73), während S. Schulz zu Unrecht eine Synthese findet: Das „neue" Gebot komplettiere und ergänze das alte (Ethik, 498).

Nur 1. Joh. 3,12 wird als negatives Beispiel der Brudermörder Kain erwähnt, der seinen Bruder „hinschlachtete", weil er durch dessen gerechte Taten herausgefordert wurde. Das soll der Gemeinde zeigen, daß auch sie nicht zufällig vom Haß der Welt getroffen wird. Gerade wenn die selbstverständliche Einfügung dieses Beispiels, das der Gemeinde nicht zum Vorbild dienen soll, eine Kenntnis des Alten Testaments voraussetzt, fällt um so mehr auf, daß dies das einzige Beispiel ist.

3. Für Johannes versteht es sich von selbst, daß die Gebote Jesu nicht von Jesu selbst abzulösen sind. Seine Worte und Werke, sein Reden und Tun werden zusammengesehen (vgl. 8,28; 14,10 u. ö.). Beides zusammen verpflichtet und leitet auch die Jünger. Daß die Christologie auch beim Imperativ der alles entscheidende Horizont ist, bestätigt sich inhaltlich vor allem daran, daß die Orientierung am Verhalten Jesu ein durchgehender Grundzug johanneischer Ethik ist. Das Heilshandeln Gottes in Jesus Christus ist nicht nur zentrales Motiv und einzige Ermöglichung christlicher Liebespraxis, sondern auch ihr alles entscheidender Maßstab. So wie in der Begründung des Tuns klar ist, daß der Sohn nichts tun kann ohne den Vater (5,19) und die Jünger nichts ohne den Sohn (15,5), so soll sich das auch in der Art und Weise dieses Tuns reflektieren. Charakteristisch ist das häufig gebrauchte „wie", das einerseits das Verhältnis des Vaters zu Jesus auf das Verhältnis Jesu zu den Jüngern überträgt, andererseits aber auch Jesu eigenes Verhalten als exemplarische Verwirklichung christlichen Lebens den Seinen richtungweisend vor Augen stellt[4]. Nicht nur liebt und sendet Jesus die Jünger, wie ihn selbst der Vater geliebt (15,9; 17,23) und in die Welt gesandt hat (17,18; 20,21), sondern viele Beispiele stellen auch unmißverständlich eine inhaltliche Parallelität zwischen Jesus und den Seinen her, wobei die Identität der gebrauchten Begriffe, die natürlich schon wegen der Differenz „Meister und Knecht" (vgl. 13,16; 17,11 u. ö.) keine vollständige sein kann, die Korrespondenz unterstreicht. Dieser Urbild- und Exemplum-Charakter Jesu

---

[4] Vgl. O. de Dinechin, Kathos. La similitude dans l'Evangile selon S. Jean, RScR 58, 1970, 195–236; vgl. zu der kettenartigen Abbildhaftigkeit auch M. Lattke, 22f.

## B. Der christologische Imperativ 311

erstreckt sich auf seinen irdischen Wandel bis in seine Hingabe in den Tod hinein. Inhaltlich wird meist auf die Liebe verwiesen: In der Art, wie Jesus die Seinen geliebt hat, sollen auch die Seinen einander lieben.

Besonders anschaulich und eindrücklich dafür ist die Perikope von der Fußwaschung. Hier wird Jesu Tun ausdrücklich als Vorbild und Beispiel bezeichnet (13,15), d.h. die Fußwaschung Jesu hat exemplarische Bedeutung. „Denn ich habe euch ein Beispiel gegeben: wie ich euch getan habe, so sollt auch ihr tun."

Die mit der ethischen Relevanz zusammenhängenden literarkritischen und traditionsgeschichtlichen Probleme dieser Perikope sind sehr kontrovers. Oft wird nur eine der beiden Deutungen der Fußwaschung für johanneisch gehalten und damit ihr Doppelsinn im Sinne stellvertretender, aber auch exemplarischer Liebe verdeckt. Nach R. Bultmann liegt in V. 4–11 eine erste Deutung vor, die vom Evangelisten selbst stammt, in V. 12–20 dagegen eine zweite Deutung, die schon vorjohanneisch sein soll; vgl. auch G. Richter, Die Fußwaschung im Johannes-Evangelium, 1967, der vor allem V. 6–11 mit seiner soteriologischen Deutung der Fußwaschung wie 13,3–14,31 für johanneisch, V. 12–20 dagegen wie V.1b für redaktionellen Zusatz des späteren Herausgebers hält, der allerdings auf vorjohanneischer Tradition basieren soll. Anders dagegen z.B. H. Thyen (Joh. 13 und die „kirchliche Redaktion" des vierten Evangeliums, in: FS K. G. Kuhn, 1971, 343–356): Die zweite Deutung ist danach nicht vorjohanneisch, sondern eine Reinterpretation der ersten durch den Autor von Kap. 21. Jesu Handlung sei nun „nicht mehr ein weltloses Semeion" wie in der stärker dualistischen Grundschrift, sondern „zugleich ein vorbildliches Exemplum demütigen Dienens an den Geringeren" (350). Auch A. Weiser (Joh. 13,12–20 – Zufügung eines späteren Herausgebers?, BZ 12, 1968, 252–257) hat mindestens darin recht, daß auch auf andere soteriologisch-christologische Abschnitte bei Johannes ein Ruf zur Mimesis folgt (vgl. z.B. 12,25 f. nach 12,24). Vgl. auch 1. Joh. 3,16: „Daran haben wir die Liebe erkannt, daß jener für uns sein Leben hingegeben hat. Auch wir sind verpflichtet, für die Brüder das Leben hinzugeben." Auch hier sind also soteriologische und ethische Deutung miteinander verklammert, so daß man auch in Joh. 13 nicht von einer künstlichen Verbindung zu sprechen braucht; vgl. auch R. F. Collins, 353 f. und W. Wittenberger, 56 ff., der die Trennung von Christologie und Paränese für durch und durch unjohanneisch hält, so daß ohne V. 12 ff. die Deutung vom Tod Jesu her ein Torso bliebe (62 f.). Zwar besteht eine gewisse Konkurrenz (Dienst an den Jüngern – Dienst der Jünger), aber diese verschiedenen Akzente sollen sich ergänzen (vgl. S. Schulz, NTD, z. St. und Ethik, 500 f.) und können durch die Agape von V. 1 durchaus sinnvoll aufeinander bezogen werden. Die „Vollkommenheit" der Liebe, wie sie sich im Tod Jesu dokumentiert, (vgl. S. 303), findet ihre Entsprechung in der Liebe der Jünger untereinander (vgl. 15,9–14).

Ob nun die erste, soteriologische Deutung in V. 6–11 spezifisch johanneisch ist oder nicht, jedenfalls bestätigen viele entsprechende Aussagen, daß auch die zweite, ethische Deutung sich gut in das Denken des Johannes einfügt. Bedenkt man, daß Fußwaschen ein niedriger, z.B. zu den Pflichten des Sklaven zählender Dienst ist (vgl. Billerbeck II 557), jedenfalls aber eine konkrete, leibhaftige, schmutzige Angelegenheit und keineswegs eine liturgische Handlung, wie sie Bischöfe und Äbte, Päpste und Kaiser als feierliches Zeremoniell vollzogen haben, so unterzieht sich Jesus hier einer entehrenden, demütigenden Liebestat.

Und eben darin ist er Vorbild. Daß er auch hier zugleich mehr als das ist, das „wie" also über die beispielhafte Funktion hinaus auch begründenden Sinn hat, ändert daran nichts. Auch in 13,34, wo das „neue Gebot" so bestimmt wird, „daß ihr euch untereinander liebt, *wie* ich euch geliebt habe, auf daß auch ihr einander liebt", ist Jesu Liebe nicht nur Grund der Bruderliebe, sondern er ist auch Paradigma in der Art und Weise seiner Liebe (ähnlich 15,12; vgl. auch 15,10). So wie nur die Geliebten lieben können, so werden die Liebenden auch durch Jesu Beispiel der Liebe gebunden. Daß die Fußwaschung dabei als ein „symbolisch-repräsentativer Akt des Liebesdienstes überhaupt" zu verstehen ist (R. Bultmann, KEK, z. St.), darf das beispielhaft Konkrete dieses Liebesdienstes nicht spiritualisieren.

Gerade in 1. Joh. wird Jesu Vorbildlichkeit auch an anderen Begriffen als an denen der Liebe exemplifiziert. Nach 1. Joh. 3,7 ist der, der Recht bzw. Gerechtigkeit tut, „gerecht, *gleichwie* er gerecht ist". Hier übt Christus also vorbildlich und die Seinen verpflichtend Gerechtigkeit, die das Gegenteil vom Tun der Sünde ist (V. 8) und in V. 10 mit der Bruderliebe als Einheit zusammengebunden ist. Jedenfalls soll das Verhalten der Glaubenden dem Verhalten Jesu korrespondieren, so wie sich nach 1. Joh. 3,3 auch jeder reinigen soll, „*wie* jener rein ist". Endlich wird in 1. Joh. 2,6 der Entsprechungsgedanke ganz umfassend und grundsätzlich zur Sprache gebracht und Jesus als Prototyp und Vorbild christlicher Lebensführung überhaupt benannt: „Wer sagt, daß er in ihm bleibe, der ist verpflichtet, so sein Leben zu führen, *wie* jener sein Leben geführt hat."

R. Schnackenburg deutet das im Zusammenhang mit V. 4, wo vom Halten der Gebote geredet wird, wohl richtig, wenn er schreibt: „Damit empfängt die allgemeine Forderung, die Gebote zu halten (die auch ein frommer Jude stellen konnte), ihr besonderes christliches Gepräge. Nicht ein allgemeiner Gesetzeskodex – und sei es der ehrwürdige Dekalog – ist für den Christen die nächste Richtschnur seines Handelns, sondern die persönliche Weisung Christi, und nicht nur sein Wort, sondern auch das Vorbild seines Lebens" (HThK XIII[2], 105). Inhaltlich wird damit auf das neue Gebot der Liebe vorausverwiesen (1. Joh. 2,7f.). Die Konformität zu Christus und seiner Liebe bestimmt die gesamte Lebenspraxis der Christen, was nach 1. Joh. 3,16 bis zur konkreten Lebenshingabe geht, so daß hier am Extremfall der Normalfall zugespitzt exemplifiziert wird.

## C. Weltdistanz und Sündenfreiheit

1. Auch die kritische Distanz zur Welt, ein durchgehender Grundzug der johanneischen Ethik, hängt mit der Christologie zusammen. Ist doch Christus wie kein anderer der in dieser Welt Fremde, der nur von außerhalb der Welt recht bestimmt werden kann und in ihr nur „zeltet" (1,14). Darum ist auch „sein Reich nicht von dieser Welt" (17,18). Entsprechend sind auch die Christen nicht von dieser Welt bestimmt (15,19; 17,14.16), werden aber demselben Haß der Welt ausgeliefert wie er (15,18). Der schroffe Kontrast von Gemeinde und Welt (nach verschiedenen Autoren soll er freilich nur für eine Grundschrift

gelten) hat erhebliche Auswirkungen auch auf die Ethik, auch wenn der johanneische Dualismus nicht allein ein ethischer ist, sich freilich auch in der Ethik im Gegenüber von „Böses tun" und „die Wahrheit tun" dokumentiert (3,20f.) oder in „Haß" und „Liebe" (1. Joh. 2,9f.). Der die johanneischen Schriften durchziehende Dualismus von Licht und Finsternis, Wahrheit und Lüge, oben und unten, Geist und Fleisch usw. erinnert zwar oft genug an den radikalen gnostischen Dualismus, darf aber wegen des festgehaltenen Schöpfungsglaubens und der die Fleischwerdung einschließenden Soteriologie nicht einer schroffen metaphysischen Antithese von Gott und Welt zugeordnet werden[5]. Da alle Dinge durch den göttlichen Logos geschaffen wurden (1,3), da das Wort selbst Fleisch wurde (1,14) und in die Welt als „in sein Eigentum" kam (1,11), können Kosmos und Fleisch z.B. nicht einfach gleich Sünde sein. Zu beachten ist auch Gottes universaler Heilswille (vgl. 1,29; 4,42; 11,52; 1. Joh. 2,2 u.ö.).

Gleichwohl gibt es nirgendwo im Neuen Testament einen härteren Dualismus. Bezeichnend ist, daß nirgendwo außer im Prolog Schöpfungsaussagen begegnen und die Welt im Hoffnungsbild des Johannes keinen Platz hat, also die Erwartung einer restituierten Schöpfung ganz und gar aufgegeben worden ist. Gewiß wird von Gottes Liebe zur Welt gesprochen (3,16), doch der Gedanke von 3,16 wird nie wieder aufgenommen oder ausgebaut „und nirgends auf seine ethischen Konsequenzen hin bedacht" (W. Wittenberger, 40). Gewiß will Gott die Welt retten (12,47), aber er rettet sie doch eben nicht so, daß sie wieder Schöpfung oder erneuert wird, sondern so, daß sie durch den Glauben „überwunden" (1. Joh. 5,4) und überhaupt nicht mehr Welt ist.

Die Welt liegt im argen (1. Joh. 5,19) und heißt im abwertenden Sinn „diese Welt" (8,23; 9,39; 12,31; 16,11; 18,36). Sie wird von der Sünde beherrscht (16,8) oder vom Satan (12,37), ist Finsternis (1,9; 8,12), liebt nur das Eigene (15,19) usw. Zwar steht hier meist die Menschenwelt im Vordergrund, aber Welt ist eo ipso die sich gegenüber Gott verschließende und verschlossene Welt, also eine negative Größe.

Zwar werden die Christen nicht zur ghettohaften Abschließung von der Welt gerufen oder aus der Welt herausgenommen, sondern in sie hineingeschickt (17,18; 20,21), und zwar nicht zu Mystik, Kontemplation oder Kult, sondern um „in die Arbeit einzutreten" (4,38) und Jesu Werke „auch zu tun" (14,12), was vor allem Zeugnis und Liebe meint. Von der Fürbitte z.B. aber wird die Welt ausdrücklich ausgenommen (17,9). Ihre Sozialbezüge werden konsequent und rigoros abgeblendet. Man soll sich eben möglichst gar nicht auf die Welt einlassen. Letztlich ist sie nur als Folie und Kulisse von Interesse, bleibt aber als Infektionsherd und Subjekt von Verfolgung gefährlich.

2. Darum ist es nur folgerichtig, wenn in der Paränese die Mahnung begegnet: „Liebt nicht die Welt noch was in der Welt ist! Wenn jemand die Welt liebt, in dem ist nicht die Liebe des Vaters. Denn alles, was in der Welt ist, die Begierde des Fleisches und die

---

[5] Vgl. K.-W. Tröger, Ja oder Nein zur Welt. War der Evangelist Johannes Christ oder Gnostiker?, Theol. Versuche VII, 1976, 61-80; G. Baumbach, Gemeinde und Welt im Johannes-Evangelium, Kairos 14, 1972, 121-136.

Begierde der Augen und das Prahlen mit dem Vermögen, ist nicht aus dem Vater, sondern aus der Welt. Und die Welt vergeht und ihre Begierde. Wer aber den Willen Gottes tut, bleibt in Ewigkeit" (1. Joh. 2,15–17).

Hier kommt die Weltdistanz und Weltüberlegenheit der Christen unüberhörbar deutlich zur Sprache, und „der Glaubende und die feindliche Welt" stehen sich tatsächlich unversöhnlich gegenüber (L. Schottroff). Das ist mehr als eine Warnung vor Weltverfallenheit und als ein Ruf zum Leben aus dem Unverfügbaren. Alles, was in der Welt ist, unterliegt der Vergänglichkeit und kann den Menschen nur von dem abziehen, was sein Leben zum Leben macht: Gottes Liebe. Von dieser Wesenlosigkeit alles Weltlichen her ist es kaum noch möglich, eine weltoffene und weltbejahende Sicht zurückzugewinnen. Sieht der Verfasser doch fast ausschließlich das Unwesentliche, ja Gottfeindliche, die Begehrlichkeit des Fleisches, die Lust der Augen, das Renommieren mit dem Vermögen. Nur das letzte Beispiel, die Protzerei mit dem Lebensaufwand, scheint vorauszusetzen, daß die Welt und was in ihr ist nicht eo ipso negativ qualifiziert ist, sondern erst durch egoistische Verabsolutierung und gemeinschaftszerstörende Überspitzung dazu gemacht wird. Die beiden anderen Beispiele für das Weltverhalten aber sind offenbar nicht erst dann von Übel, wenn sie den Blick für Gottes Liebe versperren und damit auch die Bruderliebe unmöglich machen, sondern sie sind es von vornherein und als solche.

Damit ist nicht ausgeschlossen, daß es gerade auch die Gegner sind, die alles Soziale und Materielle weltüberlegen relativieren, weil sie sich „um ihre materielle Absicherung keine Sorgen zu machen brauchen" und zwischen „ihrem hohen geistigen Bewußtsein und ihren weltlichen Geschäften" unterschieden haben (K. Wengst, Häresie und Orthodoxie im Spiegel des ersten Johannesbriefes, 1976, 59). Auch verwehrt 3,17 eine Spiritualisierung der Solidarität, wenn man Notleidenden das Existenzminimum vorenthält (vgl. S. 323f.). Daß der Verfasser einen spartanisch-puritanischen Lebenszuschnitt konzediert und gegen alles Mehrhabenwollen polemisiert, ist aber noch keine positive Wertung der Lebensgüter.

Es ist darum zweifelhaft, ob der Sieg über die Welt (1. Joh. 5,4) nur den Sieg über eine „gottferne Weltseligkeit" meint und 1. Joh. 2,15 wirklich „um nichts weltferner oder weltoffener und um nichts ‚dualistischer'" ist als Mt. 6,24 (so J. Wachs, 62ff.). Aber der Verfasser scheint doch mehr zu meinen als das Entweder-Oder in diesem letzten Sinn und im Sich-Einlassen auf die Geschäfte der Welt schon als solches etwas Uneigentliches zu sehen, das wie alles Irdische in sich selbst weder Wahrheit noch Bestand hat. Man kann sich das auch an zwei Beispielen aus dem Evangelium klarmachen.

3. Das erste ist der Prozeßbericht, der dokumentiert, daß es zwischen dem Erlöser und der Welt und ihren staatlichen Vertretern kein Verstehen geben kann. Die johanneische Darstellung des Prozesses Jesu stellt heraus, wie wenig die politischen Instanzen Jesus gegenüber Neutralität und Sachlichkeit einzuhalten vermögen. Jesu „Reich" stellt seinem Ursprung und Wesen nach kein irdisch-politisches Königtum dar (vgl. 12,36; 18,36; 6,15), so daß schon die

Tatsache, daß dem „Zeugen der Wahrheit" (18,37) vom Vertreter des Staates der Prozeß gemacht wird, ein Mißbrauch des politischen Amtes ist. Besteht sein „König"-Sein doch darin, für die Wahrheit Zeugnis abzulegen. Pilatus als Repräsentant des Reiches dieser Welt aber, der mit dem Anspruch der Wahrheit bzw. des nicht-irdischen Reiches konfrontiert wird, kann als solcher trotz seines Bemühens um Gerechtigkeit – das ist aber keine sichere Deutung, möglich ist auch Ironie – die Wahrheit nicht erkennen (18,38f.). Jesu Reich ist zwar nicht schlechtweg als unpolitisch zu bezeichnen, weil gerade der nicht welthafte Charakter dieses Reiches „die politische Sphäre an ihrer Wurzel tangiert und in Frage stellt"[6]. Aber so gewiß sein Reich nicht auf die Innerlichkeit zu begrenzen ist[7], sosehr scheint er dem Staat prinzipiell fremd gegenüberzustehen, und die sozusagen metaphysische Konfrontation wird geradezu unausweichlich. Darum wird auch gerade nicht konzediert, daß es hier keine Konkurrenz oder Spannung gibt (vgl. den Titulus 19,19) und das politische Amt „von oben" kommt, wie man Joh. 19,11 oft mißverstanden hat. Der Satz Jesu an Pilatus „Du hättest keine Macht über mich, wenn es (nicht: sie!) dir nicht von oben gegeben wäre", will weder die Einsetzung des Prokurators durch den Kaiser hervorheben noch seine amtliche Funktion und staatliche Autorität als von Gott gegeben hinstellen. Der Ton liegt hier vielmehr allein darauf, daß Pilatus ein Werkzeug der Verwirklichung des göttlichen Heilsplans ist (vgl. 8,20; 11,50f.; 18,11).

Das zweite Beispiel ist Joh. 4. Ob die Erzählung von der Begegnung Jesu mit der Samaritanerin am Jakobsbrunnen in Joh. 4 eine alte Tradition aufgreift, in der davon die Rede war, daß Jesus die völkisch-religiösen Schranken zwischen Juden und Samaritanern überwindet, was dann gut zu dem passen würde, was wir von der Zuwendung Jesu zu den verketzerten Zöllnern, Sündern und Dirnen wissen (vgl. L. Schottroff, Joh. 4,5–15 und die Konsequenzen des johanneischen Dualismus, ZNW 60, 1969, 199–214), ist nicht sicher, ja von der kompositorischen Durchgestaltung her eher unwahrscheinlich. Aber auch wenn die Tradition weitaus größeren Umfang hat und diese Folie für die Konzeption des Evangelisten entfällt, ist seine Aussage deutlich:

Nach Joh. 4 stellt das gespannte Verhältnis zwischen Juden und Samaritanern überhaupt kein Problem dar, und die Alternative der Kultplätze ist ein ebenso überholtes innerweltliches Problem wie die anderen Differenzen zwischen Juden und Samaritanern. Weder auf dem Garizim noch in Jerusalem wird der Vater recht angebetet, sondern im Geist und in der Wahrheit. Johannes will nicht „gegen die Schranke des innerweltlichen Hasses kämpfen, er will nicht Bezug nehmen auf die für ihn nur vordergründigen und irdischen Probleme"

---

[6] J. Blank, Die Verhandlung vor Pilatus Joh. 18,28–19,16 im Lichte johanneischer Theologie, BZ 3, 1959, 60–81, Zitat 70. Vgl. auch K. Aland, 170f.; L. Schottroff, „Mein Reich ist nicht von dieser Welt". Der johanneische Messianismus, in: Gnosis und Politik, hg. J. Taubes, 1984, 97–108.

[7] Vgl. R. Bultmann, KEK, 508 und dazu D. Lührmann, Der Staat und die Verkündigung. R. Bultmanns Auslegung von Joh. 18,28–19,16, in: FS E. Dinkler, 1979, 359–375. Vgl. auch D. Rensberger, The Politics of John: The Trial of Jesus in the Fourth Gospel, JBL 103, 1984, 395–411, der im Prozeßbericht ebenso eine Ablehnung des Pilatus und des römischen Staates wie zelotisch-politischer Auffassungen findet.

(L. Schottroff, 206). Beim Evangelisten spricht Jesus denn auch gar nicht von irdischem Wasser (Jesus trinkt trotz der Bitte um einen Trank auch gar nicht), sondern von einer ganz anderen Wirklichkeit, die die Frau nicht versteht. Er hat auch keinen Hunger, sondern seine Speise ist, daß er den Willen Gottes tut (4,31ff.), und selbst am Kreuz dürstet ihn nur, damit die Schrift erfüllt wird (19,28).

Gewiß dokumentieren die für Johannes typischen Mißverständnisse, z.B. über Wasser (4,7-11) wie über Nahrung (4,31-38), vor allem das Nicht-Verstehen des Unglaubens, aber sie sind andererseits doch auch symptomatisch dafür, daß das kreatürliche Leben der Alltagswelt als solches nur zum Mißverstehen der Offenbarung Anlaß gibt. Entsprechend wird auch die wunderbare Speisung nicht wie in den synoptischen Speisungsgeschichten auf Jesu Erbarmen mit der hirtenlosen oder notleidenden Menge zurückgeführt (Mk. 6,34; 8,2), sondern dient allein der Demonstration der Herrlichkeit (Joh. 2,11) und Selbstoffenbarung Jesu (Joh. 6,1 ff.). Wer Jesus nur sucht, weil er leiblich satt geworden ist und sich um „vergängliche Speise" müht (6,26f.), kann das „Brot des Lebens" nur verfehlen. Auch die anderen Wunder sind nicht so sehr reale Hilfe für die Leidenden als vielmehr Symbole und Illustration dessen, was in der irdischen Sphäre transparent werden soll. Blindenheilung erweist Jesus als Licht der Welt, die Auferweckung des Lazarus als Auferstehung und Leben usw. Selbst die massivsten und materiellsten Wunder verweisen also letztlich nur auf die jenseitige Welt. Für Johannes gibt es das Heil nicht in der innerweltlichen Realität. Alle irdischen Güter sind nur scheinbare, unechte Güter, alles natürliche Leben ist nur uneigentliches Leben (R. Bultmann, KEK, 133).

Man kann sich das auch an 6,63 verdeutlichen, wonach der Geist es ist, der lebendig macht, das Fleisch aber zu nichts nütze ist. Johannes sagt nicht, daß das Fleisch tötet oder das Gottwidrige und Gottfeindliche ist. Aber es ist das Vergängliche, Nichtige, Irrelevante, Uneigentliche, das gegenüber der allein zählenden himmlischen Wirklichkeit nicht zählt. Auch hier besteht vom Schöpfungsglauben her eine letzte Barriere, die nicht überschritten worden ist, doch Johannes ist ihr bedenklich nahegekommen. Hier zeigen sich unübersehbar die Gefahren des johanneischen Dualismus. Wo alle konkreten Lebensverhältnisse und elementaren Lebensbedürfnisse als bloß uneigentlich gelten und Entweltlichung gefordert wird, da ist man kaum noch beim irdischen Jesus. Auch Jesus widersteht der Verweltlichung, aber er widersteht auch der Entweltlichung, und nur da, wo man sich zwischen diesen beiden Extremen hält, bleibt man in der Nähe Jesu und seines Reiches.

4. Die johanneischen Schriften haben den Dualismus glücklicherweise nicht überall durchhalten können, denn die Antithese von Liebe und Haß, Leben und Tod usw. ließ sich offenbar nicht mit der von Sündlosigkeit und Sünde zur Deckung bringen. Freiheit von der Welt bedeutet zwar prinzipiell auch Freiheit von der Sünde, die der Sohn schenkt (8,36), wobei Sünde weniger Unmoral und böse Tat (5,14; 8,34) als Unglaube (8,24; 16,9), für den 1. Joh. aber auch Lieblosigkeit und Unbrüderlichkeit ist (vgl. 3,14ff.).

Komplizierter wird es aber, wenn man andere Aussagen des 1. Joh. mit heranzieht. Hier tritt neben die zugesprochene Freiheit von der Sünde ernsthaft die erkannte Sünde von Glaubenden in den Blick, und außerdem wird innerhalb des Sündenbegriffes tiefgreifend differenziert. Einerseits heißt es auch hier, daß „jeder, der aus Gott geboren ist, nicht Sünde tut" (1. Joh. 3,9). Andererseits aber gilt nach 1,8, daß dann, „wenn wir sagen, daß wir keine Sünde haben, wir uns selbst betrügen und die Wahrheit nicht in uns ist". Dasselbe Nebeneinander findet sich unmittelbar darauf sogar in ein und demselben Vers: „Das schreibe ich euch, damit ihr nicht sündigt. Und wenn einer sündigt, so haben wir einen Fürsprecher beim Vater, Jesus Christus, den Gerechten, und der ist die Versöhnung für unsere Sünden" (2,1).

Hier liegt eine klare Paradoxie vor, die nicht von ungefähr als Schriftbeleg für Luthers *simul iustus simul peccator* angeführt worden ist, daß der Christ also gerecht und Sünder zugleich ist und darum täglich neu der Vergebung bedarf (vgl. E. Käsemann, Ketzer und Zeuge, in: Exeget. Versuche und Besinnungen I, 1960, 168–187, bes. 182; W. Wittenberger, 112f.; K. Wengst, ÖTK 16, 55ff.; anders S. Schulz, Ethik, 520).

Diese Dialektik von Sündenfreiheit und Sündenerkenntnis ist freilich keineswegs statisch oder resignierend zu verstehen. Zunächst muß man beachten, daß der Verfasser sich offenbar gegen eine gnostisch-enthusiastische These stellt, nach der Pneumatiker gar nicht mehr sündigen *können*. Der Verfasser bestreitet das zwar nicht (vgl. 3,9), will aber betonen, daß der Christ unablässig an das Wort gebunden bleibt. Darum wird 1,8 nochmals wiederholt: „Wenn wir sagen, wir haben nicht gesündigt, machen wir ihn zum Lügner, und sein Wort ist nicht in uns bzw. unter uns." Darauf aber legt schon der 4. Evangelist den größten Wert, daß es eben das Wort ist, das rein macht (Joh. 15,3). Auf dieses Wort aber bleibt der Christ ständig angewiesen. Die Warnung, sich der Täuschung eingebildeter Sündlosigkeit von illusionären Perfektionisten zu überlassen (1. Joh. 1,8.10), wird zudem durch die Mahnung fortgesetzt, im steten Kampf gegen die Sünde nicht nachzulassen (2,1). Gerade die Warnung vor angeblicher Sündlosigkeit soll also den ernsthaften Kampf gegen die Macht der Sünde und Finsternis verstärken und nicht eine Anstrengung um eine Lebensführung „im Licht" und in Gemeinschaft miteinander (vgl. 1,7) von vornherein entmutigen. Umgekehrt kann der, der in diesem Kampf unterliegt, neuen Mut und neue Kraft schöpfen. Die Paradoxie der Aussage hat also keine resignativen Töne oder beruhigende Wirkung, sondern paränetische Funktion. Sie soll im Kampf gegen die Sünde aktivieren und mobilisieren.

5. Schwieriger und theologisch fragwürdiger innerhalb des Problemkreises der Sünde im Christenleben ist die Differenzierung innerhalb des Sündenbegriffes in 1. Joh. 5,16f. Unproblematisch ist noch der Plural in 2,1, der darauf hinweist, daß Sündigen nicht mehr allein Unglaube und Lieblosigkeit ist. Im Anhang von 1. Joh. 5,16f. wird dann aber zwischen „Sünde nicht zum Tode" und „Sünde zum Tode" differenziert. Während die vorangehenden beiden Verse uneingeschränkt von Gebet und Erhörungsgewißheit sprechen, soll nun nur für diejenigen Fürbitte geleistet werden, die keine „Sünde zum Tod"

begehen. Damit aber wird zugleich eine schwerwiegende Differenzierung in den Sünden selbst vorgenommen.

Meist wird angenommen, daß damit auf alttestamentlich-jüdische Differenzierungen zurückgegriffen wird, wo ebenfalls die unvergebbare Sünde als Todsünde bezeichnet werden konnte. Gemeint ist dort im Unterschied zu den versehentlichen die vorsätzliche Sünde, die mit dem Tode bestraft wird (vgl. 3. Mose 4,2ff.; 5,1ff.; Jub. 21,22; 26,34 u. ö.). Ähnlich steht es Hebr. 10,26. Was der Verfasser des 1. Joh. selbst unter einer Todsünde versteht, läßt sich nicht genau sagen. Außer an mutwillige Übertretungen hat man auch an Irrlehre (vgl. die Irrlehrerpolemik und zumal den Schlußsatz 5,21) oder an besonders schwere Sünden wie Mord (vgl. 3,15) oder an Abfall gedacht (vgl. Hebr. 6,4ff.; Herm. Sim. 6,2,3).

Das Grundproblem ist aber diese schwerwiegende Differenzierung überhaupt. Denn sie steht im Widerspruch zu 1,5–2,2 wie zu 3,4–10, wonach wir ständig der Vergebung bedürfen und das Blut Jesu „von *jeder* Sünde reinigt" (1,7). Und kann es eine folgenreichere Kennzeichnung der Sünde geben als die, daß der, der sündigt, damit zeigt, daß er nicht aus Gott geboren ist (3,4ff.)? Gegenüber vorschnellen Schlußfolgerungen ist aber ausdrücklich anzumerken, daß solche nötige Kritik an 1. Joh. 5,16f. nicht impliziert, daß es auf die Einzeltat und Einzelunterlassung überhaupt nicht ankommt, daß man es also – weil alle allzumal Sünder sind – im einzelnen nicht so genau zu nehmen habe und alle Differenzierung überflüssig und sinnlos wäre. Aber die Unterscheidung zwischen vergebbaren und unvergebbaren Sünden und die Einschränkung der Fürbitte auf die vergebbaren ist noch etwas anderes und geht über solche notwendigen Unterscheidungen hinaus. Hier ist ebenso wie beim Problem der zweiten Buße (Hebr. 6,4–6) Sachkritik unumgänglich.

## D. Das Gebot der Bruderliebe

1. Schon bei der Erörterung der Vorbildlichkeit Jesu trat immer wieder der Inhalt der Verpflichtung der Christen in den Blick. Diese Verpflichtung läßt sich nach Johannes mit einem Wort benennen: Bruderliebe. Obschon die Initiative bei der Liebe eindeutig von Gott ausgeht und dieses Gebot kein dem Menschen aufgezwungenes Gesetz bildet, scheut der Verfasser sich nicht, mehrfach ausdrücklich im Singular und Plural von Gebot zu sprechen. Neben dem Hören des Wortes und dem Bleiben am Wort ist für Johannes nichts anderes so für das Christsein charakteristisch wie das „Halten der Gebote". Wer Jesus liebt, hält seine Gebote (Joh. 14,15.21; 15,10; 1. Joh. 2,3f.), und auch die Liebe zu Gott besteht darin, seine Gebote zu halten (1. Joh. 5,2f.). Jesu Gebote und Gottes Gebote sind dieselben (vgl. 1. Joh. 3,22–24). Das Halten der Gebote durch die Christen korrespondiert dem Halten der Gebote des Vaters durch Jesus: „Wenn ihr meine Gebote haltet, bleibt ihr in meiner Liebe, gleichwie ich meines Vaters Gebote halte und in seiner Liebe bleibe" (15,10). Diese hier pluralisch genannten Gebote des Vaters aber sind nach 12,49f. nur *ein* Gebot: „Der Vater, der mich gesandt hat, der hat mir ein Gebot gegeben, was ich tun und reden soll..." Ganz entsprechend verhält es sich mit den Geboten für die Jünger, die Jesus ihnen zu halten gebietet. Auch diese Gebote sind nicht ein Sammelsurium von allen möglichen Vorschriften, sondern auch der Plural „Gebote" drückt nur

## D. Das Gebot der Bruderliebe

die vielfältigen Ausformungen in der Erfüllung des einen Gebotes aus (vgl. G. Schrenk, ThW II, 550f.; W. Wittenberger, 138), ja letztlich und in Wahrheit sind die Gebote nur ein Gebot, und dieses Gebot schlechthin ist das Gebot der Liebe. „Das ist mein Gebot, daß ihr euch untereinander liebt, gleichwie ich euch geliebt habe" (15,12). Liebe zu Gott ist keine Mystik und keine Abstraktion, sondern konkretisiert sich im Lieben der Brüder.

2. Dieses Gebot der Liebe wird nun in 13,34 als „neues Gebot" charakterisiert. Was aber ist dieses Neue am Liebesgebot? Darüber gehen die Ansichten der Ausleger sehr auseinander. Man hat die Neuheit auf den größeren Stellenwert, die begrenzte Reichweite, die vollkommene Art der Erfüllung, die christologische Begründung, Vor- und Abbildhaftigkeit, die eschatologische Dimension u. a. bezogen.

Nach J. Behm (ThW III, 452) hat das neue Gebot sein eigentümliches Gepräge darin, daß es „die Liebespflicht der Jünger gründet auf die Liebe Jesu, die sie erfahren haben". Nach R. Schnackenburg (Mitmenschlichkeit im Horizont des Neuen Testaments, in: FS H. Schlier, 70–92, bes. 78) gewinnt das Liebesgebot „seine ‚Neuheit' im Blick auf Jesu ‚äußerste' Liebe in der Hingabe seines Lebens" (mit Hinweis auf 13,34f. und 1. Joh. 2,8; 3,16). W. Bauer meint, neu könne das Liebesgebot trotz 3. Mose 19,18 genannt werden, „weil es in der Verkündigung Jesu und in der urchristlichen Sittenlehre eine ganz andere Rolle spielt als im Alten Testament". Deutlicher aber trete das Neue vielleicht hervor, wenn man auf das „einander" achte und „statt der Nächstenliebe die christliche Bruderliebe hier gefordert" finde (HNT 6, z. St.). M. Lattke, 217 vermutet, daß das Stichwort neu durch die Abendmahlsüberlieferung („neuer Bund") vorgegeben war. Nach R. Bultmann heißt das Liebesgebot neu „nicht als ein neu entdecktes Prinzip oder Kulturideal, das durch Jesus in der Welt proklamiert worden wäre", d.h. neu sei es weder im Blick auf das Alte Testament noch im Blick auf die heidnische Antike, sondern als Wesensprädikat (KEK, 404f.). Auch H.-J. Wachs urteilt wie Bultmann: neu bedeute nicht neu im Sinne einer historischen Erstmaligkeit, sondern das Liebesgebot sei neu als Gebot der eschatologischen Heilszeit (51).

Hier ist fast überall etwas Richtiges gesehen, wenn auch verschiedene Gesichtspunkte dabei durcheinandergehen. Richtig ist sicher die neue Begründung, denn normalerweise nennt Johannes das Liebesgebot nicht das neue, sondern „mein", also Jesu Gebot (15,12; vgl. 14,15.21; 15,10). Entscheidend ist also wohl der christologische Bezug, wie auch das begründende und vergleichende „gleichwie" (15,12; vgl. 13,15) bestätigt. Richtig ist auch, daß „neu" primär ein eschatologisches Qualitäts- und Wesensprädikat ist und zusammengehört mit „neuer Bund", „neues Lied", „neue Schöpfung" usw., also die eschatologische Qualität bezeichnet. „Neu" ist das Liebesgebot, weil „das wahre Licht schon scheint" (1. Joh. 2,8). Liebe ist Zeichen der vergegenwärtigten Eschatologie, ein Wesenselement und Implikat der neuen Christuswirklichkeit.

Die Frage, ob damit eine historische Dimension ausgeschlossen oder impliziert ist, ist damit aber noch nicht erledigt. Schon H.-J. Wachs fügt der genannten Charakterisierung hinzu: „Wenn auch ‚neu' keine temporale, sondern eine qualitative Relation bezeichnet, so ist doch das qualitativ Neue bei seinem Eingehen in die Geschichte im Christusereignis oder bei der Bekehrung des einzelnen auch zugleich einmal ‚neu' im temporalen Sinne" (51f.). Er beruft sich dafür freilich auf 1. Joh. 2,7f., wo es ja tatsächlich heißt: „Geliebte, kein neues Gebot schreibe ich euch, sondern das alte Gebot, das ihr von Anfang an habt. Das alte Gebot ist das Wort, das ihr gehört habt. Andererseits schreibe ich euch ein neues Gebot, und das ist wahr in ihm unter euch." Vgl. dazu G. Klein, a.a.O. (Anm. 1), 304ff. W. Wittenberger findet einen Affront auch gegen die jüdische Wert- und Gesellschaftsordnung, also auch eine religions- und gesellschaftspolitische Neuheit gegenüber einer Gesellschaft aus Herren und Knechten, Lehrern und Schülern (104ff. mit Hinweis auf die Parallelität von 13,34 zu 13,14f.; beide Male das „Geben" Jesu).

Hier wird man freilich so nachdrücklich wie selten darauf gestoßen, daß man zwischen 4. Evangelium und 1. Johannesbrief zu unterscheiden hat, denn für den Verfasser des 1. Joh. hat das Liebesgebot bereits eine christliche Tradition und verdankt sich den verpflichtenden Ursprüngen, zu denen der Verfasser zurückruft. Er sieht in den Zeitattributen also durchaus einen chronologischen Aspekt. Das eschatologisch „neue" Gebot ist eben insofern „alt", als es bereits auf eine bewährte Geschichte zurückblicken kann. Nach R. F. Collins richtet sich das vielleicht auch gegen gnostische Opponenten, die mit pneumatischen Neuheitserfahrungen aufwarten und die Liebe hinter sich lassen (243). Interessanterweise kann man den 2. Joh. noch einmal vom 1. Joh. absetzen, insofern dort sogar gesagt wird: „Nicht als ob ich dir ein neues Gebot schreibe, sondern was wir von Anfang an hatten, daß wir einander lieben sollen" (2. Joh. 5). Hier ist also die historisch-chronologische Betrachtungsweise gänzlich vorherrschend geworden, und gerade der traditionelle Charakter des Gebotes verbürgt seine Autorität und Wahrheit. Der Zweifel, ob man schon im Evangelium ein solches temporales Moment mitzuhören hat, impliziert im übrigen auch kein Verbot der Frage, ob nicht auch im Inhalt der Liebe durchaus ein neues Moment vorliegt.

Über das Verständnis des Liebesgebotes im Judentum und insbesondere die Diskussion darüber, was mit dem Nächsten gemeint ist, vgl. S. 78f. Daß auch im Hellenismus Philanthropie und Humanitas geübt worden sind, ist nicht zu bezweifeln, auch wenn der Nächste hier doch mehr das Objekt eigener Selbstvervollkommnung ist und die Philia der Griechen vor allem Eros, Sympathie, Steigerung des eigenen Ich bedeutet. Insofern wäre eine radikal von sich absehende Liebe eben auch geschichtlich in bestimmter Weise neu.

3. Freilich ist die Kategorie „neu" für die Liebe in diesem radikal verstandenen Sinn gerade bei Johannes recht unpassend, insofern die radikale Entschränkung des Nächsten, die bei Jesus anzutreffen ist, wieder verschwunden ist. Als Objekt der Agape erscheint weder der Nächste noch der Feind, sondern entweder der Bruder bzw. die Brüder (1. Joh.) oder aber das „einander" (Evangelium). Man hat das auf verschiedene Weise abzuschwächen versucht, doch sind die gegebenen Erklärungsversuche wenig überzeugend. Verfehlt ist es z. B., unter dem Bruder nicht den Glaubensbruder, sondern den Nächsten überhaupt zu verstehen. Die enge Verknüpfung von Jüngerschaft und Liebe (13,35) oder von Brudersein und Aus-Gott-geboren-Sein (1. Joh. 4,20ff.) macht solche

Interpretation unmöglich (vgl. vor allem 1. Joh. 5,1f.). Man kann allerdings fragen, ob nicht die Entsprechung zur göttlichen Liebe auch der christlichen Liebe Universalität verleiht. Joh. 3,16 spricht ja von Gottes Liebe zur Welt. Der singuläre Charakter von 3,16 bleibt aber auch hier zu beachten (vgl. immerhin 1,29; 4,42; 6,33), und die universale Liebe Gottes wird eben nirgends als Standard geltend gemacht und in den Lebensvollzug der Gemeinde umgesetzt. Auch Jesu Sendung, die die Welt retten soll (3,17; 12,47), findet hier trotz des Sendungsgedankens (vgl. 20,21) keine unmittelbare Entsprechung. Das Bleiben in seiner Liebe (15,9) manifestiert sich gewiß im Halten seiner Gebote (15,10), aber in diesen Geboten ist eben allein die Liebe untereinander geboten (15,12). Gewiß kann eine Gemeinde als Ort der in der Welt präsenten Gottesliebe und als Gemeinschaft solidarischer Brüder selbst in ihrer Konzentration auf das Innenverhältnis Anziehungskraft besitzen und eine Herausforderung für die Welt bedeuten, aber zum einen ist die Frage, ob Johannes gerade das intendiert, und zum anderen wäre doch auch das viel überzeugender dann der Fall, wenn diese Solidarität nicht an den eigenen Grenzen endete.

Diejenigen Autoren scheinen darum im Recht zu sein, die kritisch von einer Verengung des Gebotes der Nächstenliebe zum Gebot der Bruderliebe sprechen oder von einer „unverkennbaren Einschränkung"[8] Auch H.-D. Wendland konstatiert mit Recht „eine erhebliche Reduktion und Einseitigkeit" gegenüber der Bergpredigt oder dem Handeln des barmherzigen Samariters (Ethik, S. 112). Die Frage, was der Grund für diese restriktive Tendenz ist, läßt sich nur durch Vermutungen beantworten. Manche Autoren erwägen, ob ein konkreter Anlaß zu dieser Reduktion vorliegt oder die Begrenzung formgeschichtlich zu begründen ist.

R. Bultmann etwa will das Gebot der Bruderliebe aus der besonderen Situation der Abschiedsreden erklären: es sei die Gabe und das Vermächtnis des scheidenden Herrn für die eschatologische Gemeinde, die durch das Geschenk seiner Liebe im gegenseitigen Lieben lebendig unter ihnen bleiben (KEK, 406). Nach R. F. Collins enthalten Abschiedsreden typischerweise Mahnungen zur Einheit unter den Brüdern und zur Bruderliebe (258). Der testamentarische Charakter ist sicher zu beachten, und gewiß erhält das Liebesgebot dadurch größere Autorität, aber daß diese Auskunft nicht genügt, zeigt schon die Tatsache, daß der 1. Joh. auch unabhängig von der Situation der Abschiedsreden von Bruderliebe statt von Nächstenliebe spricht und im Evangelium auch außerhalb der Abschiedsreden ein Gebot zur Feindesliebe möglich gewesen wäre.

H.-J. Wachs sieht einen anderen, nämlich akuten Anlaß: nach seiner Meinung ist im Empfängerkreis an eine Situation zu denken wie die, zu der Gal. 5,3-15 Stellung nehme: „Die brünstigste Feindes- oder Nächstenliebe ist nichts nütze, wenn die Gemeinde in sich durch gegenseitige Feindschaft oder durch Haß uneins ist" (61). Nun kann man von der Irrlehrerpolemik des 1. Joh. her durchaus auf einen konkreten Mißstand mangelnder Bruderliebe schließen, doch daß solches Problem auch im Evangelium akut sei, ist kaum wahrscheinlich zu machen.

Am ehesten könnte man wie bei der Philadelphia des 1. Petr. an eine Verfolgungssituation denken, in der sich ein Zusammenrücken der verfolgten Ge-

---

[8] Vgl. außer E. Käsemann, 124 auch R. F. Collins 235f.; L. Morris, 40 Anm. 1; M. Lattke, 206ff.

meinde immer besonders nahelegt und vielleicht auch dualistische Abgrenzungen verständlich macht. Joh. 9,22; 12,42 und 16,2 zeigen, daß ein nicht zu überbrückender Gegensatz zwischen christlicher Gemeinde und jüdischer Synagoge aufgerissen worden ist und die Christen wegen ihres Bekenntnisses aus der Synagoge ausgestoßen worden sind, ja ihre Tötung als heiliger Dienst gilt (16,2).

Vgl. W. Schrage, ThW VII, 849f. K. Wengst (Bedrängte Gemeinde und verherrlichter Christus, BThSt 5, 1981, 48 ff.) hat auf die mit der Einführung der Ketzerverfluchung in das jüdische 18-Gebet verbundenen einschneidenden Konsequenzen für alle Lebensverhältnisse verwiesen, auch für die ökonomische Basis (kein Handel, keine Berufsausbildung usw.), die zusätzlich eine Atmosphäre der Angst geschaffen habe (vgl. außer 9,22 auch 19,38 und 3,1f.). Solche Krisensituation festigt tatsächlich die Solidarität von Brüdern, die in einer Situation der Abfallbewegung und der Pression von außen notwendig ist, um als Gemeinde zu überleben. Vgl. auch W. Wittenberger, 31f.; J. T. Sanders, 93; L. Morris, 37f. sowie H. Thyen, FS Kuhn, 354 Anm. 32: Den Gemeinden sei keine andere Wahl als „die entschlossene Kaderbildung und Konzentration auf die Bruderliebe" geblieben, wenn sie überhaupt überleben wollten.

Mag also sein, daß die äußere Krisen- und Verfolgungssituation die Reihen auch hier fester schließen ließ und die Einschärfung der Bruderliebe besonders dringlich machte, aber damit ist eine partikularistische Konventikelethik – und das ist bloße Bruderliebe im Ergebnis eben doch – noch nicht legitim.

Das bedarf allerdings noch einiger Präzisierungen. Zunächst ist die Einschränkung der Liebe auf die Brüder gewiß etwas anderes als der sektiererische Haß auf die Draußenstehenden wie in Qumran, denn ausdrücklich von der Liebe ausgeschlossen oder gar „gehaßt" werden andere ja nicht (man verweist hier gern darauf, daß sich auch Judas unter denen befindet, denen Jesus als Vorbild die Füße gewaschen hat). Zu beachten bleibt auch, daß die Jünger die Botschaft von der Liebe Gottes missionarisch in die Welt hineintragen sollen, so daß die Mission der Jünger im Horizont dieser göttlichen Liebe steht und insofern sogar jeder ein „potentieller" Bruder ist. Richtig ist auch, daß Liebe für Johannes vom Wort gestiftet wird und sich mit dem Wort verbindet, also Dialog und Kommunikation einschließt (vgl. E. Käsemann, 127f., 129). Dieser Gemeinschaftscharakter in der Liebe der Gemeinde ist seinerseits eine Entsprechung zu Christus und seinem Verhältnis zum Vater. Soll also die Liebe, mit der Gott den Sohn geliebt hat, in ihnen bleiben (17,26), dann versteht man zwar den kommunikativen und reziproken Charakter der Liebe (ähnlich das Insistieren auf der Einheit 17,11f.), nicht aber die bloße Wendung nach innen, denn auch der Vater liebt ja nicht nur den Sohn, sondern auch die Welt. Aber hier bestätigt sich eben wieder, daß diese Aussage von Joh. 3,16 im allgemeinen nicht zum Tragen kommt und sich normalerweise die Liebe Gottes in der gegenseitigen Liebe „vollendet" (1. Joh. 4,12). Das Problem der Reichweite der Liebe bleibt ein Problem, zumal selbst Gnostiker nicht nur Bruderliebe kennen (so Thom.-Ev. 25), sondern auch Dienst aus Liebe zu denen, „die die Freiheit der Erkenntnis noch nicht empfangen haben" (Phil.-Ev. 110), auch wenn es bei Johannes eben nicht solipsistisch wie in den gnostischen „Lehren des Silvanus" heißt: „Wenn du dein Leben in Ruhe fristen willst, so schließe dich niemandem an. Und wenn du dich jemanden anschließt, so sei, als ob du es nicht tust" (zit. nach ThLZ 1975, 16).

4. Sehr viel positiver wird man dagegen über Bedeutung und Inhalt der Liebe bei Johannes urteilen. Deutlich ist auch bei ihm die Liebe das Höchste, ja geradezu das Einzige, was vom Christen gefordert ist. Zwar kann als Oppositum zur wahren Liebe auch einmal Liebe der Finsternis (3,19), des Ruhmes der Menschen (12,43) oder des Eigenen (15,19) stehen, aber die eigentliche Alternative heißt: Liebe oder Haß. Wie Licht und Finsternis, Leben und Tod, so gehören auch Liebe und Haß jeweils einer von der anderen fundamental unterschiedenen Welt an. Darum kann Haß, der nichts anderes als Selbstseinwollen auf Kosten der anderen ist, mit dem Mord gleichgestellt werden. „Wer seinen Bruder haßt, der ist ein Menschenmörder" (1. Joh. 3,15). Und darum ist Haß Kennzeichen für die Nichtzugehörigkeit zur Gemeinde, Liebe aber Kriterium und Erkenntnisgrund der Jüngerschaft. Das gilt sowohl für andere, denn nach Joh. 13,35 soll „jedermann" an der Liebe die Jünger erkennen, als auch für die Jünger selbst. Entsprechend heißt es in 1. Joh. 3,14 über die Selbstvergewisserung durch die Liebe: „Wir wissen, daß wir vom Tod zum Leben hinübergeschritten sind, denn wir lieben die Brüder." Die Liebe ist *das* Zeichen der Heils- und Lebenssphäre schlechthin, in der die Jünger ihren Ort haben.

Während nach 1. Joh. 4,7f. 20f. Bruderliebe das Zeichen der Gottesliebe bildet, scheint es zwar in 5,2 umgekehrt zu stehen: „Daran erkennen wir, daß wir die Kinder Gottes lieben, wenn wir Gott lieben und seine Gebote halten". Der Sinn dieses Satzes erschließt sich allerdings von seinem Schluß her: Das Kriterium wahrer Bruderliebe ist eine Gottesliebe, die im praktischen Tun der Gebote Gottes besteht. „Ob wir die Brüder lieben, ist keine Frage theoretischer Erörterungen, sondern erweist sich allein darin, daß wir uns in Gehorsam gegen Gottes Gebot wirklich und tatsächlich auf die Praxis der Bruderliebe einlassen; und nur in solchem Gehorsam gibt es die Liebe zu Gott" (K. Wengst, ÖTK 16, 203; vgl. R. Kittler, Erweis der Bruderliebe an der Bruderliebe?, KuD 16, 1970, 223-228).

Daß Liebe den ethischen Bereich transzendiert, heißt nicht, daß diese ethische Dimension gerade in den Worten über die Bruderliebe fehlte. Liebe ist auch für Johannes nicht Emotion oder Affekt oder gar Theorie und Idee, sondern schlechthinniges Dasein für den anderen. Der fehlende Weltbezug darf jedenfalls nicht übersehen lassen, daß auch für Johannes Liebe ein konkretes Verhalten einschließt (vgl. noch einmal die Fußwaschung, die eben auch ein Liebeserweis ist, weshalb 13,15.17 nicht zufällig vom „Tun" spricht). Diese Liebe ist eine so radikale Forderung, daß sie bis zur Hingabe des Lebens geht: „Niemand hat größere Liebe als die, daß er sein Leben für seine Freunde läßt" (15,13), was 1. Joh. 3,16 auch auf die Jünger bezogen wird. „Am Außerordentlichen kann man lernen, um welchen Einsatz es im Alltäglichen geht" (W. Wittenberger, 68).

Gerade die Ethik des 1. Joh. aber hat nicht nur solchen Einsatz bis zum

Letzten oder nur ethische Gipfel- und Höhepunkte im Auge, sondern auch die konkrete Not des normalen Alltags mit seinen Nöten und Bedürfnissen, in der sich die Solidarität der Liebe bewähren soll: „Wer nun die Güter der Welt hat und sieht seinen Bruder darben und schließt sein Herz vor ihm zu, wie bleibt da die Gottesliebe in ihm" (1. Joh. 3,17). Damit ist klar, daß auch für die johanneische Ethik, die oft so ungreifbar und prinzipiell erscheint und dem Dualismus zuviel Tribut zollt, Liebe nicht etwas Poetisches und nicht nur etwas Radikales ist, sondern etwas sehr Prosaisches, Reales, Materielles, Irdisches und Leibliches. Hier zeichnet sich glücklicherweise eine unüberschreitbare Grenze jener Entweltlichungstendenz ab, der alles Weltliche nur als das Uneigentliche gilt. Wo den notleidenden Brüdern nicht in ihrer irdisch-alltäglichen Not handgreiflich geholfen wird, da fehlt die Liebe. Der Verfasser fragt nicht, ob dann vielleicht nicht doch noch ein brüderliches Einheits- oder Zusammengehörigkeitsgefühl oder eine rechte Absicht und Motivation vorhanden ist, sondern wenn die reale materielle Hilfe ausbleibt, dann hat man eben auch die Gemeinschaft zerbrochen und sein Herz verschlossen. Nicht die Gesinnung, sondern die Tat zählt. „Laßt uns nicht lieben mit Worten noch mit der Zunge, sondern mit der Tat und der Wahrheit" (1. Joh. 3,18). Hierin zum Schluß berührt sich die johanneische Ethik mit der des Jakobus und mit der Jesu, von denen sie sonst so manches trennt.

## VIII. Die Mahnungen an das wandernde Gottesvolk im Hebräerbrief

*Literatur:* O. Glombitza, Erwägungen zum kunstvollen Ansatz der Paränese im Brief an die Hebräer X 19-25, NT 9, 1967, 132-150; L. Goppelt, Theologie II, 590-599; E. Gräßer, Der Glaube im Hebräerbrief (MThSt 2), 1965; E. Käsemann, Das wandernde Gottesvolk (FRLANT 55), 1957²; F. Laub, Bekenntnis und Auslegung. Die paränetische Funktion der Christologie im Hebräerbrief (BU 15), 1980; K. L. Maxwell, Doctrine and Parenesis in the Epistle to the Hebrews with Special Reference to Pre-Christian Gnosticism, Diss. Yale, 1953; H. Nitschke, Das Ethos des wandernden Gottesvolkes. Erwägungen zu Hebr. 13 und zu den Möglichkeiten evangelischer Ethik, MPTh 46, 1957, 179-183; M. Rissi, Die Theologie des Hebräerbriefes (WUNT 41), 1987, 8-25; J. T. Sanders, 106-112; R. Schnackenburg, Botschaft, 302-307; R. Völkl, 343-360; W. Schenk, Die Paränese Hebr. 13,16 im Kontext des Hebräerbriefes – Eine Fallstudie semiotisch-orientierter Textinterpretation und Sachkritik, StTh 39, 1985, 73-106.

Der Hebräerbrief ist kein Brief im eigentlichen Sinn, sondern ein „Mahnwort" (13,22) und wendet sich an eine Gemeinde, die von Ermüdungserscheinungen, Resignation und Gleichgültigkeit bedroht ist. Der unbekannte Verfasser warnt vor feigem Zurückweichen (10,39) und schärft immer neu Geduld und Beständigkeit ein (vgl. 10,36 u. ö.). Es gilt, „mit Ausdauer im Wettkampf zu laufen" (12,1), „die erschlafften Hände und ermüdeten Knie wieder aufzurichten" (12,12) und die anfängliche Festigkeit bis zum Ende zu bewahren (3,14). Darum ist der Brief von Ermahnungen durchzogen, ja die theologischen Ausführungen scheinen von vornherein auf die Paränese abzuzielen, die darum immer wieder hervortritt (2,1ff.; 3,1ff.; 4,14ff.; 5,11ff.; 10,19ff.; 12,14ff.), freilich nie verselbständigt, sondern durch theologische Besinnungen untermauert (vgl. R. Schnackenburg, Botschaft, 303; O. Michel, KEK, 21ff.). Vor allem auch die christologischen Reflexionen und die mit Hilfe alexandrinischer Schriftgelehrsamkeit erfolgenden Schriftdeutungen dienen dem Versuch, der Frustration und Stagnation einer zweiten oder dritten Generation zu begegnen und den Glauben gewiß zu machen. Selbst die Christologie ist kein selbständiges Thema, sondern christologisch-lehrhafte und paränetische Partien werden aufeinander bezogen. Im ganzen besteht eine direkte und unlösbare Wechselbeziehung zwischen Lehrhaftem und Paränetischem (K. L. Maxwell; vgl. E. Käsemann, 110ff.). Nach E. Gräßer (Der Hebräerbrief, 1938-1963, ThR 30, 1964, 138-236, bes. 160) verdanken wir die Einsicht in „die durchgängige paränetische Gezieltheit *aller* Ausführungen" des Briefes vor allem O. Michel.

1. Da für den Hebräerbrief das Christusgeschehen die Mitte des Kerygmas ist (vgl. 1,2ff.; 2,5ff.; 4,14ff. u. ö.), verwundert es nicht, daß damit auch die entscheidende Kraft der Ethik benannt ist. Das Bekenntnis zum erhöhten Herrn, zum Sohn und Hohenpriester ist dabei der Ausgangspunkt, aber Christus erscheint zugleich als der „außerhalb des Lagers" Sterbende (13,12), als der Angefochtene und Leidende, der unsere Versuchung und Schwachheit teilt

(2,18; 5,7)¹. Er ist insofern nicht nur „Anführer" bzw. „Urheber ewigen Heils" (2,10; 5,9f.), sondern auch Vorbild. Der eigentliche Trost und Ansporn liegt für den Verfasser jedoch weniger darin, daß auch Christus als Mensch von Fleisch und Blut durch Leiden und Tod hindurch den Gehorsam lernen mußte (5,7f.) und als Versuchter mit den Schwachheiten der Menschen mitfühlen kann (4,15). Trost und Solidarität werden vielmehr erst dadurch ganz wirkungsmächtig und überzeugend, daß es die Barmherzigkeit des Gottessohns und das Mitleid des ewigen Hohenpriesters ist, die in ihm begegnen. An ihm als dem eschatologischen Heilsmittler ist darum festzuhalten (vgl. 1,1 ff.) und sein Wort nicht abzuweisen (12,25). Daß wir „Christi Genossen" geworden sind (3,14), ist z.B. die Begründung für die Warnung vor Abfall und den Aufruf zur gegenseitigen Ermahnung. Daß wir „Brüder" des Sohnes geworden sind (2,11f.), ist die Begründung dafür, daß wir von Tod und Furcht befreit sind (2,14f.).

Ebenso wichtig für die Paränese wie der Christusglaube ist dem Verfasser auch die eschatologische Hoffnung², die beide geradezu identifiziert werden können (vgl. 6,11.18f.; 10,23). Wer zum „Haus" Christi gehört, wird „das Rühmen der Hoffnung bis ans Ende festhalten" (3,6; vgl. 3,14). Obgleich der Brief nicht der ersten Generation angehört und schon der räumliche Dualismus zwischen himmlischer und diesseitiger Welt dominiert, ist er von eschatologischer Erwartung bestimmt. Zwar ist Christus schon erhöht, aber noch ist ihm nicht alles untertan (2,8; vgl. auch 10,13). Immer wieder werden dem „wandernden Gottesvolk" die Verheißungen vor Augen gestellt (4,1ff.; 10,19ff.), wobei besonders an die himmlisch-jenseitige Ruhe gedacht ist. Glaube macht schon im Erhofften fest, muß aber beständig bleiben, um das Erhoffte zu erlangen. Hier auf Erden sind Christen noch Fremde und Gäste (vgl. 11,13), die wie Abraham und Mose im Exodus leben (11,8.27; vgl. 3,16), keine bleibende Stadt haben, sondern die zukünftige suchen (13,14; vgl. 11,16)³, eben darum aber ermahnt werden müssen, ihr Fremdsein zu bewähren.

In 10,25 wird die Mahnung z.B. durch einen Hinweis auf den nahenden Tag motiviert. Die Naherwartung erscheint als Stimulanz auch sonst gerade im Rahmen der Paränese (vgl. außer 10,25 auch 10,37; 6,9). Wer nicht hört, solange es „heute" heißt (3,7ff.), gleitet am Ziel vorbei (2,1) und geht nicht in Gottes Ruhe ein (3,11). Das Wort bringt gewiß Heil (2,3), hat aber auch kritische Kraft, der es sich auszusetzen gilt (4,12f.). Wenngleich der Gerichtsgedanke unüberhörbar ist (10,26ff.), auch in der Ethik (vgl. 13,4), überwiegen Verheißungen und Zuspruch. Vor allem der Lohngedanke spielt eine wichtige Rolle, wobei bei allem Wissen um die vorangehende Gnade (vgl. 12,28) sich die Gefahren einer Leistungsfrömmigkeit abzeichnen (vgl. R. Völkl, 356), denn nur hier im Neuen Testament ist von „Entlohnung, Vergeltung" die Rede

---

[1] Vgl. E. Gräßer, Der historische Jesus im Hebr., ZNW 56, 1965, 63–91.
[2] Vgl. G. Theißen, Untersuchungen zum Hebräerbrief (StNT 2), 1969, 93ff.
[3] Vgl. W. G. Johnsson, The Pilgrimage Motif in the Book of Hebrews, JBL 97, 1978, 239–251, nach dem die paränetischen Partien vom Motiv der Wanderschaft beherrscht werden (248). Vgl. auch G. Stählin, ThW V, 30f.; K. L. u. M. A. Schmidt, ThW V, 850f.

(2,2 u. ö.; vgl. H. Preisker, ThW IV, 733 f.). Zuversicht erwartet eine große Belohnung (10,35), Werk und Liebe werden von Gott nicht vergessen (6,10), und der Gastfreie kann ohne Wissen Engel beherbergen (13,2).

2. Der Verfasser orientiert seine Leser vor allen Dingen am Vorbild- und Mimesisgedanken (vgl. 4,11; 6,12; 13,7 u. ö.). Das alttestamentliche Wüstengeschlecht z. B. warnt die Gemeinde vor Unglaube und Abfall (3,7 ff.). Umgekehrt soll die lange Reihe der Glaubens- und Leidenszeugen aus der Geschichte Israels in Kap. 11 der Gemeinde als Vorbild dienen und dazu helfen, den Glauben und das ihm entsprechende Verhalten zu erkennen und zu bewähren. Nicht von ungefähr bildet schon hier das Beispiel Jesu den krönenden Abschluß (vgl. A. Schulz, 294). Auch sonst ist gerade Jesus selbst das große Paradigma. Vor allem in seinem Leidensgehorsam ist der Ort der Christen an seiner Seite (5,8; 12,2). Auch das „Hinausgehen zu ihm vor das Lager" geschieht, „um seine Schmach" zu tragen (13,13). Trotz der soteriologischen Einzigkeit und damit auch Unvergleichlichkeit läßt sich also wie im 1. Petrusbrief (vgl. S. 278 f.) auch hier von einer Vorbildethik sprechen, in der Christus als das eigentliche Vorbild dient (vgl. E. Gräßer, ThR 1964, 235).

3. Wie das ganze Denken des Briefes, so ist auch seine Ermahnung stark durch seine Sicht des Alten Testaments geprägt, das für ihn „lebendiges und wirksames Wort Gottes" ist (4,12), die als seine Stimme „heute" zu hören ist (3,7.15; zu 3,1 ff. und 4,1 ff. vgl. M. Rissi, 16 ff.). Das Alte Testament ist dabei vor allem auch das große Beispielbuch für die Paränese (vgl. besonders 3,7 ff.; 11,1 ff.). Vom Gesetz ist aber nur in Kap. 7–11 in konzentrierter Form die Rede, ohne daß es dabei aber eine positive anleitende Funktion für die Paränese gewinnt.

Im ganzen ist eine dialektisch-kritische Sicht des Alten Testaments und des Gesetzes zu beobachten (vgl. U. Luz, Gesetz, 112). Vorherrschend ist dabei nicht das Verhältnis von Weissagung und Erfüllung, sondern das von Entsprechung, Andersartigkeit und Überbietung, wobei das Christusgeschehen entscheidender Bezugspunkt der Interpretation ist (E. Gräßer, ThR 1964, 207 f. mit Hinweis auf F. J. Schierse u. a.). Auffallend ist, daß auch der Hebräerbrief nicht zwischen Kult- und Moralgesetz differenziert, doch an vielen Stellen kann nur das Kultgesetz gemeint sein (vgl. 7,5.12.28; 8,4; 9,19.22; 10,8 u. ö.). Dabei ist das Gesetz gerade als Kult- und Opferordnung Repräsentant des ganzen „alten Bundes", der insofern durch die neue Heilsordnung seine Bedeutung verloren hat und in seiner „Schwäche und Nutzlosigkeit" (vgl. 7,18 f.; 8,13) zum Irdisch-Vergänglichen gehört, zum Schattenhaften (10,1) und zur Sphäre des „Fleisches" (7,16; 9,10). Neben dem Gegensatz von altem und neuem Bund (8,8.13; 9,15) wird immer wieder die Überbietung herausgestellt (7,22; 8,6; vgl. auch 9,11.23 u. ö.). Mit der Aufhebung und Überbietung des alttestamentlichen Kultes ist freilich nicht einfach eine aufklärerische Kultfreiheit gemeint (vgl. den himmlischen Kult 12,22 ff.), und das Gesetz behält trotz aller Inferiorität einen Hinweischarakter („Schatten der zukünftigen Güter" 10,1; vgl. 8,5).

Mit Jer. 31,31 ff. belegt der Verfasser ausführlich (das längste Zitat im Neuen Testament überhaupt) die Verheißung des neuen Bundes und die darin implizierte Wandlung des Gesetzes zu einem neuen (8,8 ff.; vgl. 10,16 f.), was ungestörte Gottesgemeinschaft, unvermittelte Gotteserkenntnis sowie freien Gehorsam gegenüber Gottes Gesetzen bedeutet. Vorschriften über Speisen, Getränke und Waschungen sind dagegen bloß äußerliche „fleischliche Satzungen", die kein „reines Gewissen", sondern nur eine kultisch-rituelle Reinheit bewirken und darum der besseren Ordnung weichen müssen (9,9 f.). Von „toten Werken" zum Dienst gegenüber dem „lebendigen Gott" kommt es nur durch das Opfer Christi (9,14 f.).

4. Blickt man auf den Inhalt der Mahnungen, so ist ein bestimmter Dualismus platonischer und philonischer Provenienz und damit eine Abwertung der irdischen Welt unverkennbar (vgl. R. Völkl, 343 f.). Auch das Sichtbare und Weltliche ist zwar durch Gottes Schöpferwort geschaffen (vgl. 1,2; 4,3; 11,3), aber alles Geschaffene muß als Irdisches vergehen, um den „unerschütterlichen Dingen" bzw. dem „unerschütterlichen Reich" Platz zu machen (12,27 f.). „Diese (!) Schöpfung" (9,11) ist nicht die einzige Schöpfung. Darum gilt es, den Glauben auf das Unsichtbare zu richten (11,1) und sich allein im Bleibenden zu gründen (vgl. 10,34; 3,14). Schon die alttestamentlichen Zeugen begründen die „Einübung in das Nein zum Sichtbaren und in das Warten auf das kommende Unsichtbare"[4], so daß der Glaubende wie Mose nicht um eines flüchtigen Genusses willen das Unsichtbare aufs Spiel setzen (11,25–27) und wie Esau nicht um einer Speise willen sein Erstgeburtsrecht verkaufen wird (12,16). Freilich hat diese Einübung eine sehr irdische und sichtbare Erfahrungsdimension, und zwar bezeichnenderweise nicht in der Askese, sondern im Leiden, wie vor allem an Christus deutlich wird.

Daneben ist zwar auch ein Einfluß popularphilosophischer Ethik zur „Regulierung einer christlich-bürgerlichen Lebensgestaltung" nicht zu übersehen (E. Gräßer, Glaube, 117), vor allem in 10,22–25. Traditionell sind z. B. die Mahnungen, „die Ehe in Ehren und das Ehebett unbefleckt zu halten" (13,4), frei von Geldgier zu bleiben und genügsam zu leben (13,5). Und doch beschränkt der Verfasser sich nicht auf das Normale und Konventionelle, denn schon die Ehe- und Sexualmoral von 13,4 war nur z. T. allgemein anerkannt. Zudem steht daneben der gegenseitige Ansporn zur Liebe und zu guten Werken (10,24).

Worin der Unterschied zwischen Liebe und guten Werken besteht, wird jedoch nicht klar, ebensowenig, ob man aus der Voranstellung der Liebe irgendwelche Schlüsse ziehen darf, zumal wenn „gute Werke" im jüdischen Sinn Werke der Liebe und Barmherzigkeit sind. A. Strobel ist der Meinung, daß der Hebräerbrief zwar wie im Judentum Liebeswerke und gute Werke unterscheide, jene aber anders als dort nicht den letzteren unterordne. Der Hebräerbrief stelle vielmehr „massiv die ‚Nächstenliebe' als primäres Leitprogramm heraus" (NTD 9,198; vgl. aber 6,10). Solches Werk und solche Liebe erweist sich nach 6,10 im Dienst an den Heiligen, was wohl auf finanzielle Unterstützung u. ä. zu beziehen ist (manche erwägen einen Bezug auf die große urchristliche Kollekte; vgl. Röm. 15,25.31).

---

[4] Vgl. H. Braun, Die Gewinnung der Gewißheit in dem Hebr., ThLZ 96, 1971, 321–330, Zitat 329.

5. Ein anderer Schwerpunkt neben dem Mut zum Unterwegssein ist die Mahnung zur Geduld und Leidensbereitschaft, wie die großen Glaubensbeispiele des Alten Testaments eindrücklich belegen. Mose z.B. „wollte lieber mit dem Volk Gottes Ungemach erleiden, als einen zeitweiligen Genuß von der Sünde zu haben, indem er die Schmach Christi für größeren Reichtum als die Schätze Ägyptens hielt, denn er sah auf die Belohnung. Im Glauben verließ er Ägypten ohne Furcht vor dem Grimm des Königs, denn er hielt am Unsichtbaren fest, als sähe er es" (11,26f.). Inmitten der Leidensbeispiele erwähnt der Verfasser zwar auch Zeugen, die „Königreiche bezwungen und Gerechtigkeit durchgesetzt haben" (11,33), doch innerhalb der zahllosen leidvollen Erfahrungen Israels, die der Verfasser in einer langen Reihe nebeneinanderstellt, verblassen diese „ethischen" Züge.

Wie wenig man den Verfasser einfach auf ein Ideal der Bürgerlichkeit festlegen kann, zeigt die Verweigerung der 2. Buße in 6,4–6; 10,26f. und 12,16f. Einerlei ob dieser Rigorismus einer bloß einmaligen Bekehrung durch das Bewußtsein einer Naherwartung des Endes motiviert ist (vgl. 10,25) oder aber – wahrscheinlicher – christologisch durch das Wissen um die Einmaligkeit des Opfers Christi (vgl. 6,6), der durch „vorsätzliche" Sünden „mit Füßen getreten wird" (10,26.29), jedenfalls werden dem Verfasser Sünde und Buße von Christen zu einem schweren Problem. Sein kompromißloses „unmöglich" intendiert zwar keine Dogmatisierung oder Institutionalisierung, sondern eine paränetische Warnung (vgl. E. Gräßer, Glaube, 196 und ThR 1964, 231f.) Gleichwohl hat die Kirche an der Verwerfung einer 2. Buße mit Recht nicht festgehalten (vgl. Luthers Sachkritik WA Deutsche Bibel 7,344).

6. Die Ethik des Briefes ist vor allem eine Ethik des Gottesvolkes (von 10,21 her könnte man auch sagen: eine Ethik der familia dei), das auffallenderweise stets insgesamt angeredet wird. Wer auf die himmlische Ruhe zuwandert, steht in der Gemeinschaft mit den anderen Gliedern des Gottesvolkes. Darum gilt es, *„einander* zu ermahnen" (3,13, 10,25), zu Liebe und zu guten Werken anzuspornen (10,24), so daß auch der Lahme nicht vom Weg abkommt, sondern geheilt wird (12,13). Wer im Unterwegssein um die „Ruhe" weiß, für den ist z.B. Gastfreundschaft selbstverständlich (13,2). Darum wird überhaupt Solidarität großgeschrieben, wobei der Brief freilich „eine strikt innerkirchliche Begrenzung der Solidarität" erkennen läßt (W. Schenk 83; vgl. S. 89: „Konventikelmentalität"; vgl. auch S. Schulz, Ethik, 639f.). Der Verfasser erinnert seine Leser z.B. daran, wie sie „Genossen" derer geworden sind, „die mit Schmähungen und Drangsalen gemaßregelt worden sind" (10,32f.). Sie haben „mit den Inhaftierten gelitten (vgl. auch 13,3) und den Raub der Güter (wahrscheinlich Vermögenskonfiskation durch die Behörden) mit Freuden hingenommen" (10,34). Auch am Schluß wird den Lesern noch einmal die Wohltätigkeit und Gemeinschaft ans Herz gelegt (13,16). Die Sendung in die Welt und die Beziehung zur Welt dagegen treten, abgesehen vom passiven Erleiden, nicht in den Blick. Auch die Mahnung, „dem Frieden mit allen nachzujagen" (12,14), wird sich auf die Gemeinde beziehen (vgl. auch die Mahnung zur Bruderliebe in 13,1 und zur Diakonie gegenüber den „Heiligen" in 6,10).

# IX. Eschatologische Mahnung in der Johannes-Offenbarung

*Literatur:* A. Y. Collins, The Political Perspective of the Revelation to John, JBL 96, 1977, 241–256; P. Lampe, Die Apokalyptiker – ihre Situation und ihr Handeln, in: G. Liedke, Eschatologie und Frieden, Band 2: Eschatologie und Frieden in biblischen Texten, 1978, 61–125; E. Käsemann, Ruf, 225 ff.; J. T. Sanders, 112–115; R. Schnackenburg, Botschaft, 307–313; E. Schüssler Fiorenza, Religion und Politik in der Offenbarung des Johannes, in: Schüler-FS R. Schnackenburg, 1974, 261–272; O. O'Donovan, The Political Thought of the Book of Revelation, TynB 37, 1986, 61–94; R. Schütz, Die Offenbarung des Johannes und Kaiser Domitian (FRLANT 50), 1933; S. Schulz, Ethik, 527–553; R. Völkl, 441–463; H.-D. Wendland, Ethik, 116–122; K. Wengst, Pax Romana, 147–166.

## A. Der eschatologische Gesamtrahmen

1. Die Joh.-Offb. ist seit eh und je ein Buch mit sieben Siegeln gewesen und führt oft ein theologisches und kirchliches Schattendasein. Bestimmte Kapitel scheinen von dem Unbehagen an der Offenbarung zwar ausgenommen zu sein, nämlich die sieben Sendschreiben und die Stellungnahme zum Imperium Romanum, d. h. Partien, die auch für die ethische Thematik die wichtigsten sind. Jedoch hat man auch über diese Kapitel theologisch und ethisch oft nur die Achseln gezuckt. Es versteht sich, daß in einer Zeit, da man im Bündnis von Thron und Altar die rechte Verhältnisbestimmung von Kirche und Staat sah, die Charakterisierung des römischen Reiches als einer satanischen Macht, die vom Blut der Heiligen trunken ist und der bis aufs Blut zu widerstehen ist, auf Unverständnis stoßen mußte. Aber auch die harte Buß- und Gerichtspredigt könnte erklären, warum die Offb. in einer bürgerlichen Kirche und Theologie oft totgeschwiegen wird. Hinzu kommen dann noch die mythische Bildersprache und apokalyptische Farben- und Zahlensymbolik der Visionen u. a. Entscheidend für die Blockierungen ist aber wohl auch gewesen, was der Kirche hier vorausgesagt wird: nicht daß sie von Erfolg zu Erfolg und von Anerkennung zu Anerkennung fortschreitet und am Ende ein universales Happy-End steht, sondern daß weltweite Verfolgung auf sie zukommt und das Volk Gottes dezimiert und verfolgt in der Wüste sitzt, ja dem Drachen Macht gegeben wird, Krieg zu führen mit den Heiligen und sie zu besiegen. Angesichts der allgemeinen Unbekanntheit und der Fremdheit des Buches ist zunächst kurz ein gewisser Gesamthorizont nötig, bevor die Ethik der Offb. darin eingezeichnet werden kann.

Daß heute auch in der deutschen Theologie theologisch wieder ernsthaft über Apokalyptik diskutiert wird und das nicht gleich als Zeichen theologischer Verschrobenheit oder des Festhaltens an einer abergläubisch-phantastischen Spektakeleschatologie gewertet wird, ist vor allem das Verdienst von E. Käsemann (Exegetische Versuche und Besinnungen II, 1964, 82 ff., 105 ff.). Für das Verhältnis von Geschichte und Eschatologie werden hier neue Akzente gesetzt. Nachdrücklich wird betont, daß es theologisch nicht zu verantworten ist, die christliche Geschichtsbetrachtung mit ihren weltweiten Horizonten von Heil und Unheil einfach durch die Einsicht in die Geschichtlichkeit der Existenz ablösen zu wollen, den Zusammenhang der Geschichte in eine Folge mehr oder minder unverbundener, an der geistigen Persönlichkeit orientierter Situationen zerfallen zu lassen und Gottes Zukunft auf des Menschen Zukünftigkeit zu reduzieren. Gerade der Offb. geht es tatsächlich nicht bloß um das einzelne Individuum und seine Entweltlichung, sondern um die Welt bzw. um die Frage, wem die Welt und die Herrschaft über sie gehören. Das hat neben den die neutestamentliche Eschatologie und Geschichtsauffassung berührenden Einsichten aber auch einen deutlich ethischen Aspekt, weil es nie einen die wahre Kirche kennzeichnenden „Exodus aus den festen Lagern" ohne apokalyptische Hoffnung und Mahnung gegeben hat (a.a.O., 107). Gerade die Unruhe stiftende Botschaft der Offb. ist nach E. Käsemann unerhört zeitgemäß für eine Kirche, die oft träge und selbstzufrieden schläft, die paktiert und nicht mehr weiß, daß die Herrschaft Jesu heute und hier mit der Freiheit derjenigen beginnt, die das Malzeichen des Tieres unter dem römischen Frieden verachten und das Zeugnis ausrichten, daß der unterwegs ist, der alles neu macht (Ruf, 238). Damit sollen die theologischen Probleme, die das Buch aufgibt, zumal im Vergleich mit anderen Schriften des Neuen Testaments, nicht bagatellisiert werden (vgl. dazu Ch. Münchow, Das Buch mit sieben Siegeln, ZdZ 31, 1977, 376–383). Festzuhalten aber bleibt, daß die aus der Perspektive des „geschlachteten Lammes" (5,5f.) und der Apokalyptik gespeiste Kritik der Offb. eine Form des „politischen" Engagements ist, nicht aber Ausdruck einer idealistischen Polarität von zeitloser Ideenwelt und veränderlicher Geschichte (O. O'Donavan, 63.67 u. ö.).

2. Zur Zeit der Abfassung ist zu sagen, daß die Offb. wahrscheinlich in den neunziger Jahren des ersten Jahrhunderts entstanden ist, also zur Regierungszeit Domitians und zur Zeit sich anbahnender Christenverfolgungen. Das scheint zu der oft geäußerten Behauptung zu passen, apokalyptische Zukunftshoffnung, also nicht nur die der Offb., sei Kompensation einer Gegenwarts- und Weltenttäuschung, so als träume sich der Apokalyptiker aus den trostlosen Bedingungen des Diesseits in die seligen Gefilde eines Jenseits. Aber die bedrückenden Rätsel und Leiden der Zeit vermögen allenfalls einen gewissen Pessimismus oder genauer wahrscheinlich den aufgrund der Erfahrung des Ausgeliefertseins entstandenen Realismus zu erklären, nicht aber die weltüberwindende Stärke und Kraft der apokalyptischen Hoffnung. Widrige Zeiten haben zwar oft innerweltliche Hoffnungsbilder zerbrochen, aber noch nie allein echte Hoffnung wachgerufen. Das Ausmaß der Nöte verwehrte gewiß allen Optimismus und alle Illusion, aber Not lehrt bekanntlich nicht nur beten, sondern auch fluchen. Andere sind zur Zeit der entstehenden Apokalyptik mit der trostlosen Welt und ihren Übeln denn auch anders fertig geworden, mit Gleichmut und Resignation, mit trotzigem Sich-Aufbäumen oder mit Skepsis, mit Mystik oder Eskapismus. Mit schweren Zeiten ist allenfalls der Anlaß, nicht aber die Ursache der Apokalyptik benannt, die ihre krisenhafte Welt- und Geschichtserfahrung von der uneingelösten Verheißung Gottes und ihrem Vertrauen auf das weltordnende Handeln Gottes her bewältigt. Entsprechendes gilt von der Offb., deren Eschatologie als die mächtigste Antriebskraft ihrer Mahnungen und Warnungen zunächst darzustellen ist.

3. Hier können nur einige Grundaussagen skizziert werden, denn letztlich ist das gesamte Buch von Eschatologie durchtränkt. Nach 1,1 geht die Botschaft des Sehers von der eschatologischen Zukunft auf Gott selbst zurück, der allein Zukunft eröffnen und damit Geschichte erschließen kann. Inhalt dieser visionären Schau ist das, „was in Kürze geschehen soll". Damit ist zweierlei ausge-

drückt: einmal die Intensität der Naherwartung, die sich durch das ganze Buch hindurchzieht, das darum nicht von ungefähr in die Verheißung des baldigen Kommens Jesu Christi ausläuft (22,20). Zum anderen aber der sogenannte apokalyptische Determinismus, wobei freilich die Notwendigkeit der Geschehensabläufe nicht von einem blinden, unpersönlichen Fatum kommt, sondern von dem Herrn der Geschichte. Trotz dieser beiden apokalyptischen Merkmale, die für den Seher tröstlichen und keinen spekulativen Charakter haben, wird jede Berechnung verwehrt. Das Wann bleibt trotz aller Nähe in der Schwebe (3,3). Gott ist nicht der Sklave eines apokalyptischen Kalenders oder einer von ihm aufgezogenen Weltuhr, sondern er ist der Pantokrator (1,8), der alles erschaffen hat (4,11). Seliggepriesen wird darum nicht Beobachtung oder Berechnung, sondern das Hören auf die Worte urchristlicher Prophetie, durch die sich der erhöhte Herr seiner bedrängten Gemeinde tröstend und mahnend zu Gehör bringt (1,3; vgl. den auffallenden Wechsel zwischen Christus und dem Geist als Redendem 2,1.7; 2,8.11; 2,12.17 u. ö.).

Wichtiger ist die inhaltliche Näherbestimmung der Eschatologie, denn die genannten Kennzeichen der Nähe und Determination des Endes sind kein Spezifikum der Offenbarung, wie jüdische Belege zur Genüge erweisen. Das Proprium der Eschatologie der Offenbarung ist demgegenüber die Bezogenheit der Erwartung auf den gegenwärtigen Christus, der der Gemeinde als Retter und Herr schon begegnet ist und begegnet. Wie in 1,4 Gott selbst als der bezeichnet wird, der da ist, der da war und der da kommt, als das A und O (1,8), so heißt es in 1,7 auch von Christus, er sei der Kommende, und in 22,13, er sei das A und das O, der Erste und der Letzte, der Anfang und das Ende. Er ist es auch, der die Endereignisse in Gang setzt (5,1 ff.). Der in Christus auf diese Welt Zukommende ist zugleich der von Anfang an Wirksame und Lebendige, der Schöpfer und der Vollender (1,8), auf dessen rettende Herrschaft alles zuläuft.

4. Neben dieser Aussage, daß der, der das erste Wort gesprochen hat, in Bälde auch das letzte Wort sprechen wird, ist aber vor allem die soteriologisch gefüllte Christologie eine nachhaltige Korrektur aller bloß futurisch-apokalyptischen Erwartung[1]. Den Grund des Vertrauens auf die kommende Herrschaft Jesu Christi und die Quelle der Kraft, in den bevorstehenden Kämpfen bis zum Ende durchzuhalten, nennt z. B. die Doxologie in 1,5b–6: „Ihm, der uns liebt und uns erlöst hat von unseren Sünden durch sein Blut und uns zur Herrschaft und zu Priestern gemacht hat, ihm sei Preis und Macht . . ." Das Präsens („der uns liebt") läßt durch sein duratives Moment schon erkennen, daß die Liebe des Christus die Konstante ist, die die Christen erfahren haben und noch erfahren, und zwar inmitten ihrer bedrängenden Gegenwart. Die Gemeinde wird also nicht einfach auf die Zukunft vertröstet, sondern an die sich durchhaltende Liebe dessen erinnert, der sie leidend und sterbend aus Sünden- und Schuldknechtschaft losgekauft (vgl. außer 1,5 auch 5,9; 7,14; 12,11), ihr bereits real priesterliche Privilegien verschafft und sie zum Herrschaftsbereich Gottes ge-

---

[1] Vgl. T. Holtz, Die Christologie der Apokalypse des Johannes (TU 85), 1962.

## A. Der eschatologische Gesamtrahmen

macht hat (vgl. außer 1,6 auch 5,10)[2]. Die Gemeinde ist bereits Ort der Herrschaft Gottes, an dem diese Herrschaft anerkannt und bezeugt wird.

Auch nach anderen Stellen gründet die Hoffnung des Sehers auf dem in Christus bereits Geschehenden und Geschehenen. Niemand anders als das „Lamm", dessen Blut erlöst (5,9), ist zugleich Sieger über das „Tier" (17,14). Die Hoffnung ist darum nicht Utopie und Wunschdenken, sondern Konsequenz des durch Christi Tod und Erhöhung geschaffenen Heils. Das Kommende kann nur bestehen, wer sich in allen Schrecknissen und Drangsalen in der Liebe und Macht Christi geborgen weiß. Höhepunkt der Eingangsvision ist denn auch das Wort Christi: „Fürchte dich nicht. Ich bin der Erste und der Letzte und der Lebendige. Ich war tot und siehe, ich bin lebendig in Ewigkeit und habe die Schlüssel des Todes und des Hades" (1,17ff.). Ja, nach 17,14 und 19,16 ist der Erlöser schon jetzt „Herr der Herren und König der Könige" (vgl. auch „Herrscher der Könige der Erde" 1,5 und T. Holtz, 58f., 154f.).

5. Weil das, was geschehen wird, in dem gründet, was schon geschehen ist, kann diese Heilserfahrung bereits in die Gegenwart hineingenommen, ja antizipierend bereits vom Sieg Christi und vom Fall Babels gesprochen werden. Immer wieder finden sich an den Übergängen der verschiedenen Visionenreihen als jeweilige Höhepunkte und Überleitungen hymnische Stücke, die das bezeugen.

„Es ist die Herrschaft der Welt unseres Herrn und seines Christus geworden, und er wird herrschen von Ewigkeit zu Ewigkeit" (11,15). „Nun ist das Heil und die Macht und die Herrschaft unseres Gottes geworden und das Regiment seines Christus, weil der Ankläger unserer Brüder hinabgestürzt wurde, der sie verklagte Tag und Nacht vor Gott. Und sie haben ihn überwunden durch das Blut des Lammes und durch das Wort ihres Zeugnisses..." (12,10–11).

Diese Hymnen haben nach K. P. Jörns die Funktion, als Teile des gesehenen und gehörten Endgeschehens gegenüber der Unheilsbotschaft der Visionen die *Heils*botschaft des apokalyptischen Geschehens zu verdeutlichen. (Das hymnische Evangelium, StNT 5, 1971.) Für die hymnischen Stücke in Kap. 4, 5, 6 und 7 z. B. weist K. P. Jörns nach, daß, bevor noch der eigentliche Kampf mit dem Satan und seinen Gefolgsleuten beginnt und die satanischen Herrscher niedergezwungen werden, in den Hymnen schon das Ziel des Endgeschehens, die Vollendung besungen wird, Gott und sein Lamm schon als Sieger proklamiert und verehrt werden, so daß die frohe Botschaft die Drangsal des Gerichts überstrahlt. Subjekt des hymnischen Singens sind nach 12,12 zwar die Himmel und ihre Bewohner (vgl. auch 4,11; 11,16; 15,3; 19,1), möglicherweise ist das aber zugleich ein Reflex des irdischen Gottesdienstes (vgl. 5,8), dessen Elemente das Buch überhaupt umgreifen (vgl. 1,3 und 22,17.20f.).

So wie am Anfang des Buches die christologische Aussage über das schon Geschehene steht und die Visionsreihen immer wieder durch die den Sieg Jesu

---

[2] Vgl. E. Schüssler Fiorenza, Priester für Gott. Studien zum Herrschafts- und Priestermotiv in der Apokalypse (NTA 7), 1972; vgl. dies., Redemption as Liberation, CBQ 36, 1974, 220–232. Allerdings wird man wohl nicht von einer Herrschaftsübertragung an die Christen sprechen können (vgl. das Futur in 6,10).

proleptisch preisenden Hymnen durchbrochen werden, so steht dann am Ende die große Vision des neuen Himmels und der neuen Erde und des neuen Jerusalem, in dem Gott mitten unter den Seinen wohnt. Auch in der Zukunftsschau ist nicht das Gericht, sondern die Neuschöpfung das Ziel, was bei allen kosmischen Katastrophen und Plagen, die in den Visionsreihen geschildert werden, nicht vergessen werden darf. Auch das Wehe über alle, die auf Erden wohnen (8,13), auch die bange Frage von 6,17 („Gekommen ist der große Tag seines Zorns, wer kann ihn bestehen?") usw., dies alles kann nicht den himmlischen Jubel des Endes überstimmen (19,6f.).

6. Daß Eschatologie für die Offenbarung nicht Preisgabe der Erde heißt, zeigt Kap. 20. Dem in Kap. 17 und 18 innerweltlich vorgestellten Gericht an Babel entspricht dort umgekehrt das innerweltlich vorgestellte Tausendjährige Reich. Da der sogenannte Chiliasmus in der Geschichte der Ethik eine gewisse Rolle gespielt hat, ist kurz auf ihn einzugehen.

Die Erwartung eines messianischen Zwischenreiches ist schon in der jüdischen Apokalyptik bekannt und wird meist als Ausgleichsversuch zwischen zwei verschiedenen Hoffnungsbildern gewertet. Im 4. Esra z. B. sind beide Zukunftsbilder so miteinander verbunden, daß sie hintereinandergeschaltet werden, indem das Messiasreich vor das Ende der Welt und den neuen Äon gerückt wird. Dadurch wird das messianische Reich zum Zwischenreich, während die darauf folgende Zeit des neuen Äons erst das eigentliche und definitive Heil bringt. Vgl. weiter H. Bietenhard, Das Tausendjährige Reich, 1955; W. Bauer, Chiliasmus, RAC 2, 1073-1078; E. Lohse, ThW IX, 459f.

Über das Millenium sagt der Seher denkbar wenig, und diese Kargheit der Aussage steht in Kontrast zu den farbigen Bildern der jüdischen Apokalyptik. Dies mahnt gewiß zur Vorsicht. Es gibt aber in der theologischen Literatur allzu leicht errungene Siege über diese Konzeption, die eine irdische Vorstufe vor dem endgültigen Heil annimmt, Siege, die im Namen einer abstrakten, blassen Jenseitshoffnung errungen werden. Es bleibt aber zu beachten, daß auch der auf das Tausendjährige Reich folgende neue Äon nach der Offb. einen neuen Himmel und eine neue Erde mit sich bringt. So gewiß die Erscheinung Christi nicht zum Auftakt einer sich innerweltlich vollziehenden stufenweisen Verwirklichung des Heils gemacht wird, sosehr darf bei aller Traditionsbedingtheit nicht das berechtigte Moment dieser Hoffnung der Offb. übersehen werden, dem in Kap. 20 Ausdruck verliehen werden soll. Dieses Moment ist die sichtbare Realisierung der Herrschaft Jesu Christi innerhalb dieser Welt, die nicht einfach als teuflisch den Dämonen und imperialen Helfershelfern des Drachen überlassen werden kann. Die Herrscherstellung Jesu Christi bedarf für den Seher auch der Manifestierung in diesem Äon, und das ist völlig legitim. Daß Jesus Christus „der Herr aller Herren und der König aller Könige" ist (17,14), das ist eben nicht nur eine Aussage über das Jenseits, sondern das impliziert einen Anspruch auf *alle* Bereiche dieser Welt und ihre Herren und Könige. Wie wenig das sogenannte Diesseits einfach den irdischen Herren und ihren Ansprüchen überlassen wird, dokumentiert aufs deutlichste der Konflikt mit dem römischen Staat (vgl. S. 342ff.).

E. Schüssler Fiorenza, die mit Recht betont, daß die Besiegung der gottwidrigen Mächte auch „die Vernichtung aller menschlich-repressiven Strukturen, Leiden und Tod" einschließt (266), erschließt aus demselben Ausdruck „Königsherrschaft" für Gott als auch für das Imperium Romanum sogar, daß „beide Herrschaftsverhältnisse nicht koexistieren" können (264). Vgl. auch dies., Die tausendjährige Herrschaft der Auferstandenen (Apk. 20,4–6), BiLe 13, 1972, 107–124, wo allerdings der Interimscharakter des messianischen Reiches trotz der sechsmaligen Nennung der Zahl 1000 bestritten und im Millenium statt dessen ein Aspekt der eschatologischen Erlösung gesehen wird.

## B. Die Sendschreiben

1. Es kann keinen Zweifel daran geben, daß die eschatologische Schau des Sehers auch seine ganze Ethik bestimmt, wie vor allem in der Verknüpfung von Eschatologie und Ethik in den sieben Sendschreiben an die kleinasiatischen Gemeinden deutlich wird[3]. Dabei stehen Verheißungen und Gerichtsandrohungen dicht nebeneinander. Aber auch hier wird nicht nur auf die Zukunft geblickt, die in Überwinder- oder Drohsprüchen der Gemeinde vor Augen gestellt wird, sondern es wird zugleich an das erinnert, was den Gemeinden bereits gegeben worden ist: „Gedenke daran, was du empfangen und gehört hast, und bewahre es und tue Buße" (3,3). Die Gemeinde geht also nicht nur auf etwas zu, sondern kommt von etwas her, das sie schon empfangen und gehört hat. Zwar ist sie nicht die Schar der triumphalistischen *beati possidentes*, aber sie ist auch nicht ein verlorener Haufe, der mit leeren Händen und Herzen in die Zukunft tappt. Gerade im Zugehen auf die Zukunft kann sie an den Anfang zurückgerufen werden (vgl. auch 2,25). Die schon empfangene Gabe und das schon empfangene Wort sind zu aktualisieren. Zugleich aber wird vor Selbsttäuschung und Enthusiasmus gewarnt: „Du sprichst ‚ich bin reich und bin reich geworden und habe nichts nötig' und weißt nicht, daß du elend und erbärmlich bist und arm und blind und nackt" (3,17). Eine angeblich reiche Gemeinde ist in Wirklichkeit arm und ohne Verheißung. Reichtum und Heil aber gibt es eben nur bei Christus, wie V. 18 zeigt. Als Warnung dienen auch die Worte von einem gegenwärtigen Kommen Christi (2,5.16), die neben denen vom endgültigen Kommen bei der Parusie stehen (22,7.20; vgl. 2,25; 3,11), wie bisweilen auch lokale Vorstellungen (3,20) neben zeitliche treten können.

2. Die Anzahl der Begründungen, die auf das in Christus Gegebene verweisen, wird freilich erheblich übertroffen durch die vielen Motive aus der futurischen Eschatologie, die der Seher in die Sendschreiben verwoben hat: Christi Augen wie Feuerflammen (1,14; 2,18; 19,12), die alles durchdringen und vor denen sich nichts zu verbergen vermag, das scharfe zweischneidige Schwert, das aus seinem Munde hervorgeht (1,16; 2,16), dies und anderes weist auf die richterliche Funktion des Christus, und zwar auch gegenüber der Gemeinde.

---

[3] Vgl. zu den Sendschreiben F. Hahn, Die Sendschreiben der Johannesapokalypse, in: FS K. G. Kuhn, 1971, 357–394.

Der Leuchter der Gemeinde kann auch umgestoßen (2,5), d. h. eine Gemeinde kann verstoßen werden, wobei sich auf der irdischen Szenerie zunächst nichts zu verändern braucht. „Wenn Sterne erlöschen, ist ihr Licht noch eine Zeitlang sichtbar. Der Leuchter kann längst fortgestoßen sein, während noch der kirchliche Betrieb fortdauert" (W. Hadorn, ThHK XVIII, z. St.).

Während in den Sendschreiben das Gericht der Gemeinde angekündigt wird, begegnet in den Visionen der Gerichtsgedanke als Drohung an die Heiden. Das hat wohl auch den Sinn, mit einem letzten Bußruf die Heiden zum Verlassen ihres verkehrten Weges aufzufordern: „Fürchtet Gott und gebt ihm Ehre, denn die Zeit seines Gerichtes ist gekommen, und betet den an, der den Himmel und die Erde und das Meer und die Wasserquellen gemacht hat" (14,7). Auch die irdischen Strafgerichte sollen als Bußpredigt wirken, doch die Menschen hören nicht darauf. So heißt es nach dem Ausgießen der vierten Zornesschale: „Und den Menschen ward heiß bzw. sie wurden versengt von großer Glut und lästerten (zu ergänzen: trotzdem) den Namen Gottes, der die Macht über die Plagen hat, und taten nicht Buße, ihm die Ehre zu geben" (16,9; ähnlich V. 11 und 9,20f.). Nach anderen Stellen scheint Umkehr gar nicht mehr möglich und das Gericht über die Heiden unabwendbar. Das Volk Gottes dagegen wird zum Auszug aufgefordert, um nicht mit in das Verderben hineingerissen zu werden (18,4f.): „Zieht aus, ihr mein Volk, damit ihr euch nicht an ihren Sünden beteiligt und Anteil an ihren Plagen bekommt, denn ihre Sünden haben sich bis zum Himmel angehäuft, und Gott hat ihrer Freveltaten gedacht." Der Seher erwartet, daß die Heiden, die die Erde verdorben haben, dem göttlichen Zorn verfallen, die Christen aber Lohn erhalten (11,18). Nach 2,23 kommen zwar auch sie ins Gericht (vgl. vor allem auch 20,12; 22,12), aber Christus wird sich zu ihnen bekennen, sie als zu sich gehörig anerkennen.

3. Weitaus stärker werden aber die positiven Seiten der Zukunftserwartung zur Motivierung der Ethik herangezogen, wie wieder vor allem die sieben Sendschreiben zeigen, die alle mit einem sogenannten Überwinderspruch enden (vgl. F. Hahn, 381 ff.). „Überwinden" hat in der Offenbarung eschatologischen Klang. Es ist der eschatologische Kampf am Ende der Tage, den der Überwinder bestanden hat.

„Überwinden" ist ein Lieblingswort der Offb., das nicht weniger als sechzehnmal vorkommt und den Kampfcharakter des Christenlebens zwischen den Zeiten andeutet, wobei wohl auch hier wie in Röm. 3,5 (Ps. 51,6) der Rechtsstreit Gottes mit der Welt im Hintergrund steht (vgl. F. Hahn, 384f.). Es gibt ein vorläufiges und ein endgültiges Überwinden: Wer hier besiegt wird (13,7), kann dort doch Sieger heißen. Dem Seher ist freilich gewiß, daß der Löwe aus Juda schon gesiegt hat (5,5), und auch die Schar der Seinen hat die Verheißung, wie er siegen zu können („wie auch ich gesiegt habe" 3,21), wenn sie wie Christus dem Leiden nicht ausweicht und in der „Nachfolge des Lammes" (14,4) weiß, daß sie nur durch das Blut des Lammes Sieger werden kann (12,11). Vgl. O. Bauernfeind, ThW IV, 944.

Jedenfalls haben alle Überwindersprüche, die den Christen in der Stunde der Bewährung des Kampfes mit verschiedenen apokalyptischen Bildern Mut zusprechen wollen, eschatologischen Charakter. Sie verheißen u. a., daß die Endzeit das Paradies mit seiner Lebens- und Segensfülle zurückbringen wird (2,7), daß die Überwinder nicht dem endgültigen Tod nach Auferstehung und Gericht verfallen (2,11), sondern himmlische Leiblichkeit erhalten, daß ihre Namen nicht aus dem Lebensbuch gestrichen werden und Christus sich vor seinem Vater und den Engeln zu ihnen bekennen wird (3,5).

Implizieren schon diese eschatologischen Verheißungen meist eine christologische Aussage, so gilt das erst recht für die Eingangssprüche der sieben Sendschreiben, in denen jeweils eine Selbstbezeichnung des erhöhten Christus steht (vgl. T. Holtz, 137 ff.; F. Hahn, 367 ff.). Sie fassen sozusagen die positiven und negativen Momente zusammen und enthalten Drohung oder Verheißung oder beides in einem:

In 2,1 heißt es z. B.: „Das sagt der, der die sieben Sterne in seiner Rechten hält und mitten unter den sieben goldenen Leuchtern wandelt" (ähnlich 3,1), d.h. der erhöhte Christus hat die Gemeinden in seiner Hand und ist mitten unter ihnen. Die Selbstbezeichnung in 2,8 nimmt 1,17 f. wieder auf, daß Christus nämlich der Erste und der Letzte ist, der tot war und lebendig wurde. In 2,12 und 2,18 ist unter Rückgriff auf 1,16 bzw. 1,14 f. nur die Gerichtsdrohung im Blick. Die Selbstbezeichnung des Erhöhten in 3,7 und 3,14 hat wieder mehr den Charakter einer Zusage und eines Versprechens: „Das sagt der Heilige und Wahrhaftige, der den Schlüssel Davids hat, der aufschließt, und niemand schließt zu, der zuschließt, und niemand öffnet" (3,7), und in 3,14 stellt sich Christus als das Ja Gottes und als treuer und wahrhaftiger Zeuge vor.

Das alles zusammen zeigt, daß Herrschafts- und Erlösungsgedanken die Christologie bestimmen und vor allem: daß Christologie und Eschatologie in der Offb. die entscheidenden Größen in der Ethik bzw. im Leben der Christen sind.

4. Auch der Inhalt dessen, was von den Christen gefordert wird, läßt sich überwiegend den Sendschreiben entnehmen, und zwar aus dem, was dort jeweils an konkretem Lob und Tadel den einzelnen Gemeinden gesagt wird. Der eschatologischen Motivierung entsprechend überrascht es nicht, wenn als häufigster Topos die Umkehrforderung begegnet. Für die Offb. ist *metanoia* ebenso ein Zentralbegriff wie für die Evangelien (vgl. 2,5.16.21 f.; 3,3.19 u.ö.). Auch in der Offb. bezeichnet das Wort die Kehrtwendung des ganzen Menschen, obschon sich die Umkehrpredigt nun an die *Christen* richtet. Dabei ist in der Umkehr durchaus ein kognitives Moment enthalten, wenn es z.B. in 2,5 heißt: „So gedenke nun daran, von welcher Höhe du gefallen bist, und kehre um." Umkehr beginnt hier also damit, daß man sich daran erinnert, was man aufgegeben hat. Erinnerung ist in die Umkehr integriert, aber nicht damit identisch. Sowenig sie theoretisch-intellektuell oder kultisch-rituell zu verstehen ist, sowenig als Rückkehr von der Ungesetzlichkeit zur Gesetzlichkeit. Das stellt die Offb. neben Jesus und unterscheidet sie vom Judentum.

Durch dieses Fehlen einer Bekehrung zur Mosethora wird schon angedeutet, daß dem Gesetz in der Offb. keinerlei zentrale Bedeutung zukommt (anders S. Schulz, Ethik, 536), was sie wiederum deutlich von jüdischen Apokalypsen abhebt (2,24 ist vielleicht sogar eine ausdrückliche Abgrenzung von der „Last" des Gesetzes). Auch die Motivierung und Begründung der Umkehrforderung erfolgt nie von der Autorität des Gesetzes her. In 3,19 wird der Umkehrruf als

Folgerung aus dem vorhergehenden Satz hingestellt, daß Gott die, welche er lieb hat, züchtigt und erzieht. Auch der folgende V. 20 ist eine Begründung, die die Mahnung zur Umkehr dringlich macht, indem sie auf das bevorstehende Kommen des Herrn bei der Parusie weist, wenn der Christus mit den Seinen das eschatologische Freudenmahl halten wird (vgl. Mk. 13,29; Lk. 12,36 u. ö.). Anders als in der synoptischen Tradition wird aber dringender nicht nur zur Hinkehr zu Gott, sondern auch ausdrücklich zur Abkehr vom Bösen bzw. von der Verweltlichung gerufen, meist zur Abkehr von den bösen Werken (2,21 f.; 9,20; 16,11). Buße, die sich nicht in Werken manifestiert, ist keine Buße. Darum heißt es in 2,5 in einem Atemzug: „Gedenke, wovon du gefallen bist, und kehre um und tue die ersten Werke."

5. Überhaupt haben die Werke in der Offb. eine besondere Bedeutung, und zwar ohne Verdienstlichkeit (vgl. 19,8 „es wurde ihnen gegeben", was auch hier den Lohn- und Gerichtsgedanken nicht ausschließt, denn die Werke „folgen ihnen nach", d. h. ins ewige Leben 14,13). Die meisten der sieben Sendschreiben beginnen nach der Selbstvorstellung Christi mit dem Satz „Ich kenne deine Werke". Zum Überwinden gehört nach 2,26 das Festhalten an den Werken Christi bis ans Ende, d. h. an den Werken, deren Verwirklichung Jesus vorgelebt hat. Parallel kann darum statt vom „Tun der Werke" auch vom „Halten seiner Worte" gesprochen werden (3,8), was nach E. Lohmeyer in 2,26 zum „Halten der Werke" zusammengezogen wird (HNT 16, z. St.). Das Wort „Gesetz" kommt auch dabei nicht ein einziges Mal vor. Zweimal ist zwar vom „Halten der Gebote Gottes" die Rede, aber beide Male neben der Wendung „das Zeugnis von Jesus bzw. den Glauben an Jesus festhalten" (12,17; 14,12). Entscheidend für die Gültigkeit der Werke ist jedenfalls die Billigung des Christus (vgl. 2,2.6). Inhaltlich sind mit den Werken wahrscheinlich vor allem die Liebeswerke gemeint.

Der Mahnung in 2,5, „die ersten Werke zu tun", geht in V. 4 der Tadel voraus, daß „die erste Liebe verlassen" worden ist. Das soll nicht romantisch-wehmütige Gefühle wecken oder an besondere Begeisterung und überschäumenden Enthusiasmus der ersten Zeit nach der Bekehrung erinnern. Es geht hier vielmehr ganz nüchtern um die Rückkehr zum früheren Christenstand, der durch die Liebe gekennzeichnet war.

Daß die Ausleger immer wieder an die erste heiße Liebe von Mann und Frau erinnern und sich davon zu einer falschen Deutung verführen lassen, hat seinen Grund wohl darin, daß das Verhältnis von Christus und Gemeinde in Kap. 19 mit den Bildern von Braut und Bräutigam und von der Hochzeit ausgedrückt wird. Gemeint ist in 2,4 aber nicht die Liebe zu Christus oder zu Gott, sondern die Liebe zu den Brüdern. Dafür spricht nicht nur die Parallelität zu den „ersten Werken" in V. 5, sondern auch die Tatsache, daß „Agape" auch in 2,19 mit Werken und Dienst zusammensteht und daß das die beiden einzigen Stellen sind, wo von der Agape der Christen die Rede ist.

Wahrscheinlich muß man auch im Ohr behalten, daß nach apokalyptischer Erwartung die Liebe in der letzten Notzeit erkalten wird (Mt. 24,12), was eben nicht eine Entschuldigung ist, sondern eine Warnung, nicht der verderbenbringenden Lieblosigkeit anheimzufallen. Darum auch die Mahnung von 3,2, diejenigen Glieder der Gemeinde, die schläfrig und drauf und dran sind, geistlich zu sterben, aufzuwecken und zu stärken.

6. Noch ein anderes Moment scheint dem Seher im Rahmen seiner Umkehrpredigt wichtig: die Abkehr von den Irrlehren, man könnte auch sagen: von falscher Toleranz gegenüber dem, was von bestimmten Leuten in Anpassung an den Synkretismus als christlich propagiert wird. In 2,16 folgt die Umkehrforderung unmittelbar auf die Feststellung, daß sich in der Gemeinde Anhänger der Lehre Bileams (V. 14) bzw. der Lehre der Nikolaiten (V. 15) finden. Nach 2,21 ist der Prophetin Isebel eine Frist zur Umkehr gegeben, aber nicht genutzt worden.

Wahrscheinlich handelt es sich bei den Bileamiten, Nikolaiten und den Anhängern der Isebel um gnostische Irrlehrer, die sich nach 2,24 offenbar einer bis in die Tiefen Satans hinabreichenden Gnosis gerühmt haben, dem Seher aber vor allem wegen des Opferfleischessens und der Unzucht suspekt waren. Da nicht nur von den Werken dieser Irrlehrer geredet wird, sondern auch von ihrer Lehre (2,14f. 20.24), ist wohl nicht einfach an eine Verweltlichung oder Laxheit zu denken, sondern an eine libertinistische Propaganda, was sich gerade vom schrankenlosen Freiheitsverständnis der Gnosis her gut verstehen würde. Auch in Korinth werden von dieser Voraussetzung aus sowohl Götzenopferfleischgenuß und Teilnahme an heidnischen Kultmahlen vertreten als auch Unzucht, womit hier in der Offb. entweder Abfall und Untreue oder Synkretismus gemeint ist oder aber geschlechtliche Vergehen wie freier Geschlechtsverkehr. Nach P. Lampe (113) soll Götzenopferfleisch für den Seher anders als bei Paulus darum kein Adiaphoron sein, weil unter dem Druck des Kaiserkultes „die kompromißlose Wahrung der christlichen Identität" den „Vorrang vor jeder Minimierung äußerer Unannehmlichkeit und Schikane" gewonnen habe. Er sieht die Anpassungsbereitschaft der Irrlehrer aber zu Recht auch im Zusammenhang eines spiritualisierenden Vollendungsbewußtseins (3,17), das ohne Zukunftserwartung auszukommen glaubt (114). E. Schüssler Fiorenza (267) hält es sogar für möglich, daß die Nikolaiten „praktischen Synkretismus und Anpassung an den römischen Staatskult" empfohlen haben. Daß gegenüber solchen Akkomodationstendenzen dem Seher gerade die apokalyptische Tradition der Nichtkonformität und Opposition zu Hilfe kam, ist leicht begreiflich (vgl. D. Aune, The Social Matrix of the Apocalypse of John, BR 26, 1981, 16–32, bes. 28). Vielleicht ist davon auszugehen, daß Christen bei ihrer Verhaftung zum Götzenopferfleischgenuß als Zeichen ihres Abfalls aufgefordert wurden (vgl. K. Wengst, 144f. 163).

Übrigens wird nicht *die* Tatsache moniert, daß eine Frau als Prophetin in der Gemeinde von Thyatira eine führende Rolle zu spielen scheint, sondern die, daß sie falsch lehrt. Wie wichtig dem Seher die Wachsamkeit der Gemeinde gegenüber den Irrlehrern ist, zeigt wohl auch 2,2, wo die Gemeinde gelobt wird, weil sie Pseudoaposteln entgegentritt und nicht jeden, der unter dem Namen und Titel eines Apostels auftritt, als solchen auch respektiert.

7. Mit der Umkehrforderung hängt auch die Forderung nach Eindeutigkeit und Unbedingtheit zusammen, die in der Offb. nachdrücklich zur Geltung gebracht wird. Am bekanntesten sind die Worte an die Gemeinde von Laodizea: „Ich kenne deine Werke, daß du weder kalt noch warm bist. Wärest du doch kalt oder warm! So aber, weil du lau bist und weder warm noch

kalt, will ich dich aus meinem Munde ausspeien" (3,15f.). Das Grundübel ist also die Lauheit, das Dazwischen, das halbe, unentschiedene, lauwarme Auch-Christentum, das nach dem Seher den Ekel des Herrn erregt. Gefordert ist hier dasselbe Entweder-Oder wie in der Bergpredigt oder bei Jakobus. Ein kompromißloses und konsequentes Nein ist besser als ein Ja *und* Nein, besser als Neutralität und Mittelmäßigkeit. Eng verbunden mit dieser Lauheit ist eine enthusiastische Sattheit der Gemeinde Laodizeas, die saturiert und selbstzufrieden, in Wirklichkeit aber elend, jämmerlich, arm, blind und nackt ist (3,17f.). Das ist neben der Kritik an einer verwirklichten Eschatologie und ihrem Vollendungsbewußtsein (vgl. oben) auch eine Polemik gegen Selbsttäuschung. Ähnlich heißt es auch an die Gemeinde von Sardes, daß sie den Namen bzw. den Ruf hat, zu leben, und doch tot ist (3,1). Hier wird ein bloßes Namenchristentum praktiziert, das zwar noch als lebendig gilt, in Wahrheit aber schon die Zeichen des Sterbens an sich trägt. Beidemal wird zwar durchaus noch von „Werken" gesprochen, doch diese Werke sind nicht „erfüllt gefunden vor Gott" (3,2). Vor der Welt können solche Werke durchaus noch respektabel und honorig sein, aber vor Gott gilt ein anderer Maßstab, und dieses von Gott gesetzte Maß ist nicht erreicht. Darum gilt es, wach zu werden. Alle Sendschreiben schließen mit dem sogenannten Weckruf „Wer Ohren hat zu hören, der höre". Wachsamkeit und Nüchternheit sind immer besondere Kennzeichen und charakteristische Inhalte apokalyptischer Mahnung (vgl. Mk. 13,33ff.; 1. Petr. 4,7ff. u.ö.).

Zur geforderten Entschiedenheit gehört nach der Offb. endlich auch das „Darunterbleiben" und Ausharren, das der Verfasser meist lobend erwähnt (2,2.3.19; 3,10; vgl. auch 1,9; 13,10; 14,12). Damit ist nicht eine allgemeine Geduld in den Schwierigkeiten und Widerwärtigkeiten des Daseins gemeint, sondern das eiserne Standhalten in den Anfechtungen und Bedrängnissen, die um des Zeugnisses und des Bekenntnisses zu Jesus Christus willen entstehen, die Ausdauer um seines Namens willen (2,3), „das Seinen-Namen-nicht-Verleugnen" (3,8) oder „das Zeugnis-von-Jesus-Festhalten" (12,17; vgl. auch 14,12). Die Feigheit steht in 21,8 an der Spitze des Lasterkatalogs, und die, die ihr Leben nicht geliebt haben, werden in 12,11 als Überwinder gepriesen. Hier klingt überall schon die Auseinandersetzung mit dem Imperium an.

8. Außer diesem den Seher in Atem haltenden und Leib und Leben bedrohenden Konflikt mit dem Staat und dem Kaiserkult wird kaum zu konkreten ethischen Problemen Stellung genommen, auch wenn andeutungsweise bestimmte Lebensbedingungen der Gemeinde und ihrer Umwelt durchscheinen. Nur in Kap. 18 macht sich in der Ankündigung des Falles von Babel und in dem Klagelied über seinen Untergang ein sozialkritischer Unterton bemerkbar[4], der auch in der 6,6 erwähnten Teuerung anklingen kann. Zunächst aber zu Kap. 17, der Vision von der Urbs Roma:

---

[4] Vgl. A. Y. Collins, Revelation 18: Taunt-Song or Dirge?, in: L'Apocalypse johannique et l'Apocalyptique dans le NT (BEThL LIII), 1980, 185–204, bes. 202f.; vgl. dies., The Revelation of John: An Apocalyptic Response to a Social Crisis, CThMi 8, 1981, 4–12. Vgl. auch K. Aland, 220ff.

## B. Die Sendschreiben

Die Hure Babel, die die Welthauptstadt Rom symbolisiert, sitzt nach 17,1 ff. auf dem Tier, das das satanische Imperium versinnbildlicht. Die Frau ist angetan mit Gold, Edelsteinen und Perlen, was wohl den Prunk, Luxus und Reichtum Roms andeuten will. Weiter hat sie einen goldenen Becher in der Hand, der voll ist von Greueln und vom Schmutz ihrer Unzucht. Man darf das wohl kaum im einzelnen auf die Ausschweifungen und Genüsse des Großstadtlebens ausdeuten. „Greuel", also der Inhalt des Bechers, bezeichnet im biblischen Sprachgebrauch mehr das, was Gott mißfällt, als das, was moralisch und ästhetisch widerwärtig ist, wenn sich auch beides überlappen kann, so daß Rom wegen seiner Blasphemie und Christenverfolgung (vgl. 17,3.6), aber auch wegen seiner ökonomischen Macht dem Gericht verfällt (wie Tyrus als „Handelsherrin der Völker", das durch die Fülle des Reichtums und die Tauschgüter „die Könige der Erde" reich gemacht hat, Ez. 26,2 ff.; vgl. zum ganzen Jes. 23; Ez. 26,1-28,19). Zudem steht „der mit Greueln Befleckte" in 21,8 in einer Reihe mit Mördern, Ehebrechern, Zauberern, Götzendienern, so daß auch in Kap. 17 Momente sittlichen Verfalls mitschwingen werden, ohne daß man das freilich im einzelnen genauer ausdeuten dürfte. Gemeint ist wahrscheinlich – wie auch in dem Namen „Mutter der Dirnen und der Greuel der Erde" (17,5) –, daß Rom Zentrum und Ursprung aller möglichen Greuel ist. Etwas konkreter ist Kap. 18. Hier wird in V. 3 der Fall Babels mit seiner Schuld begründet und folgendermaßen expliziert: Rom hat alle Völker mit seinem Götzendienst trunken gemacht, und außerdem wird gesagt, die Kaufleute dieser Erde, die neben den „Königen der Erde" stehen, seien von der Macht ihres Luxus reich geworden. Wo politische und wirtschaftliche Macht ist, sieht der Seher „eine Behausung von Dämonen und einen Schlupfwinkel unreiner Geister" (V. 2), weshalb es für die Gemeinde hier nur einen neuen Exodus geben kann (V. 4).

Den Verfasser wird kaum interessiert haben, wie Machtzusammenballung und unheilvolle Wirtschaftskrisen entstehen oder zu vermeiden sind. Was dieser Illustration der Schuld Roms zu entnehmen ist, entspricht Kap. 17: Ökonomische Macht und Ausbeutung, Üppigkeit und Reichtum verfallen dem Gericht. Das bestätigt auch das Klagelied der Könige und Kaufleute, Schiffsherren und Seeleute in 18,9 ff., wo die Händler über den Verlust ihres Absatzmarktes und Handelsplatzes klagen:

„Niemand kauft mehr ihre Ware" (V. 11), und diese wird im folgenden in einer langen Liste aufgezählt: Schmuck, kostbare Stoffe, Gewürze, Kosmetika, Genußmittel usw. Diese sehr detaillierte Liste bis hin zum Sklavenmarkt vermittelt einen sozial- und kulturgeschichtlich interessanten Einblick in die damaligen Lebensgewohnheiten der reichen Oberschicht, ja der mondänen Welt. Hier melden sich nicht Haß und Ressentiment der Zukurzgekommenen zu Wort, die mit Befriedigung dem Ruin und Untergang der oberen Zehntausend zuschauen und nur auf einen Rollentausch aus sind, sondern hier meldet sich in der Tradition der prophetischen Sozialkritik der mit Ironie durchsetzte Zorn des Propheten über die soziale Ungerechtigkeit und Gottlosigkeit.

Zwei Dinge sind hier zu beachten: Zum einen will der Verfasser offenbar Distanz zu der verführerischen Macht halten, die vom Reichtum und von den raffinierten Gütern der Zivilisation und des Lebensgenusses ausgeht, auch wenn er die offenbar befürchtete Sogwirkung nicht direkt anspricht. Immerhin ist auffallend, daß die beiden Gemeinden, die in Kap. 2-3 nicht getadelt werden, in äußerer Not und Armut leben (Smyrna und Philadelphia). Zum anderen bestätigt sich hier noch einmal, was ähnlich auch im Jakobusbrief und bei Jesus anzutreffen war, daß nämlich die betonte Zukunftserwartung für die irdischen Nöte und Probleme nicht stumpf macht, sondern daß sie gerade das soziale Gewissen und die soziale Sensibilität verstärkt.

## C. Der Konflikt mit dem Staat

1. Während in den übrigen Teilen des Neuen Testaments ein Konflikt zwischen dem Willen Gottes und dem des Staates nur mehr oder weniger indirekt zur Sprache kommt, ist die Offb. ein Zeugnis für den Zusammenprall von christlichem Glauben und römischem Imperium und Imperatorenkult. Die Offb. ermöglicht so einen Einblick in die Zeit der beginnenden Christenverfolgung durch die römischen Behörden und den ohnmächtigen Protest der Gemeinden dagegen. Im einzelnen läßt sich zwar nicht sagen, was etwa in den Visionen vaticinia ex eventu sind und was der Seher noch als bevorstehend ansieht. Jedenfalls aber müssen schon einzelne Martyrien vorausgegangen sein: 2,13 erwähnt ein namentlich genanntes Mitglied der Gemeinde als Märtyrer, und 6,9-11, wo von dem Schreien derer die Rede ist, die um des Wortes und um des Zeugnisses willen getötet worden sind, setzt voraus, daß es nicht bloß auf Spekulation oder Zukunftsängsten beruht, wenn der Seher die Hure Babylon „trunken vom Blute der Märtyrer" sieht (17,6) oder von denen spricht, die enthauptet worden sind (20,4; vgl. weiter 12,11; 13,12ff.; 18,24; 19,2 u.ö.).

Man kann m.E. mit 3,10 nicht erweisen, daß die Verfolgungen überhaupt erst für die Zukunft erwartet werden (so K. Aland, 216f.), und in 6,11 sind kaum die alttestamentlichen Märtyrer im Blick (so K. Aland, 217f.; vgl. aber V. 9b; auch 16,6 ist „das Blut der Heiligen und Propheten" auf Christen zu beziehen).

Solange das Urchristentum vom Judentum nicht deutlich geschieden war, hat es an den jüdischen Privilegien und an der römischen Toleranz gegenüber dem Judentum partizipiert. Als der Bruch zwischen Kirche und Synagoge definitiv wird, nimmt auch der Konflikt mit Rom bedrohliche Ausmaße an. Allerdings ist auch jetzt noch nicht der christliche Glaube als solcher strafbar, sondern die Verweigerung des Staatskultes bzw. der religiösen Verehrung des Kaisers. Diese Verweigerung ist der eigentliche Grund für den Konflikt mit dem Staat.

2. Über Ursprung, Ausdehnung und die verschiedenen Formen des den Zusammenstoß provozierenden Herrscher- und Staatskultes ist hier nicht zu handeln. Er hatte vor allem im Osten des Reiches unter dem Einfluß orientalischer Herrscherverehrung seine Anfänge und Zentren; vgl. außer R. Schütz noch A. Dihle, RGG [3]III, 278-280 (mit Literatur). Obwohl schon Caligula den Anspruch auf Vergottung erhob, wie z.B. Inschriften zeigen, die ihn als den „größten und offenbarsten Gott" bezeichnen, erlebte der Kaiserkult unter Domitian eine eminente Steigerung als offizielle, der imperialen Selbstdarstellung dienende Staatsreligion. Außerdem empfahl er sich als ein die verschiedenen Völker und Kulturen des Imperiums umspannendes ideologisch-religiöses Einheitsband und Machtmittel. Aus neutestamentlicher Zeit sind die Institutionen und Formen des Cäsarenkultes durch eine Fülle von Tempeln, Kultbildern, Altären, Inschriften, Münzen u.ä. zu belegen. Zumal die Provinz Asia, in der die in 1,11 und

Kap. 2-3 genannten Gemeinden liegen, ist ein Zentrum des Kaiserkultes. Schon zur Zeit des Augustus und Tiberius sind hier Provinzialtempel zu Ehren der Göttin Roma und des Divus Augustus entstanden (in Pergamon und Smyrna), und zur Zeit des Domitian bekam Ephesus einen Kaisertempel, dessen Reste ausgegraben worden sind. Erhalten sind Kopf und Unterarm einer in vierfacher Lebensgröße errichteten Kolossalstatue Domitians. In Ephesus, Pergamon, Laodizea und Thyatira sind zudem Weihinschriften für den göttlichen Herrscher gefunden worden.

So ist es kein Zufall, daß es unter Domitian, der als römischer Kaiser schon zu Lebzeiten als *dominus ac deus* göttliche Verehrung beanspruchte, auch erstmalig zur blutigen Verfolgung aus religiösen Gründen bzw. zur Opposition gegenüber Imperium und Imperator gekommen ist. Auf dem Hintergrund dieser Lage ist die Offb. und zumal Kap. 13 zu verstehen.

3. Unter Aufnahme älterer mythologischer Tradition zeichnet der Seher hier das phantastische Bild eines dämonischen Ungeheuers, das das Imperium Romanum symbolisiert[5]. Aus dem Meer steigt ein Tier mit zehn Hörnern und sieben Häuptern, auf den Hörnern zehn Diademe und auf den Häuptern blasphemische Namen. Anzusehen ist es wie ein Panther. Seine Füße sind wie die eines Bären. Sein Maul ist wie das eines Löwen.

Vgl. W. Bousset, Der Antichrist in der Überlieferung des Judentums, des Neuen Testaments und der alten Kirche, 1895; E. Lohmeyer, RAC I, 450-457; R. Schütz, RGG I[3], 431f.; J. Ernst, Die eschatologischen Gegenspieler in den Schriften des Neuen Testaments (BU 3) 1967, 80ff.
Der Seher wird das Bild des mehrköpfigen und mehrhörnigen Ungeheuers wohl aus der jüdisch-apokalyptischen Tradition übernommen haben (vgl. Dan. 7, wo zwar die sieben Köpfe fehlen, aber eine ähnliche Symbolik vorliegt). Ob diese letztlich auf altbabylonische Mythologie zurückgeht (Tiamath, Behemoth, Leviathan), kann hier offenbleiben (vgl. auch 4. Esra 6,49; syr. Bar. 29,4; Test. Juda 21,7; Ps.Sal. 2,15).
Solche traditionsgeschichtliche Analyse schließt eine zeitgeschichtliche Auslegung freilich nicht aus, so daß es nicht zutrifft, daß den Seher „nicht Zeit und Geschichte, sondern allein die übergeschichtlichen und unterirdischen Mächte" kümmern (so allerdings E. Lohmeyer, HNT 16, 194). Auch in Dan. 7 und in den jüdischen Apokalypsen wird mit den endzeitlichen Bildern oft auf politische Ereignisse und Mächte angespielt, und auch in der Offb. gewinnt vieles nur so seinen Sinn (vgl. auch das Durchschlagen der Deutung in 13,8 und 17,3, was sich im Wechsel des Genus zeigt).

Der Sinn dieser unvorstellbaren und unheimlichen Kombination bestialischer Züge ergibt sich aus einem Vergleich mit Dan. 7. Während in Dan. 7 vier Tiere nacheinander aus dem Meer emporsteigen, werden sie hier zu einem grauen- und furchterregenden Wesen vereinigt. Das besagt offenbar: Aus der apokalyptischen Perspektive des Sehers und damit Gottes ist das Imperium Romanum die Kumulation aller Scheußlichkeit und widergöttlichen Macht früherer Weltreiche. Es ist zu einem einzigen Raubtier geworden, das alles

---

[5] Vgl. H. Schlier, Vom Antichrist. Zum 13. Kapitel der Offenbarung Johannis, in: Die Zeit der Kirche, 1956, 16-29; W. Schrage, Christen, 69ff.

verschlingt und in bestialischen Formen zutage tritt. Ohne Bild: es ist die entartete politische Macht (vgl. Schlier, a.a.O. [Anm. 5], 21).

Aus 12,18 ist zu entnehmen, daß zwischen dem Herantreten des Drachen, also des Satans (12,9), an das Meer und dem Heraufsteigen des Tieres aus dem Meer ein Zusammenhang besteht, der von vornherein zeigt, unter welchem Vorzeichen und in wessen Dienst das Tier steht.

Voraussetzung ist freilich, daß „*er* trat" in 12,18 Urtext ist, was sowohl die handschriftliche Bezeugung als auch die Absicht des Verfassers nahelegen: Er will dadurch eben andeuten, daß es der Drache ist, der das Erscheinen des Tieres veranlaßt (anders freilich die Luther- und Zürcher Bibelübersetzungen: „*ich* trat").

13,2 bestätigt nachdrücklich, daß es der Drache ist, der dem Ungeheuer „seine Kraft, seinen Thron und seine große Macht" verleiht. Da sieben Häupter und zehn Hörner aber auch den teuflischen Drachen selbst kennzeichnen (12,3), steht das Tier damit nicht nur im Dienst des Drachen, sondern ist sein irdisches Abbild und Ebenbild. Das Imperium Romanum ist damit faktisch die Verkörperung satanischer Macht auf Erden. Die gotteslästerlichen Namen auf den Häuptern aber, die wohl auf die sakrale Titulatur und Apotheose des Kaisers und damit auf seine Blasphemie hinweisen sollen, deuten erst die eigentliche Gefahr an, die von dem Tier ausgeht: Das Tier ist nicht nur die Inkarnation des Drachen, sondern zugleich eine teuflische Karikatur des Christus, also der Antichrist, der satanische Gegenspieler des Christus und damit Gottes.

Das bestätigen die folgenden Züge: 1. Das Diadem als Zeichen der Königswürde, das das Tier auf den Hörnern trägt, wird sonst nur dem Christus zugeschrieben (19,12). 2. Daß der Drache dem Tier seinen Thron gibt (13,2), ist eine Parodie der Thronbesteigung des Christus (3,21). Zu vergleichen ist auch 2,13, wonach in Pergamon der „Thron Satans" steht, doch ist nicht ganz sicher, ob damit auf den Sitz des Kaiserkultes angespielt wird (vgl. W. Foerster, ThW VII, 161 Anm. 50 und O. Schmitz, ThW III, 166f.). Besonders wichtig aber ist 3.: das Tier wird in 13,3 als „geschlachtet" und von der Todeswunde geheilt bezeichnet (vgl. V. 14). Diese dritte Kennzeichnung des Tieres als eines geschlachteten und ins Leben zurückgekehrten ist nun aber nichts anderes als die Nachäffung und Usurpation göttlicher Attribute. „Geschlachtet" ist 5,6.12 Prädikat des Christus, und auch „er ist wieder lebendig geworden" wird 2,8 für Christus gebraucht (vgl. auch 20,4). Ferner ist 4. auch der Vollzug der Proskynese vor dem Tier (13,4) ein satanisches Gegenbild zur rechten Proskynese vor dem Lamm bzw. vor Gott. Abgerundet wird das Bild 5. durch die vermessene Frage der verblendeten Menschen, die Gottes Unvergleichlichkeit auf das Tier übertragen: „Wer ist gleich dem Tier?" (13,4; vgl. 2. Mose 15,11).

Das alles besagt: Dieser Staat fordert das, was allein Gott und Christus zukommt. Als solcher aber ist er des Teufels. Satanisch ist er nicht, weil er zu wenig, sondern weil er ein totaler Staat ist. Er ist nicht zu wenig mächtig, sondern er hat zuviel Macht, nämlich „über alle Geschlechter, Völker, Sprachen und Nationen" (13,7). Seine Dämonie liegt in seiner Totalität und Deifizierung. Kein Wunder, daß solch diabolischer Staat sich zugleich antichristlich gebärdet und darauf zielt, „Krieg zu führen mit den Heiligen und sie zu besiegen" (13,7).

Für den Seher ist es wohl nur konsequent, daß „die ganze Erde" in seinen Bann geschlagen wird (13,3) und ihm huldigt (13,8).

4. Ab 13,11 wird dann von einem zweiten Tier berichtet, das anders als das erste nicht aus dem Meer, sondern aus dem Land aufsteigt. Der Sinn dieser Verdoppelung der gottfeindlichen Macht wird von 16,13f.; 19,20 und 20,10 her deutlich, wo dieses Landungeheuer als „Pseudoprophet" gedeutet wird, das im Dienst des ersten Tieres steht (13,12: „es macht, daß die Erde und die darauf wohnen das erste Tier anbeten"). Es steht also im Zusammenhang mit dem Imperium, dessen göttliche Verehrung es propagiert, wobei wohl an die Provinzialpriesterschaft des Kaiserkultes zu denken ist.

Dieses zweite Tier hat zwar „zwei Hörner gleich dem Lamme" (vgl. wieder die gefährliche Ähnlichkeit mit dem Christus), redet aber „wie ein Drache" (13,11), entlarvt sich also durch sein Wort als in Wahrheit satanisch inspiriert. Außerdem tut es (vgl. die gefährliche Ambivalenz der Wunder) „große Zeichen, so daß es sogar Feuer vom Himmel auf die Erde fallen läßt" (13,13). Durch Reden und Wunder, durch seine imponierende Propaganda und Faszination, verführt das zweite Tier die Menschen zur Anbetung des ersten Tieres (13,14) und zur Errichtung eines Kultbildes (vgl. schon Dan. 3,5ff.). Es sorgt also, so könnte man sagen, für Staatsideologie und -metaphysik, für Staatskult und -symbolik (vgl. O. Cullmann, Staat, 55f.). Das zweite Tier sorgt aber zugleich für die Staatsräson, und zwar so, daß es die, die sich der Kennzeichnung durch ein Zeichen (13,16f.) oder der Staatsreligion verweigern, wirtschaftlich boykottiert (13,17) oder hinrichtet (13,15).

Eine in Zusammenhang mit dem Kaiserkult stehende Signierung ist aber nicht bekannt. Wahrscheinlich genügte es dem Seher, als Gegenbild zur christlichen Versiegelung (Kap. 7) eine Beziehung zum Kaiserkult auszudrücken. Nach 13,18 ist „das Zeichen" des Tieres (V. 16) bzw. „der Name des Tieres oder die Zahl seines Namens" (V. 17) 666. Diese rätselhafte Zahlenangabe mit Hilfe der Gematrie zu entschlüsseln, wird kaum jemals zu einem allgemein anerkannten Ergebnis führen. Am wahrscheinlichsten scheint bei Zugrundelegung des hebräischen Alphabets eine Anspielung auf den Nero redivivus *(Neron qesar)* vorzuliegen. Wer die ebenfalls bezeugte Variante 616 für ursprünglich hält, kommt bei Zugrundelegung des griechischen Alphabets auf „kaisar theos" (der Kaiser ist Gott).

5. Was nun die Haltung der Gemeinde betrifft, so versteht es sich von selbst, daß die Christen die Anbetung des Kaiserbildes ablehnen und ihre Haltung zum Staat hier anstelle von Gehorsam nur Ungehorsam sein kann. Das aber ist, wie schon die Hinweise auf wirtschaftlichen Boykott und Hinrichtung andeuten, ein öffentlicher Tatbestand und Anklagepunkt, keine bloß private, ins religiöse Belieben des einzelnen gestellte Entscheidung. Das *crimen laesae Romanae religionis* impliziert vor allem im Osten des Reiches das *crimen laesae maiestatis*[6]. Verweigerung des Kaiserkultes ist bei der hier vorliegenden Verquickung von Religion und Politik eo ipso ein Politikum und Resistenz gegenüber Kaiser

---

[6] Vgl. Th. Mommsen, Der Religionsfrevel nach römischem Recht, in: Ges.Schriften 3, 1907, 389–422; W. Nestle, Atheismus, RAC I, 869f. (Lit.).

und Staat, also „Atheismus" und Anarchie zugleich. Das aber bedeutet Verfolgung bis hin zum Martyrium, mindestens aber Vermögenskonfiskation und Verbannung.

Freilich ruft der Seher auch in dieser Situation nicht zu Revolte und Rebellion oder zum heiligen Krieg auf, sondern zum gewaltlosen, passiven Widerstand: „Hier ist Standhaftigkeit und Glaubenstreue vonnöten" (13,10).

A. Y. Collins, 248 will im Anschluß an andere allerdings Splitter der Tradition des heiligen Krieges in 14,4 und 17,14 finden. Es wird aber gerade nicht „allen Gerechten ein Schwert gegeben, um Gottes Gericht an allen Gottlosen zu vollstrecken" (äth. Hen. 91,12), oder zur Beteiligung am „Gemetzel" (1QM 1,10ff.) aufgerufen. Allein das Schwert aus dem Munde des Wortes kann die Feinde erschlagen (19,15.21; vgl. P. Lampe, 102).

Die Ohnmacht der Christen läßt nichts anderes zu als bloße Passivität. Nach der Meinung des Sehers soll man nicht einmal versuchen, die dämonisch-despotische Herrschaft abzuschütteln. Es ist aussichtslos, sich dagegen aufzulehnen oder entweichen zu wollen. Das Tier geht nicht nur mit kriegerischer Härte gegen die Heiligen vor, sondern aufgrund des universalen Ausmaßes seiner Herrschaftssphäre kann sich auch niemand seinem Zugriff entziehen (vgl. 13,7). Darum mahnt der Seher in V. 10: „Wenn einer in Gefangenschaft (zu ergänzen: geführt werden soll), so kommt er in Gefangenschaft. Wenn einer durch das Schwert getötet werden soll, so muß er durch das Schwert getötet werden."

Die Kommentare verstehen und ergänzen die textgeschichtlich nicht einheitlich überlieferte Stelle allerdings verschieden. Die Luther- und Zürcher Bibel sowie einige Kommentare beachten weder den Paralleleinfluß von Mt. 26,52 genug noch die in der damaligen Situation sachliche Unmöglichkeit derjenigen Lesart, die von einem Schwertergreifen der Christen ausgeht. Es fehlt jede Drohung an die Verfolger. Allerdings fehlt auch jede Umsetzung in konkrete Aktion und Praxis, was um so auffälliger ist, als rein passive Welthaltung auch in der Verfolgung neutestamentlich nicht unausweichlich ist (vgl. 1. Petr.). Nach P. Lampe (123) soll das Desaster des jüdischen Krieges die Wahl des „pazifistischen Handlungstyps" beeinflußt haben.

Der Sinn von V. 10 ist also: Auch wenn das Geschick der Verfolgten Gefangenschaft, Martyrium und Tod ist, sollen sie es als Prüfung annehmen, sich nicht einschüchtern lassen und dem nach Gottes Plan auf sie Zukommenden getrost und willig entgegengehen. Die Gemeinde kann wissen, daß das satanische Wüten des Drachen und der Tiere von Gott begrenzt ist, nach 13,5 auf 42 Monate. Das ist das aus Dn. 7 bekannte apokalyptische Zeitmaß (vgl. auch Offb. 12,14 und 12,6), das zum Ausdruck bringt, daß allem seine Zeit von Gott genau bemessen ist. Zwar ist es der Teufel, der die Christen nach Anschauung des Sehers in die Gefängnisse wirft (2,10), aber auch das ist von Gott zugelassen (vgl. das Gottes Tun umschreibende Passiv in 13,7), ja Gott verfolgt auch in diesen Machenschaften des Teufels letztlich seinen eigenen Plan, seine Herrschaft endgültig zu errichten. Der Fall Babels, das heißt der von Gott herbeige-

## C. Der Konflikt mit dem Staat

führte Zusammenbruch des widergöttlichen Imperiums, wird durch den Sieg Christi in Kürze erfolgen (vgl. Kap. 17-18).

Das Wissen der Christen um die „Eintragung ins Buch des Lebens" und damit um das himmlische Bürgerrecht und die Verheißung ewigen Lebens (13,8; 3,5 u. ö.) vermögen die Kraft dazu zu verleihen, der unerbittlichen Macht des Imperiums zu widerstehen. Wenn Imperium und Imperator sich als göttlich verstehen, sich mit göttlichem Nimbus und religiöser Weihe umgeben und so zu einer universalen diabolischen Macht pervertieren, dann ist die einzige christliche Möglichkeit der Widerstand, und zwar bis aufs Blut. Teilnahme am Kaiserkult ist keine Lappalie, sondern sie bringt ewiges Verderben. Die aber um des Bekenntnisses und d. h. um der Verweigerung des Kaiserkultes willen in Martyrium und Tod hinein müssen, werden von der Himmelsstimme selbst getröstet: „Selig sind die Toten, die in dem Herrn sterben von nun an" (14,13). Schon das Sendschreiben an Smyrna mahnt, bis in den Tod hinein Treue zu bewahren (2,10). Die Gemeinde soll zwar um das Kommende wissen und sich darauf einstellen, sich aber nicht fürchten (2,10a). Folgt sie doch – wie es 14,4 heißt – dem Lamme nach, wohin es auch geht. Der Weg durch Anfechtung und Leid führt zur Teilnahme am neuen Äon, wo Gott selbst „alle Tränen von ihren Augen abwischen und der Tod nicht mehr sein und kein Leid noch Geschrei noch Schmerz mehr sein wird" (21,4).

## X. Zur Frage nach der Einheit und Mitte neutestamentlicher Ethik*

1. Nach der Darstellung der verschiedenen ethischen Konzepte drängt sich angesichts ihrer spannungsreichen Pluralität die Frage nach einer Mitte und einem Sachkriterium auf. Dabei kann es weder um Bevormundung noch Reduktion gehen, d. h. weder sollen Weite und Offenheit des Neuen Testaments auf eine Formel zusammenschrumpfen, noch sollen um einer Synthese oder eines Minimalkonsensus willen alle Ecken und Kanten abgeschliffen werden. Das neutestamentliche Zeugnis wird nicht ungestraft seiner Polyphonie beraubt, aber auch nicht seines bei allen Dissonanzen hörbar bleibenden cantus firmus. Soll nicht die kontextuell bedingte Flexibilität neutestamentlicher Ethik allein noch als kanonisch gelten oder ein simpler Eklektizismus zur Methode werden, soll nicht ein Sammelsurium von kasuistischen Einzelweisungen herauskommen oder irgendeine beliebige Stimme bei Divergenzen das letzte Wort behalten, sind Bemühungen um das, was der neutestamentlichen Ethik gemeinsam ist und sie zusammenhält, unabweisbar, apologetische Rettungsversuche und Harmonisierungskünste aber überflüssig. Erscheinungen wie Gesetzlichkeit oder Spiritualismus, Androzentrismus oder Konformismus, die die Bandbreite möglicher ethischer Nuancen und Differenzen offensichtlich überschreiten, sind dann an dieser Mitte sachkritisch zu messen.

Wenn also z. B. nach der Mitte des Neuen Testaments Jesus Christus, in dem Gott welt- und lebensverändernd seine Gerechtigkeit und Liebe manifestiert, seine Nachfolger bedingungslos in die Aufrichtung seiner Herrschaft einbezieht und zugleich befreiend in Dienst stellt, dann ist aller Nomismus, der der eigenen Gerechtigkeit dient, ebenso zu kritisieren wie alle Vergeistigung und Entweltlichung christlichen Lebens, die die Macht göttlicher Gerechtigkeit und Liebe nicht bis in die konkrete Alltäglichkeit und Leiblichkeit hinein zum Zuge kommen läßt. Aber auch alle Versuche, die Macht der göttlichen Gerechtigkeit und Liebe an der Grenze vorgegebener Strukturen und Konventionen enden und z. B. patriarchalische Leitbilder weiterhin unkritisch gelten zu lassen oder sich an den Status quo anzupassen, werden dann der Gerechtigkeit und Liebe, die die Gemeinde in allen Lebensbereichen frei und gehorsam machen, nicht gerecht.

2. Auffallend ist freilich, daß sich trotz aller Akzentverlagerungen, Verschiebungen und Fehlentwicklungen die Ränder und Grenzen auf dem Felde neutestamentlicher Ethik weniger stark aufdrängen als sonst, der neutestamentliche Konsens also breiter als üblich zu sein scheint. Vergleicht man damit z. B. die große Variabilität und Disparatheit in der Soteriologie, so fällt das nur um so stärker auf. Selbst da, wo sonst erhebliche Differenzen zwischen verschiedenen

---

* Verkürzte Fassung meines Beitrags in der FS E. Schweizer, 1983, 238–253; vgl. auch J. Blank, Unity and Plurality in New Testament Ethics, Concilium 150, 1981, 65–71.

Schriften bestehen, haben sich diese Differenzen auf der ethischen Ebene viel weniger drastisch wiederholt (vgl. Kol. und Eph.). Zwar ist von anderen Divergenzen wegen des Rückbezugs der Ethik auf Christologie, Pneumatologie, Eschatologie u. a. auch die Ethik mitbetroffen, doch bleibt diese dabei fast immer einheitlicher, ihre gemeinsame Grundrichtung deutlicher, und die Schärfe der Gegensätze wie z. B. in der Rechtfertigung (Paulus/Jakobus) oder Eschatologie (Paulus/Johannes) fehlt.

2.1. Der Grund für diese relative Konvergenz im Bereich neutestamentlicher Ethik ist nicht einfach der, daß sich das Ethische für alle von selbst versteht und seine Christen und Nichtchristen verbindende Evidenz und Plausibilität von der theologischen Basis gar nicht berührt wird. Dem widerspricht schon die Verschränkung von Theologie und Ethik, aber auch der Umfang der neutestamentlichen Paränese, die bei solcher Annahme eigentlich überflüssig wäre. Auch die selektive Übernahme antiker Ethik und der oft stark traditionelle Charakter neutestamentlicher Ethik ist nicht allein für ihre relative Einheit verantwortlich zu machen, denn trotz aller partiellen Kongruenz mit der Ethik der Antike geht der neutestamentliche Konsens oft genug darüber hinaus[1]. Eher kann man auf die teilweise Formung und Fixierung verweisen, doch beschränkt sich die meist auf usuelle Paränese und elementare Grundgebote. Immerhin wird eine frühe katechetische Tradition dazu beigetragen haben, daß es bei aller Aktualität und Flexibilität urchristlicher Ethik eine Konstanz bestimmter Grundgebote gibt, die sich im Wechsel der Zeiten und Situationen durchgehalten hat (vgl. etwa die Bedeutung des Dekalogs Mk. 10,19 par; Röm. 13,9; Jk. 2,11 u. ä.[2]). Das Erbe des Judentums dürfte ein übriges getan haben. Nicht zufällig wird auch im Urchristentum Orthopraxie mindestens so groß geschrieben wie Orthodoxie, und wenn auch „dogmatische" und „ethische Häresien" oft Hand in Hand gehen, werden die ersten Fälle, wo Grenzüberschreitungen des in der Kirche noch möglichen Verhaltens zurückgewiesen werden, durch „ethische Häresien" veranlaßt (vgl. 1. Kor. 5,1 ff.; 2. Thess. 3,6 ff.).

2.2. Damit soll urchristliche Praxis nicht als Kompensation fehlender Einheit in der Lehre hingestellt werden. Die Beschränkung urchristlicher Lehre auf „instruction in morals"[3] wird man zwar kaum teilen können, doch richtig ist, daß Lehre und Ethik nicht zu trennen sind. Ein Rückgang hinter die Texte zum gelebten Ethos in der Hoffnung, daß die Urkirche in ihrer Praxis näher beieinander gewesen sei als in der sogenannten Theorie, wäre wahrscheinlich eine Illusion. Gleichwohl dürfte die bekannte ökumenische These, daß Lehre trennt, Dienst aber eint, durchaus ein gewisses neutestamentliches Recht für sich haben, wobei in diese größere Einheit allerdings über das gelebte Ethos hinaus

---

[1] Neutestamentliche Ethik ist nicht als „ein mehr oder weniger zufälliges Konglomerat verschiedener Umweltmotive" anzusprechen; J. Becker, Das Problem der Schriftgemäßheit der Ethik, 246; vgl. W. Schrage, Barmen II, 143 ff.

[2] Vgl. R. F. Collins, The Ten Commandments and the Christian Response, LouvSt 3, 1971, 308-322.

[3] So C. H. Dodd, Gospel and Law, 1951, 9 ff. (= Das Gesetz der Freiheit, 1960, 14); vgl. auch K. H. Rengstorf, ThWNT II, 148.

auch die Ethik selbst einzuschließen ist. Eine gewisse Relativierung der Lehrfrage ist damit aber durchaus mitgegeben, und die urchristliche Ethik ist insofern eine heilsame Erinnerung daran, daß es um gelebtes, weltwirksames Glauben und Bekennen geht, nicht um abstrakte Theorien, Formeln und Lehrsätze. Jedenfalls gehört von Jesus bis zur Johannes-Offenbarung zum Christsein das Werk des Menschen unverzichtbar hinzu[4].

3. Daß das Tun nicht vom Glauben zu trennen ist und eine passiv-quietistische Haltung nicht dem Christsein entspricht, ist denn auch trotz einzelner Tendenzen zu einer weltlosen Introvertiertheit weder in der Früh- noch Spätphase des Neuen Testamentes je ernsthaft bestritten worden. Je auf ihre besondere Weise haben alle Schriften zur Bewährung des Christseins auf den individual- und sozialethischen Handlungsfeldern ermutigt.

Mag in einer Zeit der Verfolgung wie in der Offb. auch ein gewisser Quietismus bemerkbar werden, so warnen doch schon die Sendschreiben davor, Agape und Werke zu spiritualisieren. Selbst die Ethik der neutestamentlichen Spätschriften hat erkennen lassen, daß der Zeitablauf nicht sozusagen zwangsläufig zum sogenannten Frühkatholizismus geführt hat, erst recht nicht gleichzeitig auf allen Ebenen. Sosehr man z.B. das Amtsdenken des Lukas kritisieren kann, sowenig wäre es gerechtfertigt, trotz bestimmter Zusammenhänge auch die lukanische Ethik sofort in diese Kritik mit einzubeziehen und als frühkatholisch abzutun[5]. Andererseits aber sind Mahnungen, die der Sachkritik zu unterwerfen sind, auch bei solchen Autoren zu finden, die üblicherweise mit Recht ins Zentrum des Neuen Testaments gerückt werden, so wenn Paulus in 1. Kor. 11,2ff. erheblich unter seinem sonstigen Argumentations- und Orientierungstableau bleibt.

4. Als eine breit zu erkennende Grundbestimmtheit neutestamentlicher Ethik ist ihre theologische bzw. christologische Verwurzelung hervorgetreten. Ethik steht nicht auf sich selbst, sondern ist fest verankert, ist Entsprechung, ja Implikat des Heilshandelns Gottes in Jesus Christus, wobei je nachdem stärker die Heilserfahrung oder die Heilserwartung im Vordergrund steht und die Neuheit des ethischen Subjektes bedingt. Bei Jesus, Paulus und Johannes sind Heilsindikativ und Heiligungsimperativ fest aufeinander bezogen, und der Anspruch erweist sich als konstitutives Moment des Zuspruchs. Von dieser Verhältnisbestimmung her, die den Imperativ nicht einfach als Resultat und Konsequenz aus dem Indikativ ableitet, sondern in ihn integriert findet, ist auch in den späteren Lösungen des Problems kein bloßer Abfall oder Synergismus zu erkennen, auch wenn die Verklammerung von Indikativ und Imperativ lockerer wird und der Imperativ z. T. weniger mit dem Heilsindikativ begründet wird als mit Gesetz, Tradition und Amt.

---

[4] Vgl. R. Heiligenthal, Werke als Zeichen. Untersuchungen zur Bedeutung der menschlichen Taten im Frühjudentum, NT und Frühchristentum, WUNT 9, 1983.

[5] Vgl. zu diesem Problem U. Luz, Erwägungen zur Entstehung des „Frühkatholizismus", ZNW 65, 1974, 88–111. S. Schulz geht freilich weit darüber hinaus und versteht als Zeichen des Frühkatholizismus z.B. auch die Vorbildethik bei Lk, 1. Joh., Hebr. u.a., sieht aber vor allem stets und überall die Vorordnung des Indikativs bedroht, z.B. wo die Ethik bzw. das Halten der Gebote mit Lohn- oder Gerichtsgedanken verbunden wird, Die Mitte der Schrift. Der Frühkatholizismus im NT als Herausforderung an den Protestantismus, 1976; vgl. auch ders., Ethik, passim.

Meist aber ist nur eine bestimmte Akzentverlagerung zu konstatieren, wie beispielhaft an Matthäus und Jakobus deutlich wurde. Daß für Matthäus die Verwirklichung der „besseren Gerechtigkeit" in der Nachfolge Jesu im Zentrum steht, heißt nicht, daß Leistungsmoral und Gesetzlichkeit seine Devise seien. Selbst der Jakobusbrief ist eben doch mehr als ein Kompendium trockener Moral, mag die sporadische Begründung und Motivierung seiner Mahnungen auch recht defizitär bleiben. Auch andere Spätschriften lassen zwar Verschiebungen in der Gewichtung und vor allem in der Explikation der Basis neutestamentlicher Ethik hervortreten, und hinter die theologische Plausibilität mancher Begründung lassen sich durchaus Fragezeichen setzen (selbst im 1. Petrusbrief war sie oft recht formelhaft), aber daß Entscheidendes auf das soteriologische Fundament und den heilsindikativischen Impuls ankommt, das wird so gut wie überall festgehalten, wenn auch in verschiedener Intensität.

4.1. Gerade die Eschatologie mit ihrer präsentischen wie futurischen Dimension verleiht der urchristlichen Ethik immer wieder ihr Stimulanz und ihre Dynamik. Es steht also nicht so, daß sich eine urchristliche Ethik erst unabhängig von der Reichs- bzw. Parusieerwartung oder nach Abklingen der eschatologischen Naherwartung in der Spätphase der neutestamentlichen Zeit ausgebildet hätte. Fast überall läßt sich beobachten, daß Hoffnung nicht pietistisch-weltflüchtig zur Lähmung des Handelns führt oder zur bloßen Grenzbestimmung dient, sondern ein wirksamer Antrieb zur Ethik ist, freilich zugleich vor verabsolutierten Zielvorstellungen im Vorletzten und Vorläufigen warnt. Erstaunlich ist vor allem, daß das auch in vielen Spätschriften nicht anders ist (vgl. 1. Petr. 4,7ff.; Jak. 5,7ff; Mt. 24-25; Offb. 2-3), was zugleich beweist, daß das in anderen Schriften der Spätzeit zu erkennende Nachlassen der Erwartung nicht einfach der weiterlaufenden Zeit zuzurechnen ist.

Selbst Lukas hat trotz der Parusieverzögerung an der Parusieerwartung festgehalten, und seine Ethik ist trotz ihrer politischen Apologetik nicht einfach als eschatologievergessene Etablierung im status quo zu charakterisieren (vgl. die Stellungnahme zu Besitz und Besitzverzicht). Anders steht die Sache aber z.B. in den Pastoralbriefen, wo die Zukunftserwartung sowohl ihre kritische als auch ihre mobilisierende Funktion eingebüßt hat. Auch im 2. Petrusbrief ist die Eschatologie faktisch an den Rand abgeschoben und die Gegenwart entsprechend der Tradition und Moral ausgeliefert worden.

5. Neben den Motiven und Gründen werden überall auch Kriterien und konkrete Inhalte christlicher Lebensführung zur Sprache gebracht. Es hat sich bestätigt, daß das Neue Testament nicht bloß auf eine Veränderung der Grundhaltung oder gar einen bloßen Gesinnungswandel dringt, sondern auch auf eine konkrete Lebensgestaltung. Statt einer alle inhaltlichen Profile abschleifenden Formal- und Situationsethik, die die notwendigen Konkretionen der Entscheidung allein dem einzelnen ins Gewissen schiebt und dabei nur allzu leicht einer materialethischen Beliebigkeit oder einem arbiträren Dezisionismus zu verfallen droht, ist eine Interdependenz zwischen Motivation und Inhalt zu erkennen.

5.1. Wenngleich das Proprium neutestamentlicher Ethik materialethisch nur schwer auf den Begriff zu bringen ist, ließen sich auch inhaltlich durchaus „certain perspectives, patterns und priorities" ausmachen (J. L. Holden, 119). Die Gefahr von Einzelregeln, die im Laufe der Zeit gesetzlich zu erstarren pflegen und dann anders akzentuierender Konkretisierung und Vermittlung im Wege stehen, ist nicht zu übersehen, doch das Neue Testament hat Freiheit, Spontaneität und Kreativität offenbar nicht als Widerspruch zu verbindlichen und konkreten Einzelweisungen empfunden und weder auf Stereotypie noch auf Impulsivität, weder auf Abstraktheit noch auf Kasuistik gesetzt, aber eben auch nicht auf das viel zitierte *ama et fac quod vis*[6]. Das ist allenfalls bei Johannes zu finden.

Es ist in der Tat so, daß man zwar nicht bei Jesus oder Paulus, wohl aber bei Johannes die Verpflichtung der Gemeinde mit einem Wort benennen kann: Bruderliebe. Nun ist es wahrhaftig nicht gering zu schätzen, wenn der Christ wenigstens der „Hüter seines Bruders" ist. Gleichwohl liegt hier unverkennbar eine Formalisierung und Verengung vor, auch darum, weil vom Gebot der Feindesliebe keine Rede mehr ist. Noch problematischer ist der mit dem johanneischen Dualismus zusammenhängende Verzicht auf alles Konkrete und Weltliche sowie die Abblendung aller Sozialbezüge, so daß überhaupt keine Mahnungen in Bezug auf die profanen Strukturen und sozialen Ordnungen mehr auszumachen sind. Subjekt und Ort der neutestamentlichen Ethik ist zwar auch sonst primär die Gemeinde[7], aber die Ethik dieser Gemeinde endet normalerweise nicht an ihren Grenzen.

Hier meldet sich zugleich die Gefahr einer ghettohaften Abkehr von der Welt, die trotz des Bekenntnisses zur Schöpfung den Satz, daß die Erde und ihre Fülle des Herrn ist (1. Kor. 10,16), nicht mehr im alltäglichen Leben durchzuhalten wagt. Nicht als ob sich diese Kirche nur noch mit sich selbst beschäftigte, aber wo die kritische Mitte zwischen Weltsucht und Weltflucht nicht eingehalten wird, kann gerade ein Satz wie Joh. 18,36 („mein Reich ist nicht von dieser Welt") das Reich Gottes in eine unsichtbar-jenseitige Größe verwandeln. Dann wird die Welt aus Angst vor Verweltlichung der Entweltlichung anheimgegeben, und die Christen werden einer abstrakt-weltfernen Ethik überlassen. Ein metaphysischer Dualismus, der alles auf Rettung der Seele und Weltfremdheit abstellt, ist auch im 2. Petrusbrief unverkennbar.

Die größere Gefahr droht freilich schon im Neuen Testament von der anderen Seite her, nämlich der Anpassung an die jeweils herrschende Gesellschaftsmoral. Gewiß läßt das Neue Testament kaum programmatisch einen grundsätzlichen Nonkonformismus erkennen, sehr wohl aber eine kritische Welteinstellung und -bewertung. Gerade darum sind unkritische Anpassungen an den Zeitgeist oder an etablierte Konventionen der Sachkritik zu unterwerfen (vgl. etwa das Gebot des Schweigens für die Frau im Gottesdienst). Solche Sachkritik ist auch dann fällig, wenn schöpfungs- und ordnungsethische Elemente, die sonst im Neuen Testament in dialektischer Spannung zum eschatologischen Vorbehalt

---

[6] Zu den Gefahren des *ama et fac quod vis* schon bei Augustin („a Christian may in love persecute his fellow Christian") vgl. E. Osborn, Ethical Patterns, 216 und 179ff.

[7] Vgl. H.-D. Wendland, Ethik, 123; G. Strecker, ZThK 1978, bes. 131 ff. Zur nötigen Kritik an der Differenzierung zwischen Kirche und einzelnem bei W. Schmithals vgl. G. Klein, Christusglaube und Weltverantwortung als Interpretationsproblem neutestamentlicher Theologie, VF 18, 1973, 45–76, bes. 70f.

stehen, überstark hervortreten (vgl. die mit dem Nachfolgeruf Jesu kaum zu vereinbarende Familienethik in den Past.).

Auch Jesus war vom Schöpfungsglauben bestimmt und alles andere als ein weltflüchtiger Asket, aber die sapientialen und ordnungsethischen Traditionen blieben bei ihm immer der Botschaft von der an- und einbrechenden Gottesherrschaft untergeordnet, und auch bei Paulus stehen Texte wie Röm. 13 mit ihrer Betonung von Ordnungsmotiven in der Klammer von Röm. 12,1-2 und 13,11-14. Entsprechendes gilt selbst für neutestamentliche Spätschriften wie den 1. Petrusbrief, der seine Haustafel an die Gäste und Fremde dieser Welt adressiert (1. Petr. 2,11ff.) und alle Ordnung nur als geschöpflich begrenzte verstehen kann (2,13), oder für die Haustafeln des Kolosser- und Epheserbriefes, die in den Mahnungen an die Unterprivilegierten zwar auch patriarchalische Leitbilder einer recht statisch verstandenen Schöpfungsordnung übernommen haben, aber intentional doch die Herrschaft Jesu Christi in den Strukturen und Institutionen der Welt manifest werden lassen, ja durch die Liebe durchdringen und unterwandern wollen.

Aufs ganze gesehen ist es berechtigt, bezüglich des kritisch-distanzierten Verhältnisses zur Welt „eine wesentliche Einheit" innerhalb des Neuen Testamentes festzustellen (H.-D. Wendland, Ethik, 123), zumal trotz der genannten Anpassungserscheinungen selbst in den Pastoralbriefen nicht einfach eine Weltverfallenheit zu konstatieren ist, wie die Mahnungen zur moralischen Weltdistanz zeigen.

5.4. Einen vergleichsweise einheitlichen Richtungssinn lassen im Regelfall auch die konkreten Einzelweisungen erkennen. Gewiß zeichnet sich nirgends das Ideal einer Uniformität christlichen Handelns ab, sondern eher eine aus der Kreativität der Agape erwachsende und durch die Pluriformität des jeweiligen religiösen, soziokulturellen und politischen Kontextes mitbedingte Pluralität konkreter Handlungsvollzüge[8]. Andererseits aber erweist sich schon diese Pluralität als eine begrenzte[9]: Rechtsschlichtung und Rechtsverzicht (1. Kor. 6), Ehelosigkeit und Ehe (1. Kor. 7) z. B. sind zwar beides christliche Möglichkeiten, doch schon hier gibt Paulus durchaus zu erkennen, was die eigentlich christliche Position wäre. Erst recht wird nicht alles und jedes legitimiert oder gar zu bloßen Ermessensentscheidungen herabgestuft. Umso erstaunlicher ist die relativ breite Übereinstimmung in der Grundintention.

Selbst auf den ersten Blick widerspruchsvolle Mahnungen können durchaus eine gemeinsame Grundhaltung bekunden. So wird man z. B. den „Widerspruch" zwischen Röm. 13 und Offb. 13 nicht als unüberwindbar gelten lassen können, auch wenn das von den Christen jeweils geforderte Verhalten zu den staatlichen Autoritäten aufgrund der veränderten politischen Verhältnisse gegensätzlich auszufallen scheint. Daß in einer Zeit anbrechender Christenverfolgung und geforderter Teilnahme am Kaiserkult dem römischen Imperium der Gehorsam verweigert wird, ist vom Christusbekenntnis her gerade-

---

[8] Vgl. E. Schweizer, Ethischer Pluralismus im Neuen Testament, EvTh 35, 1975, 397-401.
[9] Vgl. W. Schrage, Korreferat zu „Ethischer Pluralismus im Neuen Testament", EvTh 35, 1975, 402-407; ders., Zum Komparativ in der urchristlichen Ethik, EvTh 48, 1988, 330-345.

zu selbstverständlich. Gleichwohl verfällt auch in Offb. 13 nur der pervertierte und deifizierte Staat der Kritik, d. h. es gibt bei aller Verschiedenheit durchaus einen gemeinsamen Nenner (vgl. W. Schrage, Staat, 78).

5.5. Es gibt jedoch ebenso unüberbrückbare Spannungen und auch Entwicklungen, die mit den Anfängen nicht mehr zu vereinbaren sind. Dabei ist die Beurteilung im Einzelfall nicht leicht. Eine Ausweitung des ursprünglich allein an den Mann adressierten Scheidungsverbots auf die Frau (vgl. Mk. 10,11 f.) ist gewiß ebenso unproblematisch wie die auf Mischehen (1. Kor. 7,10f.). Ob aber die Einführung der sogenannten Unzuchtsklausel in Mt. 5,39 und 19,9 als eine seelsorgerliche Anpassung oder eine die ursprüngliche Radikalität verratende Abschwächung zu beurteilen ist, muß offengelassen werden. Neuinterpretationen sind unumgänglich, aber auf die Frage, wie weit sie gehen dürfen und wie weit sich die Interpretation vom Interpretierten entfernen darf, wenn sie noch Interpretation heißen soll, gibt es keine ein für allemal gültige Antwort.

6. Quintessenz und Regulativ ist durchgängig die Liebe. Sowohl die Grundübereinstimmung in den Einzelweisungen als auch die Interpretationsrichtung bei Aktualisierungen hängen trotz fehlender Systematik vor allem mit der immer wieder erkennbaren Vorrangigkeit des Liebesgebotes zusammen. Dieses wird denn auch, anders als auf anderen theologischen Gebieten, ausdrücklich als Summe und Kriterium der anderen Gebote benannt und steuert z. T. ausdrücklich deren Interpretation (vgl. z.B. die Einführung des Liebesgebotes in den Kontext des Dekalogs Mt. 19,19; Röm. 13,9; Jak. 2,8).

Zumindest in den Hauptschriften des Neuen Testaments läßt sich denn auch eine weitgehende inhaltliche Einheit darin erheben, daß sie das Liebesgebot als oberstes Gebot christlicher Ethik ansehen[10]. Das heißt nicht, daß alle Einzelgebote nur verschiedene Ausformungen des Liebesgebotes seien, denn sonst wäre seine Charakterisierung als erstes und größtes (Mk. 12,28.31) sinnlos. Es heißt aber, daß sich alles an der Liebe messen lassen muß, weil sie Zentrum, Einheitsband und Leitfaden aller Einzelgebote ist (Gal. 5,14; Röm. 13,8–10) und alles dem kritisch prüfenden Urteil und der produktiv gestaltenden Kraft der Liebe anheimgegeben wird. Erst recht für Johannes ist die wenn auch in ihrer Reichweite eingeschränkte Liebe das eine Grundgebot, das die Christen verpflichtet (Joh. 13,14; 15,12 u.ö.), und auch im 1. Petrusbrief ist Bruderliebe das „vor allem" entscheidende Gebot (4,8).

6.1. Gewiß sind auch hier Defizite zu konstatieren (etwa in den Pastoralbriefen oder im Judasbrief, wo die Liebe überhaupt nicht mehr auftaucht). Doch fallen diese Fehlanzeigen im Blick auf das Ganze nicht sonderlich ins Gewicht. Wenn es der antiken Ethik an der „Würdigung der vorbehaltlosen Hingabe u. Selbstentäußerung zugunsten des Nächsten" bzw. an der „hingebenden Liebe, die nicht nach der eigenen *prokopē* (Fortschritt) fragt, sondern allein durch das Verlangen des Nächsten provoziert wird", fehlt[11], wird diese durchgängige Orientierung innerhalb des Neuen Testaments um so weniger selbstverständlich.

---
[10] Vgl. die Literatur zum Liebesgebot S. 73. 204. 301 u.ö.
[11] So A. Dihle, Artikel „Ethik", RAC 6, 646–796, Zitat 686.

6.2. Der Grund für diese ausschlaggebende Bedeutung der Liebe, die sie zugleich inhaltlich näher definiert und von aller nebulösen Unbestimmtheit und Verschwommenheit abhebt, liegt vor allem in der dadurch gewährten und intendierten Entsprechung zum Heilshandeln Gottes, sei es – wie bei Jesus – zur grenzenlosen Güte Gottes (vgl. Lk. 6,37; Mt. 18,23 ff.), sei es – wie nach Ostern – zur eschatologischen Liebestat Gottes in Jesus Christus (Röm. 15,2.7 u. ö.). Ist diese Liebe Gottes in Jesus Christus Person geworden, dann ist die zur Liebe befreiende und in Anspruch nehmende Person Jesu Christi die Mitte neutestamentlicher Ethik. Das gilt – von einzelnen Ausnahmen abgesehen – auch für ihre inhaltliche Ausrichtung. Vom Nachfolgegedanken bei Jesus und den Synoptikern über das johanneische „gleichwie" beim Liebesgebot (Joh. 13,34; 15,12 ff. u. ö.) oder in der Lebensführung (1. Joh. 2,6; 3,16) bis hin zum Vorbildcharakter im Leiden (1. Petr. 2,18 ff.; 3,14 ff.), zur paulinischen Mimesis (Röm. 15,3; 1. Kor. 11,1) und Partizipation am Gekreuzigten und Auferstandenen (Röm. 6,4 f.) sowie zur deuteropaulinischen Tendenz auf Konformität (Kol. 3,13; Eph. 5,2.25) ist die Entsprechung zu Jesus Christus die entscheidende Orientierung neutestamentlicher Ethik. Davon geht freilich nur dann inspirierende und orientierende Kraft aus, wenn dieser Jesus Christus als lebendiger Herr im Geist präsent ist, nicht aber als historisch vergangene Gestalt und erst recht nicht als Garant eines Moralkodex erscheint. Die neutestamentliche Ethik ist damit im Ansatz, im Vollzug und im Inhalt auf die von Kreuz und Auferweckung geschaffene neue Wirklichkeit bezogen, und ihre Richtung und Tendenz bleibt gerade so trotz aller Zeit- und Situationsdifferenz analogiefähig und aktuell.

# Literatur

*Zum Ganzen:* R. Bultmann, Theologie des NT, 1961⁴; J.-F. Collange, De Jésus à Paul. L'éthique du Nouveau Testament, Genf/Paris 1980; H. Conzelmann, Grundriß der Theologie des NT, 1976³; L. Dewar, An Outline of New Testament Ethics, London 1949; A. Dihle, Ethik, RAC VI, 646-796; C. H. Dodd, Das Gesetz der Freiheit, 1960; U. Duchrow, Christenheit und Weltverantwortung, 1970; H. Flender, Das Verständnis der Welt bei Paulus, Markus und Lukas, KuD 1968, 1-27; H. Greeven, Das Hauptproblem der Sozialethik in der neueren Stoa und im Urchristentum (NTF 3. R., H. 4) 1935; J. L. Houlden, Ethics and the New Testament, London/Oxford 1979; H. Jacoby, Neutestamentliche Ethik, 1889; E. Käsemann, Der Ruf der Freiheit, 1972⁵; K. Kertelge (Hg.), Ethik im NT (QD 102), 1984; W. G. Kümmel, Art. „Sittlichkeit im Urchristentum", RGG³ VI, 1962, 70-80; J. Leipoldt, Der soziale Gedanke in der altchristlichen Kirche, 1952; W. Lillie, Studies in the New Testament Ethics, Edinburgh/London 1961; E. Lohmeyer, Soziale Fragen im Urchristentum, 1921; E. Lohse, Theologische Ethik des NT (ThW 5,2), 1988; R. N. Longenecker, NT Social Ethics for Today, Grand Rapids 1984; L. H. Marshall, The Challenge of New Testament Ethics, London 1950; E. Osborn, Ethical Patterns in Early Christian Thought, Cambridge 1976; H. Preisker, Das Ethos des Urchristentums, 1949²; J. T. Sanders, Ethics in the NT, Philadelphia 1975; K. H. Schelkle, Theologie des NT. III: Ethos, 1970; R. Schnackenburg, Die sittliche Botschaft des NT, 1954; ders., Die sittliche Botschaft des NT (HThK Suppl. 1), ²1986; S. Schulz, Evangelium und Welt. Hauptprobleme einer Ethik des NT, in: FS H. Braun, 1973, 483-501; ders., Neutestamentliche Ethik (Zürcher Grundrisse zur Bibel), 1987; C. Spicq, Théologie morale du Nouveau Testament I, II, Paris 1965; G. Strecker, Handlungsorientierter Glaube. Vorstudien zu einer Ethik des NT, 1972; ders., Strukturen einer ntl. Ethik, ZThK 75, 1978, 117-146; A. Verhey, The Great Reversal. Ethics and the NT, Grand Rapids 1984; R. Völkl, Christ und Welt nach dem NT, 1961; H.-D. Wendland, Ethik des NT (NTD Erg. 4), 1970; R. E. O. White, Biblical Ethics, Exeter 1979.

*1. Grundsätzliches:* J. Becker, Das Problem der Schriftgemäßheit der Ethik, Handbuch der christlichen Ethik I, 1978, 243-269; B. C. Birch/L. R. Rasmussen, bible and ethics in the christian life, Minneapolis, 1976; Ch. E. Curran und R. A. McCormick, The Use of Scripture in Moral Theology, New York 1984; H. Frankemölle, Sozialethik im NT. Neuere Forschungstendenzen, offene Fragen und hermeneutische Anmerkungen, ThBer 14, 1985, 15-88; L. Goppelt, Die Herrschaft Christi und die Welt nach dem NT, LR 17, 1967, 21-50; ders., Prinzipien ntl. u. systemat. Sozialethik heute, in: Die Verantwortung der Kirche in der Gesellschaft, Stuttgart 1973, 7-30; F. Hahn, Neutestamentliche Grundlagen einer christlichen Ethik, TThZ 86, 1977, 31-41; G. Klein, Christusglaube und Weltverantwortung als Interpretationsproblem ntl. Theologie, VF 1973, 45-76; St. Ch. Mott, The Use of the NT for Social Ethics, JRE 1987, 225-260; T. W. Ogletree, The Use of the Bible in Christian Ethics, Philadelphia, 1983; R. Schnackenburg, Ntl. Ethik im Kontext heutiger Wirklichkeit, in: FS A. Auer, 1980, 193-207; G. Schneider, Biblische Begründung ethischer Normen, BiLe 14, 1973, 153-164; W. Schrage, Barmen II und das NT, in: Zum politischen Auftrag der christlichen Gemeinde, 1974, 127-171;

H.-D. Wendland, Die Weltherrschaft Christi und die zwei Reiche, in: Die Botschaft an die soziale Welt, 1959, 85–103; ders., Gibt es Sozialethik im NT?, ebd. 68–84.

*2. Mann und Frau:* H. Baltensweiler, Die Ehe im NT (AThANT 52), 1967; G. Dautzenberg u. a. (Hg.), Die Frau im Urchristentum (QD 95), 1983; G. Friedrich, Sexualität und Ehe, Rückfragen an das NT, 1977; H. Greeven, Zu den Aussagen des NTs über die Ehe, ZEE 1, 1957, 109–125; ders., Ehe nach dem NT, in: Theologie der Ehe, 1969, 37–79; J. Leipoldt, Die Frau in der antiken Welt und im Urchristentum, 1955²; K. Niederwimmer, Askese und Mysterium. Über Ehe, Ehescheidung u. Eheverzicht in den Anfängen des christlichen Glaubens (FRLANT 113), 1975; R. Pesch, Freie Treue. Die Christen u. die Ehescheidung, 1971; H. Preisker, Christentum und Ehe in den ersten drei Jahrhunderten, Berlin 1927; K. H. Rengstorf, Mann und Frau im Urchristentum, in: Arbeitsgemeinschaft für Forschung des Landes NRW 12, 1954, 7–52; R. Schnackenburg, Die Ehe nach dem NT, in: Theologie der Ehe, 1969, 9–36; L. Schottroff, Frauen in der Nachfolge Jesu in ntl. Zeit, in: Traditionen der Befreiung 2 (hg. v. W. Schottroff u. a.), 1980, 91–133; W. Schrage/E. Gerstenberger, Frau und Mann, 1980; E. Schüssler Fiorenza, In Memory of Her. A Feminist Theological Reconstruction of Christian Origins, New York 1985; K. Stendahl, The Bible and the Role of Women, Philadelphia 1966; K. Thraede, Ärger mit der Freiheit. Die Bedeutung von Frauen in Theorie und Praxis der alten Kirche, in: „Freunde in Christus werden..." 1977, 31–182.

*3. Eigentum:* G. Dautzenberg, Biblische Perspektiven zu Arbeit und Eigentum, in: Handbuch der christlichen Ethik 2, 1978, 343–362; K. Bornhäuser, Der Christ und seine Habe nach dem NT (BFChTh 38,3), 1936; F. Hauck, Die Stellung des Urchristentums zu Arbeit und Geld (BFChTh 2. R., 3. Bd.), 1921; M. Hengel, Eigentum und Reichtum in der frühen Kirche, 1973; H. Merkel, Eigentum III, TRE IX, 410–413.

*4. Sklaverei:* H. Gülzow, Christentum und Sklaverei in den ersten drei Jahrhunderten, 1969; F. Laub, Die Begegnung des frühen Christentums mit der Sklaverei (SBS 107), 1982.

*5. Staat:* K. Aland, Das Verhältnis von Kirche und Staat in der Frühzeit, ANRW II, 23, 1979, 60–246; O. Cullmann, Der Staat im NT, 1961²; M. Dibelius, Rom und die Christen im ersten Jahrhundert, in: Botschaft und Geschichte II, 1956, 177–228; J. Eckert, Das Imperium Romanum im NT, TrThZ 96, 1987, 253–271; L. Goppelt, Der Staat in der Sicht des NT, in: Macht und Recht, 1956, 9–21; M. Hengel, Die Zeloten (AGSU 1), 1961; ders., Gewalt und Gewaltlosigkeit. Zur „politischen Theologie" in ntl. Zeit (CWH 118), 1971; A. Lindemann, Christliche Gemeinden und das Römische Reich im ersten und zweiten Jahrhundert, WuD 18, 1985, 105–133; N. Lohfink/R. Pesch, Weltgestaltung und Gewaltlosigkeit, 1978; L. Schottroff, „Gib dem Kaiser, was dem Kaiser gehört, und Gott, was Gott gehört." Die theologische Antwort der urchristlichen Gemeinden auf ihre gesellschaftliche und politische Situation, KT 79, 1984, 15–58; W. Schrage, Die Christen und der Staat nach dem NT, 1971; K. Wengst, Pax Romana. Anspruch und Wirklichkeit, 1986.

*6. Andere Gebiete:* H. D. Betz, Nachfolge und Nachahmung Jesu Christi im NT (BHTh 37), 1967; W. Bienert, Die Arbeit nach der Lehre der Bibel. Eine Grundlegung evang. Sozialethik, 1954; H. von Campenhausen, Die Christen und das bürgerliche Leben nach den Aussagen des NT, in: Tradition und Leben, 1960, 180–202; ders., Die

Askese im Urchristentum (SGV 192), 1949; V. P. Furnish, The Love Commandment in the New Testament, Nashville/New York 1972; E. Gräßer, Ntl. Erwägungen zu einer Schöpfungsethik, WPKG 68, 1979, 98–114; W. Jentsch, Urchristliches Erziehungsdenken (BFChTh 45,3), 1951; A. Schulz, Nachfolgen und Nachahmen (StANT 6), 1962; P. Stuhlmacher, Der Begriff des Friedens im NT und seine Konsequenzen, in: Hist. Beitr. z. Friedensforschg., hg. von W. Huber, 1970, 21–69.

7. *Formen:* J. E. Crouch, The Origin and Intention of the Colossian Haustafel (FRLANT 109), 1972; E. Kamlah, Die Form der katalogischen Paränese im NT (WUNT 7), 1964; D. Schroeder, Die Haustafeln des NT. Ihre Herkunft und ihr theologischer Sinn, Diss. Hamburg 1959; A. Seeberg, Der Katechismus der Urchristenheit, 1903 (Ndr. 1960); A. Vögtle, Die Tugend- und Lasterkataloge im NT (NTA XVI, 4/5), 1936; K. Weidinger, Die Haustafeln (UNT 14), 1928; S. Wibbing, Die Tugend- und Lasterkataloge im NT (BZNW 25), 1959; D. Zeller, Die weisheitlichen Mahnsprüche bei den Synoptikern (fzb 17), 1977.

# Stellenregister

## Neues Testament

| Matthäus | | 5,25f. | 31.127 | 6,21 | 108 |
|---|---|---|---|---|---|
| | | 5,27ff. | 64 | 6,21 par | 48 |
| Matthäus | 293 | 5,27–30 | 104 | 6,22 | 49 |
| 1,23 | 147 | 5,28 | 49 | 6,22 par | 48 |
| 2,3 | 121 | 5,29f. | 66 | 6,24 | 50.108.120. |
| 2,16ff. | 121 | 5,29–30 | 105 | | 316 |
| 3,7 | 46 | 5,31 | 102 | 6,24 par | 48.119 |
| 3,8 | 161 | 5,31ff. | 68 | 6,25ff. | 40.41 |
| 3,10 | 150 | 5,32 | 66.102.103. | 6,25ff.par | 39 |
| 3,15 | 147.149 | | 151 | 6,26 | 156 |
| 4,1ff.par | 116 | 5,33ff. | 64.64f. | 6,32 | 40.155.156 |
| 4,12ff. | 148 | 5,33–37 | 65 | 6,33 | 40.155.156 |
| 4,15f. | 148 | 5,34 | 296 | 7,1f. | 32 |
| 4,23ff. | 148 | 5,35 | 65 | 7,7–12 | 154 |
| 5 | 197.213 | 5,37 | 128.296 | 7,12 | 15.74.84.149. |
| 5,1 | 147.154 | 5,38 | 95 | | 152 |
| 5,2 | 151 | 5,38f. | 69 | 7,16 | 148 |
| 5,3 | 107.155 | 5,38ff. | 216 | 7,19 | 150 |
| 5,3ff. | 155 | 5,39 | 95.117.151 | 7,20 | 148 |
| 5,4 | 151 | 5,39f. | 41.66 | 7,21 | 150 |
| 5,6 | 155.156 | 5,39ff. | 66 | 7,21ff. | 148.149.150 |
| 5,7 | 43 | 5,39b | 41.96 | 7,21ff.par | 49 |
| 5,8 | 48 | 5,40 | 41.96 | 7,22 | 133.150 |
| 5,8ff. | 148 | 5,40.42 | 111 | 7,24.26 | 151 |
| 5,9 | 118.153 | 5,41 | 96 | 7,24–27 | 32 |
| 5,10f. | 119 | 5,42f. | 81 | 7,29 | 151 |
| 5,12 | 125.150 | 5,43 | 69 | 8–9 | 148 |
| 5,13f. | 20 | 5,43ff. | 153 | 8,11 | 26 |
| 5,13–16 | 128.148.151 | 5,44 | 36.37.81.84 | 8,19 | 54 |
| 5,16 | 148 | 5,44f. | 41.44 | 8,20 | 100 |
| 5,17 | 148.149 | 5,45 | 73 | 8,21 | 54.56 |
| 5,18 | 129.149 | 5,45b | 37 | 8,22 | 94 |
| 5,19 | 129.149.150. | 5,46 | 32.148 | 8,23 | 147 |
| | 151 | 5,46f. | 20.37.83 | 8,23ff. | 148 |
| 5,20 | 147.149.150. | 5,48 | 44.152 | 8,25 | 147.155 |
| | 151.155 | 6 | 150 | 9,2 | 148 |
| 5,21ff. | 50.64 | 6,1 | 155 | 9,8 | 124 |
| 5,21–48 | 149.151 | 6,1ff. | 147.148.150 | 9,9 | 54 |
| 5,21–48 | | 6,10 | 151 | 9,13 | 77.149.153 |
| par | 64 | 6,12 par | 51 | 9,27 | 43 |
| 5,22 | 32.86.128 | 6,14f. | 148 | 9,37f. | 26 |
| 5,22a | 128 | 6,19 | 39.299 | 9,37f.par | 27.57 |
| 5,23 | 77 | 6,19ff. | 39 | 9,37ff. | 147 |
| 5,23f. | 76.95.153 | 6,19–21 | 108 | 10 | 38.57 |
| 5,25 | 81 | 6,19–34 | 39 | 10,1 | 147 |

| | | | | | |
|---|---|---|---|---|---|
| 10,3 | 116 | 13,44 | 34 | 23 | 50.150.154 |
| 10,5f.23 | 147 | 13,44ff. | 34.35 | 23,3 | 129.151 |
| 10,8 | 150 | 13,44–46 | 34 | 23,3f. | 150 |
| 10,16 | 20.49 | 13,45f. | 54 | 23,5f. | 150 |
| 10,17ff. | 148 | 13,47ff. | 148 | 23,8f. | 118 |
| 10,25 | 99 | 13,51 | 150 | 23,16ff. | 151 |
| 10,26 | 40 | 13,55 | 238 | 23,23 | 62.77.86.153 |
| 10,27 | 41 | 14,30 | 155 | 23,23f. | 77.86 |
| 10,28ff.par | 56 | 15,4 | 149 | 23,24 | 149.154 |
| 10,34 | 100.149 | 15,12–14 | 151 | 23,25 | 71 |
| 10,34f. | 94 | 15,14 | 149 | 23,25ff. | 150 |
| 10,35ff. | 152 | 15,19 | 152 | 23,26 | 154 |
| 10,36 | 81 | 15,28 | 98 | 23,34 | 150 |
| 10,37 | 84.100.164 | 16,12 | 151 | 23,38 | 154 |
| 10,37f. | 100 | 16,17 | 116 | 23,52 | 147 |
| 10,38 | 56 | 16,24 | 54 | 24,2 | 152 |
| 10,39 | 56 | 16,27 | 148 | 24,12 | 153.338 |
| 10,40 | 125 | 18,1ff. | 148 | 24,13 | 148 |
| 10,41 | 150 | 18,3 | 32.48 | 24,20 | 153 |
| 11,1 | 147 | 18,3f. | 152 | 24,37ff. | 125 |
| 11,2 | 53.124 | 18,12–14 | 153 | 24,42 | 147 |
| 11,4f. | 94 | 18,13 | 48 | 24,45ff. | 148 |
| 11,5 | 28 | 18,17 | 108.153 | 24,48 | 147 |
| 11,5f. | 26 | 18,20 | 147.151 | 25 | 32 |
| 11,12b | 58 | 18,21f. | 85.151 | 25,1ff. | 125.147 |
| 11,19 | 83 | 18,22 | 66.153 | 25,14ff. | 44.85 |
| 11,19 par | 94.111 | 18,23ff. | 42.148 | 25,14ff.par | 148 |
| 11,20ff. | 46 | 19,5 | 101 | 25,16 | 148 |
| 11,22 | 28 | 19,8 | 151 | 25,21 | 148 |
| 11,24 | 28 | 19,9 | 102.151 | 25,31ff. | 9.11.32.49. |
| 11,25ff. | 152 | 19,10 | 99 | | 78.84.87.88. |
| 11,28f. | 148 | 19,12 | 54.99 | | 89.143.148 |
| 11,29 | 151 | 19,16ff. | 152 | 25,31 | 87.124 |
| 11,30 | 13 | 19,18 | 88 | 25,31a | 87 |
| 12,1 | 153 | 19,19 | 61.152 | 25,31b | 87 |
| 12,6 | 154 | 19,21 | 152 | 25,32a | 88 |
| 12,7 | 77.149.153 | 19,28 | 54 | 25,34 | 88 |
| 12,12 | 153 | 20,1ff. | 29.33 | 25,40 | 112 |
| 12,13 | 57 | 20,20ff. | 148.152 | 25,41 | 88 |
| 12,28 | 26.126.148 | 20,28 | 151 | 26,2 | 147 |
| 12,28 par | 24.94 | 21,5 | 147 | 26,20 | 147 |
| 12,36 | 28.32 | 21,12 | 118 | 26,28 | 148 |
| 12,41 | 46 | 21,14 | 153 | 26,42f. | 151 |
| 12,41f. | 40 | 21,28ff. | 49 | 26,52 | 117.151.346 |
| 12,49 | 147 | 21,31 | 29.108 | 26,52b | 117 |
| 13,11.18a | 148 | 21,31d | 49 | 27,24f. | 154 |
| 13,23 | 151 | 21,31f. | 108 | 27,51 | 154 |
| 13,24–30 | 117 | 21,43 | 148.150 | 27,57 | 147 |
| 13,25 | 81 | 22,7 | 154 | 28,18 | 147 |
| 13,31ff. | 148 | 22,11ff. | 148 | 28,19 | 147.148 |
| 13,36ff. | 148 | 22,11–14 | 150 | 28,20 | 147.151 |
| 13,38 | 148 | 22,21 | 119 | | |
| 13,41 | 149 | 22,38 | 153 | | |
| 13,41ff. | 148 | 22,39 | 89.152 | | |
| 13,43 | 148 | 22,40 | 149.153 | | |

## Stellenregister

*Markus*

| | | | | | |
|---|---|---|---|---|---|
| 1,1 | 140 | 4,19 | 113 | 9,37 | 143.144 |
| 1,14 | 27.140 | 4,21 | 128 | 9,41 | 129.141 |
| 1,14f. | 141.142 | 4,21ff. | 40 | 9,41 par | 32 |
| 1,15 | 33 | 4,26ff. | 27 | 9,43ff. | 41 |
| 1,16ff. | 53.54.100. | 4,28 | 27 | 9,50 | 128 |
| | 111.142.238 | 4,29 | 27 | 10 | 213 |
| 1,17 | 56.142 | 4,30–32 | 25 | 10,1–31 | 144 |
| 1,19f. | 100 | 5,18–20 | 55.142 | 10,2ff. | 66.69.72.100 |
| 1,21 | 142 | 5,25ff. | 58 | 10,2–9 | 101.102.144 |
| 1,23 | 142 | 6 | 57 | 10,5 | 67 |
| 1,27 | 142 | 6,3 | 238 | 10,6 | 37.67.100 |
| 1,29 | 111.112 | 6,6 | 140 | 10,7f.par | 101 |
| 1,30 par | 99 | 6,6ff. | 142 | 10,8 | 101 |
| 1,31 | 141 | 6,7 | 142 | 10,9 | 15.68.101. |
| 1,38f. | 142 | 6,8f. | 112 | | 144 |
| 1,41 | 58.71 | 6,8ff. | 142 | 10,10f. | 102 |
| 2,10 | 124 | 6,12 | 142 | 10,10–11 | 102.103 |
| 2,13f. | 111.141 | 6,13 | 142 | 10,11 | 103 |
| 2,13ff. | 94.108 | 6,30 | 142 | 10,11f. | 144 |
| 2,14 | 53.54.238 | 6,34 | 316 | 10,12 | 128.216 |
| 2,14f. | 145 | 6,52 | 140.150 | 10,14 | 141.144 |
| 2,14ff. | 111 | 7,1ff. | 160 | 10,15 | 46.48.144 |
| 2,15ff. | 111.142 | 7,1–8 | 62 | 10,15 par | 29.32 |
| 2,17 | 29 | 7,6 | 50 | 10,17f. | 141 |
| 2,18 par | 53 | 7,6–8 | 61 | 10,17ff. | 55.61.144 |
| 2,18f. | 28.35 | 7,7 | 61 | 10,17–22 | 109.110.144 |
| 2,19f. | 127.140.157 | 7,8 | 62.146 | 10,18 | 157 |
| 2,20 | 140 | 7,9 | 62.146 | 10,19 | 61.72.111. |
| 2,21f. | 40.57 | 7,9ff. | 76.112 | | 146.293 |
| 2,21f.par | 91 | 7,9–13 | 62.68.144 | 10,19f. | 54.61 |
| 2,23ff. | 63 | 7,10 | 149 | 10,21 | 54.110.112. |
| 2,25–26 | 63 | 7,11 | 62 | | 141.166 |
| 2,27 | 37.58.63.66. | 7,13 | 62.146 | 10,23 | 109 |
| | 91.153 | 7,15 | 49.71./6.77. | 10,23a | 145 |
| 3,1ff.par | 63 | | 91.130.216 | 10,23b | 145 |
| 3,4 | 76.77 | 7,15ff. | 146 | 10,23–27 | 144 |
| 3,5 | 140 | 7,19 | 71 | 10,24b | 145 |
| 3,14f. | 28 | 7,21 | 152 | 10,25 | 32.109.145 |
| 3,14b | 142 | 8,2 | 316 | 10,27 | 145 |
| 3,14c–15 | 142 | 8,15 | 121 | 10,28 | 111.145.166 |
| 3,18 par | 116 | 8,17 | 150 | 10,28ff. | 89 |
| 3,20f. | 100 | 8,17f. | 140 | 10,28–30 | 145 |
| 3,21 | 54 | 8,27 | 142 | 10,29 | 141.157 |
| 3,21ff. | 68 | 8,27–10,45 | 144 | 10,29f. | 141 |
| 3,22 | 140 | 8,27–10,52 | 142 | 10,29–30 | 145 |
| 3,27 | 28.141 | 8,31 | 141 | 10,30 | 132.142.167 |
| 3,31ff. | 100.144 | 8,34 par | 56.142 | 10,35ff. | 143 |
| 3,35 | 144 | 8,34ff. | 142 | 10,37 | 143 |
| 3,35 par | 50 | 8,35 | 141 | 10,38 | 143 |
| 4,1ff. | 128 | 8,35 par | 56 | 10,38b–39 | 143 |
| 4,11 | 141 | 8,38 | 141 | 10,39 | 143 |
| 4,13ff. | 128 | 8,38 par | 88 | 10,40 | 143 |
| 4,18f. | 145 | 9,1 | 141 | 10,41ff. | 118 |
| | | 9,35 | 118.143.144 | 10,42 | 121 |
| | | 9,36 | 144 | 10,42–45 | 143 |

| | | | | | | |
|---|---|---|---|---|---|---|
| 10,43 | 143 | 1,71 | 81 | 6,33 | 84 |
| 10,45 | 151 | 1,72 | 158 | 6,34f. | 112 |
| 10,45a | 143 | 1,74 | 81.158 | 6,34ff. | 49 |
| 10,45b | 143 | 2,1 | 162 | 6,35 | 36.81.167 |
| 10,46ff. | 141 | 2,5 | 162 | 6,36 | 44.91.152. |
| 10,52 | 141 | 2,22ff. | 160 | | 158 |
| 11,9f. | 141 | 2,36–38 | 272 | 6,37 | 159 |
| 11,15ff. | 118 | 2,39 | 160 | 6,43 | 161 |
| 11,15–17 | 118 | 2,48f. | 165 | 6,46 | 124 |
| 11,21f. | 46 | 3,3 | 161 | 6,47–49 | 32 |
| 11,25 | 77.81 | 3,7 | 46 | 7,1 | 157 |
| 12,13ff. | 116 | 3,7ff.par | 28 | 7,18 | 53 |
| 12,13–17 | 119 | 3,8 | 48.158.161. | 7,25 par | 112 |
| 12,14 | 120 | | 162 | 7,36f. | 104 |
| 12,15 | 50 | 3,9 | 161 | 7,36ff. | 71 |
| 12,17 | 96.119.120 | 3,10 | 161 | 7,37 | 161 |
| 12,18.31 | 292 | 3,10ff. | 161 | 7,39 | 161 |
| 12,25 | 165 | 3,10–12 | 48 | 7,41ff. | 44 |
| 12,25 par | 98 | 3,10–14 | 157.162 | 7,41–43 | 44 |
| 12,28 par | 73 | 3,11–13 | 166 | 7,47 | 44.73.161 |
| 12,28ff. | 73.75.146. | 3,13 | 108 | 7,47a | 158 |
| | 160 | 3,14 | 162 | 7,47b | 44 |
| 12,29 | 76 | 3,16f. | 127 | 8,1 | 157 |
| 12,30 | 15 | 3,19 | 94.121.164 | 8,1–3 | 98.165 |
| 12,31 | 76.84.153. | 4,1ff. | 158 | 8,3 | 112.167 |
| | 216 | 4,6 | 162 | 8,15 | 159 |
| 12,33 | 73.76 | 4,18 | 165.168 | 8,16 | 128 |
| 12,33f. | 146 | 4,18f. | 28 | 9,1f. | 28 |
| 12,40 | 32 | 4,21 | 158 | 9,2 | 157 |
| 12,41ff. | 49.113 | 4,26f. | 164 | 9,3 | 166 |
| 13,1ff. | 46 | 4,38f. | 158 | 9,7ff. | 162 |
| 13,9 | 141.144 | 4,43 | 157 | 9,11 | 157 |
| 13,9–13 | 142 | 5,1 | 158 | 9,22 | 158 |
| 13,10 | 141 | 5,10 | 158 | 9,23 | 157.161 |
| 13,11 | 126.141 | 5,11 | 166 | 9,25 | 167 |
| 13,12 | 144 | 5,28 | 166 | 9,25 par | 109 |
| 13,13 | 141 | 5,28f. | 166 | 9,51ff. | 83 |
| 13,29 | 338 | 5,32 | 158 | 9,51–19,27 | 157 |
| 13,33ff. | 340 | 6,1ff. | 160 | 9,56 | 157 |
| 14,3ff. | 77 | 6,13 | 157 | 9,57f. | 52 |
| 14,5 | 74 | 6,15 | 116 | 9,57ff. | 57.66.126 |
| 14,7 | 17 | 6,17 | 157 | 9,58 | 100.124 |
| 14,36 | 143 | 6,20 | 29.107.157. | 9,59f.par | 53.100 |
| 14,50 | 167 | | 165 | 9,59ff. | 66 |
| 15,7 | 116 | 6,20f. | 26 | 9,60 | 157 |
| 15,27 | 116 | 6,20b–26 | 157 | 9,60b | 57 |
| 15,40f. | 98 | 6,21 | 94.107 | 9,62 | 27.32.55 |
| | | 6,24 | 165 | 10 | 57.81 |
| *Lukas* | | 6,27 | 36.97.157. | 10,1ff. | 57 |
| | | | 167 | 10,2ff. | 124.126 |
| 1,1–4 | 157 | 6,27f. | 81.82.160 | 10,4 | 157.166 |
| 1,6 | 160 | 6,27ff. | 157.167 | 10,5 | 57.118 |
| 1,51f. | 161 | 6,28 | 216 | 10,9 | 28.158 |
| 1,52f. | 106 | 6,29 | 96 | 10,10ff. | 32 |
| 1,53 | 110 | 6,31 | 84 | 10,13 | 46 |

| | | | | | |
|---|---|---|---|---|---|
| 10,16 | 118.126.158 | 13,5 | 46.51 | 16,29 | 160 |
| 10,18 | 28 | 13,6ff. | 32 | 16,29–31 | 61 |
| 10,23f. | 28 | 13,10ff. | 63.160 | 16,30 | 46 |
| 10,25 | 161 | 13,15f. | 50 | 16,31 | 160 |
| 10,25f. | 160 | 13,17 | 77 | 17,7–10 | 33 |
| 10,25ff. | 20.45.86.160.167 | 13,18–19 | 25 | 17,20 | 24 |
| | | 13,24 par | 51 | 17,20f. | 26.159 |
| 10,29 | 78.79 | 13,27 | 161 | 17,21 | 26 |
| 10,29ff. | 161 | 13,31 | 162 | 17,24ff. | 159 |
| 10,30–37 | 78 | 13,32 | 121 | 17,26ff. | 125 |
| 10,34 | 80 | 13,32f. | 164 | 17,33 | 56.161 |
| 10,35 | 86 | 14,12f. | 112.167 | 17,34f. | 164 |
| 10,36f. | 79 | 14,12ff. | 167 | 18,8 | 124 |
| 10,37 | 49.79.86 | 14,13 | 20.161 | 18,9ff. | 48.161 |
| 10,38 | 111.157 | 14,14 | 159 | 18,10ff. | 46 |
| 10,38ff. | 50.165.167 | 14,16 | 165 | 18,11 | 108 |
| 10,38–42 | 89 | 14,20 | 165 | 18,18 | 160.161 |
| 11,20 | 28 | 14,21 | 161 | 18,19ff. | 161 |
| 11,27f. | 165 | 14,22ff. | 127 | 18,20 | 160 |
| 11,31f. | 32.40 | 14,25 | 166 | 18,22 | 166 |
| 11,32 | 46 | 14,26 | 68.84.100.157.161.164.165 | 18,24 | 157 |
| 11,33 | 128 | | | 18,24f. | 165 |
| 11,39 | 50 | 14,26f. | 166 | 18,28 | 166 |
| 11,39ff. | 71 | 14,28ff. | 50 | 18,29 | 157.165 |
| 11,41 | 49.166 | 14,31f. | 96 | 18,30 | 167 |
| 11,41f. | 160 | 14,33 | 166 | 19,7f. | 161 |
| 11,42 | 63.90 | 14,34 | 128 | 19,8 | 158.160.166.167 |
| 11,49 | 125 | 15,3ff. | 35.164 | | |
| 12 | 157 | 15,7 | 48.51.158 | 19,9 | 158 |
| 12,11 | 164 | 15,8ff. | 164 | 19,11 | 158 |
| 12,13f. | 94 | 15,10 | 46.48 | 19,11ff. | 44.159 |
| 12,15 | 108.166 | 15,11ff. | 29.46.48 | 19,11ff.par | 34.36 |
| 12,15ff. | 94 | 15,18 | 161 | 19,12 | 159 |
| 12,16ff. | 28.42.106.161 | 15,21 | 161 | 19,12ff. | 32 |
| | | 16,1ff. | 28.31.32.128.160 | 19,43 | 81 |
| 12,16–21 | 108 | | | 20,20 | 119.162 |
| 12,18 | 108 | 16,3 | 160.161 | 20,25 | 119 |
| 12,21 | 166 | 16,8f. | 161 | 20,34–36 | 165 |
| 12,22ff. | 39 | 16,9 | 112.166 | 21,12 | 164 |
| 12,31 | 40 | 16,13 | 120.165 | 21,18 | 159 |
| 12,32 | 27.166 | 16,14 | 166 | 21,19 | 159 |
| 12,33 | 166 | 16,15 | 79 | 21,34 | 159 |
| 12,35 | 159 | 16,16 | 57.157.160 | 21,36 | 124.159 |
| 12,35ff. | 159 | 16,16a | 149 | 22,24 | 79 |
| 12,36 | 338 | 16,17 | 129.160 | 22,24ff. | 143.161 |
| 12,39f. | 127.133 | 16,18 | 66.102.103.160 | 22,25 | 121 |
| 12,42ff. | 127.133 | | | 22,25f. | 162 |
| 12,48b | 44 | 16,18b | 103 | 22,27 | 158 |
| 12,50 | 143 | 16,19 | 160 | 22,35f. | 157.166 |
| 12,51 | 100 | 16,19ff. | 161 | 22,35ff. | 167 |
| 12,53 | 165 | 16,19–26 | 109.110 | 22,36–38 | 116.117 |
| 12,57ff. | 35 | 16,19–31 | 109.110 | 22,37 | 117 |
| 12,58f. | 31.127 | 16,20f. | 110 | 22,38 | 117 |
| 13,1 | 162 | 16,27ff. | 110 | 22,49 | 117 |
| 13,3 | 46.51 | 16,28 | 110 | 22,49–51 | 117 |

| | | | | | |
|---|---|---|---|---|---|
| 22,52 | 117 | 5,11 | 309 | 10,26f. | 308 |
| 23,2 | 163 | 5,14 | 316 | 10,30 | 302 |
| 23,4 | 163 | 5,16 | 309 | 11,25f. | 307 |
| 23,5 | 163 | 5,19 | 310 | 11,50f. | 315 |
| 23,14 | 163 | 5,20 | 302 | 11,52 | 313 |
| 23,16 | 163 | 5,23 | 303 | 12,5 | 78 |
| 23,20 | 163 | 5,24 | 307 | 12,6 | 78.132 |
| 23,22 | 163 | 5,27ff. | 308 | 12,24 | 311 |
| 23,47 | 162 | 5,28f. | 307 | 12,25f. | 311 |
| 23,56 | 160 | 5,36 | 302 | 12,26 | 308 |
| 24,44 | 159.160 | 5,39 | 309 | 12,27f. | 303 |
| 24,47 | 158 | 5,45 | 309 | 12,31 | 313 |
| 24,49 | 159 | 5,46 | 309 | 12,32 | 307 |
| | | 6,1ff. | 316 | 12,36 | 314 |
| *Johannesevangelium* | | 6,11 | 305 | 12,37 | 313 |
| | | 6,15 | 116.314 | 12,42 | 322 |
| Joh.-Ev. | 301.320 | 6,26f. | 316 | 12,43 | 323 |
| 1,3 | 313 | 6,27 | 306 | 12,44f. | 303 |
| 1,9 | 313 | 6,32 | 309 | 12,47 | 313.321 |
| 1,11 | 313 | 6,33 | 321 | 12,49f. | 318 |
| 1,14 | 312.313 | 6,44 | 305 | 13 | 311 |
| 1,14a | 303 | 6,45 | 305 | 13,1 | 303.305.311 |
| 1,14b | 303 | 6,47 | 307 | 13,1b | 311 |
| 1,17 | 308.309.310 | 6,63 | 306.316 | 13,1–17 | 305 |
| 1,18 | 303 | 6,64 | 306 | 13,3–14,31 | 311 |
| 1,29 | 313.321 | 6,65 | 305 | 13,4–11 | 311 |
| 1,45 | 303.309 | 6,68 | 308 | 13,6–11 | 311 |
| 1,46 | 309 | 7,10 | 303 | 13,12ff. | 311 |
| 1,51 | 303 | 7,17 | 306 | 13,12–20 | 311 |
| 2,3 | 303 | 7,19 | 309 | 13,14f. | 320 |
| 2,11 | 316 | 7,19ff. | 309 | 13,15 | 311.319 |
| 2,14ff. | 118 | 7,22f. | 309 | 13,15.17 | 323 |
| 3,1f. | 322 | 7,23 | 309 | 13,16 | 310 |
| 3,5 | 306 | 8,12 | 313 | 13,33 | 304 |
| 3,6 | 306 | 8,17 | 310 | 13,34 | 309.312.319.320 |
| 3,8 | 306 | 8,20 | 315 | | |
| 3,16 | 302.313.321.322 | 8,23 | 313 | 13,34f. | 304.319 |
| | | 8,24 | 316 | 13,35 | 320.323 |
| 3,17 | 321 | 8,28 | 303.310 | 13,36 | 308 |
| 3,19 | 323 | 8,31 | 308 | 13,39 | 132 |
| 3,20f. | 313 | 8,34 | 316 | 14,2 | 307 |
| 3,20ff. | 308 | 8,36 | 316 | 14,6 | 302 |
| 3,27 | 305 | 8,44 | 306 | 14,10 | 310 |
| 3,34 | 305 | 8,48 | 81 | 14,12 | 313 |
| 3,35 | 302 | 8,51 | 307 | 14,15.21 | 318.319 |
| 3,36 | 307 | 9,14–16 | 309 | 14,16f.26 | 307 |
| 4 | 315 | 9,15.18.34 | 309 | 14,18 | 307 |
| 4,7–11 | 316 | 9,15.30ff. | 309 | 14,23 | 307 |
| 4,27 | 97 | 9,16 | 309 | 14,26 | 307 |
| 4,31ff. | 316 | 9,22 | 322 | 15,1ff. | 304 |
| 4,31–38 | 316 | 9,28 | 309 | 15,2 | 305 |
| 4,38 | 313 | 9,39 | 313 | 15,3 | 304.317 |
| 4,42 | 313.321 | 10,4 | 308 | 15,4 | 305 |
| 5,9.16–18 | 309 | 10,9 | 302 | 15,4a | 304 |
| 5,10 | 309 | 10,18 | 302.305 | 15,4f. | 305 |

| | | | | | |
|---|---|---|---|---|---|
| 15,5 | 310 | 2,17 | 164 | 13,2.4 | 126 |
| 15,6 | 305 | 2,18 | 159 | 14,22 | 162 |
| 15,7 | 304 | 2,23 | 159 | 15 | 157 |
| 15,9 | 310.321 | 2,33 | 159 | 15,10 | 160 |
| 15,9–14 | 311 | 2,37 | 161 | 15,20 | 130.160 |
| 15,10 | 305.312.318.319.321 | 2,38 | 158 | 15,21 | 160 |
| | | 2,44 | 130 | 15,26 | 161 |
| 15,12 | 305.312.319.321 | 2,44f. | 131.167 | 15,28 | 159.160 |
| | | 2,44ff. | 131 | 15,28f. | 130 |
| 15,13 | 323 | 2,44–45 | 131 | 16,3 | 160 |
| 15,14 | 308 | 3,13 | 163 | 16,6 | 159 |
| 15,16 | 304 | 3,19 | 158 | 16,6f. | 126 |
| 15,18 | 312 | 3,26 | 158 | 16,11–14 | 160 |
| 15,19 | 312.313.323 | 4,17 | 164 | 16,14f. | 131.230 |
| 15,25 | 310 | 4,19 | 164 | 16,16ff. | 298 |
| 16,2 | 322 | 4,28 | 159 | 16,19ff. | 247 |
| 16,8 | 313 | 4,31 | 132 | 16,22f. | 247 |
| 16,9 | 316 | 4,32 | 166.167 | 16,30 | 161 |
| 16,11 | 313 | 4,32ff. | 131 | 16,37ff. | 163 |
| 16,33 | 304 | 4,35 | 130 | 16,39 | 163 |
| 17,4 | 302 | 5,1ff. | 125.131 | 17,7 | 163 |
| 17,9 | 313 | 5,3 | 159 | 17,30 | 158 |
| 17,11 | 310 | 5,3.9 | 132 | 18,2 | 165 |
| 17,11f. | 322 | 5,4 | 131 | 18,2f.26 | 281 |
| 17,14.16 | 312 | 5,29 | 164 | 18,3 | 238 |
| 17,18 | 310.312.313 | 5,37 | 114 | 18,12ff. | 163 |
| 17,23 | 310 | 6,1ff. | 130 | 18,13 | 160 |
| 17,24 | 307 | 6,14 | 130 | 18,14f. | 163 |
| 17,26 | 304.322 | 8,1 | 130.164 | 18,18 | 160 |
| 18,11 | 315 | 8,12 | 157.158 | 18,26 | 164.165 |
| 18,36 | 313.314 | 8,29 | 126.158 | 19,8 | 157 |
| 18,37 | 315 | 8,39 | 158 | 19,23ff. | 298 |
| 18,38f. | 315 | 9,13 | 125 | 20,7.9.31 | 229 |
| 19,7 | 310 | 9,34 | 158 | 20,23 | 162 |
| 19,11 | 315 | 9,36 | 161.167 | 20,24 | 164 |
| 19,19 | 315 | 9,39 | 167 | 20,25 | 157 |
| 19,28 | 316 | 10,1f. | 161 | 20,35 | 129.167.168.296 |
| 19,30 | 303 | 10,2 | 167 | | |
| 19,38 | 322 | 10,15 | 130 | 21,4 | 159 |
| 20,21 | 310.313.321 | 10,19 | 158.159 | 21,9 | 164 |
| 20,23 | 308 | 10,19.44 | 126 | 21,11 | 126 |
| 20,28 | 303 | 10,35 | 160 | 21,15 | 160 |
| 20,30f. | 301 | 10,38.46 | 126 | 21,21 | 160 |
| 21 | 311 | 11,12 | 158.159 | 21,23f. | 160 |
| | | 11,18 | 158 | 21,28 | 160 |
| *Apostelgeschichte* | | 11,26 | 166 | 21,32 | 163 |
| | | 11,28 | 17.126.158 | 21,38 | 116 |
| 1,3 | 157 | 11,29 | 166 | 22,23ff. | 163 |
| 1,7 | 159 | 11,29f. | 167 | 22,25ff. | 163 |
| 1,12f. | 157 | 12,1ff. | 164 | 23,10 | 163 |
| 1,13 | 116 | 12,12 | 131 | 23,27 | 163 |
| 1,18 | 161 | 12,12f. | 131 | 23,29 | 163 |
| 2 | 131.132 | 12,20 | 17 | 24,5 | 163 |
| 2,4 | 126 | 13,1 | 133 | 24,12 | 163 |
| 2,11ff. | 126 | 13,2 | 159 | 24,14 | 160 |

| | | | | | | |
|---|---|---|---|---|---|---|
| 24,15f. | 159 | 6,12ff. | 174.176.180. | 12,16 | 207 |
| 24,22 | 163 | | 215 | 12,16.17. | |
| 24,23 | 163 | 6,12–13 | 225 | 19.20 | 211 |
| 24,25 | 159 | 6,17 | 202 | 12,17 | 216 |
| 25,8 | 160.163 | 6,18 | 179 | 12,17.21 | 198 |
| 25,13 | 164 | 6,19 | 180 | 12,17ff. | 219.222 |
| 25,16 | 163 | 6,22 | 183.192 | 12,18 | 118.210 |
| 25,18ff. | 163 | 7,2 | 236 | 12,19 | 211.212 |
| 25,19 | 163 | 7,6 | 182 | 12,20 | 81 |
| 25,24 | 163 | 7,14ff. | 191 | 12,21 | 219.222.245 |
| 25,25 | 163 | 8 | 182 | 13 | 95.113.187. |
| 26,10 | 125 | 8,1ff. | 196 | | 210.219.244. |
| 26,20 | 158.161 | 8,2 | 213 | | 245.246.247. |
| 26,24 | 164 | 8,4 | 196.212 | | 248.255.284 |
| 26,31 | 163 | 8,4f. | 182 | 13,1 | 202.246 |
| 28,8 | 158 | 8,9 | 181 | 13,1ff. | 135.137 |
| 28,17 | 160 | 8,9f. | 176 | 13,1.2.5 | 246 |
| 28,23 | 157.158.160 | 8,10 | 174.215 | 13,1b–2 | 284 |
| 28,31 | 157.158.162 | 8,12 | 182 | 13,1–7 | 187.188.222. |
| | | 8,14 | 182 | | 244.245 |
| *Römer* | | 8,14ff. | 202 | 13,2 | 246 |
| | | 8,17 | 226 | 13,3 | 247 |
| Römerbrief | 169.170 | 8,18 | 226.227 | 13,3b | 248 |
| 1–11 | 175.178 | 8,18ff. | 186 | 13,3f. | 285 |
| 1 | 205.206.233 | 8,23 | 225 | 13,4 | 247 |
| 1,11 | 183 | 8,28 | 192 | 13,4b | 247 |
| 1,20 | 205.208 | 8,28ff. | 190 | 13,4.6 | 247 |
| 1,24.27 | 233 | 8,32 | 192 | 13,5 | 201.202.248 |
| 1,25 | 208 | 8,35ff. | 227 | 13,6 | 245.248 |
| 1,26 | 209 | 9,1 | 200 | 13,7 | 248 |
| 1,28 | 202 | 9,3 | 219 | 13,8 | 211.234 |
| 1,29 | 239 | 9,19ff. | 207 | 13,8ff. | 183.216.222 |
| 1,29.31 | 134 | 11,36 | 208 | 13,8–10 | 213.219.245 |
| 2 | 205.206 | 12 | 184.187 | 13,9 | 61.223.236. |
| 2,14 | 205 | 12–13 | 175.187.196 | | 293 |
| 2,15 | 200.201 | 12,1 | 15.175.181. | 13,10 | 223 |
| 3 | 178 | | 191.225 | 13,11 | 185.187.191 |
| 3,5 | 336 | 12,1f. | 185.245 | 13,11ff. | 187.188 |
| 3,20 | 67 | 12,1ff. | 175 | 13,11–14 | 187.188.245 |
| 3,21ff. | 176 | 12,1–2 | 177.245 | 13,12 | 188.192 |
| 3,27 | 213 | 12,2 | 191.202.205 | 13,13 | 206.209 |
| 4,17 | 207 | 12,3 | 183.229 | 13,14 | 176 |
| 5,8ff. | 185 | 12,5 | 185 | 14 | 266 |
| 5,9 | 190 | 12,6 | 184 | 14–15 | 194.196.198. |
| 5,12 | 270 | 12,6ff. | 183 | | 201 |
| 5,20 | 178 | 12,7 | 219 | 14,3f.10.13 | 199 |
| 5,21 | 176 | 12,9 | 220 | 14,4 | 176.229 |
| 6 | 126.178 | 12,9.17.21 | 248 | 14,5 | 201 |
| 6,2 | 171 | 12,9–21 | 220 | 14,6f. | 199 |
| 6,4 | 179.182 | 12,10 | 219 | 14,9 | 176 |
| 6,5–7 | 178 | 12,10ff. | 137 | 14,9f. | 176 |
| 6,6 | 225 | 12,12ff. | 137 | 14,10 | 187.190 |
| 6,8–10 | 178 | 12,13 | 184.240 | 14,14 | 203.212.216 |
| 6,11 | 192 | 12,14 | 216 | 14,14.20 | 199 |
| 6,12 | 171 | 12,14ff. | 129.222 | 14,15 | 218.220.237 |

## Stellenregister

| | | | | | |
|---|---|---|---|---|---|
| 14,17 | 186 | 5,13 | 125.211 | 7,22 | 176.186.252 |
| 14,18 | 197.237 | 6 | 222.248 | 7,25 | 216 |
| 14,19 | 184.220 | 6,1ff. | 198.222.248 | 7,25ff. | 236.237 |
| 14,20 | 208 | 6,1–6 | 198 | 7,26 | 212.234.236 |
| 15,1 | 234 | 6,2 | 187 | 7,28 | 235 |
| 15,1ff. | 215 | 6,7–8 | 198 | 7,28b | 237 |
| 15,2f. | 177 | 6,9 | 197.236 | 7,29ff. | 208 |
| 15,3 | 177.212.218 | 6,9f. | 133.185.233 | 7,29–31 | 125.186 |
| 15,3.7 | 215 | 6,9.15f. | 203 | 7,30 | 239 |
| 15,5 | 199.218 | 6,10 | 125.239 | 7,32 | 176.186.235 |
| 15,7 | 177 | 6,11 | 178.180.185 | 7,32d–33 | 237 |
| 15,18 | 197 | 6,12 | 199 | 7,34 | 237 |
| 15,25.31 | 125 | 6,12a | 199 | 7,35 | 209.237 |
| 15,26 | 240 | 6,12b | 199 | 7,36–38 | 221.235 |
| 15,27 | 202 | 6,12ff. | 176.225.271 | 7,37 | 237 |
| 15,30 | 177 | 6,13 | 234 | 7,38.40 | 198 |
| 16,3 | 230 | 6,13c | 225 | 7,39 | 176 |
| 16,4 | 219 | 6,13d | 225 | 8–10 | 194.198.201. |
| 16,7 | 231 | 6,13–15 | 225 | | 220 |
| 16,18 | 176.197 | 6,14 | 124.186 | 8–10.13 | 196 |
| | | 6,15 | 225 | 8,1 | 220.234 |
| *1. Korinther* | | 6,16 | 211 | 8,4 | 210.220 |
| | | 6,18 | 194 | 8,6 | 208 |
| 1. Korinther | 169 | 7 | 193.228.234. | 8,7ff. | 220 |
| 1,1ff. | 211 | | 235 | 8,7.12 | 201 |
| 1,5 | 192 | 7,1 | 195.234.271 | 8,9–11 | 201 |
| 1,6 | 190 | 7,1ff. | 210 | 8,12 | 194.201 |
| 1,7 | 184 | 7,2 | 234.235 | 9 | 211.239 |
| 1,30 | 176 | 7,3 | 235 | 9,5 | 99 |
| 3,8 | 191 | 7,3–5 | 235 | 9,7 | 212 |
| 3,13ff. | 192 | 7,4 | 221.235 | 9,8–9 | 212 |
| 3,15 | 190 | 7,5 | 194.235 | 9,13 | 212 |
| 3,21 | 192 | 7,7 | 183.184.234. | 9,14 | 212.215.217. |
| 3,21.23 | 180 | | 237 | | 296 |
| 3,23 | 176 | 7,9 | 198.227.242 | 9,19 | 179 |
| 4,4 | 200 | 7,10 | 128.213.215. | 9,20 | 211 |
| 4,5 | 187.191 | | 216.217.296 | 9,24 | 191 |
| 4,8 | 187 | 7,10f. | 235 | 9,24ff. | 187 |
| 4,11 | 229 | 7,10ff. | 13 | 9,25 | 228 |
| 4,11ff. | 226 | 7,10–12 | 236 | 10 | 195.212 |
| 4,12 | 227.239 | 7,11 | 236 | 10,1ff. | 190 |
| 4,16f. | 197 | 7,11a | 217 | 10,8 | 195 |
| 4,16ff. | 185 | 7,12 | 215 | 10,11 | 212 |
| 4,17 | 193.195.197. | 7,12f. | 230.235 | 10,12 | 173 |
| | 224.226 | 7,12ff. | 135.236.242 | 10,15 | 197 |
| 5,1 | 234 | 7,14 | 210.235 | 10,16f. | 181 |
| 5,1ff. | 199 | 7,14f. | 236 | 10,23 | 199.220 |
| 5,3 | 200 | 7,15 | 234.235 | 10,23ff. | 208.220 |
| 5,4 | 200 | 7,16 | 235 | 10,24.33 | 218 |
| 5,5 | 190.199 | 7,17 | 197 | 10,25ff. | 210 |
| 5,7 | 171 | 7,17ff. | 135.176 | 10,26 | 208 |
| 5,7f. | 176 | 7,19 | 193.211.212 | 10,31 | 192.199 |
| 5,9 | 205 | 7,20ff. | 241 | 10,32 | 206.233 |
| 5,10 | 239 | 7,21a | 242 | 10,33 | 214.220 |
| 5,12f. | 205 | 7,21b | 242 | 11 | 180.232 |

367

| | | | | | |
|---|---|---|---|---|---|
| 11,1 | 197.214 | 15,32 | 186 | 11,25 | 245 |
| 11,2 | 193 | 15,34.38 | 191 | 11,25–32 | 247 |
| 11,2ff. | 231 | 15,58 | 190.191 | 11,27 | 229 |
| 11,3 | 231 | 16,2 | 196.197 | 11,32f. | 247 |
| 11,5 | 231.270 | 16,14 | 192.218.219 | 12,9 | 227 |
| 11,7 | 231 | | | 12,14 | 239 |
| 11,8 | 231 | *2. Korinther* | | 12,14–18 | 239 |
| 11,8f. | 270 | | | 13,3 | 197 |
| 11,11 | 176.210.232 | 2. Korinther | 169 | 13,10 | 242 |
| 11,11f. | 210 | 1,7 | 242 | | |
| 11,11–12 | 231.232 | 1,14 | 202 | *Galater* | |
| 11,12 | 210 | 2,4 | 218 | | |
| 11,13–16 | 231 | 2,9 | 192.197.201 | Galater | 169.170 |
| 11,14 | 209 | 3,12 | 242 | 1,8 | 202 |
| 11,14f. | 233 | 3,17 | 181 | 1,14 | 59 |
| 11,16 | 197 | 3,18 | 191 | 2,10 | 240 |
| 11,17ff. | 240 | 4,4 | 210 | 2,11ff. | 130 |
| 11,21 | 181 | 4,6 | 207 | 2,20 | 176.215.218 |
| 11,23 | 217 | 4,8ff. | 226 | 3,10.13 | 211 |
| 11,23ff. | 138.217 | 4,10 | 227 | 3,27 | 171 |
| 12 | 183 | 4,10f. | 175 | 3,27.29 | 178 |
| 12ff. | 211 | 4,14 | 124 | 3,28 | 230.231.232 |
| 12–14 | 220 | 4,17 | 226 | 4,6 | 202 |
| 12,2 | 182 | 4,17–18 | 189 | 5 | 134.182.184. |
| 12,5 | 183 | 5,1ff. | 189 | | 193.227.228 |
| 12,7.11 | 183 | 5,6–8 | 189 | 5–6 | 196 |
| 12,8 | 183 | 5,9 | 189 | 5,1 | 175.211 |
| 12,8ff.29ff. | 184 | 5,9–10 | 189 | 5,3–15 | 321 |
| 12,11 | 181.183.184 | 5,10 | 189.190 | 5,6 | 9 |
| 12,13 | 230 | 5,14 | 176.218 | 5,8 | 190 |
| 12,25 | 222 | 5,21 | 176 | 5,14 | 212.213 |
| 12,27 | 225 | 6,4ff. | 226 | 5,16ff. | 137 |
| 12,28 | 219 | 6,5 | 229.247 | 5,17 | 182 |
| 12,31 | 184.219.224 | 6,9 | 227 | 5,18 | 182 |
| 13 | 220.223.260 | 7,2 | 239 | 5,19 | 192 |
| 13,1–3 | 218 | 7,5 | 227 | 5,19ff. | 192 |
| 13,3 | 240 | 7,15 | 197 | 5,21 | 125.133f.138. |
| 13,4ff. | 218 | 8–9 | 219 | | 185 |
| 13,5 | 209.218.221 | 8,5 | 193 | 5,22 | 183.192.219.228 |
| 13,7 | 222 | 8,7 | 193 | 5,22f. | 183 |
| 13,9 | 202.203 | 8,7f. | 197 | 5,24f. | 185 |
| 14 | 203.231 | 8,8.24 | 218 | 5,25 | 171 |
| 14,1 | 183.218 | 8,9 | 177.214.240 | 6,1 | 173.194.199.219 |
| 14,1.12.39 | 184 | 8,10f. | 192 | 6,2 | 212.213.219 |
| 14,29 | 203 | 8,13f. | 240 | 6,4 | 192 |
| 14,29f. | 203 | 8,15 | 211.240 | 6,6 | 240 |
| 14,34 | 270 | 9,6 | 187 | 6,9f. | 187.188.191 |
| 14,34f. | 270 | 9,7 | 202 | 6,10 | 187.219 |
| 14,34ff. | 231 | 9,9 | 211 | | |
| 14,40 | 209 | 9,11 | 192 | *Epheser* | |
| 15 | 185 | 9,13 | 219 | | |
| 15,3ff. | 138 | 10,1 | 177 | Epheser | 170.249.251. |
| 15,23ff. | 25 | 10,5ff. | 193 | | 253.255.256. |
| 15,24ff. | 180 | 11,7 | 207 | | 257.262.263. |
| 15,28 | 259 | 11,23ff. | 226 | | 267.271.273. |
| | | | | | 276 |

| | | | | | | |
|---|---|---|---|---|---|---|
| 1,14 | 251 | 5,33a | 253 | 1,6 | 251 |
| 1,20ff. | 256 | 6,1 | 258 | 1,9f. | 252 |
| 1,21–25 | 250 | 6,1.14 | 250 | 1,10 | 255.258 |
| 2,6 | 251 | 6,2f. | 253 | 1,12–14 | 251 |
| 2,8–10 | 257 | 6,4 | 260.261 | 1,15 | 254 |
| 2,10 | 251 | 6,5 | 258.262 | 1,15ff. | 254 |
| 2,14ff. | 256.257 | 6,7 | 258 | 1,18 | 251.256 |
| 3,17 | 250.256 | 6,8f.13 | 250 | 1,20 | 251 |
| 4 | 256 | 6,12 | 251 | 1,21f. | 251 |
| 4,1 | 249 | 6,14ff. | 253 | 1,21ff. | 251 |
| 4,1f. | 256 | | | 1,28 | 251 |
| 4,1ff. | 251 | *Philipper* | | 2 | 249 |
| 4,2 | 250 | | | 2,2 | 256 |
| 4,7 | 183.251 | Philipper | 169 | 2,6 | 250 |
| 4,7ff. | 256 | 1,6 | 190.192 | 2,7 | 250 |
| 4,10 | 256 | 1,9 | 15.185.193. | 2,8 | 252 |
| 4,12 | 256 | | 202.203 | 2,9–10.15 | 256 |
| 4,13ff. | 256 | 1,9f. | 203 | 2,11f. | 250 |
| 4,14 | 252 | 1,10 | 190.203 | 2,12 | 251 |
| 4,15f. | 256 | 1,11 | 174.192 | 2,15ff. | 254 |
| 4,15f.25 | 259 | 1,21ff. | 189 | 2,16ff. | 250 |
| 4,22f. | 254 | 2,3 | 177.207 | 2,16.21 | 254 |
| 4,22ff. | 251 | 2,4 | 218 | 2,19 | 251.256 |
| 4,23 | 252 | 2,5ff. | 18.177.214 | 2,20 | 250.252 |
| 4,24 | 250 | 2,8 | 207 | 2,21 | 251.254 |
| 4,25f. | 253 | 2,10f. | 185 | 2,23 | 254 |
| 4,28 | 239 | 2,12 | 197 | 3 | 258 |
| 4,30 | 251 | 2,12f. | 172 | 3,1 | 249.250.251. |
| 4,32 | 250 | 2,15 | 20.205 | | 252 |
| 5,1 | 262 | 2,16 | 188 | 3,1b | 250 |
| 5,2 | 250.256 | 2,17 | 18 | 3,1c | 251 |
| 5,3ff. | 253 | 3,12 | 185.187 | 3,1f. | 250 |
| 5,6 | 250 | 3,14 | 188.191 | 3,3 | 249 |
| 5,8 | 251 | 3,17 | 197 | 3,5 | 249 |
| 5,8f. | 250 | 3,20 | 244.246 | 3,6.24f. | 250 |
| 5,8b | 251 | 3,21 | 225 | 3,7f. | 251 |
| 5,8b.14a | 250 | 4,3 | 230 | 3,9 | 252 |
| 5,9 | 250.251.252 | 4,4 | 176 | 3,9f. | 251 |
| 5,10 | 252 | 4,4–6 | 191 | 3,10 | 249.254 |
| 5,11 | 253 | 4,5 | 187.206.219 | 3,11 | 230.256 |
| 5,13 | 253 | 4,7 | 206 | 3,12–14 | 259 |
| 5,13b.14 | 250 | 4,8 | 206.212.225. | 3,13 | 255.256 |
| 5,14 | 250 | | 248 | 3,13.15f. | 256 |
| 5,14.26 | 251 | 4,9 | 197.202.203 | 3,14 | 255.262 |
| 5,17 | 252 | 4,11ff. | 228.239 | 3,16 | 252 |
| 5,21 | 259 | 1,14f. | 219.240 | 3,16ff. | 135.136 |
| 5,22 | 258 | 4,17 | 192 | 3,17 | 258 |
| 5,22ff. | 135.256 | | | 3,17ff. | 251 |
| 5,23 | 259 | *Kolosser* | | 3,18.20 | 258 |
| 5,23ff. | 257 | | | 3,18ff. | 257 |
| 5,24 | 259 | Kolosser | 170.249.250. | 3,19 | 259.260 |
| 5,25 | 250.259 | | 251.253.255. | 3,21 | 258.260.261 |
| 5,31 | 255 | | 256.257.262. | 3,22 | 136.262 |
| 5,31f. | 253.255 | | 263.267.271. | 3,23 | 254.258 |
| 5,33 | 255 | | 273.276 | 3,24 | 254 |

| | | | | | |
|---|---|---|---|---|---|
| 3,25 | 258 | 2,2 | 262 | 5,23 | 268 |
| 4,1 | 250 | 2,6f. | 262 | 6 | 265 |
| 4,7.9 | 244 | 2,15 | 138.262 | 6,1 | 264.273 |
| 4,12 | 251.252 | 3,6 | 138.262 | 6,1f. | 273 |
| | | 3,6.10.12 | 262 | 6,3.5f. | 267 |
| | | 3,6f.11 | 210 | 6,8 | 268 |
| | | 3,6ff. | 262 | 6,9 | 268 |

*1. Thessalonicher*

| | | | | | |
|---|---|---|---|---|---|
| 1. Thessalonicher | 138.169.170 | | | 6,10 | 268 |
| | | *1. Timotheus* | | 6,11 | 266 |
| 1,3 | 218 | | | 6,17 | 268 |
| 1,6 | 214 | 1,5 | 266 | 6,18 | 268 |
| 1,10 | 191 | 1,9 | 265 | | |
| 2,5 | 239 | 1,9f. | 269 | *2. Timotheus* | |
| 2,9 | 229.239 | 1,14 | 266 | | |
| 2,12 | 188 | 2 | 233.265 | 2. Timotheus | 267 |
| 2,19 | 191 | 2,1 | 264 | 1,7 | 264.266 |
| 3,12 | 185.219.222 | 2,2 | 267.273 | 1,10 | 264 |
| 4 | 196 | 2,8 | 264 | 1,13 | 266 |
| 4,1 | 138.175.176 | 2,9 | 282 | 1,14 | 264 |
| 4,1f. | 195 | 2,11f. | 231.270 | 2,11 | 270 |
| 4,1ff. | 137.188.193 | 2,11ff. | 232 | 2,18 | 187 |
| 4,1.10 | 195 | 2,12 | 270 | 2,22 | 266 |
| 4,2 | 193.203 | 2,13 | 265 | 3,5 | 267 |
| 4,2f. | 202 | 2,14 | 270 | 3,10 | 266 |
| 4,3 | 180 | 2,15 | 266.271 | 4,8 | 264 |
| 4,4f. | 234 | 2,15b | 271 | | |
| 4,5 | 205 | 3,1ff. | 269 | *Titus* | |
| 4,6 | 138.185.190.193.239 | 3,2 | 268 | | |
| | | 3,2.12 | 271 | 1,1 | 267 |
| 4,6.8 | 197 | 3,4 | 269 | 1,6 | 268.271 |
| 4,8 | 185.193 | 3,4f. | 269 | 1,7 | 268.269 |
| 4,9 | 197.219.221 | 3,5 | 269 | 1,15 | 265.266 |
| 4,9ff. | 239 | 3,7 | 267 | 1,15f. | 265 |
| 4,11 | 195.221.239 | 3,8ff. | 268 | 1,16 | 263 |
| 4,12 | 206.209 | 3,15 | 269 | 2 | 265 |
| 4,15ff. | 125 | 3,16 | 267 | 2,2 | 266 |
| 4,28 | 239 | 4,3 | 271 | 2,2ff. | 271 |
| 5,1ff. | 187 | 4,3f. | 265 | 2,3 | 268 |
| 5,2 | 185 | 4,7f. | 266 | 2,3ff. | 267 |
| 5,3 | 185.244 | 4,9 | 265 | 2,5.8.10 | 264 |
| 5,6 | 187 | 4,12 | 266 | 2,9f. | 273 |
| 5,9f. | 185 | 5 | 272 | 2,11ff. | 264 |
| 5,11 | 195 | 5,3 | 266 | 2,12 | 267.268 |
| 5,14 | 199.210 | 5,3–16 | 272 | 2,13 | 264 |
| 5,15 | 184.219.222 | 5,5 | 272.273 | 3,3 | 268 |
| 5,19f. | 204 | 5,6 | 272 | 3,5f. | 264 |
| 5,21 | 207 | 5,8 | 272 | 3,7 | 264 |
| 5,22 | 193 | 5,9 | 271.273 | 3,8 | 265 |
| 5,23 | 212 | 5,10 | 272 | | |
| 5,23f. | 191 | 5,11 | 273 | *Philemon* | |
| | | 5,11f. | 273 | | |
| | | 5,14 | 264.271.272.273 | Philemon | 169.196.243 |
| *2. Thessalonicher* | | | | 1f. | 13 |
| 2. Thessalonicher | 262 | 5,16 | 268.272 | 2 | 243 |
| | | 5,16b | 272 | 5 | 219.243 |

## Stellenregister

| | | | | | |
|---|---|---|---|---|---|
| 5,16 | 261 | 2,24f. | 275 | 1,5–2,2 | 318 |
| 6 | 203 | 3,1 | 136.284 | 1,7 | 317.318 |
| 8–11 | 197 | 3,1f. | 280 | 1,8 | 317 |
| 9 | 202 | 3,1b–2 | 282 | 1,8.10 | 317 |
| 12.17 | 221.243 | 3,1–6 | 282.283 | 2,1 | 317 |
| 14 | 202 | 3,1–7 | 136.282 | 2,2 | 313 |
| 16 | 221.243 | 3,3–5 | 282 | 2,3f. | 318 |
| 18f. | 221.244 | 3,5f. | 136 | 2,4 | 312 |
| 22 | 282 | 3,6 | 278.282 | 2,5 | 307 |
| | | 3,7 | 276.282 | 2,6 | 312 |
| *1. Petrus* | | 3,7c | 283 | 2,7f. | 312.320 |
| | | 3,8 | 281 | 2,8 | 319 |
| 1. Petrus | 257.267.274. | 3,8f. | 282 | 2,9f. | 313 |
| | 278.286.321. | 3,8ff. | 137 | 2,15 | 108.297.314 |
| | 327.346 | 3,9 | 278.282 | 2,15–17 | 314 |
| 1,1.17 | 279 | 3,9–12 | 276 | 2,28ff. | 307 |
| 1,2 | 278 | 3,10–12 | 278 | 2,29 | 306 |
| 1,3 | 276.278 | 3,11 | 278 | 3,2 | 307 |
| 1,3.23 | 278 | 3,15 | 281 | 3,3 | 312 |
| 1,8f. | 276 | 3,16 | 275.279 | 3,4ff. | 318 |
| 1,10–12 | 278 | 3,17f. | 275 | 3,4–10 | 318 |
| 1,12 | 278 | 3,18 | 276 | 3,7 | 312 |
| 1,13 | 276 | 3,18f. | 18 | 3,8 | 312 |
| 1,14 | 276.280 | 3,21 | 278 | 3,9 | 306.317 |
| 1,15f. | 275.278 | 3,22 | 276 | 3,10 | 312 |
| 1,17 | 276 | 4,3 | 280 | 3,12 | 310 |
| 1,17–19 | 275 | 4,5.17 | 276 | 3,14 | 323 |
| 1,18 | 276 | 4,7 | 276 | 3,14ff. | 316 |
| 1,21 | 276 | 4,7ff. | 340 | 3,15 | 318.323 |
| 1,22 | 281 | 4,8 | 281 | 3,16 | 311.312.319. |
| 1,22f. | 278 | 4,8b | 281 | | 323 |
| 1,23 | 278 | 4,9 | 281.282 | 3,17 | 314.324 |
| 2 | 275 | 4,10–11 | 278 | 3,18 | 324 |
| 2,2 | 278 | 4,11 | 278 | 3,22–24 | 318 |
| 2,9 | 278 | 4,13 | 276 | 4,7 | 306 |
| 2,9f. | 280 | 4,14 | 278.281 | 4,7f.20f. | 323 |
| 2,11 | 276.279.280 | 4,14f. | 279 | 4,9 | 302 |
| 2,12 | 248.279.280 | 4,16 | 276 | 4,10f. | 305 |
| 2,13 | 275.284 | 4,17 | 276 | 4,12 | 304.307.322 |
| 2,13f. | 284 | 5,1.4 | 276 | 4,17 | 307 |
| 2,13ff. | 135.136.137 | 5,5 | 275.278.284 | 4,20ff. | 320 |
| 2,13.18 | 136 | 5,9 | 281 | 5,1 | 306 |
| 2,13–17 | 284 | 5,13 | 284 | 5,1f. | 321 |
| 2,14 | 285 | | | 5,2 | 323 |
| 2,16 | 285 | *2. Petrus* | | 5,2f. | 318 |
| 2,17 | 281.284.285 | | | 5,3 | 13 |
| 2,17a | 285 | 1,5–11 | 285 | 5,4 | 306.313.314 |
| 2,17d | 285 | 2 | 285 | 5,16 | 317.318 |
| 2,18 | 283 | 2,20 | 285 | 5,19 | 313 |
| 2,18a | 284 | 2,21 | 285 | 5,21 | 318 |
| 2,18ff. | 136.283 | | | | |
| 2,21 | 279 | *1. Johannes* | | *2. Johannes* | |
| 2,21ff. | 18.275 | 1.Johannes- | 301.305.306. | | |
| 2,22 | 278 | brief | 307.312.320. | 5 | 320 |
| 2,23 | 279 | | 321 | | |

## 3. Johannes

| | |
|---|---|
| 5–8 | 281 |

## Hebräer

| | |
|---|---|
| 1,1ff. | 326 |
| 1,2 | 328 |
| 1,2ff. | 325 |
| 2,1 | 326 |
| 2,1ff. | 325 |
| 2,2 | 327 |
| 2,3 | 326 |
| 2,5ff. | 325 |
| 2,8 | 326 |
| 2,10 | 326 |
| 2,11f. | 326 |
| 2,14f. | 326 |
| 2,18 | 326 |
| 3,1ff. | 325.327 |
| 3,6 | 326 |
| 3,7ff. | 326.327 |
| 3,7.15 | 327 |
| 3,11 | 326 |
| 3,13 | 329 |
| 3,14 | 325.328 |
| 3,16 | 326 |
| 4,1ff. | 326.327 |
| 4,3 | 328 |
| 4,11 | 327 |
| 4,12 | 327 |
| 4,12f. | 326 |
| 4,14ff. | 325 |
| 4,15 | 326 |
| 5,7 | 326 |
| 5,7f. | 326 |
| 5,8 | 327 |
| 5,9f. | 326 |
| 5,11ff. | 325 |
| 6,4ff. | 318 |
| 6,4–6 | 318.329 |
| 6,6 | 329 |
| 6,9 | 326 |
| 6,10 | 327.328.329 |
| 6,11.18f. | 326 |
| 6,12 | 327 |
| 7–11 | 327 |
| 7,5.12.28 | 327 |
| 7,16 | 327 |
| 7,18f. | 327 |
| 7,22 | 327 |
| 8,4 | 327 |
| 8,5 | 327 |
| 8,6 | 327 |
| 8,8.13 | 327 |
| 8,8ff. | 328 |
| 8,13 | 327 |
| 9,9f. | 328 |
| 9,10 | 327 |
| 9,11 | 328 |
| 9,11.23 | 327 |
| 9,14f. | 328 |
| 9,15 | 327 |
| 9,19.22 | 327 |
| 10,1 | 327 |
| 10,8 | 327 |
| 10,13 | 326 |
| 10,16f. | 328 |
| 10,19ff. | 325.326 |
| 10,21 | 329 |
| 10,22–25 | 328 |
| 10,23 | 326 |
| 10,24 | 328.329 |
| 10,25 | 326.329 |
| 10,26 | 318 |
| 10,26.29 | 329 |
| 10,26f. | 329 |
| 10,26ff. | 326 |
| 10,32f. | 329 |
| 10,34 | 328.329 |
| 10,35 | 327 |
| 10,36 | 325 |
| 10,37 | 326 |
| 10,39 | 325 |
| 11 | 295.327 |
| 11,1 | 328 |
| 11,1ff. | 327 |
| 11,3 | 328 |
| 11,8.27 | 326 |
| 11,8ff. | 289 |
| 11,13 | 326 |
| 11,16 | 326 |
| 11,25–27 | 328 |
| 11,26f. | 329 |
| 11,33 | 329 |
| 12,1 | 325 |
| 12,2 | 279.327 |
| 12,12 | 325 |
| 12,13 | 329 |
| 12,14 | 329 |
| 12,14ff. | 325 |
| 12,16 | 328 |
| 12,16f. | 329 |
| 12,22ff. | 327 |
| 12,25 | 326 |
| 12,27f. | 328 |
| 12,28 | 326 |
| 13,1 | 329 |
| 13,2 | 327.329 |
| 13,3 | 329 |
| 13,4 | 326.328 |
| 13,5 | 328 |
| 13,7 | 327 |
| 13,12 | 325 |
| 13,13 | 327 |
| 13,14 | 326 |
| 13,16 | 329 |
| 13,22 | 325 |

## Jakobus

| | |
|---|---|
| Jakobus-brief | 18.19.286 |
| 1 | 291.340.342 |
| 1,1 | 292 |
| 1,3 | 288.289.291 |
| 1,4 | 287.296 |
| 1,5 | 287 |
| 1,6 | 294.296 |
| 1,8 | 296 |
| 1,9–11 | 291 |
| 1,10f. | 295 |
| 1,17 | 287 |
| 1,17f. | 291 |
| 1,18 | 287.290.294 |
| 1,18–21 | 291 |
| 1,19 | 297.298 |
| 1,20 | 156.289 |
| 1,21 | 290.294 |
| 1,21a | 290 |
| 1,21b | 290 |
| 1,22ff. | 290 |
| 1,23–25 | 290 |
| 1,25 | 287.293 |
| 1,26 | 294.297 |
| 1,27 | 294.300 |
| 2,1 | 287.288.289.292.298 |
| 2,1ff. | 294.298 |
| 2,1–3,19 | 286 |
| 2,2 | 299 |
| 2,3 | 298 |
| 2,5 | 291.298 |
| 2,6 | 299 |
| 2,6–7 | 298 |
| 2,7 | 288.298 |
| 2,8 | 292.294.295 |
| 2,8f. | 299 |
| 2,8–12 | 292.293 |
| 2,8.11.23 | 295 |
| 2,9 | 67 |
| 2,10 | 292.293 |
| 2,11 | 61.292.293 |
| 2,12 | 293.297 |
| 2,12f. | 291 |
| 2,13 | 299 |

## Stellenregister

| | | | | | |
|---|---|---|---|---|---|
| 2,13.15f. | 300 | 5,12 | 64.65.128. | 2,19 | 338 |
| 2,14 | 288 | | 129.291.296. | 2,21 | 339 |
| 2,14ff. | 287.288 | | 297 | 2,21f. | 338 |
| 2,15 | 300 | 5,15 | 294 | 2,23 | 336 |
| 2,15f. | 298 | 5,16 | 287.293 | 2,24 | 337.339 |
| 2,17 | 300 | 5,17 | 295 | 2,25 | 335 |
| 2,17.20.26 | 288 | 5,17f. | 287 | 2,26 | 338 |
| 2,18 | 289 | 5,20 | 290 | 3,1 | 336.340 |
| 2,18a | 288 | | | 3,2 | 339.340 |
| 2,18b | 288 | *Judasbrief* | 285 | 3,3 | 332.335 |
| 2,18b–20 | 288 | | | 3,3.19 | 336 |
| 2,19 | 288.289 | *Offenbarung des Johannes* | | 3,5 | 336.347 |
| 2,21b | 289 | | | 3,7 | 336 |
| 2,22 | 289.290 | Offen- | | 3,8 | 338.340 |
| 2,22b | 289 | barung | 21.330 | 3,10 | 340.342 |
| 2,24 | 289 | 1,1 | 331 | 3,11 | 335 |
| 2,25 | 295 | 1,3 | 332.333 | 3,14 | 336 |
| 3,1ff. | 297 | 1,4 | 332 | 3,15f. | 340 |
| 3,1–12 | 297 | 1,5 | 332.333 | 3,17 | 335.339 |
| 3,2 | 293 | 1,5b–6 | 332 | 3,17f. | 340 |
| 3,6 | 297 | 1,6 | 333 | 3,18 | 335 |
| 3,7f. | 297 | 1,7 | 332 | 3,19 | 337 |
| 3,9 | 297 | 1,8 | 332 | 3,20 | 335.337 |
| 3,9ff. | 297 | 1,9 | 340 | 3,21 | 336.344 |
| 3,12 | 297 | 1,11 | 342 | 4 | 333 |
| 3,13ff. | 297 | 1,14 | 335 | 4,11 | 332.333 |
| 3,17 | 287.300 | 1,14f. | 336 | 5 | 333 |
| 4,1f. | 300 | 1,16 | 335.336 | 5,1ff. | 332 |
| 4,1–12 | 296 | 1,17f. | 336 | 5,5 | 336 |
| 4,3 | 287 | 1,17ff. | 333 | 5,5f. | 331 |
| 4,4 | 108.296 | 2–3 | 341.343 | 5,6.12 | 344 |
| 4,5 | 297 | 2,1 | 336 | 5,8 | 333 |
| 4,5f. | 295 | 2,1.7 | 332 | 5,9 | 332.333 |
| 4,6 | 278.291.295 | 2,2 | 339 | 5,10 | 333 |
| 4,8 | 295 | 2,2.6 | 338 | 6 | 333 |
| 4,10 | 291 | 2,2.3.19 | 340 | 6,6 | 340 |
| 4,11f. | 294 | 2,3 | 340 | 6,9–11 | 342 |
| 4,12 | 291.294 | 2,4 | 338 | 6,9b | 342 |
| 4,13ff. | 291.299 | 2,5 | 336.338 | 6,10 | 333 |
| 5,1ff. | 106.298.299 | 2,5.16 | 335 | 6,11 | 342 |
| 5,1–6 | 299 | 2,5.16.21f. | 336 | 6,17 | 334 |
| 5,2 | 299 | 2,7 | 336 | 7 | 333.345 |
| 5,3 | 299 | 2,8 | 336.344 | 7,14 | 332 |
| 5,4 | 111.300 | 2,8.11 | 332 | 8,13 | 334 |
| 5,4.6 | 291 | 2,10 | 346.347 | 8,20 | 338 |
| 5,4–6 | 300 | 2,10a | 347 | 9,20f. | 336 |
| 5,5 | 300 | 2,11 | 336 | 11,15 | 333 |
| 5,6 | 299.300 | 2,12 | 336 | 11,16 | 333 |
| 5,7 | 290 | 2,12.17 | 332 | 11,18 | 336 |
| 5,7f. | 292 | 2,13 | 342.344 | 12,3 | 344 |
| 5,8 | 291 | 2,14 | 339 | 12,6 | 346 |
| 5,8–9 | 291 | 2,14f.20.24 | 339 | 12,9 | 344 |
| 5,9 | 291 | 2,15 | 339 | 12,10–11 | 333 |
| 5,10f. | 295 | 2,16 | 335.339 | 12,11 | 332.336.340.342 |
| 5,11 | 287.291.295 | 2,18 | 335.336 | 12,12 | 333 |

373

| | | | | | | |
|---|---|---|---|---|---|---|
| 12,14 | 346 | 14,12 | 338.340 | 18,24 | 342 |
| 12,17 | 338.340 | 14,13 | 338.347 | 19 | 338 |
| 12,18 | 344 | 15,3 | 333 | 19,1 | 333 |
| 13 | 113.343 | 16,6 | 342 | 19,2 | 342 |
| 13,2 | 344 | 16,9 | 336 | 19,6f. | 334 |
| 13,3 | 344.345 | 16,11 | 336.338 | 19,8 | 338 |
| 13,4 | 344 | 16,13f. | 345 | 19,12 | 335.344 |
| 13,5 | 346 | 17 | 334.340.341 | 19,15.21 | 346 |
| 13,7 | 336.344.346 | 17–18 | 347 | 19,16 | 333 |
| 13,8 | 343.345.347 | 17,1ff. | 341 | 19,20 | 345 |
| 13,10 | 340.346 | 17,3 | 341.343 | 20 | 334 |
| 13,11 | 345 | 17,3.6 | 341 | 20,4 | 342.344 |
| 13,12 | 345 | 17,5 | 341 | 20,4–6 | 335 |
| 13,12ff. | 342 | 17,6 | 342 | 20,10 | 345 |
| 13,13 | 345 | 17,14 | 333.334.346 | 20,12 | 336 |
| 13,14 | 344.345 | 18 | 334.340.341 | 21,4 | 347 |
| 13,15 | 345 | 18,2 | 341 | 21,8 | 340.341 |
| 13,16f. | 345 | 18,3 | 341 | 22,12 | 336 |
| 13,17 | 345 | 18,4 | 341 | 22,13 | 332 |
| 13,18 | 345 | 18,4f. | 336 | 22,17.20 | 335 |
| 14,4 | 336.346.347 | 18,9ff. | 341 | 22,17.20f. | 333 |
| 14,7 | 336 | 18,11 | 341 | 22,2 | 332 |

# Sachregister

*(von G. Saß)*

Agape → Liebe
Amt 125.157.263f.268f.
Antithesen 45.50.64ff.72.96.151f.
Anthropologie 172f.186.225.302.304.307
Apokalyptik 24.26.33f.36.40.53.60.106.114.
　185.226.291.299.307.330ff.334.337.340.343
Arbeit 63.209.221.238ff.262
Armut/Arme (→ Besitzverzicht) 21.28.29.77f.
　88f.94.105ff.131.155.158.165f. 168.240.291.
　294.298ff.335
Askese 21.94.99.145.169.210.227f.234.265f.
　268f.271.328
Altes Testament(→ Judentum) 47.52.57f.63.
　67f.69f.78.100.105.114.138.146.147.174.
　207f.211ff.215.224.226.233.241.253f.265.
　272.277.295.297.299.308f.310.318f.327ff.
Auferstehung (Ostern)123f.126f.141f.147.
　157ff.179.217.277f.303.307.336

Barmherzigkeit 43.77.91.152.158.177f.184.282.
　294.299f.326.328
Bedürfnislosigkeit 112.228.239
Bergpredigt 13,15.40.50.51.92.95.117.147f.
　149.151.154.159.282.321.339
Berufung 53f.56.141.242
Besitz (→ Eigentum) 107ff.131.144ff.165ff.268
Besitzverzicht (→ Armut) 54.109.131.133.145.
　160.165ff.239f.268.300
Besonnenheit 229
Bruderliebe /-schaft 197.200.221f.239.243.277.
　281f.301.307.312.314.318–323.329
Bund 58f.319.327f.
Buße (→ Umkehr)33.35.47f.51.109.158.162.
　318.329f.335f.338
Bürgerlichkeit 265.267f.270.329

Charisma (Gnadengabe) 132.183ff.197.199.
　218.220.222.234.237.256.264.269f.
Chiliasmus 334
Christologie 14.18.30.31.124.141.170.172–177.
　180f.184f.205.207.250.255.275.277.292.
　302ff.306–312.325.332.337

Dekalog 58.61f.64.68.146.152.155.160.213.
　223f.293.312

Diakonie/Dienen/Dienst 84.141.143.144.148.
　158.180.182f.190.222.237. 308.311.328f.338
Doppelgebot 61.72ff.87–93.110.146.152.155.
　160.293
Dualismus 11.69.134.228.234.243.253.265.271.
　292.297.301.313.316.322.324.326.328

Ehe 67f.95.98ff.104.136.144.183.198ff.209f.
　219.227.233ff.253.255.259f.270f.273.283.
　302.328
Ehelosigkeit 38.99f.136.165.183.198.208.222.
　234.236ff.273
Ehebruch 50.102.151.236.292f.296.341
Ehescheidung/-sverbot 13.66ff.91.94.100.
　101ff.128.144.151.213.216.236.271f.273
Eigentum (→ Besitz) 113.239f.302
Einzelforderung/-mahnung 19.48.74f.86.90.
　193f.213.220.223.262.286.292f.
Ekklesiologie → Kirche
Emanzipation 230ff.
Enthusiasmus 133.232.234.245.251.257.263.
　317.335.338.340
Entscheidung 34.86f.196.201.203.304.306
Eschatologie 10f.14.18.30ff.37ff.96.101.124f.
　133.159.169.172.184ff.207f,264.269.276ff.
　290f.307.319.326.330–335.337.340
Ethik 9.12f.20.30f.34ff.170ff.205.214.264.267.
　276f.286.289.295.302.304.310.325f.
　329.335f.
– Gesinnungsethik 13f.48f.51.192
– Individualethik 10f.93.113.166.224f
– Interimsethik 30.35ff.125
– Schöpfungsethik 35ff.208
– Situationsethik 13f.16f.19.85ff.196
– Sozialethik 10.14.93.113.166.224f.243.260
– antike E. 17.45.82.133ff.188.206f.228.
　286
– hellenistisch-römische E. 14.167.267.285
– idealistische E. 33
– natürliche E. 21.205f.
– politische E. 248
– rationale E. 42
Ethos 12f.19.42.54.76.77f.182.192.205f.280
Eusebeia → Frömmigkeit
Exorzismus 27.76f.94.133.150

Familie 53.68.92.94.100.116.144.165.219.258.
  260f.266f.272.276
Fasten 127.140
Feindesliebe 36f.45.69f.78–83.92.96.152f.167.
  281f.321
Fleisch (→ Geist) 134.182.193.303.306.313.
  316.327
Frau 29.52.58.67f.91.94.97ff.104.136.144.164f.
  210.229ff.253.259f.270f.278.280.282f.339
Freiheit 11.16.19.86.179f.186.196.199f.220.
  226.228.232.242f.262.283.285.287f.292ff.
  316f.331.339
Freude 60.184.276.302
Frieden 15.118f.184.257.300.331
Frömmigkeit (Eusebeia) 49.53.57.150.266f.281
Frucht (→ Geist, Werke) 151.158.161.162.174.
  183f.192f.219.250ff.304f.
Fürbitte 274.313.317

Gastfreundschaft 281f.295.327.329
Gebet 27.77.84.273f.283.287.294f.317
Gebot (→ Einzelforderung) 61f.67.75.105.146.
  183.194.196f.198.201.211.213.218f.223.
  265.285.292f.308ff.312.318ff.323.338
Gehorsam 46–49.58.60f.66.72.90.116.120.134.
  136.148.176f.179.182.183.192ff.197.200ff.
  214.226.242.245ff.252.254.258.274.276f.
  280.283ff.295f.323.326.328.345
Geist 21.125f.132ff.158f.171.173.181ff.192f.
  196.251f.263f.270.277.289.297.306f.313.
  315f.332
Gemeinde 13.125.128.132f.141ff.151.153.
  167.185.195.197.199.201ff.240.243.250.
  252–256.263.272.274.281f.298f.304.310.
  312f.321ff.325.327.332– 337.339.341.345f.
Gerechtigkeit (→ Recht) 19.60.111.134.
  147ff.155f.171f.174f.179.247. 250.306f.
  312.315
Gericht 28.30ff.43.46.49.51.88f.124.127.150.
  159.185.187.189ff.250.276.291.299.302.307.
  326.330.333ff.336.338.341
Gesetz (Torah) 33.37.47f.52f.57ff.64–67.70ff.
  75.92.94.102.129f.146–152.154.160.169.
  174.201.206.211–214.220f.254f.287f.292–
  295.308–311.318.327f.337
Gesetzesfreiheit 66.130.133.149.154.157.213
Gesetzlichkeit (→ Kasuistik) 19f.24.36.59.
  154.160.171.337
Gewalt (→ Staat) 95.113ff.117.132
Gewissen 48.159.200ff.265.328.341
Glaube 9.42.264.276.288ff.296.301.306.308.
  313.325ff.328f.342
Gnade 48.59.60.148.178f.183f.190.204.264f.
  267.284.326
Gnadengabe → Charisma

Gnosis 254.263.267.271.301.313.317.
  320.322.339
Goldene Regel 15.74.84.152
Gottesdienst 18.176.183.203.231f.245.270.
  294.299.333
Gottesherrschaft 18.24ff.29–34.36.40.46.51f.
  57f.66.72.95.99.107.109.117f.127.141.144f.
  148.158
Gottesvolk 125.212.299.326.329f.335
Götzen/-dienst/-opferfleisch 14.198.201.220.
  233.281.339.341
Gütergemeinschaft 131ff.167f.241

Habsucht (→ Reichtum) 211.239
Haus(tafel) 17.135ff.219.253–262.
  269.273f.275f.279
Heil 28.30f.42–47.61.66.89.93.145.158.174.
  179.257.271.275f.287f.302.306.326.331–335
Heiligung 18.28.63.171.180.234.277
Heilungen 28.57f.63.71.76.94.133.141.147.
  158.287.309
Herrenwort 68.71.127ff.133.138.212.215ff.
  253.265.295f.
Herrenmahl 180f.240.319.338
Heuchelei 50.150
Hoffnung 39.133.141.185.189ff.276f.307.
  326.331.333f.
Homosexualität 209.233

Imitatio → Nachahmung
Imperativ/Indikativ 18.44.46.86.93.148.158.
  170ff.180.184.249.251f.256.263f.275.277.
  288.304–308.310
Institution (→ Kirche, Staat) 221f.246.255.
  263.272.276
Ius Talionis 69.73.95.117

Judentum 17.24.38.45.47.52f.57–60.62.71.74.
  90f.97f.101.109.126.128.134.138.147.154.
  189.206f.224.226.237f.241.244.259.265.
  272.318.320.328.334.337.343
– hellenistisches J. 59.61.71.73ff.82.115.
  135f.200.261.274.295
– rabbinisches J. 24.33.52.59.70.78.82.99.104.
  106.115.138.194.208.213.261
– Judenchristen 129ff.149.160
Jüngerschaft 20.51ff.55.128.142f.147.
  308.320.323

Kaiser/-steuer/-kult 96.119f.163f.273f.284.
  315.339–347
Kasuistik (→ Gesetzlichkeit) 47.60.62f.74.86.
  93.105.194
Katechismus 138
Kind(schaft) 143f.276.280.307

# Sachregister

Kirche (Ekklesiologie, → Gemeinde) 9.14.142.
147.157f.163.166f.181.249.277.329ff.342
Kollekte 187.193.197.240
Korbanpraxis 62.68.76
Kosmos → Welt
Kreuz(estheologie) 18.56.123f.140f.143.161.
187.215.251.275.302.316
Kriterien (→ Maßstab) 16.19f.72.206.211.
219f.223.233.253.256.265.277.292f.295
Kult(gesetze) 71.76f.154.281.295.308.313.
327

Lasterkatalog 17.125.133ff.139.192ff.233.252.
267.269.280f.340
Leben 257.273.276.278.301f.314.316.324.347
– neues L. 173.176ff.179.181f.252.306
– ewiges L. 278.309.338
Lehre 137.183.203.263f.269.339
Leib(lichkeit) 184.189.225ff.235.256.271.282
Leiden (→ Peristasenktlg.) 26.56.143.161.226f.
275f.279.281.283f.304.326ff.329.347
Libertinismus 21.180.196.210.271.285.339
Licht 250ff.302.313.316.323
Liebe 9.12.15ff.20f.39.44f.58.61.66.73ff.82–87.
92.104.111.113.137f.150.152f.154.161.167.
176f.183f.193.196f.199.201ff.213.215–220.
239f.243.245.248.255.258–261.266f.271.
276.281f.301.305ff.311–324.327ff.338
Liebe Gottes 28f.31.37.42–45.58.66.73.87ff.
227.302–305.307.313.321
Liebesgebot 16.20.66.69.73ff.88f.113.152f.
194.213.219.221ff.260.281.292ff.299.305.
310.319ff.
Liebeswerk 11.19.49f.88f.113.148.328.338
Logienquelle 124.126f.133
Lohn(gedanke) 32f.145.250.276.326.335.338

Makarismen → Seligpreisung
Mammon 108.112f.
Mann 67f.97ff.136.144.210.231ff.253.259f.
270f.280.282f.
Märtyrer/-ium 56.116.161.218.342.346f.
Maßstab (→ Kriterien) 72.204.209.220.294f.
310.340
Metanoia → Umkehr
Mimesis → Nachahmung
Mission 56f.147.157.164.256.322
Mitmenschlichkeit 81.89.146.154.282
Moral (→ Ethos) 55.96.263.265.267.269f.
285
Mose(gebot) (→ Judentum, Gesetz) 66ff.70.
154.160.169.216.309.327f.337

Nachahmung (Imitatio, Mimesis) 51.55.82.177.
197.213ff.279.295.311.327

Nachfolge 38.50–55.98.100.111.141ff.147f.
152.164.267.279.304.308.347
Nächstenliebe 36.69.78ff.87ff.259.281.
292.319.321
Naherwartung (→ Parusie) 13.30.36.125.133.
141.158.187f.257.262.290f.326.329.331
Natur 59.209.215.297
Naturrecht 15.97.208.254
Niedrigkeit 207
Norm (→ Maßstab) 16f.19.65.204.293.305

Opfer 73.76f.153f.274.328f.
Ordnung 209f.221f.246f.255.258.261.263.266.
284.328
Ostern → Auferstehung

Parusie (→ Naherwartung) 125.159.185f.219.
251.290f.307.335.338
Peristasenkatalog (→ Leiden) 226f.228f.239
Pharisäer 50.59.62.101.149.150f.153.166
Pneumatologie 159.173.181ff.264.306
Prophet(ie) 28.47.53.57f.72.114.125f.133.150.
154.159.183.203.231.295.298f.309.332.
341.345

Qumran 34.36.47.60.63.69.74.99.102.106.111.
131f.153.241.253.322

Realized Eschatology 25.36.187.250
Recht (→ Gerechtigkeit) 59.67.69.198.221f.
244.247f.261.291.300.312
Rechtfertigung 18.172.174f.180.190.207.286.
288ff.295
Reich Gottes (→ Gottesherrschaft) 11.24.26f.
36.55.57.94.99.141.145.148.150.157f.
165.292
Reichtum/Reiche (→ Besitz) 42.78.105ff.144f.
165ff.268.291ff.298.329.335.341
Reinheit (→ Unreinheit) 49.62.71.76.92.166.
194.265.307.328
Rom/Römisches Reich/Imperium 244f.247.
262.284.330.334f.339–345.347

Sabbath 37.50.58.63f.76f.94.153.309
Sakrament 143.178ff.306f.
Samaritaner 78ff.83ff.315
Schöpfung 37ff.59.67f.94.100f.173.207ff.
220.230.254.265.270.313.316.328
Schwur(verbot) 64f.91.128.151.296
Seligpreisung (Makarismen) 28.107.118f.154
Sexualität 100.105.234.328
Sklave(rei) 13f.136.202.221.238–242.261f.273.
275.283ff.311.341
Soteriologie 18.170.207f.214.229.275.313.332
Speise/-enthaltung 35.62.208.306.316

Staat 13.97.103.113ff.139.162f.202.209f.222. 244–247.273f.284.302.315.330.340.342–346
Stoa/Stoiker 17.82.84.113.134.206.209.221. 226ff.233.237f.240.242.254
Sünde(n) 48.67.134.161.171f.176.178f. 194f.200.269ff.275.281.306.312f.316ff. 329.332.336
Sündenvergebung 28.42ff.148.317f.

Taufe 125f.143.148.173.178ff.180.182.251. 264.277.288f.298
Täufer 46.48.94.99.162.301
Tempel 118.153f.274
Tod/Töten 50.53.60.64.76.141.292f.302f.316. 323.326.333.336.347
Torah → Gesetz
Tugend(katalog) 17.134f.139.155.192ff.206. 252.264.266f.269.285

Umkehr (Metanoia) 32.46ff.51.158.167. 336–339
Unreinheit (→ Reinheit) 71.97.166.194.199. 265
Unterordnung 222.246f.258ff.262.270f. 273.283ff.
Unzucht 151.209.211.226.234.271.339. 341

Vernunft 10.14f.39f.42.59.74f.97.191.202. 205.223.228.252
Versöhnung 32.76f.153.175.257

Vorbild (Jesu) (→ Nachahmung) 214.279.295. 311f.322.326ff.
Wahrheit 287.294.302.313.315.317
Waise 272.294
Weisheit/-stradition 15.31.37ff.59.82.106.202. 261.265.278.287.297.300
Welt (Kosmos) 143.176.186.188.205.208ff. 222.227.243.245f.253–258.261f.264.267. 270.276.280.285.294.296f.302.306.312.316. 321ff.326.328f.331f.334.340
– neue Welt 173.176.189.316.326
– Weltverachtung 185.208.285.297.312
Werk 154.158.161.183.189ff.192f.201. 251f.279f.287ff.290.296f.327.329. 339f.
Wiedergeburt (→ Taufe) 194.277.306
Wiederheirat 102f.213.271ff.
Wille (→ Entscheidung) 42.202
Wille Gottes 27.29.31.37.42.49f.55.58.61. 74.93.97.100.147.150f.190.196f.201ff.205. 211.246.251f.254f.274f.287.293.314.316. 342
Witwe 32.130.271ff.294
Wunder 140f.150.227.316.345

Zeloten/Zelotismus 24.36.53.56.94.107. 114–118.162.244f.315
Zöllner 20.29.49.52.58.71.76.108.112f. 153.162.315
Zucht 105.229.261
Zwei-Reiche-Lehre 94f.222.260

## Wolfgang Schrage / Horst Balz
## Die „Katholischen" Briefe

Die Briefe des Jakobus, Petrus, Judas (W. Schrage) und Johannes (H. Balz). (Das Neue Testament Deutsch, Band 10). 13., durchgesehene und überarbeitete Auflage 1985. IV, 249 Seiten, kartoniert

„Eine repräsentative Bestandsaufnahme all dessen, was in Exegese und Religionswissenschaft in den letzten Jahrzehnten von Wichtigem erarbeitet wurde. Insgesamt ist das ausgewogene Urteil der Autoren neben der sprachlich und gedanklich disziplinierten Darstellung besonders hervorzuheben."
*Otto Knoch / Theologische Literaturzeitung*

## Ernst Wolf · Sozialethik

Theologische Grundfragen. Unter Mitarbeit von Frieda Wolf und Uvo A. Wolf hrsg. von Theodor Strohm. (UTB Uni-Taschenbücher 1516). 1988. XVI, 356 Seiten, Kunststoff

»Der Systematiker E. Wolf versteht es aufgrund seiner historischen Kenntnisse, zuverlässig und mit abgewogenem Urteil in die dogmen- und theologiegeschichtlichen Zusammenhänge seiner Gegenstände einzuführen. Ein empfehlenswertes Arbeitsbuch für Studenten und Pastoren nicht nur wegen seines hohen theologischen Informationswertes, sondern auch wegen seiner Hilfe in wesentlichen Fragen des persönlichen und kirchlichen Handelns.«
*Theologie für die Praxis*

## Hans Grewel · Brennende Fragen christlicher Ethik

1988. X, 220 Seiten mit 3 Abbildungen, kartoniert

Die Entwicklung von Wissenschaft und Technik hat die Ethik in eine Krise geraten lassen. Vor einer Antwort auf die Fragen der modernen Welt liegen Teil- und Zwischenantworten aus schon gelösten und neu aufbrechenden Problemen, auch die Aufdeckung von falsch gestellten Fragen.
Auf diesen Bereich zielt H. Grewel mit den Beiträgen zu Menschlichkeit, Schöpfungsethik, Gentechnik, Sexualität, Aids, politischem Gewissen u.v.a. Er macht dabei aufmerksam auf Botschaft und Beispiel Jesu von Nazareth, die für eine neue christliche Ethik die Richtung angeben.

## Vandenhoeck & Ruprecht in Göttingen und Zürich

# Grundrisse zum Neuen Testament
Herausgegeben von Jürgen Roloff

„Die ‚Grundrisse zum Neuen Testament' vermitteln solides exegetisches Wissen in gut verständlicher Form und ohne komplizierten Anmerkungsapparat." *Stimmen der Zeit*

**1 Eduard Lohse · Umwelt des Neuen Testaments**
7., durchges. Aufl. 1986. 224 S., 4 Abb., kartoniert
„Bemerkenswert ist die meisterhafte Darstellungskraft des Verfassers, der sein Buch auch für Nichttheologen leicht lesbar geschrieben hat und zugleich das Interesse des Theologen wachhält. Seine Urteile sind stets historisch gut fundiert und theologisch begründet." *Reformierte Kirchenzeitung*

**2 Eduard Schweizer · Theologische Einleitung in das Neue Testament**
1989. 176 Seiten, kartoniert
Das Buch will den Leser in das Neue Testament einführen. Die Frage nach den Verfassern und Daten der einzelnen Schriften wird knapp behandelt, um dann die Frage zu stellen, was eigentlich theologisch geschieht, wenn z. B. die schriftliche Form die mündliche Überlieferung ersetzt, Matthäus an die Stelle des Markus treten will oder Paulus von der Situation des Galaterbriefs zu der des Römerbriefs kommt. Die Probleme, die eine neutestamentliche Theologie behandeln, werden also nicht nach Begriffen, sondern stärker historisch nach den einzelnen Büchern des Neuen Testaments geordnet. Die Frage nach der grundsätzlichen Einheit der geschichtlich neben- und nacheinander geschriebenen Schriften ist dabei nicht vergessen.

**3 Werner Georg Kümmel · Die Theologie
des Neuen Testaments nach seinen Hauptzeugen**
Jesus – Paulus – Johannes. 5. Aufl. 1987. 312 S., kartoniert
„Hier ist eine sehr geschlossene Darstellung entstanden, in einer stets klaren und flüssigen Diktion." *Theologische Literaturzeitung*

**5 Hans Conzelmann · Geschichte des Urchristentums**
6. Aufl. 1989. IV, 173 S., kartoniert
„Der Stand der Forschung wird so umfassend wie genau wiedergegeben. Der Band eignet sich ausgezeichnet zur kritischen Einführung und besticht durch Verzicht auf auffüllende Phantasien. Etliche Quellen ergänzen den Grundriß." *Welt und Wort*

**6 Peter Stuhlmacher · Vom Verstehen des Neuen Testaments**
Eine Hermeneutik. 2., neubearb. u. erw. Aufl. 1986. 275 S., kartoniert
„Nach einer knappen Einführung in das Problem skizziert der Verfasser die Geschichte der biblischen Hermeneutik von ihren Anfängen bis zur Gegenwart. Wer im Streit um die Schriftauslegung mitreden will, findet hier das dazu nötige Grundwissen: jederzeit verständlich, mit vielen Zitaten, in erfreulich unprätentiösem Stil." *Deutsches Pfarrerblatt*

**8 Hans G. Kippenberg / Gerd A. Wewers (Hg.)
Textbuch zur neutestamentlichen Zeitgeschichte**
1979. 244 S., kartoniert
„Das Buch ist eine Fundgrube von wissenswerten Informationen aus dem politischen, sozialen und religiösen Umfeld des Neuen Testaments. Durch die transparente systematische Untergliederung lassen sich die einschlägigen Quellen zu einem bestimmten Sachgebiet rasch auffinden." *Nachrichten der Ev.-Luth. Kirche in Bayern*

Geplant sind außerdem u. a.:
**7 Harald Hegermann · Anthropologie im NT**
**9 J. E. Stambaugh / D. L. Balch · Das soziale Umfeld des NT**

Bei Subskription der Reihe 10% Ermäßigung.

# Vandenhoeck & Ruprecht in Göttingen und Zürich